De mère en fille

LA CUISINE JUIVE TUNISIENNE

320 recettes

Andrée Zana-Murat

De mère en fille

LA CUISINE JUIVE TUNISIENNE

320 recettes

Albin Michel

Dans la collection « De mère en fille »

La Cuisine marocaine

Touria Agourram

La Cuisine italienne

Leda Vigliardi Paravia

Cet ouvrage a été conçu avec une reliure spéciale
qui permet de garder le livre ouvert à plat
pendant que vous cuisinez.

22, rue Huyghens, 75014 Paris

www.albin-michel.fr

ISBN : 2-226-10523-9

À ma mère

Notre communauté judéo-tunisienne
dit et écrit certains mots
ou expressions à sa manière.
Plus par habitude
que par irrespect de la translittération officielle.
Tant pis pour le dictionnaire !

Vous trouverez donc :

- l'harissa avec élision
- brick au féminin
- la granite au lieu de granité
- la ojja au lieu de l'ojja
- la osbana et non l'osbane
- orgeat au féminin
- Roch Hachana pour Rosh Ha-Shana
- cacher pour kasher
- cachrout pour kashrout
- bar-mitzva pour bar-mitsva…

Sommaire

Préface

~ Dis, maman, quand est-ce que tu nous fais les caques de mamie?

~ Dis, maman, pourquoi tu nous fais jamais les caques de mamie?

~ Bon, ma petite mère, ils veulent absolument que je leur fasse tes caques. Ils ne seront jamais aussi bons que les tiens, mais il faut que j'essaie au moins une fois.

~ Tu sais ma fille, c'est vraiment pas compliqué, tu fais comme ci, tu fais comme ça (elle explique avec les mains), tu mélanges et puis c'est tout! Puis, si ça colle, tu rajoutes de la farine; si c'est trop sec, tu verses un peu d'eau...

~ Attends, attends, pas si vite, je note, combien de farine?

~ Tu vois, une petite poignée.

~ C'est quoi une petite poignée, combien de grammes?

~ J'sais pas, moi, comme ça (elle montre).

~ Bon, d'accord. Un peu d'eau... mais c'est quoi, un peu d'eau?

~ Oh, un petit verre.

~ Mais quel verre?

~ Ben, tu sais bien, le Duralex... Mais enfin ma fille, t'as jamais cuisiné ou quoi?

Le ton monte, tout le monde s'énerve... et naturellement, je rate les caques. Les enfants me remercient gentiment, mais à leur sourire crispé, je vois bien qu'ils sont déçus. Ma réputation vient d'en prendre un sérieux coup.

Ça ne peut plus durer. Parce qu'il n'y a pas que les caques, il y a aussi la pkaïla, la ganaouia, le couscous boulettes ...

Je me suis demandé si, inconsciemment, elle ne souhaitait pas qu'on fasse un peu moins bien qu'elle, ou si elle avait tellement intégré gestes, durées et quantités qu'elle était incapable de les expliquer. J'en ai conclu que la vérité devait se situer entre les deux.

Et comme ce qui semble évident pour elle devient une montagne pour moi, j'ai décidé de relever les manches.

Ce fut un peu long. Il a fallu refaire, peser, tester... mais ce fut toujours délicieux et émouvant.

À toutes celles et à tous ceux qui sont entourés de génies de la cuisine, mères, grands-mères, tantes ou autres : allez-y ! Recueillez, collectez, attrapez la parole, les gestes, et tous les souvenirs qui leur sont liés avant qu'il ne soit trop tard.

◆

Nous voulons croire à l'immortalité de nos parents et de nos grands-parents. Or un jour ils partent et emportent leurs secrets. Dans les pays de tradition orale, ne restent souvent ni journaux intimes ni carnets de notes. Les femmes élevées dans cette tradition n'ont jamais pensé à consigner leurs précieuses recettes, leurs trucs et tours de main, parce que leurs filles et belles-filles apprenaient tout naturellement en les regardant faire, en les aidant, puis en faisant à leur tour.

Aujourd'hui les filles ont eu envie d'apprendre d'autres choses, autrement et souvent à l'extérieur du cercle familial. Le fil de la transmission s'est rompu et quand vient la nostalgie, il est parfois trop tard.

Ce livre veut restituer le patrimoine culinaire de la communauté des juifs de Tunisie, avec ses histoires, ses anecdotes, ses repères religieux, ses influences. Il s'adresse à des hommes et des femmes de cette fin de siècle. Le temps souvent leur manque et ils ne savent plus comment on cuisinait avant le micro-ondes et les surgelés.

Ce livre n'est ni un ouvrage philosophique ni sociologique, il reste un livre de cuisine avec la volonté de légèreté et d'humour qui conviennent à ce genre.

Influences et métissage

Dans ce tout petit pays d'Afrique du Nord, de nombreuses communautés hautes en couleur cohabitaient harmonieusement : Tunisiens, Français, Italiens, Maltais, Siciliens, Africains, Turs, Grecs, Russes blancs…

Peu à peu s'est même forgée entre eux une langue à la confluence des autres, empruntant à l'arabe dialectal surtout, mais aussi à l'araméen, à l'hébreu, à l'italien ou à un français aux accents orientaux. On l'a appelé le judéo-arabe, une langue d'amitié et de paix.

Notre cuisine en a profité et s'en est souvenue. Ne lui ont échappé ni les apports des pays voisins, le Maroc, l'Algérie, la Libye… ni ceux, nombreux, par lesquels la communauté juive a migré : l'Italie, l'Espagne, la Turquie.

Les cuisines arabe et juive avaient déjà des points communs dus au climat et aux coutumes religieuses. Ainsi certains gestes, certains modes de préparation et de cuisson se ressemblent étrangement.
La chaleur et la difficulté de conserver excluent par force les mêmes produits. Des mesures strictes dictées par les textes sacrés induisent des règles d'hygiène proches. Entre familles voisines juives ou musulmanes, chaque fête est l'occasion d'échanges de plats et de pâtisseries.
Le pain est placé au cœur de leurs symboliques et l'alcool n'est pas leur fort. On utilise plus volontiers épices et ingrédients produits localement ou disponibles sur place.
En vivant ensemble, ces communautés se sont influencées, leurs pratiques et coutumes ont évolué et se sont précisées.
La cuisine judéo-tunisienne, bien que singulière, est une belle et généreuse expression de ce doux métissage.

Les principes

À Tunis ou à Djerba, d'une famille à l'autre, le même plat n'a pas exactement le même goût – chacun étant persuadé que le sien ou celui de sa mère reste le plus respectueux de la tradition, et en tout cas le meilleur !
Entre ma grand-mère et ses cinq sœurs, quand le ton montait un peu, de quoi croyez-vous qu'elles parlaient ? De cuisine, à coup sûr, chacune détenait la vérité, faire autrement relevait de l'hérésie. On le sait, il n'est de plus grande intolérance qu'en matière de goûts, et singulièrement de goûts culinaires.
Les recettes de ce livre sont une base, elles ont toutes été exécutées un nombre incalculable de fois. Elles ont régalé les enfants et les petits-enfants, les voisins et les amis depuis plusieurs générations. Libre à chacun de les adapter, de les faire évoluer.
Cependant, d'une famille à l'autre, traditionnelle ou pas, cette cuisine s'est fondée sur des principes religieux (cachrout) mêlant rituels commémoratifs et règles d'hygiène.
Ainsi, depuis la nuit des temps, ont été interdits certaines pratiques, certains produits : le porc, les animaux à carapace ou à coquille (coquillages et crustacés), l'association viande-lait ou produits dérivés (« Tu ne cuiras pas le veau dans le lait de sa mère »).
L'arrêt absolu de toutes les activités, et surtout le geste d'allumer ou d'éteindre pendant le shabbat, a conduit à mettre au point des mets préparés la veille, le vendredi, et main-

tenus au chaud sur des braises toute la nuit afin d'être prêts à consommer le samedi midi, dès le retour des hommes partis à jeun prier à la synagogue.
Même si certains d'entre nous ont pris quelques libertés avec la tradition, notre cuisine est ainsi faite que vous n'y trouverez ni porc, ni crevettes, ni viande cuite dans du lait, enrichie de crème fraîche ou revenue au beurre (lequel est généralement absent au profit de l'huile).
Mais ces contraintes sont sources de délices.
Et ces délices valent bien ces contraintes.

La tradition

En Tunisie, dans toutes les maisons, dans toutes les familles juives, riches ou pauvres, tout commence et se termine à table. Quelqu'un arrive à l'improviste et immédiatement on s'affaire pour préparer un thé à la menthe, un café ou un sirop d'orgeat. Une boîte en fer est toujours là, bourrée de gâteaux maison au cas où... Et si la journée est bien avancée, on improvisera un apéritif. Dans les placards ou le réfrigérateur, on trouve pistaches, olives, torchi et slata. Quand on ne réchauffe pas un petit reste de la veille ou une dégustation de ce qui mijote pour le dîner.
Quand les parents invitent leurs enfants, ils ne disent pas « venez dîner », mais « j'ai fait une loubia, vous venez dîner? ». La méthode est sûre, personne n'essaie de se défiler.
La générosité étant la règle, quand il y en a pour six, il y en a pour... D'ailleurs la tradition de la table juive veut qu'on dispose toujours un couvert de plus à table pour le juif errant. Les copains sont toujours les bienvenus, ils ne s'en privent pas, et vous l'aurez compris, c'est ainsi que les mères juives ont su retenir leurs enfants!

La modernité

Les nouvelles générations ont eu quelques réticences à se lancer dans cette cuisine parfois compliquée et méticuleuse, mais surtout extrêmement longue à réaliser. Aux temps de préparation s'ajoutent ceux, interminables, de la cuisson. Autant de choses incompatibles avec nos modes de vie.
Aujourd'hui, l'apparition de nouveaux produits et de machines « gain de temps » accessibles à toutes les bourses redonne enfin l'envie de prendre le relais de nos aînés.
Le couscous fin et moyen est précuit, la feuille de brick, les amandes décortiquées ou en

poudre et quantités d'épices sont disponibles dans toutes les grandes surfaces. On trouve hlailem, nikitouche, citrons confits, harissa et autres conserves dans des épiceries spécialisées ; quelques (trop rares) bouchers proposent même de la bonne merguez.
Du cru au cuit, on peut tout préparer à l'avance, conserver plus longtemps au réfrigérateur et congeler. Le micro-ondes cuit en quelques minutes ce qui mettait des jours et des nuits à mijoter sur des braises ou dans le four du boulanger.
À nous donc couscous et tajines, t'fina et farcis !

La cuisinière

Coincée entre une mère au caractère bien trempé et un mari tout-puissant, elle est discrète et soumise, trop discrète, trop soumise. Elle n'a pas eu le choix de sa place, la cuisine fut son domaine. Mais quel domaine, au centre de la maison, de la famille, de la vie de tous. Sans le vouloir, sans le savoir, elle a régné et règne encore en bonne mère juive. De sa cuisine elle a fait un art. Elle a d'abord répété, puis accommodé, adapté, allégé, simplifié. Des temps plus difficiles l'y ont obligée, son talent a fait le reste. Quitter son pays, s'adapter, faire avec les moyens du bord... Une façon d'affirmer notre identité, sa résistance à elle... Ainsi, à sa manière, elle nous a enseigné la tolérance, la générosité, la dignité, le partage et l'humilité.
Il nous en reste tous quelque chose...
Nous lui devions bien cela, reconnaissance et consécration... Ce livre devait exister pour elle d'abord, et pour tous ceux qui veulent continuer de se souvenir sans nostalgie, gaiement, en se régalant.

Et puisqu'il s'agit de transmettre, pendant la rédaction de ce livre j'ai franchi le pas. J'ai osé la pkaïla, l'arissa, le couscous boulettes du shabbat, les préférés de mes enfants.
Bonne nouvelle ! Faites-nous confiance, ça marche !

Les caractères de la cuisine juive tunisienne

Une cuisine dominée par la hantise de manquer. Du coup, on traque le gaspillage et paradoxalement on en fait toujours trop. Parce que la nourriture est sacrée, la gâcher serait un péché. Parce que toute situation, même faste, est ressentie comme provisoire, précaire. Un peuple de migrants, obsédé par l'obligation de fuir un jour ou l'autre et qui, même dans les périodes stables, en garde le souvenir et reste sur le qui-vive.
Souvenirs inscrits à tout jamais dans notre mémoire collective.
Souvenirs plus récents. Souvenirs personnels, témoignages des aînés encore en vie. Fuite, exil volontaire ou forcé, obligation de tout abandonner, de tout recommencer, de faire avec les moyens du bord dans un extrême dénuement.
Et dans la tourmente, garder sa dignité. Affirmer son identité à travers l'activité la plus humble mais la plus vitale, celle de se nourrir et de nourrir dans le respect de sa tradition. Une tradition qui rythme l'année presque jour après jour comme pour « tenir » les siens. Un dernier lien identitaire quand tout a volé en éclat.

Une cuisine simple et nourrissante

Rien ne se perd, tout est utilisé et réutilisé avec un grand art d'accommoder les restes. Du coup, on fait souvent preuve de tant d'ingéniosité que de ces tâtonnements naissent de nouvelles préparations aussi essentielles que les précédentes. Alors on voit grand et on en fait sciemment trop, pour qu'il en reste.
Une cuisine économe mais toujours généreuse. Parce qu'on ne sait jamais combien on sera à table. Qu'il y a toujours plus pauvre que soi et que le bien le plus modeste doit pouvoir être partagé.
Et toujours cette peur de manquer, qu'il n'y en ait jamais assez...

De la contrainte à l'invention

Une cuisine qui a su magnifier la générosité d'une terre et d'une mer. Une cuisine qui porte la marque de contraintes internes et externes, religieuses, climatiques, économiques... pour certaines aujourd'hui obsolètes.

Mais des contraintes desquelles sont nées de fameuses inventions. En slalomant entre les interdits alimentaires, on a exploré de nouvelles pistes, adapté, trouvé des ruses et astuces, fait des découvertes. Ainsi, notre patrimoine culinaire s'en est trouvé agrandi, enrichi, renouvelé.

Les fortes chaleurs ont obligé à privilégier ce qui conserve et se conserve. D'où l'utilisation de vinaigre et de miel, la pratique de la friture, ou encore du salage et du séchage – quand on ne combine pas plusieurs de ces opérations.

Comme dans tout le bassin méditerranéen, c'est une cuisine aux préparations et aux cuissons longues, où l'on pratique le haché menu pour accommoder, faire du volume et pour que les goûts s'interpénètrent bien (slata jida, méchouia, soupes, msoki, farces et farcis…).

Des ingrédients frustes

Les éléments ainsi hachés menu trouvent dans l'œuf un liant parfait. L'œuf, ingrédient clé des pâtisseries et des fritures. L'œuf et son corollaire la volaille, omniprésente dans notre cuisine. Les plus pauvres possédaient au moins une ou deux volailles qui égayaient la cour ou le patio et qui pondaient régulièrement.

Pour la plus grande fête, celle de Kippour (grand pardon), la tradition veut qu'on cuisine au moins une volaille par personne. Sa chair blanche renvoie à la nécessaire pureté d'un temps consacré à l'expiation.

Alors on a imaginé toutes sortes de préparations à dominante blanche. Volaille cuite entière (bouillon de poulet), mijotée en morceaux (tajine de poulet, oignons, persil), farcie (poule farcie) ou partie d'une farce (minina, quenelles blanches).

Et comme on ne jette rien, nous nous régalions même de ses pattes charnues.

L'aliment des aliments, le plus sacré d'entre tous : le pain. Sous sa forme la plus humble, il intervient rassis dans les farces, le pain perdu ou les croûtons frits…

Et si l'on inventait un 11e commandement pour la cuisine, ce pourrait être :

« Pour nourrir les tiens, toujours, tu seras capable de faire beaucoup avec presque rien. »

La viande, trop chère ? On va la hacher menu et la compléter de mie de pain, d'oignons, d'herbes fraîches et d'un peu d'ail. Un œuf pour amalgamer l'ensemble et voilà de quoi frire une bonne quantité de boulettes et de quoi faire saliver les papilles autrement qu'avec un gros steak.

Maternelle et hachée menu

Une cuisine maternelle. Transmise de mère en fille, petite fille et belle fille.

La combinatoire du caractère maternel avec la pratique du « haché menu » agit comme une alchimie. La cuisinière, entre fée et sorcière, utilise une multitude d'ingrédients auxquels elle fait subir des transformations telles qu'ils ne se ressemblent plus, ni dans leur forme ni dans leur goût. Il en résulte une cuisine aux saveurs inimitables, indescriptibles et que l'enfance lointaine a estompées. Ces goûts sont associés à mille détails que la mémoire a confusément et diaboliquement combinés.

Un tout désormais indissociable

Alors, qu'il est difficile de prendre la relève ! La concurrence est impitoyable. Un combat injuste, à armes inégales. Que n'a-t-on entendu des fils ou des maris proclamer que tout ça ne valait pas la cuisine de leur mère.

Et comme il en est ainsi depuis la nuit des temps, nous avons voulu que les mères livrent un peu de leurs secrets pour permettre à d'autres de prendre la place, lesquelles un jour se souviendront et feront de même.

Tout pour le « kif »

Chez nous le récit d'un bon moment commence et se termine par « qu'est-ce qu'on a rigolé et puis on s'est ré-ga-lés », « un grand kif » (de l'herbe fumée et du bien-être qui s'ensuit, aujourd'hui synonyme de plaisir). « Kifer », désormais un verbe qui se conjugue, « kifistes », les plus doués pour le plaisir…

À « Toutes des mères juives », on pourrait ajouter en épigraphe : « Tout pour le kif ! »

Le déroulement traditionnel des repas

◆ Le petit déjeuner

Au petit déjeuner, du café nature ou coupé de lait, rarement du thé et/ou des boissons froides, citronnade et orgeat où l'on trempe des biscuits secs ou croquants (bescoutou, croquants, caques...), tartines de pain grillé, beurre et confitures. Dans ma famille, le café continuait de nous accompagner tout au long de la journée.

◆ Le goûter

En milieu de journée ou d'après-midi, souvent après une bonne sieste, collation avec les mêmes boissons fraîches et les mêmes gâteaux souvent plus élaborés comme le boca di dama. À moins de déguster un thé à la menthe chaud à se brûler le palais.

Dans la rue, le vendeur de thé appelait le chaland d'une phrase incompréhensible comme un chant, un seau au bout de chaque bras. Dans l'un, un canoun avec ses braises, et la théière posée dessus. Dans l'autre, de l'eau pour rincer les verres et attendre le prochain client.

Les enfants, eux, s'adonnaient aux tartines. Tout petits leur caractère se révélait déjà dans leurs préférences. Le camp des « sucrés » : sur le beurre, du sucre, du chocolat, de la poudre de cacao ou de la confiture. Le camp des « salés » : Vache-qui-rit, salami ou surtout huile d'olive/anchois, et pour certains déjà l'indispensable harissa. Les plus modestes se contentaient d'huile d'olive relevée de sel, d'harissa ou d'olives noires. Est-il besoin de préciser que j'appartenais à ce camp-là.

Aux beaux jours, les plus méritants avaient gagné une pièce pour acheter une glace : granite nature ou enrichie de morceaux de fraises. Présentées en cornets croustillants aussi importants que la glace ou, pour les vrais amateurs, dans un gobelet de carton.

◆ Le repas

Plus léger à midi, salades, grillades et fruits (ou un reste de la veille réchauffé), le soir se devait d'être un festin, surtout les shabbats et autres jours de fête.

Pas vraiment de spécialités de légumes cuisinés seuls. À l'exception du méchoui, la viande cuisant assez longtemps, on en profitait pour lui adjoindre toutes sortes de choses, céréales, légumes... soit, à l'arrivée, des plats uniques regorgeant de trésors onctueux.

La kémia avec ses légumes et ses crudités est là pour apporter le frais, le vivant, le croquant manquant parfois aux autres préparations. On pose la kémia sur la table, en veillant à l'équilibre entre les goûts et les modes de préparation (cru/cuit/confit, simple/élaboré, frais/macéré, doux/piquant...). La plupart des raviers de torchi et crudités y resteront jusqu'au dessert.

Puis arrive un plat complet accompagné de couscous, ou bien une volaille précédée d'une soupe faite avec le bouillon dans lequel elle a cuit et où l'on aura jeté une poignée de pâtes.

Et enfin des fruits, beaucoup de fruits avec, l'hiver, des dattes et des noix, et, les jours fastes, des gâteaux (en général ceux de la rubrique Friture et miel).

Le soir du shabbat, rien sur la table immaculée, juste deux halot (pour les deux tables de la loi) recouvertes d'un beau linge blanc, une coupe remplie de vin à ras bord et une salière : de quoi faire la prière. Puis, affamés, l'appétit ouvert par la bouchée de pain au sel et la gorgée de vin, chacun s'affairait entre cuisine et salle à manger. En quelques secondes, comme par magie, la table se couvrait de la plus opulente des kémia.

◆ Quand nous déjeunions à la plage

Période bénie. Dès les beaux jours, entre la matinée d'école et l'après-midi, au lieu de rentrer déjeuner à la maison, on nous emmenait à la plage. Là, nous nous jetions dans l'eau et ne voulions plus en sortir. Et quand nous cédions aux suppliques répétées, c'était affamés. Les mères avaient tout prévu. Les couffins étaient pleins. Des plats spécialement conçus pour la plage : fourma au thon, pâtes à la sauce tomate, fricassés ou sandwichs tunisiens. Des plats dont le seul nom faisait venir l'eau à la bouche. Ah ! la saveur de ces aliments après un bon bain de mer... Et au dessert, un chichi tout chaud (Bomboloni à Tunis) servi sur un plateau par un marchand ambulant.

Épices et tout

Épices, parfums, herbes aromatiques...

Les épices ne font pas le plat

Dans certains cas, l'épice est essentielle à un mets, elle lui donne même son nom – comme le cumin (camoun) dans la camounia. Dans les autres cas, méfiance. Il est même des préparations où les épices sont inutiles. Le couscous royal, par exemple, est riche des ingrédients qui le composent.

Attention aux surdoses d'épices qui tuent la saveur des produits (viande, poisson, légumes…) et empêchent d'apprécier leur qualité. Elles masquent souvent une cuisine médiocre. Et l'on ne rattrape malheureusement pas un plat fade ou inconsistant à coups d'épices.

Le dosage doit être modéré, subtil, parfois savant. C'est à cela qu'on reconnaît les bons cuisiniers.

Les épices et parfums de la cuisine juive tunisienne

Pour parfumer, relever, corser, nous utilisons volontiers cumin, carvi et coriandre sèche. À l'inverse de la cuisine marocaine, le gingembre est le grand absent.

Mais à l'instar du Maroc, la Tunisie apprécie l'ail, l'oignon, l'harissa et les herbes aromatiques – le persil plat surtout, mais aussi la menthe, la coriandre fraîche et l'aneth. Ces quatre herbes utilisées ensemble confèrent à certains plats une saveur qui n'appartient qu'à eux.

L'harissa. Toute prête dans des boîtes en fer semblables à celles du concentré de tomates, elle contient de l'amidon et des épices qui faussent son goût. La véritable harissa est une purée de piments rouges séchés assaisonnée d'une pointe d'ail et de sel. On la trouve en bocal dans les magasins spécialisés et dans la plupart des grandes surfaces. Elle se conserve très longtemps au réfrigérateur recouverte d'une couche d'huile d'olive. Les puristes la feront eux-mêmes (p. 74).

Oranges, citrons. Récoltés en abondance en Tunisie, ces agrumes sont très présents dans notre cuisine. L'orange (zeste et jus) intervient dans la pâtisserie. Le citron, lui, est partout. Son jus arrose la kémia et le méchoui. Il désaltère dans la citronnade. Débarrassé de son zeste, il se cuisine comme un légume. Sans compter les conserves de citrons, l'orange confite et son écorce séchée, le citron confit dans la saumure...

Huile d'olive. Produit national, elle est bonne et très goûteuse. Pour ma part, j'en mets partout. Ma mère, plus raffinée et mesurée, la tient à distance. Elle l'utilise pour son parfum mais lui préfère l'arachide pour les préparations au goût subtil.
En France, le phénomène de mode autour de l'huile d'olive est en passe de faire entrer la tunisienne dans la cour des grands. On connaissait la française de la vallée des Baux, la toscane au goût d'artichaut. Aujourd'hui, grâce à un styliste de mode toujours amoureux de sa Tunisie natale, on trouve même dans ses boutiques à Paris, New York ou Tokyo de l'huile d'olive première pression à froid de l'huilerie Mahjoup... à côté des vêtements.

Des produits et des plats qui ont bien réussi leur intégration
Grâce au tourisme vers la Tunisie, de nouveau en plein essor, grâce aux communautés originaires d'Afrique du Nord enracinées en France depuis plus de quarante ans, commerces et restaurants se sont multipliés. Ils ont popularisé notre patrimoine commun. Influences sur l'architecture, la décoration, les modes de vie... Senteurs de jasmin et de figue en bougies, tee-shirts tunisiens, djellabas, babouches et mules sont devenus objets de mode. Sans parler de l'engouement pour les bienfaits du hammam et ses produits naturels – boue, henné, loofah...
Mais c'est la gastronomie qui en a le plus profité. Couscous, tajines, bricks, thé à la menthe, loukoums et pâtisseries orientales, huile d'olive, dattes et oranges maltaises sont aujourd'hui définitivement adoptés.

Lexique

Ail : thoum
Aneth : chept
Anis : khabet khlaoua
Cannelle : karfa (kerfa)
Câpres : kabbar
Carvi : carouia
Clou de girofle : aoud kronfel
Coriandre en grains et moulue : tabel
Coriandre fraîche : kosbore
Cumin : camoun
Curcuma : korkob. Il n'a pas de goût et sert plutôt de colorant.
Eau de fleur d'oranger : mazar
Fenouil en grains : besbes
Feuilles de corette en poudre : mlohia
Gingembre : chkenjbir
Laurier : reunde (rand)
Menthe : nanaa
Noix muscade : joujet el seurk
Oignon : psall ou bsall
Persil plat : maadnouche
Piment doux (paprika) : felfel geïna hlou
Piment fort : felfel geïna haar
Poivre : felfel akhal
Purée de piments rouges piquants : harissa
Quatre-épices : cannelle, poivre, bouton de rose, paprika
Rose séchée : chouch ouard (el ward)
Safran : zafrane
Spigol : safran du pauvre, moins corsé. C'est un assaisonnement à base d'épices et d'aromates : piment doux, curcuma, safran (3 %), et autres diverses épices (peut être remplacé par Paellero ou Rizdor).

Les trucs de ma mère

Ail

- L'ail ne doit jamais brûler : son goût amer emporterait le plat tout entier. Si cet incident arrive, ne pas hésiter à tout jeter et à recommencer. Si l'ail est seul, le faire revenir à feu très doux. S'il est accompagné d'oignons, commencer par ces derniers, l'ail profitera ainsi de l'eau rendue par les oignons.
- S'organiser. Vous utilisez beaucoup d'ail ? Un jour de cuisine un peu tranquille, épluchez-en plus qu'il n'en faut pour votre recette (1 ou 2 têtes d'avance). On les conservera environ 15 jours au réfrigérateur, dans un bocal en verre tapissé de papier absorbant. Ce papier absorbera l'humidité des gousses et les empêchera de pourrir. Le couvercle bien serré, aucune odeur suspecte n'embaumera le frigo.
- Ail surgelé. 1 gousse d'ail = 1 cuillerée à café d'ail surgelé.

Assaisonnement

Pour l'assaisonnement, commencer par délayer le sel dans le citron ou le vinaigre, poivrer et finir par l'huile.

Aubergines

Elles sont de vraies éponges à matière grasse. Avant de les cuire, les faire préalablement dégorger avec du gros sel dans une passoire à pieds. Puis les rincer, les essuyer et les cuire. Ainsi elles pomperont moins d'huile ensuite.

Blanchir

C'est l'action de plonger un aliment dans de l'eau qui bout et de l'y laisser pendant un court moment. Ensuite on l'égoutte avant de le cuire dans une autre eau ou selon un autre mode de cuisson. L'aliment est ainsi rendu plus digeste. La force de son goût est atténuée (le chou, par exemple). On utilise aussi cette technique pour dessaler.

Bouillon

La plupart du temps, mieux vaut utiliser du bouillon que de l'eau. Sans scrupules, utilisez les tablettes et cubes vendus dans le commerce : à la volaille, au bœuf, etc. Mais attention au moment de l'assaisonnement, car ces préparations sont salées.

Boulettes

Pour façonner des boulettes sans que ça colle aux doigts, s'humecter les mains d'huile si les boulettes sont à la viande pure (merguez, boulettes au fenouil) ou d'eau si la chair (viande ou poisson) est mélangée à de la mie de pain.

Brûlé

Le feu est trop fort, vous vous êtes absentée trop longtemps, ça brûle ou ça commence à accrocher au fond de la cocotte. Retirer délicatement ce qui peut l'être. Quand on arrive à la couche brûlée, gratter et jeter. Déglacer à l'eau, vider, nettoyer, remettre le contenu dans la cocotte et reposer sur le feu. Vous pouvez utiliser un « tout-doux » ou grille-pain, un peu vieux jeu mais très utile pour les plats qui mijotent.

Si l'huile dans laquelle on a fait revenir des aliments noircit, mieux vaut la jeter, elle donnerait un goût de brûlé à tout le plat. Dans ce cas, retirer viandes ou légumes à l'aide d'une écumoire, jeter l'huile et utiliser une huile neuve. Si le fond de la casserole est noir, l'essuyer avec du papier absorbant.

Crudités

Sauf exception (et cela est précisé), ne jamais assaisonner les crudités à l'avance, le sel libère l'eau. Fini le croquant, et la salade est cuite...

Cuisson

◆ Pour les préparations qui mijotent et cuisent longtemps :

– Rincer, saler et poivrer viandes, volailles et poissons. Cette manière, dictée à l'origine par la cachrout (règles, lois et préceptes régissant l'alimentation conformément aux principes du judaïsme), a l'avantage de provoquer une légère macération de ces aliments qui, du coup, seront plus goûteux.

– Faire préalablement revenir viandes et légumes. Ils auront sué et garderont leur saveur propre, de plus ils ne s'écrouleront pas... Sinon, tout a un goût de bouilli.

Exception faite pour la cuisson « à la marocaine » : les aliments sont posés à froid dans une cocotte ou un tajine pour une cuisson au four. Ce mode de cuisson donne un confit que l'on n'obtient pas si les mêmes ingrédients dans le même récipient cuisent à l'étouffée sur le feu.

- Volailles (ou viandes) cuites dans un bouillon ou à l'eau. Démarrer à froid avec un liquide froid ou ayant refroidi : ainsi, viandes et bouillon équilibrent leurs saveurs. Dans un liquide versé chaud, la volaille perdrait toutes ses saveurs au profit du seul bouillon.
- Poisson. Alors que nos viandes cuisent assez longtemps, pour le poisson, c'est tout l'inverse. Quelles que soient les préparations, le poisson n'est bon qu'à peine cuit.

Un poisson préparé à l'avance doit être à moitié cuit.

Si l'on doit réchauffer un plat à base de poisson, retirer d'abord le poisson, faire réchauffer le plat et ne remettre le poisson que quelques minutes avant de servir.

Ces remarques ne valent pas pour les bas morceaux qui servent à préparer un bouillon ou un fumet.

Fariner, sucrer

(Poissons, gâteaux)

Farine, sucre. Il en faut très peu. On s'en met plein les doigts. On en utilise toujours trop et on n'aime pas gâcher. Prendre une feuille de papier souple (un sac de farine vide, un sachet à légumes en papier brun ouvert en deux). On verse sucre, farine ou chapelure. On pose l'aliment à recouvrir, on tient la feuille du bout des doigts et on secoue en montant légèrement une main après l'autre. Le mouvement du diabolo.

Four

Quand une préparation cuit au four, que le dessus est bien doré alors que l'intérieur n'a pas fini de cuire, recouvrir d'un papier aluminium et continuer la cuisson. Cela évitera de brûler le dessus.

Friture

- Pour vérifier que l'huile est à bonne température, on laisse tomber un petit morceau de pain ou un peu de pâte. Si rien ne se passe, l'huile n'est pas assez chaude. S'il est saisi et commence à dorer, c'est bien. S'il brûle, l'huile est trop chaude, baisser le feu et attendre un peu.

◆ Si l'huile est encore claire après la friture, on peut la récupérer. Une fois refroidie, on la filtre à travers un chinois et on la verse dans un bocal en verre sans aller complètement jusqu'au bout afin d'éviter d'entraîner les particules brunâtres déposées au fond. Ainsi l'huile se conservera et pourra servir une deuxième fois.
Étiqueter les bocaux pour distinguer les huiles ayant servi à frire du poisson, des préparations sucrées ou salées.

Gril
On peut griller certains aliments au four, sous la résistance de la voûte. Selon la taille des aliments, ne pas les placer trop près (ça brûle), ni trop loin (ça semble bouillir). En général, on dispose le plat au deuxième cran en partant du haut. On laisse ainsi environ 2 cm entre la résistance et l'aliment.
Le rêve est évidemment de griller sur des braises.

Grumeaux
On délaiera farine ou semoule dans de l'eau froide afin d'éviter la formation de grumeaux pendant la cuisson.

Hacher au couteau
On empoigne un couteau dans chaque main et on les croise comme une paire de ciseaux. C'est un peu long et fastidieux mais indispensable pour la méchouia et certaines farces (les boulettes du shabbat des perfectionnistes...).

Herbes fraîches
On utilise beaucoup de persil, de menthe, d'aneth, de coriandre, etc. Il existe un bon truc pour les ciseler sans les réduire en purée (hachoir électrique) et en contrôlant la taille souhaitée. Laver les herbes, les sécher dans un torchon propre, détacher les feuilles et les mettre dans un verre ou un bol en les tassant. Les ciseler avec une paire de ciseaux de cuisine pointe vers le bas. Si on manque vraiment de temps, on pourra utiliser des herbes surgelées, en augmentant légèrement les doses.

Huile d'olive
Huile de base en Tunisie, ma mère n'aime pas en abuser, surtout quand elle est très goûteuse. Pour certaines cuissons, on peut naturellement la remplacer par de l'huile d'arachide. Mais quand on l'utilise, il faut qu'elle soit très bonne. Sur la bouteille doit figurer la mention « 1re pression à froid » (sauf pour les fritures). On en trouve dans toutes les grandes surfaces. Réserver les huiles de très bonne qualité aux assaisonnements où le filet d'huile est acteur à part entière.

Légumes secs
À l'exception des lentilles et des pois (cassés ou entiers), leur cuisson est longue, il faudra les attendrir en les faisant tremper toute une nuit dans de l'eau froide puis les égoutter avant de les cuire. Pour les plus coriaces (pois chiches et fèves), on ajoutera une cuil. à café de bicarbonate de soude dans l'eau de trempage. Les cuire sans sel, sans quoi ils resteraient fermes. Le sel les dessèche en les déshydratant.
On peut sauter l'étape du trempage pour les haricots secs d'une t'fina dont la cuisson est par définition assez longue. Dans ce cas, on ne salera le plat qu'une fois les haricots cuits.

Merguez
On en mangerait plus souvent si leur cuisson ne nous causait pas tant de soucis. Odeur tenace, projection d'huile colorée un peu partout : inenvisageable avant un dîner avec invités ! La solution : les préparer à l'avance. On les pique à la fourchette, on les poêle sans matière grasse et pas trop longtemps (elles seraient sèches), on les retire à l'écumoire. On jette l'huile (une fois qu'elle a refroidi, sans quoi elle fige et forme un bouchon dans les tuyaux). On nettoie tout, d'abord avec du papier absorbant, sinon on ne fait qu'étaler la graisse.
On réchauffe les merguez au micro-ondes à la dernière minute : c'est comme si on venait de les faire.

Œufs
- Dans une farce on les ajoute à la toute fin.
- Blancs. Pour monter des blancs en neige, sortir les œufs au moins 1 heure à l'avance et y incorporer 1 pincée de sel ou de sucre.

◆ Jaunes. Quand on doit délayer du jaune d'œuf dans une sauce pour l'épaissir, ne jamais le faire directement dans le plat de cuisson, le jaune cuirait instantanément sans se mélanger. Mettre une louche de sauce ou de bouillon dans un bol, laisser refroidir, incorporer le jaune, remuer et reverser dans la marmite.

◆ Œufs durs.

Pour écaler des œufs qu'on a fait durcir, sans que le blanc parte avec la coquille, mettre la casserole ou la marmite sous le robinet d'eau froide et retirer les coquilles tout de suite. Si on veut les cuire longtemps dans une t'fina ou au four, les faire préalablement bouillir 10 min pour éviter qu'ils éclatent et répandent leur coquille dans le plat.

Oignon

◆ Pour le hacher menu : on épluche l'oignon et on le râpe côté gros trous.

◆ Pour farces, boulettes, etc., on le râpe de la même manière au-dessus d'une passoire à pieds. On le sale et on le laisse dégorger un moment (le sel va libérer l'eau). On le rince et on le presse fort pour en extraire le maximum de liquide. Puis on l'incorpore aux autres ingrédients. Plus de danger de tomber sur un morceau un peu trop gros et mal cuit. L'oignon fait crème, se mélange et cuit uniformément. Ainsi les farces sont plus fines et plus digestes.

◆ Pour des plats à cuisson longue, on peut utiliser des oignons surgelés, coupés en lamelles, hachés menu ou entiers (sauf exceptions précisées).

1 oignon frais = 1 poignée d'oignons surgelés.

Oxydation

Pour empêcher certains aliments de noircir après avoir été épluchés et coupés (artichauts, coings, pommes, poires...), il faut les arroser de jus de citron.

Paprika

Pour qu'il donne toute sa saveur, il doit « toucher » l'huile, dit ma mère. On ne doit donc pas l'incorporer après un aliment aqueux. L'ajouter hors du feu, sinon il devient amer ; on lui adjoint immédiatement un autre ingrédient avant de remettre la préparation sur le feu.

Persil

Cuit trop longtemps, il noircit. Soit on l'ajoute ciselé en fin de cuisson, soit on fait un nœud avec les tiges et on retire le bouquet quand la préparation est cuite.

Piquer

Piquer les aubergines avant de les faire griller entières au four, de même pour les merguez avant la cuisson. Ainsi ces aliments n'éclateront pas.

Réfrigérateur

Pour bien y conserver les aliments, attendre qu'ils aient complètement refroidi et les recouvrir d'un film transparent. Vous éviterez que certains aliments à forte odeur contaminent tous les autres. Qui n'a pas le souvenir de beurre au goût de poisson le matin au petit déjeuner ? Les aliments gras surtout (beurre, chocolat…) absorbent toutes les odeurs.

Salade

Son nettoyage est un peu long et encombrant. Pour éviter d'être débordée, la rincer à l'avance et bien l'essorer. La ranger dans un sac en plastique fin et souple fermé d'un nœud serré ou dans une boîte en plastique tapissée de papier absorbant. Ranger sac ou boîte dans le frigo.

Attention à l'oxydation ! Ne pas couper la salade au couteau mais la rompre en la déchirant. Sinon, au bout d'un ou deux jours, les parties effleurées par la lame du couteau se mettraient à rouiller. Il n'y aurait plus alors qu'à tout jeter.

Sauce

Trop liquide ?

Viande et/ou légumes sont cuits, mais la sauce est trop liquide. Retirer les aliments à l'aide d'une écumoire et les réserver. Monter le feu et attendre que la sauce ait la consistance souhaitée.

Pas assez ?

Ajouter un peu d'eau ou, mieux, du bouillon réalisé avec un cube.

En règle générale, un ragoût doit toujours cuire dans une sauce courte. Certains aliments sont assez aqueux ; le sel libère l'eau qu'ils contiennent, et ces aliments cuisent dans leur jus.

Autrement, on ajoute du liquide (eau ou bouillon), mais au ras des aliments. Le résultat sera plus goûteux. Mieux vaut verser le liquide par petites quantités que de noyer un plat dès le départ. Il y a fort à parier que celui-ci restera fade et difficile à améliorer.

Tomates

- Pour peler les tomates, les plonger 15 s dans de l'eau bouillante, les retirer à l'écumoire. Les passer sous l'eau froide. La peau se détache alors très facilement et la tomate n'a pas cuit. Même technique pour des fruits à peler.
- On est pressé, les tomates sont trop chères ou n'ont pas de goût ! Ne pas hésiter à utiliser de la tomate pelée, du coulis ou de la pulpe de tomate en conserve.

Ce qu'il faut avoir chez soi

Hormis les produits frais que l'on achète à mesure des besoins, il suffit de disposer de quelques ingrédients de base pour pouvoir improviser un repas à la dernière minute.

Selon la place dont on dispose, essayer de les avoir tous. Cette liste rappelle ce qui est évident, qui a été utilisé au moins une fois dans nos recettes et qui se garde au moins une à deux semaines.

Dans les placards

Boîtes et bocaux

Anchois
Bicarbonate de soude
Café soluble
Chocolat noir (52 % cacao)
Cubes de bouillon (volaille, bœuf)
Farine
Farine de pois chiches
Farine de sorgho
Fruits secs : dattes, noix, pistaches, pignons, noisettes, sésame, amandes, raisins…
Harissa
Huiles : d'olive, d'arachide
Légumes en conserve : pois chiches, haricots blancs, gombos.
Légumes secs : pois chiches, haricots lingots, pois cassés et entiers, fèves…
Levure chimique
Matsot : galettes et farine
Miel
Sel fin et gros sel
Semoule fine et moyenne
Sucre : en poudre, cristallisé, glace, vanillé
Thé vert
Thon
Tomates : pelées, pulpe, coulis et concentré
Vinaigre

Épices et condiments

Anis en poudre
Cannelle en poudre
Câpres
Carvi
Citrons confits
Clous de girofle
Coriandre en poudre et en grains
Cumin en poudre et en grains
Curcuma
Eau de fleur d'oranger
Fenouil
Gingembre en poudre
Herbes séchées : menthe, laurier, boutons de rose
Mlohia : poudre de corette
Noix muscade
Paprika ou piment doux
Poivre noir en grains
Quatre-épices
Safran
Spigol (ou Paellero ou Rizdor)
Vanille en poudre (ou liquide)

Pâtes, riz et céréales

Blé
Couscous fin et moyen
Pâtes : spaghetti, tagliatelle, nikitouche, hlailem…
Riz : basmati, rond

Pour l'apéritif

Boutargue (ou poutargue)
Cacahuètes, amandes, pistaches, noix de cajou…
Olives vertes et noires

Dans le réfrigérateur

Beurre
Feuilles de brick
Margarine végétale
Œufs

Dans le congélateur

Ail
Blancs de poulet
Épinards en branches
Fèves
Fonds (cœurs) d'artichauts
Glaces et sorbets
Herbes : menthe, aneth, persil, coriandre
Merguez
Oignons émincés, hachés et grelots
Petits pois extra-fins

Le frais qui se garde

Ail
Citrons
Oignons
Oranges
Pommes de terre

Utiles ustensiles

Les mains et encore les mains. Le premier ustensile, à portée de... le plus fiable. C'est avec les mains qu'on sent vraiment qu'une farce est bien amalgamée. Comment pétrir, rouler une pâte sans les mains?

D'ailleurs, pour bien sentir la cuisine, il faut aussi savoir entendre, voir et regarder, humer et toucher.

Autocuiseur ou marmite à pression (Cocotte-Minute) ~ Pas vraiment indispensable aujourd'hui, le micro-ondes le remplaçant en partie. Mais si l'on veut se lancer dans cette cuisine, notamment dans la préparation de t'fina et autres tajines où la viande doit mijoter longtemps, cet ustensile rend encore bien des services. Malgré le micro-ondes, aucune de nos mères ne peut s'en passer.

Batteur électrique ~ Indispensable pour monter les blancs en neige. Choisir le plus simple.

Bols ~ Bleus et blancs venant de Chine ou de Thaïlande, provençaux, fantaisie ou tout blancs, il faut en avoir des quantités qui s'empilent. Ils remplacent avantageusement coupelles, raviers, saucières, petits saladiers ou légumiers.
Chaque taille trouve son utilité :
~ Des tout petits pour servir sel fin, cumin, quartiers de citrons...
~ Des petits pour les amandes, olives...
~ Des moyens pour présenter une sauce, servir des torchi.
~ Un peu plus grands pour les préparations plus élaborées de la kémia, des sauces courtes...
~ Des grands pour les salades, légumes, couscous, riz, pâtes, bouillons, soupes...

Casseroles ~ Une série de 3 : 1 grande, 1 moyenne, 1 petite pour les cuissons au bain-marie des sauces, le bicadiliou, la grande casserole peut s'utiliser comme une petite marmite pour des cuissons à l'eau, etc.

Chinois ~ Voir : Passoires.

Cocotte ~ 1 très grande, ovale, en fonte pour tous les plats mijotés.

Couscoussier ~ Chez nous, où que nous partions, nous l'emportions dans les bagages avec la cafetière moka italienne. Dans certaines familles, on en a deux, un tout petit et un grand. Utile pour toutes les cuissons à la vapeur. Dans le bas, on peut aussi cuire une grande quantité de pâtes. Le haut (kesskess) devient alors passoire.

Essoreuse à salade ~ Pour les salades et les herbes fraîches.

Marmite ~ 1 moyenne pour petites quantités de pâtes, de légumes.

Moules et plats allant au four ~ En verre de type Pyrex, en porcelaine, à revêtement antiadhésif, ou encore en aluminium, mais jamais en fer, ça rouille. Préférer ceux qui peuvent passer à table : en général ils ne craignent ni le frigo ni le lave-vaisselle.
1 moule à tarte (32 ou 34 cm de diamètre).
1 moule à cake pour les biscuits, makoud et minina présentés en terrine.
1 moule à manqué (à hauts bords) pour les gâteaux, biscuits, minina...
1 série de plats rectangulaires ou ovales

Moulin à légumes ~ Pour la purée de pommes de terre, c'est le seul instrument qui convienne (avec le pilon). Le robot la rend élastique et collante.

Passoires ~ 1 petite à la grille fine pour tamiser la levure chimique. 1 moyenne pour tamiser la farine, retirer les grumeaux d'une sauce ou filtrer une huile de friture (ou un chinois : passoire fine en acier, de forme conique). 1 grande sur pieds, elle égoutte tout : pâtes, riz, légumes cuits à l'eau ou mis à dégorger, friture...

Planches à découper ~ 1 grande pour découper viandes, volailles et gros légumes.
1 petite pour hacher menu en petites quantités.

Plats de service ~ 1 plat plat. 1 plat creux (rond ou ovale).

Poêles ~ 1 grande et 1 moyenne pour faire revenir, cuire ou frire.

Râpe plate ~ Petit matériel pour grands services. Du côté des gros trous, on râpe oignons, œufs durs, carottes... les petits trous servant essentiellement au zeste d'orange ou de citron.

Robot ou mixer ~ Aucun autre instrument ne parvient à réduire en purée des aliments (presque) solides ou très compacts, comme le thon, à hacher les viandes, moudre amandes ou épices... Ses autres possibilités vous encourageront à servir plus fréquemment des carottes râpées et autres légumes émincés.

Saladiers ~ Une bonne série, des plus petits aux plus grands, en verre à feu de type Pyrex. Ils prennent le relais des bols. Remplacent la soupière et le cul-de-poule pour les préparations (faire mariner une viande, lever une pâte à pain, préparer une pâtisserie). Pour réchauffer au micro-ondes, ranger au réfrigérateur ou au congélateur. C'est mieux et moins cher que le plastique. Ils se lavent en machine, s'empilent et ne tiennent pas trop de place.

Sauteuse ~ Si nous savions composer de la musique nous lui consacrerions un hymne... À défaut, sachez que, sans elle, nous ne serions rien. Nous l'aimons grande et à revêtement antiadhésif. On peut presque tout y faire :
~ Revenir oignons et ail – elle remplace la poêle.
~ Cuire un plat entier quand on est peu nombreux – elle remplace la cocotte ou le faitout.
~ Frire des beignets ou des légumes.
Et même :
~ Bouillir des légumes ou des pâtes – elle remplace une casserole ou une marmite.
~ Mijoter, confire sauces et légumes – on peut les oublier sans qu'ils brûlent immédiatement.
Et si vous cuisinez souvent, achetez-en deux !

Les plus

Quasi indispensables pour qui ferait essentiellement de la cuisine juive tunisienne, ces ustensiles ont souvent des équivalents.

Barquettes en papier plissé ~ Pour présenter dattes et noix farcies, petits makroud, préparations pour réceptions.

Bocaux ~ En verre pour conserves, en prévoir de gros.

Boîtes en fer ~ Pour garder les gâteaux secs ou des pâtisseries frites en attendant de les passer au miel. Denrée rare, n'hésitez pas à acheter certains gâteaux secs juste pour la boîte.

Couteau électrique ~ La seule manière de trancher finement et régulièrement polpétone, minina, poule farcie, pains, etc.

Friteuse ~ Seulement si on pratique beaucoup de friture. Dans tous les cas, on peut la remplacer soit par une poêle ou une sauteuse, soit par une casserole.

Lien ~ (prononcer liène). Grand récipient rond et profond en aluminium pour préparer et aérer la graine de couscous.

Marmite ~ Une très grosse pour les grandes occasions. On est très nombreux et on a décidé de faire une t'fina (pkaïla, aadame...). À condition d'avoir une place pour la ranger, même si c'est un peu inaccessible.

Micro-ondes ~ On peut toujours résister à la modernité, mais à quoi bon ? Grâce au four à micro-ondes, on fait bouillir du lait sans avoir à nettoyer la casserole, on décongèle un aliment à la dernière minute, on réchauffe le dîner en un tour de main, on précuit certains aliments qui demandent des heures de cuisson... Il faudrait être fou pour s'en passer !

Mortier ~ Pour concasser amandes, pistaches, harissa.

Moulin à épices ~ Moulin à café électrique pour réduire en poudre de trop petites quantités pour le robot (épices en grains, fruits secs...).

Pinceau de cuisine ~ Pour dorer des pâtes au jaune d'œuf, utiliser un pinceau que l'on réserve à la cuisine. Pour notre part, nous le faisons avec les doigts et nous barbouillons avec bonheur, comme si c'était de la peinture.

Plaque à pâtisserie ~ À défaut de plaque du four, pour caques, croquants, halot...

Poche à douille ~ Pour les petits choux à cuire au four.

Poissonnière ~ Uniquement pour les grands amateurs de poisson. Certains poissonniers en prêtent. On peut aussi l'emprunter, car c'est un ustensile volumineux et souvent un peu cher. Mais rien de tel pour pocher un poisson et le garder entier.

Rouleau à pâtisserie ~ Pour la préparation des pâtes fraîches, de la debla... On peut le remplacer par une bouteille en verre bien nettoyée.

Tamis (reurbel) ~ Pour préparer la graine de couscous de façon traditionnelle.

Tout-doux ~ Conçu pour griller du pain, glissé sous la cocotte ou la sauteuse, il diffuse et atténue la chaleur. Ainsi la préparation ne risque pas d'accrocher ni de brûler. Indispensable pour les t'fina.

PETIT MATÉRIEL

- 1 louche
- 1 écumoire
- 1 grande fourchette
- 1 série de cuillères en bois : petites, moyennes, grandes, fines et larges, creuses et plates, et une cuillère à pâtes
- 1 série de couteaux : 1 ou 2 petits, 1 grand, 1 couteau à pain
- 1 paire de ciseaux
- 1 ou 2 bons couteaux économes
- 1 couvert à salade
- 1 petit fouet
- 1 ouvre-boîte
- 1 ouvre-bouteilles
- 1 tire-bouchon
- 1 pierre à aiguiser
- 1 presse-ail
- 1 presse-citron
- 1 râpe plate
- 1 spatule en plastique
- 1 moulin à poivre
- 1 moulin à gros sel
- Fil à rôti
- Film étirable transparent
- Papier aluminium
- Papier absorbant
- Papier sulfurisé
- 1 verre doseur
- 1 balance
- Petites corbeilles à pain

La kémia

Et autres salades et entrées

Tradition sacrée dans tout le bassin méditerranéen, à l'heure de l'apéritif la table se couvre d'amuse-gueule, prétextes à retrouvailles entre amis, en famille, au bistrot ou à la maison.
Ici le repas ne commence pas par une ou des entrées mais par une multitude de salades et de préparations, des plus simples aux plus élaborées.
Le tout arrosé d'anisette et surtout de boukha, eau-de-vie de figue à consommer glacée comme de la vodka.
Qui peut le plus...
On n'est bien sûr pas obligé de servir tous les plats à la fois, tout dépend du temps dont on dispose, du nombre de convives et des circonstances.
On réserve la plus belle kémia pour le soir du shabbat. La cuisinière se fait alors un devoir de se surpasser. On aura tout le temps de se reposer le lendemain.
Alors, petit apéritif pour se mettre en appétit ou festin, voici la kémia.
Du plus simple au plus compliqué, et à chaque fois de quoi remplir un bon ravier, un bol ou un petit saladier.
Pour commencer, quelques produits apéritifs achetés tout prêts et des crudités nature ou légèrement assaisonnées. Elles ont pour fonction de rafraîchir le palais soumis parfois à rude épreuve. Ces crudités restent sur la table et se dégustent tout au long du repas.
Si l'on est nombreux, diviser ces préparations en plusieurs petits bols ou autres jolis récipients. Chacun les aura à sa disposition près de soi et la table n'en sera que plus opulente.

Pour des commodités de classement, de grands classiques de la kémia se trouvent dans d'autres rubriques du livre. Il s'agit du makoud, de la minina, des bricks, des fricassés, des boulettes et de la osbana mais aussi de l'akoud ou de la viande au cumin, de la pkaïla..., servis en dégustation ou en petites portions.
Il suffira de piocher ici ou là en veillant à l'équilibre du cru, du cuit, du doux, de l'épicé, voire du brûlant.
En fait, tout est prétexte à kémia. C'est une question d'humeur et d'état d'esprit.

~ ***Pistaches, amandes, pois chiches grillés...***

~ ***Fèves grillées.*** Tremper les fèves sèches dans de l'eau froide avec 1 pincée de bicarbonate de soude pendant deux jours. Changer l'eau de temps en temps (sinon elle pourrit) sans oublier le bicarbonate. Les éplucher, les sécher dans un torchon et les plonger dans un bain de friture. Les égoutter dans une passoire et les étaler sur du papier absorbant, puis saler. Les fèves ainsi préparées se conservent aussi longtemps que des cacahuètes dans un bocal en verre.

~ ***Olives*** noires, mais surtout olives vertes un peu amères.

~ ***Kaki.*** Gâteaux secs salés que l'on peut faire soi-même (p. 103).

~ ***Anchois et thon*** à l'huile d'olive.

~ ***Boutargue.*** Des œufs de poisson séchés et conservés dans une pellicule de paraffine. Retirer cette pellicule et couper les œufs en fines lamelles. Certains les arrosent de jus de citron et, parfois, d'un filet d'huile d'olive. On trouve la boutargue (ou poutargue) dans les épiceries fines ou orientales et les bonnes poissonneries. Mais on peut également la préparer soi-même (p. 71).

~ ***Œufs durs.*** Faire durcir 2 ou 3 œufs, les passer sous l'eau froide, les écaler et les couper en deux dans le sens de la longueur, puis chaque moitié en deux. Arroser de jus de citron et saupoudrer de sel et d'un peu de paprika (felfel geïna hlou) pour la couleur. Compter 1/2 œuf par personne.

Mais ceci n'est que la version moderne de la cuisson des œufs. En fait, à l'origine, ces œufs étaient cuits au four, ou plutôt dans la cendre.

À l'époque où le four n'existait pas encore, on cuisait les aliments sur un canoun, réceptacle de terre dans lequel le charbon de bois servait de combustible. Dans les cendres encore chaudes on enfouissait tantôt des oignons avec leur peau pour les oignons confits (p. 101), tantôt et surtout des œufs dont le blanc en cuisant devenait ambré. Leur saveur s'en trouvait transformée, plus goûteuse, plus concentrée. Dans les quartiers à forte concentration de commerces orientaux, on les trouve chez certains boulangers qui les cuisent au four après les avoir durcis dans l'eau. On peut procéder de la même manière chez soi. Plusieurs techniques : soit les cuire 2 h dans un autocuiseur, soit les durcir d'abord et les passer au four au moins 1 h, ou encore les enfouir dans une t'fina (au moins 3 h). Le résultat est étonnant et vaut la peine qu'on tente l'expérience.

~ ***Radis.*** Il suffit de les laver, d'en gratter la base, de retirer les grosses feuilles et de garder les petites du cœur.

~ ***Fenouil.*** S'il est frais et bien blanc, tout se mange ou presque. Rincer 2 ou 3 bulbes, retirer les queues et couper les bulbes en deux, puis en gros quartiers.

Le fenouil en Tunisie ayant un parfum inouï aux vertus digestives bien connues, ma mère les plongeait dans une carafe d'eau qu'elle mettait à rafraîchir au frigo. Nous buvions cette eau tout au long du repas puis croquions les quartiers de fenouil quand la carafe était vide. À tenter si le fenouil est d'une qualité irréprochable.

Les crudités

Pour l'assaisonnement de ces salades, nous n'utilisons que rarement le vinaigre. En Tunisie, le citron est roi.
L'harissa relève presque toutes ces préparations. Son usage est bien sûr facultatif, ou à modérer selon les goûts.

~ ***Artichaut (torchi ganaria).*** Choisir 2 artichauts violets (poivrades de taille moyenne).
Les effeuiller. C'est le moment délicat de la préparation : se munir d'un petit couteau bien tranchant, tenir l'artichaut dans le creux de la main gauche, et, de la droite, glisser la lame sous les feuilles et les couper sans mordre sur le fond, en tournant doucement l'artichaut comme on le fait pour peler une orange en spirale. S'arrêter dès qu'on atteint les feuilles les plus tendres que l'on garde. Couper leur bout pointu et retirer le foin. Rincer et enduire immédiatement de citron pour empêcher l'artichaut de noircir. Couper les fonds en fines lamelles et assaisonner de citron, de sel, de poivre, puis d'huile d'olive. On peut enrichir cette salade de 2 oignons frais coupés en fines tranches et la décorer de persil plat ciselé.
~ ***Betterave cuite.*** Couper 1 ou 2 betteraves en dés (ou les râper grossièrement). Assaisonner avec un filet de citron, une pointe d'harissa (facultatif), du sel et une pincée de carvi (carouia).
Ma mère prépare quelques betteraves à l'avance et les conserve au frigo dans un bocal en verre, juste épluchées et recouvertes d'eau coupée de vinaigre.
~ ***Carotte.*** Éplucher 2 carottes moyennes et les râper côté gros trous. Assaisonner de jus de citron, d'une pointe d'harissa et de sel. Mélanger et ajouter un trait d'huile d'olive.

~ ***Chou blanc.*** Utiliser 1/4 de chou. Retirer les feuilles les plus abîmées et les plus grosses côtes. Émincer très finement le chou. Faire bouillir une casserole d'eau. Hors du feu y plonger le chou 5 min, l'égoutter et le sécher au torchon.
L'assaisonner, soit avec du vinaigre, de la moutarde et de l'huile, soit avec du citron, du sel et de l'huile.
En préparer davantage, cette salade se garde et peut être resservie le lendemain.
~ ***Concombre.*** Choisir si possible de petits concombres à la chair serrée (ou 1/2 concombre). Les rincer, peler une bande sur deux, les couper dans la longueur, retirer les pépins. Couper en tronçons de 8 cm, puis en bâtonnets d'1 cm d'épaisseur. Saler. Laisser dégorger 10 min. Jeter l'eau et rincer. Servir nature ou arrosé de jus de citron et d'une larme d'huile pour le brillant.
On peut ajouter un peu de poivron vert doux et/ou piquant coupé en bâtonnets et préparé de la même manière.
~ ***Fenouil au citron.*** Rincer 2 ou 3 bulbes de fenouil, les essuyer. Enlever quelques millimètres de trognon, retirer la première couche si elle est abîmée, enlever le bout des tiges en gardant les feuilles vertes. Couper les fenouils en deux, puis en quartiers très minces en tournant autour du trognon. Poser dans un saladier. Ciseler à part les fines feuilles vertes et réserver.
Arroser d'un jus de citron, saler et poivrer. Ajouter un filet d'huile d'olive. Mélanger à la dernière minute pour garder tout le croquant du fenouil, ou bien 30 min plus tôt, si on l'aime un peu cuit dans le citron. Avant de servir, parsemer des feuilles vertes ciselées. Cette sorte d'aneth renforcera le goût du fenouil.

Les torchi

Ce sont des crudités préparées comme des condiments. Elles sont coupées en minces bâtonnets, assaisonnées de citron ou de vinaigre et d'eau, d'harissa, de sel et de poivre. Au moment de servir, on ajoute 1 goutte d'huile pour son aspect brillant.
À préparer au moins 24 h à l'avance pour certains et plus pour d'autres.
On peut en prévoir de grandes quantités : le torchi devient alors conserve et se garde longtemps au réfrigérateur dans un bocal en verre. Les légumes doivent impérativement être immergés dans leur jus.
À manipuler avec une cuillère ou une pince en bois, comme pour des cornichons, les ustensiles en métal ayant tendance à s'oxyder au contact de la saumure.
Servir avec une viande froide, de la poule farcie ou des grillades.
En Tunisie, nous préparions ces conserves au printemps, quand les légumes nouveaux arrivaient sur le marché.

Pour 1 ravier

1 carotte
2 navets
1 branche de céleri
1/4 de poivron rouge
1/4 de poivron vert
2 cuil. à soupe de vinaigre
2 cuil. à soupe d'eau
Sel, poivre
1 piment vert (facultatif)

Macération : 3 à 4 jours

Torchi khal
Carottes, navets, poivrons...

◆ Éplucher et rincer les légumes, les sécher et les couper en bâtonnets d'1/2 cm d'épaisseur.

◆ Saler et arroser de vinaigre et d'une même quantité d'eau.

◆ Bien mélanger et les réserver dans un bocal en verre. Laisser macérer et dégorger au moins 3 à 4 jours au réfrigérateur. Secouer le bocal de temps en temps. Veiller à ce que le liquide recouvre bien les légumes.

◆ Servir égoutté.

BON À SAVOIR

~ Si on aime le torchi plus relevé, ajouter un morceau de piment vert. On peut aussi l'agrémenter d'un peu de fenouil. Le tout émincé comme le reste.

Torchi left
Navets

Pour 1 ravier

3 navets ronds
1/2 poivron rouge
1/2 arenge (orange amère) ou 1 citron
1/2 citron (jus)
1 cuil. à café d'harissa
1 filet d'huile d'olive
Sel, poivre

Macération : au moins 24 h

◆ Choisir des navets très frais et très fermes.

◆ La veille, couper les 2 extrémités des navets. Les rincer et les essuyer. Gratter la partie blanche et conserver la partie violette de la peau. Les couper en deux, puis détailler de fines tranches en tournant autour de l'axe central.
Rincer le poivron, l'épépiner et le couper en lanières. Éplucher l'orange amère. Couper la pulpe en lamelles.

◆ Mélanger les morceaux de navets, de poivron et d'orange dans un petit saladier ou un bol. Arroser de jus de citron (si l'arenge est sèche), saler, poivrer et ajouter l'harissa.

◆ Laisser macérer et dégorger pendant au moins 24 h. Remuer aussi souvent que possible.

◆ Ce torchi se garde 3 à 4 jours couvert d'un filet d'huile dans un bocal en verre.

BON À SAVOIR

~ Plus relevé. Ajouter 2 piments verts épépinés et émincés.

~ On trouve encore des oranges amères l'hiver jusqu'à Pâques dans les épiceries orientales ou exotiques.

~ L'arenge (orange amère) étant une denrée assez rare, on la remplace généralement par un citron préparé de la même façon.

Les aajlouk

Ce sont des purées ou caviars de légumes cuits et assaisonnés. À servir froid.
On peut tous les agrémenter d'1/2 cuil. à café de carvi (carouia), à l'exception de l'aajlouk d'aubergine.
S'organiser. On peut les préparer à l'avance et les conserver 2 à 3 jours. Dans ce cas, les assaisonner au vinaigre. Au citron, il faut les consommer dans la journée.

Aajlouk d'aubergine

Pour 1 ravier

1 aubergine
3 gousses d'ail
1/2 poivron rouge
1/2 citron (jus)
1 pointe d'harissa
Sel, poivre
1 filet d'huile d'olive

Cuisson : 20 min

◆ Rincer le 1/2 poivron. Éplucher l'aubergine et la couper en gros morceaux.
◆ Dans une casserole, poser aubergine, poivron et gousses d'ail en chemise (avec leur peau), couvrir d'eau au ras des aliments, saler et cuire 20 min. Bien égoutter.
◆ Presser la peau de l'ail pour en extraire la chair. Retirer la peau du poivron. Écraser l'aubergine, l'ail et le poivron à la fourchette. Assaisonner cette purée avec le jus de citron, l'harissa, du sel, du poivre puis l'huile.

BON À SAVOIR

~ Le poivron peut être utilisé cru ; on l'écrasera au mixer, ou plutôt au presse-ail étant donné la quantité.
~ Assaisonnement au vinaigre : une fois écrasée, la purée sera revenue avec l'huile dans une poêle à revêtement antiadhésif pour la faire sécher un peu. Ajouter un trait de vinaigre, attendre la reprise de l'ébullition et éteindre. Laisser refroidir.
~ Au four. L'aubergine est grillée avec sa peau (préalablement piquée pour ne pas éclater) sous le gril du four. La retourner régulièrement jusqu'à ce que la peau soit noire

(30 min). La fendre, récupérer la chair à la cuillère, l'écraser à la fourchette et l'assaisonner de la même manière.

Aajlouk de carottes

Cuisson : 30 min

- Remplacer l'aubergine par 2 carottes. Même recette, à laquelle on ajoute une pomme de terre (bintje), mais sans poivron.

Aajlouk de courgettes

Cuisson : 20 min

- Remplacer l'aubergine par 3 courgettes. Même recette, avec une pomme de terre, mais sans poivron.

Aajlouk de potiron

Cuisson : 20 min

- Éplucher 1 pomme de terre (bintje) et la couper en tranches.
- Retirer la grosse peau du potiron (500 g), les pépins et les filaments. Couper en fines lamelles.
- Poser les tranches de potiron et de pomme de terre à plat dans une poêle avec un filet d'huile d'olive et les gousses d'ail écrasées. Saler, couvrir et cuire 20 min à petit feu. Si le potiron ne s'écroule pas, ajouter un peu d'eau (sauf s'il en reste au fond) et continuer la cuisson quelques minutes de plus.
- Écraser à la fourchette et assaisonner avec citron et harissa.

Slata jida
Crudités coupées menu

La jida est plutôt une salade d'été. Les crudités sont coupées en minuscules morceaux comme pour un minestrone. Paresseux, s'abstenir. Pas question de bâcler. Plus c'est petit, meilleur c'est.

Pour 1 petit saladier

1 belle tomate
1/4 de concombre ou 1 petit
1/4 de poivron rouge
1/4 de poivron vert
2 oignons nouveaux
4 brins de persil plat
1/2 citron
Sel, poivre
1 filet d'huile d'olive

- Rincer tous les légumes sans les éplucher. Retirer pépins et pédoncules des poivrons et les pépins du concombre. Garder la tige verte des oignons. Le persil est lavé, séché, effeuillé et ciselé.
- Armé d'un bon couteau, d'une planche en bois et de patience, tout couper en morceaux de 5 à 7 mm. Retirer le zeste du citron. Arroser les crudités du jus et couper la peau dézestée en petits morceaux, qu'on ajoute au reste.
- Assaisonner de sel, de poivre et d'huile d'olive. Parsemer de persil.

BON À SAVOIR

~ Tomates, poivrons, oignons, concombre, persil et citron sont les ingrédients de base. On peut en ajouter d'autres, mais pas tous. Par exemple, un petit cœur de céleri en branches, un morceau de fenouil (mais pas les 2 ensemble), des radis…

~ Pour les adeptes du relevé, ajouter un piment vert, soit en gros morceaux, juste pour parfumer, soit coupé comme le reste.

~ Cette salade d'été accompagne à merveille viandes et poissons grillés.

LE SECRET DE MA MÈRE

~ La Nona avait l'habitude de garder une cuillerée de salade un peu confite de la veille pour parfumer celle du lendemain.

Salade d'artichauts cuits

Pour 1 petit saladier

1 gros citron
4 artichauts violets
3 gousses d'ail
1 botte d'oignons nouveaux
1 bulbe de fenouil
1 pointe de concentré de tomates
3 cuil. à soupe d'huile d'olive
1/2 cuil. à café d'harissa
Sel, poivre

Préparation : 15 min
Cuisson : 30 min

◆ Passer le citron sous l'eau chaude et l'essuyer. Retirer le zeste, puis couper le citron en gros quartiers (8) avec la peau blanche.

◆ Effeuiller les artichauts (artichauts crus assaisonnés, p. 46). S'arrêter quand on atteint les feuilles tendres. Trancher juste leur bout pointu. Retirer le foin et couper le fond d'artichaut en 12 lamelles s'il est gros, en 8 s'il est petit. Les frotter avec les quartiers de citron pour éviter qu'ils ne noircissent.

◆ Éplucher les oignons. S'ils sont petits, les garder entiers, sinon les couper en deux. Éplucher l'ail. Fendre chaque gousse et en retirer le germe. Rincer le fenouil et le découper en minces quartiers en tournant autour du trognon.

◆ Dans une sauteuse, verser l'huile, poser les oignons, l'ail, le concentré de tomates et l'harissa. Saler, poivrer et ajouter les autres légumes.

Démarrer à grand feu, faire revenir le tout en remuant, puis couvrir d'eau au ras des aliments. Dès l'ébullition, baisser le feu, couvrir et attendre que tout soit cuit. Rectifier l'assaisonnement. La sauce doit être courte et les légumes entiers.

◆ Servir froid dans un grand bol évasé.

BON À SAVOIR

~ Le choix des artichauts violets est impératif. Les artichauts bretons sont trop sucrés et farineux pour cette recette.

~ On peut remplacer les oignons nouveaux par un gros oignon émincé grossièrement. On peut également utiliser des oignons surgelés.

~ Choisir un citron à peau épaisse.

~ Le fenouil est ici facultatif mais on peut réaliser la même salade à base uniquement de fenouil.

~ Le concentré de tomates est utilisé pour sa couleur.

~ S'organiser : on peut en préparer de grandes quantités, cette « salade » se gardant 3 à 4 jours.

Chou-fleur aux anchois

Pour 1 petit saladier

1/2 chou-fleur
6 filets d'anchois
5 gousses d'ail
1 pointe d'harissa
3 cuil. à soupe d'huile d'olive
2 cuil. à soupe de coulis de tomates
1 cuil. à soupe de vinaigre
1 petite poignée de gros sel

Cuisson : 15 min + 10 min

◆ Rincer le chou-fleur. Détacher les bouquets et retirer les plus grosses côtes.

◆ Dans une grande casserole, faire bouillir une bonne quantité d'eau, ajouter une petite poignée de gros sel et y plonger les bouquets de chou-fleur. Faire blanchir 15 min. La chair doit rester ferme. Égoutter.

◆ Dans une poêle, chauffer l'huile et ajouter l'ail écrasé, le coulis, les anchois et l'harissa. Cuire 5 min à petit feu, verser le chou-fleur et bien mélanger pour qu'il s'imprègne de la sauce. Laisser mijoter 5 min, ajouter le vinaigre, attendre la reprise de l'ébullition et éteindre.

En rectifiant l'assaisonnement, attention au sel, les anchois et l'harissa en contiennent déjà beaucoup.

Citrons cuits

2 gros citrons
4 gousses d'ail
1 cuil. à café d'harissa
2 cuil. à soupe d'huile d'olive
Sel

Cuisson : 30 min

Une fois n'est pas coutume, choisir des citrons à peau épaisse.

◆ Rincer les citrons à l'eau chaude et les essuyer. Peler l'ail. Couper les citrons dans la longueur en lamelles de 1,5 cm d'épaisseur en tournant autour de l'axe central. Retirer les pépins.

◆ Dans une sauteuse, verser l'huile, l'harissa, les tranches de citron, saler et mélanger. Disposer les tranches de citron côté peau en dessous. Porter à ébullition, baisser le feu et couvrir. Cuire 30 min.

◆ Les citrons ont mijoté dans leur jus, les lamelles sont confites mais entières. Servir froid.

BON À SAVOIR

~ Ces citrons cuits se gardent 8 jours au réfrigérateur.

Fèves au cumin

*Pas un événement sans fèves (*foul*, en arabe, signifie aussi fête).*
Voici l'histoire qu'on raconte à celui qui se plaint de ne manger que des fèves : « Au même moment passe un homme, il mange des fèves et jette les épluchures par terre. Regarde ! Derrière lui, un mendiant accourt, ramasse les épluchures et les dévore. »
Nourriture pauvre, les fèves sont là pour nous rappeler l'existence des plus démunis. Quand bien même nous serions pauvres, il y a toujours plus pauvre que soi. Pour ne rien gâcher, c'est un régal.

500 g de fèves sèches
1 cuil. à café de bicarbonate de soude
1 cuil. à soupe de cumin (camoun)
Sel

Trempage : 12 h
Cuisson : 30 min

- La veille, faire tremper les fèves dans de l'eau froide avec le bicarbonate de soude.
- Le jour même, les égoutter et les faire cuire 1 h 30 dans une grande quantité d'eau sans sel. La cuisson est plus rapide (30 min) si l'on utilise un autocuiseur.
- Assaisonner de sel et de cumin au moment de servir.

BON À SAVOIR

~ Ajouter une rondelle de citron dans l'eau de cuisson, les fèves ne bruniront pas.

LES VARIANTES

~ ***Aux fèves fraîches.*** Écosser les fèves et les faire bouillir 30 min dans une grande quantité d'eau salée. Les égoutter et les servir tièdes, poudrées de cumin et de sel. Chacun retire la peau des fèves à mesure qu'il les déguste.
~ Les fèves fraîches surgelées sont excellentes et font économiser les temps de pluches.

Foie au cumin

Peut-être pour des raisons de vache folle, il est aujourd'hui assez rare de trouver du foie ou de la rate sur une table ou un buffet. Pourtant, à l'occasion de grandes fêtes, on les cuisinait par lobes entiers. Pour les amateurs d'abats, c'est un grand moment.

Pour 1 ravier

1 tranche de foie de génisse (2 cm d'épaisseur)

Marinade :
1/2 citron (jus)
2 gousses d'ail
1 cuil. à café d'harissa
1/2 cuil. à café de paprika (felfel geïna hlou)
1 cuil. à soupe rase de cumin (camoun)
2 cuil. à soupe d'huile d'olive
Sel

Assaisonnement :
1/2 citron (jus)
1 pincée de paprika (felfel geïna hlou)

Marinade : 2 h
Cuisson : 20 min

◆ Faire une sauce avec tous les éléments de la marinade, l'ail sera écrasé.
Imprégner la tranche de foie de cette sauce et la laisser mariner au moins 2 h en la retournant de temps en temps.
◆ Préchauffer le four (220 °C, th. 7).
Poser le foie avec la marinade dans un plat allant au four et cuire 20 min.
◆ Laisser refroidir et couper le foie en minces lamelles, arroser du jus de citron et poudrer de paprika pour la décoration.

LES VARIANTES

~ ***Rate au cumin.*** Remplacer le foie par de la rate.

BON À SAVOIR

~ Pour les adeptes du piquant, on remplacera le paprika de la marinade par du piment en poudre en dosant selon les goûts.

Marmouma
Confit de tomates et poivrons à l'ail

Makbouba à Tunis, marmouma à Sousse, personne ne lui résiste. L'été en vacances, on la conserve au réfrigérateur. On la sert une première fois, et les restes s'accommodent à merveille avec des œufs brouillés ou des pâtes pour une fourma.

Pour 1 petit saladier

1 kg de tomates
1 poivron rouge
1 poivron vert
6 gousses d'ail
8 cuil. à soupe d'huile d'olive
Sel, poivre

Cuisson : près de 2 h

◆ Laver les tomates et les couper en deux si elles sont moyennes, en quatre si elles sont grosses.
Les poivrons seront rincés, débarrassés des pépins, du pédoncule et coupés en morceaux d'environ 3 cm sur 4 cm. Éplucher les gousses d'ail et les garder entières.

◆ Verser l'huile d'olive dans une sauteuse. Y poser les tomates, puis l'ail et enfin les poivrons. Saler et démarrer la cuisson à feu vif. Dès l'ébullition, baisser, couvrir et laisser mijoter 20 min.

◆ Quand les poivrons sont cuits, découvrir et laisser sur le feu jusqu'à ce qu'il n'y ait pratiquement plus de liquide, 1 h 20 environ. Tout dépend de la qualité des tomates.
Si les légumes commencent à attacher, c'est bon signe… Frotter le fond de la sauteuse avec une cuillère en bois et attendre que le mélange soit complètement confit, il se met à ressembler à de la confiture. Poivrer et verser délicatement dans un saladier.

◆ Traditionnellement, la marmouma se déguste froide.

◆ ***LES VARIANTES***

~ ***La frita.*** Cette spécialité algérienne est une marmouma aux poivrons rouges seulement mais préalablement grillés.

~ ***Au carvi.*** Certains l'assaisonnent de carvi (carouia) mais, pour notre part, nous la préférons nature.

BON À SAVOIR

~ Si, en cours de cuisson, vous ressentez le besoin de remuer, faites-le très délicatement, pour éviter que les légumes ne se réduisent en bouillie.
L'aspect de confit fait toute la beauté de la marmouma, mais les morceaux restent entiers.

~ S'organiser : on peut préparer la marmouma à l'avance, elle se conserve près d'une semaine au réfrigérateur.

~ Si les tomates sont aqueuses, farineuses ou sans goût, ce qui est malheureusement souvent le cas, leur préférer des tomates pelées en conserve.

~ Au début, vous aurez l'impression que les quantités sont énormes, mais si la marmouma cuit dans les règles, elle réduira beaucoup.

Méchouia
Poivrons et tomates grillés à l'ail

Tout le monde sait qu'un méchoui est un repas à base de viandes grillées. La méchouia, elle, est une salade dont tous les éléments sont grillés. C'est hautement diététique et d'un goût subtil, légèrement fumé.

Pour 1 petit saladier

4 tomates
1 poivron rouge
1 poivron vert
4 gousses d'ail
1 citron (jus)
5 cuil. à soupe d'huile d'olive
Sel, poivre

Cuisson : 30 min

◆ Allumer le four en position gril.
Poser sur la grille tomates, poivrons et gousses d'ail en chemise (avec leur peau). Faire griller pendant 30 min en les tournant sur toutes leurs faces. L'ail cuisant plus vite, le retirer au bout de 15 min. La peau des légumes doit être noire et l'intérieur, cuit. Bien surveiller : si les peaux noircissent trop vite, descendre la grille d'un cran.

◆ Laisser le tout refroidir dans une assiette creuse recouverte d'une autre assiette creuse. On pèlera ensuite tomates et poivrons sans difficulté. L'ail sera débarrassé de sa peau.

◆ Dans l'assiette, couper en tout petits morceaux, au moyen de 2 couteaux (un dans chaque main, en les croisant), les poivrons, l'ail et les tomates avec leur jus (ces dernières s'écrouleront un peu).

◆ Assaisonner de jus de citron, de sel, de poivre et d'huile d'olive, mélanger et goûter.

◆ Servir froid dans un joli ravier.

◆ ***LES VARIANTES***

~ ***Câpres.*** On peut ajouter 2 cuil. à soupe de câpres. Mais attention, tout le monde n'aime pas.

~ ***Piments.*** Pour les puristes, il faut savoir que la méchouia doit être piquante. On ajoute 1 petit piment vert qui grille et se prépare comme le reste. Un conseil, si vous voulez essayer : partagez la préparation en deux, une partie qui restera douce et une autre que vous relèverez d'un peu de piment ou d'une pointe d'harissa.

~ ***Thon ou anchois.*** Pour compléter cette salade, ajouter une petite boîte de thon à l'huile d'olive émietté sur le dessus ou quelques anchois.

BON À SAVOIR

~ Pour éviter que l'ail ne tombe de la grille, poser les gousses sur un petit morceau de papier aluminium.

~ Plus rapide mais moins digeste : l'ail peut être simplement ajouté cru et écrasé au presse-ail.

~ Pour simplifier le nettoyage du four, recouvrir la lèchefrite de papier aluminium et y poser la grille du four.

~ S'organiser. Préparée à l'avance, elle se garde 3 jours à condition de l'assaisonner au vinaigre à la place du citron.

Mzora
Carottes au carvi

Pour 1 petit saladier

500 g de carottes moyennes
5 gousses d'ail
1/2 cuil. à café d'harissa
1/2 cuil. à café de paprika (felfel geïna hlou)
1/2 cuil. à café de carvi (carouia)
3 cuil. à soupe d'huile d'olive
1 cuil. à soupe de vinaigre
Sel

Cuisson : 30 min + 20 min

◆ Éplucher les carottes et les couper en rondelles d'1 cm d'épaisseur.

◆ Les faire bouillir dans de l'eau salée qui les recouvre juste. Quand elles sont cuites, les égoutter au-dessus d'un bol. On aura besoin de ce bouillon par la suite.
Pendant la cuisson des carottes, éplucher l'ail.

◆ Dans une poêle, chauffer l'huile, puis, hors du feu, ajouter l'ail écrasé, le paprika et l'harissa. Reposer la poêle sur un feu moyen et y faire revenir les carottes égouttées en remuant sans arrêt pendant 5 min. Verser le bouillon au ras des carottes, augmenter le feu et laisser bouillir à découvert. Le liquide va presque totalement s'évaporer. Quand il ne reste plus qu'un fond de sauce, ajouter le carvi et le vinaigre. Attendre la reprise de l'ébullition et éteindre.

◆ Servir dans un joli bol évasé ou des raviers.

LES VARIANTES

~ Remplacer les carottes par des bouquets de **chou-fleur**.

BON À SAVOIR

~ S'organiser. Grâce au vinaigre, la mzora se garde bien 3 jours.

Pommes de terre au cumin

Pour 1 petit saladier

500 g de pommes de terre ou 4 moyennes (charlotte, BF 15)
1 citron (jus)
1/2 cuil. à café d'harissa
1 cuil. à soupe rase de cumin (camoun)
2 cuil. à soupe d'huile d'olive
Sel

Cuisson : 20 min

◆ Rincer les pommes de terre et les cuire 20 min dans de l'eau bouillante. On les pèlera quand elles seront tièdes.

◆ Pendant ce temps, préparer la sauce en mélangeant dans le petit saladier de service le jus de citron, du sel, l'harissa, le cumin et l'huile d'olive, dans cet ordre-là.

◆ Couper les pommes de terre en gros dés ou en tranches et assaisonner. Rectifier l'assaisonnement, les pommes de terre ayant tendance à absorber la sauce, surtout lorsqu'elles sont chaudes.

LE SECRET DE MA MÈRE

~ Ma mère préfère la bintje : plus crémeuse, elle absorbe mieux la sauce. Mais il faut savoir arrêter la cuisson à temps (20 min), sinon elle s'écroule.
Pour les débutants, mieux vaut utiliser une pomme de terre qui se tient.

~ Pour la décoration et le goût, elle râpe un œuf dur au-dessus des pommes de terre (côté gros trous).

Préparations pour cocktail

Thon beldi

Pour 40 canapés

20 navettes

Thon beldi :
250 g de thon à l'huile d'olive
4 œufs (2 œufs entiers + 2 jaunes)
2 citrons beldi confits
20 olives noires
1 pointe d'harissa

LES NAVETTES

Acheter ou faire 20 navettes en utilisant la pâte des halot (p. 104). Former de petits pains ovales. Une fois cuits et refroidis, les couper en 2 dans la longueur. On obtient 40 canapés à tartiner.

LE THON BELDI

Cette pâte a la consistance d'une tapenade, ou plutôt d'une thoïonnade.

◆ Durcir 2 œufs, les passer sous l'eau froide, les écaler, les râper côté gros trous et les réserver. Couper les olives en 2 et retirer les noyaux, réserver.

◆ Égoutter le thon sans jeter l'huile.

◆ Couper les citrons en 2, retirer les pépins, et mixer la chair en purée. Il ne doit plus rester de morceaux. Ajouter le thon et continuer de mixer.

◆ Verser cette pâte dans un saladier et l'assouplir avec 2 jaunes d'œufs. Relever d'une pointe d'harissa. Si la pâte est encore trop sèche, l'allonger avec un peu d'huile d'olive.

◆ Tartiner les demi-navettes de cette préparation, ajouter un peu d'œuf dur râpé et décorer d'une demi-olive au centre.

◆ On peut également garnir les navettes comme des sandwichs. Après les avoir coupées en 2 sans aller jusqu'au bout, les fourrer de la même farce.

BON À SAVOIR

~ On peut faire soi-même les citrons confits (p. 73).

Méchouia / Thon / Œuf dur

40 barquettes (tartelettes)
ou 20 navettes

Farce :
Celle des fricassés, p. 108

◆ On tartine des navettes coupées en 2 ou on remplit de petites barquettes.

◆ Pour faire les barquettes, suivre la recette de la pâte à tarte version salée (p. 311). Huiler de petits moules à tartelettes ronds ou ovales, les tapisser de pâte à tarte et cuire au four. Démouler, laisser refroidir et remplir du mélange méchouia/thon/œuf dur.

Ojja merguez (œufs brouillés en sauce avec merguez)

Pour 1 œuf de ojja

4 à 5 barquettes

◆ Préparer une ojja nature (p. 128). Cuire les merguez dans une poêle, les égoutter et les couper en rondelles d'1 cm d'épaisseur.

◆ Préparer les barquettes en suivant la recette de la pâte à tarte version salée (p. 311), les démouler, les laisser refroidir et les remplir de ojja chaude. Poser au centre un morceau de merguez.

Chouquettes farcies

Pour 40 chouquettes

Pâte à choux, p. 277

La sauce poulette :
300 g de poulet
4 œufs (2 œufs entiers + 2 jaunes)
200 g de champignons de Paris

LES CHOUQUETTES

◆ Préparer de la pâte à choux (p. 277). À l'aide d'une poche à douille, on façonne de petits choux à cuire au four. Les laisser refroidir et les couper aux deux tiers. Le haut du chou servira de chapeau. Les choux sont fourrés d'une sauce poulette un peu épaisse, enrichie de champignons, d'œuf dur et de chair de poulet.

1/2 citron (jus)
3 cuil. à soupe de Maïzena
3 cuil. à soupe de margarine végétale ou d'huile d'arachide
1 cube de bouillon de volaille
1/2 litre d'eau
Huile d'arachide
Sel, poivre

LA SAUCE POULETTE

◆ Durcir 2 œufs, les passer sous l'eau froide et les écaler. Les couper en quatre dans la hauteur, puis en fines lamelles dans l'autre sens.

◆ Retirer le bout terreux des champignons. Les rincer sous le robinet et les plonger dans une eau vinaigrée pour les empêcher de noircir. Les émincer et les faire revenir dans une poêle avec une goutte d'huile et du sel. Ils vont suer, lâcher leur eau. À ce moment-là, augmenter le feu et éteindre quand l'eau s'est évaporée. Les champignons sont cuits sans dorer.

◆ Dissoudre le cube de bouillon de volaille dans 1/2 litre d'eau chaude. Verser dans une casserole sur un feu moyen et pocher le blanc de poulet dans ce bouillon. Quand le blanc est cuit, l'égoutter et l'émietter finement.

◆ Délayer le jus d'1/2 citron dans les 2 jaunes d'œufs restants.

◆ Dans une casserole, faire fondre de la margarine ou chauffer l'équivalent d'huile. Ajouter la Maïzena qui va absorber le corps gras sans colorer. Verser le bouillon par cuillerées d'abord. Entre chaque cuillerée, la pâte doit avoir incorporé la cuillerée précédente sans faire de grumeaux. Quand la sauce ne fait plus une boule compacte, on peut verser une plus grande quantité de liquide à chaque fois.
La sauce est épaisse, ajouter la chair de poulet, les champignons et le mélange jaunes d'œufs/citron. Rectifier l'assaisonnement en sel et poivre. Finir par les lamelles d'œufs durs et remuer délicatement.

◆ Farcir les choux de cette sauce et les recouvrir de leur chapeau.

LES VARIANTES

~ On peut enrichir cette sauce poulette de morceaux de cervelle ou remplacer le poulet par de la chair de poisson.

Pour un buffet opulent

LE SALÉ

Produits apéritifs : olives, pistaches, amandes, pois chiches grillés, fèves frites, boutargue coupée en lamelles, torchi, œufs durs arrosés de jus de citron et poudrés de paprika.

Minina et fourma coupées en dés.

Bricks farcies à la viande et aux pommes de terre.

Fricassés.

Pizza coupée en dés.

Banatages.

Boulettes à l'anis et/ou kefta.

Poulet frit.

LE SUCRÉ

Cigarettes au miel.

Makroud.

Debla.

Dattes et noix.

Dattes et noix farcies.

Cette sélection se limite aux préparations qui peuvent se consommer à la bouchée, c'est-à-dire sans l'aide d'une fourchette ou d'une pique en bois. Mais on peut l'étendre bien au-delà. Voir kémia (p. 43) et autres plats pouvant être servis pour la kémia.

Les conserves

Pourquoi des conserves ?
Elles ont peu à peu été mises au point car de nombreux produits étaient introuvables à certains moments de l'année.
Au printemps, aux environs des fêtes de Pâques, arrivaient sur les marchés navets, carottes, citrons, oranges douces.
C'est en été que poivrons et concombres étaient les meilleurs, que les œufs de mulet abondaient. On profitait du soleil pour sécher les piments rouges enfilés comme des colliers et suspendus sur la terrasse en de jolies guirlandes colorées. Ils serviraient ensuite à confectionner l'harissa de l'année.
Puis, en septembre, les olives étaient cueillies et venaient à maturité en octobre/novembre.
Bref, de quoi s'occuper toute l'année.
De quoi improviser une kémia et régaler un invité arrivant à l'improviste.
Cette rubrique s'adresse en fait aux puristes qui voudraient essayer de faire eux-mêmes ou aux curieux désireux de connaître les secrets de fabrication de produits que l'on trouve aujourd'hui très facilement dans les grandes surfaces ou les épiceries orientales.
Et pour joindre l'utile à l'agréable, sachez que ces bocaux alignés sur des étagères feront un superbe élément de décoration dans votre cuisine. Pensez à alterner les formes et les couleurs, citrons et poivrons rouges, par exemple.

Boutargue ou poutargue

C'est un de nos seuls produits de luxe. Œufs de thon ou de mulet, on les trouve un peu partout dans les épiceries fines et les épiceries orientales ou dans les bonnes poissonneries. Ils ne se conservent que recouverts d'une couche régulière de paraffine sans aucun trou. La boutargue de thon est énorme et ne peut pas être préparée à la maison. Mais si vous achetez un mulet femelle grosse d'une belle laitance, vous pouvez essayer de la préparer vous-même. On reconnaît la laitance de la femelle à son grain, type œufs de cabillaud. Celle du mâle est liquide, sans grains apparents.

1 laitance de mulet
Sel

Préparation : 40 min
Séchage : 5 jours minimum

◆ Laver soigneusement la laitance sans crever la peau extrêmement fine qui la recouvre. Sinon, il n'y a plus qu'à la cuisiner autrement.

◆ La poser sur une planche et la couvrir de sel fin en la retournant pour saler les deux faces. Attendre 30 min, ou plus si elle est très grosse.

◆ La peau s'est durcie, comme figée, on la rince pour retirer le sel et on l'essuie avec du papier absorbant.

◆ La reposer sur une planche et la laisser sécher en la retournant tous les jours.

◆ Quand on ne constate plus de trace d'humidité sur la planche, suspendre la boutargue pendant 3 jours. Elle est prête.

BON À SAVOIR

~ Pour la suspendre, glisser un bout de ficelle à rôti entre les deux lobes ou utiliser un filet résille type filet à pommes de terre ou à oignons.

~ On peut, soit la consommer immédiatement, soit l'envelopper d'un film transparent et la conserver au frigo, soit la recouvrir de paraffine, elle se gardera beaucoup plus longtemps sans noircir. Acheter de la paraffine dans une droguerie. La faire fondre et y tremper la boutargue.

~ Avant d'avoir mis au point toutes ces techniques et astuces, on prélevait la laitance avec le morceau de poisson auquel elle était attachée pour ne pas l'abîmer en la manipulant. On l'accrochait par ce morceau de chair. Puis on le détachait des œufs quand ceux-ci étaient bien secs. On consommait les boutargues tout de suite. Plus tard seulement on a imaginé de les conserver en utilisant de la paraffine.

Variantes

Légumes en saumure

Pour 1 bocal

Légumes :
Carottes, navets, chou-fleur, fenouil, céleri, petits poivrons verts très minces doux et/ou piments piquants

Saumure :
Eau
Gros sel

Macération : 3 semaines

Même principe que pour les citrons confits (p. 73) et les olives vertes (p. 76). Cette fois, la saumure n'est pas réchauffée et le test de l'œuf est à 20 centimes.

- Éplucher les légumes et les couper en bâtonnets épais.
- Trouver la bonne taille de bocal selon la quantité de légumes.
- Le remplir aux 3/4 d'eau... etc. (voir citrons confits p. 73).

BON À SAVOIR

~ Selon les goûts on préparera tout ou partie de ces légumes, ensemble ou séparés.

Citrons confits

Pour 1 bocal

1 dizaine de petits citrons à peau fine (beldi ou lime)

La saumure :
Eau
Gros sel

Macération : 15 jours

◆ Choisir la bonne taille de bocal en le remplissant de citrons qui doivent être bien serrés.

◆ Le bocal sera rincé à l'eau bouillante pour éliminer toute impureté.

◆ Remplir ce bocal aux 3/4 d'eau et la verser dans une casserole, saler au gros sel, le faire fondre (pour s'assurer que la teneur en sel est la bonne, y plonger un œuf cru qui doit légèrement flotter. Le cercle que décrit l'eau autour de sa partie émergée doit avoir la taille d'une pièce de 10 centimes, sinon ajouter du sel jusqu'à obtenir cette figure).

◆ Retirer l'œuf, chauffer la saumure sans la faire bouillir.

◆ Retirer queues et pédoncules, rincer les citrons à l'eau très chaude et les essuyer. Les couper en croix jusqu'à la moitié. Les ranger dans le bocal, en les tassant, côté fendu au-dessus. Couvrir de saumure et fermer le bocal le lendemain seulement. Les citrons auront tendance à remonter. Ils doivent tous impérativement être immergés dans la saumure, sinon la partie découverte pourrira. Il faudra donc bricoler un poids en bois ou en plastique. Bâtonnets en bois que l'on croise, petit dispositif en plastique vert que l'on trouve dans certains bocaux de cornichons…

BON À SAVOIR

~ Attendre 15 jours avant de consommer ces citrons dans un tajine ou en condiment pour la kémia, l'assiette tunisienne ou un méchoui.

~ Selon les goûts ou les usages, on utilisera des citrons à grosse peau entiers, en rondelles ou en quartiers.

Harissa

Utiliser des piments rouges que l'on fera sécher ou que l'on trouvera déjà secs dans les épiceries orientales. Attention ! mettre des gants en caoutchouc, l'harissa ne brûle pas que le palais.

Pour un petit bocal

250 g de piments secs
5 gousses d'ail
1 cuil. à café de sel
Huile d'olive

Trempage : 20 min minimum

- Faire tremper les piments dans de l'eau pendant 20 min en les immergeant avec un poids. Pendant ce temps, éplucher l'ail.
- Égoutter les piments, les ouvrir et retirer pédoncules et pépins.
- Les broyer au mortier avec l'ail et le sel jusqu'à obtenir une pâte.
- Remplir de petits bocaux de verre préalablement rincés à l'eau très chaude et essuyés. Couvrir d'un trait d'huile d'olive et bien fermer.

BON À SAVOIR

~ Ma mère déconseille fortement de broyer l'harissa au mixer. Ce dernier en garderait longtemps le goût, et la cuve, en plastique, resterait définitivement rouge.

~ L'harissa se garde au moins 6 mois. Sans la couche d'huile, elle sécherait et pourrirait.

~ Certains la parfument d'une épice. Ma mère le déconseille dans la mesure où elle sera ensuite utilisée dans des plats qui auront leur assaisonnement propre. Et comme on en met un peu partout, tout aurait le même goût.

LES VARIANTES

Sur le principe de l'harissa, ma mère en a imaginé d'autres versions.

~ ***Harissa fraîche.*** On ne peut plus vraiment parler de

conserve, mais celle-là ne se trouve pas dans le commerce. Utiliser de l'ail et des piments rouges frais que l'on trouve surtout au début de l'été. Peler l'ail, rincer les piments, retirer graines et pédoncules et passer le tout au mixer avec du sel.

~ ***Purée de poivrons doux.*** Plus vraiment de l'harissa, remplacer les piments par la même quantité de poivrons rouges doux et procéder de la même manière. Les deux sont délicieux pour accompagner viandes et poissons grillés.

Poivrons grillés

1 kg de poivrons rouges
1 kg de poivrons verts
5 ou 6 piments (facultatif)
1 grosse tête d'ail
2 citrons (jus)
Huile d'olive
Sel

Cuisson : 1 h
Macération : 10 jours

◆ Allumer le four en position gril. Griller les poivrons et les gousses d'ail avec leur peau. Les gousses d'ail cuisant plus vite, les retirer au bout de 15 min. Les poivrons seront tournés sur toutes leurs faces jusqu'à ce que la peau noircisse.

◆ Les envelopper encore chauds dans du papier journal ou dans un sac en plastique, ou les enfermer entre 2 assiettes creuses. On retirera ensuite leur peau sans difficulté.

◆ Éliminer pépins et pédoncules et couper des filets. Dans un petit bol, presser le jus des citrons, saler et y délayer la pulpe d'ail. Verser sur les poivrons et bien les mélanger.

◆ Les disposer en couches dans un bocal et les recouvrir d'huile d'olive.

◆ Consommer au bout d'une dizaine de jours. Mais une fois ouvert, le bocal sera rangé dans le frigo.

Olives

On les préparait par jarres énormes. Parce que la Tunisie regorge d'oliviers et parce que, dans ce pays, on ne dresse pas une table sans y poser quelques olives. Le plus pauvre des Tunisiens trouve toujours une poignée d'olives et un morceau de pain pour se nourrir.

Olives vertes

500 g d'olives vertes

Saumure :
Eau
Gros sel

Macération : 1 mois

- Comme pour les citrons confits (p. 73), trouver la bonne taille de bocal, sachant que les olives seront bien tassées.
- Préparer une saumure dans les mêmes proportions mais sans la chauffer. Le test de l'œuf se fera cette fois à 20 centimes.
- On pourra utiliser 1/2 citron ou des rondelles en guise de bouchon.

Olives vertes cassées

250 g d'olives vertes
1 gousse d'ail
Gros sel

Macération : 3 jours

Celles-ci ont un goût légèrement amer.

- Donner un coup de marteau sur chaque olive : elle doit être fendue ainsi que son noyau. Éplucher l'ail et l'émincer en fines lamelles.
- Verser les olives et l'ail dans un bocal, saupoudrer de gros sel. Fermer le bocal et le secouer de temps en temps. Elles sont bonnes à consommer au bout de 3 jours.

Les soupes

On ne décide pas vraiment de cuisiner une soupe.
Premier impératif de la cuisinière juive, que faire des restes ?
Pas question de jeter ou de représenter le plat pour la énième fois. La bonne idée, hiver comme été : une soupe.
Le démarrage est souvent le même : une zaria à base d'ail, de tomate, voire d'un oignon, et ainsi redonner une jeunesse à un fond de loubia, de camounïa, viandes et légumes d'un couscous… Pour peu que l'on ajoute une poignée de pâtes ou de riz, le festin est complet. Slata et torchi avant, fruits après, et voilà un repas réglé.
Comme on utilise souvent des légumes secs, et pour ne pas se répéter, ma mère vous livre quelques principes de base.
Le trempage. Pour les plus résistants, pois chiches et fèves surtout mais aussi haricots, la phase du trempage est indispensable. Elle permet de les attendrir avec l'aide parfois d'une cuil. à café de bicarbonate de soude (pas pour les haricots, ils cuiraient trop vite et s'écrouleraient en bouillie).
Cela est d'autant plus vrai qu'aujourd'hui l'eau est assez calcaire. Il y a bien longtemps on utilisait de l'eau de pluie, le bicarbonate était alors inutile.
La cuisson. Les égoutter, les rincer, puis les cuire dans une nouvelle eau et sans sel. Dans une eau salée, les féculents resteraient fermes. Ne saler qu'en fin de cuisson, lorsqu'ils sont bien fondants.
Pour le trempage et le démarrage de la cuisson, l'eau est impérativement froide. En revanche, si l'on doit ajouter de l'eau en cours de cuisson, celle-ci doit être chaude pour ne pas « casser » la cuisson.
Armé d'un peu de patience, il est conseillé de retirer la fine peau qui enveloppe les pois chiches afin de les rendre plus digestes.
Les lentilles aujourd'hui n'ont plus besoin d'être triées ni trempées.
Si l'on dispose d'un autocuiseur ou d'une Cocotte-minute, c'est le moment de s'en servir. Vous réduirez les temps de cuisson de moitié.
À l'exception du bouillon de poulet, nos soupes se doivent d'être consommées brûlantes, c'est-à-dire chaudes et piquantes. Alors, pour ceux qui apprécient et pour ne pas fâcher les autres, cuisiner des piments entiers et les servir à part. Ils sont d'abord frits dans l'huile qui sert à faire revenir les autres ingrédients, puis retirés.
Sans oublier de poser sur la table une coupelle remplie d'harissa.

Zaria
Soupe aux pâtes et à la tomate

La zaria est la base traditionnelle de la soupe tunisienne. On part des ingrédients les plus simples, tomate/ail, et on décline à l'envi selon les goûts, les humeurs et les restes. Enrichie de viande, de poisson ou de légumes, on y ajoute des pâtes mais aussi du riz… À vous de voir.

Pour 4 personnes

150 g de petites pâtes
1 oignon
4 gousses d'ail
2 cuil. à soupe de concentré de tomates
6 cuil. à soupe de coulis de tomates
1/2 cuil. à café de paprika (felfel geïna hlou) ou de piment fort
6 cuil. à soupe d'huile d'olive
Sel, poivre

Cuisson : 30 min

- Éplucher l'oignon et le râper (côté gros trous), peler l'ail qui sera écrasé.
- Dans une sauteuse, chauffer l'huile d'olive et y faire revenir d'abord l'oignon, puis l'ail, hors du feu ajouter le paprika, le concentré et le coulis de tomates. Remettre sur le feu, verser un verre d'eau (20 cl), saler, couvrir et cuire 15 min. Ajouter 3 verres d'eau chaude, porter à ébullition, rectifier l'assaisonnement en sel et verser les pâtes. À la reprise de l'ébullition, baisser le feu, couvrir, cuire 15 min et laisser gonfler. Poivrer et servir. En cours de cuisson, remuer et ajouter un peu d'eau chaude si c'est trop sec.

LES VARIANTES

~ ***Parfums.*** On ajoute 1 cuil. à café de carvi (carouia), une branche de céleri…

~ ***Zaria goût poisson.*** À la place de l'eau, utiliser un fumet ou un bouillon de poisson fait avec des arêtes et des têtes de poissons, du persil, du sel et du poivre. Verser un litre d'eau froide, faire bouillir, baisser le feu, couvrir et cuire 30 min. Pour un plat plus complet, émietter la chair de poisson embusquée dans les têtes, surtout s'il s'agit de mérou, et s'inspirer de la sfaxia (p. 92).

◆ *BON À SAVOIR*

~ Il existe une multitude de petites pâtes qui conviennent à la zaria : langues d'oiseau, tempesta, coquillettes… On peut également utiliser du riz, du blé ou du mhamas, une sorte de couscous roulé gros.

~ En principe, une zaria douce n'est pas une vraie zaria. On fait toujours frire au moins un piment dans l'huile d'olive avant de faire revenir l'oignon. On le retire et on le sert à part.

Bissara
Soupe aux févettes

Pour 8 personnes

500 g de févettes
5 gousses d'ail
2 cuil. à soupe de coulis de tomates
1 cuil. à soupe rase de cumin (camoun)
1 pointe d'harissa (facultatif)
1 petit verre d'huile d'olive (12,5 cl)
Sel, poivre

Les févettes sont de petites fèves sèches épluchées que l'on trouve dans les épiceries orientales.

Cuisson : 35 à 40 min

◆ Verser les févettes dans une marmite, les recouvrir d'eau (2 cm au-dessus des févettes). Démarrer un grand feu ; dès l'ébullition, baisser le feu, couvrir et cuire 30 min. Surtout ne pas saler, les févettes resteraient dures. Au bout de ce temps, les févettes sont cuites et se défont en purée.

◆ Éplucher l'ail. Dans une autre marmite ou une grande casserole, chauffer légèrement l'huile d'olive et y faire revenir l'ail écrasé, puis ajouter le coulis de tomates et l'harissa. Verser les févettes, saler, poivrer et finir par le cumin. Attendre quelques minutes que l'assaisonnement ait bien imprégné l'ensemble. Le tout a une consistance crémeuse. Si c'est trop épais, ajouter un peu d'eau chaude.

LES VARIANTES

Soupe aux pois cassés. Remplacer simplement les févettes par des pois cassés et procéder de même, mais sans cumin. Enrichir simplement cette version de petits croûtons frits et égouttés sur du papier absorbant avant de les déguster avec la soupe.

Bouillon de poulet

Ce bouillon est une base classique. L'agrémenter au choix de petites pâtes (vermicelle, nikitouche...) ou de semoule.

Pour 8 personnes

1 poulet
2 branches de céleri
1 carotte
1 oignon
Sel, poivre

Cuisson : 45 min

- Rincer le poulet et le saler.
- Éplucher l'oignon, le céleri et la carotte.
- Dans une marmite à moitié remplie d'eau froide, poser tous les légumes et le poulet. Saler et porter à ébullition, baisser le feu, écumer s'il y a lieu, couvrir et cuire 45 min. Poivrer en fin de cuisson.
- Servir le bouillon filtré à part. Le poulet peut être dégusté froid ou tiède avec une salade, de la mayonnaise, de la marmouma (p. 59) ou de la méchouia (p. 61).

BON À SAVOIR

~ La viande ne doit jamais cuire dans une eau versée chaude, elle perdrait toutes ses saveurs au profit du seul bouillon. Tandis que, dans l'eau froide, viande et bouillon équilibrent leurs saveurs.

~ Si l'on choisit une poule à la place du poulet, compter 2 h de cuisson.

~ Les pâtes. Toutes les petites pâtes conviennent au bouillon de poulet. Les meilleures sont faites maison. La reuchta (ou noissar, p. 115) fraîche cuit en 15 min. Si elles sont sèches, compter 5 min de plus. À défaut de pâtes maison, utiliser des nouilles fines aux œufs broyées grossièrement à la main.

~ Plus modestement, on peut réaliser un bouillon de poulet avec une carcasse, des ailes... cuisinés de la même manière.

LES VARIANTES

~ ***Bouillon aux œufs.*** Casser 2 œufs dans un bol, les battre à la fourchette avec un peu de sel et de poivre, les verser dans le bouillon alors qu'il est encore sur le feu. Remuer 1 seconde, éteindre le feu, laisser prendre et servir.

~ ***Bouillon à la semoule.*** Poser une marmite sur le feu, y verser la semoule et la remuer avec une cuillère en bois. Une légère vapeur va se dégager, elle se déshydrate et se teinte. Remuer sans arrêt jusqu'à ce qu'il n'y ait plus de vapeur. Verser le bouillon filtré. La semoule, qui a légèrement blondi, va cuire en 10 min. Cette façon de la préparer la rend beaucoup plus goûteuse et onctueuse.

On peut cumuler œufs et semoule.

Compter 1 cuil. à soupe de semoule fine par personne, plus 1 pour la marmite.

~ ***Broudetto.*** À Pessah (Pâque juive), on utilisera de la farine de galettes. Battre 4 œufs avec du sel, du poivre, 1 pincée de noix muscade et 4 demi-coquilles d'eau (on se sert de la coquille d'œuf comme mesure, un ustensile de moins à nettoyer !).

Ajouter 6 cuil. à soupe de farine de galettes. Mélanger le tout à la cuillère pour éliminer les grumeaux. Battre 10 min au fouet ou au batteur électrique. Verser la préparation dans le bouillon. Cuire 15 min. Le broudetto va former une couche. Sa texture est spongieuse. Servir le bouillon avec un morceau de cette préparation. On peut aussi la cuire en parts en la versant dans le bouillon par cuillerées.

~ Pour une farce plus élaborée, voir la dabahia (p. 130).

Chorba

Soupe complète parfumée à la coriandre et au citron.
Harira au Maroc, la chorba est plutôt un plat de cuisine judéo-arabe. Cette soupe est nourrissante au point que c'est elle qui accompagne la sortie du jeûne pendant la période du ramadan.

Pour 6 personnes

250 g de viande (bœuf, veau ou agneau)
100 g de pois chiches
50 à 100 g de lentilles blondes
1/2 verre de riz rond
1 cœur de céleri ou 2 grosses branches
500 g de tomates
3 citrons (dont 1 jus)
2 oignons
1/2 bouquet de persil plat
1 bouquet de coriandre (kosbore)
1 cuil. à soupe de concentré de tomates
1 cuil. à soupe de farine
1 cuil. à café de bicarbonate de soude
2 cuil. à soupe d'huile d'olive
2 doses de safran
Sel, poivre

Trempage : une nuit
Cuisson : 1 h (pois chiches et lentilles, ou 30 min avec un autocuiseur) + 2 h 30

LA PRÉPARATION

- La veille, faire tremper les pois chiches dans de l'eau avec le bicarbonate de soude.
- Le jour même, les égoutter, les rincer et les faire cuire 30 min, recouverts d'eau sans sel. Ajouter les lentilles et cuire encore 30 min.
- Peler les tomates après les avoir plongées 15 s dans l'eau bouillante, les épépiner et les concasser grossièrement. Éplucher les oignons et les couper en rondelles. Couper finement le céleri. Couper la viande en lamelles ou en petits cubes. Rincer le persil et la coriandre, les effeuiller et les hacher grossièrement séparément. Presser le jus d'1 citron et y délayer la farine.

LA CUISSON

- Dans une grande marmite, chauffer l'huile et y faire revenir rapidement la viande, puis les oignons. Ajouter les tomates, le concentré, attendre 10 min et terminer par le persil, les pois chiches et les lentilles avec leur eau de cuisson. Saler et poivrer. Verser 2 litres d'eau, rectifier l'assaisonnement, attendre l'ébullition, couvrir et cuire 2 h.
- Ajouter safran, coriandre et riz, et cuire encore 25 min. 10 min avant la fin, verser le citron et la farine délayée, bien remuer et couvrir.

◆ Poser sur la table quelques coupelles remplies de quartiers de citron. Les amateurs consomment la chorba brûlante et arrosée d'un filet de citron.

LES VARIANTES

~ ***Céréales.*** Remplacer le riz blanc par du riz complet, de l'épeautre, du blé ou bien des pâtes.

BON À SAVOIR

~ Les temps de cuisson sont un peu longs, mais la chorba est facile à réaliser et remporte toujours un grand succès.

~ On peut se faciliter la vie en utilisant une grande boîte de tomates pelées, de l'oignon surgelé, des pois chiches et lentilles en conserve. Il existe même du persil et de la coriandre surgelés. Ainsi cette soupe peut être réalisée en 1 h 30.

~ Utiliser de la farine ou un autre épaississant : Maïzena, fécule…

Hachoua
Soupe à la semoule et à la tomate

Quand le plus pauvre et le plus simple des plats se pare des parfums les plus goûteux.

Pour 6 personnes

6 cuil. à soupe de semoule fine
6 gousses d'ail
6 cuil. à soupe de coulis de tomates
1 cuil. à soupe rase de paprika (felfel geïna hlou)
1 cuil. à café de carvi (carouia)
1/2 cuil. à café d'harissa (facultatif)
6 cuil. à soupe d'huile d'olive
1 litre d'eau
Sel, poivre

Cuisson : 15 min

- Éplucher l'ail.
- Dans un faitout, chauffer l'huile à feu moyen. Faire revenir l'ail écrasé, puis hors du feu ajouter le paprika, le coulis de tomates, saler et remettre sur le feu. Verser l'eau froide, puis la semoule et remuer sans arrêt pendant 10 min. Ajouter le carvi et la l'harissa, remuer 1min. Rectifier l'assaisonnement, couvrir et attendre 2 à 3 min. C'est tout.
- Servir vite car la soupe refroidit presque instantanément une fois versée dans l'assiette.

BON À SAVOIR

~ L'eau doit impérativement être versée froide pour éviter que ne se forment des grumeaux.
~ Une feuille de menthe ajoutée vers la fin, avant de couvrir, rend la soupe plus digeste.
~ À Pessah (Pâque juive), remplacer la semoule de blé par de la farine de galettes.

Hlailem
Soupe aux pâtes, légumes secs et merguez

Une soupe épaisse qui tient au corps, mais qui n'est pas que cela. À la fois rustique et raffinée. Par le mélange étonnant, légumes secs/pâtes si cher aux Italiens. Et la présence subtile du fenouil.
Pour grandes tablées de copains fauchés. Une sorte de chili con carne revisité.
Il paraît qu'on la surnomme HLM.

Pour 6 personnes

250 g de hlailem (p. 114)
250 g de pois chiches
250 g de lentilles blondes
500 g de merguez
1 gros oignon
6 gousses d'ail
1 petite boîte de concentré de tomates (70 g)
1 cuil. à soupe de coriandre en poudre (tabel)
1/2 cuil. à café de fenouil (besbes)
1 cuil. à café de bicarbonate de soude
15 cl d'huile d'olive
Sel, poivre

Trempage : une nuit
Cuisson : 1 h (ou 30 min à l'autocuiseur) + 1 h

◆ La veille, faire tremper les pois chiches dans de l'eau froide avec le bicarbonate de soude.

◆ Le jour même, les égoutter, les rincer et les faire cuire 30 min recouverts d'eau froide sans sel. Verser les lentilles et cuire encore 30 min. Ajouter un peu d'eau si besoin.

◆ Pendant ce temps, éplucher ail et oignon. Émincer celui-ci en fines lamelles et presser l'ail.

◆ Couper les merguez en gros morceaux et les faire dorer dans une poêle sur feu vif. Jeter la graisse et réserver.

◆ Dans un grand faitout, faire revenir oignon et ail dans l'huile d'olive. Ajouter le concentré de tomates. Saler, poivrer. Verser 1 litre d'eau chaude et porter à ébullition, jeter les pâtes en pluie. Attendre la reprise de l'ébullition, baisser le feu et cuire 20 min.

◆ Ajouter pois chiches, lentilles, fenouil, coriandre et merguez, rectifier l'assaisonnement, couvrir et laisser mijoter 30 min pour que tous ces goûts s'interpénètrent.

◆ Ça accroche un peu au fond du faitout : c'est bon signe ! Éteindre le feu et laisser la soupe en attente 5 à 10 min avec son couvercle.

BON À SAVOIR

~ Pour faire la totale légumes secs, remplacer les 250 g de pois chiches par un mélange égal de pois chiches et de haricots lingots.

~ Pour gagner du temps, utiliser des légumes secs en conserve. On les égoutte et on les ajoute dans le faitout une fois les pâtes cuites.

~ Traditionnellement cette soupe se fait avec des merguez maison assez épaisses (environ 3 cm de diamètre, p. 249). Dans ce cas, il est inutile de les faire revenir à part car elles ne sont pas grasses.

~ Si l'on ne dispose pas de hlailem, les remplacer par des macaronis ou des coquillettes. Mais attention ! Ces pâtes cuisent plus vite.

Lablabi
Soupe aux pois chiches

Autre soupe populaire à base de pois chiches. C'est notre soupe à l'oignon. Réservée aux fêtards et à consommer de préférence au petit matin après une nuit blanche.

Pour 4 personnes

250 g de pois chiches
1/2 citron (jus)
1 cuil. à café de cumin en poudre (camoun)
1 cuil. à café de bicarbonate de soude
15 cl d'huile d'olive
Sel
Harissa (facultatif)
Pain rassis (facultatif)

Trempage : une nuit
Cuisson : 1 h 30

◆ La veille, faire tremper les pois chiches dans de l'eau froide avec le bicarbonate de soude.

◆ Le jour même, les égoutter, les rincer et les verser dans une marmite. Recouvrir largement d'eau froide (2 cm au-dessus des pois chiches) sans saler. Porter à ébullition, baisser le feu et couvrir.
Cuire au moins 1 h 30. Saler seulement quand les pois chiches sont cuits.

◆ Pendant ce temps, préparer l'assaisonnement dans le saladier ou la soupière où l'on servira le lablabi. Mélanger l'harissa au jus de citron, saler et ajouter le cumin et l'huile d'olive.

◆ Verser le contenu de la marmite sur cette sauce.
Casser du pain rassis dans la soupe et consommer brûlant. Très chaud et très piquant.

LES VARIANTES

~ Remplacer les pois chiches par des **fèves sèches**.

~ ***À l'œuf.*** Certains ne reculant devant rien cassent des œufs, les battent en omelette et les jettent dans le lablabi alors qu'il est encore sur le feu. On remue quelques secondes et on éteint. Compter 1 œuf par personne. Dans ce cas, le pain ne paraît pas indispensable… Quoique !

BON À SAVOIR

~ Plus rapide, utiliser une grosse boîte de pois chiches.

Minestrone à notre façon

Au départ, un simple minestrone, influences italiennes obligent. Et comme on ne peut pas s'empêcher d'ajouter ceci ou cela, d'arranger à notre façon, le minestrone est devenu tunisien. Il a juste suffi d'un peu d'aneth et de menthe.

Pour 6 personnes

1 carotte
2 navets
1 branche de céleri
1 pomme de terre
1 petite courgette
1/4 de poivron rouge
1 oignon
3 gousses d'ail
1 cuil. à soupe d'aneth (chept)
3 feuilles de menthe (nanaa)
80 g de petits pois extra-fins surgelés
3 cuil. à soupe de coulis de tomates
1/2 cube de bouillon de volaille
3 cuil. à soupe d'huile d'olive
75 g de petites pâtes
Sel, poivre

Cuisson : 1 h

◆ Tous les légumes sont épluchés, rincés, coupés en tout petits dés et réservés séparément, les herbes sont ciselées. L'oignon est râpé côté gros trous et l'ail écrasé.

◆ Dans une marmite, chauffer l'huile d'olive et y faire revenir l'oignon sans coloration.

Chaque légume sera légèrement revenu et incorporé dans l'ordre suivant : d'abord carotte et navets, puis ail et coulis de tomates. Couvrir d'eau chaude dans laquelle on aura délayé le 1/2 cube de bouillon. Saler, poivrer. Quand le liquide bout, ajouter tout le reste sauf la pomme de terre et les pâtes. Couvrir et attendre 15 min. Continuer par la pomme de terre, cuire 30 min.

Ajouter un peu d'eau et de sel, verser les pâtes. Cuire 10 min. Rectifier l'assaisonnement, couvrir et laisser gonfler 5 min. Cette soupe se sert à la louche mais ne doit pas être trop liquide.

LES VARIANTES

~ **Les plus.** Selon le marché ou ce que l'on a dans le réfrigérateur ou le congélateur, ajouter : 1 petite poignée de haricots blancs frais ou secs. Ils cuisent à part dans de l'eau sans sel avant d'être versés dans la soupe ou avec le reste. Dans ce cas, ne saler la soupe que lorsque les haricots sont cuits. 1 poireau (blanc et vert) coupé fin. 1 poignée de fèves fraîches ou surgelées.

~ Du **riz** pour remplacer les pâtes.

~ ***Façon soupe au pistou :*** avec du basilic à la place de l'aneth et de la menthe.

Mais ce ne sera plus « à notre façon ».

BON À SAVOIR

~ En saison, utiliser des légumes frais, sinon les surgelés conviennent très bien.

Les pâtes. Les choisir petites : coquillettes, langues d'oiseau…

Sfaxia
Soupe de poissons

C'est de Sfax qu'arrivaient les poissons que nous consommions en grande quantité. La sfaxia est une soupe au poisson. En voici une version opulente du genre bouillabaisse.

Pour 6 personnes

Le poisson :
1,2 kg de poisson (tranches de mérou, de daurade ou de colin)
1/2 citron (jus)
Sel, poivre

Le bouillon :
Têtes et arêtes de poisson
Gros sel, sel

La sauce :
1/2 poivron rouge
2 grosses feuilles de fenouil
1 gros oignon
8 gousses d'ail
1/2 bouquet de persil plat
3 cuil. à soupe de coulis de tomates
1 cuil. à soupe de concentré de tomates
1 cuil. à soupe de paprika (felfel geïna hlou)
2 pincées de safran ou de Spigol

LE POISSON

- Rincer les tranches de poisson, les enduire de sel, de poivre, de jus de citron et les réserver.

LE BOUILLON

- Poser têtes et arêtes dans une grande marmite, les recouvrir largement d'eau froide, saler au gros sel. Porter à ébullition, baisser le feu, couvrir et cuire 30 min.
- Passer au chinois. Pendant la cuisson du bouillon, préparer la sauce.

LA SAUCE

- Éplucher l'oignon et le râper (côté gros trous). Peler l'ail. Rincer les 2 plus grosses feuilles d'un bulbe de fenouil, le poivron et le persil. Le poivron et le fenouil seront coupés en dés, le persil attaché en bouquet.
- Dans une sauteuse, chauffer l'huile d'olive et y faire revenir dans l'ordre et en attendant entre chaque étape : l'oignon, l'ail écrasé, ajouter hors du feu le paprika, le concentré et le coulis de tomates, remettre sur le feu et continuer avec le poivron, le fenouil et le safran. Verser le bouillon de poisson, ajouter le bouquet de persil et rectifier l'assaisonnement. Cuire 30 min. La soupe est concentrée, pas trop liquide.

6 cuil. à soupe d'huile d'olive
Sel, poivre

Les croûtons :
Pain rassis
Huile d'arachide

Cuisson : 30 min (bouillon) + 30 min (soupe)

- Au bout de 20 min, mettre les tranches de poisson à pocher dans la soupe pour 10 min, pas plus.
- Retirer le bouquet de persil.

LES CROÛTONS

- Frire à l'huile quelques croûtons en tranches ou en dés et les égoutter sur du papier absorbant.

- Servir le bouillon dans une soupière ou un grand saladier. Les croûtons et les tranches de poisson sont présentés à part.

LES VARIANTES

~ Parfumer la sfaxia d'1 cuil. à café de **cumin** (camoun) ajoutée à l'assaisonnement du poisson ou bien à la toute fin.

~ Si l'on apprécie le piquant, faire frire 6 **piments** dans l'huile qui servira à cuisiner la sauce. Les réserver dans une assiette et les présenter à part.

~ Remplacer les croûtons par de petites **pâtes** qui cuisent 15 min dans la soupe.

BON À SAVOIR

~ S'organiser. Tout ou partie se prépare à l'avance. Poser les tranches de poisson dans la soupe 5 min avant la fin de la cuisson et éteindre. Au moment de servir, retirer le poisson, réchauffer la soupe et reposer les tranches dans le bouillon pour 1 ou 2 min.

~ Commentaires de ma mère : « Franchement, on ne gâche pas de poisson pour une soupe ! On utilise des restes ou de quoi faire un bouillon concentré (têtes et arêtes). »
Version modeste, on émiette la chair du poisson qui a servi au bouillon pour enrichir la soupe. Version plus riche, comme il est conseillé dans la recette, on sert des tranches cuites en 10 min.

~ Quoi qu'il en soit, attention à la cuisson du poisson.
Le poisson, pour rester moelleux, ne doit pas cuire longtemps. Sinon, il devient sec et sans intérêt. Pour le mérou, compter 5 à 10 min de plus.
~ Les vrais amateurs de cette soupe se régalent simplement d'une tête de mérou. Pour qu'elle garde toute sa saveur, ne pas la cuire dans le bouillon. Elle mijotera dans la sauce.
~ Quand la soupe devient plat : on saute l'étape bouillon et l'on cuit le poisson dans la sauce. 30 min pour une tête, 10 min pour les tranches.

Bricks, pains, pâtes, riz...

LES BRICKS

Un temps où les bricks étaient faites maison. Pas par n'importe qui. En général, dans chaque famille, une personne en avait fait sa spécialité. Chez nous, c'était « Mamie de Ketty », ma grand-mère paternelle. Elle s'appelait Fortunée (mon deuxième prénom en héritage).

Sa pauvre vie n'a pas ressemblé à ce prénom. Deux fois veuve, elle était humble et austère et semblait même un peu dure. Ce n'était qu'apparence, je l'adorais. Quittant son pays pour la France, elle décidait de s'arrêter à Marseille auprès de ses deux filles. Une sorte de compromis. Pas tout à fait la France, encore un peu la Tunisie. Alors elle allait régulièrement visiter ses autres enfants, à Paris, à Mulhouse. Et dans sa valise, surmontant tout ce qu'elle pouvait apporter, l'objet culte, scintillant : un plateau, sorte de crêpière en cuivre étamé. Pourquoi au-dessus ? Tout simplement pour ne pas perdre de temps. Sitôt arrivée, pas vraiment du genre à s'occuper d'elle, à se laisser offrir un rafraîchissement ou à s'installer confortablement, le temps de déballer ses quelques vêtements (cousus main, elle était couturière). Non, elle se mettait tout de suite à l'ouvrage car elle savait que rien ne nous ferait plus plaisir. Elle avait tout prévu, le kit complet, la semoule, le matériel et le reste. Nous cessions nos jeux et restions tous là, fascinés par le spectacle et la beauté des gestes.

Le plateau posé sur le feu, sa main droite tenait la boule de pâte. Celle-ci, un peu élastique, était lancée sur cette plaque et retenue presque dans le même temps. Juste de quoi la frôler. Ce geste très rapide, très sûr, était reproduit autant de fois qu'il le fallait pour couvrir la plaque d'une fine pellicule qu'elle décollait délicatement par une légère apposition de la main, comme par magie. Une brick venait d'être faite, puis une autre, puis plein d'autres. Un empilement frêle sous un torchon humide afin qu'elles ne sèchent pas. On les enveloppait dans un linge comme le bien le plus précieux. Puis on se livrait à toutes sortes de préparations.

Le jour de son départ, elle recommençait.

Puis elle est partie pour de bon, et personne n'a jamais plus rien dégusté de pareil.

Bricks aux pommes de terre et au poulet

Pour 30 pièces

15 feuilles de brick
150 g de blanc de poulet
300 g de pommes de terre (bintje)
1 gros oignon (120 g)
1/2 bouquet de persil plat
1/4 de citron (jus)
3 œufs
Huile d'arachide (friture)
Sel, poivre

Cuisson : 30 min
Façonnage : 30 min (ou en même temps que la cuisson de la farce)
Friture : 30 min

LA FARCE

◆ Faire durcir 1 œuf, puis le passer sous l'eau froide et l'écaler. Quand il aura refroidi, on le râpera côté gros trous.

◆ Rincer le persil et faire un nœud avec les tiges. Peler l'oignon et le râper côté gros trous. Éplucher les pommes de terre et les couper en gros morceaux ainsi que le blanc de poulet.

◆ Le bicadiliou (p. 140) : on cuit à l'étouffée poulet, oignon, persil et pommes de terre avec un trait d'huile, du sel et du poivre. On verse de l'eau au ras des aliments. On couvre pour 30 min. Puis on jette le bouquet de persil.

◆ Retirer les morceaux de pommes de terre et les écraser encore chaudes à la fourchette jusqu'à ce qu'il ne reste plus de grumeaux.

◆ Émietter finement le poulet. On peut aussi le hacher à l'aide de 2 couteaux. Un dans chaque main, on les croise comme des lames de ciseaux.

◆ Dans un saladier, mélanger pommes de terre, poulet et oignon. On obtient une pâte très sèche. Verser 1 œuf entier plus 1 jaune. Réserver le blanc qui reste, il servira à coller les bricks.

Arroser de jus de citron, bien rectifier l'assaisonnement et ajouter l'œuf dur râpé. Mélanger très délicatement. La farce est prête.

LE FAÇONNAGE DES BRICKS

C'est un moment un peu délicat. Donc point de précipitation.

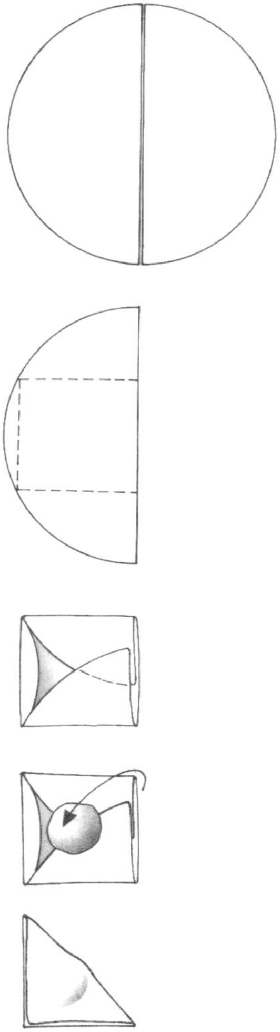

◆ La pâte séchant très vite, à chaque étape, on replace les bricks dans un torchon, ou mieux dans un sac en plastique (type congélation).

Au fur et à mesure de l'opération de pliage, on les empile (toujours dans le sac en plastique) en posant un objet un peu lourd (ciseaux) sur le dessus, sinon elles se déplient instantanément.

◆ Les détacher d'abord les unes des autres. Les couper en deux à l'aide de ciseaux. Puis plier les bords arrondis pour obtenir un carré.

◆ Reprendre les bricks une à une. Prélever 1 cuil. à café de farce que l'on pose au centre du carré, puis plier en diagonale pour obtenir un triangle. Coller les extrémités du triangle au blanc d'œuf : tremper un doigt dans le blanc d'œuf et enduire l'intérieur des bords. Effectuer une pression pour les faire adhérer.

LA FRITURE

◆ Dans une friteuse ou une casserole, verser une bonne quantité d'huile de façon que les bricks soient immergées pendant la cuisson. Chauffer l'huile à feu vif.

On constate la bonne température quand un petit morceau de brick plongé dans l'huile se recroqueville instantanément. S'il brûle, baisser légèrement le feu.

◆ Plonger les bricks dans le bain de friture (plusieurs à la fois sans qu'elles se gênent). Attendre qu'elles prennent une belle couleur dorée et les retirer à l'écumoire. Les laisser d'abord égoutter dans une passoire à pieds, puis sur du papier absorbant.

◆ Les déguster alors qu'elles sont encore tièdes, sinon les passer au four (chaleur maximum) pour les réchauffer.

BON À SAVOIR

~ S'organiser. Préparer le bicadiliou à l'avance. On peut faire durcir l'œuf plus tôt et l'écaler. On le râpera au-dessus de la farce. Le pliage peut être effectué pendant la cuisson des ingrédients de la farce.

~ Il n'est pas souhaitable de cuire les bricks trop longtemps à l'avance. Chaudes, elles sont croustillantes, froides, elles ramollissent. Si elles viennent de refroidir, les passer rapidement au four.

~ Pour aller plus vite : utiliser persil et oignon émincés surgelés.

~ Pour ne pas courir le risque de trop remplir les premières bricks et s'apercevoir qu'il ne reste plus de farce pour les dernières, égaliser la surface de la farce et la partager en 4. On saura qu'avec chaque quart il faudra remplir 7 à 8 bricks.

~ Les bricks. Aujourd'hui, on en trouve dans toutes les grandes surfaces. Elles sont présentées dans les rayons réfrigérés. Elles sont de fabrication mécanique et se gardent très longtemps. Idéales pour débutants.

Mais nous leur préférons les bricks de fabrication artisanale vendues dans les épiceries orientales et spécialisées. Elles sont plus goûteuses et croustillantes. Plus fines, il faut les manipuler avec délicatesse. Notamment lorsqu'on les détache les unes des autres : elles ont alors tendance à se déchirer.

Attention, elles ont un endroit (face lisse) et un envers (face rêche).

~ Le pliage : en Tunisie, la tradition veut que l'on donne à ces bricks la forme d'un triangle. Mais on peut s'amuser et varier les formes, surtout quand les farces sont différentes ou qu'il s'agit d'un plat salé, d'un dessert...

Petits rouleaux ou cigarettes (genre nem), rouleaux plus fins ou plus épais, éventails...

LE SECRET DE MA MÈRE

« Tout est dans l'oignon, dit ma mère. C'est lui qui, bien cuit, s'écroule, fait une crème et donne tout son onctueux à la farce. Mais on ne doit pas s'en apercevoir. » C'est pourquoi elle le râpe et le sale avant de le cuire.

LES VARIANTES

Elles sont multiples, essayez-vous à en inventer. Et varier à l'envi formes et contenus. En voici quelques-unes.

~ ***Bricks aux pommes de terre :*** même farce sans poulet mais avec le persil. Celui-ci ne cuit pas en bouquet. Il est préalablement équeuté, ciselé et ajouté cru à la farce quand celle-ci est prête.
◆ L'enrichir avec un peu de thon et de câpres.

~ ***Bricks à la viande :*** on remplace le poulet par la même quantité de viande de bœuf (steak ou macreuse) cuite en gros morceaux, puis hachée grossièrement, et on procède de la même façon (en adaptant les temps de cuisson).

~ ***Bricks à la marocaine :*** on supprime les pommes de terre et on parfume la viande de cumin en poudre (camoun). Choisir alors de l'agneau. À déguster plutôt à l'apéritif.

~ ***Bricks au poisson :*** suivre la recette principale, le poisson remplaçant le poulet. Choisir plutôt des filets de merlan ou de cabillaud, même surgelés. Comme le poisson cuit plus vite (15 min) que le reste, on l'ajoute en cours de cuisson.
Attention aux arêtes : comme je le faisais pour mes garçons quand ils étaient tout petits, les mains bien propres, on tâtonne d'un doigt dans la farce pour traquer la moindre arête.

~ ***Bricks au thon :*** même principe avec du thon à l'huile d'olive en conserve. Bien égoutter le thon et l'émietter. Si l'on aime, agrémenter la farce de quelques câpres.

~ ***Bricks à l'œuf :*** c'est un grand classique. On laisse la feuille entière, on la pose dans une assiette creuse, on casse un œuf en son centre, on le sale légèrement, on plie la feuille en deux sans la coller. On la tient droite à la verticale et on la pose dans la friture. On la couche d'un côté, puis quand c'est bien doré, de l'autre côté.

Pour un dîner improvisé, c'est très facile et très rapide. Les enfants en raffolent. Les œufs doivent impérativement être bien frais comme pour des œufs coque.

On peut même effriter quelques miettes de thon sur l'œuf et ajouter quelques câpres.

◆ **La basla :** c'est un confit d'oignons dont on tapisse le fond de la feuille de brick (1 cuil. à café) avant de casser l'œuf. Éplucher un oignon, le râper côté gros trous, le cuire 1 h à feu doux avec une goutte d'huile, du sel et du poivre. Au bout d'1 h, l'oignon est blond et il ne reste plus d'eau.

Il est plus prudent de doubler la feuille de brick d'1/2 autre feuille. La basla va mouiller la brick qui risque de se rompre et de laisser l'œuf s'échapper.

◆ Pour les bricks à l'œuf, nul besoin de friteuse ni d'un récipient creux, une grande poêle suffit.

LES PAINS

Ceux qui sont confectionnés à la maison jouent un rôle d'importance dans les rituels religieux.

Galettes de Pourim

Ces galettes, appelées zradack, sont d'un blanc aussi pur qu'Esther célébrée à l'occasion de la fête de Pourim. Esther, mariée à un roi de Perse, réussit à convaincre son mari d'épargner le peuple juif dont l'extermination avait été décidée par Aman, son cruel conseiller.
Pourim est une fête gaie. Les maisons regorgent de pâtisseries aux formes symboliques. Pointues comme les oreilles de l'horrible Aman, enroulées (debla, makroud, yoyo...) comme le rouleau de parchemin sur lequel son oncle Mardochée consigna cette histoire. Les gâteaux s'échangent d'une maison à l'autre.
Les enfants reçoivent des cadeaux, se déguisent et prennent leur repas de fin de Pourim dans une vaisselle miniature.

Pour 8 galettes

500 g de farine
2 sachets de levure chimique
1 pincée de sucre en poudre
1 cuil. à café de sel
5 cl d'eau
25 cl d'huile d'arachide

Cuisson : 30 min

Cette pâte est une sorte de pâte sablée.

- Dans un grand saladier, mélanger farine, sel, sucre et levure. Faire un puits au centre et y verser l'huile. Mélanger et ajouter un peu d'eau. Former une boule. La poser sur un plan de travail fariné et l'étaler au rouleau comme un fond de tarte.
- Préchauffer le four (220 °C, th. 7).
- Découper des figures à l'aide d'un emporte-pièce, d'un verre ou d'un bol selon la taille voulue. Dessiner des stries sur la surface avec la pointe d'un couteau ou d'une fourchette. Ma mère, elle, dessine des petits cercles en enfonçant légèrement un dé à coudre ici et là.

◆ Poser les galettes sur la plaque du four farinée en les espaçant un peu, et enfourner pour 30 min.

◆ Ces galettes se conservent dans une boîte en fer, comme des gâteaux secs.

LES VARIANTES

~ ***Parfums.*** On peut utiliser un mélange d'huile d'arachide et d'huile d'olive, parfumer la pâte d'herbes : thym, romarin…

~ ***Kaki.*** Préparer la même pâte. La diviser et rouler des boudins de 2 cm de diamètre. Couper au couteau des morceaux aussi longs que larges et continuer de la même façon que pour les galettes. Les kaki sont nos gâteaux apéritifs en forme de coussinets. À servir avec la kémia.

Halot
Pain brioché du shabbat

Vendredi soir, à la tombée de la nuit, commence le shabbat. Sur la table, deux halot (pour les deux tables de la loi) en forme de tresse pour figurer les trois mondes (terre, mer, air). Après la prière, le pain est rompu par le chef de famille, trempé dans le sel et lancé à chacun. C'est le rituel du moussi. Pour Roch Hachana, le jour de l'an juif, on verse du sucre dans la salière afin que l'année soit douce.

Pour 3 pains

Version pain :
500 g de farine
2 œufs
1 jaune d'œuf
2 cuil. à café de sucre en poudre
1 cube de levure de boulanger (42 g)
1 verre d'eau tiède (10 cl)
10 cl d'huile d'arachide
1 cuil. à café de sel

Version brioche :
500 g de farine
4 œufs
100 g de sucre en poudre
1 cube de levure de boulanger (42 g)
1 verre d'eau tiède (10 cl)
2 cuil. à soupe d'eau de fleur d'oranger
1 poignée de graines de sésame
10 cl d'huile d'arachide
1 cuil. à café de sel

LE LEVAIN

◆ Délayer la levure dans 1 verre d'eau tiède.

◆ Dans un grand saladier, mélanger farine, sucre et sel. Faire un puits au centre et y verser, en mélangeant entre chaque étape, le levain, l'huile et les œufs (ainsi que les autres ingrédients si l'on a décidé de faire une brioche). Former une boule.

Pétrir et faire lever.

◆ Fariner le plan de travail. Poser la boule de pâte.

La main gauche s'appuie sur un bord de la pâte pour la maintenir, et, du plat de la main droite, on étire la pâte loin devant soi, puis on la ramène en reformant une boule. Renouveler l'opération pendant 5 min en tournant légèrement la boule à chaque fois.

◆ Reposer la pâte dans le saladier. Couvrir d'un tissu épais et l'oublier 3 h dans l'endroit le plus chaud de la maison, le temps que la pâte lève. Elle doit tripler de volume.

◆ Pétrir à nouveau la pâte 5 min. On doit l'entendre « péter ».

◆ Séparer ensuite la pâte en 3 parts égales pour les 3 pains. Chaque nouvelle boule est séparée en 3. Rouler ces morceaux en longs boudins et confectionner des tresses assez serrées. Poser les 3 tresses sur la plaque du four légèrement

Lever de la pâte : 4 h 30
Cuisson : 20 à 30 min

farinée en les espaçant, car elles vont encore gonfler. Recouvrir le tout du même tissu et attendre encore 45 min à 1 h. Les tresses vont presque doubler de volume.

◆ Délayer le jaune d'œuf dans 1 cuil. à café d'eau et réserver.

CUISSON

Préchauffer le four (220 °C, th. 7).

◆ Enduire les tresses du mélange œuf/eau pour qu'elles dorent bien. Parsemer de graines de sésame (si on a choisi la version brioche) et enfourner pour 20 à 30 min.

◆ Fourrer la pointe d'une lame de couteau dans un pain, pour savoir si la mie est cuite. La lame doit ressortir sèche.

Passer la lame d'un grand couteau sous les pains pour les décoller de la plaque et les laisser refroidir sur une grille.

◆ Ces pains se gardent aussi longtemps que des brioches, enveloppés d'un film transparent.

LES VARIANTES

~ ***Formes.*** La tresse est la forme traditionnelle de ces pains. On peut varier tailles et formes : tortillons faits avec 2 boudins, petits pains ronds individuels que l'on pose au centre de chaque assiette, au moment de dresser la table.

~ ***Navettes.*** Tout petits pains ovales. Idéal pour confectionner des canapés et sandwichs....

BON À SAVOIR

~ Le jaune d'œuf. On peut l'étaler à l'aide d'un pinceau à pâtisserie, ou plus simplement en barbouillant du bout des doigts.

~ Tous les boulangers vendent de la levure du même nom. Elle se présente en cubes de 42 g enveloppés dans du papier aluminium épais et se garde assez longtemps au frigo.

~ Certains robots sont équipés de pièces qui permettent de mélanger et pétrir la pâte. C'est plus rapide mais moins amusant.

LE SECRET DE MA MÈRE

~ Pour qu'une pâte lève dans les règles, elle doit être bien couverte et posée dans un lieu à bonne température, et surtout à l'abri des courants d'air. C'est le secret des pâtes levées.
Ma mère pose le saladier avec sa pâte sur un plateau, couvre le tout d'un morceau de couverture et le glisse sous la chaudière, l'endroit le plus chaud de la cuisine.
Dans les familles où l'on fait beaucoup de pain, on a toujours un bout de couverture ou de duvet réservé à cet usage.

À BASE DE PÂTE OU DE PAIN

Croustini

*Amuse-gueule d'origine italienne, le croustini (*crostini *en Italie) est notre version salée du pain perdu – toujours l'art d'accommoder les restes. Le pain étant le plus humble mais le plus sacré des aliments, il est évidemment sacrilège de le jeter ou de le gâcher. De nombreuses recettes l'utilisent, dans des farces, des soupes, des entrées ou des desserts.*

Pour 12 croustini

24 tranches de baguette rassise (1 cm d'épaisseur)
6 filets d'anchois à l'huile
1 cuil. à soupe de câpres
4 œufs
4 gousses d'ail
Poivre
Huile d'arachide (friture)

Friture : 15 min

◆ Mettre 2 œufs à durcir, les passer sous l'eau froide et les écaler. Peler les gousses d'ail.

◆ Tremper rapidement les tranches de pain dans l'eau d'un seul côté et les poser sur une assiette en les retournant. Elles continueront de s'imprégner d'eau.

◆ Faire une farce avec l'ail et les anchois écrasés, les œufs durs râpés côté gros trous et les câpres. Poivrer mais ne pas saler à cause des anchois et des câpres.

◆ Tartiner 12 tranches de pain avec cette farce et recouvrir d'une autre tranche, comme un sandwich.

Dans une assiette, battre 2 œufs avec 1 cuil. à soupe d'eau. Y plonger rapidement les sandwichs avant de les faire frire sur les deux faces dans une poêle. Égoutter sur du papier absorbant et déguster immédiatement.

Fricassés

Ce sont de petits sandwichs dont la pâte boursouflée a cuit, ou plutôt frit comme un beignet. Autrefois, les jours fastes, affamés par le long bain du dimanche, on les dégustait tout chauds sur la plage. Impensable de concevoir une belle fête ou un beau buffet tunisien sans des fricassés.

Pour 30 pièces

La pâte :
500 g de farine
1 œuf
1/2 cube de levure de boulanger (20 g)
12 cl d'huile d'arachide
1 pincée de sucre en poudre
1 cuil. à soupe de sel

La garniture :
1 bol (25 cl) de méchouia (p. 66)
250 g de thon à l'huile
4 œufs
15 olives noires
Câpres (facultatif)

La friture :
Huile d'arachide (au moins 1 litre)

Lever de la pâte : 2 h 30
Cuisson et garniture : 1 h

◆ Le levain : dans un grand bol, délayer la levure dans 2 cuil. à soupe d'eau tiède et ajouter 1 cuil. à soupe de farine. Remuer, couvrir d'un torchon et laisser lever 1 h dans un endroit à l'abri des courants d'air.

◆ Dans un grand saladier, verser la farine, le sel, le sucre et mélanger. Faire un trou au centre et y verser le levain, l'huile et l'œuf. Mélanger à la main, former une boule. Étaler un peu de farine sur le plan de travail pour y pétrir la pâte. Poser la boule. La main gauche s'appuie sur un bord de la pâte pour la maintenir, et, du plat de la main droite, on étire la pâte loin devant soi, puis on la ramène en reformant une boule. Renouveler l'opération pendant 15 min en tournant un peu la boule à chaque fois. Cette pâte a une consistance très élastique, un peu collante.

◆ Prélever des morceaux de pâte de la grosseur d'une clémentine (5 cm de diamètre). Façonner des ovales comme des petits pains au lait et les poser sur un plateau fariné en les espaçant un peu. Ils vont légèrement gonfler. Couvrir de plusieurs torchons et laisser lever 1 h (surtout pas plus sinon ils retomberaient).

◆ Chauffer l'huile dans une friteuse. Quand elle est chaude, y jeter les pains (6 ou 7 à la fois) et attendre qu'ils prennent une belle couleur dorée. Les retirer à l'écumoire, les égoutter et les poser sur du papier absorbant. Renouveler l'opération jusqu'à épuisement de la pâte.

◆ Pendant que la pâte lève, préparer la méchouia, durcir les œufs, les passer sous l'eau froide et les écaler. Lorsqu'ils ont refroidi, les râper côté gros trous. Dénoyauter les olives en les coupant en deux. Ouvrir la boîte de thon, l'égoutter et l'émietter.

Mélanger la méchouia, le thon et l'œuf dur râpé.

◆ Une fois cuits, les fricassés sont coupés en deux dans la longueur sans aller jusqu'au bout, comme un sandwich. Fourrer chaque fricassé d'1 cuil. à soupe rase du mélange méchouia/thon/œuf dur. Garnir d'1/2 olive, et de 2 à 3 câpres si l'on aime.

BON À SAVOIR

~ L'huile de friture ne doit pas être brûlante. Saisie trop vite et trop fort, la pâte ferait une croûte dure. Les fricassés ne doivent pas non plus frire trop rapidement. Ils doivent être cuits jusqu'au cœur tout en restant moelleux.

Pour être sûr que l'huile est à la bonne température, plonger un petit morceau de pâte dans la friture. S'il ne se passe rien, c'est que l'huile n'est pas assez chaude. Si ça brûle, l'huile est trop chaude. La pâte doit dorer tout doucement.

Pizza

À l'instar des tartes salées en France, la pizza tunisienne accompagne fêtes, buffets ou pique-niques. Empruntée à nos ancêtres italiens, celle-ci se fait avec une pâte plus épaisse mais plus moelleuse.

La pâte :
500 g de farine
1 œuf
1/2 cube de levure de boulanger (20 g)
1/2 cuil. à café de sel
1/2 cuil. à café de sucre en poudre
7,5 cl d'huile d'olive
15 cl d'eau tiède

La garniture :
15 cl de coulis de tomates
1 kg de tomates
2 gros oignons
Anchois, olives...
Origan
Huile d'olive
Sel, poivre

Préparation de la pâte : 40 min
Cuisson : 20 min

Pour une pizza de la taille du four (30 cm × 35 cm)

- Délayer la levure dans l'eau tiède, puis ajouter le sel, le sucre, l'huile d'olive, l'œuf et la farine. Mélanger le tout. Ça colle aux doigts. Laisser lever 15 min.
- Pétrir 5 min, on doit l'entendre claquer un peu. Huiler la plaque du four, étaler la pâte à la main. C'est un peu difficile car elle a tendance à se rétracter. Recouvrir d'un torchon et laisser lever encore 15 min.
- Préchauffer le four (230 °C, th. 7/8).
- Pendant que la pâte lève, éplucher les oignons, les émincer et les faire suer dans une sauteuse avec un peu d'huile d'olive et de sel. Rincer les tomates et les couper en fines rondelles.
- Napper la pâte de coulis. Garnir des oignons, puis des tranches de tomates, saler légèrement et poivrer. Poudrer d'origan et poser anchois et olives.
- Enfourner pour 20 min, puis arroser d'un filet d'huile d'olive.

LES VARIANTES

~ ***Thon/câpres... Tomates/mozzarella...*** Selon les goûts, varier la garniture.

BON À SAVOIR

~ Cette pizza se consomme tiède ou froide.
~ La pâte une fois cuite a environ 1,5 cm d'épaisseur.

~ Utiliser des tomates goûteuses et pas gorgées d'eau, comme des olivettes.

LE SECRET DE MA MÈRE

Pour étaler la pâte sans qu'elle colle, s'enduire la paume des mains d'une goutte d'huile.

Sandwich tunisien

Au sortir de Pessah (Pâque juive), 8 jours pendant lesquels sont proscrites farine de blé et pâtes levées, enfants, nous nous jetions sur d'énormes sandwichs qui ce soir-là avaient un goût incomparable. Apparues les premières étoiles dans le ciel, mon père rapportait ces sandwichs de l'épicerie du coin. Nous les dégustions sur leur papier d'emballage comme du pain bénit.

- Le choix du pain est affaire de goût. Il y a deux camps irréductibles : ceux qui ne jurent que par le pain dit italien, à la mie très dense, un poil étouffant. Et les adeptes du pain normal, de forme ronde et un peu plate, type pan bagna.
- Les solides appétits en consomment 1 entier, pour les autres 1/2 pain peut suffire.
- La garniture : de la slata jida (p. 53) étalée sur toute la surface du pain, quelques olives et, variantes, du thon à l'huile d'olive émietté, des œufs durs découpés en quartiers, le tout généreusement arrosé d'harissa délayée dans un mélange d'eau et d'huile d'olive.
- Certains les garnissent de morceaux de pommes de terre. Trop bourratif à notre goût.

Puis, libre à chacun d'ajouter ce que bon lui semble. C'est nourrissant, moelleux, goûteux… à consommer avec modération pour la ligne.

PÂTES ET RIZ

Nos pâtes maison

Pour nous, enfants, le spectacle de ces scènes faisait notre joie. Certains d'entre nous, parmi les plus habiles, avaient même le privilège d'y être associés.
Pour ne pas avoir la tchatche trop coupable, quand ma grand-mère et ses sœurs étaient réunies, elles se lançaient dans la confection de pâtes maison.
Un temps où il était inenvisageable de passer un moment rien qu'à soi. Les mains bien occupées, la parole se libérait, les fous rires allaient bon train. Avec quelque chose d'un peu fixe dans le regard, comme si un petit coin du cerveau s'interdisait irréductiblement de se détendre tout à fait.
Hélène, Juliette, Rachel, Mimi, Jeannot et Zézette. Les aînées dominantes veillant sur leur prénom, et les autres tout juste bonnes pour un surnom. La sœur supérieure, la grande dame, le garçon manqué toujours en train de préparer un mauvais coup, l'austère et virginale, la femme-enfant et la jouisseuse, bavarde, moqueuse, riant de tout.
Les réunions sur la terrasse ou dans le patio ont fait place aux soirées télé. On se réunit de moins en moins mais on a gardé le réflexe utile. Un moment de calme, un bon film à regarder, et hop! les mains se mettent au travail.
Nikitouche rondes et jaunes dites « baballes », ou hlailem, longs et blancs comme des pignons, serviraient ensuite aux plats portant le même nom *(p. 113 et p. 114).*
Les quantités proposées ici sont arbitraires, juste pour indiquer les bonnes proportions. Généralement, quand les femmes se lançaient dans la confection de pâtes, elles en préparaient davantage. Une petite partie était consommée fraîche et cuisinée immédiatement. Le reste, après avoir séché 24 h, était stocké dans des bocaux en verre où on les conservait aussi longtemps que les pâtes sèches vendues dans le commerce.
Toutes les tables et tous les lits disponibles de la maison se couvraient alors de grands draps blancs où les pâtes bien éparpillées pouvaient sécher dans les règles.
Et même si l'on trouve aujourd'hui ces pâtes toutes prêtes dans des épiceries spécialisées, sachez que chez nous hlailem et nikitouche sont en-tiè-re-ment-faits-main, c'est tout simplement une question d'honneur.

Nikitouche (dite baballe)

Pour 170 g de pâte

100 g de semoule fine
1 œuf (70 g)
1 pincée de sel

Préparation : 2 h

On dit « rouler » 1, 2… œufs de nikitouche.

◆ Sur un plan de travail ou dans un petit saladier, mélanger la semoule et le sel. Ajouter l'œuf, et pétrir 10 min. Former une boule, la fariner légèrement et la laisser dans un sac en plastique, type congélation. Ainsi elle ne collera pas au sac ni ne séchera.

◆ Prendre une petite noix de pâte et la rouler d'abord entre les deux mains. On est assis, un plateau posé sur le dessus des cuisses. Si l'on est droitier, la main gauche tient le boudin de pâte et continue de l'amincir à une extrémité entre le pouce et l'index tandis que, de l'autre main, on détache de tout petits bouts en les arrondissant entre le pouce et l'index.

◆ Les petites baballes de la taille d'un grain de poivre tombent au fur et à mesure sur le plateau. On veille à ce qu'elles ne s'empilent pas.

C'est un coup de main à prendre dont la minutie est récompensée par la beauté du geste.

LES VARIANTES

~ ***Caoua.*** Seule la taille change. Le grain de poivre devient grain de café, d'où son nom (caoua = café en arabe). On l'utilisera pour la t'fina aadame (p. 220).

~ ***Autres proportions.*** Remplacer les 100 g de semoule par un mélange égal de semoule et de farine. La pâte est alors plus facile à travailler.

BON À SAVOIR

~ Compter 20 à 25 g de pâtes par personne.

~ La pâte sèche très vite, c'est pourquoi on l'enveloppe dans un sac en plastique.

Les quantités

Compter 25 g de pâtes par personne dans un bouillon, 80 g en accompagnement d'un plat en sauce, ou 100 à 150 g (selon les appétits) pour des pâtes consommées en plat unique.

~ S'organiser : préparer d'abord la pâte et la réserver au frigo, toujours dans un sac en plastique. Et faire les baballes dans un deuxième temps.

~ Plus rapide mais moins joli : on met un bout de pâte dans le presse-ail, on effectue une légère pression comme pour le fermer. On coupe ce qui dépasse au couteau et on récupère ces petits bouts sur un plateau. Et ce jusqu'à épuisement de la pâte.

~ Pour cuisson et utilisation, voir recette de la t'fina aux nikitouche, p. 224.

Hlailem

Pour 250 g de pâte

190 g de semoule fine
2 bonnes pincées de sel
6 cl d'eau

Préparation : 1 h

◆ Tout mélanger et pétrir. La pâte doit être souple sans coller aux doigts.

Si elle est un peu dure, l'allonger de quelques gouttes d'eau. Si ça colle, ajouter un tout petit peu de semoule.

◆ Prélever un petit morceau de pâte et le rouler entre ses mains ou sur un plan de travail, comme on le ferait avec de la pâte à modeler. De la main gauche, entre pouce et index, on continue de rouler le petit boudin et, de la droite, on détache des segments d'1,5 cm environ. Les hlailem ont la forme et la taille de gros pignons de pin.

~ Pour cuisson et utilisation, voir recette de la soupe aux hlailem p. 87.

Reuchta

Pour 170 g de pâte

100 g de farine
1 gros œuf (70 g)
1 pincée de sel

Préparation : 30 min

◆ Mélanger la farine au sel, faire un puits au centre pour l'œuf et pétrir 5 min. Fariner le plan de travail, y poser la boule de pâte et l'étaler au rouleau à pâtisserie, le plus finement possible.
◆ Si l'on veut obtenir des nouilles, attendre 5 min que la pâte raidisse un peu, sans quoi elle colle. La rouler et couper des bandes plus ou moins larges.
◆ Pour le bouillon de poulet, les découper en petits carrés. Longues et larges d'abord, comme pour les nouilles, puis les recouper dans l'autre sens.
◆ Les cuire tout de suite, elles sèchent très vite.
◆ Ou alors les conserver après les avoir fait sécher 24 h.

LES VARIANTES

~ Cette recette est assez riche en œufs. Par souci d'économie, on peut en diminuer la quantité. Pour 1 œuf : 150 g de farine, 1 pincée de sel et 1/2 œuf d'eau.
~ ***Raviolis.*** À l'aide d'une roulette, on découpe des rectangles, on pose un peu de farce (bicadiliou, p. 140) et on plie le rectangle en deux. On soude les raviolis avec du blanc d'œuf. Cuire comme n'importe quelles pâtes.
~ ***Noissar.*** Avant de stocker les petits carrés de reuchta dans des bocaux en verre, notre Nona avait l'habitude de les faire légèrement blondir dans une poêle, à sec. Du coup, les reuchta ont un autre goût et se nomment noissar.

BON À SAVOIR

On peut s'amuser à donner toutes sortes de formes à ces pâtes.
~ En Tunisie, la fourma (p. 116) était toujours réalisée avec la reuchta, ainsi que les pâtes de Nona (p. 120).

Les fourma

Idéale sur un buffet, pour les repas d'été… À la viande, au poisson, au poulet ou au thon, la fourma est une timbale de pâtes qui se déguste tiède ou froide.

Fourma à la viande

Pour 6 personnes

250 g de tagliatelle
9 œufs
5 cuil. à soupe de sauce tomate (p. 122)
Sel, poivre

Le bicadiliou :
300 g de bœuf haché (steak ou macreuse)
250 g d'oignons
1/2 bouquet de persil plat
Huile d'olive
Sel

Cuisson : 5 à 8 min (pâtes) + 10 min (œufs durs) + 45 min (bicadiliou) + 30 min
Pâtes, œufs durs et bicadiliou peuvent cuire simultanément.

- Le bicadiliou : couper la viande en gros morceaux. Éplucher les oignons et les râper côté gros trous. Rincer le persil et faire un nœud avec les tiges. Au fond d'une casserole, verser 1 cuil. à soupe d'huile d'olive, poser les oignons, la viande et le persil. Saler, verser de l'eau au ras des aliments, couvrir et cuire à l'étouffée pendant 45 min. L'ensemble est cuit, il ne reste plus de jus. Jeter le bouquet de persil et hacher la viande grossièrement.
- Pendant ce temps, cuire les pâtes *al dente* (5 à 8 min) et les égoutter.
- Durcir 3 œufs, les passer sous l'eau froide, les écaler, les couper en quatre dans la longueur, puis en lamelles. Réserver dans une assiette.
- Mélanger les pâtes à la sauce tomate, ajouter le bicadiliou.
- Battre les 6 œufs restants, saler et poivrer. Les verser sur les pâtes et mélanger. Finir par les œufs durs, pour ne pas les réduire en purée.
- Huiler une sauteuse, la poser sur le feu pour réchauffer l'huile, puis la remplir de la préparation. Commencer à grand feu, attendre 5 min et baisser.
- Envelopper le couvercle d'un torchon, couvrir et cuire 30 min.
- Laisser un peu refroidir, démouler en retournant sur un grand plat rond.

Fourma au thon

Pour 6 personnes

250 g de tagliatelle
1 grand bol de marmouma (p. 59)
9 œufs
250 g de thon à l'huile
5 olives noires
2 cuil. à soupe de câpres
Sel, poivre
Huile d'olive

Cuisson : 5 à 8 min (pâtes) + 10 min (œufs) + 30 min

- Cuire les pâtes, faire durcir et préparer 3 œufs comme pour la fourma à la viande. Égoutter le thon. Dénoyauter les olives et les couper en petits morceaux.
- La marmouma sera cuisinée avec de l'ail écrasé et des poivrons coupés en plus petits morceaux.
- Mélanger les pâtes à la marmouma, ajouter le thon, les olives et les câpres.
- Battre les 6 œufs restants, saler et poivrer. Les ajouter et mélanger, finir par les œufs durs.
- Cuire comme la fourma à la viande.

LES VARIANTES

~ En principe, les fourma suivantes sont blanches, donc sans sauce tomate, sauf pour les inconditionnels. Dans les deux cas, on relèvera le bicadiliou d'une gousse d'ail écrasée.

~ ***Fourma au poulet.*** On utilise du blanc de poulet (300 g) ou des restes déjà cuits. Faire un bicadiliou comme pour la fourma à la viande mais avec 100 g d'oignons seulement, plus 1 gousse d'ail écrasée, et procéder de la même manière. En fin de cuisson, arroser la fourma d'une tasse de bouillon de poulet (1/4 de cube de bouillon de poulet + 15 cl d'eau) pour la rendre plus moelleuse.

~ ***Fourma au poisson.*** Choisir des filets de poisson (merlan ou autres) frais ou surgelés dans les mêmes proportions que le thon ou la viande. Suivre la recette de base de la fourma à la viande. Savoir que le poisson cuit en 15 min, donc l'ajouter en cours de cuisson du bicadiliou qui, dans ce cas, cuit en 30 min.
En fin de cuisson, arroser la fourma d'une tasse de bouillon ou de fumet de poisson.

La fourma au riz de Pessah

Pour 6 personnes

150 g de riz (Caroline)
300 g de poulet
8 œufs
1 gros oignon (150 g)
1/2 bouquet de persil
1 cube de bouillon de volaille
Huile d'arachide
Sel, poivre

Préparation et cuisson :
45 min + 45 min

Les pâtes, interdites pendant la Pâque juive, sont remplacées par du riz.

- Préparer 1 litre de bouillon de volaille avec le cube. On en gardera 1 tasse pour arroser la fourma une fois cuite.
- Durcir 2 œufs puis les passer sous l'eau froide, les écaler, les couper en fines lamelles et les réserver.
- Cuire le bicadiliou (p. 140) : au fond d'une casserole, verser 1 larme d'huile, ajouter l'oignon râpé côté gros trous, la chair de poulet coupée en gros morceaux, le persil attaché en bouquet, saler, poivrer, verser du bouillon juste au ras des aliments, couvrir et cuire 30 min à l'étouffée.
Le bouquet de persil sera ensuite jeté et la chair de poulet émiettée et mélangée à l'oignon cuit.
- Pendant ce temps, cuire le riz 10 à 15 min dans le reste de bouillon et l'égoutter.
- Préchauffer le four (210 °C, th. 7).
- Séparer les jaunes des blancs d'œufs restants.
- Dans un grand saladier, mélanger d'abord le riz au bicadiliou (poulet + oignon), verser les blancs d'œufs après les avoir fouettés, rectifier l'assaisonnement, ajouter les jaunes d'œufs et les lamelles d'œufs durs, mélanger à peine et verser la préparation dans un moule huilé (type Pyrex tapissé de papier sulfurisé ou moule à revêtement antiadhésif).
- Enfourner pour 45 min.
- La surface doit être bien dorée. Arroser la fourma d'1 tasse de bouillon chaud. Laisser refroidir et démouler avant de servir.

◆ ***BON À SAVOIR***

Pour toutes les fourma.

~ On peut remplacer les tagliatelle par de la reuchta (p. 115).

~ Le bicadiliou. En cours de cuisson, si c'est trop sec, ajouter un peu d'eau, mais s'il y a trop de liquide, finir la cuisson à découvert. Une fois cuit, le bicadiliou est sec : il ne doit ni attacher ni colorer.

~ Vérifier que la fourma est cuite : comme pour un gâteau, enfoncer la lame d'un couteau qui doit ressortir sans trace d'œuf.

~ Démouler la timbale sans la casser : la laisser un peu refroidir et glisser délicatement une spatule plate entre le bord de la sauteuse et la fourma afin de la décoller. Puis poser une assiette plate comme un couvercle et retourner le tout.

~ Cuisson au four : préchauffer le four (210 °C, th. 7). Verser la préparation dans un grand moule à hauts bords huilé (moule à manqué ou à charlotte). Tapisser le fond d'une feuille de papier sulfurisé découpée en rond, au diamètre du moule. Huiler le papier. Cuite ainsi, elle est plus sèche. En la sortant du four, l'arroser d'une tasse de bouillon (15 cl) faite avec 1/4 de cube de bouillon de volaille et 15 cl d'eau. Attendre que la fourma ait absorbé le liquide et la démouler de la même façon.

LE SECRET DE MA MÈRE

~ Pour que la timbale soit bien moelleuse, on doit avoir un volume égal de pâtes (ou de riz, pour la fourma de Pessah) et du reste des ingrédients.

~ On enveloppe le couvercle d'un torchon pour que celui-ci absorbe la vapeur.

Les pâtes de Nona

Mi-soupe, mi-pâtes, celles-ci se consomment à la cuillère. Un plat complet d'hiver bourré de couleurs. Aussi gai, facile et tendre que la Nona, notre arrière-grand-mère italienne qui, grâce à ce régime, vécut centenaire.

Pour 4 personnes

100 g de tagliatelle
1 blanc de poulet (100 à 125 g)
2 œufs
100 g de petits pois extra-fins
1 branche de céleri
1 oignon (100 g)
2 gousses d'ail
3 cuil. à soupe de coulis de tomates
1 cuil. à soupe de concentré de tomates
2 cuil. à soupe d'huile d'olive
Sel, poivre

Cuisson : 30 min

◆ Faire durcir les œufs.

◆ Pendant ce temps, éplucher l'oignon et l'ail, les hacher menu séparément.

Laver et éplucher le céleri en prenant soin de retirer le maximum de fils et le couper finement.

Le blanc de poulet cru sera tranché en fines lamelles. Les œufs passés sous l'eau froide, écalés et émincés grossièrement.

◆ Chauffer l'huile d'olive dans une sauteuse et y faire revenir l'oignon 3 à 4 min sans coloration. Ajouter le concentré de tomates, puis le céleri et l'ail, remuer, attendre 2 min et finir par le poulet, qui doit lui aussi revenir sur feu vif, saler.

Ajouter le coulis de tomates et les petits pois, recouvrir largement d'eau chaude. Porter à ébullition, baisser le feu et couvrir pour 10 min.

◆ Casser les pâtes en les broyant entre les mains.

Quand le poulet est cuit, on ajoute les pâtes. Couvrir et cuire encore 10 min.

Poivrer, rectifier l'assaisonnement et parsemer d'œufs durs.

Attendre 5 min, éteindre et servir brûlant.

◆ ***BON À SAVOIR***

~ Essayer la reuchta (p. 115) à la place des tagliatelle.

~ On peut utiliser des produits surgelés : blancs de poulet, ail, oignons et petits pois. Remplacer le coulis par 1 tomate fraîche pelée.

~ Cette recette est idéale pour accommoder un reste de poulet cuit. Dans ce cas, diluer un cube de bouillon de poulet dans l'eau chaude pour relever les goûts.
~ Attention, surveiller la sauce qui a tendance à s'évaporer. On peut être amené à ajouter de l'eau tout au long de la cuisson. D'autant que, selon les goûts, on préférera ce plat plus ou moins liquide, plutôt pâtes que soupe ou l'inverse.

Spaghetti à la sauce tomate

C'est un de nos plats fétiches, on en fait tout le temps, et tout le monde aime. La sauce peut être préparée nature ou enrichie de boulettes au fenouil (p. 231).

Pour 8 personnes

La sauce :
(pour 1 litre)
1 kg de tomates bien mûres
1 oignon
8 gousses d'ail
1 boîte de concentré de tomates (70 g)
2 feuilles de laurier
1 morceau de sucre
3 cuil. à soupe d'huile d'olive
Sel, poivre

Les pâtes :
1,2 kg de spaghetti
1 poignée de gros sel
1 filet d'huile d'olive

Cuisson : 30 min (sauce) + 10 min (pâtes)

LA SAUCE

◆ Plonger les tomates 15 s dans une casserole d'eau bouillante, les passer à l'eau froide, les peler, les épépiner et les couper grossièrement.

◆ Émincer l'oignon et le faire revenir dans une casserole ou une sauteuse avec de l'huile d'olive et du sel.

◆ Lorsqu'il commence à blondir, ajouter l'ail écrasé, le concentré de tomates et remuer. Continuer avec les tomates, suivies du laurier et du sucre. Saler et poivrer.

◆ Couvrir et cuire à petit feu pendant au moins 30 min.
Si, au bout de 20 min, la sauce est un peu trop liquide, finir la cuisson à découvert.

LES PÂTES

◆ Faire bouillir 3 litres d'eau dans une marmite, puis ajouter 1 bonne poignée de gros sel et 1 filet d'huile d'olive. Y jeter les pâtes pour une cuisson *al dente*, soit 10 min. Égoutter.

◆ Verser la sauce, puis les pâtes dans la marmite (qui a servi à cuire les pâtes) posée sur un grand feu. Bien remuer et faire revenir quelques minutes.

◆ Servir tout de suite, les pâtes n'attendent pas.

LES VARIANTES

~ ***Autres plats.*** La même sauce peut intervenir dans la fourma, un gratin d'aubergines…

~ ***Autres parfums.*** On peut également ajouter à la sauce : thym et/ou romarin, basilic, estragon ou rien selon l'utilisation ultérieure de la sauce. Et l'enrichir d'un reste de poulet ou de viande émietté dans la sauce 15 min avant la fin de la cuisson.

BON À SAVOIR

~ Si vous aimez la sauce très lisse, passez-la au mixer.

~ L'utilisation de tomates fraîches ne vaut que si elles sont goûteuses et bien charnues, sans trop d'eau. Sinon, n'hésitez pas à utiliser des tomates pelées en boîte, de la pulpe ou du coulis, des oignons et de l'ail surgelés.

~ Le morceau de sucre sert à atténuer l'acidité de la tomate.

~ Utiliser des pâtes sèches un peu épaisses : spaghetti ou linguine.

~ S'organiser. Comme, en principe, on a tous ces produits dans les placards, voilà un plat qui s'improvise à la dernière minute. La sauce finit de mijoter pendant que l'eau bout et que les pâtes cuisent.

Il suffit de 30 min en s'aidant de conserves et de surgelés.

Préparée à l'avance, bien confite, cette sauce tomate se garde une bonne semaine au frigo dans un bocal en verre, recouverte d'un filet d'huile d'olive. On peut même la congeler.

Riz klaya

Version tunisienne du riz pilaf, il accompagne tajines et autres ragoûts.

Pour 6 personnes

300 g de riz basmati
1 cube de bouillon de volaille
1 pincée de Spigol
2 cuil. à soupe d'huile d'olive
Sel, poivre

Cuisson : 15 min

- Dans une sauteuse ou une grande poêle, chauffer l'huile d'olive à feu moyen et y faire revenir le riz sans cesser de remuer jusqu'à ce qu'il prenne une jolie couleur blonde.
- Verser de l'eau bouillante (2 fois le volume de riz) dans laquelle on a dissous le cube de bouillon. Goûter et rectifier l'assaisonnement en sel, poivrer, ajouter le Spigol. Attendre l'ébullition, baisser le feu, couvrir et cuire 15 min. L'eau a disparu et la surface s'est couverte de petits cratères.
- Couvrir et laisser gonfler 5 min avant de servir.

LES VARIANTES

~ Le riz klaya est une recette de base, à consommer tel quel ou à considérer comme un point de départ. Parfumer le bouillon d'ail écrasé et/ou d'épices, faire revenir un oignon haché menu dans l'huile avant de verser le riz. Remplacer le bouillon de poulet par un bouillon de poisson, etc. Et continuer à l'envi avec tomates, poivrons, petits pois, blanc de poulet ou viande émiettés pour réaliser un plat complet.

BON À SAVOIR

~ Compter 50 g de riz par personne en accompagnement, et 80 à 100 g pour un plat plus complet + 2 fois son volume de liquide.
~ Une fois le riz assaisonné, on ne doit plus le remuer.
~ Dans ce cas précis, il est inutile de rincer le riz.
~ S'organiser. Préparer le riz à l'avance et le réchauffer au micro-ondes.

LE SECRET DE MA MÈRE

~ Ma mère me raconte qu'avant de disposer d'ustensiles à revêtement antiadhésif, le riz était d'abord frit dans 1/2 l d'huile ; on l'égouttait, puis on ajoutait le bouillon pour le cuire.

Ces nouveaux ustensiles permettent une cuisson diététique, économique et plus rapide.

~ Depuis que ma mère a découvert le riz basmati, elle l'a adopté. Il a toutes les qualités : naturellement parfumé, il cuit très vite et ne se décompose pas si l'on respecte proportions et temps de cuisson.

Pour ma part, je le cuis avec un tout petit peu moins d'eau et un poil moins longtemps. Il est alors un peu plus ferme.

Les œufs, farces et farcis

À part sa forme ovoïde, signe de deuil dans la tradition juive, l'œuf n'a que des vertus. Du reste, en Tunisie, contrairement à l'Algérie, c'est l'olive plus sombre qui accompagne la symbolique du deuil.
Des éléments les plus modestes il fait des miracles. Il aime autant le sel que le sucre. Caméléon, il passe du tendre à la plus grande fermeté. Premier signe de la vie, il sait accompagner, nourrir, compléter, adoucir, renouveler, magnifier.
Simple figurant ou acteur à part entière, il est de toutes les farces.

LES ŒUFS

Assiette tunisienne

Ce plat très complet, qui figure maintenant au menu de tous les restaurants de cuisine tunisienne, n'en est en fait pas un. Il s'improvise les soirs où l'on a décidé de ne pas cuisiner ou en fin de semaine quand la flemme gagne la famille.
La base : 1 œuf coque, du thon ou des anchois, et comme on a toujours des « salades » au frigo, on picore ici et là un reste de marmouma, un peu de torchi, de slata jida, quelques olives... bref, ce que l'on trouve.
On pourrait dire la même chose du sandwich tunisien, l'une est dans l'assiette, l'autre dans le pain.

- Compter 1 ou 2 œufs par personne selon les appétits. Les sortir à l'avance du frigo pour qu'ils soient à température ambiante. Les plonger dans de l'eau bouillante et les cuire 3 min.
- Autre système pour les préparer à l'avance : les poser dans une casserole, les recouvrir d'eau froide ; démarrer à grand feu, attendre que l'eau bouille, éteindre le feu et laisser les œufs dans l'eau jusqu'au moment de les déguster.
- Les sortir de l'eau à l'aide d'une cuillère, les passer sous un filet d'eau froide.
- Casser délicatement la coquille et s'aider de la cuillère pour détacher le blanc d'œuf de la coquille sans le percer et déposer dans l'assiette.
- Pour le reste, se reporter à toutes les préparations de la kémia.

Les Ojja
Œufs brouillés en sauce

Nature ou accompagnée de merguez, la ojja est le plat idéal des dîners improvisés entre copains ou des périodes de crise. A priori, on trouve tout ce qu'il faut pour la préparer dans nos placards. Apparemment facile, elle demande quand même un poil de savoir-faire. Donc, un conseil, faites-en souvent, elle sera à chaque fois meilleure.

Pour 6 personnes

12 œufs
6 gousses d'ail
1 cuil. à soupe de concentré de tomates
3 cuil. à soupe de coulis de tomates
1 cuil. à café de carvi (carouia)
2 cuil. à café d'harissa (facultatif)
6 cuil. à soupe d'huile d'olive
1 petit verre d'eau chaude (10 cl)
Sel

Cuisson : 15 min

◆ Éplucher l'ail et l'écraser dans la poêle. L'arroser d'huile d'olive et le faire revenir 2 à 3 min à feu doux. L'ail ne doit pas colorer. Ajouter le concentré de tomates délayé dans l'eau, le coulis, poudrer de carvi, relever d'harissa, saler et laisser 5 min sur feu moyen, le temps de cuire l'ail.

◆ Casser les œufs dans la même poêle et les faire cuire en brouillant délicatement le blanc sans atteindre le jaune. Le blanc est cuit, le jaune est cru. Éteindre, et à ce moment-là seulement mélanger le tout énergiquement.

Ainsi, la ojja a la bonne consistance. Ni trop liquide, les blancs ne seraient pas cuits, ni trop solide, ce ne serait plus une ojja.

◆ Servir de suite.

LES VARIANTES

~ ***Ojja à la merguez.*** Après les avoir piquées à la fourchette, cuire les merguez dans une poêle à feu vif. Jeter la graisse, couper les merguez en petits morceaux et les ajouter à la sauce de la ojja juste avant d'incorporer les œufs (ou les griller au barbecue).

~ ***Ojja à la cervelle.*** Blanchir les morceaux de cervelle ou d'amourette (moelle épinière) et procéder comme ci-dessus.

BON À SAVOIR

~ Poivrer si l'on n'utilise pas d'harissa.

LES FARCES À BASE D'ŒUFS

Grands classiques de notre cuisine, ces farces sont très prisées. Simples ou plus élaborées, elles ponctuent régulièrement la table juive. En complément d'un plat ou dégustées froides à la kémia arrosées de jus de citron, elles se font entrées ou plats légers et diététiques. On les accompagne alors de salade verte et/ou de méchouia, marmouma, coulis de poivrons…
À quelques détails d'importance, avec une base quasi identique, le bicadiliou (voir p. 140), elles se ressemblent. Ces farces ont en commun de se préparer facilement et de se conserver plusieurs jours au réfrigérateur.
Elles ont souvent été mises au point pour accommoder un reste de poulet, de viande ou de poisson.

Dabahia

Variante de la minina (pain d'œufs au poulet), la dabahia, elle, cuit au bain-marie. Cette version accompagne le nikitouche (p. 224) et le fadd (p. 192).

Pour 5 personnes

5 œufs
60 g de blanc de poulet
1 petit morceau de baguette rassise (1 cm d'épaisseur)
1 pincée de noix muscade
Huile d'arachide
Sel, poivre

Cuisson : 20 min

- Procéder comme pour la minina (p. 133). On fera durcir 1 œuf sur les 5 utilisés.
- Huiler un bol et y verser la préparation. Poser le bol dans une casserole à moitié remplie d'eau et cuire au bain-marie sur feu moyen. Pendant la cuisson, l'eau doit juste frémir pour ne pas asperger la dabahia. Sinon, baisser le feu.
- La dabahia sera démoulée et plongée dans le nikitouche ou le fadd 5 min avant la fin de la cuisson pour s'imprégner de son bouillon ou de sa sauce.
- La servir à part, coupée en tranches sur un petit plat de service.

BON À SAVOIR

~ On peut poser le bol directement dans la marmite où cuit le nikitouche en veillant à ce que le bouillon ne déborde pas dans le bol.

~ Ces doses valent pour une dabahia servie en accompagnement du nikitouche. On peut en préparer de plus grandes quantités à cuire au bain-marie dans un moule à cake pour une jolie présentation en tranches régulières.

Makoud
Œufs, poulet et pommes de terre

Version plus fruste de la royale minina (pain d'œufs au poulet), avec pommes de terre.

Pour 8 personnes

16 œufs
1 blanc de poulet (150 g)
2 pommes de terre (300 g)
1 oignon moyen (150 g)
3 brins de persil plat
1/4 de citron (jus)
1 larme d'huile d'arachide
Sel, poivre

Cuisson : 20 min + 30 min

◆ Durcir 4 œufs. Les rincer à l'eau froide, les écaler et les couper en 4 dans la longueur, puis en fines lamelles dans l'autre sens.

◆ Peler les oignons et les râper côté gros trous. Éplucher les pommes de terre et les couper en gros morceaux, ainsi que le blanc de poulet.

◆ Cuire oignon, poulet, persil et pommes de terre en bicadiliou (p. 140).

En fin de cuisson, retirer le bouquet de persil. Prélever les pommes de terre alors qu'elles sont bien chaudes et les écraser à la fourchette jusqu'à ce qu'il n'y ait plus de grumeaux.

◆ Préchauffer le four (200 °C, th. 6/7).

◆ Dans un petit saladier, mélanger la purée avec le poulet émietté et les oignons. Casser les 12 œufs restants, mélanger délicatement. Ajouter une larme d'huile d'olive, le jus de citron, rectifier l'assaisonnement et finir par les œufs durs.

◆ Huiler le moule et y verser la préparation. Celle-ci doit arriver au maximum à 2 cm du bord car elle va gonfler pendant la cuisson.

◆ Enfourner pendant 30 min. Vérifier la cuisson du makoud à l'aide d'une lame de couteau, qui doit ressortir sèche.

◆ Laisser refroidir et démouler en retournant dans un plat de service.

LES VARIANTES

~ ***Makoud à la viande.*** Remplacer le poulet par la même quantité de viande de bœuf. On peut également accommoder un reste de viande bouillie.

~ ***Makoud au poisson.*** Idem.

~ ***Makoud à l'aubergine.*** Ajouter au poulet ou à la viande/pommes de terre/oignons... une grosse aubergine pelée et coupée en morceaux. L'aubergine donnant du volume, on réduit simplement la quantité de pommes de terre à 100 g et d'œufs à 12 (9 crus + 3 durs).

BON À SAVOIR

~ On peut utiliser un reste de poulet cuit sans la peau. Dans ce cas, relever le goût du bicadiliou d'1/2 cube de bouillon de volaille.

~ Le choix du moule : moule à manqué rond (25 cm) pour une forme traditionnelle, ou moule à cake (35 cm) pour une présentation en tranches.

~ Préférer les moules à revêtement antiadhésif : aucune mauvaise surprise au moment de démouler. Les autres moules en Pyrex ou en aluminium peuvent faire l'affaire. Mais prenez la précaution de bien les huiler et de les tapisser de papier sulfurisé huilé.

~ On peut aussi choisir de cuire le makoud sur le feu. Dans une sauteuse, faire chauffer un fond d'huile, verser la préparation, attendre quelques minutes, baisser le feu et couvrir. Attention, cela ne doit pas accrocher au fond sous peine de communiquer un goût de brûlé à l'ensemble. Pour être tranquille et ne pas surveiller en permanence, ma mère glisse un « tout-doux » entre le feu et la sauteuse.

Minina
Pain d'œufs au poulet

C'est le makoud des jours de fête et la reine de la kémia. Ne pas s'effrayer de la quantité d'œufs. Une fois cuit, c'est gros comme une belle charlotte.

350 g de blanc de poulet
20 œufs
Pain rassis (15 cm de baguette sans la croûte)
1/4 de citron (jus)
1 cube de bouillon de volaille
1 pincée de noix muscade
1 trait d'huile d'arachide
Sel, poivre

Cuisson : 10 min (œufs durs) + 1 h

- Faire durcir 6 œufs, les rincer à l'eau froide et les écaler. Une fois refroidis, on les coupe en quatre dans la longueur, puis en fines lamelles dans l'autre sens.
- Pendant que les œufs durcissent, faire 50 cl de bouillon avec le cube. Tremper le pain dans un bol avec la moitié du bouillon et réserver le reste.
- Passer le blanc de poulet au mixer et le réduire en purée.
- Préparer le moule : huiler un moule à charlotte ou à soufflé, en Pyrex ou en faïence (21 cm de diamètre, 10 cm de hauteur). Découper un rond de papier sulfurisé et en tapisser le fond du moule. Huiler le papier.
- Préchauffer le four (230 °C, th. 7/8).
- Séparer les jaunes des blancs des 14 œufs restants.
- Dans un saladier, mélanger le poulet, la mie de pain pressée et débarrassée du jus, la muscade, le jus de citron, une larme d'huile, du sel et du poivre. Les blancs d'œufs sont versés tout doucement en continuant de remuer. Bien malaxer à la main, c'est la manière la plus sûre. Quand tous les ingrédients sont bien amalgamés, ajouter les jaunes, puis les lamelles d'œufs durs. Mélanger à peine et très délicatement. Surtout ne pas battre.
- Verser doucement la préparation dans le moule que l'on pose dans un autre moule plus grand où l'on aura versé de l'eau chaude. C'est la cuisson au bain-marie.
- Enfourner les 2 moules pour 1 h.

◆ Comme pour un gâteau, on vérifie la cuisson en enfonçant la lame d'un couteau dans la minina, elle doit ressortir sans trace d'œuf.

◆ Sortir le moule et arroser la minina avec le reste du bouillon préalablement réchauffé (25 cl = un verre). La minina va tout absorber, elle aura ensuite une bonne consistance un peu spongieuse.

◆ Plaquer une grande assiette plate contre le moule, retourner l'ensemble. La préparation devrait ainsi se démouler sans problème. Décoller le papier et laisser refroidir.

◆ On présente la minina coupée en tranches comme une terrine ou en gros dés. C'est particulièrement savoureux arrosé d'un filet de citron.

◆ *BON À SAVOIR*

~ Cette quantité de poulet représente le blanc d'un poulet entier.

~ Ne pas craindre de bien assaisonner, d'autant qu'on ajoute les jaunes d'œufs à la fin sans les saler. Les farces sont toujours plus fades une fois cuites et froides.

~ Les jaunes sont à peine mélangés pour que la terrine ne soit pas colorée uniformément. Ainsi elle sera joliment tachetée de jaune et de blanc.

~ Quelles que soient la taille et la forme du moule, celui-ci doit être rempli aux 3/4. La minina va gonfler en cuisant et risque de déborder.

~ Si la minina ne boit pas tout le bouillon, c'est qu'il y en a trop. Basculer le moule en retenant la terrine du plat de la main de façon à la débarrasser du trop-plein de bouillon. La minina est bonne juste imbibée, pas gorgée de liquide.

~ Présentation : utiliser un moule à soufflé (21 cm), ou un moule à cake pour une présentation en tranches.

~ Préférer les ustensiles à revêtement antiadhésif ou des

moules en Pyrex bien huilés et tapissés de papier sulfurisé afin que la minina se démoule facilement.
Pour le métal, seul l'aluminium convient. Le fer rouille.

LES VARIANTES

~ ***Minina à la cervelle.*** La minina royale s'enrichit de cervelle. Pour ceux qui apprécient, acheter un lobe de cervelle de veau. Le tremper 30 min dans une eau additionnée de vinaigre. La fine peau se détachera plus facilement. Poser la cervelle débarrassée de sa peau sur une planche, la saler et attendre 30 min. Pendant ce temps, préparer un court-bouillon avec 1 petit oignon, 1 gousse d'ail, du persil et du sel. Couvrir d'eau froide, cuire 20 min et laisser refroidir. Plonger la cervelle dans ce bouillon, poser sur le feu, porter à ébullition, baisser et cuire 10 min. Égoutter la cervelle, la couper en lamelles et l'ajouter au reste.

Poule farcie

Un peu délicate à apprêter, on la réserve pour les grands jours. Elle est le point d'orgue des préparations de Kippour, la plus importante de nos fêtes, celle du Grand Pardon. La volaille y est omniprésente sous toutes ses formes. Blanche et légère, elle symbolise douceur et pureté.
Moins gras, moins sec et moins long à cuire, le poulet a supplanté la poule.

Pour 8 personnes

1 poule (2 kg)

La farce :
12 œufs
10 cm de baguette rassise
Chair de poulet (explications dans la recette)
2 pincées de noix muscade
1 trait d'huile d'arachide
1 filet de citron
Sel, poivre

Le bouillon :
Recette p. 82

Préparation : 1 h
Cuisson : 3 h (poule) ou 2 h (poulet)

Demander au boucher une volaille non nettoyée, pas vidée.

DÉSOSSER LA POULE

- Retirer tous les poils et petites plumes et tourner la poule au-dessus d'une flamme. Les derniers poils disparaissent en brûlant. Certaines copines de ma mère, un peu maniaques, retirent les plus récalcitrants à la pince à épiler.
- Rincer et saler la volaille.

S'équiper d'un petit couteau de cuisine à la lame très aiguisée.

- Fendre la peau du cou jusqu'à la naissance des ailes. Tenir le poulet par l'os du cou. Gratter doucement les os au fur et à mesure qu'on les rencontre en repoussant la chair à l'aide du couteau pour la détacher. Arrivé à hauteur des cuisses, retourner la bête, côté chair. Retirer délicatement les entrailles. Continuer de décoller la chair des os le long du haut des cuisses, puis tirer les pilons de l'intérieur comme on retournerait une chaussette. Le but de cette délicate opération étant de ne pas trouer la peau.

D'un côté, les pilons avec os et chair, de l'autre, la peau entière, lisse avec sa chair.

- Rincer l'intérieur de la bête au-dessus d'une passoire pour récupérer les morceaux qui vont se détacher. La chair doit pré-

Le secret de ma mère

~ Danger, fuites ! Lorsque la volaille est prête à être farcie et avant de l'assaisonner, la remplir d'eau pour vérifier qu'il n'y a pas de trous.

~ Dans le temps, les femmes utilisaient un bas ou un morceau de collant préalablement bouilli et blanchi pour protéger la poule farcie pendant sa cuisson.

senter une surface lisse. L'égaliser en tranchant ce qui dépasse ou en affinant les parties trop épaisses. Saler et poivrer légèrement.

◆ Coudre à points rapprochés (sans trop serrer) toutes les ouvertures (croupion, cuisses) sauf le cou. On obtient un bel ovale.

LA FARCE

La farce est la dernière étape. On ne la prépare que lorsque la poule est prête à la recevoir et que les éléments du bouillon attendent dans la marmite (eau froide, céleri, oignon... en suivant la recette p. 82).

◆ Tremper le pain dans du bouillon. Durcir 4 œufs, les passer sous l'eau froide, les écaler et les couper en 4 dans la longueur, puis en fines lamelles dans l'autre sens.

◆ Toute la chair de volaille récupérée est réduite en purée au mixer.

◆ Séparer les blancs des jaunes des 8 œufs restants.

◆ Dans un saladier, mélanger les ingrédients dans l'ordre suivant, en malaxant à chaque nouvelle incorporation. Rien de tel que les mains pour cette opération.

D'abord la chair du poulet, puis le pain pressé et débarrassé d'un maximum de liquide, sel, poivre et muscade. Ajouter ensuite les blancs d'œufs, 1 larme d'huile et le filet de citron. Rectifier l'assaisonnement. Enfin, poser les jaunes, les percer, remuer à peine et terminer par les œufs durs.

◆ Préparer une aiguillée de fil avec son nœud et la garder près de soi.

◆ Poser la poule dans un grand saladier évasé. D'une main on la tient par la peau du cou, de l'autre, avec une petite louche, on verse la farce dans la volaille désossée. La première fois, mieux vaut se faire aider.

◆ Couper le surplus de peau du cou en forme de tube en pinçant fermement sa base pour que la farce ne s'échappe pas et coudre cette dernière ouverture.

◆ Coudre un morceau de gaze ou de toile à beurre en forme de sac. Glisser la volaille dans cette poche, faire un nœud et plonger ce paquet dans une marmite remplie d'eau. La volaille doit être totalement immergée.

◆ Allumer un grand feu, attendre l'ébullition, baisser, poser un couvercle (aux 3/4 sinon la poule éclate), et cuire 3 h au total. La première 1/2 h, on retournera la volaille toutes les 5 min afin qu'elle cuise uniformément. La retirer à l'aide d'une écumoire, la laisser refroidir et la couper en tranches.

◆ Le bouillon se consomme à part, nature ou agrémenté de pâtes ou de semoule.

LES VARIANTES

~ On peut enrichir la farce d'une poignée de **pistaches**.

~ On peut remplacer la poule par des **pigeons** pour la Fête des garçons ou du **poulet** (dans ce cas il faut compter 2 h de cuisson).

BON À SAVOIR

~ Autres techniques. On retire juste la peau, c'est plus facile mais le résultat est moins joli et raffiné. La chair est réservée à la farce. Il paraît même que certains bouchers désossent les volailles. Et pour les moins courageux, le poulet a été vidé et nettoyé, le laisser tel quel, coudre là où c'est troué et le farcir du mélange suivant : 1/2 blanc de poulet (d'un autre poulet), 2 cm de baguette, 4 œufs crus, 2 durs. Chaque élément est préparé de la même manière avec le même assaisonnement et selon le même mode de cuisson que la recette de base. La farce est moins volumineuse mais la chair du poulet se parfume de son goût.

LES LÉGUMES FARCIS

À partir d'astuces et d'inventions pour accommoder des restes, on a peu à peu mis au point des recettes devenues des classiques. Selon la tradition, elles mêlent légumes et viandes ou poisson, et deviennent ainsi plats complets, à préparer à l'avance, à consommer chauds ou froids selon la saison et selon les farcis. Et comme tout est prétexte à kémia, il suffit d'en réaliser de petits formats pour que la fête soit à son comble.

S'organiser. À part les banatages, tous ces farcis se préparent à l'avance, se gardent au frigo et au besoin se réchauffent au micro-ondes.

Le bicadiliou

Il se compose de chair (viande, poulet ou poisson) coupée en morceaux, d'oignons râpés (côté gros trous) et de persil plat. Le persil est tantôt cuit dans le bicadiliou, attaché en bouquet, puis retiré ; tantôt ajouté cru, finement ciselé, une fois le bicadiliou cuit. Ainsi il conserve son goût et reste vert. Cette composition est le point de départ de pratiquement toutes nos farces. Rarement mélangés crus, ces éléments sont préalablement cuits ensemble à l'étouffée avec une larme d'huile, du sel, du poivre et un peu d'eau. L'oignon bien confit est plus digeste que dans les farces où il intervient cru. Selon les plats, on enrichira le bicadiliou de pommes de terre, d'ail, d'œufs crus ou/et durs....

Le bicadiliou est utilisé dans les recettes suivantes :
Bricks aux pommes de terre et poulet (p. 97)
Raviolis (p. 115)
Fourma :
à la viande (p. 116)
au poulet (p. 117)
au poisson (p. 117)
Makoud (p. 131)
à la viande (p. 132)
au poisson (p. 132)
à l'aubergine (p. 132)
Banatages (p.141)
Farcis :
courgettes (p. 143)
artichauts (p. 144)
mhamar (p. 145)
poivrons (p. 149)
Gratin d'aubergines (p. 260)

◆ Au fond d'une casserole, verser un peu d'huile. Ajouter oignons, chair et persil. Saler, poivrer et verser de l'eau au ras des aliments. Couvrir et laisser mijoter de 30 à 45 min selon que l'on cuisine du poisson, de la volaille ou de la viande de bœuf.

◆ Les temps de cuisson. Prévoir 45 min (bœuf), 30 min (poulet), 15 min (poisson). Le bicadiliou a besoin de 30 min, le poisson, cuisant plus vite, est ajouté en cours de cuisson.

◆ Si l'on utilise un reste de chair cuite, ajouter un peu de bouillon en cube pour corser le goût du bicadiliou et diminuer le temps de cuisson à 30 min.

◆ Lorsque le bicadiliou est cuit, il ne reste plus de liquide, mais l'ensemble ne doit ni attacher ni colorer. Surveiller la cuisson et, au besoin, ajouter un peu d'eau, ou à l'inverse terminer à découvert pour que le jus s'évapore.

◆ Retirer le bouquet de persil, hacher grossièrement la chair au mixer, puis mélanger aux oignons. Ceci vaut pour : makoud, fourma et farces des bricks.

◆ S'organiser : le bicadiliou peut se préparer à l'avance.

Banatages
Boulettes de pommes de terre farcies à la viande

Pour 16 banatages

La purée :
600 g de pommes de terre
Sel, poivre

Le bicadiliou (farce) :
150 g de bœuf haché (steak ou macreuse)
1 oignon (150 g)
4 à 5 brins de persil plat
1 gousse d'ail
1 œuf
1 larme d'huile d'olive
Sel, poivre

La friture :
1 œuf
Farine
Huile d'arachide
Sel

Cuisson : 45 min (bicadiliou et autres préparations simultanées) + 15 min (friture)

◆ Préparer le bicadiliou (viande, oignon, ail écrasé, huile, sel, poivre), en suivant la recette p. 140, version sans persil. Pendant ce temps…

◆ Durcir l'œuf, le passer sous l'eau froide et l'écaler. Quand il a refroidi, le couper en 4 dans la longueur, puis en fines lamelles dans l'autre sens. Rincer, sécher et ciseler le persil. On ajoutera ensuite persil et œuf dur au bicadiliou cuit.

◆ Cuire les pommes de terre dans leur peau. Les éplucher et les réduire en purée à l'aide d'un moulin à légumes (grille fine) alors qu'elles sont encore tièdes. Saler et poivrer.

◆ Prendre 2/3 de la purée et l'étaler en 4 bandes rectangulaires d'1 cm d'épaisseur et de 10 cm de large.

Poser la farce (bicadiliou) au centre de chaque bande sur 2 cm d'épaisseur.

Refermer le tout sur la largeur en formant de gros boudins. Seule la pomme de terre est apparente. Couper de grosses rondelles de 7 cm de large. Boucher les côtés où la farce est visible avec le reste de la purée. On obtient des boulettes ovales. Pomme de terre à l'extérieur, farce à l'intérieur. Elles sont lisses et sans aucun trou.

◆ Préparer deux assiettes, l'une plate avec de la farine, l'autre avec l'œuf. Le saler, ajouter 1 cuil. à soupe d'eau et fouetter à la fourchette.

◆ Poser une grande poêle remplie aux 2/3 d'huile sur un feu vif.

◆ Rouler les banatages d'abord dans la farine, puis dans l'œuf, et les frire en les retournant tout de suite et sans arrêt jusqu'à ce qu'elles soient bien dorées.

◆ À Sousse on les déguste arrosées de jus de citron et accompagnées de quelques salades rafraîchissantes, méchouia, slata jida… (voir kémia, p. 43) ou plus simplement de salade verte.

LES VARIANTES

~ Remplacer le bœuf par du **poulet**.

BON À SAVOIR

~ Compter environ 4 banatages par personne.

~ Bien remplir la poêle d'huile pour que les banatages soient immergées. Ainsi, pas de risque qu'elles éclatent.

~ Les manipuler délicatement à l'aide d'une cuillère pour ne pas les percer. Si l'on ne prend pas ces précautions, la farce s'échappe.

~ S'organiser. On peut les préparer à l'avance et les conserver au frigo, protégées par un film transparent pour les empêcher de sécher. Mais la friture, elle, se fera à la dernière minute. Les banatages ne sont pas bonnes réchauffées.

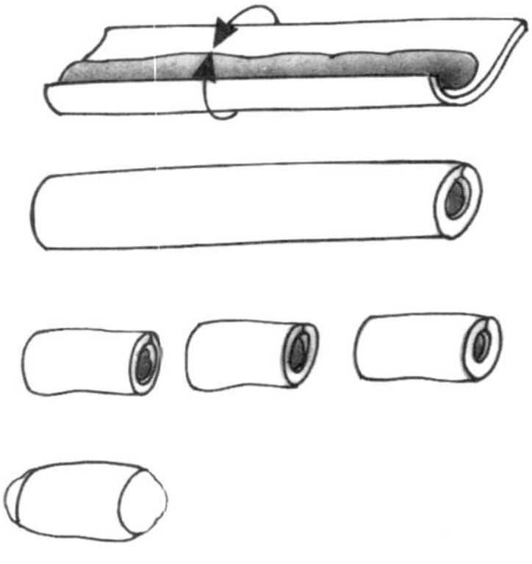

Courgettes farcies

Pour 6 personnes

12 courgettes moyennes

Le bicadiliou (farce) :
300 g de bœuf (steak, macreuse) ou de poulet
150 g d'oignons
1 gousse d'ail
4 à 5 brins de persil plat
1 cuil. à soupe d'huile d'olive
+ 1 œuf
1 cuil. à soupe de riz cru
Sel, poivre

La sauce :
2 cuil. à soupe de coulis de tomates
2 gousses d'ail
2 cuil. à soupe d'huile d'olive
Sel, poivre

Cuisson : 45 min (préparation + bicadiliou) + 35 min

- Rincer et sécher les courgettes, retirer les extrémités. Gratter très légèrement les endroits où la peau présente comme des arêtes afin de la rendre lisse. Couper les courgettes en tronçons de 10 cm maximum et les vider à la petite cuillère sans aller jusqu'au bout pour laisser un fond (1 cm). Réserver cette chair. Saler l'intérieur et les retourner.
- Rincer, sécher et ciseler le persil.
- Préparer le bicadiliou (huile d'olive, oignons râpés, ail écrasé, viande hachée, chair des courgettes, sel et poivre ; p. 140). Quand le bicadiliou a refroidi, ajouter le riz cru, le persil, l'œuf, mélanger et rectifier l'assaisonnement.
- Rincer les morceaux de courgettes et les sécher au torchon ou au papier absorbant. Les remplir de la farce et les tenir debout comme des canons.
- Préparer la sauce : dans une sauteuse (ou 2), faire revenir à feu doux l'ail écrasé dans de l'huile d'olive. Ajouter le coulis de tomate, saler, poivrer et laisser encore 1 à 2 min sur feu vif. Verser 25 cl d'eau froide. Poser les courgettes debout. Quand la sauce bout, baisser le feu, couvrir et cuire 30 min.
- Déguster chaud avec un riz klaya (p. 124) ou froid avec une salade verte.

LES VARIANTES

~ ***Plus parfumées.*** Ajouter à la farce 1 cuil. à café d'aneth (chept) et 2 feuilles de menthe (nanaa) finement ciselées.

~ ***À la pomme de terre.*** Remplacer le riz par une pomme de terre cuite en gros morceaux dans le bicadiliou. Les prélever, les écraser à la fourchette en purée sans grumeaux et les mélanger au reste de la farce.

~ ***Artichauts farcis.*** Remplacer les courgettes par de gros artichauts violets dont on n'utilise que les fonds.

BON À SAVOIR

~ Compter 4 morceaux de courgette par personne.

~ Le riz va absorber le trop-plein d'eau de la chair des courgettes.

~ Les courgettes peuvent être serrées dans la sauteuse mais sur une seule couche.

~ Remplacer le coulis de tomates par de la pulpe, des tomates pelées en conserve ou des tomates fraîches. Il faut alors les peler après les avoir plongées 15 s dans de l'eau bouillante, puis les épépiner et les couper grossièrement.

Mhamar
Aubergines farcies

Pour 6 personnes

3 belles aubergines (ou 6 petites)

Le bicadiliou :
300 g de bœuf (steak, macreuse) ou de poulet
100 g de pommes de terre
200 g d'oignons
2 gousses d'ail
4 à 5 brins de persil plat
1 cuil. à soupe d'huile d'olive
Sel, poivre
+ 2 œufs

La sauce :
2 cuil. à soupe de coulis de tomates
2 gousses d'ail
2 cuil. à soupe d'huile d'olive
Sel, poivre

Cuisson : 45 min (préparation + bicadiliou) + 45 min

- Rincer les aubergines et en retirer le pédoncule. Les couper en deux dans la longueur, puis encore en deux dans la largeur. Creuser l'intérieur de ces morceaux en gardant une cloison tout autour. Réserver la chair qui sera ajoutée au bicadiliou. Saler l'intérieur et retourner les morceaux.
- Rincer, sécher et ciseler le persil.

- Préparer le bicadiliou (p. 140) : au fond d'une casserole, verser 1 cuil. à soupe d'huile d'olive, ajouter les oignons râpés côté gros trous, l'ail écrasé, la viande coupée en gros morceaux, la chair des aubergines, les pommes de terre épuchées, rincées et coupées en gros morceaux, saler, poivrer, verser de l'eau juste au ras des aliments, couvrir et cuire 30 min à l'étouffée.
- Retirer les pommes de terre, les écraser à la fourchette jusqu'à ce qu'il n'y ait plus de grumeaux et mélanger au reste. Ajouter les 2 œufs et le persil. Rectifier l'assaisonnement.
- Préchauffer le four (210 °C, th. 7).
- Rincer les aubergines, les sécher au torchon ou au papier absorbant et les farcir.
- Garnir le fond d'un plat allant au four des éléments de la sauce (huile d'olive, ail, coulis de tomates et sel). Poser les morceaux d'aubergines, farce en l'air, et enfourner pour 45 min. Si, en cours de cuisson, la farce est déjà bien dorée, recouvrir le plat d'une feuille de papier aluminium. La chair de l'aubergine est bonne bien cuite.
- À déguster chaudes ou froides arrosées d'un filet de citron.

LES VARIANTES

~ Enrichir la farce d'un **œuf dur** râpé.

~ ***Pommes de terre farcies.*** Choisir des grosses pommes de terre, les couper en 2 dans la longueur, les creuser et suivre la même recette que pour les aubergines en supprimant l'ajout de pommes de terre dans le bicadiliou.

BON À SAVOIR

~ Compter 2 morceaux d'aubergine par personne.

~ Remplacer le coulis de tomates par de la pulpe, des tomates pelées en conserve ou des tomates fraîches. Il faut alors les peler après les avoir plongées 15 s dans de l'eau bouillante, puis les épépiner et les couper grossièrement.

~ Ma mère me raconte qu'avant que chacun ait un four chez soi, les mhamar étaient frits, côté peau d'abord, puis retournés côté farce ensuite.

Poivrons farcis

Les poivrons doux que l'on trouvait en Tunisie étaient longs, minces, à la peau moins charnue. On les appelait poivrons « cornes ». On en trouve parfois dans les commerces orientaux, sinon compter 1 gros poivron vert pour 2 « cornes ».
En Tunisie, le poivron est le légume roi des farcis. On en profitait toujours pour farcir quelques piments brûlants et les glisser dans le plat de cuisson.
Voici deux préparations, la première dite « de la veuve » pour la frugalité de ses ingrédients, l'autre à la viande, mais avec des parfums qui en font un plat bien spécifique.
Les poivrons farcis se servent avec du riz klaya (p. 124) ou une salade verte.

Poivrons agela
« de la veuve »

Ces poivrons sont l'accompagnement idéal du couscous kraa ou foul (p. 174).

Pour 4 personnes

8 poivrons « cornes »
ou 4 gros poivrons verts

La farce :
2 œufs
15 cm de baguette rassise
2 gousses d'ail
1 cuil. à café de carvi (carouia)
1/2 cuil. à café d'harissa
Huile d'arachide (friture)
Sel

- Faire tremper le pain dans de l'eau.
- Rincer les poivrons. Couper un cercle autour du pédoncule et réserver, ils serviront de chapeaux/couvercles. Épépiner et gratter l'intérieur des poivrons.
- La farce. Presser le pain pour extraire un maximum de liquide. Bien malaxer mie de pain, ail écrasé, carvi, harissa, bien saler et finir par les œufs. Remplir les poivrons aux 2/3. La farce à base d'œufs va gonfler et risque de déborder. Fermer avec les chapeaux.
- Faire chauffer une poêle remplie d'huile d'arachide.

Couvrir les poivrons de leurs chapeaux et les frire à feu moyen. Les poser dans une assiette. Lorsqu'ils ont refroidi, retirer la peau et les poser sur le plat de service.

La sauce :
4 cuil. à soupe d'huile de friture des poivrons
5 tomates pelées et épépinées ou en coulis
2 gousses d'ail
1 cuil. à café de carvi (carouia)
Sel, poivre

Préparation : 30 min
Cuisson : 15 min (sauce) + 30 min (friture)

◆ La sauce. Chauffer 4 cuil. à soupe d'huile de friture des poivrons dans une sauteuse. Y faire revenir rapidement l'ail écrasé à feu moyen pour qu'il ne brûle pas. Ajouter les tomates, le carvi, saler, poivrer, couvrir et faire mijoter 15 min. Si besoin, finir la cuisson à découvert. La sauce doit être courte et sirupeuse.

◆ Verser cette sauce sur les poivrons et servir.

BON À SAVOIR

~ Ne pas craindre de bien saler la farce, elle doit aussi assaisonner la chair des poivrons.

~ La friture. L'huile ne doit pas être trop chaude, la fine peau de ces poivrons noircit rapidement, et avec elle l'huile.

~ S'organiser. Tout peut se préparer à l'avance, se consommer froid ou se réchauffer au micro-ondes.

Poivrons farcis à la viande

Pour 4 personnes

8 poivrons « cornes » ou 4 gros poivrons verts et/ou rouges
2 cuil. à soupe de riz rond

Le bicadiliou :
150 g de bœuf (steak ou macreuse)
150 g d'oignons
1/3 de bouquet de persil plat
Huile d'arachide (friture)
Sel, poivre
+ 4 feuilles de menthe (nanaa)
1 cuil. à café d'aneth (chept)
1 œuf

La sauce :
4 cuil. à soupe d'huile de friture des poivrons
5 tomates pelées et épépinées ou en coulis
2 gousses d'ail
Sel, poivre

À part la farce qui change, le reste se cuisine comme les poivrons agela, mais sans carvi (carouia).

- La farce. Le riz remplace le pain. Il cuit 10 min dans de l'eau bouillante salée, puis l'égoutter.
- Préparer en même temps le bicadiliou (p. 140) avec oignons et viande en morceaux. Quand la viande est cuite, elle est grossièrement hachée au mixer.
- Mélanger viande hachée, oignons, riz, persil, menthe et aneth ciselés, sel et poivre. Finir par l'œuf. Farcir les poivrons.
- Frire les poivrons et terminer comme précédemment.

BON À SAVOIR

~ Cuisson au four. Plus diététique, surtout si l'on utilise de gros poivrons (coupés en deux dans la longueur). Dans un plat allant au four, verser tous les ingrédients de la sauce (sans les cuire préalablement). Forcer un peu sur les doses, la sauce aura tendance à sécher un peu en cuisant au four. Poser les poivrons farcis sur ce lit de sauce et enfourner pour 30 à 40 min.

~ La menthe. On en utilise peu, on fait plusieurs fois du thé à la menthe, et il en reste encore. Ma mère, qui ne jette rien, rince les feuilles, les sèche au torchon, les étale sur un plateau. Quand elles sont complètement sèches, elle les range dans un bocal. Un peu moins parfumée que la menthe fraîche, celle-ci se conserve comme du tilleul ou de la verveine.

Le poisson

En Tunisie, la pêche était quotidienne, abondante et variée. Notre chauvinisme nous fait évidemment considérer qu'il n'est de meilleurs poissons que méditerranéens. Nous en consommions souvent et sous toutes les formes. Simplement grillés, en conserve (anchois, sardines, thon, poutargue...), et souvent frits. Frits tels quels ou en beignets nature, ou recouverts de sauces courtes.

Ces plats présentent tous les avantages : ils se préparent à l'avance, se conservent et se dégustent aussi bien chauds que froids. Tout au long de l'été ils remplaçaient naturellement ragoûts et t'fina.

Dans notre mythologie, le poisson nous protège. Il écarte le mauvais œil, lui qui vit sous l'eau à l'abri des regards malveillants. On le porte en amulette porte-bonheur comme la main de fatma. Se reproduisant de façon prolifique, il symbolise aussi la fertilité. Et, dans l'ordre de la création du monde, il serait en plus apparu le premier.

Symbole du judéo-christianisme, les premiers chrétiens le prirent comme signe de ralliement. Ichthus, *poisson en grec ancien, était le monogramme du Christ, composé des premières lettres des mots grecs : Iêsous CHristos THeou Uios Sôtêr (Jésus-Christ fils de Dieu, sauveur).*

Pour toutes ces raisons, dans notre cuisine, le poisson tient une place toute particulière.

Bon nombre de nos plats et préparations se cuisinent aussi bien à la viande qu'au poisson. C'est le cas du méchoui, de l'arricha, du couscous, de certaines farces, makoud, fourma, boulettes et bricks.

Pas de repas de fête ou de réceptions exceptionnelles sans poisson.

Assida

C'est notre polenta à nous. Vous pouvez l'improviser car, en principe, tous les ingrédients sont dans vos placards. À faire même à la dernière minute et en un rien de temps.

Pour 4 personnes

16 cuil. à soupe de semoule moyenne
16 filets d'anchois
4 gousses d'ail
1 cuil. à soupe de concentré de tomates
4 cuil. à soupe de coulis de tomates
1 cuil. à café de paprika (felfel geïna hlou)
Harissa (facultatif)
4 cuil. à soupe d'huile d'olive
1 litre d'eau
Sel, poivre

Cuisson : 10 min (sauce) + 30 min (semoule)

- Éplucher l'ail.
- La sauce : chauffer l'huile d'olive dans une poêle sur feu doux et y faire revenir l'ail écrasé pendant 2 min. Hors du feu ajouter le paprika, le concentré de tomates et l'harissa ou le poivre, remuer, remettre sur le feu avec le coulis de tomates et un peu d'eau. Cuire 5 min et déposer les filets d'anchois dans ce mélange. Ils vont s'y délayer instantanément. La sauce est prête.
- La semoule : dans une casserole, mélanger la semoule à 1 litre d'eau froide, saler, poser sur feu fort et cuire sans arrêter de remuer. À la reprise de l'ébullition, baisser le feu. Au bout de 30 min, le mélange épaissit et commence à se décoller des parois de la casserole. C'est cuit, la semoule a la consistance d'une purée épaisse.
- La disposer dans un plat de service, faire un puits au centre et y verser la sauce.

LES VARIANTES

~ Remplacer les anchois par des **œufs de hareng**.

BON À SAVOIR

~ On délaie la semoule dans de l'eau froide pour éviter que ne se forment des grumeaux.
~ Saler très légèrement à cause des anchois.

Poisson au citron
de Mamie de Ketty

Frais, léger, diététique, un plat sans friture. Rien que du poisson et du citron. Mamie de Ketty, c'est ma grand-mère Fortunée, la reine des feuilles de bricks.

Pour 4 personnes

800 g à 1 kg de poisson blanc à chair fine en tranches (bar, mérou, daurade, colin).
4 gousses d'ail
4 cuil. à soupe de coulis de tomates
1 poivron rouge
1 citron
4 cuil. à soupe d'huile d'olive
Sel, poivre

Marinade : de 15 à 30 min (en même temps que la sauce)
Cuisson : 30 min (dont 10 pour le poisson)

- Retirer le zeste du citron (il ne sera pas utilisé). Presser le jus, retirer les pépins. Couper ce qui reste (peau blanche et pulpe) en lamelles.
- Rincer les tranches de poisson. Assaisonner avec sel, poivre et la moitié du jus de citron.
- Peler l'ail. Rincer le poivron, retirer pépins et pédoncule et couper en lamelles.
- Dans une sauteuse, verser l'huile d'olive, ajouter ail écrasé, coulis de tomates, lamelles de poivron et de citron, sel et poivre. Quand ça bout, verser un verre d'eau (25 cl). Attendre la reprise de l'ébullition, baisser, couvrir et cuire 30 min. Faire pocher le poisson 10 min dans cette sauce.
- Servir avec du riz klaya (p. 124), des pommes de terre vapeur, ou tel quel avec les « salades » de la kémia (p. 43).

LES VARIANTES

~ À la place d'un poivron entier : 1/2 seulement, plus 2 piments.

BON À SAVOIR

~ S'organiser. Pendant que le poisson marine, préparer et cuire la sauce. Ajouter le poisson juste le temps de le pocher.

Poisson au four

Voici une façon bien méditerranéenne d'accommoder les plus méditerranéens des poissons. Loup (bar), mérou, daurade argentée dite royale...

Pour 6 personnes

1 poisson entier (1,5 kg) : loup, daurade ou mérou
2 citrons
1 kg de pommes de terre
3 tomates
1 poivron rouge
1 botte d'oignons nouveaux
6 gousses d'ail
1 cuil. à café de concentré de tomates
15 cl d'huile d'olive
Sel, poivre

Marinade : 1 h
Cuisson : 1 h

Demander au poissonnier de vider et d'écailler le poisson.

◆ Rincer le poisson et le réserver dans un plat, salé, poivré et arrosé d'un jus de citron et d'un filet d'huile d'olive.

◆ Couper l'autre citron en fines rondelles et réserver dans une coupelle. Éplucher ail, oignons, pommes de terre et poivron.

Les oignons sont émincés, les pommes de terre, le poivron et les tomates sont coupés en gros morceaux, l'ail écrasé.

◆ Ajouter tous ces légumes dans la marinade du poisson, avec le concentré de tomates, rectifier l'assaisonnement, verser un filet d'huile d'olive, bien mélanger avec les mains et attendre 1 h.

◆ Préchauffer le four (240 °C, th. 8).

◆ Dans un grand plat allant au four et pouvant passer à table, poser tous les légumes et enfourner pour 30 min.

◆ Sortir le plat, remuer les légumes et y poser le poisson recouvert des rondelles de citron. Arroser de son jus. Remettre le plat au four 30 min. Servir dans son plat.

BON À SAVOIR

~ Préférer l'ail frais.

~ Hors saison, utiliser ail et oignons émincés surgelés et 1 petite boîte de tomates pelées (1/2).

~ Ajouter 1 pointe d'harissa ou quelques piments verts à l'assaisonnement du poisson. Surtout les laisser entiers. Coupés, ils emporteraient tout le plat.

Poisson malin, kraïmi

Habitué des fêtes, il trône sur la table pour Roch Hachana.

Pour 6 personnes

1 poisson entier (1,5 kg) : loup (bar), mérou, cabillaud, daurade ou thon en tranches...
1 citron (jus)
1/2 bouquet de coriandre (kosbore) ou de persil plat
Sel, poivre

Le coulis de poivrons :
4 poivrons rouges
6 gousses d'ail
1 grosse tomate
2 cuil. à soupe de concentré de tomates
1 cuil. à soupe de paprika (felfel geïna hlou)
2 cuil. à soupe d'huile d'olive
Sel, poivre

Marinade : 30 min
Cuisson : 15 min (sauce) + 10 min (poisson)

- Le poisson est écaillé, le rincer, l'imprégner de jus de citron, de sel et de poivre. Laisser mariner 30 min.
- Pendant ce temps, rincer, sécher et effeuiller la coriandre. La ciseler et la réserver.
- Préparer le coulis de poivrons : couper les poivrons en gros morceaux, retirer pédoncules et pépins, rincer. Éplucher les gousses d'ail et les laisser entières. Peler et épépiner la tomate après l'avoir plongée 15 s dans de l'eau bouillante.
- Dans une casserole, faire bouillir 1 bon cm d'eau, saler et y cuire 5 min le poivron, l'ail et la tomate coupée en morceaux. Veiller à ce que presque tout le liquide soit évaporé. Il doit en rester la valeur de 15 cl. Passer alors au mixer pour obtenir un coulis. Rectifier l'assaisonnement.
- Chauffer l'huile d'olive dans une cocotte sur feu doux, y faire revenir rapidement et en remuant sans arrêt le concentré de tomates. Ajouter le coulis de poivrons et le paprika. Laisser mijoter 10 min.
- Sortir le poisson de sa marinade et le pocher dans cette sauce, à feu doux, à couvert. Au premier frémissement, on le retourne, on couvre à nouveau, on laisse pocher 10 min en tout. Éteindre.
- Servir le poisson chaud, tiède ou froid, parsemé de coriandre fraîche (ou de persil plat). En plat chaud, il s'accompagne de riz klaya (p. 124), de pommes vapeur, de tagliatelle ou, plus exceptionnel, de graine de couscous. La sauce doit alors être un peu plus abondante et un peu plus liquide.

Beignets de poisson nature

Température de l'huile

Avant de frire le poisson, vérifier la température de l'huile en y jetant une pincée de farine ou de chapelure. Si cela dore, c'est parfait ; si cela brûle, baisser le feu et attendre 1 min.

PLUS CROQUANT

Utiliser du merlan, de la sole, du lieu…
Le poisson, de préférence frais, est en filets. S'il est surgelé, le décongeler auparavant.

- Saler, poivrer et laisser en attente 15 min.
- Rouler les filets de poisson dans la farine, les tremper dans de l'eau (une assiette creuse remplie d'eau) et les plonger dans un bain d'huile chaude. Frire sur les deux faces jusqu'à ce que les filets soient bien dorés.
- C'est tout simplement le fait de les passer dans l'eau qui les rend croquants. Cuisson : 5 min.

PLUS MOELLEUX

- Battre un œuf et y plonger les filets après les avoir enduits de farine. Frire comme précédemment, en supprimant bien sûr l'étape « bain d'eau ».

On peut réaliser des beignets avec des œufs de poisson :

- Blanchir les laitances 10 min dans de l'eau bouillante, puis les égoutter. Saler, poivrer, les fariner, les tremper dans l'œuf et les frire comme les filets.

Si les laitances sont très grosses, les couper en tranches une fois blanchies et les cuisiner de la même façon. Déguster ces beignets nature ou cuits dans une sauce. Voir poisson bilyada (p. 160) et poisson à la livournaise (p. 161).

Poisson pané

Pour 6 personnes

6 beaux filets de poisson ou 12 moyens
2 œufs
2 gousses d'ail
3 brins de persil plat
1 petit bol de chapelure
Huile d'arachide (friture)
Sel, poivre

Pour servir :
2 citrons

Marinade : au moins 1 h
Cuisson : 15 min

- Laver, sécher, effeuiller et ciseler le persil.
- Dans un saladier évasé, mélanger les œufs, l'ail écrasé et le persil. Saler et poivrer généreusement. Mettre les filets dans le saladier. Bien les imbiber de la préparation.
Laisser mariner au moins 1 h en les retournant de temps en temps.
- Verser la chapelure sur le plan de travail (ou dans une assiette plate). En imprégner chaque filet sur les deux faces en appuyant fort et en les retournant plusieurs fois pour qu'ils en soient bien recouverts. Les réserver ensuite sur un plat.
- Verser l'huile (au moins 2 cm) dans 1 ou 2 grandes poêles. Avant le début du repas, mettre l'huile à chauffer, frire les filets de poisson sur les deux faces.
- Quand ils sont bien dorés, les égoutter sur du papier absorbant, puis les servir avec des quartiers de citron.
- Accompagner d'une salade, de pâtes ou de légumes verts.

BON À SAVOIR

~ Si vous êtes en panne de chapelure, prenez quelques biscottes et passez-les au mixer.
~ Le mérou, un peu épais, peut se préparer en escalopes.

Complet poisson

C'est un plat fétiche de la cuisine tunisienne.
Un plat complet avec son œuf, ses chips et surtout la tastira, sorte de méchouia dont les éléments sont frits.
Le complet est très différent selon le choix du poisson.

Pour 6 personnes

1,2 kg de poisson en tranches (ou plus s'il est entier)
6 œufs
Huile d'arachide (friture)
Sel, poivre

Les chips :
6 pommes de terre
1 courgette

La tastira :
3 poivrons verts et/ou rouges
500 g de tomates
6 gousses d'ail
Huile d'olive
Sel, poivre

Préparation-cuisson :
45 min (tastira) + 30 min (friture)

- Rincer le poisson, puis le saler et le poivrer.
- Éplucher l'ail. Rincer les tomates et les couper grossièrement avec leur peau. Peler les pommes de terre et les couper en chips. Les sécher au torchon et les y envelopper pour les empêcher de noircir. Rincer la courgette, retirer les 2 extrémités et couper également en chips.
- La tastira. Dans une poêle, frire les poivrons entiers dans de l'huile d'olive, les retirer.
- Dans la même poêle et la même huile, faire revenir à feu doux l'ail écrasé, augmenter le feu et ajouter les tomates, saler, attendre 5 min, baisser le feu et laisser mijoter 15 min.
- Pendant ce temps, peler les poivrons, retirer pépins et pédoncules et les couper grossièrement. On obtient des morceaux d'environ 2 cm. On les verse sur les tomates. Au bout de 5 min, si la sauce est courte, la tastira est prête.
- Préparer 2 poêles, verser 2 cm d'huile dans l'une pour frire le poisson, moins dans l'autre pour les œufs au plat.
- Sur un troisième feu, poser la friteuse avec une bonne quantité d'huile d'arachide. Quand celle-ci est bien chaude, plonger en même temps pommes de terre et courgettes. Attendre que les légumes soient blonds pour les égoutter.
- Servir à l'assiette.

LES VARIANTES

~ ***Choix du poisson :*** rouget, mulet, daurade, bar (loup), thon, mérou en tranches…

~ Pour ceux qui apprécient, faire frire des **piments verts**, mais les laisser entiers et les servir à part.

BON À SAVOIR

~ Choisir des tomates goûteuses et surtout pas aqueuses (olivette, marmande…), sinon les remplacer par des tomates pelées en conserve.

~ S'organiser. Frire les chips en 2 temps. Une première fois à l'avance (elles restent blanches), puis juste avant de passer à table, avec les courgettes. Préparer la tastira à l'avance et la réchauffer au micro-ondes.

~ Un petit conseil : être plusieurs juste pour le moral. Rien de compliqué dans la réalisation du complet poisson si ce n'est la simultanéité d'opérations assez rapides. Certaines choses peuvent se manger tièdes, tandis que d'autres n'attendent pas. Voici donc quel devrait être l'ordre logique de ces opérations : d'abord la tastira, ensuite les frites, le poisson, et enfin les œufs. Et quand la mère vient s'asseoir à table, tout est froid…
Je comprends mieux pourquoi, les jours où nous allions au restaurant, ma mère commandait invariablement un complet poisson.

Merlan farci

Pour 6 personnes

12 merlans
12 gousses d'ail
1 gros bouquet de persil plat
3 œufs
Farine
Huile d'arachide (friture)
Sel, poivre

Pour servir :
2 citrons

Préparation-cuisson :
30 min

- Couper les têtes, fendre les poissons et en retirer l'arête centrale. Les rincer, puis saler et poivrer.
- La farce. Éplucher l'ail. Rincer le persil, l'effeuiller et le hacher, y ajouter l'ail écrasé. Saler, poivrer et mélanger.
- Battre les œufs à part. Préparer une assiette de farine.
- Étaler 1/6 de la farce sur chaque moitié de poisson et recouvrir d'une autre moitié. Rouler ces petits « sandwichs » dans la farine, les plonger ensuite dans les œufs battus et les frire à la poêle.
- Servir avec des quartiers de citron.

LES VARIANTES

~ ***Sardines farcies.*** Pour 6 personnes, prévoir 24 sardines. La farce est la même, on peut y ajouter 1 cuil. à café de cumin en poudre (camoun) et, pour ceux qui aiment, 1 cuil. à café rase d'harissa.

La sardine se nettoie et se prépare de la même manière. La farce se tartine sur une sardine entière, ouverte comme un livre. Recouvrir d'une autre sardine. Ainsi, on obtiendra 12 beignets.

BON À SAVOIR

~ Si l'on trouve des œufs dans le merlan, les incorporer à la farce.

~ Avec les têtes et arêtes, faire une soupe de poisson ou une sfaxia (p. 92).

Poisson bilyada

Pour 6 personnes

1,2 kg de poisson en tranches ou pavés (mulet à Tunis, thon à Sousse...)
1 citron (jus)
3 poivrons
3 aubergines
Huile d'arachide (friture)
Sel, poivre

La sauce :
500 g de coulis de tomates
6 gousses d'ail
1 cuil. à soupe de concentré de tomates
1 cuil. à soupe de paprika (felfel geïna hlou)
1 cuil. à soupe de carvi (carouia)
Huile d'arachide (friture)
3 cuil. à soupe de vinaigre
Sel, gros sel, poivre

Préparation : 20 min
Cuisson : 35 min

◆ Le poisson est rincé, salé, poivré et arrosé d'un jus de citron.

◆ Rincer les légumes et, sans les peler, les couper en larges bandes (poivrons) ou en tranches épaisses (aubergines).

◆ Disposer les aubergines dans une passoire à pieds et les frotter de gros sel. Laisser dégorger au minimum 15 min, puis les rincer et les essuyer.

◆ Tout est frit successivement, retiré à l'écumoire et laissé en attente sur du papier absorbant : pour préserver la qualité de l'huile, frire d'abord les tranches d'aubergines, puis le poivron, et enfin le poisson. Cette huile, très goûteuse, resservira pour la sauce seulement si elle n'a pas noirci.

◆ La sauce : dans une sauteuse posée sur feu doux, verser un peu d'huile de friture, faire revenir l'ail pelé et écrasé. Hors du feu, ajouter le paprika et le concentré de tomates. Reposer sur le feu, ajouter le coulis de tomates et le carvi, saler et poivrer. Laisser mijoter 10 min, verser le vinaigre, attendre la reprise de l'ébullition. Disposer poisson et légumes dans la sauce. Attendre 5 à 10 min que les goûts se mêlent et éteindre.

◆ Verser dans un plat de service et consommer froid.

LES VARIANTES

~ Si l'on trouve de la **laitance de poisson** sur le marché, la rincer et l'ajouter dans la sauce sans la faire frire.

BON À SAVOIR

~ Utiliser des poivrons verts et/ou rouges selon les goûts et de la tomate fraîche en saison à la place du coulis.

~ Pour les amateurs, ajouter quelques **piments verts** à la friture. Mais les laisser entiers.

Poisson à la livournaise

Pour 6 personnes

Les beignets :
1,2 kg de poisson en filets ou en tranches
2 œufs
Farine
Sel, poivre

La sauce :
6 belles tomates
6 gousses d'ail
12 olives noires
1 cuil. à soupe de vinaigre
3 cuil. à soupe d'huile d'olive
Sel, poivre

Préparation + sauce : 15 min
Cuisson : 15 min (beignets) + 15 min (four)

LES BEIGNETS

◆ Préparer le poisson et le cuire en beignets en suivant la recette 2 (p. 155).

LA SAUCE

◆ Éplucher l'ail. Peler les tomates après les avoir plongées 15 s dans de l'eau bouillante. Les épépiner et les concasser grossièrement. Dénoyauter les olives en les coupant en deux.

◆ Dans une sauteuse, chauffer l'huile d'olive à feu doux. Y faire revenir l'ail écrasé, puis les tomates, saler légèrement à cause des olives. Attendre que l'eau s'évapore. La sauce a la consistance d'un coulis (ni aqueux ni sec).

◆ Ajouter les olives et le vinaigre, poivrer.

◆ Préchauffer le four (th. Max.) 15 min.

◆ Poser le poisson dans un plat allant au four, recouvrir de sauce et enfourner pour 15 min.

◆ À servir avec des pommes de terre nature, des pâtes, du riz klaya (p. 124) ou du riz blanc.

BON À SAVOIR

~ Choix du poisson : rouget (1 beau par personne), cabillaud en tranches, filets de merlan, morue séchée (préalablement dessalée la veille)…

~ Hors saison, remplacer les tomates fraîches par du coulis.

~ S'organiser : faire les beignets pendant la cuisson de la sauce. Tout ceci peut être préparé la veille et passé au four avant de se mettre à table.

Les couscous

Il n'y a pas un couscous mais des couscous. Les t'fina même les plus compactes s'accompagnent de couscous. Aussi important que le pain, il est à l'Afrique du Nord ce que le riz est à l'Asie.

Meilleur ambassadeur du Maghreb, il est le champion de l'exportation.

Qui ne connaît le couscous ? Qui ne l'a jamais goûté au moins une fois dans sa vie ? Il figure même au menu des cantines scolaires.

Autant dire qu'on est loin du compte même dans les restaurants. Tous ces plats ne sont bons et vrais qu'à la maison.

Pas plus difficile à réaliser qu'un pot-au-feu, il est temps de se lancer.

Alors faites-nous confiance, pas d'affolement, la plupart des recettes sont très simples, à condition de bien s'organiser.

La graine de couscous

Méthode traditionnelle

Pour 6 personnes

500 g de semoule pour couscous
1 cuil. à soupe d'huile d'arachide
Sel

Préparation : 10 min
Cuisson : 1 h 30 dont repos de la semoule

LES USTENSILES INDISPENSABLES

◆ Le *lien* (prononcer liène). Grand plat rond et profond en aluminium. On peut le remplacer par une grande bassine en fer.

◆ Le tamis appelé *reurbel*.

◆ Le couscoussier. Il se compose de 3 éléments. La partie basse, qui reçoit l'eau, en forme de marmite un peu haute. La partie supérieure (panier), appelée *kesskess*, au fond troué pour laisser passer la vapeur, et son couvercle.

LE CHOIX DE LA SEMOULE

◆ On utilisera de la semoule moyenne pour la plupart des plats, et de la grosse pour le couscous au poisson.

LA PRÉPARATION

◆ Préparer un verre d'eau (20 cl). Mettre la semoule dans le lien. Verser un peu d'eau dans le creux de la main et en asperger la semoule. Remuer tout de suite à la main et ne s'arrêter qu'une fois que l'eau a été absorbée par la semoule. Continuer ainsi jusqu'à épuisement de l'eau. Ajouter l'huile, un peu de sel, et bien mélanger. Cette opération dure 10 min.

◆ Passer la semoule à travers le tamis afin d'éliminer les grumeaux.

LA CUISSON

◆ Remplir le bas du couscoussier à moitié d'eau très chaude et la faire bouillir.

Mettre la semoule dans le kesskess. Quand l'eau bout, poser

le kesskess sur le bas du couscoussier, couvrir et cuire 30 min à la vapeur.

◆ Préparer 25 cl d'eau. Démouler la semoule dans le lien et l'asperger d'eau froide tout en remuant comme indiqué précédemment. Au début, on utilise une fourchette ou une cuillère en bois. Quand la semoule a un peu refroidi, on continue à la main. Remuer et frotter entre la paume des mains. Retirer les derniers grumeaux.

◆ Couvrir d'un torchon et attendre 30 min que la semoule ait bu toute l'eau et gonfle.

◆ Cuire de nouveau 30 min à la vapeur. Démouler le couscous dans le lien, l'aérer, puis frotter encore entre les mains pour traquer les derniers grumeaux, mais en principe il ne devrait plus en rester.

Méthode rapide

Un couscoussier et un grand saladier suffisent.

Pour 6 personnes

500 g de couscous rapide fin
1 filet d'huile d'arachide
Sel

Préparation : 30 min
Cuisson : 20 min

LA PRÉPARATION

◆ Verser le couscous dans un très grand saladier. Le recouvrir largement d'eau froide. Mélanger à la main : l'eau devient blanchâtre. Attendre quelques secondes que la graine retombe au fond du saladier et jeter l'eau.

◆ Recommencer l'opération rinçage et se débarrasser le plus possible de l'eau, en retenant la graine de la paume de la main (ou en l'égouttant à travers une passoire à grille très fine).

◆ Dans le saladier, remuer immédiatement à l'aide d'une fourchette pour aérer le couscous et lui éviter de s'agglutiner. L'arroser d'un filet d'huile, saler et remuer à nouveau. Toutes les 5 à 10 minutes, remuer avec la fourchette.

Au bout de 30 min, le couscous a bien gonflé et semble presque « cuit ». Pour l'aérer le plus efficacement, rien ne vaut les mains. On frotte la graine entre ses mains et on élimine les agglomérats. Goûter et ajouter du sel si besoin.

LA CUISSON

◆ Remplir à moitié le bas du couscoussier d'eau très chaude et la faire bouillir. Verser le couscous dans le haut du couscoussier (kesskess). Quand l'eau bout, placer le haut du couscoussier sur le bas, couvrir et cuire 20 min à la vapeur.

◆ Verser la graine cuite dans le grand saladier et l'aérer à la fourchette. Goûter et rectifier l'assaisonnement en sel.

BON À SAVOIR

~ Traditionnellement, la graine est posée dans le panier supérieur du couscoussier et cuit dans une vapeur parfumée. On cuit viandes, légumes et bouillon dans le bas du couscoussier. Nous lui avons préféré la cocotte en fonte ou la marmite. Ainsi, chaque opération peut être effectuée de façon indépendante. La cocotte ou la marmite étant plus large, la préparation en est facilitée. Que chacun choisisse.

~ S'organiser. Préparer la graine de couscous à l'avance et la réchauffer au micro-ondes.

~ Utiliser de l'huile d'arachide. Éviter l'huile d'olive, trop goûteuse.

~ Si on a vu trop grand, le reste se congèlera parfaitement.

Couscous carouia
Au carvi

Pour un après-shabbat, ou le jour où l'on n'a pas l'humeur cuisinière. Tout se fait dans une poêle. En principe, il s'agit d'une astuce pour accommoder un reste de couscous. En fait, ma mère en préparait toujours un peu plus pour nous régaler de ce couscous carouia.

Pour 4 personnes

250 g de couscous
8 gousses d'ail
4 cuil. à soupe de coulis de tomates
1/2 cuil. à café de paprika (felfel geïna hlou)
1 cuil. à café de carvi (carouia)
1 cuil. à café d'harissa (facultatif)
8 cuil. à soupe d'huile d'olive
Sel

Cuisson : 15 min

- Peler l'ail.
- Dans une grande poêle, chauffer l'huile d'olive à feu doux et y faire rapidement revenir l'ail écrasé. Celui-ci ne doit pas colorer. Hors du feu, ajouter le paprika, le coulis de tomates, l'harissa et le carvi. Reposer sur le feu, cuire quelques minutes.
- Saler, la sauce est prête à accueillir le couscous. Remuer et, si c'est trop sec, ajouter un peu d'eau. Si ça colle un peu au fond en caramélisant, c'est encore meilleur.

BON À SAVOIR

~ Utiliser 1 cuil. à soupe de concentré de tomates à la place du coulis.

LES VARIANTES

~ ***Randour.*** Une panade où la mie de pain remplace le couscous. Avec une tendre pensée pour la Nona, la reine du bricolage.

- Utiliser une baguette ou l'équivalent de pain rassis. Casser la baguette en morceaux que l'on fait tremper dans l'eau.
- Pendant que le pain gonfle, préparer la sauce en doublant les quantités. Au bout de 20 min, presser le pain pour éliminer le maximum de liquide. L'incorporer à la sauce et bien remuer jusqu'à ce que tout soit intimement lié.
- Le mélange ressemble à une pâte onctueuse.

Le couscous-boulettes du shabbat

Le couscous du shabbat, c'est tout une histoire. Juste quelques feuilles de menthe, de coriandre et de persil, et toute la différence est là. Il faut dire que ce couscous-là est encore exclusivement celui de ma mère. Personne n'a vraiment pris le relais. Comme pour faire durer l'enfance.
C'est d'abord une odeur. Ça commence dans les escaliers, puis ça continue dans toute la maison. C'est la fin de la semaine, on n'aura rien à faire, juste se laisser nourrir.
Couscous doux et léger au bouillon plutôt clair. Et... LA boulette.
La boulette du shabbat, c'est la signature de la cuisinière. Il y a celles de Mamishka, celles de Brigitte, de la voisine... etc. Évidemment, aucune n'a le même goût. Cela tient à peu de chose : le dosage pain/viande, la texture ni trop fine ni trop grosse, la qualité de la friture... bref, ces petits je-ne-sais-quoi qui font les grandeurs et misères de la boulette. C'est elle qui ouvre le shabbat. On en chipe quelques-unes pour l'apéritif et on les sert un peu tièdes, arrosées d'un filet de citron, avec un petit verre de boukha glacée.
Puis vient la prière et les fous rires des enfants. Le moussi, avec ses bouchées de halot trempées dans le sel et lancées par le père du bout de la table dans chaque assiette. Le verre de vin fait le tour de la table, honneur aux hommes, des aînés aux plus petits. Les enfants y trempent un doigt et font la grimace en le portant aux lèvres...
Chez nous, c'est plutôt gai, bruyant et gentiment irrespectueux.

Les boulettes

Pour 20 boulettes

La farce :
500 g de bœuf
(macreuse, steak)

LA FARCE

- Hacher la viande pas trop finement.
- Éplucher les oignons et les râper (côté gros trous) au-dessus d'une passoire à pieds. Les saler et les laisser égoutter. Dans

2 jaunes d'œufs
200 g de pain rassis
3 oignons
1/2 bouquet de persil plat
1 pincée de cannelle
1 bouton de rose séché
Sel, poivre

La friture :
2 blancs d'œufs
1/4 de cuil. à café de concentré de tomates
3 cuil. à soupe d'eau
Farine
Huile d'arachide

La cuisson :
1 gousse d'ail
1 tomate
1 filet d'huile d'arachide
Eau, sel

Préparation : 30 min
Friture : 30 min
Cuisson : 1 h

La tradition
La boulette traditionnelle est à la viande et aux légumes. Selon les goûts, utiliser poivrons rouges, fonds d'artichauts, aubergines, courgettes, céleri en branches, pommes de terre. Éplucher les légumes (sauf l'aubergine), les rincer et les couper en fins tronçons ou

la passoire ils seront ensuite rincés et pressés à la main pour éliminer le maximum d'eau.

◆ Rincer le persil, le sécher et le hacher menu.

◆ Tremper le pain dans de l'eau et le laisser gonfler au moins 15 min. Retirer les croûtes les plus grosses, les plus dures et les plus foncées. Comme pour les oignons, bien presser la mie. Il ne doit pratiquement plus rester d'eau.

◆ Dans un grand saladier, mettre dans l'ordre l'oignon, le persil, le pain, la cannelle, le bouton de rose réduit en poudre entre les doigts. Saler, poivrer et bien malaxer.

◆ Ajouter la viande hachée, mélanger, rectifier l'assaisonnement. À la toute fin, mêler les 2 jaunes d'œufs à la farce.

LES BOULETTES

◆ Dans le bol qui contient les blancs d'œufs, ajouter le concentré de tomates dilué dans 3 cuil. à soupe d'eau et bien battre.

◆ Remplir un autre bol d'eau.

◆ Verser la farine sur une surface plate (plan de travail ou une assiette plate).

Attention au façonnage des boulettes, c'est le moment le plus délicat.

◆ Si l'on est droitier, on trempe sa main gauche dans l'eau pour éviter que ça ne colle, on forme les boulettes, soit rondes (4 à 5 cm de diamètre), soit ovales comme de grosses quenelles (4 à 5 cm de large sur 7 à 8 cm de long). Question d'esthétique ou d'habitudes… Avec la main droite, on les roule dans la farine, puis on les passe dans le mélange à base de blanc d'œuf, et on continue de les mouler en les faisant rouler dans le creux de la main.

LA FRITURE

◆ Verser l'huile dans une grande poêle (elle doit être à moitié remplie) et la chauffer sur un bon feu.

bâtonnets de la longueur des boulettes. Ensuite les saupoudrer de sel. Une fois ramollis, les rincer et les sécher au torchon. Avant de rouler les boulettes dans la farine, les garnir d'un ou de plusieurs morceaux de légumes en les enfonçant un peu. Ça les tient, les décore et leur donne un goût encore plus extraordinaire. Nos enfants préférant les boulettes aux pommes de terre, celles-ci sont généralement moulées rondes et les autres ovales pour les distinguer.

◆ Au fur et à mesure qu'on façonne les boulettes, on les pose dans l'huile chaude et on les fait frire. Les retourner avec une cuillère pour ne pas les crever. Attendre qu'elles prennent une belle couleur dorée (caramel brun) et les réserver dans un plat. On peut en frire plusieurs à la fois sans trop les serrer. Elles ont une consistance un peu dure, mais c'est normal.

LA CUISSON

◆ Éplucher la gousse d'ail et l'émincer au-dessus d'une sauteuse. Peler la tomate en la plongeant 15 s dans de l'eau bouillante. L'épépiner, la concasser et l'ajouter à l'ail. Verser un filet d'huile, saler et faire revenir ce mélange quelques minutes à feu moyen.

◆ Baisser le feu, poser les boulettes sur cette concassée de tomates. Ne pas craindre de les tenir serrées. Ne pas dépasser une couche, sinon utiliser 2 sauteuses. Si elles sont de forme allongée, les poser pointe vers le haut, elles tiendront moins de place.

◆ Couvrir d'eau froide au ras des boulettes. Poser la sauteuse sur un grand feu, porter à ébullition, baisser le feu, couvrir et laisser mijoter environ 1 h jusqu'à ce que l'eau ait disparu.

LES VARIANTES

~ ***Boulettes au poulet :*** remplacer la viande de bœuf par l'équivalent de chair de poulet hachée.

BON À SAVOIR

~ Un bon conseil, malaxer, malaxer… Ce temps-là est très important. Et se servir de ses mains pour bien sentir.

~ Si la farce colle trop (surtout quand on utilise du poulet), y ajouter 1 cuil. à soupe d'eau.

~ La pointe de concentré de tomates diluée dans le blanc d'œuf n'est pas là pour le goût mais pour la couleur.

~ On trouve des boutons de rose séchés dans les épiceries orientales.

~ S'organiser. Les boulettes se préparent à l'avance et se réchauffent au micro-ondes. On peut même les congeler après la friture.

~ Remplacer la tomate fraîche par du coulis, de la pulpe ou de la tomate pelée en conserve.

LE SECRET DE MA MÈRE

~ Un bon truc pour vérifier les bonnes proportions des ingrédients de la farce. Avant de les mélanger, on doit avoir un volume égal de pain (1/3), de viande (1/3) et du mélange oignons/persil (un gros tiers, comme dirait Pagnol). « Tout est dans l'oignon », dit toujours ma mère.

~ L'oignon est ainsi râpé et rincé pour lui ôter son agressivité et le rendre plus digeste.

~ Les farces, en général, ont tendance à s'affadir en cuisant. N'hésitez pas à bien les assaisonner en sel et poivre.

Viandes, légumes et bouillon

Pour 10 personnes

1,5 à 2 kg de bœuf : macreuse, plat de côtes, jarret (meftoula)
2 tomates
3 carottes
6 navets (500 g)
3 branches de céleri
3 courgettes

LA PRÉPARATION

◆ Couper la viande en morceaux moyens. Rincer, saler, poivrer et réserver.

◆ Retirer les premières feuilles du chou si elles sont abîmées. Le rincer, le couper en deux et le plonger dans une marmite d'eau bouillante salée, baisser le feu et blanchir 20 min. Égoutter.

◆ Éplucher tous les légumes. Les couper en morceaux pas trop

500 g de potiron
1 petit chou vert nouveau (ou 1/2 rond)
2 oignons
5 gousses d'ail
10 feuilles de menthe (nanaa)
1/2 bouquet de persil plat
1/2 bouquet de coriandre (kosbore)
1 petite boîte de pois chiches
25 cl d'huile (olive + arachide)
Sel, poivre

La graine :
(recette p. 163)
1 kg de semoule de couscous (ou rapide fin)
1 bon trait d'huile d'arachide
Sel, poivre

Les ustensiles indispensables :
1 couscoussier
1 grande marmite ou 1 cocotte
1 grand plat creux pour aérer le couscous

Préparation : 30 min
Cuisson : 2 h 30

petits afin qu'ils restent entiers : les carottes en deux dans la largeur, puis en tronçons de 6 cm ; les navets entiers ou coupés selon leur grosseur ; les oignons émincés ; l'ail écrasé ; les courgettes sont pelées 1 bande sur 2 et coupées comme les carottes ; les branches de céleri en 4 et le potiron en gros morceaux ; les tomates pelées (après avoir été plongées 15 s dans de l'eau bouillante), épépinées et concassées ; les feuilles de menthe rincées, les bouquets de persil et de coriandre rincés et attachés en faisant un nœud avec les tiges.

FAIRE REVENIR

◆ Au fond d'une marmite, chauffer l'huile et, sur feu vif, faire rapidement revenir la viande. Quand elle commence à dorer, vient le tour des légumes, à l'exception des courgettes et du potiron qui, cuisant plus vite, seront incorporés dans un deuxième temps.

LA CUISSON

◆ Attendre quelques minutes et verser de l'eau au ras des aliments, saler, poivrer.

◆ Ajouter les herbes et les pois chiches égouttés. Attendre la reprise de l'ébullition, baisser le feu, couvrir et cuire 1 h 30.

◆ La graine : on peut la cuire pendant ce temps en suivant la recette p. 163.

◆ Ajouter les courgettes et le potiron, les enfoncer un peu car les morceaux ont tendance à flotter. Rectifier l'assaisonnement et cuire encore 15 min.

◆ On termine par le chou ; attendre 15 min pour qu'il s'imprègne des saveurs du bouillon.

LA PRÉSENTATION

◆ Jeter les bouquets d'herbes. Retirer les légumes et la viande et les présenter ensemble ou séparément. Servir à part le bouillon, la graine et les boulettes.

◆ Dans chaque assiette, poser la graine, arroser de bouillon. Attention ! certains, comme nous, l'aiment plutôt sec et d'autres noyé. Ajouter un assortiment de légumes, la viande et une boulette.

◆ Sur la table, on garde les torchi et aajlouk de la kémia que l'on déguste comme des condiments.

LES VARIANTES

~ ***Fonds d'artichauts*** violets coupés en 6 ou 8, c'est un délice.

~ ***Cardons*** et ***chou-rave*** (boutakala) en morceaux si l'on a la chance d'en trouver.

Quand les navets sont nouveaux et vendus en botte, on cuisine même les **fanes** vertes, rincées et coupées en lamelles.

~ ***Fèves vertes*** fraîches ou surgelées. Dans ce cas, supprimer les pois chiches.

BON À SAVOIR

~ Les légumes. Choisir des navets fermes aux couleurs vives (blanc et violet).

Ne pas privilégier les légumes sucrés comme la carotte. Le bouillon est corsé par la saveur des herbes et des légumes verts légèrement amers.

~ Ainsi revenus préalablement, les légumes ne s'écroulent pas malgré le temps de cuisson.

~ Remplacer la tomate fraîche par de la pulpe ou de la tomate pelée en conserve.

~ Les surgelés : ail, oignons émincés et fonds d'artichauts violets seulement.

On peut également utiliser des herbes surgelées. Comme elles sont ciselées, on ne les incorpore pas telles quelles dans le bouillon, qui deviendrait noir : on les fait bouillir 15 min dans de l'eau comme une décoction. On les filtre au chinois et on récupère ce jus que l'on ajoute en même temps que l'eau.

~ La viande. En Tunisie le bœuf était plutôt du veau qui a brouté (le broutard, entre bœuf et veau, plus foncé que le veau consommé ici).

Si l'on craint que le bœuf ne reste ferme, il faut le précuire à part. Le faire revenir dans un peu d'huile, verser un bon verre d'eau, saler, ajouter une gousse d'ail pelée entière ; couvrir et laisser cuire 1 h. Il n'en sera que plus fondant.

~ Ce qui fait le goût si particulier du couscous du shabbat : en principe, la osbana (p. 229) cuit avec le reste et communique ses goûts au bouillon. Le couscous du shabbat est alors incomparable. On compense ses saveurs en ajoutant au bouillon menthe, coriandre et persil. Si l'on a le courage de préparer de la osbana, ces herbes sont alors superflues.

~ S'organiser : boulettes, graine de couscous et viande/légumes/bouillon peuvent se préparer séparément et à l'avance. Tout se réchauffe.

~ Avec les restes. Le lendemain ou le surlendemain, on réchauffe les restes ensemble dans une poêle, y compris les boulettes. C'est la **reufcha** (terficha à Tunis), pas vraiment esthétique mais assez extraordinaire. On se bat pour la finir car il n'y en a jamais assez.

Couscous kraa ou foul
Potiron et fèves avec merguez

Couscous « maigre », il est superbement savoureux. On le déguste pendant la période d'Agayne. En plein été, trois semaines, les neuf premiers jours surtout, où l'on se souvient de la destruction du temple de Jérusalem. On écarte tout ce qui peut être synonyme de réjouissance. À la cuisine n'entrent ni viandes fraîches ni nouveaux fruits, et sur la table, pas de vin. Alors, en prévision de cette longue période, on a imaginé des viandes conservées, notamment les merguez maison, autorisées parce que préalablement salées et séchées. Et, de fil en aiguille, ces « plats du pauvre » ont été aménagés, étoffés tout en restant respectueux de la tradition.
Fèves et œufs (symboles de deuil), merguez, poivrons farcis agela (p. 147), on n'est pas loin de la fête. Mais ne le dites surtout pas.

Pour 6 personnes

750 g de merguez
1 kg de potiron
3 tomates
2 gros oignons
1 tête d'ail
250 g de fèves sèches
1 cuil. à café de bicarbonate de soude
1 cuil. à soupe de concentré de tomates
1 cuil. à soupe de paprika (felfel geïna hlou)
1 cuil. à café d'harissa
1 cuil. à soupe de coriandre en poudre (tabel)
25 cl d'huile d'olive
Sel, poivre

- La veille, mettre à tremper les fèves dans de l'eau froide avec le bicarbonate de soude.
- Le jour même, les égoutter, les rincer et les cuire 1 h 30 recouvertes d'eau froide sans saler.
- Pendant ce temps, éplucher les oignons et les émincer. Peler l'ail et l'écraser. Les tomates seront plongées 15 s dans de l'eau bouillante, puis pelées, épépinées et coupées grossièrement. Retirer la grosse peau, les filaments et les pépins du potiron, et le couper en morceaux. Préparer la graine de couscous (p. 163) et poêler les merguez après les avoir piquées à la fourchette. Jeter l'huile.
- Dans une marmite ou une cocotte, chauffer l'huile d'olive à feu moyen et y faire revenir les oignons 10 min. Hors du feu, ajouter le paprika, l'ail, le concentré de tomates, remuer et reposer sur le feu. Continuer avec les tomates. Saler, poivrer. Verser les fèves cuites avec leur eau de cuisson.
- Ajouter le potiron, l'harissa et la coriandre. Cuire encore 15 min.

La graine de couscous :
500 g de couscous rapide fin
1 cuil. à soupe d'huile d'arachide
Sel

Préparation :
À commencer la veille
Cuisson : 2 h 45

La peau des fèves sèches est épaisse et ne se mange pas. Placer de petits bols ou coupelles entre deux convives pour y déposer ces peaux.

◆ Ajouter les merguez coupées en gros tronçons. Cuire encore 15 min.

Le plat n'est ni sec ni trop liquide. La sauce a la consistance d'un bouillon concentré.

◆ Servir le couscous dans un grand plat creux, arrosé de tout le jus et décoré des morceaux de potiron, des fèves et des merguez, en les alternant.

LES VARIANTES

~ Plus corsé. Frire 6 **piments** avant toute chose. Les réserver et les servir à part. Continuer la cuisson dans cette huile parfumée. Dans ce cas, supprimer l'harissa.

~ ***Les poivrons agela*** (p. 147) sont les meilleurs compagnons du couscous kraa ou foul.

~ ***Œufs durs.*** Faire bouillir 6 œufs pendant 10 min, puis les plonger dans la marmite au moment de verser l'eau. 10 min avant la fin de la cuisson, les récupérer, les passer sous l'eau froide, les écaler et les couper en deux dans la longueur. Garnir le couscous de ces 1/2 œufs durs.

~ ***Meltout.*** Semoule d'orge un peu brune, elle se cuisine comme du couscous.

BON À SAVOIR

~ Si l'on utilise des merguez maison (p. 249), comme c'est la tradition, les faire revenir dans la marmite avant les oignons. Les retirer et les ajouter en même temps que le potiron. Elles sont beaucoup moins grasses que celles du commerce.

~ Remplacer la tomate fraîche par de la tomate pelée ou de la pulpe en conserve.

~ Si le temps presse, utiliser oignons émincés et ail surgelés.

Couscous royal
Viande, merguez et légumes

C'est le plus connu, celui qu'on déguste dans les restaurants. Pour les débutants, commencer avec lui. Simplement d'abord, ou enrichi de tous les « plus ». L'effet est sûr.

Pour 6 personnes

1 kg d'agneau (épaule, collier)
12 merguez
1/2 poivron vert
1/2 poivron rouge
3 tomates
3 courgettes
3 branches moyennes de céleri
500 g de petits navets
500 g de carottes
4 gros oignons
1 cuil. à soupe de paprika (felfel geïna hlou)
1 cuil. à soupe de concentré de tomates
3 gousses d'ail
2 cubes de bouillon (bœuf et volaille)
1 petite boîte de pois chiches (1/2)
5 cuil. à soupe d'huile d'olive
Sel, poivre

La graine de couscous :
500 g de couscous rapide fin

LA VIANDE

◆ Rincer la viande d'agneau, saler, poivrer et réserver dans un saladier.

◆ Dans une très grande cocotte, la faire revenir dans l'huile d'olive. Elle ne doit ni « bouillir » ni brûler. Commencer à feu vif, puis continuer à feu moyen. C'est une opération un peu longue, mais nécessaire : le moelleux de la viande en dépend.

◆ Retirer la viande quand elle est dorée sur toutes ses faces. La réserver dans un plat creux. Garder la même cocotte pour cuire les légumes.

◆ Les merguez : on les cuit, bien avant le dîner, après les avoir piquées à la fourchette, dans une poêle (sans gras), fenêtre ouverte… On jette la graisse. Dans un plat de service qui peut aller au micro-ondes, on les réchauffera au dernier moment.

LES LÉGUMES

◆ Rincer et éplucher tous les légumes. Couper les oignons, les poivrons et le céleri (branches et feuilles) en lamelles. Plonger les tomates 15 s dans l'eau bouillante, les peler, les épépiner et les concasser. À l'aide d'un couteau économe, éplucher les courgettes 1 bande sur 2, les couper en deux dans la longueur, puis en gros morceaux. De même pour les navets et les carottes, mais épluchés complètement.

◆ Dans l'huile qui a servi à la viande, faire revenir les oignons

1 cuil. à soupe d'huile d'arachide
Sel

Cuisson : 1 h 30

émincés. Quand ils ont doré, hors du feu, ajouter le paprika et le concentré de tomates. Remettre sur le feu et ajouter l'ail écrasé, puis les poivrons, le céleri, les carottes et les navets. Saler. Faire revenir le tout 5 bonnes minutes et ajouter les tomates.

LE MÉLANGE VIANDE-LÉGUMES-BOUILLON

◆ Ajouter la viande aux légumes, puis la boîte de pois chiches égouttés, et arroser d'un bouillon fait de 2 cubes dissous dans de l'eau chaude. Le liquide dans lequel baignent tous les ingrédients doit juste les affleurer. Après la reprise de l'ébullition, cuire 1 h à feu doux.

◆ Pendant ce temps, préparer la graine de couscous, en suivant la recette p. 164.

◆ Ajouter les courgettes, cuire 20 min à feu doux, la cocotte couverte. On rectifie l'assaisonnement tout au long de la cuisson.

◆ Présenter la viande dans un plat creux, entourée des légumes ; le couscous et le bouillon seront servis à part.

LES « PLUS »

◆ ***Le chou.*** Pour rendre ce légume digeste et éviter que son goût ne l'emporte sur tous les autres, on le fait cuire 20 min dans une grande quantité d'eau bouillante salée. Si le chou est nouveau, un peu oblong, le couper en deux. S'il est rond et très serré, une moitié suffit coupée en deux. L'égoutter bien avant de l'ajouter avec les courgettes.

◆ ***Le potiron.*** En éplucher une belle tranche, enlever les filaments et les pépins. La couper en gros morceaux et la cuire en même temps que les courgettes.

◆ ***Les artichauts.*** Utiliser des fonds d'artichauts violets ou sortir à l'avance des fonds d'artichauts surgelés. Les couper en 6 et les ajouter 5 min après les courgettes.

◆ ***Les poivrons rouges.*** Couper 2 gros poivrons rouges en deux, enlever les pépins, rincer et essuyer. Couper de larges bandes de 5 cm dans la longueur et les aplatir. Les fait frire sur les deux faces à l'huile d'olive dans une poêle, à feu moyen. Attention aux explosions de poivrons... Les réserver dans un ravier. Cuisson : 20 min. Les poivrons ajoutent une touche de couleur et un moelleux bien utile au couscous. On peut les préparer à l'avance et les réchauffer au micro-ondes. Dans ce cas, garder l'huile de friture très goûteuse, elle servira à faire revenir la viande.

◆ ***Le « confit » oignons/raisins.*** C'est la touche marocaine : 3 gros oignons (blancs ou rouges), 1 poignée de raisins de Smyrne ou de Corinthe, 1 pincée de curcuma, sel, poivre. À feu très doux, dans une casserole, cuire les oignons coupés en lamelles à l'huile d'olive avec un peu de sel.

Les oignons ne doivent ni colorer ni attacher. Pour obtenir l'aspect compoté il faut surveiller et au besoin ajouter un peu d'eau. L'oignon cuit dans son jus. Pendant ce temps, faire gonfler une poignée de raisins dans un bol d'eau très chaude. Quand les oignons sont prêts, y mêler les raisins égouttés et une pincée de curcuma pour la couleur. Attendre 5 min et servir dans un bol. Cuisson : 30 min.

◆ ***Les pois chiches au cumin.*** 1 petite boîte de pois chiches (1/2), 2 cuil. à soupe d'huile d'olive, 1 petite gousse d'ail, 1 oignon, 1 cuil. à café de concentré de tomates, 1 cuil. à café de paprika (felfel geïna hlou), 1/2 cuil. à café d'harissa, 2 cuil. à café de cumin en poudre (camoun), sel et poivre. Faire revenir dans l'huile l'oignon épluché, émincé, l'ail écrasé et une pincée de sel pendant 5 à 10 min. Hors du feu, ajouter le paprika et le concentré de tomates. Remettre 2 min sur le feu, ajouter les pois chiches égouttés et la moitié du cumin et l'harissa. Verser de l'eau au ras des aliments et cuire 30 min.

Hors du feu, avant de servir, ajouter le reste du cumin et un peu de poivre. Servir dans un bol et supprimer les pois chiches dans le couscous. Cuisson : 30 min.

◆ ***L'harissa.*** Elle se consomme toujours servie à part dans une coupelle, par petite quantité, délayée dans une louche de bouillon, à la discrétion de chacun des convives.

◆ ***Les boulettes.*** Suivre la recette du couscous au poisson avec ses boulettes (p. 180) en remplaçant la chair du poisson par du bœuf haché (steak ou macreuse), ou préparer les boulettes du shabbat (p. 167). Cuisson : 40 min.

LES VARIANTES

~ Selon les goûts, on peut utiliser du **bœuf** ou du **poulet** à la place de l'agneau.

BON À SAVOIR

~ Le collier d'agneau est moins cher et plus goûteux que l'épaule, mais il est plus gras. L'idéal est de mélanger les deux.

~ On peut servir les légumes et la graine seuls en accompagnement de l'agneau confit (p. 246).

~ À la place des tomates fraîches, utiliser une petite boîte de tomates pelées ou de pulpe (1/2).

~ Danger, noyade ! Bien souvent le couscous est trop fade, les éléments ont cuit dans trop d'eau. D'où l'utilisation de cubes de bouillon et de légumes (céleri, poivron) coupés en fines lamelles, qui corsent le goût du bouillon. L'eau doit arriver au ras des aliments qui dépassent çà et là. Ne pas avoir l'obsession du manque de bouillon, il y en a toujours assez.

~ Si vous disposez d'un grand plat creux rond, versez-y la graine en formant un dôme. Arrosez-la d'une partie du bouillon et posez les poivrons frits en bandes régulières en partant de la pointe du dôme vers le bas.

Couscous au poisson avec ses boulettes

Version poisson du couscous royal. En Tunisie, il est tout aussi traditionnel.

Pour 8 personnes

2 kg de mérou
Têtes et arêtes de poissons (pour le bouillon)
Sel, poivre

Pour 16 boulettes :
4 filets de merlan
1 œuf
1/3 de baguette rassise
1 tomate
2 gros oignons
4 gousses d'ail
1 petit bouquet de persil plat
8 feuilles de menthe
2 verres d'huile de friture
1 cuil. à soupe d'huile d'arachide
Sel, poivre

Les légumes :
4 poivrons rouges
4 navets
4 carottes
1 grosse tomate
2 bulbes de fenouil
1 branche de céleri
4 courgettes
2 tranches de potiron

◆ Avant tout, rincer le mérou, saler, poivrer et le réserver dans un plat creux.

LE BOUILLON

Pour obtenir un bouillon qui ait du goût, demander au poissonnier des têtes et des arêtes de poissons.

◆ Les faire cuire au moins 30 min recouvertes d'eau froide avec du sel et du poivre. Filtrer.

LES BOULETTES DE POISSON

◆ Immerger le pain rassis dans de l'eau pendant que l'on prépare la farce des boulettes.

◆ Éplucher les oignons et les râper côté gros trous au-dessus d'une passoire à pieds, saler et laisser dégorger.

◆ Émincer le merlan en toutes petites lamelles.

◆ Peler et écraser 2 gousses d'ail (réserver les 2 autres). Rincer et ciseler finement le persil et la menthe.

◆ Dans un petit saladier, mettre le persil, la menthe, 2 gousses d'ail écrasées, l'oignon rincé, pressé et débarrassé de son jus, la mie de pain essorée. Saler, poivrer et mélanger. Ajouter la chair du merlan, mélanger encore, rectifier l'assaisonnement, puis, à la fin, ajouter l'œuf et malaxer le tout.

◆ Préparer un bol rempli d'eau et y tremper la main qui va former les boulettes (de la grosseur d'un œuf) pour que la farce ne colle pas. Bien les mouler, les aplatir un peu.

1 gros oignon
1/2 bouquet de persil plat
1 cuil. à soupe de concentré de tomates
1 cuil. à café de paprika (felfel geïna hlou)
6 cuil. à soupe d'huile d'olive
Sel, poivre

La graine de couscous :
750 g de couscous rapide fin
1 cuil. à soupe d'huile d'arachide
Sel

Cuisson : 20 min (graine) + 1 h 20 (légumes et poisson) + 20 min (poivrons)

◆ Les faire frire dans une poêle à moitié remplie d'huile et les poser au fur et à mesure sur du papier absorbant.

◆ Dans le fond d'une sauteuse, poser à froid 1 tomate pelée (après l'avoir plongée 15 s dans l'eau bouillante), épépinée et coupée en petits morceaux, 2 gousses d'ail écrasées, 1 cuil. à soupe d'huile d'arachide, puis les boulettes frites. Verser 1 bon verre d'eau (20 à 25 cl), démarrer la cuisson à feu vif. Dès l'ébullition, baisser le feu, couvrir et laisser mijoter 20 min.

LES LÉGUMES

◆ Couper tous les poivrons en deux, retirer les queues et les pépins, les rincer, en couper 3 en bandes de 5 cm de large (réserver le quatrième). Dans une poêle, les faire frire à l'huile d'olive, ils doivent dorer sur les deux faces sans brûler (compter environ 20 min). Les égoutter et les réserver dans un ravier, conserver l'huile.

◆ Peler les navets et les couper en 2 ou 4. Éplucher les carottes et les tailler en gros tronçons. Couper les bulbes de fenouil en quatre, le céleri et l'oignon en fines lamelles. Laver les courgettes, les essuyer et les peler 1 bande sur 2. Les couper en deux dans la longueur, puis en gros tronçons. Retirer la grosse peau du potiron, les filaments et les pépins, et le couper en gros morceaux. Peler la tomate (après l'avoir plongée 15 s dans l'eau bouillante), l'épépiner et la couper en morceaux. Rincer le persil et faire un nœud avec les tiges.

◆ Dans une grande cocotte, chauffer l'huile qui a servi à frire les poivrons et y faire blondir l'oignon avec du sel. Hors du feu, ajouter le paprika, l'ail, le concentré de tomates, remuer, reposer sur le feu et continuer par la tomate et le dernier poivron en fines lamelles. Terminer avec navets, carottes, céleri et persil.

◆ Verser le bouillon de poisson, vérifier l'assaisonnement et cuire 30 min. Ajouter ensuite courgettes, fenouil et potiron, saler, poivrer, et continuer la cuisson 30 min.

◆ Pendant ce temps, préparer la graine de couscous en suivant la recette p. 163.

◆ Quand légumes et bouillon sont cuits, retirer le bouquet de persil. Pocher le mérou 20 min.

◆ Égoutter le poisson et le servir dans un plat long, entouré des légumes. La graine, le bouillon, les boulettes et les poivrons frits seront présentés à part.

LES VARIANTES

~ ***Autres poissons.*** Remplacer le mérou par un autre poisson de Méditerranée (loup, daurade) et adapter le temps de cuisson (prévoir 10 min seulement).

~ ***Meltout.*** Semoule d'orge, un peu brune, elle se prépare comme le couscous.

BON À SAVOIR

~ Chaque plat composant ce couscous peut être préparé à l'avance et réchauffé à la dernière minute au micro-ondes.

~ On peut utiliser ail, oignons surgelés et tomate pelée ou pulpe en conserve.

~ Si vous disposez d'un grand plat creux rond, versez-y la graine en formant un dôme. Arrosez-la d'une partie du bouillon et posez les poivrons frits en bandes régulières en partant de la pointe du dôme vers le bas.

Couscous m'faoueur
Farci à la sardine

C'est un plat spectaculaire en forme de gâteau, raffiné, joli à regarder et tout à fait méconnu.
Les amateurs de poisson n'en reviendront pas et en garderont longtemps le souvenir.

Pour 6 personnes

La graine de couscous :
500 g de couscous rapide fin
1 cuil. à soupe d'huile d'arachide
Sel

La farce :
1,5 kg de sardines
250 g d'oignons
6 gousses d'ail
1 bouquet de persil plat
6 feuilles de menthe (nanaa)
1 cuil. à café d'harissa
Sel, poivre

Le bouillon :
Têtes et arêtes de poisson
1 oignon
2 gousses d'ail
1 cuil. à café de concentré
4 cuil. à soupe d'huile d'olive
Sel, poivre

LE COUSCOUS

- Préparer la graine de couscous en suivant la recette p. 163. Si l'on utilise du couscous rapide s'arrêter avant de le cuire à la vapeur. Si l'on préfère la méthode traditionnelle, s'arrêter après la première vapeur.

LA FARCE

- Éplucher les oignons, les râper côté gros trous et les saler. Rincer le persil et la menthe. Ciseler finement les feuilles. Peler l'ail et l'écraser.
- Nettoyer les sardines. Couper les têtes et les queues, les fendre le long de l'arête et retirer celle-ci. On ne conserve que la chair qu'on effrite à la main.
- Poser tous ces éléments dans un saladier, saler, poivrer, ajouter l'harissa et mélanger. La farce est bien relevée comme pour un tartare.

LE MONTAGE

Comme pour un gâteau à plusieurs couches, on va alterner couscous et farce.

- Partager la farce en deux et le couscous en trois, dont une part plus volumineuse.
- Tapisser la partie haute du couscoussier de la plus grosse part de couscous.

Le secret de ma mère

On doit veiller à ce que la vapeur ne s'échappe pas ailleurs que vers le haut du couscoussier dans le kesskess. Entre haut et bas du couscoussier, on peut attacher un torchon, mais la méthode n'est pas sûre. Ma mère glisse une bande de papier à cheval sur le bord de la partie basse. La partie haute en se posant coince le papier. Ainsi pas de fuites.

◆ Étaler la moitié de la farce, couvrir d'une autre part de couscous, continuer avec la farce et terminer par le couscous.

◆ L'eau a bouilli dans le bas du couscoussier, poser la partie haute, couvrir et cuire 45 min à la vapeur.

LE BOUILLON

◆ Poser têtes et arêtes dans une marmite, verser 1 litre d'eau froide, saler, poivrer et cuire au moins 20 min. Filtrer dans un chinois et ne garder que le bouillon.

◆ Pendant la cuisson du bouillon, on aura épluché et râpé l'oignon, pelé et écrasé l'ail.

◆ Dans une sauteuse, faire revenir huile d'olive, concentré de tomates, oignon et ail. Verser le bouillon filtré sur ce fond de sauce, remuer, rectifier l'assaisonnement et terminer la cuisson à découvert. Il doit rester 1/2 l de bouillon assez concentré.

◆ Démouler le couscous farci dans un plat de service et le présenter tel quel. Verser le bouillon dans une saucière ou un bol.

◆ Servir le couscous en coupant des parts comme un gâteau et arroser du bouillon.

Attention à ne pas le noyer, ce couscous se déguste plutôt sec.

LES VARIANTES

~ Les plus. Frire quelques **petits poivrons doux et piments** dans l'huile qui servira à cuisiner le fond de sauce. Réserver ces poivrons et les présenter séparément.

~ ***Au mérou.*** Sa chair, plus fine, remplace celle des sardines. Mais le vrai couscous m'faoueur se préparait avec des alevins dont on retirait juste la tête. La sardine, plus facile à trouver, les a supplantés.

~ ***Au cumin.*** On peut parfumer la farce de cumin mais, dans ce cas, on supprime la menthe. Autant le dire, nous préférons nettement la première version, plus subtile.

La viande

TAJINES, RAGOÛTS ET T'FINA

On les appelle ragoûts, tajines, frichtis, t'fina, sautés... Ces plats font notre cuisine. La viande a autant d'importance que la sauce, les légumes d'accompagnement ou l'épice qui change tout. Chacun joue son rôle.

Quelques grands principes communs.

La viande.

À l'exception des grillades, elle est préalablement rincée et salée, conformément aux règles de la cachrout (lois et préceptes régissant l'alimentation conformément aux principes du judaïsme) prescrivant un rite d'abattage visant à saigner la viande. Même chez les moins pratiquants, ces gestes ont été conservés.

Afin qu'elle se tienne et qu'elle n'ait ni un goût ni une consistance de chair bouillie, la viande est presque toujours légèrement revenue dans un corps gras avant de mijoter dans une sauce.

On versera ensuite un peu d'eau pour continuer la cuisson. Cette eau est versée avec parcimonie, juste au ras des aliments que l'on doit voir dépasser à peine ici et là. Attention à ne pas noyer l'ensemble, les saveurs se dilueraient. Mieux vaut verser de l'eau en petites quantités tout au long de la cuisson si le besoin s'en fait sentir.

Les sauces doivent absolument être courtes et concentrées.

Viandes, volailles ou abats en morceaux vont donc mijoter plus ou moins longtemps dans des sauces plus ou moins parfumées avec ou sans légumes.

De manière peu traditionnelle, nous avons décidé de regrouper les tajines par grands types aux modes de préparation et aux produits de base communs.

« Clairs », ils sont généralement à base d'oignon et de persil ; « rouges », d'ail et de tomate, avec ou sans cumin ; « verts », dominés par des légumes et parfumés d'herbes fraîches...

Mais les frontières sont parfois plus floues et subtiles.

Bon à savoir pour toutes ces préparations.

Nous préférons naturellement les produits frais, mais hors saison ou faute de temps, ne pas hésiter à utiliser de bons produits surgelés ou de bonnes conserves.

Remplacer la tomate fraîche par de la tomate pelée, du coulis ou de la pulpe en conserve. Utiliser oignon, ail et petits pois extra-fins surgelés, haricots blancs en boîte....

L'usage d'harissa et de piments est facultatif, chacun dosera selon son goût. En Tunisie, plus on descend vers le sud et plus ça se corse.

On disait : « Tunis la blanche ou la rose, Sousse la rouge, et à Gabès, c'est du feu. »

LES TAJINES CLAIRS

Avec ou sans légumes, au poulet ou à la viande, ces tajines ont tous la même base. C'est le « psall ou maadnouche » (oignon et persil). Un mélange cher à notre cuisine puisqu'il entre dans la composition du bicadiliou (oignon, persil, viande, p. 140) au départ de la quasi-totalité des farces. Et pour faire la différence, il suffira d'une pincée de cannelle, de Spigol, d'un peu d'ail, ou de varier légumes et viandes. Mais attention ! On ne mélange pas tout et n'importe quoi. C'est précisément là que s'exerce tout l'art de la cuisinière.

Voici une première recette développée. Les autres, à quelques détails précisés au fur et à mesure, se préparent rigoureusement sur le même mode. Ne seront signalés que les éléments qui changent ; pour les autres, se reporter à la recette de base.

Tajine de poulet aux oignons et persil

Pour 6 personnes

1 beau poulet (environ 1,5 kg)
300 g d'oignons
4 gousses d'ail
1/2 bouquet de persil plat
1 cuil. à soupe de coulis de tomates
2 pincées de noix muscade en poudre
1 pincée de cannelle en poudre
1 sachet de Spigol
4 cuil. à soupe d'huile d'olive
Sel, poivre

Cuisson : 1 h

- Demander au boucher de couper le poulet en morceaux. Les rincer, saler et poivrer.
- Éplucher les oignons et les râper côté gros trous. Peler l'ail. Rincer le persil, l'effeuiller et le ciseler. Réserver ces ingrédients séparément.
- Dans une sauteuse, faire revenir le poulet dans l'huile d'olive jusqu'à ce qu'il blondisse légèrement. Continuer avec les oignons et les faire suer 4 à 5 min, sans qu'ils colorent. Ajouter le coulis de tomates et l'ail écrasé.
- Verser de l'eau au ras des aliments, porter à ébullition, puis baisser le feu. Poudrer de muscade, de cannelle et de Spigol, rectifier l'assaisonnement en sel. Couvrir et laisser mijoter 30 min.
- Garnir de persil, poivrer et attendre 10 min.
- Servir avec du riz et/ou des légumes cuits dans le tajine.

LES VARIANTES

Voici quelques bons mariages de légumes et de viandes.
Choisir des pommes de terre qui se tiennent : charlotte ou BF 15.
Les gros légumes sont épluchés et coupés en rondelles ou en tronçons plus longs que larges. Les ajouter 20 à 30 min avant la fin de la cuisson du tajine.
Les recettes suivantes sont les mêmes, mais sans cannelle ni muscade. On conserve Spigol et persil.

~ *Tajine de poulet ou d'agneau aux petits pois*

Ajouter 400 g de petits pois frais ou extra-fins surgelés avant de verser l'eau. Remplacer le poulet par des pigeons ou par de l'épaule d'agneau.

~ *Tajine de poulet aux petits pois et carottes*

Avec 300 g de petits pois frais ou extra-fins surgelés et 2 carottes.

~ *Tajine de poulet ou d'agneau aux pommes de terre*

Compter 2 pommes de terre par personne. Les éplucher, les couper en gros morceaux et les incorporer au tajine 30 min avant la fin de la cuisson. Remplacer le poulet par de l'épaule d'agneau.

~ *Tajine d'agneau aux artichauts*

Remplacer le poulet par 1,5 kg d'épaule d'agneau en morceaux. Utiliser 4 à 5 fonds d'artichauts violets et couper chaque fond en six ou huit selon leur grosseur. Les enduire immédiatement de citron pour les empêcher de noircir. Les ajouter au tajine 20 à 30 min avant la fin de la cuisson. Cuisson totale : 1 h 30.

Tajine de veau au citron de Nona

Pour 6 personnes

1,2 kg de veau en morceaux (épaule ou plat de côtes)
4 citrons
400 g d'oignons
4 gousses d'ail
4 à 5 brins de persil plat
1 cuil. à soupe de coulis de tomates
1 sachet de Spigol
4 cuil. à soupe d'huile d'olive
Sel, poivre

Cuisson : 2 h 30

◆ Le citron. Choisir des citrons à peau épaisse. Retirer le zeste et les débarrasser de leur jus (on s'en servira pour des assaisonnements ou une bonne citronnade). Couper ce qui reste des citrons (peau blanche et pulpe sans jus) en huit quartiers dans la longueur. Le persil est rincé, équeuté, ciselé.

◆ Comme toujours, la viande est rincée, salée, poivrée, légèrement revenue à l'huile. Suivie par les oignons émincés et mis à suer 4 à 5 min sans qu'ils colorent. Ajouter le coulis de tomates, l'ail écrasé et le citron.

◆ Verser de l'eau au ras des aliments, poudrer de Spigol, rectifier l'assaisonnement et laisser mijoter 2 h. Ajouter le persil lavé, séché et ciselé, 10 min avant la fin de la cuisson.

LES VARIANTES

~ ***Tajine de bœuf au citron.*** Remplacer le veau par du bœuf. Choisir de la macreuse, du paleron, du jarret (meftoula, très moelleuse), ou du plat de côtes, plus gras.
Cuisson : 3 h.

~ ***Tajine de poulet au citron***
Même recette avec 1 beau poulet d'1,5 kg et 300 g d'oignons.
Cuisson : 1 h.

~ ***Tajine d'agneau au citron***
Avec 1,5 kg d'épaule et 300 g d'oignons. Cuisson : 1 h 30.

~ ***Tajine de poulet au citron et aux olives***
Même chose avec du citron accompagné d'olives vertes. On peut aussi remplacer les 4 citrons à peau épaisse par 2 citrons confits (beldi). Attention à ces conserves, leur goût est très fort.

Blanchir olives et citrons confits 10 min dans de l'eau bouillante non salée pour atténuer leur amertume. Les égoutter. Les citrons seront coupés en lamelles et les olives laissées entières. L'un et/ou l'autre ajoutés au tajine 15 min avant la fin de la cuisson. Cuisson : 1 h.

~ Tajine de viande au citron et artichauts

Que l'on cuisine du veau, du poulet, du bœuf ou de l'agneau, les artichauts se marient très bien à cette préparation. Choisir des artichauts violets, ne garder que le cœur (fond). Couper chaque cœur en six ou huit et les arroser de jus de citron. Les incorporer 30 min avant la fin de la cuisson. On peut même ajouter quelques pommes de terre coupées en gros morceaux en même temps que les artichauts. Cuisson : 1 h 30.

Tajine de poulet au céleri

Pour 6 personnes

1 poulet (1,5 kg) en morceaux
1 pied de céleri en branches
300 g d'oignons
4 gousses d'ail
1/2 bouquet de persil plat
1 sachet de Spigol
4 cuil. à soupe d'huile d'olive
Sel, poivre

Cuisson : 1 h

Même type de préparation que précédemment.

- Choisir un pied de céleri aux feuilles bien vertes. Le céleri sera rincé et coupé là où commencent les feuilles. N'utiliser que la partie des branches avec feuilles, que l'on coupe en petits morceaux d'1 cm.
- La viande est naturellement rincée, salée, poivrée, légèrement revenue dans l'huile d'olive. Suivie par les oignons râpés ou hachés menu. Les faire suer 4 à 5 min sans qu'ils colorent. Ajouter l'ail écrasé et le céleri.
- Verser de l'eau au ras des aliments, poudrer de Spigol, rectifier l'assaisonnement et laisser mijoter 1 h. Ajouter le persil lavé, séché et ciselé, 10 min avant la fin de la cuisson.
- Déguster tel quel ou avec du riz.

Fadd
Tajine à la fressure

Sur le même mode exactement que les tajines précédents, ceux-ci, à base d'abats, sont radicalement différents dans leurs goûts et leurs consistances.
Le riz est leur compagnon idéal. Pour cette raison, le fadd est l'un des plats emblématiques de Pessah (Pâque juive).

Pour 6 personnes

1,2 kg de fressure (foie + cœur + poumon + rate…)
400 g d'oignons
6 gousses d'ail
1/2 bouquet de persil plat
1 cuil. à soupe de coulis de tomates
1 sachet de Spigol
2 pincée de noix muscade
1 petit bâton de cannelle
1/2 cuil. à café de cumin en poudre
6 cuil. à soupe d'huile d'olive
Sel, poivre

Cuisson : 2 h

- Avant de mijoter dans le tajine, le foie et le cœur sont rapidement grillés, le poumon (mou) ébouillanté 10 min, et la rate rincée, salée et poivrée. Ensuite, couper le tout en dés.
- Éplucher ail et oignon. Le premier sera écrasé, le second râpé côté gros trous.
- Dans une cocotte ou une sauteuse, faire rapidement revenir les éléments de la fressure dans l'huile d'olive. Ajouter les oignons, les faire suer quelques minutes sans qu'ils colorent, puis continuer avec l'ail, le coulis de tomates et les épices (sauf le cumin).
- Verser de l'eau au ras des aliments et laisser mijoter. Seul le persil (lavé, séché, et ciselé) et le cumin seront incorporés 10 min avant la fin de la cuisson.
- Servir avec du riz klaya (p. 124).

BON À SAVOIR

~ Le Spigol est le safran du pauvre. C'est un mélange d'épices qui contient 3 % de safran. On peut le remplacer par du Paellero ou du Rizdor.

LES VARIANTES

~ Enrichir le fadd de **dabahia** (p. 130) ou de 2 **œufs durs** coupés en lamelles sur la sauce avant de la servir.
~ **Au foie** seul. Remplacer la fressure par 750 g de foie. Choisir du foie de génisse, de veau ou de volaille. Cuisson : 30 min.

Tajine de langue aux olives

Pour 6 personnes

1 langue de veau ou de bœuf (1,5 kg)
250 g de champignons de Paris
1 oignon
6 gousses d'ail
1 feuille de laurier
2 cuil. à soupe de fécule de pommes de terre ou de Maïzena
6 cuil. à soupe de coulis de tomates
200 g d'olives vertes
15 cl d'huile d'olive
Sel, poivre

Cuisson : 30 min + 2 h 15

LA LANGUE

◆ Couper l'extrême bout de la langue, la brosser et la rincer abondamment.

◆ La poser dans une grande marmite. La recouvrir d'eau froide. Porter à ébullition et laisser frémir 30 min.

◆ Égoutter, jeter cette eau. Épouiller la langue lorsqu'elle a un peu refroidi. Comme pour retirer une chaussette, partir de la partie épaisse, pratiquer une incision dans la peau et la tirer vers la partie mince.

◆ Couper des tranches d'1 cm d'épaisseur en biais.

LA SAUCE

◆ Éplucher ail et oignon. Le premier sera écrasé, le second râpé côté gros trous.

◆ Dans une cocotte ou une sauteuse, chauffer l'huile d'olive et y faire suer les oignons quelques minutes sans qu'ils ne colorent puis continuer avec l'ail, le coulis de tomates, le laurier, saler et poivrer.

◆ Poser les tranches de langue dans cette sauce, couvrir d'eau au ras des aliments, rectifier l'assaisonnement, porter à ébullition, baisser, couvrir et laisser mijoter 2 h en tout.

PENDANT CE TEMPS...

◆ Blanchir les olives 10 min dans une eau bouillante non salée. Les rincer, les égoutter et les dénoyauter en les coupant en deux.

◆ Retirer le bout terreux des champignons et les rincer dans une eau vinaigrée pour qu'ils ne noircissent pas. On les émincera dans la sauce.

Ajouter olives et champignons, 30 min avant la fin de la cuisson.

◆ Prélever 4 cuil. à soupe de sauce dans un bol, laisser refroidir et y diluer la fécule ou la Maïzena. Ajouter ce mélange 10 min avant la fin de la cuisson, il va épaissir la sauce et la rendre sirupeuse.

◆ On peut déguster cette langue nature avec ses olives et ses champignons ou agrémentée de pommes de terre vapeur.

◆ *BON À SAVOIR*

~ La religion juive interdit de consommer les extrémités où se nicheraient toutes les impuretés. C'est pourquoi on commence par couper le bout de la langue.

Tajine de langue farcie

La langue, parée différemment, cuit de la même façon et dans la même sauce que la langue aux olives.

Pour 6 personnes

Ingrédients :
Les mêmes que pour le tajine de langue aux olives (p. 193), avec ou sans olives

La farce :
4 ou 5 œufs
2 carottes
6 gousses d'ail
1/2 bouquet de persil plat
Sel, poivre

Cuisson : 3 h

- Durcir les œufs.
- Préparer un hachis d'ail et de persil. L'ail est pelé et écrasé. Le persil, rincé, effeuillé et ciselé.
- Les œufs sont passés sous l'eau froide, écalés et laissés entiers. Les carottes épluchées et coupées en minuscules dés.
- Creuser la langue avec une lame de couteau qu'on enfonce tout doucement dans toute sa longueur en partant de sa base épaisse. Retirer la chair creusée mais faire attention de garder au moins 1 cm d'épaisseur tout autour et un peu plus au bout de sa partie mince pour ne pas la percer.
- Passer au mixer persil, ail et chair prélevée. Saler, poivrer, ajouter les dés de carottes.
- Tapisser le fond de la langue de ce hachis, fourrer 1 œuf dur, continuer d'alterner le hachis et les œufs.
- Coudre l'ouverture et poser la langue farcie dans la même sauce que la langue aux olives (avec ou sans olives). Au bout d'1 h de cuisson, retirer la langue, l'épouiller et la replacer dans la sauce pour 2 h.

LES TAJINES ROUGES

Ce sont les plus courants. Un même démarrage, ail et tomate. Il en existe de très simples et même légers. Les plus connus sont aromatisés au cumin et enrichis de haricots blancs, voire d'un pied de veau. Ils ont alors toutes les qualités, parfumés et sirupeux. Qui ne s'est régalé d'une loubia bel camoun – haricots au cumin (p. 202) ?

Tajine de poulet à l'ail et à la tomate

Pour 6 personnes

1 beau poulet (1,5 kg)
600 g de tomates
1/2 poivron rouge
6 gousses d'ail
1 cuil. à café de paprika (felfel geïna hlou)
2 cuil. à soupe d'huile d'olive
Sel, poivre

Cuisson : 1 h

Demander au boucher de couper le poulet en morceaux (aux jointures).

- Les rincer, saler et poivrer.
- Les tomates sont plongées 15 s dans de l'eau bouillante, pelées, épépinées et concassées grossièrement. Le poivron est débarrassé des pépins et du pédoncule, puis rincé et coupé en lamelles. L'ail est pelé.
- Dans une sauteuse ou une cocotte, faire revenir les morceaux de poulet dans l'huile d'olive sur feu vif. Lorsqu'ils commencent à peine à blondir, ajouter hors du feu le paprika et l'ail écrasé. Reposer sur le feu, continuer avec la tomate, le poivron. Saler et attendre quelques minutes. Baisser, couvrir et laisser mijoter 45 min.

Le poulet a cuit dans son jus et celui des tomates sans ajout d'eau (sauf si ça attache). La sauce est très courte, comme confite.

- Déguster chaud avec du riz ou des pâtes. Dans ce cas, faire un peu plus de sauce, quitte à ajouter un peu d'eau en cours de cuisson. En été, on le mange froid tel quel.

Derbali
Viande, haricots et aubergines

Selon le même principe que le poulet à l'ail et à la tomate, le derbali s'enrichit de haricots et de tranches d'aubergine frites. C'est un peu notre cassoulet.

Pour 6 personnes

1,2 kg de bœuf (paleron, épaule)
150 g de haricots secs (lingots)
6 tomates
1 grosse aubergine
1/2 poivron rouge
6 gousses d'ail
1 cuil. à café de paprika (felfel geïna hlou)
4 cuil. à soupe d'huile d'olive
Sel, gros sel, poivre
Huile d'arachide (friture)

Trempage des haricots : la veille
Cuisson : 1 h (haricots) + 1 h 15

LES HARICOTS

◆ La veille, faire tremper les haricots dans l'eau froide.

◆ Le jour même, les égoutter et les cuire 1 h recouverts d'eau froide sans sel.

◆ La viande est coupée en morceaux moyens, rincés, salés et poivrés.

L'AUBERGINE

◆ Compter 2 à 3 morceaux par personne. Choisir une grosse aubergine, la rincer et, sans l'éplucher, la couper en tranches d'1 cm d'épaisseur. Les plus grosses sont recoupées en deux.

◆ Saler au gros sel et laisser dégorger 30 min dans une passoire à pieds.

◆ Rincer, sécher et plonger les tranches dans un bain de friture (une poêle suffit), jusqu'à ce qu'elles soient dorées sur les deux faces.

◆ Dans une cocotte, faire revenir les morceaux de viande dans l'huile d'olive. Quand elle commence à colorer, hors du feu, ajouter paprika, ail écrasé, tomates pelées (après avoir été plongées 15 sec dans de l'eau bouillante) et épépinées, poivron en lamelles. Remettre sur le feu et attendre quelques minutes.

◆ Verser un peu d'eau au ras des aliments et, dès la reprise de l'ébullition, baisser le feu. La viande étant plus longue à cuire que le poulet, laisser mijoter une bonne heure.

◆ Au bout de 30 min, ajouter les haricots cuits et rectifier l'assaisonnement. 15 min après, poser les tranches d'aubergine au-dessus du tajine et attendre 15 min avant d'éteindre. La sauce est courte.

◆ *BON À SAVOIR*

~ On peut remplacer le bœuf par du veau. Celui-ci cuit un peu plus vite.

~ Si l'on utilise des haricots blancs frais, on saute l'étape du trempage.

~ Plus simplement, ouvrir une petite boîte de haricots au naturel, les égoutter. Comme ils sont cuits, les ajouter juste avant de poser les tranches d'aubergine.

~ S'organiser. Commencer par la friture et prélever un peu de cette huile pour cuisiner le tajine. Elle a du goût, surtout si l'on y a préalablement frit quelques poivrons piquants à servir à part pour les amateurs. Veiller à ce que le feu ne soit pas trop fort, ainsi l'huile ne noircira pas.

Psall ou loubia
Oignons et haricots

Recette traditionnelle et appréciée de tous, il y a deux façons de la préparer. Une « à l'ancienne », un temps où le gaz n'existait pas. Tous les éléments étaient posés à froid dans une marmite et cuisaient des heures sur le canoun. L'autre telle que ma mère la cuisine aujourd'hui.

Pour 8 personnes

1,5 kg de bœuf (macreuse, paleron et/ou plat de côtes)
250 g de haricots secs (lingots)
500 g d'oignons
2 gousses d'ail
1 cuil. à soupe de concentré de tomates
1 cuil. à café de paprika (felfel geïna hlou)
10 cl d'huile d'olive
Sel, poivre

Trempage des haricots : la veille
Cuisson : 1 h (haricots) + 2 h

Demander au boucher de couper la viande en morceaux portions.

- La veille, faire tremper les haricots dans de l'eau froide.
- Le jour même, les égoutter et les verser dans une marmite ou une casserole. Recouvrir d'eau (2 cm au-dessus des haricots) et cuire 1 h sans sel.
- Pendant ce temps, rincer la viande, la saler et la poivrer.
- Éplucher les oignons et les émincer. Peler l'ail.
- Dans une cocotte, chauffer l'huile d'olive à feu moyen et y faire revenir la viande, puis la réserver. De la même manière, faire revenir les oignons. Avant qu'ils ne dorent et hors du feu, ajouter le paprika et le concentré de tomates, reposer sur le feu et continuer avec l'ail écrasé, remuer et remettre les morceaux de viande.
- Verser de l'eau juste au ras des aliments, rectifier l'assaisonnement et cuire 1 h 30. Ajouter les haricots avec l'eau de cuisson si besoin (le liquide doit toujours affleurer les aliments) et cuire encore 30 min. L'aspect est plus celui d'une sauce que d'un bouillon.

LES VARIANTES

~ ***Merguez.*** On enrichit la psall ou loubia de merguez poêlées à part, débarrassées de leur graisse et coupées en tronçons.

Si l'on utilise de la merguez maison, la cuire directement dans le tajine, car elle n'est pas grasse.

BON À SAVOIR

~ À l'ancienne. La veille, faire tremper les haricots. Préparer viande et légumes de la même manière. Faire un peu suer les oignons et tout poser à froid : viande, haricots égouttés et le reste. Couvrir d'eau froide et cuire au moins 2 h. Quand les haricots sont cuits, saler, poivrer et continuer la cuisson au moins 20 min.

C'est moins élaboré mais plus facile. Chaque élément est moins goûteux que lorsqu'il revient et sue à part.

~ Pour les amateurs, agrémenter le plat d'un piment rouge sec ou d'1 cuil. à café d'harissa au moment d'ajouter la viande (ou au moment d'assaisonner dans la version à l'ancienne).

~ Remplacer les haricots secs par une grosse boîte de haricots en conserve. Les égoutter, les rincer et les ajouter quand la viande est cuite.

~ Utiliser un autocuiseur ou une Cocotte-Minute et diviser les temps par deux.

~ Avec les restes. Démarrer une zaria (p. 79) et l'enrichir d'un reste de psall ou loubia, vous obtiendrez une soupe assez nourrissante et délicieuse.

Tajine aux ris de veau

Pour 6 personnes

2 ris de veau (environ 1 kg)
500 g de tomates
6 gousses d'ail
1 cuil. à café de cumin (camoun)
1 cuil. à café de paprika (felfel geïna hlou)
3 cuil. à soupe d'huile d'olive
Vinaigre d'alcool
Sel, poivre

Cuisson : 30 min

◆ Plonger les ris de veau dans de l'eau froide vinaigrée. Changer l'eau régulièrement. Les filaments sanguins, si difficiles à retirer, vont se détacher. Quand les ris ont blanchi, les égoutter, les saler, les poivrer et les couper en gros dés.

◆ Dans la sauteuse où l'on cuisinera le plat, faire dorer les ris de veau dans l'huile d'olive légèrement chauffée et les retirer. Hors du feu, ajouter paprika et ail écrasé, reposer sur le feu et continuer par les tomates pelées (après avoir été plongées 15 s dans de l'eau bouillante), épépinées et coupées grossièrement) et enfin le cumin. Saler, poivrer. Attendre quelques minutes et replacer le ris de veau dans cette sauce. Couvrir et cuire 15 min.

BON À SAVOIR

~ Plus simplement, le ris de veau se cuisine coupé en escalopes grillées ou poêlées et parfumées d'ail et de persil.

LES TAJINES ROUGES AU CUMIN

*Ma mère ne le dira jamais assez… attention à l'utilisation du cumin !
D'abord, ne pas en abuser. Son goût est déjà très corsé, il ne doit pas masquer les autres. Incorporé dès le début, il perd de sa saveur et se transforme en « poussière boueuse ». L'ajouter en deux fois, une première moitié 30 min avant la fin de la cuisson pour que tous les ingrédients s'en imprègnent, puis l'autre moitié 20 min après.*

Loubia bel camoun ou camounia
Haricots au cumin

En principe, c'est une t'fina, mais nous avons préféré la placer en tête des tajines au cumin qui ne sont que des déclinaisons de la loubia.

Pour 6 personnes

1,2 kg de bœuf (macreuse, paleron et/ou plat de côtes)
1 pied de veau
250 g de haricots secs (lingots)
12 gousses d'ail
2 cuil. à soupe de concentré de tomates
2 cuil. à café de paprika (felfel geïna hlou)
1 cuil. à soupe d'harissa (facultatif)
1 cuil. à soupe de cumin

- La veille, faire tremper les haricots dans de l'eau froide.
- Le jour même, les égoutter et les cuire 1 h dans une nouvelle eau froide avec le pied de veau, sans saler.
- Couper la viande en morceaux. Rincer, saler, poivrer et réserver 15 à 30 min.
- Pendant ce temps, éplucher l'ail.
- Dans une cocotte, chauffer l'huile d'olive sur feu doux. Y faire revenir la viande. Dès qu'elle colore un peu, la retirer. Hors du feu, ajouter le paprika et l'ail haché, attendre 1 min, remettre sur le feu avec le concentré de tomates et l'harissa (facultatif). Remuer et ajouter la viande, le pied de veau avec l'eau de cuisson des haricots. Rectifier l'assaisonnement, couvrir et cuire 1 h 30.

(camoun)
15 cl d'huile d'olive
Sel, poivre

Trempage des haricots : la veille
Cuisson : 3 h en tout

- Parfumer avec une partie du cumin, verser les haricots, saler et cuire encore 30 min.
- 10 min avant la fin de la cuisson, on ajoute le reste du cumin.
- Servir la loubia bel camoun telle quelle ou avec du couscous.

BON À SAVOIR

~ Remplacer les haricots secs par une grosse boîte de haricots au naturel (égouttés et rincés), l'ail frais par 2 bonnes cuil. à soupe d'ail surgelé.
~ Utiliser un autocuiseur ou une Cocotte-Minute, les durées seront à diviser par deux.
~ Cuisson à l'ancienne. Comme le veut la tradition de la t'fina, on peut tout poser à froid, y compris haricots et pied, et cuire l'ensemble des heures à petit feu (3 h 30 à 4 h minimum).

LE SECRET DE MA MÈRE

~ Ma mère préfère préparer chaque élément à part. Ainsi ils cuisent à leur rythme et restent présentables.

LES VARIANTES

~ ***À l'agneau :*** remplacer le bœuf par 1,5 kg d'épaule d'agneau coupée en morceaux. Attention ! l'agneau cuit en 1 h.
~ ***Aux m'dareb.*** Enrichir la loubia bel camoun d'une préparation aux pommes de terre et œufs (p. 221).

Tajine batata bel camoun
Pommes de terre au cumin

◆ Procéder comme pour la recette de la loubia bel camoun (p. 202) en remplaçant les haricots par des pommes de terre qui se tiennent (charlotte ou BF 15).

◆ Démarrer la cuisson du tajine comme précédemment. Pendant ce temps, on épluche les pommes de terre : les couper en gros tronçons plus longs que larges (en quatre dans la longueur) et les ajouter 30 min avant la fin de la cuisson. Compter 2 pommes de terre moyennes par personne.
Cuisson : 2 h.

Aregma

◆ C'est une loubia bel camoun ou camounia (p. 202) sans viande.

◆ Ma mère me raconte qu'à une époque moins faste, on cuisinait la camounia sans viande ni même haricots. On obtenait une sorte de soupe dans laquelle on jetait des morceaux de pain rassis pour que le repas soit complet. À Pessah (Pâque juive), les galettes remplaçaient le pain. Cuisson : 3 h

~ Les variantes : aux **pois chiches**, à la place des haricots.

~ Bon à savoir : avec un **pied d'agneau**, la cuisson ne dure que 2 h.

Viande au cumin

◆ À la viande seule. Reprendre la recette de la loubia bel camoun (p. 202) en supprimant le pied de veau et les haricots.

◆ La viande est coupée en cubes de 2 cm, préparée en petites quantités, parfumée d'harissa et servie à l'apéritif pour la kémia. Cette camounia remplace l'akoud pour ceux qui n'apprécient pas les tripes. Cuisson : 1 h 30.

LES VARIANTES

~ ***Foie au cumin.*** Le foie remplace la viande et cuit 45 min après avoir été rapidement grillé et coupé en dés. On le présente à la kémia. À ne pas confondre avec l'autre « foie au cumin » (p. 58) qui, lui, cuit au four.

Akoud. Tripes au cumin

Pour 6 personnes

1,5 kg de tripes, nettoyées par le boucher

Cuisson : 1 h 30 + 1 h

◆ Blanchir les tripes 1 h 30 dans de l'eau salée. Les égoutter et les cuisiner comme la loubia bel camoun, en suivant la recette de la version viande au cumin (avec les mêmes ingrédients, mais sans les haricots ni le pied de veau), p. 202. On utilisera l'eau de cuisson des tripes pour mouiller le plat. L'harissa est ici quasi obligatoire. Cuire 1 h minimum.

BON À SAVOIR

Le gélatineux de certains morceaux rend inutile l'utilisation d'un pied de veau.

L'akoud est la « cerise sur le gâteau » de la kémia.

LES TAJINES FRITS

Tout ou partie des éléments principaux sont d'abord préparés en beignets, puis mis à mijoter dans une sauce courte.
Comme pour les boulettes du shabbat (p . 167), ce mode de cuisson donne un résultat étonnamment doux et crémeux.
Ce sont des plats de Pessah (Pâque juive). On remplace alors la farine de blé par de la farine de matsot (galettes).

Tajine de beignets
Viande et légumes

Pour 6 personnes

600 g de bœuf en tranches très fines (steak ou paleron)
300 g de pommes de terre (charlotte ou BF 15)
300 g de chou-fleur
Sel, poivre

La friture :
2 œufs
Farine
Huile d'arachide

La sauce :
6 gousses d'ail
8 cuil. à soupe de coulis de tomates
3 cuil. à soupe d'huile de friture
Sel, poivre

◆ Les tranches de viande sont coupées en morceaux d'environ 6 à 8 cm. Ceux-ci sont rincés, salés et poivrés.

◆ Le chou-fleur est détaillé en bouquets (retirer les plus grosses côtes). Les blanchir 10 min dans de l'eau bouillante salée et les égoutter.

◆ Les pommes de terre sont épluchées, coupées en grosses rondelles ou tronçons, salées et poivrées.

◆ La friture. Préparer 2 assiettes : une plate avec de la farine, et une autre creuse avec 2 œufs battus avec 2 cuil. à soupe d'eau.
Chaque élément est passé dans la farine, puis dans l'œuf. On frit d'abord les pommes de terre, ensuite le chou-fleur et enfin la viande. Les laisser en attente dans un plat. Inutile de les égoutter sur du papier absorbant, l'huile enrichira la sauce.

◆ La sauce. Éplucher l'ail, l'émincer et le faire revenir à feu doux dans un peu d'huile de friture. Ajouter le coulis de tomates, saler, poivrer et attendre. Le tout dure 10 min. Poser les bei-

Beignets (préparation et friture) : 30 min
Cuisson : 40 min

gnets sur ce lit de sauce, verser de l'eau au ras des aliments. Porter à ébullition, baisser, couvrir et laisser mijoter 30 min. La sauce est courte.

BON À SAVOIR

~ S'organiser. Cette recette peut être réalisée en trois temps : beignets, sauce et cuisson finale.

LES VARIANTES

D'autres légumes peuvent se préparer de cette façon. Les servir ensemble ou séparément.

~ ***Pommes de terre/artichauts violets.*** Les fonds d'artichauts sont coupés en grosses lamelles.

~ ***Pommes de terre/cardons.*** Les plus goûteux s'achètent dans les épiceries orientales.

~ Remplacer la viande par de la **cervelle** (ou un mélange des deux), à servir avec des pommes de terre seulement.

Tajine aux beignets de cervelle

Cuisson : 30 min

◆ Plonger 30 min les cervelles dans de l'eau froide vinaigrée pour retirer sans difficulté la fine peau qui les recouvre.

◆ Les blanchir 10 min dans une eau bouillante salée. Les couper en tranches d'1 cm dans la largeur des lobes. Saler, poivrer et procéder de même que pour le tajine de beignets (p. 206).

BON À SAVOIR

~ On peut également déguster ces beignets nature, simplement arrosés d'un filet de citron, avec de la salade verte, des spaghettis à la sauce tomate ou des torchi et salades de la kémia.

Tajine de osbana frite

Cuisson : 40 min

◆ La osbana (p. 229) est préparée dans un boyau d'environ 5 cm de diamètre, ni trop large ni trop fin. Une fois cuite, couper des tranches d'1 cm d'épaisseur. Faire des beignets qui mijotent dans une sauce, comme pour le tajine de beignets (p. 206).

◆ On peut enrichir le plat de 300 g de petits pois extra-fins qui cuisent dans la sauce.

◆ Servir tel quel ou accompagné de couscous ou de riz.

BON À SAVOIR

~ Si la osbana est préparée dans un boyau de 10 à 12 cm de diamètre (kouch), recouper les tranches en deux avant de les fariner. Trop larges, les tranches deviennent difficiles à manipuler et risquent de se briser.

~ Pour Pessah (Pâque juive), remplacer la farine par de la farine de galettes.

LES TAJINES VERTS

Ils sont pour moi les plus spécifiques. Ils ont un goût de osbana, ce fameux mélange d'herbes fraîches, persil/menthe/aneth/coriandre propre à notre cuisine. On le retrouve dans d'autres préparations ou farces. Une fois n'est pas coutume, ces plats sont à la fois hautement goûteux et diététiques. Excepté la pkaïla, plus confite. Pour cette raison, on la trouvera un peu plus loin dans les t'fina.

Ces préparations ont la consistance de ragoûts, pas de soupe. Pkaïla sans friture ou variations autour du msoki, on peut les enrichir de osbana.

- *Les servir accompagnés de riz ou de couscous.*
- *On compte environ 2 h de cuisson. On adaptera ces temps selon que l'on cuisine de l'agneau ou du bœuf.*
- *Il en reste un peu... Avec un démarrage de zaria (p. 79), on réalisera une merveilleuse soupe.*

Msoki

Le msoki est LE plat de Pessah (Pâque juive). Il célèbre tout ce que la terre offre de nouveau.

C'est un délire de légumes, la liste qui suit se passe de commentaires. Les goûts sont proprement inouïs. On privilégiera le parfumé, le goûteux, voire l'amer.

Les galettes (matsot) remplacent les pâtes, elles cuisent et gonflent dans le msoki. La texture des galettes est si particulière qu'enfants nous en mettions partout. À essayer dans le café au lait du matin. On broie la galette, on la jette dans le liquide brûlant, on couvre, on attend une minute, les morceaux ont gonflé et flottent à la surface... Irrésistible !

Pour 15 personnes

2,5 kg d'agneau (épaule, collier, plat de côtes)

- Choisir des légumes bien frais et si possible nouveaux. On garde précieusement tout ce qui est vert et tendre, y compris tiges et fanes.

1,5 kg de osbana (p. 229)
2 gros oignons
1 belle tête d'ail
1 bâton de cannelle (10 cm)
2 cuil. à soupe de boutons de roses séchés
2 piments secs
25 cl d'huile d'olive
Sel, poivre
4 galettes à l'eau (200 g)

Légumes durs :
2 carottes
1 botte de navets nouveaux
1 tête de chou rave (boutakala)

Légumes verts :
1 kg d'épinards
2 ou 3 poireaux
1 courgette
1/2 pied de cardon
1/2 bulbe de fenouil
3 branches de céleri (avec feuilles vertes)
1 petit chou vert nouveau pointu
1 botte d'oignons nouveaux
1/2 salade romaine
1 bouquet de persil plat
1 bouquet de coriandre (kosbore)
1 bouquet d'aneth (chept)
20 feuilles de menthe (nanaa)

◆ Disposer d'une énorme marmite (au moins 28 à 30 cm de diamètre et 14 cm de hauteur) pour contenir ces quantités, tout en restant au moins à 1 cm du bord pour ne pas déborder.

◆ Rincer, saler et poivrer la viande. Nettoyer tous les légumes.

◆ Les légumes à branches et à feuilles ainsi que les herbes sont finement hachés.

◆ Les plus solides, épluchés et coupés en tout petits dés d'1 cm. L'ail est écrasé.

◆ Dans la grande marmite, verser l'huile d'olive et y faire revenir, dans l'ordre suivant et sur un bon feu : la viande, très légèrement, les oignons émincés, puis les légumes durs (carottes, navets, chou-rave), ensuite l'ail écrasé, les épices (cannelle, boutons de roses séchés), les piments et tout le vert (épinards, oignons nouveaux, salade, herbes…), excepté les petits pois, les fèves et les artichauts qui cuisent beaucoup plus vite que les autres.
Tous ces légumes vont suer, tandis qu'on remue sans arrêt. Cette opération dure 30 min.

◆ Si la osbana est crue, on l'ajoute à ce moment-là avec 1/2 litre d'eau. Si elle est cuite, on verse juste son jus pour parfumer le msoki.

◆ 45 min après, on continue par les petits pois, les fèves et les artichauts (plus l'osbane, s'il est déjà cuit). Le msoki cuit depuis 1 h 15.

◆ 30 min après, il reste un peu de jus, sinon verser un peu d'eau et terminer par les galettes broyées en morceaux inégaux. Le msoki cuit depuis 1 h 45.
On attend encore 15 min avant que ce soit terminé. Le msoki a cuit au moins 2 h.
Tout au long de la cuisson, on aura surveillé, remué, ajouté si besoin un peu d'eau et rectifié l'assaisonnement.

◆ Quand les galettes sont cuites, laisser gonfler au moins 10 min avant de servir.

Légumes à cuisson rapide :
150 g de petits pois
350 g de fèves vertes
4 artichauts

Les jolis boutons de roses séchés sont pressés entre les doigts pour les réduire en une poudre qui parfumera subtilement le msoki sans qu'on ne s'en doute.

Préparation : 1 h
Cuisson : 2 h

◆ Le msoki a la consistance d'une soupe au pistou ou d'un minestrone sans jus.
On présente viande et osbane à part, dans deux plats, et le reste dans une soupière ou un grand saladier.
C'est le moment ou jamais de sortir le chauffe-plat dont on ne se sert jamais. Le tout refroidit vite et n'est bon que brûlant.

BON À SAVOIR

~ Pour ceux qui apprécient, frire les piments dans l'huile avant tout le reste, les réserver et les servir à part. Ils auront parfumé l'huile sans emporter tout le plat.
~ Comme les doses sont énormes, surgeler ce qui reste, vous aurez le bonheur de retrouver un jour ce plat qu'on aime d'autant plus qu'en principe on ne le déguste qu'une fois par an.
~ Les galettes utilisées sont blanches (à l'eau) et assez épaisses (1 galette = 50 g).
~ En principe, on devrait mettre davantage de galettes. Mais nous apprécions trop les légumes de printemps, surtout lorsqu'ils sont préparés ainsi, pour les saturer de galettes.
~ Revenus ainsi, presque un à un, les légumes garderont une certaine tenue même s'ils cuisent longtemps.

LES VARIANTES

~ ***Mkhalta.*** La mkhalta est un msoki moins élaboré, plus facile à réaliser. Il se déguste tout au long de l'année. Avec les mêmes parfums, il rassemble moins de légumes. La pomme de terre remplace les matsot.
Pour 6 personnes : 1,2 kg de bœuf (ou d'agneau), 600 g de osbana (facultatif), 500 g d'épinards, 2 carottes, 4 navets, 1 petit chou nouveau (150 g), 1 chou-rave, 1 petit pied de cardon, 2 branches de céleri, 2 pommes de terre, 2 gros oignons,

10 gousses d'ail, 1/2 bouquet de persil plat, 8 feuilles de menthe (nanaa), 1/2 bouquet d'aneth (chept), 1/2 bouquet de coriandre (kosbore), 4 boutons de roses séchés, 1/2 cuil. à café de cannelle, 25 cl d'huile d'olive, sel, poivre.

◆ Procéder exactement comme pour le msoki (p. 209). Les morceaux de légumes sont un peu plus gros (1,5 cm). Tous les légumes sont revenus les uns après les autres sauf la pomme de terre qui est ajoutée 30 min avant la fin de la cuisson. Elle servira de liant à l'ensemble. Cuisson : 2 h.

Tabaa

Autre variante du msoki (ou de la mkhalta), la tabaa est encore plus verte. Les pois secs font la différence.

Pour 6 personnes

1,2 kg de bœuf (ou d'agneau)
600 g d'osbane (facultatif)
250 g de pois secs
1,5 kg d'épinards
2 gros oignons
10 gousses d'ail
1 bouquet de persil plat
1/2 bouquet d'aneth (chept)
1/2 bouquet de coriandre (kosbore)
8 feuilles de menthe (nanaa)
25 cl d'huile d'olive
Sel, poivre

Cuisson : 2 h

Préparer la tabaa comme le msoki (p. 209) en intégrant les légumes indiqués ci-contre.

Les pois n'ont pas besoin d'être préalablement trempés. Les ajouter après avoir fait revenir tous les légumes et avant de verser l'eau. Simplement, on ne sale le plat qu'au bout d'1 h, quand les pois sont cuits. Puis on prolonge la cuisson d'1 h.

BON À SAVOIR

~ La tabaa traditionnelle utilise des pois secs, mais si on veut l'alléger, les remplacer par des petits pois frais en saison ou des petits pois extra-fins surgelés. Ceux-ci cuisent beaucoup plus rapidement (20 à 30 min) et peuvent être salés comme le reste.

LES AUTRES TAJINES

Brania
Aubergines, potiron et pois chiches

Sur le même principe que la pkaïla (p. 226), plus connue, le poulet va mijoter dans une purée de légumes réduite à l'état de confit. Le goût est surprenant car on ne reconnaît plus vraiment ceux des composantes d'origine. C'est bon mais un peu solide. La brania se sert en toutes petites quantités avec d'autres mets le soir de Kippour.

Pour 6 personnes

1 beau poulet (1,5 kg)
1 kg de potiron
1 kg d'aubergines
10 gousses d'ail
200 g de pois chiches
1 cuil. à café de bicarbonate de soude
10 cl de vinaigre
10 cl d'huile d'arachide
Sel, poivre

Trempage des pois chiches : la veille
Cuisson : 1 h (pois chiches) + 45 min

- La veille, faire tremper les pois chiches dans de l'eau froide additionnée de bicarbonate.
- Le jour même, les égoutter et les cuire 1 h dans une nouvelle eau froide non salée.
- Demander au boucher de couper le poulet en petites portions (hauts de cuisse et pilons séparés). Rincer, saler et poivrer.
- Retirer la grosse peau, les filaments et les pépins du potiron et le couper en morceaux. Éplucher les aubergines et les trancher.
- Verser 1 verre d'eau dans un faitout et y mettre les légumes à cuire avec du sel. Au bout de 20 à 30 min, l'eau a pratiquement disparu. Écraser les légumes en purée.
- Chauffer l'huile dans une poêle et y faire revenir cette purée. Celle-ci va se dessécher, dorer puis prendre une jolie couleur de caramel roux. Dès qu'elle commence à gonfler, éteindre.
- Égoutter les pois chiches et retirer leur peau. Écraser l'ail.
- Remplir une sauteuse avec la purée potiron/aubergines, les morceaux de poulet, les pois chiches et l'ail. Saler, verser de l'eau au ras des aliments. Commencer à cuire à grand feu en remuant délicatement. Dès l'ébullition, baisser le feu, couvrir et cuire 45 min.

◆ Découvrir, goûter, rectifier l'assaisonnement, verser le vinaigre. Attendre la reprise de l'ébullition et éteindre. La sauce doit être courte et épaisse.
◆ Servir tel quel.

BON À SAVOIR

~ Utiliser une petite boîte de pois chiches (1/2).
~ S'organiser. La purée de légumes, une fois revenue et bien dorée, se conserve en bocaux de verre comme la pkaïla.
La brania se prépare à l'avance et se garde quelques jours grâce à la friture et au vinaigre.

Ganaouia
Tajine aux gombos

Les gombos sont de petits légumes verts pointus qui renferment une sorte de gluant très utile à la sauce. On les cuisine surtout en Grèce et en Afrique.

Pour 6 personnes

1,2 kg de bœuf (macreuse, paleron...)
500 g de gombos
500 g de tomates
4 gros oignons
3 gousses d'ail
1 cuil. à café de paprika (felfel geïna hlou)
6 ou 7 grains d'anis (besbes)
1 pincée de cannelle
3 cuil. à soupe d'huile d'olive
Sel, poivre

Cuisson : 2 h 30

- Demander au boucher de couper la viande en morceaux moyens. Les rincer, saler et poivrer.
- Éplucher les oignons et les émincer. Peler l'ail. Plonger les tomates 15 s dans de l'eau bouillante, les peler, les épépiner et les couper grossièrement. Rincer, égoutter les gombos et les couper en petits tronçons de 3 cm.
- Chauffer l'huile d'olive dans une sauteuse et y faire revenir doucement les oignons émincés jusqu'à ce qu'ils prennent une belle couleur caramel. Dès qu'ils se mettent à gonfler, retirer la sauteuse du feu. C'est le seul moment délicat de la recette car, quelques secondes de plus, et les oignons risquent de brûler et de devenir amers. Cette opération dure 30 min.
- Poudrer les oignons de paprika, ajouter l'ail écrasé, les tomates coupées grossièrement et remettre sur feu moyen.
- Faire revenir la viande quelques minutes dans la sauce.
- Verser de l'eau au ras des aliments, saler, attendre la reprise de l'ébullition et baisser le feu. Ajouter les gombos, l'anis et la cannelle. Couvrir et laisser mijoter 2 h.
- Poivrer et servir tel quel ou avec du couscous.

LES VARIANTES

~ ***Ganaouia au poulet ou au veau.*** Ce plat se cuisine tout aussi traditionnellement avec du poulet (en petits morceaux) ou du veau (épaule). Veiller à adapter les temps de cuisson. Cuisson : 1 h 30 (poulet), 2 h (veau).

BON À SAVOIR

~ On peut remplacer la tomate fraîche par des tomates pelées ou du coulis en conserve, les gombos frais par une grosse boîte de gombos (4/4), utiliser des oignons et de l'ail surgelés.

~ Pour gagner du temps, précuire le bœuf à part dans un autocuiseur. Le faire revenir rapidement dans 1 cuil. à soupe d'huile. Verser un peu d'eau, ajouter un petit oignon et saler.

~ Autre manière. Rincer les gombos, les sécher au torchon, les couper en tronçons et les faire frire. Les égoutter et les congeler. On utilisera moins d'huile au moment de cuisiner la ganaouia. Les gombos seront délicatement posés sur le dessus du tajine.

~ En Tunisie, quand les gombos frais arrivaient sur le marché, on en achetait de grandes quantités. On les enfilait comme des colliers avec une aiguillée de fil, on les suspendait en guirlandes un peu partout pour les faire sécher. Une fois secs et légers comme une plume, on les conservait dans des poches en papier, pas dans des bocaux (« ça doit respirer », dit ma mère). Lorsqu'on en avait besoin, on les trempait dans l'eau pour les réhydrater et on s'en servait comme s'ils étaient frais.

Mlohia

La mlohia est une poudre de feuilles de corette, une herbe verte, sorte d'épinard. Un plat qui se déguste avec du pain. On sauce, on sauce, et il en reste encore et encore... On l'a surnommé « quella che non finisce mai » (celle qui ne finit jamais).

Pour 6 personnes

1 kg de bœuf (joue, plat de côtes, jarret-meftoula)
300 g de merguez
1 petit oignon
1 grosse tête d'ail (au moins 100 g)
1 cuil. à café d'harissa
6 cuil. à soupe de mlohia
1 cuil. à café de coriandre en poudre (tabel)
20 cl d'huile d'olive
Sel, poivre

Cuisson : 2 h

- La viande est coupée en morceaux, rincée, salée et poivrée.
- Éplucher et râper l'oignon. Peler l'ail, il sera ensuite écrasé.
- Dans une grande sauteuse ou un faitout, faire légèrement revenir la viande avec un peu d'huile d'olive et la retirer. Verser la poudre de mlohia, remuer 1 min ; lorsqu'elle commence à exhaler son odeur, retirer la marmite du feu. Remettre la viande, ajouter l'oignon, la moitié de l'ail, et l'harissa. Verser 1 litre d'eau chaude et saler. Dès que ça bout, baisser, couvrir et cuire 2 h.
- Pendant ce temps, mélanger le reste de l'ail écrasé à la coriandre.
- Poêler les merguez. Jeter le gras et les couper en tronçons.
- On ajoutera merguez et pâte d'ail et de coriandre 1 h avant la fin de la cuisson.

Remuer aussi souvent que possible et ajouter si besoin de l'eau chaude en petites quantités à chaque fois.
Le plat est vert sombre, presque noir. La sauce, de visqueuse, est devenue épaisse et crémeuse.

BON À SAVOIR

~ La vraie mlohia se doit d'être brûlante. À la place de l'harissa, on peut faire frire quelques piments secs avant de faire revenir la viande. Les retirer et les servir à part, ou bien les écraser au mortier et relever la sauce de cette pâte rouge.

LES T'FINA

De la nécessité de la t'fina.

Considérez l'obligation de cuisiner un bon plat pour le déjeuner du samedi, jour de shabbat.
Considérez qu'on sera 6... ou bien 10... ou 12, mais qu'on ne le saura jamais à l'avance.
Considérez l'interdiction de cuire, d'allumer un feu ou de réchauffer du vendredi à la tombée de la nuit jusqu'au lendemain même heure.
La veille, avant l'apparition des premières étoiles, vous assemblerez des aliments solides qui ne craindront pas de mijoter des heures à tout petit feu, dans une bonne sauce.
Et vous obtiendrez une t'fina (dafina au Maroc), étrange alchimie de saveurs et de consistances dans un ensemble assez riche et compact mais ô combien rassurant.
Résultats et mines réjouies garantis.

Certains plats, traditionnellement servis pour le shabbat, ont été baptisés t'fina (ragoût) en raison de leur mode de préparation alors que leur cuisson est relativement courte. C'est le cas, par exemple, du nikitouche.
En fait, à l'origine, tous les éléments étaient posés à froid dans une grande marmite, recouverts d'eau, cuits des heures et maintenus au chaud sur des braises ou dans le four du boulanger. Aujourd'hui, la cuisson au gaz, à l'électricité, le micro-ondes autorisent une organisation du temps différente. Une manière de préparer plus respectueuse des produits et de leur présentation.
La frontière entre tajines, ragoûts et t'fina s'estompe.
Nous avons conservé cette jolie appellation de t'fina par respect de la tradition et pour la beauté du mot.

La tradition veut qu'on ajoute aussi des œufs. On les fait bouillir 10 minutes dans de l'eau, puis on les enfouit dans la t'fina avec leur coquille. Savoir qu'il faut au moins 3 heures de cuisson pour que le blanc brunisse et prenne une jolie couleur caramel. Compter 1 œuf par personne. Avant de passer à table, les sortir de la t'fina, les rincer sous l'eau froide, les écaler.

Les présenter entiers avec le plat, ou les déguster à la kémia, coupés en quartiers et arrosés de jus de citron.

Une t'fina qui se respecte est piquante. Avant toute chose, frire quelques piments, secs ou frais, dans l'huile qui servira ensuite à cuisiner le plat. Les réserver et les servir à part pour les amateurs. L'huile n'en sera que meilleure, plus parfumée.

***Un peu d'esthétique.** Au lieu de servir tous les éléments de la t'fina en bloc, essayer de les présenter séparément ou par associations en ménageant une progression.*
Au Maroc, on ajoute des pommes de terre à l'arricha. Une amie le sert en trois services : le blé, puis les pommes de terre (douces et normales) avec les œufs, et enfin les viandes (bœuf et pied) accompagnées d'une salade verte. C'est assez chic.

Aadame
T'fina avec légumes, pâtes, pommes de terre...

C'est probablement la t'fina qui porte le mieux son nom. Qui peut le plus... Véritable auberge espagnole, elle accueille aussi bien légumes secs que pâtes et pommes de terre. On la réveille de quelques légumes frais choisis pour leur saveur corsée.

Pour 6 personnes

1 kg de bœuf : paleron, plat de côtes, jarret (meftoula)...
150 g de haricots secs (lingots)
100 g de pâtes caoua (p. 113)
1/2 pied de cardon
4 artichauts violets (les plus gros)
1 citron
8 gousses d'ail
6 cuil. à soupe de coulis de tomates
1 sachet de Spigol
6 cuil. à soupe d'huile d'olive
Vinaigre d'alcool
Sel, poivre

M'dareb :
150 g de pommes de terre
2 œufs
Sel, poivre

◆ La veille, faire tremper les haricots dans de l'eau froide.

◆ Le jour même, rincer les morceaux de viande, saler et poivrer. Peler l'ail.

◆ Égoutter les haricots et les cuire 1 h dans de l'eau versée froide sans saler.

◆ Dans une grande cocotte en fonte ou une grande marmite, faire revenir la viande dans l'huile d'olive. Quand elle commence à colorer à peine, ajouter l'ail écrasé, le coulis de tomates, le Spigol, verser de l'eau au ras des aliments, saler et poivrer. À la reprise de l'ébullition, baisser le feu, couvrir et cuire 1 h 15.

◆ Ajouter les pâtes crues (caoua) et les haricots égouttés, et continuer la cuisson 30 min.

◆ Les légumes. Éplucher les artichauts violets et ne garder que les cœurs (fonds). Les couper en 6 ou 8 et les citronner pour les empêcher de noircir.

Les cardons sont effilés, rincés, débités en bâtonnets de 10 cm de long et réservés dans de l'eau vinaigrée.

Artichauts et cardons cuisant vite, on les ajoute 20 min avant la fin de la cuisson. La sauce doit être à petite ébullition pour saisir les légumes et les empêcher de noircir.

◆ Les m'dareb. Faire bouillir les pommes de terre 20 à 30 min. Les éplucher encore tièdes et les écraser à la fourchette jusqu'à obtenir une purée sans grumeaux. Casser 2 œufs dans un

Trempage des haricots : la veille
Cuisson : 1 h (haricots) + 3 h

bol, les battre un peu et les mélanger à la purée. L'ensemble doit être lisse. Saler et poivrer. Facultatif : parfumer les m'dareb d'une pincée de cumin.

◆ 15 min avant la fin de la cuisson de l'aadame (5 min après les artichauts et les cardons), prélever cette préparation par cuillerées que l'on dépose sur le dessus de la préparation. Veiller à les espacer car elles vont légèrement gonfler.
Tout au long de la cuisson, rectifier l'assaisonnement et ajouter si besoin un peu d'eau chaude.

◆ Les puristes servent l'aadame avec du couscous (p. 163).

BON À SAVOIR

~ Remplacer les haricots secs par une petite boîte de haricots au naturel. Les égoutter avant de les incorporer à la t'fina.

~ Préparée à l'avance, l'aadame a besoin de 30 min pour être réchauffée. Veiller à retirer préalablement les m'dareb et à les ajouter juste avant la fin.

~ Considérer les temps indiqués comme un minimum pour que la viande soit bien cuite.

LES VARIANTES

~ ***Au veau*** (épaule) à la place du bœuf.

~ ***Œufs.*** 1 par personne, ils sont bouillis 10 min dans de l'eau, puis fourrés dans la t'fina avec leur coquille dès le départ, au moment de verser l'eau.

~ ***Piments.*** Frire quelques piments frais, avant la viande. Les réserver et les servir à part.

~ ***Légumes en beignets.*** Pour que le contentement soit à son comble, préparer les morceaux de cardon et d'artichauts comme dans le tajine frit (p. 206), ainsi que des courgettes.

Arricha
T'fina de blé à la viande

Pour 8 personnes

1,6 kg de bœuf (macreuse, paleron, plat de côte)
1 pied de veau
500 g de blé
500 g de tomates
1/4 de poivron rouge
1 oignon
1 grosse tête d'ail
1 petite boîte de concentré de tomates (1/4)
1 cuil. à café de paprika (felfel geïna hlou)
1/2 cuil. à café de piment fort
1 sachet de Spigol
6 cuil. à soupe d'huile d'olive
Sel, poivre

Cuisson : 1 h (pied) + 3 h

Demander au boucher de couper la viande en morceaux portions.

◆ Blanchir le pied de veau : le cuire 1 h dans de l'eau salée.

◆ Pendant ce temps, rincer, puis saler et poivrer la viande.

◆ Éplucher oignon et ail, le premier sera haché menu, le second écrasé au presse-ail.

◆ Peler les tomates en les plongeant 15 s dans de l'eau bouillante, les épépiner et les couper grossièrement. Rincer le poivron et le couper en lamelles.

◆ Dans un faitout, chauffer l'huile d'olive à feu très doux. Y faire revenir, dans l'ordre, la viande, l'oignon et l'ail. Puis, hors du feu ajouter le paprika. Reposer sur le feu et ajouter le concentré, les tomates, le poivron rouge, le piment et le Spigol. Augmenter le feu, ajouter le pied de veau avec son eau de cuisson, et ajouter un peu d'eau si besoin (2 cm au-dessus de la viande). Porter à ébullition, baisser le feu, couvrir et cuire 2 h.

◆ Verser le blé, attendre la reprise de l'ébullition, rectifier l'assaisonnement. Couvrir et cuire encore 1 h.

◆ En principe, la viande et le blé ont bu tout le liquide. C'est prêt.

LES VARIANTES

~ ***Arricha au poisson.*** On commence de la même façon. La sauce a la consistance d'un coulis dans lequel on va pocher le poisson très peu de temps et à tout petit feu. Mérou, dorade, loup (bar) ou cabillaud conviennent très bien, entiers ou en tranches (plus faciles à manipuler). Adapter le temps de cuis-

son au poisson et à sa taille. Le retirer délicatement et réserver. Verser le liquide (du bouillon de poisson, p. 92) et y cuire le blé 1 h. Au besoin, ajouter un peu d'eau ou de bouillon en cours de cuisson. Préchauffer le four (300 °C, th. 10).
Verser le blé dans un plat allant au four, y poser les tranches de poisson et réchauffer 10 min.
~ **Œufs.** 1 par personne, ils sont bouillis 10 min dans de l'eau puis fourrés dans l'arricha avec leur coquille dès le départ, au moment de verser l'eau.

BON À SAVOIR

~ Le pied de veau a toutes les qualités : non seulement il enrichit le plat de son goût et de sa texture onctueuse, mais en plus il épaissit la sauce sans qu'il soit besoin d'ajouter de la farine.
~ Remplacer la tomate fraîche par de la tomate pelée en boîte ou l'équivalent de purée ou de coulis (125 g).
~ Question de goût : remplacer le blé par du riz complet, le temps de cuisson est le même.
~ Utiliser un autocuiseur ou une Cocotte-Minute pour blanchir le pied, vous gagnerez 30 min.
~ Pour ceux qui aiment les plats très relevés : frire quelques poivrons piquants secs ou frais avant la viande. Pour les plus modérés, une simple cuillerée à café d'harissa délayée dans un petit peu d'eau suffira.
~ Si le plat est préparé à l'avance, arrêter sa cuisson 30 min plus tôt. Il restera un peu de liquide, ce qui l'empêchera de coller au moment de le réchauffer. Prévoir de le réchauffer au four : non seulement il ne collera pas, mais en plus il caramélisera légèrement.

Nikitouche
Poulet aux pâtes, façon poule au pot

Un plat aux saveurs douces. Le nikitouche fait l'unanimité surtout chez les enfants. Accompagné d'un peu de couscous et de dabahia, il est royal. Avec une poule farcie, il devient divin.

Pour 6 personnes

1 poulet
2 oignons (200 g)
2 branches de céleri
125 g de pâtes nikitouche dites baballes (p. 115)
1 sachet de Spigol
2 cuil. à soupe d'huile d'olive
Sel, poivre

Cuisson : 40 min

◆ Demander au boucher de découper le poulet en morceaux aux jointures. Les rincer, les assaisonner avec sel et poivre.

◆ Peler les oignons et les râper côté gros trous. Les branches de céleri seront rincées et coupées en deux ou trois, sans aller jusqu'au bout pour retirer les plus gros fils comme on le fait pour effiler des haricots verts.

◆ Chauffer l'huile d'olive dans un faitout sur feu moyen et y faire revenir les morceaux de poulet sans coloration. Ajouter l'oignon et le faire suer légèrement, puis le céleri et le Spigol.

◆ Couvrir d'eau chaude au ras des aliments. Porter à ébullition et verser les pâtes. Baisser le feu, rectifier l'assaisonnement, couvrir et cuire 40 min.
Le liquide doit avoir la consistance d'un bouillon épais.

◆ Retirer les morceaux de céleri et servir tel quel ou, mieux, avec du couscous (p. 163) et de la dabahia (p. 130).

LES VARIANTES

~ ***Au veau*** (jarret) à la place du poulet.
~ ***Œufs.*** 1 par personne, ils sont bouillis 10 min dans de l'eau, puis fourrés dans le nikitouche avec leur coquille dès le départ, au moment de verser l'eau.

◆ ***BON À SAVOIR***

~ Le poulet peut être cuit et présenté entier.

~ Autrefois, pour supporter les longs temps de cuisson, le nikitouche accueillait une poule. Nous lui préférons un bon poulet fermier, moins gras, à la chair plus tendre et plus rapide à cuire. Savoir que la poule cuit en 3 h.

~ Les nikitouche, ou baballes, se trouvent toutes faites dans les épiceries spécialisées.

~ Attention à ne pas verser trop d'eau, le plat serait fade et sans intérêt. À part ce détail, il est très facile à exécuter même pour des débutants.

Pkaïla
T'fina aux épinards confits, haricots et osbana

Son aspect très sombre peut rebuter les néophytes. Ce premier inconvénient surmonté, la pkaïla ou bkaïla (épinard, en arabe), appelée aussi « la noire », arrive en tête des plats fétiches de notre cuisine. Même chez les plus petits. Probablement parce qu'on n'y reconnaît plus le goût de l'épinard frais.

8 personnes

8 à 10 morceaux de bœuf : joue, et/ou paleron, macreuse, jarret (meftoula)...
800 g de gelda (« peau » du veau)
2 oignons
12 gousses d'ail
1/2 bouquet de persil plat
1/2 bouquet d'aneth
1/2 bouquet de coriandre (kosbore)
1/3 de bouquet de menthe (nanaa)
300 g de haricots secs (lingots)
1 cuil. à café d'harissa
8 cuil. à soupe de confit d'épinards (p. 228)
4 osbana portions ou 8 tranches (p. 229)
Sel, poivre

Cuisson : 3 h

◆ Rincer la viande et la gelda, saler et poivrer.

◆ Éplucher et râper les oignons (gros trous). Peler et écraser l'ail.

Rincer les herbes et les hacher menu.

◆ Dans une grande marmite, poser à froid tous les ingrédients : viandes, confit d'épinards, oignons, ail, herbes, haricots, harissa (facultatif) et osbane s'il est cru. S'il est cuit, n'utiliser que son jus à cette étape, puis le plonger dans la pkaïla 30 min avant la fin de la cuisson.

◆ Couvrir d'eau froide au ras des aliments. Démarrer sur feu moyen, porter à ébullition, baisser le feu, attendre 15 min et couvrir.

Laisser mijoter au moins 3 heures en tout. Au bout d'1 h, les haricots sont cuits, on peut donc saler et poivrer.

Tous les éléments sont fondants et la sauce assez épaisse. Ni trop courte ni liquide.

En fin de cuisson, l'huile remonte à la surface : bien noire, elle est le garant de l'onctuosité de l'ensemble.

◆ Servir avec du couscous. Haricots et jus ensemble, viande et gelda, puis la osbana à part en portions coupées en deux ou en tranches.

LES VARIANTES

~ Remplacer la gelda par 1 **pied de veau** ou mélanger les deux. Le pied se prépare comme la gelda, mais il est plus long à cuire. Il est conseillé de retirer la viande en cours de route pendant 1 h pour éviter qu'elle ne s'écroule.

On peut aussi le préparer à l'avance. Le blanchir en le plongeant dans de l'eau bouillante. Dès la reprise de l'ébullition, baisser, couvrir et attendre 1 h (ou 30 min avec un autocuiseur).

~ ***Plus relevé.*** Ajouter 1 piment rouge sec aux autres ingrédients.

~ ***Œufs.*** 1 par personne, ils sont bouillis 10 min dans de l'eau, puis fourrés dans la pkaïla avec leur coquille dès le départ, au moment de verser l'eau.

BON À SAVOIR

~ S'organiser. Ce plat peut être préparé en plusieurs étapes : osbane, confit d'épinards.

Savoir quand même que les haricots salés en début de cuisson ont tendance à rester fermes. En tenir compte dans l'organisation de la cuisson du plat.

Excepté la viande et la osbana, les autres ingrédients, crus ou cuits, n'auront pas été préalablement salés.

Les haricots en cuisant ont tendance à absorber beaucoup d'eau. Dans ce cas, en ajouter en cours de cuisson, mais cette fois chaude.

LE SECRET DE MA MÈRE

~ Les haricots. Exceptionnellement, on saute la phase de trempage. Les haricots n'ont pas besoin d'être attendris. En présence des épinards, il se produit un curieux phénomène : ma mère dit « les épinards les usent » ; en effet, ils semblent accélérer la cuisson des haricots.

Le confit d'épinards (ou épinards frits)

Pour 8 cuil. à soupe de confit

1 kg d'épinards frais
25 cl d'huile d'arachide

Cuisson : 1 h

◆ Laver les épinards, les équeuter, retirer les plus grosses côtes centrales, puis les hacher grossièrement.

◆ Poser les épinards dans une très grande poêle. Si la poêle ne les contient pas tous, les ajouter par poignée, ils tomberont au fur et à mesure. Maintenir sur un grand feu et remuer régulièrement. La masse va s'écrouler.

◆ Quand l'eau s'est évaporée, verser l'huile, continuer de remuer, les épinards commencent à frire. Dès que la masse a tendance à gonfler légèrement, éteindre immédiatement, sinon le tout brûle et devient amer.

BON À SAVOIR

~ On peut sans aucun problème utiliser des épinards surgelés en branches (400 g), on économisera ainsi le temps du nettoyage. Décongeler et égoutter les épinards en les posant dans une passoire à pieds. Ou poser le bloc dans la poêle sur un petit feu, couvrir le temps que cela décongèle et continuer comme pour les épinards frais.

~ Les épinards frits se conservent aussi longtemps que de la confiture dans des bocaux de verre, recouverts d'une fine couche d'huile.

~ S'organiser. Si l'on apprécie la pkaïla, mieux vaut préparer de plus grandes quantités d'épinards frits et disposer de cette préparation au moment de cuisiner.

~ On trouve ce confit tout prêt dans certaines épiceries orientales ou boucheries cacher. Se méfier, il y a souvent autant d'huile que d'épinards.

Osbana

Dégustée seule à l'apéritif arrosée d'un filet de citron ou enfouie dans un plat plus élaboré, la osbana est LA saucisse de notre cuisine. Un peu délicate à préparer, elle recèle des parfums inouïs d'herbes savamment dosées. Le couscous du shabbat serait orphelin sans ses saveurs et l'odeur dont il imprègne la maison.

Pour 16 personnes

Boyau de bœuf (2 m de long sur environ 3 cm de diamètre)
600 g de gras-double
200 g de bœuf (steak ou macreuse)
100 g de foies de volaille ou de génisse
100 g de poumon (mou)
50 g de gras (poulet ou bœuf)
500 g d'épinards
1 oignon
8 gousses d'ail
1/2 bouquet de menthe (nanaa)
1 bouquet d'aneth (25 g)
1 bouquet de coriandre (kosbore) (40 g)
1 bouquet de persil plat (80 g)
60 g de riz rond
1 cuil. à café d'harissa
1 à 2 cuil. à soupe d'huile d'arachide
Sel, poivre

LE BOYAU

Il est déjà nettoyé par le boucher.

◆ Le rincer et souffler dedans. Le poser dans une cuvette et, à l'aide d'un entonnoir placé à un bout, verser de l'eau pour vérifier qu'il n'est pas percé.

LA FARCE

◆ Les légumes et herbes fraîches. Les herbes sont rincées, séchées. Retirer les grosses tiges et les hacher menu séparément.

Nettoyer les épinards, retirer les plus grosses côtes et les hacher finement.

Éplucher l'oignon et le râper côté gros trous. Peler l'ail et le couper en éclats de la grosseur de grains de riz.

◆ Les viandes. Le gras-double est coupé en lamelles d'1 cm, puis recoupé dans l'autre sens. Le mou, blanchi 10 min (on jette l'eau), égoutté et coupé en petits dés comme le gras-double.

Griller le foie et le couper en morceaux encore plus petits.

Rincer le bœuf, le saler, le poivrer et le hacher au couteau, un peu plus finement que le gras-double.

◆ Dans un grand saladier, mettre les viandes, l'oignon, l'ail, l'aneth, la coriandre, la menthe, le persil, le sel, le poivre et l'harissa. Bien malaxer.

Ajouter les épinards, remuer, verser le riz cru, l'huile, mélanger le tout et rectifier l'assaisonnement.

FARCE ET BOYAU

◆ Farcir le boyau sans trop tasser car le riz va gonfler en cuisant. Ficeler tous les 10 cm pour former des petites saucisses portions.

◆ Cuire 1 h, soit directement dans le plat qu'elle accompagne, soit toute seule à peine recouverte d'eau salée si on veut la conserver.

LES VARIANTES

~ ***Osbana à la viande.*** Avec 800 g de bœuf, 100 g de mou et 100 g de foie.

BON À SAVOIR

~ La osbana intervient dans de nombreuses préparations : couscous du shabbat, tajine de osbana frite, msoki, tabaa, mkhalta...

~ Etant donné la longueur de ces opérations et sachant que l'utilisation de la osbana est multiple, avoir le courage d'en préparer à chaque fois de grandes quantités.

~ La osbana peut être congelée crue ou cuite dans son jus.

~ Avec un boyau plus large (environ 7 cm) ou une panse cousue, on réalise une osbana à servir en tranches. C'est une question de présentation. Plus délicate à manipuler, cela dépend aussi du plat préparé.

~ Le trait d'huile aide la farce à mieux glisser dans le boyau.

~ On ajoute les épinards à la fin car, avec le sel, ils ont tendance à lâcher de l'eau.

~ Le foie doit être grillé pour des raisons de cachrout (règles, lois et préceptes régissant l'alimentation conformément aux principes du judaïsme), mais aussi pour le raidir. Il est ensuite plus facile de le couper sans le réduire en bouillie.

~ On rempli le boyau à l'aide d'un entonnoir spécial acheté dans les épiceries orientales.

VIANDES ASSAISONNÉES

LES BOULETTES

Boulettes au fenouil

Ces petites boulettes sont délicieuses cuites dans une sauce tomate. Elles feront des pâtes à la sauce un plat complet.

Pour 6 personnes

Les boulettes :
500 g de bœuf haché (steak ou macreuse)
5 gousses d'ail
1/3 de bouquet de persil plat
1 cuil. à café de fenouil en poudre (besbes)
1 œuf
1 morceau de pain rassis (10 cm de baguette = 60 g)
1 cuil. à soupe d'huile d'arachide
Sel, poivre
Harissa (facultatif)

La sauce :
250 g de coulis de tomates
4 à 5 gousses d'ail

LES BOULETTES

◆ Faire tremper le pain dans de l'eau. Puis le presser pour éliminer un maximum de liquide. Rincer le persil et le ciseler finement. Peler l'ail et l'écraser.

◆ Mélanger intimement la viande hachée, la mie de pain (pressée et débarrassée de son eau), l'ail écrasé, le persil ciselé, le fenouil, un peu d'harissa (au goût), saler, poivrer. Le tout doit être bien relevé. Ajouter l'œuf une fois que le tout est bien malaxé.

◆ Façonner des boulettes de 3 à 4 cm de diamètre. Enduire ses mains d'un peu d'huile pour que la préparation ne colle pas aux doigts.

LA SAUCE

◆ Verser 3 cm d'eau dans une sauteuse. Saler, poivrer, ajouter le coulis de tomates, l'ail écrasé et l'huile d'olive. Faire bouillir.

◆ Jeter les boulettes dans cette sauce, attendre la reprise de l'ébullition, baisser le feu, couvrir et laisser mijoter 30 min.

2 cuil. à soupe d'huile d'olive
Sel, poivre

Cuisson : 30 min

◆ Servir avec du riz blanc, des pâtes, ou tel quel à l'apéritif.

LES VARIANTES

~ Pour une bonne pasta, cuire ces boulettes dans une **sauce tomate** préparée sans herbes. Voir spaghetti à la sauce tomate (p. 122).

BON À SAVOIR

~ Cette quantité de viande permet de faire 60 petites boulettes.

Boulettes blanches
Quenelles au poulet

Pour 6 personnes

Les quenelles :
1 blanc de poulet (300 g)
2 oignons
100 g de pain rassis
1/4 de litre de bouillon de poulet (1 cube)
2 œufs
Farine
1 pincée de noix muscade
Sel, poivre

La sauce :
1/2 litre de bouillon de poulet (1 cube)
2 gousses d'ail écrasées
1 sachet de Spigol
1 cuil. à soupe d'huile d'arachide
Sel, poivre

Cuisson : 30 min

◆ Préparer 1 litre de bouillon de poulet avec 2 cubes. Il servira pour les boulettes et la sauce.

◆ Faire tremper le pain dans un bol de bouillon (25 cl), mais retirer les croûtes brunes.

◆ Éplucher les oignons et les râper, côté gros trous, au-dessus d'une passoire à pieds. Saler et laisser dégorger.

◆ Réduire le blanc de poulet en purée en le passant au mixer.

◆ Presser le pain et les oignons pour éliminer le liquide. Bien amalgamer le poulet, la mie de pain, les oignons, la muscade. Saler, poivrer, puis ajouter les œufs.

◆ Préparer la sauce dans une sauteuse en y mélangeant tous les ingrédients. Porter à ébullition.

◆ Façonner des petites boulettes de 3 à 4 cm d'épaisseur, les rouler dans la farine en les secouant pour faire tomber le surplus de farine. Pour éviter que la farce ne colle aux mains, les enduire d'un peu d'eau au moment de façonner les boulettes.

◆ Au fur et à mesure qu'elles sont prêtes, les jeter dans la sauteuse. Le liquide doit les recouvrir, sinon ajouter du bouillon ou de l'eau. Baisser le feu, couvrir et cuire 30 min.

◆ Servir avec du riz klaya (p. 124) et des petits pois.

LES VARIANTES

~ ***Aux petits pois.*** Pour un repas complet, avant de couvrir et de laisser mijoter les quenelles, ajouter 500 g de petits pois surgelés extra-fins, plus 1/2 bouquet de persil plat (faire un nœud avec les tiges). Retirer le persil avant de servir.

Cheptia

Plat assez méconnu bien que très subtil et facile à exécuter. Entre les boulettes du shabbat pour le mode de cuisson, et surtout la osbana pour les parfums incroyables de toutes les herbes fraîches, épinards, coriandre, aneth, persil, menthe… À tester absolument.

Pour 20 boulettes

La farce :
400 g d'agneau haché
750 g d'épinards
6 gousses d'ail
1 oignon
1/2 bouquet d'aneth (chept)
1 bouquet de coriandre (kosbore)
1 poignée de menthe fraîche (nanaa)
1 poignée de persil plat
50 g de riz blanc rond
50 g de semoule fine
3 œufs
1 cuil. à café d'harissa (facultatif)
Sel, poivre

La friture :
Huile d'arachide

La cuisson :
2 gousses d'ail
1 tomate
1 filet d'huile de friture
Sel

Préparation : 30 min

LES BOULETTES

- Rincer la viande, la saler, la poivrer et la hacher.
- Nettoyer les épinards, retirer les plus grosses côtes centrales. Hacher très finement, réserver dans un grand saladier, saler et remuer.
- Faire de même avec les herbes : rincer, sécher, effeuiller et ciseler sans saler.
- Éplucher l'oignon et le râper côté gros trous. Peler l'ail et couper les 6 gousses de la farce en éclats de la grosseur de grains de riz.

Peler la tomate après l'avoir plongée 15 s dans de l'eau bouillante. Retirer les pépins et la concasser grossièrement. Réserver. Peler les 2 gousses d'ail de la cuisson. Les 2 gousses d'ail émincées et la tomate serviront plus tard, après la friture des boulettes.

- Le sel a libéré l'eau des épinards. Les presser pour extraire le maximum de liquide.
- Mélanger la viande avec l'ail, l'oignon, l'harissa, puis les épinards, les herbes, ensuite le riz et enfin les œufs. Bien amalgamer à chaque fois que l'on incorpore un nouvel élément. Finir par la semoule, saler, poivrer et mélanger de nouveau.

Former des boulettes de la grosseur d'une mandarine et les aplatir légèrement.

Friture : 20 min
Cuisson : 40 min

LA FRITURE

- Verser l'huile dans une grande poêle en la remplissant à moitié. Chauffer sur feu moyen.
- Au fur et à mesure qu'on façonne les boulettes, les faire frire. Les retourner dès qu'elles sont dorées, puis les réserver.

LA CUISSON

- Dans le fond d'une sauteuse, poser l'ail émincé et la tomate concassée. Verser le filet d'huile, saler et faire revenir ce mélange quelques minutes sur feu moyen.
- Éteindre et disposer toutes les boulettes dans la sauteuse en les serrant un peu mais sur une seule couche. Sinon, utiliser 2 sauteuses.
- Verser de l'eau au ras des boulettes (elles dépassent à peine), allumer un feu fort et attendre l'ébullition. Baisser, couvrir et laisser mijoter 40 min. Il doit rester pas mal de sauce au fond de la sauteuse.
- Servir avec du couscous.

BON À SAVOIR

~ On peut remplacer la tomate fraîche par de la tomate pelée ou de la pulpe en conserve, et la gousse d'ail par une cuil. à café d'ail surgelé.

~ Ne pas essayer d'utiliser épinards, oignon et herbes surgelés, ils libèrent trop d'eau en décongelant. Leurs consistances ne conviendraient pas dans ce cas.

Yabrak

Ce sont des boulettes vertes, légères et diététiques, au goût d'osbane, qui cuisent enveloppées dans une feuille de salade.

Pour 6 personnes
soit 20 boulettes

2 salades romaines

La farce :
500 g de bœuf haché (steak ou macreuse)
2 oignons (300 g)
6 gousses d'ail
1 bouquet de persil plat
1/2 bouquet de coriandre (kosbore)
12 feuilles de menthe (nanaa)
1 cuil. à soupe d'aneth (chept)
80 g de riz rond
2 œufs
Sel, poivre

La sauce :
2 gousses d'ail
6 tomates
4 cuil. à soupe d'huile d'olive
Sel, poivre

Préparation : 30 min
Cuisson : 45 min

◆ Rincer les herbes, les effeuiller et les ciseler. Éplucher les oignons et les râper côté gros trous. Peler l'ail.

◆ Détacher les plus grandes feuilles vertes des romaines et les rincer. Il en faut une vingtaine. Poser sur le feu une grande poêle à moitié remplie d'eau chaude. Plonger les feuilles une à une dans la poêle, les retirer aussitôt à l'écumoire et les poser sur un torchon ou du papier absorbant.

◆ La farce. L'important est de bien malaxer à chaque fois que l'on incorpore un nouvel élément. Dans un saladier, poser le bœuf haché, saler, poivrer, puis l'ail écrasé, l'oignon et les herbes, ensuite le riz cru et enfin les œufs. Partager cette farce en 4. Chaque quart servira à façonner 5 boulettes.

◆ On pose un peu de farce sur chaque feuille, à 2 cm du bord opposé à la pointe. On rabat d'abord les 2 cm qui dépassent puis les 2 côtés à droite et à gauche vers l'intérieur, et on roule le tout vers la pointe comme un paquet. La farce est bien enveloppée dans la feuille. On renouvelle l'opération jusqu'à épuisement des feuilles et de la farce.

◆ La sauce. Plonger les tomates 15 s dans de l'eau bouillante. Les peler, les épépiner et les concasser grossièrement. Dans une sauteuse, faire revenir à feu doux l'ail écrasé dans l'huile d'olive, ajouter les tomates, saler, poivrer et attendre 2 à 3 min.

◆ Hors du feu, poser les yabrak dans la sauce, côté fermeture en dessous (pour qu'elles ne s'ouvrent pas pendant la cuisson). Elles sont bien serrées sur une seule couche. Reposer la sauteuse sur le feu, verser de l'eau au ras des yabrack (qui dépassent à peine). Quand le liquide bout, baisser, couvrir et cuire 40 min.

- Servir avec du riz klaya (p. 124) ou une salade verte.

LES VARIANTES

~ ***Aux petits pois.*** Cuire 200 g de petits pois surgelés extra-fins dans la sauce et servir avec du couscous.

~ ***Au poulet.*** Remplacer le bœuf par de la chair de poulet.

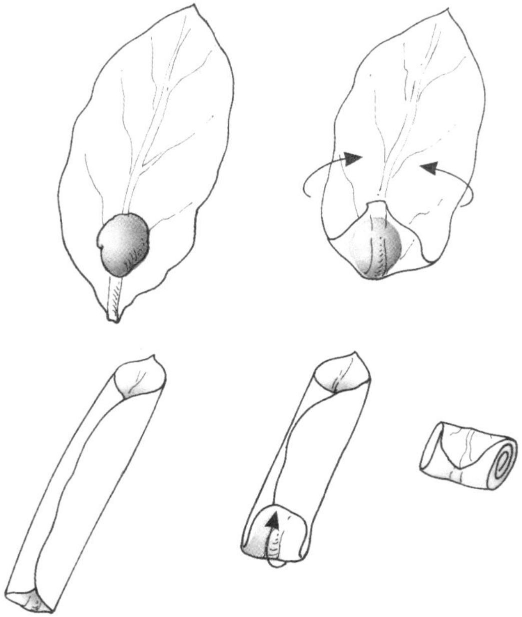

Kefta

Pour 6 personnes
soit 25 boulettes

600 g de bœuf haché (steak ou macreuse)
80 g de pain rassis (1/8 de baguette)
1 oignon
2 gousses d'ail
1 bouquet de persil plat
1 cuil. à café d'harissa (facultatif)
1 œuf
Sel, poivre
Huile d'arachide (friture)

Cuisson : 30 min

- Faire tremper la mie de pain dans de l'eau.
- Éplucher l'oignon et le râper côté gros trous. Peler l'ail, rincer le persil et hacher le tout très finement.
- Dans un saladier, poser mie de pain (pressée et débarrassée du liquide), oignons, ail écrasé, persil, harissa (facultatif). Saler, poivrer et mélanger intimement. Ajouter la viande, malaxer encore, finir par l'œuf et mélanger.
- Former des boulettes ni trop grosses ni trop petites (comme une petite clémentine), légèrement aplaties.
- Dans une grande poêle, chauffer l'huile et y mettre à frire les boulettes que l'on pose ensuite sur du papier absorbant au fur et à mesure qu'elles sont cuites. On peut également les griller au barbecue.
- Servir en pyramide sur un plat.

LES VARIANTES

~ ***Assaisonnement.*** Selon les goûts, on les parfumera de menthe, de coriandre fraîche ou de cumin en poudre (camoun).

BON À SAVOIR

~ Tous les ingrédients, à part la mie de pain et les œufs, existent surgelés.

~ La taille des boulettes sera fonction de leur utilisation. Plus petites en apéritif.

LE SECRET DE MA MÈRE

~ Ma mère trempe régulièrement dans l'eau la main qui façonne les boulettes, ainsi la farce ne colle pas.

LES PLATS DE VIANDE

Alouettes sans tête
Paupiettes de bœuf

Pour 6 personnes
12 paupiettes

Les paupiettes :
12 tranches fines de steak
6 œufs
12 gousses d'ail
1 gros bouquet de persil plat
Sel, poivre

La sauce :
1 carotte
2 gros oignons
1 feuille de laurier
3 cuil. à soupe d'huile d'olive
Sel, poivre

Cuisson : 10 min (œufs) + 1 h (paupiettes)

Demander au boucher de trancher le bœuf très finement. Si les tranches sont très larges, 6 suffiront pour réaliser 12 paupiettes.

◆ Durcir les œufs, les passer sous l'eau froide, les écaler et les couper en deux dans la longueur.

◆ Préparer un hachis avec le persil, l'ail, du sel et du poivre.

◆ Tartiner les tranches de viande du hachis en s'arrêtant à 3 cm des bords. Poser 1/2 œuf dur au centre. Rouler la viande et la ficeler comme un mini-rôti.

◆ La sauce. Éplucher les oignons et les émincer. Peler la carotte et la couper en minces bâtonnets.

◆ Dans une sauteuse, chauffer l'huile d'olive et y faire dorer les paupiettes sur toutes les faces. Ajouter oignons, carotte, laurier, sel et poivre. Baisser le feu, couvrir et laisser mijoter 1 h. Surveiller la cuisson ; si c'est sec, verser un peu d'eau.
La viande ne doit pas bouillir. Elle est braisée dans une sauce confite.

◆ Servir avec du riz, des pâtes, des pommes de terre ou une salade verte.

LES VARIANTES

~ Remplacer le bœuf par des tranches de **veau**, de blanc de **poulet** ou de **dinde**.

~ ***Paleron farci.*** Partir d'un morceau de paleron cuisiné comme un rôti. Le creuser et le farcir comme la langue farcie (p. 195) puis le cuire comme les alouettes sans tête.

◆ *BON À SAVOIR*

~ Si nous utilisons souvent du bœuf, c'est qu'en Tunisie il s'agissait en fait de veau qui a brouté, de broutard : une viande entre bœuf et veau, plus tendre et moins sèche. Toutes ces recettes conviennent donc aussi bien au bœuf qu'au veau. Ce dernier cuit un peu plus vite.

Polpetone
Rôti haché

Il a toutes les vertus : délicieux, économique et facile à réaliser même pour des débutants.

Pour 5 personnes

1 kg de bœuf (macreuse)
1 carotte
1 gros oignon
2 gousses d'ail
1/2 bouquet de persil plat
1 œuf
4 cuil. à soupe d'huile d'olive
Farine
Sel, poivre

Cuisson : 1 h

- Hacher le bœuf. Peler l'ail. Rincer le persil, le sécher dans un torchon et le ciseler finement. Éplucher l'oignon et le couper en lamelles. Séparer le blanc du jaune d'œuf.
- Dans un grand saladier, mélanger viande, ail écrasé, persil, sel et poivre, puis terminer par le blanc d'œuf. Bien malaxer et donner à cette farce la forme d'un rôti.
- Éplucher la carotte, la couper en fins bâtonnets que l'on enfonce çà et là dans le rôti pour le rendre plus moelleux.
- Verser la farine dans un grand plat et y rouler le rôti.
- L'enduire ensuite du jaune d'œuf délayé dans une cuil. à soupe d'eau.
- Mettre l'huile d'olive à chauffer dans une cocotte, y faire revenir le rôti sur toutes ses faces. Poser les lamelles d'oignon tout autour. Couvrir, baisser le feu et laisser mijoter pendant 1 h comme un rôti.
- Servir en tranches, accompagné de pommes de terre vapeur, de pâtes nature, de riz ou de légumes.

Poulet frit

C'est une des grandes spécialités de mon père.

Pour 8 personnes

2 petits poulets
2 œufs
2 bonnes cuil. à soupe de moutarde forte de Dijon
1 cuil. à soupe de thym (facultatif)
Sel, poivre

La pâte à frire :
100 g de farine
1 sachet de levure chimique
1/2 cuil. à soupe d'huile d'arachide
Sel, poivre

La friture :
Huile d'arachide

Marinade : 3 h au moins
Repos de la pâte : 1 h
Cuisson : environ 30 min + 15 min
Préparation : si possible 24 h à l'avance

Demander au boucher de couper les poulets en petits morceaux (le pilon en deux, le haut de cuisse en trois, les ailes à chaque articulation).

◆ Rincer les morceaux de poulet sous le robinet d'eau froide pour éliminer les petits fragments d'os.

◆ Dans un grand saladier, faire mariner le poulet pendant au moins 3 h dans un mélange de moutarde, thym, sel et poivre (on peut s'y prendre la veille et mettre le saladier au réfrigérateur toute la nuit, c'est encore mieux).

◆ Dans un petit saladier, préparer la pâte à frire en mélangeant farine, levure, sel, poivre, huile, et délayer avec de l'eau chaude jusqu'à obtenir une pâte compacte un peu épaisse. Laisser gonfler 1 h.

◆ Séparer les blancs des jaunes d'œufs.

◆ Verser les jaunes sur le poulet mariné.

◆ Juste avant la friture, battre les blancs en neige et les incorporer délicatement à la pâte.

◆ Mélanger les deux préparations (pâte et poulet).

◆ Chauffer l'huile dans une casserole ou une friteuse. Prélever les morceaux de poulet un à un avec une fourchette et les jeter dans l'huile chaude.

Cuire à feu moyen pendant 15 min, plusieurs morceaux à la fois. Les retirer avant qu'ils soient dorés et les égoutter dans le panier de la friteuse ou dans une passoire à pieds.

◆ Comme pour des frites, 15 min avant de passer à table, recommencer l'opération friture, mais très rapidement, pour dorer les morceaux de poulet et les servir chauds. Il faut toutefois bien les égoutter avant de les présenter dans le plat de service.

BON À SAVOIR

~ Les poulets ne doivent pas peser plus d'1,2 kg chacun.

~ Ajouter un filet d'huile dans la pâte empêche le poulet de « pomper » trop de gras pendant la friture.

~ Servir avec un coulis de tomates, de poivrons ou du ketchup pour les inconditionnels.

LE SECRET DE MA MÈRE

~ Pour s'assurer que l'huile est à la bonne température, jetez-y une larme de pâte. Si cette dernière se met à dorer, la température est bonne. Si elle fonce trop vite, l'huile est trop chaude, baisser le feu et attendre un peu.

Viande au four

Et voici une recette basique. À partir de ce principe, on peut la décliner… Et la compléter de légumes, de tomates, de pommes de terre… selon l'humeur, le goût, le marché, ou ce qu'il reste dans le frigo.

Pour 6 personnes

1,2 kg d'épaule d'agneau
5 gousses d'ail
3 ou 4 cuil. à soupe de coulis de tomates
1/2 cuil. à café d'harissa
1 pincée de paprika (felfel geïna hlou)
1 cuil. à café de cumin (camoun) facultatif
2 cuil. à soupe d'huile d'olive
Sel, poivre

Marinade : 3 h
Cuisson : 1 h 30

Demander au boucher de couper la viande en gros morceaux.

- La rincer et l'assaisonner du mélange sel, poivre, harissa, paprika, coulis de tomates, cumin, ail pelé et écrasé et huile d'olive.
- Laisser mariner dans un grand saladier au moins 3 h.
- Préchauffer le four (210 °C, th.7).
- Poser la viande dans un plat allant au four, sur une seule couche, arroser de la marinade et cuire 1 h 30.

Surveiller la cuisson et ajouter un peu d'eau si besoin… Ça ne doit ni bouillir, ni sécher.

LES VARIANTES

~ *Aux légumes :*

1 kg de pommes de terre (qui se tiennent : BF 15, charlotte)
3 ou 4 tomates fraîches ou pelées en conserve
2 poivrons rouges ou 1 vert et 1 rouge
2 ou 3 oignons (ou 1 botte d'oignons frais)
Quelques piments laissés entiers

Tous ces légumes sont rincés, épluchés, coupés en morceaux ni trop petits ni trop gros, et ajoutés à la marinade. On cuit tout en même temps.

Le méchoui

Le méchoui est une grillade. Pas de grande fête sans méchoui. Nos amis tunisiens cuisinaient des bêtes entières, les braises étaient posées à même le sol dans un grand trou creusé pour l'occasion. Les agneaux et moutons tournaient à la broche pendant des heures sur un échafaudage de fortune et se dégustaient croustillants, sans intermédiaire, avec les doigts. Depuis on a inventé le barbecue, mais dans nos appartements urbains, c'est sous le gril du four que se grille la viande.
Étant donné les règles de la cachrout (lois et préceptes régissant l'alimentation conformément aux principes du judaïsme) imposant de saigner les viandes selon un rituel très particulier, le méchoui reste la seule occasion de consommer la viande nature. Le fait de griller dispense de rincer et de saler.
Chez nous, le méchoui est mixte, un mélange d'entrecôtes de bœuf, de côtelettes d'agneau, de merguez, mais surtout d'abats – foie, cœur, ris de veau, amourettes et rognons blancs. Tout se mange. Le moins évident est souvent le meilleur.

Les viandes grillées. Les viandes sont, soit grillées nature, soit préalablement rincées, salées et marinées dans un jus de citron relevé d'une pointe d'harissa. Et parfumées d'une pincée de cumin pour ceux qui apprécient.
De la même façon, on peut préparer des brochettes avec du bœuf, de l'agneau ou du blanc de volaille. Dans ce cas, il est conseillé de faire mariner la viande coupée en cubes et de les piquer en alternant avec des morceaux de légumes : oignon, tomate, poivron rouge ou vert…

Les salades de la kémia, crues ou cuites, sont l'accompagnement idéal des méchouis, la slata jida (p. 53) arrivant en tête.
Voir également au chapitre « Les conserves » (p. 69), l'harissa fraîche et la purée de poivrons doux.

Sans compter ces quelques à-côtés classiques.

- La table est couverte de petites assiettes remplies de quartiers de citron. Le jus de citron est chez nous le premier compagnon des grillades.
- Délayer de l'harissa dans un jus de citron allongé d'un peu d'eau et arrosé d'huile d'olive. Diviser cette sauce en plusieurs coupelles afin que chacun puisse y tremper sa bouchée de viande.
- Préparer un hachis d'oignons frais et de persil plat.

Entre citron, sauce à l'harissa et hachis d'oignon et de persil, chacun fera son mélange.

Agneau confit

C'est une cuisson façon méchoui.

Pour 4 personnes

1 épaule d'agneau (1 kg)
4 gousses d'ail
3 cuil. à soupe d'huile d'olive
Cumin en poudre (camoun)
Sel et poivre

Préparation : le matin pour le soir
Cuisson : 3 h

Demander au boucher de désosser l'épaule en partie, en gardant le manche.

◆ Sortir l'épaule du réfrigérateur le matin, la rincer, saler, poivrer et l'enduire d'huile d'olive à la main. La frotter de gousses d'ail écrasées et bien faire pénétrer.

◆ La disposer ainsi apprêtée dans un plat allant au four. La remettre au frais couverte d'un film transparent.

◆ En fin d'après-midi, on l'enfourne dans un four préchauffé 15 min (150 °C, th. 5).

Cuire 3 h en surveillant toutes les 30 min, surtout en fin de cuisson.

La retourner à plusieurs reprises.

Au début, la viande lâche sa sauce. Puis caramélise. Jusqu'au confit.

◆ On sait que l'épaule est prête quand on enfonce un couteau qui entre dans la viande comme dans du beurre. Retirer l'huile et servir dans son plat de cuisson.

◆ Présenter sur la table une coupelle d'un mélange de sel fin et de cumin en poudre.

LES VARIANTES

~ ***Oignons.*** Si l'on a besoin d'une sauce, mettre des oignons dans le plat 1 h avant la fin de la cuisson. Mais attention à la chaleur du four ! Quand les oignons brûlent, ils deviennent amers. On peut aussi ajouter des **tomates**.

BON À SAVOIR

~ Avantage de ce plat : le temps de cuisson n'est pas rigide. Plus longtemps l'épaule reste au four, plus moelleuse elle sera.

~ Si on n'a pas eu le temps de la laisser macérer dans l'huile d'olive et l'ail, ce n'est pas grave, l'enfourner sitôt enduite.

~ Si la viande menace de brûler, baisser la température du four et/ou ajouter 1/2 verre d'eau. Si elle dore trop vite, la recouvrir d'une feuille d'aluminium.

~ On peut utiliser de l'ail surgelé.

~ Compter une épaule pour 4 personnes. Après 3 h de cuisson, le volume a considérablement réduit, comme si elle avait fondu. Ne pas craindre d'en cuire plusieurs à la fois, bien serrées. Le résultat est assez spectaculaire.

Coquelets grillés au citron vert

Ce plat a toutes les vertus : diététique, esthétique, économique... Il peut se préparer la veille ou le matin pour le dîner, mais il se cuit à la dernière minute en demandant un peu de disponibilité pendant la cuisson.

Pour 6 personnes

3 coquelets
3 citrons verts (jus)
5 échalotes
3 gousses d'ail
1/2 cuil. à soupe de thym
1/2 cuil. à soupe de romarin
1 filet d'huile d'olive
Sel, poivre

Marinade : au moins 2 h
Cuisson : 20 à 30 min

Demander au boucher de couper les coquelets en deux dans la longueur.

◆ Les rincer, saler, poivrer et les placer dans un plat creux.

◆ Presser les citrons verts et arroser les coquelets de leur jus et d'un filet d'huile d'olive.

◆ Ajouter les herbes, les échalotes épluchées et émincées, l'ail écrasé, et mélanger.

Les coquelets doivent mariner au moins 2 à 3 h. Les retourner régulièrement. La chair cuira d'autant plus vite que le citron l'aura déjà bien imprégnée.

◆ Avant le dîner, allumer le four en position gril pendant 10 min.

◆ 30 min avant de servir, poser les demi-coquelets sur la grille du four (elle-même placée sur la lèchefrite), de telle manière qu'ils soient à 3 ou 4 cm du gril. Retourner les coquelets 2 fois en les arrosant de la marinade à chaque mouvement. La peau croustille et la chair est moelleuse.

BON À SAVOIR

~ On peut remplacer les coquelets par des cuisses et/ou des ailes de poulet, les citrons verts par des citrons jaunes.

~ Si l'on craint de ne pas maîtriser la cuisson au gril, cuire au four, chaleur maximale.

Merguez maison

Rarement bonnes, même dans les boucheries spécialisées. Essayez de les faire vous-mêmes !

Pour 5 personnes

1 kg de bœuf (macreuse)
5 gousses d'ail
1 cuil. à café d'harissa
2 cuil. à café de fenouil (besbes)
1 cuil. à soupe d'huile d'arachide
Sel, poivre

Cuisson : 15 min

- Hacher la viande grossièrement.
- Éplucher l'ail et l'écraser. À part l'huile, tout mettre dans un saladier et bien malaxer.
- Prélever l'équivalent d'une cuil. à soupe de farce et façonner un petit boudin dans le creux de la main en le faisant tourner sur lui-même.
- Cuire dans une poêle enduite d'un peu d'huile et chauffée à feu vif.

LES VARIANTES

~ Remplacer le bœuf par de l'**agneau**.

BON À SAVOIR

~ S'organiser. Poêlées à l'avance, les merguez se réchauffent à la dernière minute au micro-ondes.

~ Si la viande colle aux doigts, s'enduire les mains d'un peu d'huile.

~ Cuisson. Plus diététique : utiliser une poêle à revêtement anti-adhésif, ou griller les merguez sur des braises ou sous le gril du four.

~ Plus élaboré : acheter du boyau, le rincer, souffler dedans, verser de l'eau pour vérifier qu'il n'est pas percé. Le remplir de farce à l'aide d'un entonnoir spécial que l'on trouve dans les épiceries orientales. Pincer la merguez et la faire tourner sur elle-même tous les 12 cm environ. Découper chaque saucisse ou les garder en chapelet. Consommer frais ou congeler.

Aujourd'hui le boyau est vendu nettoyé.

~ En Tunisie, avant l'invention du congélateur, on préparait de grandes quantités de merguez, de toutes tailles, qui serviraient à des plats différents : ojja, hlailem, chakchouka, avec un couscous ou en grillade.

Après avoir tendu des cordes à linge aux fenêtres ou sur la terrasse, on suspendait d'interminables guirlandes de merguez jusqu'à ce qu'elles soient complètement sèches.

Aujourd'hui, grâce au congélateur, on peut toujours disposer d'une bonne merguez fraîche.

Les accompagnements

Sauf exception, pas vraiment de plats de légumes cuisinés seuls, plutôt des plats complets mêlant viandes ou poissons, légumes et céréales. La kémia, avec toutes ses crudités et salades de légumes cuits, se charge d'équilibrer le repas. Le tout est presque toujours complété par une salade verte.
Voici néanmoins quelques préparations pour accompagner méchoui, viandes ou poissons cuits nature.

Artichauts vinaigrette

Entre légume et salade, l'artichaut vinaigrette termine bien le repas. Comme à notre habitude, il est souvent présenté avec la kémia dès le début du repas, chacun choisira son moment pour le déguster.

- Choisir des artichauts violets, les rincer et les cuire 20 min dans une grande quantité d'eau bouillante salée. Les égoutter.
- Quand ils ont légèrement refroidi, les couper en deux, retirer le foin à l'aide d'une petite cuillère et, dans ce creux, verser la vinaigrette préparée avec du vinaigre ou du citron, de l'huile d'arachide ou d'olive.
- Si on ne les aime que tièdes, les passer au micro-ondes juste avant de les déguster. À consommer impérativement le jour même.

Beignets de légumes

On utilisera de la pâte à frire (voir la recette du poulet frit, p. 241).
Les légumes apprêtés différemment sont trempés dans la pâte, puis plongés dans la friture.
À consommer immédiatement, c'est bon chaud, arrosé d'un jus de citron ou accompagné d'un coulis de tomates.

- **Artichauts.** Les éplucher. On n'utilisera que les cœurs. Les couper en grosses lamelles, les citronner et les saler.
- **Aubergines et courgettes** sont rincées, coupées en tranches d'1/2 cm d'épaisseur sans les éplucher. Saupoudrées de gros sel, elles dégorgent 30 min dans une passoire à pieds. Puis les rincer et les essuyer.
- **Chou-fleur.** Coupé en bouquets, le blanchir 10 min et l'égoutter.

BON À SAVOIR

~ S'organiser. Comme pour les frites, on peut préparer ces légumes en 2 temps. Un premier bain de friture. Dès qu'ils commencent à peine à dorer, on les retire. On les replonge dans la friture pour quelques minutes juste avant de passer à table. Ceci vaut pour tous les légumes sauf pour les artichauts : plus fragiles, ils cuisent très vite et risquent de durcir.

LE SECRET DE MA MÈRE

~ Pour être sûr de la bonne température de l'huile, on laisse tomber un petit morceau de pain. Si rien ne se passe, l'huile n'est pas assez chaude. S'il est saisi et commence à dorer, c'est bien. S'il brûle, l'huile est trop chaude, baisser le feu et attendre un peu.

Caponata

La caponata vient de Sicile. On peut la rapprocher d'une sorte de ratatouille, mais le céleri et le vinaigre changent tout. La caponata se mange froide. On peut la préparer à l'avance, elle se conserve plusieurs jours au réfrigérateur.

Pour 6 à 8 personnes

4 aubergines
6 tomates
1 poivron rouge
1 petit cœur de céleri en branches
6 gousses d'ail
2 cuil. à soupe de vinaigre
2 cuil. à soupe de câpres (facultatif)
Huile d'olive (garder la bouteille près de soi)
1 poignée de gros sel
Sel, poivre

Cuisson : 1 h

◆ Couper les aubergines avec leur peau en rondelles d'1 cm d'épaisseur et recouper les plus grosses tranches en deux. Saler au gros sel et laisser dégorger 30 min dans une passoire. Elles seront ensuite rincées et séchées au torchon.

◆ Pendant ce temps, peler les tomates (après les avoir plongées 15 s dans l'eau bouillante), les épépiner, éplucher l'ail.

◆ Rincer le poivron, retirer pédoncule et pépins et le couper en larges bandes, puis en lamelles. Émincer le cœur du céleri.

◆ Dans une sauteuse, mettre l'huile d'olive à chauffer, y faire frire les aubergines. Ne pas avoir peur d'utiliser beaucoup d'huile, les aubergines buvant énormément. Quand elles sont bien dorées, les retirer à l'écumoire et les laisser égoutter dans une passoire, au-dessus d'une assiette pour en récupérer l'huile qui servira aux fritures suivantes.

Faire de même avec les poivrons, dans la même sauteuse et dans la même passoire.

◆ Dans la sauteuse, ne garder qu'une cuil. à soupe d'huile de friture et y poser les tomates coupées en morceaux, l'ail écrasé et le céleri.

Saler et démarrer la cuisson à feu vif. Dès l'ébullition, baisser le feu, couvrir et laisser mijoter 20 min (le céleri doit être tendre). La consistance, en fin de cuisson, est celle d'une sauce, ni trop épaisse ni trop liquide. Il faut donc surveiller et, au besoin, terminer la cuisson à découvert.

◆ Éteindre le feu et arroser de vinaigre. Ajouter les câpres, poivrer et bien remuer.

◆ Disposer les aubergines et les poivrons dans un plat creux et les recouvrir de la sauce en secouant légèrement le plat pour que la sauce se répande et imprime son goût à tous les éléments.

◆ Laisser refroidir, couvrir de film transparent et mettre au réfrigérateur.

LES VARIANTES

~ Remplacer les câpres par des **olives**.

BON À SAVOIR

~ Dégorgées, les aubergines perdent un peu d'eau et absorbent moins d'huile à la cuisson. Attention au sel, puisque les aubergines en conserveront.

~ On peut utiliser des tomates pelées en conserve.

Chakchouka

La chakchouka est d'abord une façon d'accommoder des légumes. Il en existe plusieurs versions, selon l'époque de l'année et les légumes disponibles sur le marché. On l'agrémente de merguez et d'œufs. La chakchouka est un plat modeste mais complet.

Pour 6 personnes

La base commune :
6 œufs
6 merguez
1 gros oignon
5 gousses d'ail
6 pommes de terre (bintje)
6 grains d'anis
6 cuil. à soupe d'huile d'olive
Sel, poivre

Cuisson : 1 h

Ingrédients supplémentaires version été :
500 g de tomates fraîches
2 poivrons (vert et rouge)

Ingrédients supplémentaires version hiver :
1/2 chou-fleur
3 carottes
6 cuil. à soupe de coulis de tomates

VERSION ÉTÉ

- Éplucher l'oignon et l'émincer. Peler l'ail et l'écraser. Éplucher les pommes de terre, les couper en gros morceaux ainsi que les tomates et les poivrons.
- Dans une sauteuse, mettre l'huile à chauffer et y faire suer les oignons sans coloration. Continuer avec les poivrons, l'ail et enfin les tomates. Saler, poivrer et cuire 15 min. Ajouter les pommes de terre avec un peu d'eau et l'anis, pour 30 min.
- Les merguez sont poêlées à part. Jeter l'huile, les couper en tronçons et les ajouter à la chakchouka 10 min avant la fin de la cuisson.

Avant de passer à table, après avoir ménagé quelques trous dans la chakchouka, y casser les œufs, couvrir et attendre 5 min pour que le blanc ait pris et que le jaune soit chaud sans avoir cuit.

VERSION HIVER

- Éplucher et râper les carottes côté gros trous. Détacher le chou-fleur en bouquets et rincer.
- On procède comme pour la version été. Le coulis a remplacé la tomate fraîche. La carotte va suer juste après les oignons. Ajouter pommes de terre et chou-fleur en même temps.

VERSION PRINTEMPS

- Éplucher les artichauts pour ne garder que les cœurs. Les couper en 6 ou 8 et les enduire de citron pour les empêcher de noircir.

Ingrédients supplémentaires version printemps :
200 g de fèves fraîches écossées
3 artichauts violets
1 carotte
1/2 citron
6 cuil. à soupe de coulis de tomates
Quelques brins de persil plat

- Les fèves sont écossées et pelées. On peut également utiliser des fèves surgelées que l'on prépare de la même façon. Les toutes petites n'ont pas besoin d'être pelées.
- Rincer le persil, l'effeuiller et le ciseler.
- Faire suer les oignons, la carotte râpée, l'ail, le coulis… comme précédemment. Ajouter les fèves et les artichauts et, 10 min plus tard, les pommes de terre.

Le persil est ajouté cru, au moment de servir.

BON À SAVOIR

~ Aujourd'hui on trouve des tomates fraîches toute l'année. Comme elles ne sont pas toujours bonnes, les remplacer par du coulis, de la pulpe ou des tomates pelées en boîte, et ce pour n'importe quelle version.

~ Attention au moment de casser les œufs : on ménage un trou pour que rien ne les gêne. Ainsi ils resteront entiers.

~ Si l'on utilise des merguez maison, il est inutile d'ajouter des grains d'anis puisque la merguez en contient déjà.

~ Le plat n'est ni sec ni aqueux. Tout au long de la cuisson, surveiller la consistance et, au besoin, ajouter un peu d'eau mais en toute petite quantité à chaque fois.

~ On peut corser le chakchouka de piments.

LE SECRET DE MA MÈRE

Les carottes. Elle les râpe pour qu'elles fassent un fond de sauce et cuisent plus vite. Et puis c'est une bonne astuce pour les faire manger aux plus récalcitrants, mais traditionnellement les carottes sont coupées en tronçons.

Les pommes de terre. Elle utilise toujours des bintje, plus crémeuses et plus rapides à cuire. Pour s'assurer qu'elles ne s'écrouleront pas, elle les épluche, les coupe en morceaux et les enduit de sel avant de les plonger dans la chakchouka.

Coulis de poivrons

Autre spécialité de mon père, cette sauce raffinée se sert tiède ou froide avec un poisson grillé ou poché.

Pour 40 cl

2 poivrons rouges
1 tomate
3 gousses d'ail
1 cuil. à soupe d'huile d'olive
Sel, poivre

Cuisson : 30 min

◆ Retirer les pédoncules des poivrons, les couper en quatre, les épépiner et les rincer. Laver et couper la tomate en deux. Éplucher l'ail.

◆ Cuire le tout 20 min dans 1 verre d'eau salée (20 cl). En fin de cuisson, il doit rester très peu d'eau dans la marmite, juste de quoi lier le coulis.

◆ Laisser refroidir, peler la tomate et passer le tout au mixer. Poivrer et rectifier l'assaisonnement. Ajouter 1 cuil. à soupe d'huile d'olive.

◆ Servir dans une saucière.

BON À SAVOIR

~ On peut utiliser de la tomate pelée en conserve ou du coulis de tomates.

Courgettes à l'ail et au persil

Pour 4 personnes

8 petites courgettes
8 gousses d'ail
1 citron (jus)
4 cuil. à soupe d'huile d'olive
6 brins de persil plat
Sel, gros sel, poivre

Cuisson : 10 à 15 min

- Rincer les courgettes, retirer les extrémités et les peler 1 bande sur 2.
- Dans une casserole, faire bouillir une bonne quantité d'eau avec les gousses d'ail en chemise (avec la peau). Quand l'eau bout, ajouter une petite poignée de gros sel et y plonger les courgettes.
- Lorsque les courgettes sont cuites (10 à 15 min, un couteau pointu les transperce), les retirer à l'écumoire et les laisser égoutter sur un torchon, comme on le fait pour des asperges.
- Les couper ensuite en deux dans le sens de la longueur, puis en tronçons (7 cm) ou en rondelles et les poser dans une assiette.
- Dans un bol, mettre la pulpe de l'ail cuit en pressant la gousse ou en soulevant la peau qui se détache toute seule. Ajouter le jus de citron, saler et poivrer. Bien délayer l'ail et le sel dans le citron, puis ajouter l'huile d'olive.
- Verser ce mélange sur les courgettes et les parsemer de persil plat rincé, séché et grossièrement ciselé.
- Cette salade peut être servie tiède ou froide. Elle se consomme aussi bien en entrée qu'en légume d'accompagnement.

LES VARIANTES

~ ***À l'œuf.*** Faire durcir 2 œufs et les râper (côté gros trous) sur les courgettes avant de servir.

BON À SAVOIR

~ Les très grosses courgettes sont souvent fades parce que gorgées d'eau. On trouve les petites plutôt aux beaux jours, leur peau est brillante et d'un vert foncé.

~ On peut également cuire les courgettes à la vapeur.

~ Préférer l'ail frais en saison.

~ L'ail ainsi cuit garde son goût mais a perdu toute son agressivité.

Gratin d'aubergines

Pour 6 personnes

3 grosses aubergines
500 g de bœuf (steak ou macreuse)
1/2 bouquet de persil
2 gros oignons
3 gousses d'ail
Chapelure
Huile d'olive
Sel, poivre
Gros sel
1 gros bol de sauce tomate (p. 122)

Cuisson : 45 min + 30 min

- Couper les aubergines en tranches d'1cm d'épaisseur dans la longueur. Les saler au gros sel et les laisser dégorger 30 min dans une passoire à pieds. Elles seront ensuite rincées, séchées au torchon, frites sur les 2 faces et attendront sur du papier absorbant.
- Pendant ce temps cuire le bicadiliou (p. 140) : au fond d'une casserole, verser une larme d'huile d'olive, poser les oignons râpés, l'ail écrasé, la viande coupée en gros morceaux, saler, poivrer et verser de l'eau ou du bouillon au ras des aliments. Couvrir et cuire 45 min à l'étouffée.
- Hacher les morceaux de viande et les ajouter au bicadiliou.
- Le persil. Soit il est cuit dans le bicadiliou, attaché en bouquet, puis jeté. Soit il est ajouté, cru et finement ciselé, à la farce une fois ses éléments cuits et la viande hachée.
- Préchauffer le four (210 °C, th. 7).
- Dans un plat allant au four, superposer aubergines, sauce tomate, bicadiliou, recommencer jusqu'à épuisement des ingrédients en terminant par une couche d'aubergines recouverte de sauce tomate poudrée de chapelure.
- Enfourner pour 30 min et servir chaud.

Oignons au four

Rien à éplucher et rien à surveiller, et… l'oignon se pare d'une couleur dorée presque caramélisée, son goût est fumé. Les oignons ainsi cuits ont une saveur étonnante et accompagnent merveilleusement une viande rôtie ou un poisson poché ou grillé.

Pour 8 personnes

8 gros oignons
4 cuil. à soupe d'huile d'olive
4 cuil. à soupe de vinaigre
2 cuil. à soupe de câpres
Sel, poivre

Cuisson : 1 h sous le gril du four

◆ Poser les oignons avec leur peau dans un plat. Enfourner et laisser sous le gril pendant 1 h.

◆ Les sortir du four, les laisser refroidir et retirer la peau, devenue noire. Couper les oignons en tranches (quartiers) et les assaisonner du mélange sel, poivre, vinaigre, câpres et huile.

◆ Servir dans un ravier ou plusieurs petites coupelles.

BON À SAVOIR

~ Les oignons ne doivent pas noircir trop vite (ils seraient brûlés dehors et crus dedans). Ne pas les cuire trop près de la résistance du gril.

Si l'on n'est pas sûr de son gril, préchauffer le four 15 min (180 °C, th. 6) et les cuire 2 h.

~ Le feu vient de mourir dans la cheminée : profitez-en pour enfouir les oignons dans la braise sans les éplucher et oubliez-les. C'est la manière traditionnelle.

Ratatouille

Inspirée de la ratatouille, celle-ci est une libre adaptation de ma mère toujours pré-occupée d'alléger, d'accommoder pour son mari qui, excessif, n'a pas toujours su se retenir… À la manière de la slata jida (p. 53), elle s'est dit que les mêmes ingrédients coupés tout petits et salés lâcheraient leur eau, absorberaient moins de gras, cuiraient plus vite… Essai réussi.

4 aubergines
2 poivrons rouges
4 tomates
4 gousses d'ail
2 cuil. à soupe d'huile d'olive
Sel, poivre

Préparation : 20 min
Cuisson : 30 min

◆ Rincer tous les légumes et les couper séparément en dés sans les peler. On commence par les aubergines que l'on pose dans une passoire à pieds. Saler et mélanger comme si on les assaisonnait afin de les laisser dégorger (au moins 20 min).

◆ Pendant ce temps, peler l'ail et continuer de couper les autres légumes.

◆ Rincer les aubergines, les sécher au torchon et les faire revenir à l'huile d'olive avec les poivrons dans une sauteuse à revêtement antiadhésif. Saler légèrement (les aubergines le sont déjà), poivrer et cuire 15 min en secouant la sauteuse de temps en temps. Les légumes sont pratiquement cuits mais encore fermes.

◆ Ajouter la tomate, l'ail écrasé, baisser le feu, couvrir et cuire encore 15 min.

◆ Poivrer et servir chaud en accompagnement d'une viande ou d'un poisson. Froide, on peut lui donner un goût de caponata en ajoutant un trait de vinaigre, quelques olives, des câpres, un œuf dur…

◆ ***LES VARIANTES***

Ce mélange de légumes est le nôtre. On peut y ajouter :

~ ***Courgettes.*** Mais pour notre part, nous les préférons nature. Il nous semble qu'elles ne feraient qu'affadir l'ensemble.

~ ***Oignons.*** Mais l'aubergine apporte assez de moelleux et de sucré. Autre avantage, notre version est plus légère et digeste.
~ ***Céleri.*** On obtient alors une version régime de la caponata (p. 254).

BON À SAVOIR

~ N'utiliser des tomates fraîches que si elles sont goûteuses et pas gorgées d'eau. Les olivettes sont idéales, sinon les remplacer par du coulis, de la pulpe ou des tomates pelées en conserve.
~ On secoue la sauteuse pour que cela n'attache pas. Si l'on remue trop souvent, le tout se transforme en purée.

Tahfifa
Potiron ou courgettes à la coriandre

1 kg de potiron
2 tomates
8 gousses d'ail
1 cuil. à café de coriandre en poudre (tabel)
4 cuil. à soupe d'huile d'olive
Sel, poivre

Cuisson : 40 min

◆ Éplucher le potiron (retirer grosse peau, pépins et filaments) et le couper en gros dés.

◆ Dans une sauteuse, préparer une sauce avec huile d'olive, ail écrasé, tomates réduites en purée (après les avoir plongées 15 s dans de l'eau bouillante, pour les peler et les épépiner), sel et poivre.

◆ Poser les dés de potiron dans cette sauce et les faire suer sur feu vif. Baisser le feu, ajouter un fond d'eau, la coriandre, rectifier l'assaisonnement, couvrir et cuire 30 min à petit feu.

◆ Quand c'est cuit, il n'y a plus d'eau, mais les dés sont restés à peu près entiers.

◆ ***Les courgettes*** se préparent exactement de la même façon. On les aura préalablement pelées 1 bande sur 2 et coupées en tronçons.

Les desserts

Toutes les recettes sont données selon les règles de la cachrout (règles, lois et préceptes régissant l'alimentation conformément aux principes du judaïsme), tout simplement parce que c'est ainsi qu'elles ont été conçues.
Ces desserts sont donc préparés sans beurre puisque souvent consommés à la fin des repas. Libre à chacun de remplacer le corps gras d'origine végétale par du beurre : de nombreux gâteaux s'y prêtent comme les biscuits, les brioches et les tartes.
En revanche, les pâtisseries typiquement tunisiennes, comme les makroud, les debla et autres gâteaux rituels, doivent impérativement être réalisées dans les règles.

FRITURE ET MIEL

Cigarettes au miel, makroud et manicotti (debla) sont le fin du fin de la pâtisserie orientale. Pas une grande fête sans qu'ils ne trônent en bonne place sur le buffet des sucreries ! Autant le dire, c'est un peu long et délicat à préparer.
De toute façon, pour devenir une vraie mère juive, un jour ou l'autre il faudra bien franchir le pas...
Ces pâtisseries culminent lors de la fête de Hanoukka célébrant la victoire sur l'occupant grec. Chaque soir une bougie supplémentaire est allumée sur le chandelier à huit branches. À cette époque, les bougies n'existant pas, il s'agissait de mèches trempées dans l'huile, d'où l'importance des fritures aussi bien salées que sucrées.

Le miel

Sirop pour gâteaux

Ça a la couleur du miel, la consistance du miel... mais ce n'est pas du miel. Notre « miel » est en fait un sirop parfumé à l'orange et au citron où sont plongés les gâteaux les plus typiques de la cuisine juive tunisienne.
Peut-être pour rappeler la parole de Moïse promettant à son peuple une terre où couleraient le lait et le miel.

Pour 1 grand bocal
(600 à 700 g)

1 kg de sucre cristallisé
1 citron
1 orange
2 pincées de vanille en poudre (facultatif)

Cuisson : 1 h

◆ Presser le jus du citron et de l'orange.

◆ Récupérer l'écorce de l'orange et la blanchir : la couper en gros tronçons, la mettre dans une casserole, la recouvrir d'eau (1 cm au-dessus de l'écorce), porter à ébullition, baisser le feu, couvrir et blanchir 15 min.

◆ Découvrir la casserole, monter le feu, ajouter le sucre et le faire fondre. Verser les jus de citron et d'orange. Quand ça bout, baisser le feu et cuire 40 min à découvert.

◆ Surveiller la cuisson et faire le test de la perle : tremper une cuillère dans le sirop, l'incliner au-dessus de la casserole ; le sirop s'écoule mais la dernière goutte doit rester accrochée à la cuillère.

◆ Éteindre, égoutter les écorces et les réserver. On en décorera le plat de gâteaux.

L'UTILISATION DU « MIEL »

Miel à la perle

◆ Boules et cigarettes au miel, beignets de potiron et d'épinards, dattes et noix farcies, farka, fritèches, manicotti (debla) et pâte de coing.

◆ Pour les cigarettes au miel et les manicotti seulement :

Afin que miel et gâteaux ne ramollissent pas : délayer 1 cuil. à café d'amidon dans 10 cl d'eau ; utiliser la moitié du « miel », le réchauffer, quand ça bout, verser le mélange eau/amidon et remuer sans arrêt pendant 10 min de manière qu'il ne se forme pas de grumeaux.

Régler le feu pour avoir une petite ébullition, plonger les gâteaux dans ce sirop et, dès la reprise de l'ébullition, les retirer à l'écumoire. Les manicotti resteront deux fois plus longtemps dans le sirop.

Avoir un verre d'eau chaude près de soi. À chaque fournée de gâteaux, verser 1 cuil. à soupe de cette eau, attendre la reprise de la petite ébullition et continuer. Si l'on ne procède pas ainsi, le sirop durcit et devient vite inutilisable.

Miel à la demi-perle

◆ Arissa, brache bel aachel, makroud, yoyo et boulou tbak et « presque tbak ». Pour ces deux derniers le « miel » est cuisiné sans citron, l'orange est facultative.

Le miel est à la demi-perle, c'est-à-dire un peu plus liquide. La dernière goutte de sirop accrochée à la cuillère finit par tomber.

Utiliser la moitié du sirop préparé. Alors qu'il est encore froid, ajouter 3 cuil. à soupe d'eau froide. Poser la casserole sur le feu, remuer souvent jusqu'à l'ébullition.
Plonger les gâteaux dans le miel, attendre la reprise de l'ébullition et les retirer à l'écumoire. Entre chaque fournée, comme précédemment, verser 1 cuil. à soupe d'eau chaude… etc., ou verser sur le gâteau ou la préparation à imbiber de miel.

BON À SAVOIR

~ Le vrai miel étant un peu cher et trop goûteux, on a fini par inventer un moyen de le faire soi-même. Mais si l'on apprécie son goût, on peut couper ce sirop de miel d'acacia (3 ou 4 cuil. à soupe).
~ Les écorces confites se conservent au moins 6 mois dans un bocal en verre. Les utiliser dans d'autres pâtisseries comme des orangettes, pour un cake par exemple. Ou les déguster comme une confiserie.
~ Pour réaliser des oranges confites, presser d'abord leur jus, puis couper ce qui reste (peau et pulpe) en quartiers et procéder de la même façon que pour les écorces confites. Prévoir une plus grande quantité de sirop, les oranges vont s'en enrober et le « pomper ».
~ Comme son homonyme, ce miel se conserve très longtemps dans des bocaux en verre. Toute bonne mère juive en prépare de grandes quantités pour ne jamais être prise au dépourvu. Ainsi, elle peut improviser des brache bel aachel avec des restes de pain et transformer le petit déjeuner en festin.

Cigarettes au miel

Pour 30 à 32 pièces

8 feuilles de brick

La farce :
100 g d'amandes en poudre
100 g de sucre en poudre
1 œuf
1 orange
1 cuil. à café de farine
Huile d'arachide (friture)

Le miel :
1/2 bocal de miel à la perle avec amidon (p. 267)

Préparation : 45 min
Friture : 15 min
Miel : 15 min

LA FARCE

◆ Prélever le zeste d'1/2 orange. Séparer le blanc du jaune d'œuf.

◆ Faire dorer la farine dans une petite poêle à revêtement antiadhésif ou une casserole. Poser sur feu doux et remuer, la farine va dorer légèrement.

◆ Mélanger les amandes, le sucre, le zeste, la farine et le jaune d'œuf. On obtient une pâte que l'on roule sur un plan de travail comme de la pâte à modeler. Arrêter quand le boudin a l'épaisseur d'un doigt.

◆ Couper des tronçons d'environ 4 cm pour obtenir 30 à 32 morceaux.

LA FEUILLE DE BRICK

◆ Couper les feuilles en 4. Les figures obtenues ont la forme d'un petit éventail.

◆ Poser un morceau de farce au centre et procéder au pliage en suivant rigoureusement le croquis (p. 271). C'est le seul moment un peu délicat des opérations. L'extrémité du rouleau sera collée avec un peu de blanc d'œuf. Tremper un doigt dans le blanc d'œuf et enduire l'intérieur de la partie à coller.

◆ Au fur et à mesure qu'on prépare les cigarettes, les poser sur un plateau, côté collé en dessous, le tout recouvert d'un torchon afin qu'elles ne sèchent pas.

LA FRITURE

◆ Les cigarettes seront cuites dans un bain de friture. L'huile est chaude sans être brûlante. On peut en frire plusieurs à la fois.

◆ Retirer délicatement à l'écumoire, égoutter dans le panier, puis poser sur du papier absorbant.

LE MIEL

◆ Faire bouillir le miel.

◆ Plonger les cigarettes dans le miel. Les retirer à l'écumoire et les égoutter.

◆ Quand elles ont refroidi, les superposer dans un joli plat de service, comme des petites bûches.

LES VARIANTES

~ ***Le parfum :*** selon les goûts, on préférera utiliser du zeste de citron et/ou de la vanille en poudre (2 pincées) et remplacer les amandes par des noisettes.

BON À SAVOIR

~ On trouve des feuilles de brick dans toutes les grandes surfaces. Celles-ci sont faites mécaniquement. Pour des cigarettes bien fines et croustillantes, mieux vaut utiliser des feuilles de fabrication artisanale que l'on ne trouve que dans des épiceries orientales ou spécialisées.

~ Si l'on ne dispose pas de bassine à friture, se servir d'une casserole moyenne ou d'une sauteuse et égoutter dans une passoire à pieds.

~ L'huile, une fois refroidie, doit être filtrée à travers un chinois et versée dans un bocal en verre sans aller jusqu'au bout : éviter d'entraîner les particules brunâtres déposées au fond. Ainsi l'huile se conservera parfaitement et pourra resservir. Si elle n'était pas filtrée, les petits morceaux de pâte restants risqueraient de brûler et de donner un mauvais goût à la prochaine friture.

~ Une pointe de raffinement : au lieu de mélanger le sucre en poudre tel quel dans la farce, on le fait fondre préalablement à la perle. Avec 1 cuil. à soupe d'eau (ou, mieux, de jus d'orange) dans une casserole posée sur feu moyen (comme pour démarrer un caramel). Le laisser refroidir et l'ajouter aux autres éléments composant la farce.

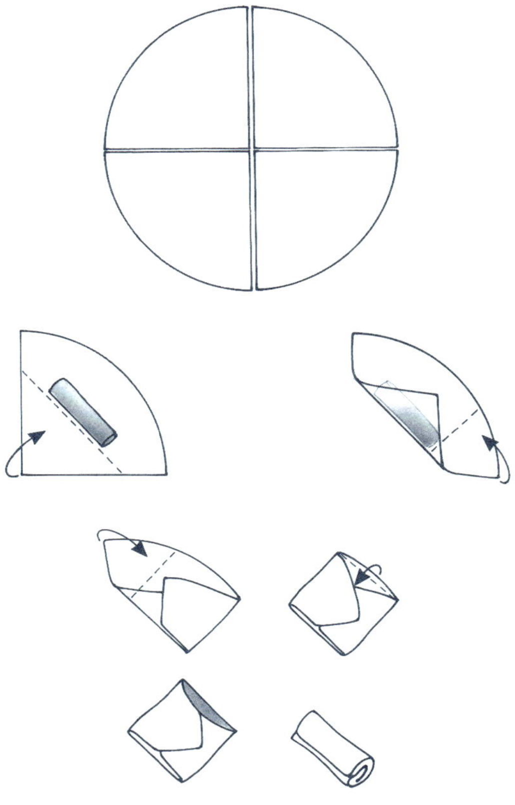

Makroud

Pour 80 pièces

La farce :
500 g de dattes
50 g de noisettes
50 g d'amandes non mondées
1 orange
1 cuil. à café de sucre en poudre
2 pincées de cannelle

La pâte :
500 g de semoule moyenne (dite J)
25 g de farine
1 petit verre d'huile d'arachide (10 cl)
15 cl d'eau
1 cuil. à café rase de bicarbonate de soude
1 pincée de sel
Huile d'arachide (friture)

Le miel :
1/2 bocal de miel à la demi-perle (p. 267)

Préparation-cuisson : 2 h

LA FARCE

◆ Éplucher l'orange et mixer l'écorce avec une cuil. à café de sucre. Réserver la pâte obtenue.

◆ Laver les dattes, les dénoyauter et les passer au mixer pour les réduire en purée.

Les noisettes et les amandes seront grillées et pilées. Le bon résultat se situe entre tout petits morceaux et poudre grossière (ni poudre fine ni morceaux).

◆ Mélanger tous les ingrédients de la farce sans oublier la cannelle. C'est un mélange subtil où l'on perçoit les parfums sans vraiment les distinguer.

LA PÂTE

◆ Ajouter, dans l'ordre : semoule, pincée de sel, bicarbonate, huile et eau.

◆ Partager la pâte en 6 boules égales de la grosseur d'une petite orange. Mouiller légèrement le plan de travail. Le mieux est de disposer d'une plaque de marbre ou d'une planche.

◆ Aplatir une première boule à la main et former une bande de 5 cm de large et d'1/2 cm d'épaisseur.

LE FAÇONNAGE

◆ Partager la farce en 6.

◆ Façonner un premier boudin en le roulant du plat de la main.

◆ Le poser au milieu d'une bande de pâte en l'aplatissant légèrement. Rouler les 2 épaisseurs de pâte dans la largeur pour qu'elle enveloppe la farce. On obtient un plus gros boudin. L'ensemble se colle tout seul.

Veiller à ce qu'il n'y ait aucun trou. Si la farce de dattes réap-

paraît ici ou là à travers la pâte, colmater les trous à l'aide de petits bouts de pâte pris aux extrémités.
Humecter ses mains avec un peu d'eau et les passer sur le boudin. Le dessous est déjà humecté au contact du plan de travail : c'est le petit secret pour que la pâte n'éclate pas en cours de cuisson.
◆ Couper en biais tous les 2,5 cm. Laisser tel quel. Cette fois, on ne cherche pas à colmater les côtés, là où la farce est visible. Recommencer la même opération avec les autres boules.

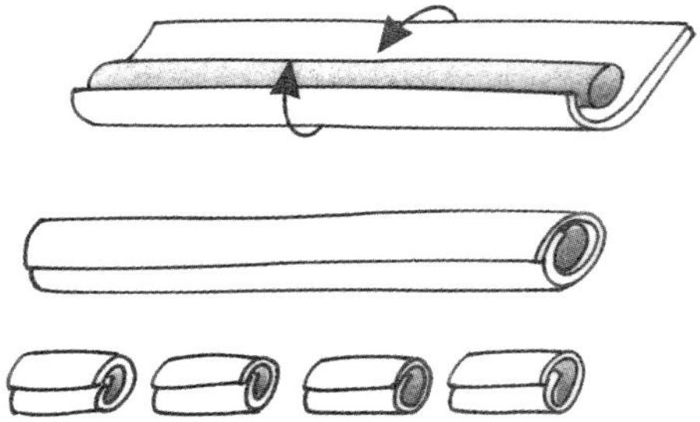

LA FRITURE

◆ Jeter les makroud dans une huile bien chaude et les frire 7 à 10 min par série. Les makroud sont bien dorés.
◆ Les retirer délicatement à l'écumoire et les poser sur du papier absorbant en une seule couche (jamais les uns sur les autres). Ce moment réclame toute l'attention car les makroud sont très fragiles et risquent de se casser.

LE MIEL

◆ Faire bouillir le miel. Plonger plusieurs makroud dans le miel.
◆ Dès la reprise de l'ébullition, les retirer à l'écumoire et les égoutter dans une passoire à pieds.

BON À SAVOIR

~ S'organiser. Étant entendu que la recette est compliquée et un peu délicate à réaliser, on a décidé de ne pas se laisser abattre, de rester de bonne humeur et de bien s'organiser.

La farce se prépare quelques jours à l'avance et se garde au réfrigérateur dans un bocal en verre ou une boîte en plastique type Tupperware.

Une fois la friture effectuée, et avant de les passer au miel, ranger les makroud dans une grande boîte en fer, serrés les uns contre les autres. Chaque couche est posée et séparée par 2 ou 3 feuilles de papier absorbant.

Quand les gâteaux ont été passés au miel, on peut encore les conserver 4 à 5 jours. Si l'on a choisi la présentation au sucre, les ranger comme précédemment dans une boîte en fer. Ils se garderont encore plus longtemps.

On peut remplacer la boîte en fer par une boîte en plastique du moment que la fermeture en est bien hermétique. Le makroud a horreur des courants d'air et de l'humidité qui le ramollissent aussitôt.

Pour une réception, on peut jouer au traiteur en posant chaque makroud dans une petite barquette en papier plissé (caissette).

LES VARIANTES

~ Présentation **au sucre** : c'est plus joli à regarder, plus raffiné, et à mon avis plus agréable au goût.

Les makroud sont passés dans un miel plus liquide, une sorte de sirop sans écorce d'orange ni citron mais avec une pincée de vanille en poudre. Ensuite les rouler dans du sucre en poudre. Secouer légèrement les gâteaux pour faire tomber le sucre superflu. Laisser refroidir à plat sur une seule couche.

Manicotti ou debla

C'est la même pâte que la reuchta, version gâteau. Ces merveilles ou bugnes en forme de roses se nomment manicotti ou debla. Friables et fondantes, elles ont en plus le mérite d'être très décoratives.

Pour 20 debla

La pâte :
200 g de farine
2 œufs entiers
1 blanc d'œuf
1 pincée de sucre en poudre
1 pincée de sel
Huile d'arachide (friture)

Le miel :
1/2 bocal de miel à la perle avec amidon (p. 267)

Préparation : 30 min
Friture : 30 min

LA PÂTE

◆ Mélanger la farine, le sel, le sucre et ajouter les œufs entiers. La pâte est prête, la pétrir une dizaine de minutes.

◆ L'étaler très finement au rouleau à pâtisserie, elle est presque transparente.

◆ Découper des bandes de 4 cm de large sur 30 cm de long à l'aide d'une roulette.

◆ À cette étape, faire chauffer le bain de friture et préparer un bol avec un blanc d'œuf.

LE FAÇONNAGE

◆ Tenir sa main gauche verticalement, paume devant soi, en écartant légèrement les doigts. Faire une sorte de rosace : enrouler une bande de pâte autour de l'index, puis refaire un tour en incluant le majeur puis un troisième avec l'auriculaire. Vous avez bien fait 3 tours, la pâte est revenue au point de départ. La coller avec un peu de blanc d'œuf.

LA FRITURE

◆ Glisser une fourchette au centre de la debla, pour l'attraper. La plonger dans la friture, redresser la fourchette, position debout, et remuer légèrement la fourchette en petits mouvements circulaires comme si on voulait mélanger quelque chose. La rosace se forme et cuit instantanément.

◆ Elle est à peine dorée qu'il faut la retirer à l'écumoire et

l'égoutter sur du papier absorbant. À manipuler avec délicatesse car la pâte est très friable.
Recommencer la même opération jusqu'à épuisement des bandes de pâte.

LE MIEL

- Faire bouillir le miel.
- Plonger délicatement les manicotti dans le miel, les retirer à l'écumoire et les disposer sur le plat de service.

LES VARIANTES

~ Si l'on aime le goût du **sésame**, ajouter 1 cuil. à soupe de graines de sésame dans la pâte, c'est une pure merveille.

BON À SAVOIR

~ Les debla à trois tours sont de taille moyenne. Ajoutez un quatrième ou un cinquième tour, et elles seront plus grosses. À l'inverse, pour une fête, réaliser de plus petites debla. Les bandes seront moins larges et un peu moins longues, deux ou trois tours suffiront.
~ Comme il est difficile de réaliser et frire plusieurs debla à la fois, on peut utiliser une casserole si l'on ne dispose pas d'une bassine à frire.
~ Les debla se gardent 4 jours. Les stocker dans un grand récipient (une grande marmite) et bien couvrir pour qu'elles ne ramollissent pas.
~ S'organiser. On peut préparer les debla en deux temps. Jusqu'à la friture d'abord (les stocker de la même manière), puis le passage au miel.

LE SECRET DE MA MÈRE

~ Ne pas coller la pâte à l'eau comme le font certains, cette partie-là serait ensuite très dure.

Boules au miel

Ce sont de gros pets-de-nonne frits et enrobés de miel. Un grand classique de la pâtisserie tunisienne.

Pour 15 gros choux ou 30 petits

La pâte à choux :
25 cl d'eau
4 œufs
50 g de margarine ou d'huile d'arachide
125 g de farine
2 morceaux de sucre
1 pincée de sel
Huile d'arachide (friture)

Le miel :
1/2 bocal de miel à la perle (p. 267)

Cuisson : 20 min

LA PÂTE À CHOUX

- Dans une casserole, faire bouillir l'eau, le sel, le sucre et la margarine.
- Hors du feu, verser la farine en pluie d'un seul coup, délayer à la spatule. On obtient une pâte ferme et sèche.
- Remettre 2 à 3 min sur un feu moyen en remuant sans arrêt. Le mélange ne doit ni attacher ni colorer.
- Quand la pâte se détache des parois de la casserole, la retirer du feu et incorporer les œufs un à un.

LA FRITURE

- Chauffer une bonne quantité d'huile dans une friteuse.
- Prélever la pâte par cuillerées à soupe entières et la laisser tomber dans le bain de friture. Les boules gonflent et dorent. Les retirer et les égoutter.

LE MIEL

- Faire bouillir le miel.
- Plonger les boules dans le miel, les retirer et les disposer sur le plat de service.

LES VARIANTES

~ La pâte à choux classique

Suivre la même recette en ajoutant 50 g de matière grasse (beurre ou margarine végétale) à la pâte puisque les choux vont cuire au four.

Préchauffer le four (180/210 °C, th. 6/7).

Remplir une douille de la pâte à choux et la presser au-dessus de la plaque du four pour obtenir des boules plus ou moins grosses selon la préparation. Les espacer un peu car les choux vont gonfler. Les enfourner pour 20 min. Pour éviter que la pâte à chou ne retombe en fin de cuisson, veiller à entrouvrir le four environ 10 min avant la fin de la cuisson (en coinçant la porte avec une spatule en bois).

Version salée : 1 morceau de sucre (au lieu de 2) et 1/2 cuil. à café de sel.

◆ ***BON À SAVOIR***

~ Au troisième œuf, si le mélange est déjà un peu mou, n'ajouter que la moitié du quatrième œuf.

~ Cette pâte sert à de nombreuses préparations : boules au miel, éclairs et religieuses, saint-honoré, chouquettes, choux farcis salés…

Brache bel aachel
Pain perdu

Enfants, la fête, c'était de découvrir ce pain perdu tiède sur la table du petit déjeuner.

Pour 6 personnes
18 tranches

1/2 pain rassis (ou 1 bâtard)
1 bol de lait
4 œufs
Huile d'arachide (friture)

Le miel :
1/2 bocal de miel à la demi-perle (p. 267)

Cuisson : 30 min

- Couper le pain en tranches d'1,5 cm.
- Les imbiber rapidement de lait, aller et retour sur les 2 faces sans les laisser tremper. Les réserver dans une assiette.
- Dans une autre assiette, battre les œufs avec 4 cuil. à soupe d'eau.
- Remplir une poêle à moitié d'huile et la poser sur feu vif. Passer chaque tranche de pain dans l'œuf et frire aussitôt sur les 2 faces.
- Pendant ce temps, faire bouillir le miel.
- Quand la friture est terminée, on plonge les tranches de pain dans le miel.
- Les servir tout de suite.

Avec les brache bel aachel, pas de restes…

LES VARIANTES

~ ***Le pain perdu aux galettes*** de Pessah (Pâque juive).
On utilise des galettes épaisses. Les couper en 4 et les faire tremper 10 min dans de l'eau. Égoutter les morceaux et procéder de la même façon que pour le pain.
On peut aussi ajouter 1 cuil. à soupe de farine de galette dans l'œuf et l'on obtient une sorte de beignet. À la fin, ramasser les petits morceaux de galette égarés, les mélanger à l'œuf restant et faire frire.

Fritèches

Petites boules spongieuses à base de farine de galette et d'œufs. On ne les consomme qu'à Pessah (Pâque juive). Elles suscitent de folles passions.

Pour 25 à 30 fritèches

6 œufs
9 cuil. à soupe de farine de galette
1 orange (1/2 zeste + jus)
1 pincée de sel
Huile d'arachide (friture)

Le miel :
1/2 bocal de miel à la perle (p. 267)

Préparation : 30 min
Friture : 30 min

Les fritèches : râper la moitié du zeste de l'orange dans un saladier. Presser son jus.

◆ Casser les œufs sur le zeste et battre à la fourchette, verser le jus d'orange, le sel et remuer. Ajouter la farine de galette cuillerée par cuillerée, en mélangeant à chaque étape pour éviter que ne se forment des grumeaux.

◆ Avec un batteur électrique, battre la préparation comme des blancs en neige. Arrêter lorsqu'il se forme des bulles qui éclatent comme de petits cratères. Il faudra continuer à battre la pâte tout au long de la friture.

◆ Préparer une bassine de friture ou une casserole à moitié remplie d'huile et la poser sur feu vif. Faire tiédir le miel.

◆ Faire tomber la pâte par cuillerées qu'on retourne aussitôt. Quand les fritèches sont bien dorées, les égoutter.

Le miel : faire bouillir le miel et y plonger les fritèches.

BON À SAVOIR

~ En principe, on compte 3 œufs (6 demi-coquilles) d'eau pour lier la pâte. Notre version au jus d'orange est plus savoureuse.

~ Les bonnes proportions. Pour 1 œuf, 1/2 coquille d'eau ou de jus d'orange, 1,5 cuil. à soupe de farine de galette, 1 pincée de sel. On obtient 4 à 5 fritèches par œuf.

~ Selon les marques, la farine de galette est plus ou moins grumeleuse. Mieux vaut la tamiser à travers un chinois avant de l'utiliser.

Fritèches « du pauvre »

En Tunisie, pour Pessah, la demande d'œufs était telle que leur prix flambait le temps des fêtes. Cette recette, la Nona l'a inventée, puis ma mère l'a améliorée. Pour ma part, je les préfère aux fritèches classiques.

Pour 25 pièces

2 œufs
2 galettes (100 g)
100 g de raisins secs
1 orange
1 pincée de sel
2 pincées de vanille en poudre
2 cuil. à soupe de sucre en poudre
1/2 cuil. à café de cannelle
Huile d'arachide (friture)

Le miel :
1/2 bocal de miel à la perle (p. 267)

Cuisson : 30 min (friture + miel)

◆ Casser les galettes en gros morceaux et les laisser tremper 1 h dans de l'eau.
Râper le zeste d'une orange et en presser le jus. Tremper les raisins secs dans le jus d'orange.

◆ Presser les galettes comme de la mie de pain pour en extraire le maximum de liquide. Les poser dans un saladier et les malaxer à la main pour les réduire en une purée grossière. Il reste quand même quelques grumeaux, mais cela n'a aucune importance.

◆ Ajouter le zeste d'orange, la vanille, la cannelle, le sucre et remuer. Casser les œufs, ajouter 1 pincée de sel et mélanger encore 5 à 10 min. Terminer par les raisins égouttés et bien pressés. Bien mélanger le tout.

◆ Remplir une poêle à moitié d'huile et la poser sur un feu fort.

◆ Faire tomber la préparation par cuillerées dans l'huile chaude et retourner les fritèches aussitôt pour qu'elles ne s'étalent pas trop.

◆ Quand les fritèches sont bien dorées, les égoutter, puis les passer au miel bouillant.

BON À SAVOIR

~ N'utiliser que des galettes épaisses. 1 galette = 50 g.

YOYO

Les yoyo sont synonymes de fête. Leur nom est aussi joli que leur forme. Pour ces raisons peut-être ils réjouissent petits et grands.

Pour 30 yoyo

La pâte :
300 à 350 g de farine
3 cuil. à soupe de sucre en poudre
1 pincée de sel
2 sachets de sucre vanillé
2 sachets de levure chimique
3 œufs
3 cuil. à soupe d'huile d'arachide
2 cuil. à soupe d'eau de fleur d'oranger (facultatif)
Huile d'arachide (friture)

Le miel :
1/2 bocal de miel à la demi-perle (p. 267)

Repos de la pâte : 30 min
Cuisson : 30 min

LA PÂTE

◆ Mélanger tous les éléments jusqu'à obtenir une boule de pâte souple, ni trop dure ni trop molle. Laisser reposer au moins 30 min.

◆ Prendre des petits morceaux de pâte et les rouler du plat de la main sur un plan de travail comme de la pâte à modeler. Façonner des boudins d'1 cm d'épaisseur, puis couper des morceaux de 10 cm de longueur. On fait une boucle de chaque boudin en forme de bracelet, et l'on colle les deux extrémités en les pressant l'une contre l'autre.

LA FRITURE

◆ Chauffer l'huile 5 min à feu fort, puis garder un feu moyen pour la friture.
Frire les yoyo 4 par 4. Ils vont gonfler en cuisant et ne doivent pas se gêner. Lorsqu'ils sont bien dorés, les retirer à l'écumoire. Les poser dans une passoire à pieds.

LE MIEL

◆ Faire bouillir le miel et y plonger les yoyo juste après la friture.
Les superposer en pyramide.

LES VARIANTES

~ ***Parfums.*** Préférer un zeste d'orange ou de citron à l'eau de fleur d'oranger.

~ ***Plus gonflés.*** Remplacer les 2 sachets de levure par 1/2 cuil. à café de bicarbonate de soude. Attention ! ils vont boire un peu plus d'huile.

~ ***Autre façonnage.*** On étale la pâte au rouleau sur 1/2 cm d'épaisseur. À l'aide d'un emporte-pièce ou d'un verre, on découpe de petits cercles. On enfonce un dé au centre pour faire un trou.

~ ***Au sucre.*** Ils sont frits de la même façon, passés ensuite dans un miel un peu plus liquide, puis roulés dans le sucre.

On range alors les yoyo dans une boîte en fer en glissant une feuille de papier absorbant entre chaque couche de gâteaux.

◆ *BON À SAVOIR*

~ S'organiser. Si on veut les préparer à l'avance, savoir qu'au miel les yoyo se gardent 4 à 5 jours. Au sucre, dans une boîte en fer, on les conservera 8 jours.

Les beignets de Roch Hachana

Ces gâteaux rituels sont préparés pour Roch Hachana. C'est la fête du nouvel an juif. Honneur aux produits frais (verdure, légumes et fruits nouveaux, symboles de l'année nouvelle) et au sucre, pour que l'année à venir soit douce.

« La feuille de miel » précise la liste de tout ce qui doit figurer sur la table et qui aura sa fonction propre à un moment précis de la prière :

Figues, fraîches et/ou sèches
Grenade, épluchée et égrenée
Pomme, telle quelle ou cuite en compote et arrosée de miel, jujubes et zarours (pommes miniatures)
Sésame, en nougat
Potiron et épinards, en beignets passés dans le miel
Fèves, fraîches bouillies et assaisonnées de cumin
Ail, tête entière cuite dans la pkaïla ou bouillie avec du miel
Miel
Tête de mouton
Poisson.

Ceci est le minimum, on y ajoute toutes sortes de sucreries, confitures, gelées et pâtes de coing.

La salière est remplie de sucre en poudre. Le rituel de la prière est le même que celui du shabbat ; simplement, les halot sont rompues en bouchées puis trempées dans le sucre.

Beignets de potiron

Pour 10 personnes

1 belle tranche de potiron (500 g)
Farine
1 œuf
Huile d'arachide

Le miel :
1/2 bocal de miel à la perle (p. 267)

Cuisson : 30 min (friture) + 15 min (miel)

- Éplucher la tranche de potiron en retirant la grosse peau, les filaments et les pépins. Couper des tranches de 3 mm d'épaisseur et les sécher au torchon.
- Chauffer de l'huile dans une poêle et y faire frire les tranches de potiron. Cette première friture sert à les déshydrater. Les poser sur du papier absorbant.
- Verser la farine sur une surface plate (plan de travail, assiette plate…).
- Casser l'œuf dans une assiette creuse et le battre à la fourchette avec 1 cuil. à soupe d'eau.
- Fariner chaque tranche de potiron et les passer dans l'œuf battu avant de les frire en beignets. Les laisser égoutter sur du papier absorbant.
- Chauffer le miel dans une casserole jusqu'à ébullition et y tremper chaque beignet. Les retirer à l'écumoire et les poser sur le plat de service pour les faire refroidir.

Beignets d'épinards

Pour 10 personnes

10 feuilles d'épinards moyennes
Farine
1 œuf
Huile d'arachide

Le miel :
1/2 bocal de miel à la perle (p. 267)

Cuisson : 30 min (friture) + 15 min (miel)

- Laver les feuilles d'épinards et les sécher délicatement dans un torchon. Elles doivent rester entières, avec leur queue.
- Verser de la farine dans une assiette plate. Casser l'œuf dans une assiette creuse et le battre à la fourchette avec 1 cuil. à soupe d'eau.
- Chauffer de l'eau dans une poêle à moitié remplie. Dès que l'eau bout, éteindre. Poser les feuilles dans l'eau chaude et attendre quelques secondes qu'elles aient ramolli.
- Les retirer à l'écumoire et les poser sur un plat.
- Jeter l'eau, bien essuyer la poêle, la remplir d'huile et la poser sur feu moyen.
- Fariner chaque feuille en veillant à ce qu'elles ne fassent pas de plis, les passer dans l'œuf battu, puis les frire rapidement. Elles sont juste légèrement dorées. Les égoutter sur du papier absorbant.
- Faire bouillir le miel dans une casserole, y plonger les feuilles une à une et les poser dans le plat de service.

BON À SAVOIR

~ Les épinards ayant tendance à noircir l'huile, commencer par la friture des beignets de potiron.

LES BISCUITS SECS OU CROQUANTS

Comme boire est souvent prétexte à manger, toute collation en Tunisie s'accompagne d'un biscuit. Plutôt sec ou croquant pour pouvoir le tremper dans un café ou un thé, mais aussi dans une citronnade ou une orgeat.

Bescoutou

Entre italien et arabe, bescoutou *signifie biscuit. Un pain d'Espagne comme le* boca di dama, *mais plus sec et sans amandes. Le bescoutou cuit dans un moule à hauts bords type charlotte ou un moule à soufflé et se sert en grosses tranches.*

8 œufs
12 cuil. à soupe de sucre en poudre
10 cuil. à soupe de farine
8 cuil. à soupe d'eau
1 zeste d'orange
1 sachet de levure
1 pincée de vanille en poudre
1 pincée de sel
1 cuil. à soupe d'huile d'arachide

Cuisson : 30 min

◆ Séparer les jaunes des blancs d'œufs dans 2 saladiers. Fouetter les jaunes avec le sucre et la vanille jusqu'à ce que le mélange blanchisse (compter 20 min ; pour aller plus vite, procéder à l'aide d'un batteur électrique).
Continuer avec, dans l'ordre : eau, puis zeste d'orange râpé, farine et levure.
Bien mélanger entre chaque nouvel élément ajouté.
◆ Préchauffer le four (200 °C, th. 6).
◆ Monter les blancs en neige avec la pincée de sel et les ajouter délicatement à la préparation précédente en soulevant du fond vers le haut sans battre.
◆ Huiler le moule, le tapisser de papier sulfurisé, huiler le papier, verser la préparation et enfourner pour 30 min.
◆ Après avoir démoulé le biscuit, on retirera le papier sans peine. Laisser refroidir sur une grille.

LES VARIANTES

~ ***Parfums.*** Remplacer l'eau par du jus d'orange. Au zeste d'orange on peut préférer celui d'un citron ou un peu d'eau de fleur d'oranger.

BON À SAVOIR

~ Le bescoutou est souvent le point de départ d'un gâteau fourré.

Couper transversalement le biscuit en 3 tranches, celle du bas servant de socle. On la tartine de crème ou de mousse au chocolat, café, pralinée… On couvre de la deuxième tranche à tartiner, on la tartine et on coiffe le tout de la troisième tranche. Enrober l'ensemble de mousse ou de crème et décorer d'amandes grillées. Le biscuit peut être préalablement imbibé d'alcool coupé d'eau sucrée.

Sur le même principe on peut également réaliser un fraisier.

LE SECRET DE MA MÈRE

BON À SAVOIR

~ Si l'on veut éviter d'huiler et de tapisser le moule, le glisser dans le four au moment de le préchauffer et verser la préparation dans le moule chaud.

Boca di dama

Influence italienne oblige, cette « bouche de dame » est une sorte de financier plus léger. Épatant pour le thé ou au petit déjeuner.

250 g d'amandes entières non mondées
250 g de sucre en poudre
8 œufs
2 cuil. à soupe rases de farine
1 amande amère (ou de l'extrait)
1 zeste d'orange
1 pincée de sel
1 cuil. à soupe d'huile d'arachide

Cuisson : de 40 à 60 min

◆ Moudre toutes les amandes (douces et amère) au mixer jusqu'à obtenir une poudre fine.

◆ Séparer les jaunes des blancs d'œufs dans 2 saladiers.
Fouetter les jaunes avec le sucre jusqu'à ce que le mélange blanchisse (compter 20 min ; pour aller plus vite, procéder à l'aide d'un batteur électrique).
Continuer avec le zeste d'orange râpé, puis les amandes et la farine.
Bien mélanger entre chaque nouvel élément ajouté.

◆ Préchauffer le four (210 °C, th. 7).

◆ Monter les blancs en neige avec la pincée de sel et les ajouter délicatement à la préparation précédente en soulevant du fond vers le haut sans battre.

◆ Huiler un moule à manqué (25 cm de diamètre), y verser la préparation et enfourner pour 40 à 60 min. La lame d'un couteau enfoncée dans le gâteau doit ressortir sèche. S'il reste des traces de pâte, c'est que le gâteau n'est pas assez cuit.

◆ *LES VARIANTES*

~ ***Parfums.*** Si l'on n'apprécie pas le goût de l'amande amère, la remplacer par le zeste d'une orange ou par du sucre vanillé. Sinon, on peut en plus lui adjoindre un autre de ces deux parfums (vanille ou orange).

~ ***Autres fruits secs.*** Remplacer les amandes par des pistaches, des noisettes ou des noix ou un mélange amandes plus un autre de ces trois fruits secs.

BON À SAVOIR

~ C'est le fait d'utiliser des amandes non mondées qui donne au gâteau sa jolie couleur ambrée.

~ Amande amère. On n'en trouve pratiquement plus. La remplacer par de l'extrait ou, en été, par l'amande nichée dans le noyau d'un abricot.

L'épicier grec chez qui je me fournis me raconte que, dans son jardin en Grèce, l'un des amandiers fournissait des amandes amères. Chaque année, il les cueillait et les rapportait pour les vendre dans sa belle épicerie. Depuis que l'arbre est mort, il n'en trouve plus et ne vend que de l'extrait.

~ Cette « bouche de dame » ne craint pas Pessah (Pâque juive). Les œufs en neige font office de levure. Et l'on remplacera la farine de blé par de la farine de galette.

Beurrer le moule si ce gâteau n'est pas servi après un repas. Le goût n'en sera que plus subtil.

Boulou

Sec en apparence, le boulou (pain) est en fait assez moelleux. On le sert au petit déjeuner ou au goûter.

Pour 3 grands boulou

500 g de farine
140 g de sucre en poudre
3 œufs (2 entiers, 1 jaune)
1,5 sachet de levure chimique
1,5 sachet de sucre vanillé
1 orange
75 g de raisins secs
1 cuil. à soupe d'eau
1 pincée de sel
12,5 cl d'huile d'arachide
75 g d'amandes non mondées

Cuisson : 30 min

- Préchauffer le four (200 °C, th. 6/7).
- Garder une petite poignée d'amandes pour la décoration. Concasser grossièrement le reste des amandes.
- Râper le zeste de l'orange avant d'en presser le jus. Faire gonfler les raisins dans le jus d'orange.
- Dans un grand saladier, mélanger farine, sucre, sel, sucre vanillé et levure. Ajouter l'huile, 2 œufs et le zeste d'orange, remuer et pétrir à la main. Incorporer 1 cuil. à soupe d'eau en cours de route si l'on n'arrive pas à bien amalgamer la pâte. Bien égoutter les raisins et les ajouter à la pâte avec les amandes.
- Partager la pâte en 3 et rouler de gros boudins d'environ 4 cm d'épaisseur.
- Fariner la plaque du four et aligner les 3 boudins en les espaçant. Ils vont doubler de volume en cuisant.
- Délayer le jaune d'œuf dans 2 cuil. à soupe d'eau et badigeonner la surface des boulou de ce mélange à l'aide d'un pinceau ou en barbouillant avec les doigts. Ainsi ils prendront une belle couleur dorée. Enfoncer légèrement les amandes restantes sur le dessus de la pâte. Elles ne doivent pas dépasser, sans quoi elles brûleraient.
- Enfourner pour 30 min.
- Laisser refroidir et servir en tranches.

LES VARIANTES

~ ***Les fruits secs.*** Remplacer les amandes par des noisettes, ou préférer un mélange des deux que l'on peut enrichir d'une poignée de graines de sésame, avec ou sans raisins. Idem pour la décoration.

BON À SAVOIR

~ On peut varier les formes et réaliser des petits pains individuels.
~ Une fois refroidi, le boulou a l'avantage de se conserver 15 jours enveloppé d'une feuille d'aluminium ou de film transparent.

Caques

Quand il n'y a rien dans une maison, en cherchant bien on y trouve quand même de quoi honorer un visiteur. De quoi boire, bien sûr, mais surtout de quoi grignoter. Quelques caques au fond d'une boîte en fer, à portée de main dans la cuisine. Les enfants en retard le matin en remplissent leurs poches et les dévorent sur le chemin de l'école.

Pour 60 caques

150 g de semoule fine
350 g de farine
150 g de sucre en poudre
1 sachet de levure chimique
1 pincée de sel
1 orange 1/2
10 cl d'huile d'arachide
15 cl d'eau
Farine

- Préchauffer le four (180 °C, th. 6).
- Dans un grand saladier, verser la semoule, la farine, le sucre, la levure et le sel. Râper le zeste d'une demi-orange et verser le jus d'une orange et demie. Ajouter l'huile, l'eau et bien mélanger.
- Fariner la plaque du four.
- Comme avec de la pâte à modeler, prendre des morceaux de pâte et les rouler du plat de la main sur le plan de travail. Faire des boudins d'1 bon cm d'épaisseur que l'on coupe tous les 10 cm. Les poser sur la plaque farinée en les espaçant sur la largeur. Ils vont presque doubler d'épaisseur, pas de longueur.
- Les enfourner pour 20 à 30 min. Ils doivent être dorés mais assez clairs.
- Sortir la plaque et passer une lame de couteau sous chaque gâteau, ceci afin de les décoller avant qu'ils ne durcissent et risquent de se casser. Les laisser refroidir sur la plaque et les ranger dans une boîte en fer.

LES VARIANTES

~ **Version enrichie.** Si l'on remplace l'eau par un volume égal d'œuf, on obtient des caques plus riches mais à la consistance moins sablée. Dans ce cas, supprimer la semoule et utiliser 500 g de farine.

BON À SAVOIR

~ Les caques sont des biscuits secs. Ils se conservent plus d'une semaine dans une boîte en fer hermétiquement fermée.

~ Si votre four n'est pas à chaleur tournante, pensez à retourner les caques à mi-cuisson.

~ On trouve des caques dans des pâtisseries spécialisées. Mais que les fabriquants industriels nous excusent, leurs caques sont farineux, bourratifs. Définitivement, rien à voir avec les caques maison…

Croquants aux amandes

Pour 40 petits croquants

300 g de farine
150 g de sucre en poudre
100 g d'amandes concassées non mondées
2 œufs
3 pincées de vanille en poudre
1 orange (zeste)
1 sachet de levure chimique
10 cl d'huile d'arachide

Cuisson : 10 min + 10 min

- Mélanger les œufs et le sucre. Râper le zeste de l'orange sur cette préparation. Ajouter tout le reste en terminant par les amandes. On obtient une pâte un peu molle. Si ça colle aux doigts, ajouter un peu de farine.
- Préchauffer le four (210 °C, th. 7).
- Partager la pâte en quatre. Rouler des boudins de 4 cm d'épaisseur. Les poser sur la plaque du four en les espaçant au maximum. Ils vont doubler de volume.
- Les enfourner pour 10 min ; s'ils sont beiges, les sortir. S'ils sont blancs, les laisser encore 5 min. Ne pas éteindre le four.
- Poser les 4 boudins sur une planche et les couper en biais, en tranches de 2 cm d'épaisseur. Les reposer à plat sur 2 plaques.
- Glisser au four pour 10 min.
- Les sortir, les laisser refroidir et les ranger dans une boîte en fer.

LES VARIANTES

Croquants à l'anis. Même recette sans amandes. On parfume la pâte d'1 cuil. à café d'anis en grains.

BON À SAVOIR

~ En principe, les croquants à l'anis accompagnent les boissons fraîches, tandis que les croquants aux amandes s'accommodent mieux d'un café.

Galettes au vin

Ce sont des sablés légèrement parfumés au vin.

500 g de farine
150 g de sucre en poudre
1 sachet de levure
1 orange (écorce)
20 cl d'huile d'arachide
15 cl de vin rosé
1 pincée de sel

Repos de la pâte : 1 h
Cuisson : 20 min

- Éplucher l'orange et mixer l'écorce avec un peu de sucre. Ainsi elle fait une pâte plus facile à amalgamer.
- Ajouter, dans l'ordre : la farine, la levure, le sel, puis l'huile, le sucre, l'écorce d'orange et le vin. Bien mélanger et laisser reposer la pâte 1 h.
- Préchauffer le four (200 °C, th. 6/7).
- Étendre la pâte au rouleau sur une épaisseur de 1/2 à 1 cm. Découper des ronds à l'emporte-pièce ou à l'aide d'un verre ou d'un bol (ou d'autres formes). On peut s'amuser à dessiner toutes sortes de figures, stries ou croisillons, sur la surface.
- Poser les galettes sur la plaque du four et enfourner pour 20 min.
- Comme les autres gâteaux secs, ces galettes, une fois refroidies, se gardent dans une boîte en fer.

LES VARIANTES

Au beurre. Remplacer l'huile par du beurre, c'est très différent.

LES GÂTEAUX ET ENTREMETS

Arissa
aux amandes

Biscuit aux amandes imbibé de sirop, on le sert souvent en tranches alternées avec du sabayon (p. 320). Un régal mais plutôt énergétique et costaud.

Pour 1 gros gâteau

La pâte :
250 g d'amandes en poudre
100 g de sucre en poudre
125 g de semoule fine
3 œufs
1/2 orange (zeste)
3 gouttes d'amande amère (extrait)
1 cuil. à soupe d'eau de fleur d'oranger (mazar)
1/2 cuil. à café de levure chimique
1 sachet de sucre vanillé
1 pincée de sel

Le sirop :
200 g de sucre en poudre
1 sachet de sucre vanillé
1/4 de jus d'orange
1/4 de jus de citron
80 cl d'eau (4 verres)

La décoration :
2 poignées d'amandes (60 g)

Cuisson : 30 à 40 min

◆ Préchauffer le four à 200 °C (th. 6-7).

LA PÂTE

◆ Fouetter ensemble œufs, sucre en poudre, extrait d'amande amère, zeste d'orange, eau de fleur d'oranger, sucre vanillé, sel.

◆ Ajouter la semoule et la levure, et enfin les amandes en poudre. Bien mélanger le tout.

◆ Huiler un moule rectangulaire (20 × 26 cm), y verser la préparation.

◆ Enfourner pour 30 à 40 min.

LE SIROP

◆ Verser tous les ingrédients dans une casserole. Porter à ébullition et cuire 5 min.

LE SERVICE

◆ Sortir le gâteau du four. Couper des portions en carrés ou en losanges. Arroser de sirop bouillant. Laisser refroidir.

◆ Décorer le gâteau de 2 poignées d'amandes hachées grossièrement.

Boulou droo

Le droo est du sorgho en poudre.

Pour 1 grand moule à cake

150 g de droo
150 g de farine
300 g de sucre en poudre
100 g de raisins secs
1 zeste d'orange
1 cuil. à café de fenouil
1 cuil. à café d'anis vert en poudre
1/2 cuil. à café de bicarbonate de soude
1 pincée de sel
20 cl d'huile d'arachide
20 cl d'eau
1 petite poignée de sésame (décoration)

Cuisson : 45 min

- Préchauffer le four (210 °C, th. 7). Rincer les raisins et les égoutter.
- Mélanger les ingrédients secs : droo, farine, sucre, bicarbonate, sel, fenouil, anis et zeste. Verser l'huile et l'eau, mélanger et finir par les raisins.
- Huiler un grand moule à cake et y verser la préparation. Fendre la pâte superficiellement dans sa longueur avec un couteau, et poudrer de graines de sésame.
- Enfourner pour 45 min.
- Démouler le boulou droo tiède.

Boulou tbak

La tradition veut que l'on consomme des mets sucrés pour rompre le jeûne de Kippour (la plus grande fête juive, celle du Grand Pardon). Dans notre famille, avec un café brûlant, c'est ce gâteau qui marque la fin de la pénitence... ou plutôt le début des ripailles.
Le boulou tbak a tous les défauts. Fort en goût, hypercalorique, bourré de tout ce qu'on aime : pistaches, pignons, amandes, raisins, noisettes, sésame... Le tout aggloméré par de la semoule qui gonfle comme du couscous...
C'est mon gâteau préféré.

Pour 1 gros gâteau

50 g de graines de sésame
150 g d'amandes non mondées
150 g de noisettes
50 g de pistaches
50 g de pignons
2 oranges
750 g de semoule moyenne (dite J)
1 pincée de sel
1 cuil. à café de bicarbonate de soude
20 cl d'huile d'arachide
250 g de sucre en poudre
2 cuil. à soupe d'anis vert en poudre
2 cuil. à soupe de fenouil (besbes) moulu
50 cl d'eau
250 g de raisins secs

◆ En s'aidant d'un mortier, concasser grossièrement les amandes, les noisettes. Les pistaches et les pignons restent entiers.
Garder une petite poignée d'amandes et de sésame pour la décoration.

◆ Râper le zeste des 2 oranges, puis les presser pour en extraire le jus.

◆ Dans un grand saladier, verser la semoule, le sel, le bicarbonate, l'huile et mélanger. Ajouter le sucre en poudre, l'anis, le fenouil, les zestes, l'eau, le jus d'orange et mélanger de nouveau.
Verser les raisins secs, amandes, noisettes, pistaches, pignons, et remuer. Le tout a une allure de béton armé très compact. C'est bon signe.

◆ Préchauffer le four (240 °C, th. 8).

◆ Huiler le moule et y verser la préparation.
Comme si le gâteau était cuit, découper des parts de 5 cm de côté (en carrés ou en losanges) et enfoncer une amande au milieu de chaque figure. Poudrer de la petite poignée de sésame restant et enfourner pour 45 min.

Le miel :
à la demi-perle (p. 267)
250 g de sucre (poudre ou morceaux)
20 cl d'eau

Cuisson : 45 min

◆ Pendant la cuisson du boulou, préparer le miel à la demi-perle sans citron (p. 267).

◆ Quand le gâteau est cuit, bien doré et bombé à sa surface, le sortir du four. L'arroser du miel bouillant et le laisser refroidir.

BON À SAVOIR

~ Cette quantité de pâte tient dans un grand moule de 20 cm sur 30 cm. Sachant que le gâteau doit avoir 5 cm de hauteur, répartir la pâte selon les moules dont on dispose.

~ Il ne faut pas monder les fruits secs.

~ Les proportions de fruits secs ne se réfèrent pas à une recette rigoureuse. Les femmes utilisaient ce qu'elles avaient à la maison, ce mélange est le nôtre. On peut en changer selon les goûts.

~ Si l'on ne dispose que d'épices en grains, se servir d'un moulin à café bien nettoyé pour les réduire en poudre.

Boulou « presque tbak »
de Tatie Arlette

Le boulou tbak, assez costaud, n'est en principe cuisiné qu'une fois par an. Ma tante paternelle l'a adapté, oserait-on dire « allégé », afin de s'en régaler un peu plus souvent.

Pour 1 moule à manqué

1,5 verre de farine
1,5 verre de semoule fine
1,5 verre de sucre en poudre
1 verre d'huile d'arachide
1 verre d'eau
1/2 cuil. à café de bicarbonate de soude
1 sachet de levure chimique
1 pincée de sel
1 cuil. à café d'anis vert en poudre
1 cuil. à café de fenouil (besbes) en poudre
1 zeste d'orange
2 poignées de raisins secs
2 poignées d'amandes non mondées concassées
1 poignée de pignons
1 poignée de graines de sésame
1 poignée de noisettes non mondées concassées

Le miel :
10 cl à la demi-perle sans citron (p. 267)

Cuisson : 45 min

◆ Râper le zeste d'une orange au-dessus du saladier où l'on va préparer la pâte.

◆ Mélanger les éléments secs : farine, semoule, sucre, bicarbonate, levure, sel, anis et fenouil.

◆ Ajouter l'huile, l'eau, les raisins secs, amandes et pignons. Garder un peu de sésame pour la décoration, mettre le reste dans la pâte.
Le mélange fait un ruban. La pâte est donc assez fluide.

◆ Préchauffer le four (210 °C, th. 7).

◆ Huiler un moule à cake ou autre forme, y verser la préparation, poudrer de sésame et enfourner pour 45 min.

◆ Faire bouillir le miel et en arroser le gâteau dès sa sortie du four. Le démouler ensuite.

BON À SAVOIR

~ Moins sucré. L'arrosage final de miel peut être supprimé.
~ 1 verre = 20 cl

Droo ou chahleb
Soupe sucrée au sorgho

L'hiver, au petit déjeuner, ça tient au corps comme une bouillie de bébé.

Pour 6 personnes

12 cuil. à soupe rases de droo (poudre de sorgho)
6 cuil. à soupe de sucre en poudre
1 orange (écorce)
3 cuil. à café de fenouil (besbes) en poudre
180 cl d'eau

Cuisson : environ 30 min

- Éplucher une orange et couper l'écorce en morceaux. Les cuire 5 à 7 min dans le tiers d'eau.
- Pendant ce temps, délayer le droo dans le reste d'eau froide pour éviter que ne se forment des grumeaux. Ajouter les autres ingrédients. Verser ce mélange dans la casserole où cuisent les écorces d'orange. Remuer sans arrêt tout au long de la cuisson.

À ébullition, baisser le feu et cuire comme une sauce pendant au moins 30 min.

- Consommer chaud.

LES VARIANTES

~ ***Au gingembre.*** Chacun dans son bol peut parfumer le droo de gingembre en poudre.

Farka

Spécialité de Tante Mimi, une des incroyables sœurs de ma grand-mère maternelle.

500 g de semoule moyenne (dite J)
500 g de dattes dénoyautées
1 écorce d'orange
1 cuil. à café de cannelle
10 cl d'huile d'arachide
100 g de noix
100 g d'amandes non mondées
100 g de pignons

Le miel :
10 cl de miel à la perle (p. 267)
fait avec 150 g de sucre en poudre

La décoration :
1 cuil. à café de cannelle
Sucre glace
Quelques cerneaux de noix

Cuisson : 1 h 30

◆ Dans un saladier, mélanger la semoule et l'huile.

◆ Verser dans le haut du couscoussier et cuire à la vapeur. Toutes les 5 min, humecter d'eau (2 cuil. à soupe dans le creux de la main).
Au bout de 45 min, démouler la semoule dans un grand récipient (type lien, voir préparation du couscous, p. 163). L'aérer à la fourchette puis à la main pour éliminer les grumeaux. Verser à nouveau dans le haut du couscoussier et continuer la cuisson à la vapeur pendant 45 min en humectant d'eau comme précédemment.

◆ Pendant ce temps, concasser noix et amandes. Garder quelques cerneaux de noix pour la décoration.

◆ Mixer les dattes et l'écorce d'orange afin d'obtenir une pâte que l'on pose dans un grand saladier ou le lien.

◆ Faire un miel à la perle avec le sucre, mais sans citron.

◆ Verser la semoule cuite sur la pâte de dattes. Arroser de sirop et malaxer le tout. Ajouter la cannelle, les amandes et noix concassées, les pignons, et mélanger encore.

◆ Étaler la farka dans un plat de service. Lui donner une forme ronde, carrée ou autre et lisser la surface. Poudrer de cannelle et de sucre glace. Décorer de quelques cerneaux de noix.

BON À SAVOIR

~ Certains parfument la farka d'un peu de cacao en poudre, mais nous la préférons telle quelle.

Gâteau aux pommes

C'est le gâteau de Tante Marie, la sœur du grand-père Elie, celle qui en avait assez de s'étouffer avec les gâteaux de Pessah (Pâque juive). Elle a donc fini par en inventer un, pas mal, bien imbibé grâce aux pommes. Et assez facile à faire.

6 belles pommes reinettes
8 œufs
200 g de sucre en poudre
125 g de farine de galettes
1 citron
25 amandes non mondées
1 pincée de sel
1 cuil. à soupe d'huile d'arachide

Cuisson : 1 h

- Râper le zeste du citron et le réserver. Éplucher les pommes et les enduire de jus de citron pour qu'elles ne noircissent pas.
- Concasser grossièrement les amandes à l'aide d'un mortier. Réserver.
- Séparer les blancs des jaunes d'œufs.
- Mélanger les jaunes avec le sucre jusqu'à ce que l'ensemble blanchisse et qu'on n'entende plus le sucre crisser sous la cuillère.
- Ajouter le zeste, verser la farine, râper les pommes côté gros trous, au-dessus du mélange. Remuer à chaque fois qu'on incorpore un nouvel élément.
- Préchauffer le four (210 °C, th. 7).
- Battre les blancs d'œufs en neige avec la pincée de sel. Mélanger à la préparation précédente en soulevant délicatement de bas en haut.
- Huiler un moule à manqué (25 cm de diamètre), y verser la préparation. Parsemer des amandes concassées.
- Enfourner pour 1 h. La lame d'un couteau enfoncée dans le gâteau doit ressortir sèche.
- Démouler tiède.

LES VARIANTES

~ ***Le parfum.*** On peut préférer le zeste d'orange à celui du citron. Ajouter (ou remplacer le zeste par) du sucre vanillé.

◆ *BON À SAVOIR*

~ À Pessah sont interdits tous les aliments incluant farine de blé et levain. Interdits : le pain, les pâtes alimentaires et toutes les pâtes levées... Simplement pour se souvenir que le peuple juif a fui l'Égypte pour passer de l'esclavage à la liberté (Pessah : passage). Dans la précipitation, le pain n'eut pas le temps de lever ; il s'ensuivit une longue traversée du désert. Depuis, pendant cette période, le pain est remplacé par des galettes dites pain azyme (sans levain).

~ En dehors de Pessah, on peut utiliser de la farine normale et ajouter un sachet de levure si l'on préfère un gâteau plus aérien.

Ghreïba

On en trouve dans tout le Maghreb. Mantecao au Maroc, ghreïba en Tunisie. Très facile à faire, ça fond dans la bouche... mais ça reste sur les hanches. Seulement, là-bas, c'est ainsi qu'on aime les femmes... à moins qu'ailleurs aussi.

Pour 20 pièces

300 g de farine de pois chiches
120 g de sucre glace
15 cl d'huile d'arachide
1/2 zeste d'orange
2 pincées de vanille en poudre
1 pincée de sel
10 amandes (décoration)

Cuisson : 20 à 25 min

◆ Dans un grand saladier, mélanger la farine, le sucre glace, le sel et la vanille. Râper le zeste d'1/2 orange sur ce mélange, puis verser l'huile tout doucement en amalgamant l'ensemble.

◆ Préchauffer le four (150 °C, th. 5).

◆ Faire des boules grosses comme des clémentines et leur donner la forme de dômes.

◆ Couper les amandes en deux et en coiffer chaque petite boule (gâteau). Les poser sur une grande plaque et enfourner pour 20 à 25 min.

◆ Si l'on aime, une fois refroidies, les poudrer d'un mélange cannelle/sucre glace.

LES VARIANTES

~ ***Au beurre.*** Dégustées en dehors des repas, les cuisiner au beurre, c'est plus raffiné. Si l'on estime que c'est trop fort en goût, mélanger huile et beurre.

~ ***Pois chiches et farine.*** Remplacer la farine de pois chiches par un mélange de 2 farines, normale et pois chiches. On peut aussi faire une version tout farine.

~ Parfumer d'un sachet de **sucre vanillé**.

~ Remplacer la demi-amande par de la **noisette**.

Guizada

Gâteau sans levure, on a tendance à en abuser pendant la période de Pessah (Pâque juive). Les préparer en même temps que les macarons (recette suivante). La guizada se cuisine au jaune d'œuf, tandis que les macarons se contentent du blanc.

Pour 35 pièces

250 g d'amandes en poudre
1 orange
150 g de sucre en poudre
4 jaunes d'œufs
1 goutte d'extrait d'amande amère

Cuisson : 15 à 18 min

- Préchauffer le four (210 °C, th. 7).
- Mélanger les jaunes d'œufs au sucre, puis ajouter les amandes en poudre. Râper le zeste de l'orange sur cette préparation, bien remuer et verser dans de petites barquettes en papier plissé (caissettes) que l'on pose sur la plaque du four.
- Enfourner pour 15 à 18 min.
- Laisser refroidir et les ranger dans une boîte en fer.

LES VARIANTES

~ ***Les fruits secs.*** Remplacer les amandes par des noisettes ou des pistaches, ou proposer un assortiment des 3 ou encore un mélange amandes-noisettes ou amandes-pistaches.

~ ***Autre version.*** Pour Pessah, on ajoute à cette base 1 jaune d'œuf et 4 cuil. à soupe rases de farine de galettes. La cuisson sera un tout petit peu plus longue.

BON À SAVOIR

~ Si l'on souhaite que tout soit comestible, remplacer les caissettes par des fonds de tartelettes en suivant la recette de la pâte à debla ou manicotti (p. 275). Étaler la pâte le plus finement possible, découper de petits cercles (avec un coquetier ou un verre à liqueur), en tapisser de petits moules à tartelettes huilés, remplir de la préparation. Tout cuit en même temps.

Macarons aux amandes de Jacqueline

Pour 35 pièces

125 g d'amandes en poudre (non mondées)
250 g de sucre en poudre
3 blancs d'œufs
1 pincée de vanille en poudre
1 pincée de sel

Cuisson : 15 à 18 min

Les jaunes d'œufs serviront à confectionner des guizada (p. 307).

- Préchauffer le four (210 °C, th. 7).
- Mélanger amandes en poudre, sucre et vanille.
- Monter les blancs en neige avec la pincée de sel. Les incorporer délicatement au reste en soulevant de bas en haut, sans battre.
- Verser dans des barquettes en papier plissé de 5 cm de diamètre que l'on dispose sur la plaque du four.
- Enfourner pour 15 à 18 min.

BON À SAVOIR

~ Avec des amandes mondées, on obtient des macarons clairs. Si elles ne sont pas mondées, les macarons sont foncés.

LES VARIANTES

~ ***Les fruits secs.*** Remplacer les amandes par des pistaches ou un mélange pistaches/amandes, et étoffer la préparation d'1 cuil. à soupe de fécule de pomme de terre.

Scoudilini
Œufs battus

Lorsque nous étions enfants, ces œufs battus étaient notre menu préféré du dimanche soir.

Quantité par personne

1 œuf
1 cuil. à soupe de sucre en poudre
Amandes non mondées grillées concassées

- Séparer les jaunes des blancs d'œufs dans 2 saladiers.
- Fouetter les jaunes avec le sucre jusqu'à ce que le mélange blanchisse.
- Monter les blancs en neige et les ajouter délicatement à la préparation précédente en soulevant de bas en haut, sans battre.
- Servir dans des bols ou des coupelles à entremets. Décorer d'amandes grillées grossièrement concassées.

LES VARIANTES

~ ***Au café.*** Pour que le côté « petit déjeuner au dîner » soit complet, certains versaient du café chaud le long de la paroi du bol pour parfumer l'œuf battu sans le « casser ».

Tarte au citron

La pâte :
250 g de farine
2 cuil. à soupe de sucre en poudre
1 œuf
125 g de margarine végétale
1 pincée de sel
Huile (pour le moule)

La crème :
3 œufs
2 citrons
7 cuil. à soupe de sucre en poudre
2 cuil. à soupe de Maïzena
40 cl d'eau
1 pincée de sel

Crème : 15 min
Repos de la pâte : 30 min
Cuisson : 35 min (pâte seule + tarte)

LA PÂTE

- Sortir la margarine à l'avance. Mélanger farine, sel et sucre, faire un puits au centre, y émietter la margarine. Amalgamer ces ingrédients du bout des doigts, ajouter l'œuf et mélanger rapidement.
- Huiler un moule à tarte. À la main, tapisser le moule de pâte et la réserver au moins 30 min au frigo.
- Préchauffer le four (210 °C, th. 7).
- Sortir la pâte du frigo et la cuire 15 min « à blanc » (telle quelle).

LA CRÈME

- Râper le zeste des citrons et en presser le jus.
- Séparer les jaunes des blancs d'œufs dans 2 saladiers.
- Au fond d'une casserole, délayer la Maïzena dans un peu d'eau froide et verser le reste d'eau petit à petit. Ajouter 5 cuil. à soupe de sucre, le jus et le zeste de citron. Poser sur feu doux, le mélange épaissit comme une crème ; incorporer les jaunes 1 à 1 en mélangeant sans arrêt. Retirer du feu et verser dans le saladier dans lequel attendaient les jaunes.
- Monter les blancs en neige avec la pincée de sel et 2 cuil. à soupe de sucre, et ajouter ces blancs délicatement à la crème au citron en soulevant de bas en haut, sans battre.

LA TARTE

- Sortir la pâte du four et la laisser un peu refroidir.
- Verser la crème sur la pâte et enfourner pour 20 min.

LES VARIANTES

~ ***Pâte sans œuf.*** Remplacer l'œuf de la pâte par le même volume d'eau (60 g).

Tarte à la confiture

La pâte :
250 g de farine
2 cuil. à soupe de sucre en poudre
1 œuf
125 g de margarine végétale
1 pincée de sel
Huile (pour le moule)

La garniture :
1 pot de confiture (370 g)
2 cuil. à soupe d'eau
100 g d'amandes effilées

Repos de la pâte : 30 min
Cuisson : 35 min (pâte seule et tarte)

LA PÂTE

◆ Préparer la pâte et la cuire à blanc comme pour la tarte au citron (p. 310), mais garder une petite boule de pâte pour la décoration.

LA GARNITURE

◆ Délayer la confiture avec les 2 cuil. à soupe d'eau et l'étaler sur le fond de tarte. Garnir des amandes.
◆ Étendre finement la petite boule de pâte au rouleau. À l'aide d'une roulette à dents, découper des lanières d'1 à 2 cm de large et les placer sur la tarte en formant des croisillons.
◆ Enfourner pour 20 min.

LES VARIANTES

~ ***La confiture.*** Selon les goûts, on peut utiliser toutes sortes de confitures. Avec une mention spéciale pour la confiture à la grenade (p. 327).

Pâte à tarte version salée

◆ Préparer la pâte comme pour la tarte au citron (p. 310), mais sans sucre.
◆ Cette pâte à tarte version salée servira à préparer barquettes et tartelettes pour la kémia (p. 66).

LES GÂTEAUX DE MA MÈRE

Elle les a inventés pour accommoder des fruits, elle en a réinterprété, adapté… Pour nous, ce sont les siens.

Belphégor

Tu nous fais un gâteau pour le feuilleton ! C'est vendredi soir, il y a quelques années. Pour rien au monde on n'aurait raté « Belphégor », le feuilleton hebdomadaire des fins de semaine d'hiver. Alors pour ajouter au plaisir de ce rendez-vous, ma mère nous concoctait une gâterie avec ce qu'elle trouvait. Quelques fruits, pommes, poires, selon, et de quoi les amalgamer, un peu de farine, des œufs, un parfum de citron ou d'orange… Ainsi est né le Belphégor.

5 pommes
1 zeste de citron ou d'orange
3 œufs
5 cuil. à soupe de sucre en poudre
5 cuil. à soupe de farine
1/2 sachet de levure chimique
1 ou 2 cuil. à soupe de rhum (facultatif)
4 cuil. à soupe d'huile d'arachide
1 pincée de sel
Sucre glace (décoration)

Cuisson : 30 min

- Préchauffer le four (210 °C, th. 7).
- Mélanger tous les ingrédients dans l'ordre où ils sont énumérés. Les pommes ajoutées en fin auront été épluchées et coupées en fines lamelles.
- Huiler un moule à tarte, y verser la préparation, et enfourner pour 25 à 30 min.
- Une fois refroidi, poudrer irrégulièrement le gâteau de sucre glace.

LES VARIANTES

~ ***Les fruits.*** En fait, on compte 5 fruits. Mélanger au choix pommes et poires, ou l'été abricots, pêches… Et varier les plaisirs au gré des saisons, des goûts ou de ce qu'il vous reste.

Quand le fruit de base est un peu fade, penser à le réveiller d'un fruit plus acide ou goûteux.

~ ***Les fruits secs.*** Pruneaux, figues ou raisins secs se marient très bien aux fruits frais. Ils seront préalablement trempés dans un liquide pour les faire gonfler.

Dans du rhum : les égoutter ou utiliser le rhum pour parfumer le gâteau.

Si l'on veut éviter l'alcool par goût ou pour ne pas contrarier les enfants qui, petits, n'apprécient pas toujours, on les trempera dans un jus d'orange.

~ ***Au beurre.*** Remplacer l'huile par l'équivalent de beurre.

Gâteau à l'orange et autres fruits

Un autre Belphégor.

250 g de farine
200 g de sucre en poudre
2 oranges
2 fruits (pommes et/ou poires)
3 œufs
1 sachet de levure
1 verre d'huile d'arachide (20 cl)
1 pincée de sel

Cuisson : 1 h

- Préchauffer le four (210 °C, th. 7).
- Râper le zeste des oranges et en presser le jus. Éplucher les 2 fruits et les couper en lamelles.
- Mélanger en remuant à chaque fois qu'on incorpore un nouvel élément : œufs, sucre (en garder 2 cuil. à soupe), jus et zestes, farine, levure, huile, sel. Finir par les fruits.
- Huiler un moule à cake, poudrer de sucre et verser la préparation.
- Enfourner pour 1 h.

LES VARIANTES

~ ***Au beurre.*** Remplacer l'huile par l'équivalent de beurre et beurrer le moule.

BON À SAVOIR

~ Au bout de 50 min, plonger la lame d'un couteau dans le gâteau, si elle ressort sèche, c'est que le cake est cuit, sinon prolonger un peu la cuisson.

~ Comme la cuisson est longue, la surface du gâteau sera bien dorée tandis que l'intérieur n'aura pas complètement cuit : couvrir le gâteau d'une feuille de papier aluminium et continuer la cuisson.

~ Les fruits peuvent être râpés, côté gros trous.

Ménélik

Sans le savoir, nos grands-mères ont inventé le principe de l'Opéra, mêlant la saveur du chocolat noir à celle du café.
Un peu long à préparer, on peut lui donner toutes sortes de formes.
Il est LE gâteau de nos anniversaires, plébiscité par tous les enfants.

Pour 8 personnes

La mousse au chocolat :
8 œufs
150 g de beurre
300 g de chocolat noir
50 g de sucre en poudre
1 pincée de sel

Le gâteau :
4 cuil. à soupe de café soluble
1 paquet de biscuits Thé LU (48)

La décoration :
100 g d'amandes non mondées

Préparation : la veille ou 12 h à l'avance

LA MOUSSE AU CHOCOLAT

Préparer une mousse au chocolat en forçant sur le beurre et le chocolat.

- Sortir le beurre à l'avance.
- Séparer les blancs des jaunes et les réserver dans deux saladiers.
- Verser le sucre en poudre sur les jaunes d'œufs et fouetter jusqu'à ce que le mélange blanchisse.
- Dans une casserole placée au bain-marie, faire fondre le chocolat, puis hors du feu ajouter le beurre ramolli coupé en petits morceaux. Mêler aux jaunes d'œufs battus avec le sucre.
- À l'aide d'un batteur électrique, monter les blancs en neige avec la pincée de sel et les incorporer en plusieurs fois à la préparation au chocolat. Soulever délicatement du bas vers le haut pour ne pas faire retomber la neige.

LE GÂTEAU

- Dans une assiette creuse, dissoudre le café soluble dans 1 grand verre d'eau chaude. Les biscuits sont très rapidement immergés un à un dans le café tiédi. Au fur et à mesure, on les dispose au centre d'un plat à cake (ou autre plat en longueur). Le gâteau doit former un rectangle large comme 2 largeurs de biscuit et long comme 4 longueurs de biscuit.
- On recouvre ce socle d'une couche de mousse au chocolat (1/6), et on renouvelle cette opération jusqu'à épuisement

des biscuits, en terminant par une couche de mousse. On obtient donc 6 couches de biscuits et 6 couches de mousse.
◆ Après 4 couches (2 de biscuits et 2 de mousse), glisser le plat au réfrigérateur pendant 15 min pour que l'ensemble fige un peu. Puis continuer.
◆ Quand le gâteau est prêt, le réserver au moins une journée au réfrigérateur.

LA DÉCORATION

◆ Décorer d'amandes grillées : les passer entières 4 min au micro-ondes, position maximum, les laisser refroidir et les concasser dans un mortier ou sur une planche avec le manche d'un couteau.

LES VARIANTES

~ ***Biscuits.*** Si vous ne trouvez pas de Thé LU, utilisez des petits-beurre de la même marque.
~ ***Pistaches.*** Remplacez les amandes par des pistaches.
~ ***Bûche.*** Amusez-vous à trouver d'autres formes. Pour Noël, confectionnez une bûche, en commençant de la même façon, avec moins de biscuits ensuite ; la surface sera striée à l'aide d'une fourchette, etc.
~ ***Crème.*** On peut changer le parfum du Ménélik en remplaçant la mousse au chocolat par une crème au beurre parfumée à la vanille, au café, au praliné, etc.

BON À SAVOIR

~ On peut faire fondre le chocolat au micro-ondes. Le casser en morceaux dans un bol avec 2 cuil. à soupe d'eau, et laisser 2 à 3 min sur position maximum.
~ Pour vérifier la fermeté des blancs en neige, on doit pouvoir légèrement renverser le saladier sans que les blancs glissent.
~ Tiédir régulièrement le café au micro-ondes.

LES FRUITS

Les fruits frais

Rien de tel après un repas tunisien que des fruits frais. Disparus de tous les menus, disparus des cartes des restaurants, à de rares exceptions près. Réhabilitons donc les fruits, presque tous les fruits.
Préférer ceux que l'on peut éplucher et couper en morceaux.
On les mélange au gré des saisons, des saveurs ou des couleurs. On les sert dans un joli plat et, en été, on les entoure de quelques glaçons pour les garder frais. Qui pourrait alors résister à ces bouchées multicolores et rafraîchissantes ?

~ ***Les melons.*** De Cavaillon, d'Espagne (on les trouve toute l'année). Les couper en deux, retirer les pépins, couper en quartiers. Éplucher et couper chaque tranche en gros cubes.
~ ***La pastèque.*** Faire de même, c'est un peu plus long.
~ ***Le raisin.*** Le rincer et le détailler en petites grappes.
~ ***Fruits entiers.*** Prunes, mirabelles, reines-claudes, abricots, petites pêches... et clémentines en hiver, servies à part.
~ ***Fruits exotiques.*** Mangues pelées et coupées en lamelles ou en gros cubes, litchis frais que chacun épluchera... Mieux vaut les servir séparément.
~ ***Nos salades de fruits.***
◆ Grenade : les grains sont sucrés et parfumés d'eau de fleur d'oranger.
◆ Fraises/bananes : elles sont sucrées et arrosées d'un jus de citron et/ou d'orange.

Les fruits secs

~ ***Dattes et noix.*** Le meilleur pour la fin.
On les présente en bouchées : fendre les dattes dans le sens de la longueur sans aller jusqu'au bout, retirer les noyaux et fourrer chacune d'elles d'un cerneau de noix.
C'est extraordinairement bon mais hypercalorique.
~ ***Mendiants.*** Poser sur la table plusieurs coupelles remplies d'un mélange de pistaches, pignons, amandes, noix, raisins secs. Les fruits sont pour certains débarrassés de leur coquille et, pour les plus gros, légèrement concassés. Tout doit avoir la même taille. En principe réservé aux mariages, ce mendiant est irrésistible.

GLACES

Granite
Sorbet au citron

Créponné, granite ou aqua limon, cette glace typique d'Afrique du Nord est une simple citronnade mise à givrer.

- Réaliser une citronnade (recette p. 333 avec la moitié d'eau).
- La verser dans la sorbetière. Glisser la sorbetière au congélateur et faire turbiner.

LES VARIANTES

~ Renforcer le goût de citron en ajoutant le **zeste** de 2 citrons.

~ Aérer la granite d'un **blanc d'œuf** battu en neige. Dès que la granite est prise, la sortir du congélateur, la passer au mixer si elle n'est pas préparée dans une sorbetière et lui ajouter délicatement le blanc d'œuf avant de la replacer au congélateur.

~ L'été, on peut enrichir la granite de **fraises** écrasées en purée.

BON À SAVOIR

~ Si l'on ne dispose pas d'une sorbetière, verser la citronnade dans un moule. Le glisser dans le congélateur. Dès que la préparation est prise, la passer au mixer, la reverser dans le moule, puis replacer de nouveau dans le congélateur.

Sabayon
Glace aux œufs

Pour 6 personnes

3 œufs
10 cl d'huile d'arachide
75 g de sucre en poudre
1 sachet de sucre vanillé

- Séparer les blancs des jaunes d'œufs.
- Fouetter les jaunes avec le sucre (en poudre et vanillé), puis ajouter l'huile.
- Battre les blancs en neige et les incorporer délicatement à la préparation précédente en soulevant de bas en haut, sans battre.
- Glisser le tout au congélateur pour 30 min.
- Mélanger énergiquement, verser dans le récipient qui passera à table et replacer au congélateur. Servir comme une glace ou en tranches alternées avec l'arissa aux amandes (p. 297).

CONFISERIES

Dattes et noix, loin de se suffire, s'enrichissent même de pâte d'amandes. On les préparait pour toutes les fêtes importantes, naissances, mariages, bar-mitzva (communions)...
Chez nous, Tante Rachel, grand-tante maternelle, en avait fait sa spécialité, avec une préférence pour les noix, plus rares.
Tout au long de l'année, nous conservions pour elle les plus jolies boîtes. Avec le secret espoir qu'elles reviennent remplies de ses dattes et noix fourrées.

Dattes farcies

Pour 50 pièces

50 dattes
Sucre cristallisé
1 sachet de sucre vanillé

La pâte :
250 g d'amandes en poudre
125 g de pistaches
1 goutte d'extrait d'amande amère
1 pincée de vanille en poudre
Colorant naturel vert (facultatif)

Le sirop :
550 g de sucre cristallisé
10 cl d'eau

- Les fruits secs sont réduits en poudre fine. On les trouve tels quels dans le commerce ou on les passe au mixer.
- Le sirop. Dans une casserole, à petit feu, faire fondre le sucre dans l'eau, mélanger sans arrêt jusqu'à obtention d'un sirop à la perle (voir la recette du miel à la perle, p. 267).
- Verser la poudre d'amandes et de pistaches dans un saladier, arroser du sirop, ajouter l'extrait d'amande amère et la vanille en poudre, mélanger et pétrir. Si le mélange est trop clair, le relever d'une goutte de colorant naturel vert.
- Fendre les dattes sans aller jusqu'au bout et retirer les noyaux.
- Rouler des petits boudins de pâte afin d'en farcir les dattes, donc un tout petit peu moins longs qu'une datte mais bien dodus. Les fourrer dans les dattes.
- Mélanger une poignée de sucre cristallisé à 1 sachet de sucre vanillé. Rouler chaque datte dans ce mélange de sucre.
- Pour une jolie présentation, poser chaque datte dans une barquette en papier plissé (caissette).

◆ *LES VARIANTES*

~ ***Bouchées aux pignons ou aux pistaches.*** On façonne des boules de pâte d'amandes de la grosseur d'une noix et on les roule en appuyant un peu, soit dans des pignons, soit dans des pistaches entières décortiquées.

Noix farcies

Pour 50 pièces

50 noix (100 cerneaux)
1 sachet de sucre vanillé
Sucre cristallisé

La pâte :
250 g de noix décortiquées
125 g d'amandes
1 cuil. à soupe de cacao en poudre
1 pincée de vanille en poudre

Le sirop :
550 g de sucre en poudre
10 cl d'eau

Mieux vaut acheter des noix de bonne qualité avec leur coquille. Les prédécortiquées ne sont pas toujours bien fraîches. Il suffit d'une ou deux noix rances, et l'ensemble s'en trouvera gâché.

◆ Armé de patience, décortiquer les noix (environ 1 kg en tout) en essayant de récupérer au moins 100 cerneaux entiers, le reste servira à la pâte.

◆ Une fois les 100 cerneaux réservés, passer le reste des noix et les amandes au mixer.

◆ Verser cette poudre dans un saladier avec la vanille et le cacao et procéder comme pour les dattes farcies. Arroser du même sirop, mélanger et pétrir.

◆ Façonner des boules grosses comme des noix. Les enserrer de 2 cerneaux et les rouler dans le sucre, comme les dattes.

Nougats aux « pois chiches »

Les « pois chiches » sont réalisés avec de la pâte à debla (p. 275) coupée en petits morceaux, avant d'être frits.

1 œuf de pâte à debla
Huile d'arachide (friture)
200 g de sucre en poudre
100 g d'amandes non mondées

◆ Faire un boudin d'1 cm d'épaisseur avec la pâte à debla et le couper tous les cm.

◆ Plonger ces boules de pâte dans la friture et les égoutter.

◆ Faire un caramel clair avec le sucre et un peu d'eau.

◆ Mélanger le tout (boules frites, caramel, amandes).

Huiler le plan de travail et verser la préparation. Former un boudin de 8 cm d'épaisseur et laisser refroidir. Couper en tranches d'1 cm d'épaisseur.

LES VARIANTES

~ De la même manière, on peut réaliser du nougat au **sésame** ou aux **amandes** seules…

CONFITURES, GELÉES, PÂTES DE FRUITS...

La Tunisie s'est fait une spécialité de la culture de certains fruits : oranges, abricots, figues, grenades ou coings... Tous ces fruits étaient consommés tels quels ou soumis à transformations. Parmi elles : confitures, gelées, pâtes de fruits... En voici quelques-unes parmi les plus spécifiques.

Pour que ces préparations se conservent bien et longtemps, les pots utilisés doivent impérativement être stérilisés. Avant d'être remplis, ceux-ci sont préalablement immergés quelques secondes dans de l'eau bouillante et retournés sur un torchon.

Confiture de coings

Quelle que soit la préparation, une fois épluchés, les coings, s'ils ne sont pas utilisés aussitôt, seront immergés dans de l'eau avec un filet de citron pour les empêcher de noircir.

On ne jette rien, ni peaux ni pépins.. Avec 2 kg de coings on peut réaliser 2 pots de confiture, 2 pots de gelée et de la pâte.

Pour 2 pots
de 370 g chacun

1 kg de coings
500 g de sucre cristallisé
4 clous de girofle

Cuisson : 1 h

- Les coings sont rincés et essuyés si l'on a l'intention ensuite d'utiliser les pelures pour faire de la gelée.
- Peler les coings, retirer cœurs et pépins. Réserver toutes ces épluchures.
- Couper la chair en lamelles ou en petits morceaux au-dessus d'une casserole.
- Ajouter les clous de girofle, recouvrir d'eau, porter à ébullition, baisser le feu et cuire 30 min. Les morceaux sont cuits, fermes mais pas durs.

Verser le sucre, attendre l'ébullition, baisser le feu et cuire jusqu'à ce que cela prenne l'aspect d'une confiture (environ 30 min).

◆ Sans attendre, remplir les pots, les fermer aussitôt et les retourner le temps qu'ils refroidissent.

Gelée de coing

Elle est complémentaire de la confiture et de la pâte. Ce qui est inutile aux unes sert à l'autre.

Pour 2 pots
de 370 g chacun

Pelures et cœurs avec pépins de 2 kg de coings (voir confiture et pâte)
500 g de sucre cristallisé
1/2 citron (jus)

Cuisson : 1 h + 30 min

On n'utilise que les peaux et les cœurs avec les pépins.

◆ Comme précédemment, les poser dans une casserole, les couvrir d'eau, porter à ébullition, baisser le feu et laisser mijoter 1 h à couvert.

◆ Filtrer cette préparation à travers une gaze (étamine, toile à beurre) posée dans un chinois au-dessus d'une autre casserole.

◆ Quand cela a un peu refroidi, presser la gaze à la main, pour en extraire tout le gluant qui fait la gelée.

◆ Verser le sucre, le jus du 1/2 citron, porter à ébullition, baisser et attendre environ 30 min que ce sirop fasse la perle : tremper une cuillère dans le sirop qu'on laisse retomber dans la casserole, la dernière goutte doit rester accrochée à la cuillère.

◆ Sans attendre, verser la préparation dans les pots, les fermer aussitôt et les retourner le temps qu'ils refroidissent.

Pâte de coing

1 kg de coings
Sucre cristallisé (même volume que la chair cuite)
1/2 gousse de vanille

Décoration :
Sucre cristallisé
1 sachet de sucre vanillé

Cuisson : 1 h

- Éplucher les coings et ne garder que la chair. Tout le reste (peaux, cœurs avec pépins) servira à la gelée.
- La chair est coupée grossièrement et versée dans le haut d'un couscoussier pour être cuite à la vapeur.
- Remplir le bas du couscoussier à moitié d'eau chaude, le poser sur un grand feu.
- Quand l'eau bout, poser le haut sur le bas, baisser le feu et couvrir. Faire cuire 1 h à feu doux.
- Cette chair cuite est écrasée en purée à l'aide d'un moulin à légumes équipé d'une grille fine.
- Préparer un sirop à la perle (voir recette précédente), parfumé de vanille, avec le même volume de sucre que la purée de coing obtenue.
- Ajouter la pâte dans le sirop, bien mélanger et reposer le tout sur le feu. Remuer sans arrêt, la pâte va se décoller des parois de la casserole.
- Étaler la pâte sur le plan de travail (le marbre est idéal). Lisser la surface et couper, soit des carrés, soit des losanges ou autres figures. Puis les rouler un à un dans du sucre cristallisé mélangé au sucre vanillé.

Confiture de figues

Pour 2 pots
de 370 g chacun

1 kg de figues
700 g de sucre cristallisé
1 citron (jus)

Macération : 30 min
Cuisson : 30 min

◆ Rincer les figues. Retirer le bout de la queue et les couper en deux ou quatre selon leur grosseur. Si elles sont très petites, les laisser entières.

◆ Les poser dans un grand saladier, les recouvrir de sucre et du jus de citron et laisser macérer 30 min.

◆ Verser le tout dans une grande marmite, porter à ébullition, baisser légèrement le feu et cuire 30 min. Au début, il faudra écumer un peu.

◆ Quand la confiture est prête, la verser immédiatement dans les bocaux, les fermer aussitôt et les retourner le temps qu'ils refroidissent.

Confiture de grenades

Pour 2 pots
de 370 g chacun

2 grenades
Sucre cristallisé (la moitié du volume des grains)
60 g de pignons
60 g d'amandes

◆ Éplucher les grenades et ne garder que les grains. Les rincer.

◆ Dans une casserole, faire bouillir l'eau avec le sucre, verser les grains de grenades. Quand cela commence à être sirupeux mais encore liquide, verser les pignons et les amandes. Continuer à cuire en remuant.

◆ Remplir les bocaux, les fermer et les retourner le temps que la confiture refroidisse.

Hhlou

Sorte de confit fruits/légumes à base d'oignons, à consommer en fin de semaine avec du couscous. Hloua *se dit de quelqu'un d'irrésistible, au second degré, d'une situation ou d'une information que l'on qualifierait de « bien bonne ! ».*

1 pot de confiture d'abricots (370 g)
500 g de potiron
100 g de sucre cristallisé
2 gros oignons
20 cl d'huile d'arachide
1 pincée de vanille en poudre

Cuisson : 45 min + 1 h

- Peler les oignons, les émincer et les faire revenir dans l'huile à feu moyen comme pour la ganaouia (p. 215). Remuer souvent, cette opération, un peu longue, dure de 30 à 45 min. Verser le sucre, attendre quelques minutes en remuant.
- Pendant ce temps, éplucher le potiron, le couper en lamelles que l'on cuit 30 min dans un fond d'eau sans sel.
- Quand les oignons sont bien dorés, ajouter le potiron en bouillie sans eau, la vanille et le pot de confiture. Porter à ébullition, baisser le feu, couvrir et cuire 30 min comme de la confiture.
- Se déguste avec du couscous.

BON À SAVOIR

~ Si l'on veut utiliser des abricots frais, faire soi-même la confiture. La veille, rincer et dénoyauter 500 g d'abricots, les recouvrir de 250 g de sucre cristallisé. Le lendemain, cuire le tout à feu vif, pendant 15 min. Au début, il faudra écumer un peu. Cette confiture est cuite nature dans la mesure où elle sera ensuite incorporée dans une autre préparation. Sinon, ajouter 1 jus de citron et 1 gousse de vanille, la veille. Puis parfumer la confiture de quelques amandes amères nichées dans le noyau des abricots.

~ Remplacer la confiture d'abricots ou les abricots frais par des abricots secs préalablement trempés.

Les boissons

Fraîches ou brûlantes, elles sont des alliées contre l'extrême chaleur et doivent d'abord désaltérer. Café maure, thé à la menthe, citronnade et orgeat.
Elles sont alcoolisées, très alcoolisées quand il s'agit d'accompagner la kémia.
Dans notre famille, le vin était assez peu consommé, comme pour lui conserver son caractère sacré. On le réservait à la prière du shabbat.

Les boissons alcoolisées

Boukha

La Tunisie n'aura pas connu la guerre des boukha. Elle sera séparée en plusieurs zones. De Tunis à Bizerte régnait la boukha Bokobza et à Sousse, la boukha Zana. Très différente dans le Sud, elle est à base de dattes et adoucie d'anis.
Fleuron de la famille Zana, celle que nous buvions portait notre nom. La ville de Sousse et ses environs arrosait sa kémia de notre boukha.
La famille était installée au-dessus de la distillerie. Un bel alambic de cuivre entouré d'une forêt de tonneaux de bois où les figues macéraient dans la pénombre en attendant d'avoir la bonne fermentation.
Enfants, nous aimions y jouer, enivrés par les vapeurs de boukha. De la figue séchée à la bouteille carrée, nous étions fascinés par sa mystérieuse fabrication et fiers de voir notre nom sur les jolies étiquettes.
Dans les cafés, à l'heure de l'apéritif, les hommes ne se faisaient pas prier. Les huitièmes de boukha se couchaient pour signifier qu'elles étaient vides et qu'on pouvait les remplacer. À la fin des ripailles, un vrai champ de bataille, quelques malheureuses bouteilles se dressaient encore à moitié vides ou pleines, tandis qu'une armée d'autres étaient couchées, vaincues par l'allégresse.
Celle que nous consommions à la maison était parfumée par mon père de tiges de fenouil sauvage…
Outre son goût, elle a de grandes vertus digestives ; certains la consomment après le repas.

Anisette

Mais ce patriotisme ne doit pas nous empêcher d'évoquer l'autre apéritif, l'anisette, à l'odeur irrésistible. Elle avait ses inconditionnels, dont nous, les enfants. Plus douce, moins agressive, elle avait l'élégance de changer de couleur au contact de l'eau ou d'un glaçon. Sa transparence se voilait délicatement en un blanc laiteux. Plus désaltérante, l'été elle supplantait même la boukha.

Vins

La Tunisie est surtout productrice de bons vins rosés provenant essentiellement du Cap Bon, des régions de Grombaldia, Hammamet et Nabeul.
Deux curiosités à signaler néanmoins : le vin blanc de Djerba, de fabrication ancestrale, dont le raisin est foulé au pied et fermente dans de grandes jarres en terre ; et le vin de messe des Pères de Tibar.

Les boissons chaudes

Café maure

Disposer d'une tanaka, sorte de petite casserole beaucoup plus haute que large munie d'un long manche.

Pour 1 personne
1 cuil. à café d'un café moulu extrêmement fin (comme de la farine)
2 morceaux de sucre

- Verser l'eau, le café et le sucre dans la tanaka, et poser sur le feu. Porter à ébullition, retirer du feu, puis reposer sur le feu pour une 2e ébullition.
- Ajouter 1 cuil. à café d'eau froide et verser dans la tasse.
- Avant de déguster, attendre quelques secondes que le café retombe au fond de la tasse. Sinon, il y aura autant à manger qu'à boire.
- Ceux qui apprécient parfumeront leur café de quelques gouttes d'eau de fleur d'oranger (mazar).

Thé à la menthe

Le thé à la menthe que nous buvions dans la rue était maintenu au chaud dans sa théière sur les braises d'un canoun. Versé dans des verres grands comme des gros dés à coudre, il était fort, âpre et sirupeux.

Pour 1 personne
1 cuil. à café rase de thé vert
2 feuilles de menthe fraîche (nanaa)
2 morceaux de sucre

- Ébouillanter la théière, puis y verser le thé, la menthe, le sucre et de l'eau bouillante. Remuer, laisser infuser quelques minutes et servir dans de jolis verres à thé ornés de motifs orientaux.
- Décorer d'une feuille de menthe et poser sur la table une coupelle remplie de pignons. Chacun se servira.

Les boissons fraîches

Citronnade et orgeat sont nos boissons fraîches, la Tunisie regorgeant de citrons et d'amandes.

Citronnade

20 cl de jus de citron
20 cl de sirop de canne
110 cl d'eau

- Dans une grande bouteille d'eau minérale en plastique, verser le jus de citron, le sirop de canne et remplir d'eau. Fermer la bouteille, bien agiter et mettre au frais.

Orgeat

Pour les puristes seulement. On trouve de la très bonne orgeat de fabrication artisanale dans les épiceries orientales. Ce que propose la grande distribution se résume à des sirops vaguement parfumés à l'amande. Sauf bonne surprise, rien à voir avec l'orgeat.

250 g d'amandes non mondées
50 g d'amandes amères ou un peu d'extrait
750 g de sucre en poudre
1 litre d'eau

- Blanchir les amandes pour les éplucher.
- Les réduire en purée au mixer.
- Les faire bouillir avec 25 cl d'eau (plus l'extrait d'amande amère à défaut d'amandes amères).
- Faire un sirop à la perle (voir p. 267) avec les 750 cl d'eau et le sucre.
- Filtrer les amandes à travers un morceau de toile à beurre ou de gaze. Bien serrer la toile pour exprimer un maximum de lait d'amande. Mélanger le lait d'amande au sirop.
- Donner une ébullition à ce mélange, attendre quelques minutes et éteindre.
- Laisser refroidir et consommer l'orgeat coupée d'eau bien fraîche.
- Certains la parfument d'eau de fleur d'oranger (mazar).

INDEX
des herbes et épices utilisées

INDEX des recettes

— A —

— B —

— C —

D

E

F

G

H

K

L

M

T

V

Y

Z

Remerciements

Ce livre est tout particulièrement dédié à nos enfants et petits-enfants : Léo, Brigid, Stéphanie, Marco, Benjamin, Emmanuel, Jenny, Stanley, Charlotte et Lola.

Un très grand merci à celles qui nous ont aidées à retrouver et à préciser certaines recettes : Mamishka, tante Mimi et Rachel, Jacqueline, tatie Arlette et madame Boukris.

Merci à Bernard, Roger et Carine pour leur relecture attentive.

Avec une pensée émue pour mon père, grand seigneur et kifiste devant l'éternel qui sait aussi être un excellent cuisinier.

Chez le même éditeur

Ils arrivent dans 1 heure !
Andrée Zana-Murat

La Cuisine de Julie
Julie Andrieu

Les Jules aux fourneaux
Christian de Rivière / Charles-Henry de Valbray

Moi, je cuisine solo ou duo !
Brigitte Namour

Tout cru
Julie Andrieu

Ce soir on dîne à la maison
Andrée Zana-Murat / Marion Scali

Petits riens, grands festins
Antoine Herbez

Moi, je cuisine vert et gourmand
Brigitte Namour

Sauce qui peut
Nicolas Vigne

Moi, je cuisine sans sel mais avec saveur
Nicole H.-Rimbault

Les Plats du jour de Lulu
Lucette Rousseau

La Grande cuisine française casher
Michel Gottdiener

La Saison des confitures
Véronique Le Normand

Caprices de chocolat
Frédéric Bau

Chez le même éditeur

Ils arrivent dans 1 heure !
Andrée Zana-Murat

La Cuisine de Julie
Julie Andrieu

Les Jules aux fourneaux
Christian de Rivière / Charles-Henry de Valbray

Moi, je cuisine solo ou duo !
Brigitte Namour

Tout cru
Julie Andrieu

Ce soir on dîne à la maison
Andrée Zana-Murat / Marion Scali

Petits riens, grands festins
Antoine Herbez

Moi, je cuisine vert et gourmand
Brigitte Namour

Sauce qui peut
Nicolas Vigne

Moi, je cuisine sans sel mais avec saveur
Nicole H.-Rimbault

Les Plats du jour de Lulu
Lucette Rousseau

La Grande cuisine française casher
Michel Gottdiener

La Saison des confitures
Véronique Le Normand

Caprices de chocolat
Frédéric Bau

Remerciements

Ce livre est tout particulièrement dédié à nos enfants et petits-enfants :
Léo, Brigid, Stéphanie, Marco, Benjamin, Emmanuel, Jenny, Stanley,
Charlotte et Lola.

Un très grand merci à celles qui nous ont aidées à retrouver
et à préciser certaines recettes : Mamishka, tante Mimi et Rachel,
Jacqueline, tatie Arlette et madame Boukris.

Merci à Bernard, Roger et Carine pour leur relecture attentive.

Avec une pensée émue pour mon père, grand seigneur et kifiste
devant l'éternel qui sait aussi être un excellent cuisinier.

Conception graphique : Claire Ferrasse

Adaptation maquette
et création des pictogrammes :
Antoine Groborne

Illustrations pp. 98, 142, 237, 271, 273 :
Christiane Schaeffer

Photocomposition : I.G.S. - Charente Photogravure
à L'Isle-d'Espagnac

Impression : Pollina s.a., 85400 Luçon - n° 85756
Reliure : SIRC à Marigny-le-Chatel

N° d'édition : 20522
Dépôt légal : octobre 1998

Principles of Synthetic Intelligence

Oxford Series on Cognitive Models and Architectures

Series Editor
Frank E. Ritter

Series Board
Rich Carlson
Gary Cottrell
Pat Langley
Richard M. Young

Integrated Models of Cognitive Systems
Edited by Wayne D. Gray

In Order to Learn: How the Sequence of Topics Influences Learning
Edited by Frank E. Ritter, Josef Nerb, Erno Lehtinen, and Timothy M. O'Shea

How Can the Human Mind Occur in the Physical Universe?
By John R. Anderson

Principles of Synthetic Intelligence. Psi: An Architecture of Motivated Cognition
By Joscha Bach

Principles of Synthetic Intelligence

Psi: An Architecture of Motivated Cognition

Joscha Bach

Based on a doctoral dissertation submitted at the Institute for Cognitive Science, Fachbereich Humanwissenschaften, Universität Osnabrück.

Cover illustration by Alex Guillotte.

OXFORD
UNIVERSITY PRESS
2009

OXFORD
UNIVERSITY PRESS

Oxford University Press, Inc., publishes works that further
Oxford University's objective of excellence
in research, scholarship, and education.

Oxford New York
Auckland Cape Town Dar es Salaam Hong Kong Karachi
Kuala Lumpur Madrid Melbourne Mexico City Nairobi
New Delhi Shanghai Taipei Toronto

With offices in
Argentina Austria Brazil Chile Czech Republic France Greece
Guatemala Hungary Italy Japan Poland Portugal Singapore
South Korea Switzerland Thailand Turkey Ukraine Vietnam

Published by Oxford University Press, Inc.
198 Madison Avenue, New York, New York 10016
www.oup.com

Oxford is a registered trademark of Oxford University Press

Library of Congress Cataloging-in-Publication Data

Bach, Joscha.
Principles of synthetic intelligence : Psi, an architecture of
motivated cognition / by Joscha Bach.
p. cm.—(Oxford series on cognitive models and architectures ; 4)
Includes bibliographical references and index.
ISBN 978-0-19-537067-6 (cloth : alk. paper)
1. Cognition. 2. Artificial intelligence. I. Title.
BF311.B23 2009
153—dc22

2008043048

Foreword

In this book Joscha Bach introduces the MicroPsi architecture, an integrated model of the mind. It is a broad and shallow architecture based on situated agents. It implements Dietrich Dörner's Psi theory.

MicroPsi has several lessons for other architectures and models. Most notably, the Psi architecture includes drives and thus directly addresses questions of motivation, autonomous behavior, and emotions. MicroPsi suggests how emotions arise, and how drives and emotions are different. Including drives also changes the way that the architecture works on a fundamental level, providing an architecture suited for behaving autonomously, which it does in a simulated world. Psi includes three types of drives, physiological (e.g., hunger), social (i.e., affiliation needs), and cognitive (i.e., reduction of uncertainty and expression of competency). These drives routinely influence goal formation and knowledge selection and application. The resulting architecture generates new kinds of behaviors, including context-dependent memories, socially motivated behavior, and internally motivated task switching. This architecture illustrates how physiological drives and emotions can be included in an embodied cognitive architecture.

The Psi architecture, while including perceptual, motor, learning, and cognitive processing components, also includes several novel knowledge representations: temporal structures, spatial memories, and several new information processing mechanisms and behaviors, including progress through types of knowledge sources when problem solving (the Rasmussen ladder), and knowledge-based hierarchical active vision. These mechanisms and representations can also help make other architectures more realistic, more accurate, and easier to use.

The architecture is demonstrated in a simulated environment, which was carefully designed to allow and require multiple tasks to be pursued and provides ways to satisfy the multiple drives. MicroPsi would be useful in its own right for developing other architectures interested in multi-tasking, long-term learning, social interaction, embodied architectures, and related aspects of behavior that arise in a complex but tractable real-time environment.

The resulting models are as theoretical explorations in the space of architectures for generating behavior. The sweep of the architecture can thus be larger than for models of single experiments currently common in cognitive models. MicroPsi presents a new cognitive architecture attempting to provide a unified theory of cognition. It attempts to cover perhaps the largest number of phenomena to date. This is not a typical cognitive modeling work, but one that I believe that we can learn much from.

Frank E. Ritter
Series editor

Preface: Building blocks for a mind

"Am I a man dreaming I am a robot, or a robot dreaming I am a man?"

Roger Zelazny (1965)

The new concept of "machine" provided by artificial intelligence is so much more powerful than familiar concepts of mechanism that the old metaphysical puzzle of how mind and body can possibly be related is largely resolved.

Margaret Boden (1977)

This book is completely dedicated to understanding the functional workings of intelligence and the mechanisms that underlie human behavior by creating a new cognitive architecture. That might seem like a piece of really old fashioned artificial intelligence (AI) research, because AI, a movement that set out 50 years ago with the goal of explaining the mind as a computational system, has met with difficulties and cultural resistance.

However, AI as an engineering discipline is still going strong. The exploration of individual aspects of intelligence such as perception, representation, memory and learning, planning, reasoning, and behavior control led to tremendous insights and fruitful applications. Results from AI have brought forth independent fields of research as diverse as computer vision, knowledge management, data mining, data compression, and the design of autonomous robots. AI as a way of understanding the mind offers some unique methodological advantages.

When looking at a system, we might take different stances, as the philosopher Daniel Dennett suggested (1971): the physical stance, which attempts a description at the level of the relevant physical entities (the physical make-up and the governing laws); the design stance (how the system is constructed); and the intentional stance (a description of the system in terms of beliefs, desires, intentions, attitudes, and so on).[1] Computer science allows taking an *active* design stance: the one of a constructing engineer (Sloman, 2000). Understanding a system in computer science means one is able to express it fully in a formal language, and expressing it in a formal language amounts (within certain constraints) to obtaining a functional model of the thing in question. If the system to be modeled is a physical system, such as a thunderstorm, then the result will be a simulation of its functioning. But if we are looking at an information processing system that in itself is *supervening* over its substrate, then we are replacing the substrate with the implementation layer of our model and may obtain a functional *equivalent*.

In recent years, there have been calls from different disciplines—including AI, psychology, cognitive neuroscience, and philosophy—to gather under the new roof of cognitive science and to concentrate on integrative architectures that are laid out specifically for the purpose of modeling and understanding the human mind. These *cognitive architectures*, including EPAM (Gobet, Richman, Staszewski, & Simon 1997); Newell, Laird, and Rosenbloom's *Soar* (1987); and Anderson and Lebière's ACT (Anderson, 1983, 1990), have become a flourishing new paradigm.

Such broad architectures are necessarily shallow at first, replacing crucial component s with scaffolding and complex behaviors with simple ones. They have to rely on ideas, paradigms, results, and opinions stemming from many disciplines, each sporting their own—often incompatible—methods and terminology. Consequently they will be full of mistakes and incorrect assumptions, misrepresentations of results,

1 It might be difficult to draw a dividing line between the physical stance and the design stance: the levers and wheels making up a watch are physical entities as well as parts from an engineer's toolbox. On the other hand, the lowest levels of description used in physics are in a state of flux. They are competing theories, pitched against each other with respect to how well they construct observable behaviour. In fact, both the physical stance and the design stance are *functionalist* stances, each with regard to a different level of functionality.

distortions resulting from skewed perspectives, and over-simplifications. Yet, there is reason to believe that, despite inevitable difficulties and methodological problems, the design of unified architectures modeling the breadth of mental capabilities in a single system is a crucial stage in understanding the human mind, one that has to be faced by researchers working at the interface of the different sciences concerned with human abilities and information processing. We will have to put up with the burden of interdisciplinarity, because the areas of human intelligence are inseparably intertwined. Language cannot be fully understood without understanding mental representation, representation cannot be understood without perception, perception not without interaction, interaction not without action control, action control and affordances not without motivation, and motivation not without the contexts set by evolution, environment, physiology, and sociality, and so on. An understanding of the mind that does not regard the psychological, the social, the physiological interface to the world, language, reasoning, emotion, and memory, and their common ground (which I believe to be information processing) will not only be incomplete in isolated parts, but is not going to be an understanding at all.

In a way, the designer of a unified architecture is in a situation similar to that of the cartographers who set out to draw the first maps of the world, based on the reports of traders and explorers returning from expeditions into uncharted waters and journeys to unknown coasts. These travelers were of very diverse ilk, and their reports were often contradictory, incomplete, and inaccurate. Coasts of suspected continents turned out to be islands, small islets turned out to be outcrops of vast lands. What appeared to be a sea sometimes was just a lake, different places appeared to be identical, and passages thought to be leading to known lands led into territory that was previously unheard of. All the while, the cartographers were sitting at their drawing tables (or were traveling on some boat themselves), and drew their maps based on their own mistaken preconceptions, which constrained continents into circular shapes with Biblical settlements in their center.

At the same time, there were geometers and prospectors at work who did "proper maps" with tools fit for the task. They charted houses, villages, roads, and counties, over and over, often with astounding accuracy. But although their work was irreplaceable for their respective and local purposes, the world maps of later generations were not derived by putting their results together into a mosaic of billions of diagrams of houses, farms, crossroads, and villages, but by critically improving on the initial tales and faulty sketches that attempted to represent the world as a whole.

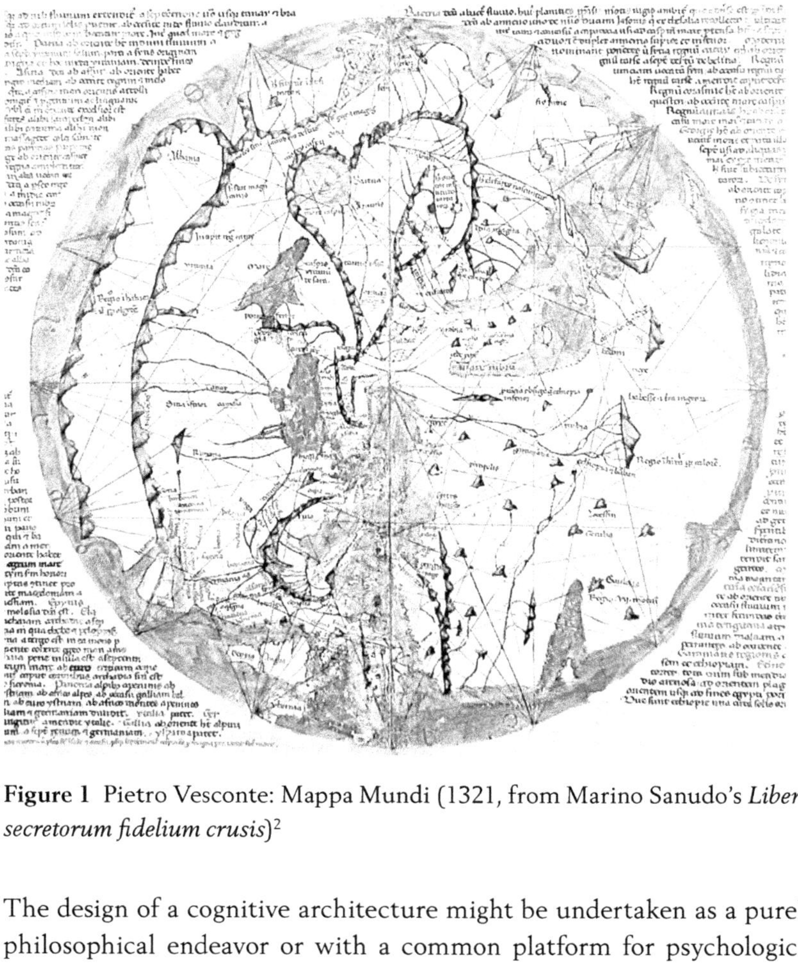

Figure 1 Pietro Vesconte: Mappa Mundi (1321, from Marino Sanudo's *Liber secretorum fidelium crusis*)[2]

The design of a cognitive architecture might be undertaken as a purely philosophical endeavor or with a common platform for psychological

2 Pietro Vesconte is considered the first professional cartographer to sign and date his works regularly. He was one of the few people in Europe before 1400 to see the potential of cartography and to apply its techniques with imagination. As can be seen in the world map he drew around 1320, he introduced a heretofore unseen accuracy in the outline of the lands surrounding the Mediterranean and Black Sea, probably because they were taken from the portolan (nautical) charts. Vesconte's world maps were circular in format and oriented with East to the top (see Bagrow 1985).

theory in mind. But taking this job to the AI laboratory adds something invaluable: it requires the theory not merely to be plausible, but to be fit for implementation, and delivers it to the instant and merciless battle of testing. To implement a theory, it needs to be formal even in its scaffoldings, completely specified in the crucial parts and crevices, and outspoken about the messy details.

Computer scientists tend to be familiar with this demand; they are constantly confronted with educating experiences while testing their premature conceptions of even relatively simple, straightforward problems such as sorting of numbers or unification of variables. They must give their ideas expression as programs; a computer program will fail on the slightest mistake. This makes computer scientists continuously aware of the limits of human intuition, and of the need to revoke and improve their original theories. Thus, computer scientists are often sober and careful when compared to many a philosopher; humble, pedantic, and pessimistic when compared to some psychologists. They also tend to know that there are many examples for models of mental processes that are technically simplistic, but not easy to invent because of their unintuitive nature, such as self-organizing maps and backpropagation learning. On the other hand, they know of problems that are apparently much easier to understand than to fully conceptualize and implement, such as frames (Minsky, 1975).

The work displayed in this book has largely been inspired by a frame set by the theoretical psychologist Dietrich Dörner—the Psi theory—partly because it addresses its subject in such a way as to allow an implementation as a computational model, while providing enough overlap with existing theories in cognitive science to make it compatible or comparable to other approaches.

The Psi theory attempts to be a grounding perspective for psychology, so the scope of the Psi theory renders it somewhat unique. Dörner addresses not just isolated aspects of the human mind, but explains the interchange of perception, action, mental representation, and emotion, deeming them largely inseparable. Unlike the other unified theories of cognition, Dörner treats the cognitive system not as a module set up for certain kinds of calculations, but always as an *agent*. Of course, the Psi system also does nothing but certain kinds of calculations—but the focus is not on the abstract heights of some disembodied notion of cognition. Of great import is that Psi systems are *motivated* all the time; they perceive, learn, and cogitate always with respect to some goal that stems from demands, an action control layer, and a certain access to the environment. The agent perspective—that of a system that is autonomous, pro-active, persistent, situated, and adaptive—is shared by most contemporary approaches in AI.

Dörner's theory of the mind amounts to a head-on approach, starting out with an attempt to justify his reductionist treatment of psychology, an explanation of autonomy in terms of dynamical systems theory, and then delving into the mechanisms of perception, mental representation, memory, action control, and language, all the time maintaining a design stance and often supplying suggestions for algorithmic solutions. Dörner not only claims that a computational foundation of psychological principles is possible, but that it is necessary—not as a replacement of psychological assessments, but as a much needed explanation and integration.

Dörner and his group have implemented a graphical neural simulator (DAS, Hämmer & Künzel, 2003) aiding in demonstrating some aspects of Dörner's neural models of cognition and a prototypical Psi agent. Dörner's agent simulation does not make use of the neural principles of the theory, but it nicely illustrates his model of emotion and contains solutions for perception, learning, and planning within the conceptual framework of the Psi theory.

The Psi theory has been laid down in the course of many lectures at the University of Bamberg, the comprehensive book *Bauplan für eine Seele* (Dörner, 1999) that provides introduction and explanation to many aspects of the theory, the follow-up *Die Mechanik des Seelenwagens* (Dörner et al., 2002), and various publications that describe earlier stages of the theory (Dörner, 1974, 1976, 1977, 1988, 1994, 1996; Dörner & Wearing, 1995; Dörner & Hille, 1995, Dörner, Hamm, & Hille, 1996; Bartl & Dörner, 1998b, 1998c; Hille & Bartl, 1997; Hille, 1997, 1998), individual parts and components (Dörner et al., 1988; Dörner, 1994, 1996b; Künzel, 2003; Strohschneider, 1990; Gerdes & Strohschneider, 1991; Schaub, 1993), experiments (Strohschneider, 1992; Bartl & Dörner, 1998; Detje, 1999; Dörner et al., 2003; Dörner et al., 2005) and related work within Dörner's group (Dörner & Gerdes, 2005, Hämmer & Künzel, 2003). Last but not least, the code of the Psi agent implementation is publicly available (Dörner & Gerdes, 2004). Currently there is no comprehensive publication in the English language that covers the PSI theory, nor has it been seriously introduced into the discussion of artificial intelligence and cognitive science beyond some brief mentions in review papers (Ritter et al., 2002; Morrison, 2003). This may be due to the fact that even though concepts and ideas of the PSI theory are compatible with a lot of work in AI, the psychological terminology, the lack of formalization, and the style of presentation differ considerably. One of the goals of this book will be the provision of an easily accessible reference to Dörner's work.

Dörner's theory has much in common with a number of cognitive architectures that have been developed at computer science departments, such as the Neural Theory of Language of Jerome Feldman's group at Berkeley (Feldman, 2006), Stan Franklin's attempts at "Conscious Agents" (2000), and Aaron Sloman's inspiring but not very detailed *Cognition and Affect* (2001) architecture (which in turn owes much to Antonio Damasio). Dörner's reasoning components and methods of internal representation could also be compared (even though the result will find many differences) to the psychological cognitive architectures. Thus, it is possible to compare it to other work, but it is difficult to test: First of all, the PSI theory does not attempt to look at the different aspects of cognition—such as memory, behavior regulation, motivation, emotion, perception—in isolation, but combines them all in a common framework instead. This in itself is, of course, no obstacle to testing, because even if different faculties are deemed inseparable to achieve a certain cognitive capability, this capability might still be *evaluated* independently. But a standpoint that attempts to integrate *all* aspects of a cognitive system, however briefly and fleetingly, will inevitably create a set of assertions so extensive and far-reaching that it will be an immense task just to formulate them. The derivation of a model of such a theory that is fit for implementation seems even more difficult. And should we succeed in our attempts to implement such a model—partial and abridged in many ways, and hampered by the tools and methods at hand—what can we compare it to? The PSI theory is, for instance, not concerned with low-level neurophysiology and those properties of cognition that stem directly from the specifics of the connectivity of the individual cortical areas, or the speed of propagation of activation in biological neurons. While it attempts to maintain compatibility with general neurobiological assumptions, the Psi theory must abstain from making quantitative predictions on neuroscientific experiments. Furthermore, the Psi theory claims to be a theory of *human* cognition, but while it admits that most feats of problem-solving that are unique to humans depend on the mastery of verbalization, it is still far from supplying a working model of the acquisition and use of grammatical language. Problem solving in the Psi theory is therefore limited to tasks below the level of humans for the time being. Does this make it a theory of animal cognition? If so: of which animal? This question might not find an answer either, because even though the Psi theory is aware of the relevance of perception of a rich real-world environment for the formation of grounded mental representations, it cannot provide ready solutions for the difficult challenges real-world perception puts to an organism. And if we forego the issue of an accurate model of perceptual processes, we will be running into problems caused by the limits of the implemented set of learning, categorizing, and planning mechanisms, which all fall short of the state of the art in the relevant disciplines of computer science. Almost paradoxically, while claiming to be an integrative theory of the different aspects of mental functionality, Psi fails to be very good at modeling these aspects in isolation.

The stakes of the Psi theory lie elsewhere: its propositions are of a qualitative nature. Rather than predicting *how long* it takes and *how likely* it is to retrieve an item from working memory, it addresses *what* an item in working memory *is*: how it is related to inner imagery and to language, the way it is represented, and how it is grounded in interactional contexts. Instead of timing the exact influence of a negative emotional setting on problem solving and task switching, it makes statements about the structure of a negative emotion and the way problem solving and task switching are linked to emotion. Before it compares the affinity of individuals to different sets of stimuli, it deals with the motivational system to explain such things as affinity and aversion. The Psi theory is no model of human performance, it is a blueprint for a mind. Or, using my earlier metaphor, it is an attempt to draw a map of the world in the confines of a science that is dominated by geometers that grew accustomed to charting individual villages and valleys, and an attempt that is necessarily hampered by the need to neglect detail for the sake of perspective, and to accept crudeness for the sake of manageability.

Naturally, it is also possible to put structural assumptions to the test. But this requires the development of alternative explanations to pitch them against, and over-arching theories competing with the Psi theory seem to be in short supply. So far, Dörner seems to have resorted to two methods of coping with that problem:

1. Instead of strictly testing the theory by its model implementation, he uses the model as a *demonstration*. He has realized Psi agents that he has put into a problem-solving situation similar to that used in evaluating human performance: a virtual world that has to be navigated in search of resources. I do not believe that this demonstration, while successful, qualifies as a test, because the same task could probably solved at least equally well by a different, much simpler agent that is specifically tailored for the task. Such a "dumb," specialized agent might fail in a different environment, but unfortunately, that applies to Dörner's model as well, because his current realization of the Psi agent is too restricted to use it in different domains without significant changes.
2. Individual aspects of the implementation have directly been compared to humans that were asked to perform in the same problem solving scenario, especially the emotional modulation during the course of the test, and the results and strategies while tackling the task (Detje, 1999; Dörner et al., 2002, pp. 241; Dörner et al., 2003). But because it is not an isolated component that enters the comparison, it is not always clear to the critical reader whether an individual positive or negative result in the test can be attributed to the accuracy of the theory (or its lack thereof), or if is due to the specifics of the experimental setting and the nature of simplification that has been applied to individual areas of the implementation.

The fact that Dörner's methodology deviates from experimental psychology does not automatically give it a domicile under the umbrella of another discipline. It is, for instance, not a typical work in AI, and by attempting to house it under AI's roof, I am bound to inherit some of the original methodological trouble.

While there is a history of publications that focus on conceptualization of architectures for modeling the human mind (Minsky, 1986, 2006; Franklin, 2000; Sloman, 2001; Brooks, 1986; Winograd & Flores,

1986), most work in artificial intelligence is slanted heavily towards the engineering side, and I would be much more comfortable if Dörner would offer more in the way of testable details, such as a distinctive parallel distributed classification algorithm that I could judge against against existing methods, including comparison of computational performances.

Even in light of the difficulties posed not only by a nascent model but perhaps also by a nascent methodology, Dörner's question remains urgent and exciting: How does the mind work? It is a question that should certainly not fall victim to "methodologism," the fallacy of ignoring those aspects of a realm that lie outside the methodology already at hand (Feyerabend, 1975). It is not the methodology that should dictate the question; instead, it is the formulation of the question that has to forge the tools for answering it. Treading new territory, however, does not relieve us from the burden of scientific accuracy and the justification of both results and the methods we employ to obtain them. So, of course, vigilance is in order to assure that we are still pursuing a productive paradigm, one that yields insight, results and applications, rather than having fallen victim to a regressive program that leads only to patchwork and rationalizations of the failure of theoretical assumptions to stand up to scrutiny (Lakatos, 1977, and Feyerabend, 1975).

After working on and with the Psi theory for almost a decade, I think that there is every reason to believe that it has an enormous potential as a productive paradigm. Domains such as artificial life, robotic soccer (Kitano, Asada, Kuniyoshi, Noda et al., 1997), the control of autonomous robots in a dynamic environment, social simulation (Castelfranchi, 1998), the simulation of joint acquisition of language categories (Steels, 1997), or simply the application for providing students of computer science with a hands-on experience on multi-agent systems development suggests many immediate uses for agents based on the Psi architecture. At the same time, developing and experimenting with Psi agents is an opportunity to sharpen notions and improve our understanding of the fundamental entities and structures that make up a cognitive system, based on motivation and routed in its interaction with an environment.

In recent years, the author and his students have constructed a framework for the design of a specific kind of Psi agents: MicroPsi (Bach, 2006). This framework allows for creating, running, and testing MicroPsi agents in a virtual world, or through a robotic interface (Bach, 2003b). In accordance with the Psi theory, it is possible to define these agents using executable spreading activation networks (Bach & Vuine, 2003), and to lend them a hybrid architecture that unifies symbolic and sub-symbolic aspects within a single mode of description. We have also defined and implemented an agent based on a partial version of the Psi theory—the MicroPsi agent (2003). These agents make use of the proposed hybrid network architecture, and while mainly based on Dörner's theory, introduce changes and borrow from other approaches when deemed appropriate. More recent work is concerned with extensions of the agent for learning and classification, and its application to robotic environments.

In the following pages, you will find ten sections.

The first chapter prepares the ground for discussing Psi theory and MicroPsi by giving a short introduction to the philosophical and methodological concepts of cognitive architectures, especially the Computational Theory of the Mind and the Language of Thought Hypothesis. I will highlight how cognitive models have been established in artificial intelligence research and psychology as a paradigm of understanding the mind, and explain their current main families: symbolic, distributed, and neuro-symbolic models.

Chapters Two through Six review and organize the content of the existing (primarily German) publications of Dörner and his group, starting with an overview of the architecture of a Psi agent. Chapter Three introduces the neuro-symbolic representations that form the Psi agent's Language of Thought. The motivational control of behaviors and Dörner's modulation theory of emotion are the subjects of Chapter Four, followed by Chapter Five's discussion of the role of natural language in the context of the theory. Chapter Six summarizes the original implementations.

An analysis of the expressive power of the Psi theory's mode of representation is given in Chapter Seven, followed by Chapter Eight's introduction to the MicroPsi architecture, which formalizes and extends Dörner's work. MicroPsi agents can be implemented and tested using an extensive neuro-symbolic toolkit, which is described in Chapter Nine. Chapter Ten ends our excourse with a short summary.

Acknowledgements

This book would not exist if not for Ian Witten, who introduced me to the beauty of academic research at New Zealand's Waikato University, and who encouraged me to aim for the most turbulent waters I could find. These waters were provided by Dietrich Dörner, who influenced my perspective on the philosophy of the mind even before I became a student. Since I have come to know him, our discussions provided many fruitful insights for me. I also want to thank Hans-Dieter Burkhard, who first taught me artificial intelligence and then endured my research interests for quite a few years, for which I will be forever indebted to him. Hans-Dieter Burkhard funded me through this time and generously supported me in many ways. Without this, I could never have conducted the series of artificial emotion and cognitive science seminars that eventually led to the formation and continued existence of the MicroPsi project at the Humboldt-University of Berlin.

I am grateful to Ute Schmid for introducing me to the excellent Institute of Cognitive Science at the University of Osnabrück. Claus Rollinger provided terrific working conditions. Kai-Uwe Kühnberger and Helmar Gust have not only been great colleagues within the Institute's AI group, they also gave a lot of support and offered a very conducive environment. I am also very thankful for the acquaintance and support of Carla Umbach, Peter Bosch, Peter König, and Achim Stephan.

Writing this book was made a lot easier by the endorsement and encouragement from many sources. Especially, I would like to thank Frank Ritter for his invaluable support and guidance, and for his work as an editor of this book, and I want to mention the help of Kay Berkling and Armin Zundel at the Polytechnical University of Puerto Rico and the generous hospitality of Michel Benjamin and Inge Buchwald at Chateau Pitray.

I am also thankful to Aaron Sloman and Cristiano Castelfranchi for helpful discussions and the provision of valuable insights, and to Luc Steels for his perspective on concept formation through language. These great researchers have, personally and scientifically, inspired a lot of the work presented here.

Not least I have to thank my students in the MicroPsi group at the Humboldt-University of Berlin, the Mindbuilding seminars and reading group at the University of Osnabrück, and the attendees of the MicroPsi workshops in Gantikow. Thinking about and implementing MicroPsi was a collaborative effort, and the software project owes a lot especially to Ronnie Vuine, David Salz, Matthias Füssel and Daniel Küstner. I want to thank Colin Bauer, Julia Böttcher, Markus Dietzsch, Caryn Hein, Priska Herger, Stan James, Mario Negrello, Svetlana Polushkina, Stefan Schneider, Frank Schumann, Nora Toussaint, Cliodhna Quigley, Hagen Zahn, Henning Zahn, Yufan Zhao, and many others who contributed to our efforts.

Whenever I needed help in understanding the Psi theory, critical discussion, or encouragement, the members of Dietrich Dörner's group at the university of Bamberg were there for me. I am especially thankful for the assistance of Frank Detje, Maja Dshemuchadse, Jürgen Gerdes, Sven Hoyer, Johanna Künzel, Harald Schaub, and Ulrike Starker.

Very special thanks are due to Bettina Bläsing for proofreading the first draft of this book and still being a friend afterwards, and to Miriam Kyselo for her mammoth assistance in building an index.

The distance between the first draft and the final book was covered with the competent aid of the team at Oxford University Press, under the supervision of Catharine Carlin, and it was directed by the suggestions of Emma Norling, Martin Lötzsch and several anonymous reviewers.

And most of all, I want to thank Mira Voigt for enduring and supporting me with unwavering love throughout all these years.

Berlin, 31st of December, 2007

Contents

Principles of Synthetic Intelligence

1

Machines to explain the mind

I propose to consider the question, "Can machines think?"

This should begin with definitions of the meaning of the terms "machine" and "think."

Alan M. Turing (1950)

This book is an attempt to explain cognition—thought, perception, emotion, experience—in terms of a machine: that is, using a *cognitive architecture*. While this approach has gained acceptance in the cognitive sciences, it seemingly runs against many of our intuitions on how to understand the mind. As Gottfried Wilhelm Leibniz put it:

> Perception, and what depends on it, is inexplicable in a mechanical way, that is, using figures and motions. Suppose there would be a machine, so arranged as to bring forth thoughts, experiences and perceptions; it would then certainly be possible to imagine it to be proportionally enlarged, in such a way as to allow entering it, like into a mill. This presupposed, one will not find anything upon its examination besides individual parts, pushing each other—and never anything by which a perception could be explained. (Leibniz 1714 [translation by the author])

Cognitive architectures are indeed Leibnizean Mills: machines that are designed to bring forth the feats of cognition, and built to allow us to enter them, to examine them, and to watch their individual parts in motion, pushing and pulling at each other, and thereby explaining how a mind works.

Our particular cognitive architecture is based with a formal theory of human psychology, the *Psi theory*, which will be detailed in the following chapters. This theory has been turned into a computational model, called *MicroPsi*, which has been partially implemented as a computer program. The machine—the computer program and its formal specification—is subject to continuing research, while the Psi theory acts as its blueprint. The lessons that are learned from the workings and failures of the machine do, in turn, lead to improvements in the theory.

But before we discuss theory and implementation, let us note that computational models of the mind are still subject of philosophical and methodological controversies; just as in Leibniz' times, many philosophers and psychologists hotly disagree with the idea of interpreting cognition as the workings of a (computational) mill. Thus, it will be worthwhile to have a look at our main theme—cognition—first, and reflect on the methodological and some of the philosophical foundations of cognitive architectures.

When Leibniz tried to sketch the supposed activity of his mill, he used several related terms (perception, experience, and thought) to hint at what we now call *cognition*. Even today, cognition is not a strictly defined and concisely circumferenced subject. In fact, different areas in the cognitive sciences tend to understand it in quite different ways. In computer science, for instance, the terms "cognitive systems" and specifically "cognitive robotics" (Lespérance, Levesque et al. 1994) often refer loosely to situated, sometimes behavior-based agent architectures, or to the integration of sensory information with knowledge. In philosophy, cognition usually relates to *intentional* phenomena, which in functionalist terms are interpreted as mental content and the processes that are involved with its manipulation. The position that intentional phenomena can be understood as mental representations and operations performed upon them is by no means shared by all of contemporary and most traditional philosophy; often it is upheld that intentionality may not possibly be *naturalized* (which usually means *reduced to brain functions*). However, the concept that intentional states can be explained using a representational theory of the mind is relatively widespread and in some sense the foundation of most of cognitive science.

In psychology, cognition typically refers to a certain class of mental phenomena—sometimes involving all mental processes, sometimes limited to "higher functions" above the motivational and emotional level, but often including these. Cognitive psychology acknowledges that the mind is characterized by internal states and makes these an object of investigation, and thus tends to be somewhat in opposition to behaviorist stances. Neuropsychology sometimes focuses on cognitive processing, and a substantial part of contemporary cognitive science deals with the examination of the biological processes and information processing of the brain and central nervous system. On the other hand, some psychologists argue that the neurobiological phenomena themselves take place on a functional level different from cognition (Mausfeld, 2003), and that although cognition is facilitated by brain processes and neurobiological correlates to mental (cognitive) processes have been identified, this relationship is spurious and should not mislead research into focusing on the wrong level of description. In this view, the relationship between cognition and neurobiological processes might be similar to the one between a car engine and locomotion. Of course, a car's locomotion is facilitated mainly by its engine, but the understanding of the engine does not aid much in finding out where the car goes. To understand the locomotion of the car, the integration of its parts, the intentions of the driver and even the terrain might be more crucial than the exact mode of operation of the engine. We will briefly revisit this discussion in the next section.

Traditionally, psychology tended to exclude emotion and motivation from the realm of cognition and even saw these as being in opposition. This distinction is now seen as largely artificial, and much research in cognitive psychology is devoted to these areas, as well as to higher level cognition (self-monitoring and evaluation, *meta-cognition*). Yet, the distinction is often still reflected on the terminological level, when reference is made to "cognitive and motivational processes" to distinguish, for instance, the propositional reasoning from action control.

Often it is argued that the cognitive processes of an organism do not only span brain and body, but also the environment—to understand cognition is to understand the interplay of all three. There are several reasons for this: for one thing, because cognition might be seen as a continuum from low-level physical skills to more abstract mental faculties (van Gelder & Port, 1995, p. viii–ix): Just as the motion of a limb might not be properly understood without looking at the nature of the environment of the organism, cognitive processes derive their semantics largely from environmental interaction. Furthermore, the cognitive processes are not entirely housed within the substrate of the organism's nervous system, but, in part, literally in the interaction context with its habitat. While sometimes relevant aspects of the environment may be modeled within the organism (in the form of a neural "simulator"), these representations will tend to be incomplete and just sufficient for interaction, so parts of cognition will not work without the proper environmental functionality (Clark & Grush, 1999). It has also been argued that the acquired representations *within* the organism should be seen less as a part of the organism than of the environment to which it adapts (Simon 1981, p. 53). And finally, an organism might use tools that are specifically designed to interact with its cognitive core functionality, thus a part of the environment might become part of a mind.[3]

1.1 From psychology to computational modeling

As we see, it is difficult to put a fence around cognition. Why is the notion of cognition so immensely heterogeneous?—I believe this is because the term intends to capture the notion of mental activity, of what the mind does and how it gets it done. Because there is no narrow, concise understanding of what constitutes mental activity and what is part of mental processes, much less what has to be taken into regard to understand them, cognition, the cognitive sciences and the related notions span a wide and convoluted terrain. It might come as a surprise that most of this terrain now lies outside psychology, the science that originally subscribed to studying the mind. This methodological discrepancy can only be understood in the context of the recent history of psychology.

3 See, for instance, Clark (2002): "The sailor armed with hooey and alidade can achieve feats of navigation that would baffle the naked brain (...). And—perhaps more importantly for this discussion—the way such tools work is by affording the kinds of inner reasoning and outer manipulation that fit our brains, bodies and evolutionary heritage. Our visual acuity and pattern-matching skills, for example, far outweigh our capacities to perform sequences of complex arithmetical operations. The slide rule is a tool which transforms the latter (intractable) kind of task into a more homely one of visual cognition. Tools can thus reduce intractable kinds of problems to ones we already know how to solve. A big question about tools, of course, is how did they get here? If tools are tricks for pressing increased functionality out of biologically basic strategies, what kinds of minds can make the tools that make new kinds of minds?"

Psychology, which originally had its roots as a natural science in the psychophysics of Fechner and Helmholtz, became an independent discipline when Helmholtz' pupil Wilhelm Wundt founded his experimental laboratory at the University of Leipzig in 1874 (Boring, 1929). The understanding of psychology as an experimental science was later challenged, especially by the psychoanalytic movement, starting in the 1890s, and because of the speculative nature of the psychoanalytic assumptions, psychology came under heavy fire from positivists and empiricists in the first half of the twentieth century (see Gellner 1985, Grünbaum 1984). The pendulum swung backwards so violently that the psychological mainstream turned away from structuralism and confined itself to the study of directly observable behavior. Behaviorism, as proposed by John B. Watson (1913) became very influential, and in the form of *radical behaviorism* (Skinner, 1938) not only neglected the nature of mental entities as on object of inquiry, but denied their existence altogether. At the same time, this tendency to deny the notion of mental states any scientific merit was supported by the advent of ordinary language philosophy (Wittgenstein, 1953, see also Ryle, 1949). Obviously, the negligence of internal states of the mind makes it difficult to form conclusive theories of cognition, especially with respect to imagination, language (Chomsky, 1959) and consciousness, so radical behaviorism eventually lost its foothold. Yet, *methodological* behaviorism is still prevalent, and most contemporary psychology deals with experiments of quantitative nature (Kuhl, 2001). Unlike physics, where previously unknown entities and mechanisms involving these entities are routinely postulated whenever warranted by the need to explain empirical facts, and then evidence is sought in favor of or against these entities and mechanisms, psychology shuns the introduction of experimentally ungrounded, but technically justified concepts. Thus, even cognitive psychology shows reluctance when it comes to building unified theories of mental processes. While Piaget's work (especially Piaget, 1954) might be one of the notable exceptions that prove the rule, psychology as a field has a preference for small, easily testable microtheories (Anderson, 1993, p. 69).

Psychology tends to diverge along the lines of the individual modeled fields into areas like developmental psychology, motivational psychology, linguistic development, personality theories and so on. Not that these disciplines would be invalidated by their restricted approach! Indeed, much of their credibility is even *due to* their focus on an area that allows a homogenous methodology and thus, the growth and establishment of scientific routines, communities, and rules of advancement. But this strictness comes at a price: the individual fields tend to diverge, not just in the content that they capture, but also in the ways they produce and compare results. Thus, it not only becomes difficult to bridge the terminological gaps and methodological differences in order to gain an integrative understanding of an individual phenomenon—the results from different disciplines might completely resist attempts at translation beyond a shallow and superficial level.

It is not surprising that influences that lead to the study of genuinely mental entities and structures within psychology came from different fields of science: from information sciences and cybernetics, and from formal linguistics. They fostered an understanding that mental activity amounts to information processing, and that information processing can be modeled as a complex function—an algorithm—working over states that encode representations. In my view, the most important contribution of the information sciences to psychology was the extension of philosophical constructivism into functionalism and the resulting methodological implications.

Functionalist constructivism is based on the epistemological position of philosophical constructivism (see, for instance, von Foerster & von Glasersfeld, 1999) that all our knowledge about the world is based on what is given at our systemic interface. At this interface, we do not receive a description of an environment, but features, certain patterns over which we construct possible orderings. These orderings are functional relationships, systems of categories, feature spaces, objects, states, state transitions, and so on. We do not really *recognize* the given objects of our environment; we *construct* them over the regularities in the information that presents itself at the systemic interface of our cognitive system.

For example: if we take a glance out of the window on a cloudless day, we do not simply *perceive* the sun as given by nature, rather, we identify something we take as a certain luminance and gestalt in what we take to be a certain direction, relatively to what we take to be a point in time. A certain direction is understood as something we take as a characteristic body alignment to something we take as a certain place and which makes a certain set of information accessible that we take to be a certain field of view. In such a way, we may decompose all our notions into the functional features that are the foundation of their construction. Thus, all our notions are just attempts at ordering patterns: we take sets of features, classify them according to mechanisms that are innate within our interpretational system and relate them to each other. This is how we construct our reality.

To perceive means on one hand to find order over patterns; these orderings are what we call *objects*. On the other hand, it amounts to the identification of these objects by their related patterns—this is intuitively described as the recognition of an object by its features, just as if we would observe the objects themselves instead of constructing them.

An opponent of this view (arguing, for instance, from an essentialist or realist perspective) might suggest that we intuitively do have access to physical objects in the world; but this argument may be tackled using a simple thought experiment: if someone would remove one of the objects of our world and just continue to send the related patterns to our systemic interface (for instance, to our retina) that correspond to the continued existence of the object and its interaction to what we conceptualize as other physical objects, we would still infer the same properties, and no difference could be evident. If, for instance, all electrons in the world would be replaced by entities that behave in just the same way, batteries would continue to supply electrical energy, atoms would not collapse and so on: no difference could ever become evident.[4] Now imagine the removal of the complete environment. Instead, we (the observers) are directly connected (for instance, by our sensory nerves) to an intricate pattern generator that is capable of producing the same inputs (i.e., the same patterns and regularities) as the environment before—we would still conceptualize und recognize the same objects, the same world as we did in the hypothetical world of "real" objects. There can be no difference, because everything that is given is the set of regularities (re-occurrence and seeming dependencies between the patterns).[5]

4 A similar example is supplied by Hilary Putnam (1975): Individuals in a hypothetical twin-world to earth on which all water has been replaced by a chemical compound XYZ with identical properties would arrive at the same observations and conceptualizations. Thus, the content of a concept that is encoded in a mental state refers to the functional role of the codified object.

5 This should be immediately clear to anyone who is familiar with controlling a robot: for the control program of the robot, the environment will present itself as vectors of data, attributable to sensory modalities by the different input channels. For all practical purposes, the world beyond the sensors is a pattern generator; nothing more, nothing less. The patterns will show regularities (some of these regularities may even be interpretable as feedback to motor actions), but the identification of structure and objects from these patterns happens due to the activity of the robot control program, not because of the specifics of the pattern origin. If the world is replaced by an artificial

The same restriction applies, of course, to the mental phenomena of the observer. The observer does not have an exclusive, intimate access to the objects of its cognition and representation that would enable it to witness "real" mental states. What we know about ourselves, including our first-person-perspective, we do not know because we have it available on "our side of the interface." Everything we know about ourselves is a similar ordering we found over features available at the interface; we know of mental phenoma only insofar as they are explicitly accessible patterns or constructed over these patterns. Even though our cognitive processes are responsible for the functionality of ordering/conceptualization and recognition, they are—insofar as they are objects of our examination—"out there" and only available as regularities over patterns (over those patterns that we take to be aspects of the cognitive processes).

From such a point of view, the Cartesian "*cogito ergo sum*" is a quite problematic statement. "*Cogito*" is just the expression of the belief of being in a certain state—and necessarily on the basis of certain perceived features. And naturally, these features may have been caused by something different than a cognitive process. The presupposition of a cognitive process is already an *interpretation* of procedurality, past, distribution and structure of these features. If we want to discover something about our minds, we will have to go beyond our Cartesian intuition and ask: what properties make up our respective concepts? What is the relationship between these concepts?

What the universe makes visible to science (and any observer) is what we might call *functionality*. Functionality, with respect to an object, is-loosely put—the set of causally relevant properties of its feature vector.[6] Features reduce to information, to discernible differences, and the notions we process in our perception and imagination are *systematically structured* information, making up a dynamic system. The description of such systems is the domain of *cybernetics* or *systems science* (Wiener, 1948; Ashby, 1956; von Bertalanffy, 1968; Bischof, 1968; Bateson, 1972;

pattern generator (a simulated environment), so that the input data show the same statistical properties with respect to the interpretation, the control program cannot know of any difference.

6 To be more accurate, the notion of *causality* should be treated with more care, because it is an attribution, not an intrinsic property of features. Because causality is an attributed structural property, functionality itself is constructed, even though the regularities classified as causality are not.

Klir, 1992). Systems science is a description of the constructive methods that allow the representation of functionality.

Thus, to understand our concept of mind, we have to ask how a system capable of constructing has to be built, what features and interrelations determine the relevant functionality. The idea of describing the mind itself as a functional system has had an enormous impact on a certain area on psychology and philosophy that has consequently been associated with the term *functionalism* (Fodor, 1987; Putnam, 1975, 1988). If a functionalist subscribes to representationalism (the view that the functional prevalence of a mental state entails its representation within a representing system) a functionalist model of cognitive processes might be implemented as a computer program (*computationalism*) and perhaps even verified this way, so functionalism often goes hand in hand with computer science's proposal of Artificial Intelligence.[7] Even if mental processes could not be modeled as a computational model—any detailed, formal *theory* on how the mind works certainly can (Johnson-Laird, 1988, p. 9).

The idea of a full-featured model of the crucial components of human cognition was advanced by Alan Newell and Herbert Simon as a consequence of the *physical symbol system hypothesis* (Newell & Simon, 1976). According to this hypothesis, a physical symbol system, that is, an implemented *Turing machine*, "has the necessary and sufficient means for general intelligent action. By "necessary" we mean that any system that exhibits general intelligence will prove upon analysis to be a physical symbol system. By "sufficient" we mean that any physical symbol system of sufficient size can be organized further to exhibit general intelligence"[8] (Newell, 1987, p. 41).

7 Even though computationalism usually entails functionalism and representationalism, some philosophers maintain that it is possible to be a computationalist without being a functionalist (Block, 1995).

8 Is the physical symbol systems hypothesis equivalent to: "Iron ore is necessary and sufficient for building a locomotive?" On the surface, it goes way beyond that, because not every system built by intricately arranging iron molecules can be extended to pull a train. The physical symbol system hypothesis really refers to a functional, not a material relationship; a better metaphor might be that a steam engine has the necessary and sufficient means to drive a (steam) locomotive; that a steam engine will be found at the core of every steam locomotive, and that every conveniently sized steam engine could be suitably extended. Let's bear in mind, though, that the notion of computation is far more general than the principles of a steam engine. Colloquially speaking, it does not engender much more than *systematic regularity*.

A system capable of fulfilling the breadth of cognitive tasks required for *general intelligence* is a model of a *unified theory of cognition* (Newell, 1987), an implementation of a so-called *cognitive architecture*.

The development of cognitive architectures follows a different paradigm than strict experimental psychology: instead of posing an individual question, designing an experiment to find evidence for or against a possible answer and performing a study with a group of subjects, the cognitive modeler asks *how* a certain set of cognitive feats (for instance, in problem solving) could be possibly achieved and suggests a solution. This solution integrates previous research and might be even detailed enough to make specific predictions on task performance or neural correlates, which allow experimental falsification, either by behavioral studies or by neurobiological examinations (for instance brain imaging). Because the entities that are proposed in a cognitive architecture are usually not all empirically accessible, they have, to put it loosely, to be engineered into the system: the validity of the model depends on whether it works, in accordance to available empirical data, and whether it is sparse, compared to other available models explaining the same data.

This approach to understanding cognition equals the adoption of what Aaron Sloman has called the *constructionist stance* (Sloman, 2000), and bears a slight similarity to Daniel Dennett's suggestion of the *design stance*: "knowing how to design something like *X* is a requirement for understanding how *X* works," (Sloman & Chrisley, 2005).

In principle, a system might be described by identifying its physical makeup—this is what Dennett would term the "physical stance." With respect to the mind, such a description might entail a complete depiction of brain processes, which is usually regarded as unwieldy, perhaps even infeasible, and probably alludes to the wrong level of functionality, just as a thermodynamic description of air molecules might not be helpful to a meteorologist when forecasting tomorrow's weather. A different view is lent by the "design stance," which examines the components making up an artifact, such as buttons, levers, insulators, and so on. Such components might be replaced by other components that serve the same purpose. In a way, this engineering viewpoint is a teleological one, and it might also be applied to biological organisms with respect to organs and the roles they play within the organism. Dennett adds the "intentional stance", which is the description of a system in terms of attributed intentional states, such as beliefs, attitudes, desires and so on (Dennett,

1971). The intentional stance allows predictions about the behavior of the system, but is by no means a complete systematicdescription, because it does not explain how the intentional properties are realized. (Dennett himself does not maintain that the intentional description is always a functional description. Rather, it is an attribution, used by an external observer to characterize the system.[9]) Of course, the descriptions of a thing as either physical, designed or intentional are not mutually exclusive—it can be all these things at the same time, and the stance just marks a different way of looking at it. The physical properties of the system realize the properties of the abstract components that are part of its design, and the intentional properties of the system are eventually realized by the physical properties as well. To find a design description, a structural arrangement of components that realizes the intentional system of a mind might not be a bad description of what the creator of a cognitive architecture is up to.

The goal of building cognitive architectures is to achieve an understanding of mental processes by constructing testable information processing models. Every implementation that does not work, that is, does not live up to the specifications that it is meant to fulfill, points out gaps in understanding. The integration of regularities obtained in experimental psychology into the architecture is not just a re-formulation of what is already known but requires an additional commitment to a way this regularity is realized, and thus a more refined hypothesis, which in turn makes further predictions that can be taken into the lab of the experimental psychologist.

The difference to behaviorism is quite obvious. While the cognitive modeling of functionalist psychology is reluctant to propose and support entities that are not necessary to achieve a certain observable behavior (including everything that can be observed using behavioral and neuroscientific methods), functionalist psychology is essentially compatible with the ideas of scientific positivism, because it makes empirically falsifiable predictions of two kinds:

9 The intentional stance is *permissive*—for instance, a system has a belief in case its behavior can be predicted by treating it as a believer. This "maximally permissive understanding" (Dennett 1998, p. 331) makes no specific claims about inner structure or organization. Rather, Dennett suggests that the properties of a cognitive system are brought forth by a broad collection of "mind tools" which individually need not bear relationships to the outwardly interpretable functionality.

— The proposed model is capable of producing a specific behavior (or test subjects will show a previously unknown property of behavior predicted by the model).
— The model is the sparsest, simplest one that shows the specific behavior with respect to available observations.

If the predictions of the model are invalidated by observations or a more concise model is found, the original model will have to be revised or abandoned. Because cognitive architectures have many free variables, it is often possible to revise an obsolete model to fit conflicting data, so the methodological implications and criticisms arising are by no means trivial. As a result, cognitive architectures as theories do not behave as proposed by classical proponents of positivist methodology: they are often less predictive than integrative (Newell, 1973). But then, large scientific theories rarely do. Just as the extensive theoretical bodies of physics, chemistry, and so on, the unified theories of cognition are not isolated statements that are discarded when one of their predictions is being refuted. Rather, they are *paradigms*, viewpoints that direct a research program, and their adoption or abandonment depends on whether they can be characterized as what Imre Lakatos has called a "*progressive* research paradigm" (Lakatos, 1965); that is, if the shifts in their assumptions lead to more predictions that are substantiated with evidence instead of necessitating further repairs.[10]

The functionalist view on mental phenomena is by no means undisputed in philosophy (Block, 1978; Putnam, 1988). Attacks come from many directions. Especially famous is the position of John Searle, who attacks functionalism by claiming that mental processes, especially consciousness, would be a "causally emergent property" of the physical organism

10 These requirements are not reflected by all cognitive architectures. For instance, while Alan Newell claimed for his *Soar* architecture that it was Lakatosian in nature (Newell, 1990), he also stated: "There is no essential Soar, such that if it changes we no longer have the Soar theory. [...] The theory consists of whatever conceptual elements [...] it has at a given historical moment. It must evolve to be a successful theory at each moment, eliminating some components and tacking on others. [...] As long as each incremental change produces a viable [...] theory from the existing Soar theory, it will still and always be Soar." (Newell, 1992). I will not embark on this aspect of methodological discussion, the interested reader may consult (Cooper et al., 1996) for an introduction into the debate of methodological criticisms of cognitive architectures.

and stem from certain properties provided *only* by biological neurons (Searle, 1992, p. 112). Thereby, Searle ascribes properties to biological neurons that go beyond their otherwise identifiable functionality, that is, an artificial replacement for a neuron that would show the same reactions to neurochemicals and the same interactions with other neurons would not be capable of a contribution to consciousness, and thus, his argument marks an essentialist position (Laurence & Margolis, 1999) that is already incompatible with functionalism on epistemological grounds.[11] If an entity has to have a property that is not empirical itself (and being *biological* is not an empirical property *per se*) to contribute to some functionality, then this entity is conceptually inadequate to capture empirical phenomena in the eyes of a functionalist. Daniel Dennett, in an introduction to Gilbert Ryle's classic "Ghost in the machine" (Dennett, 2002), introduces the idea of a "zombank" to illustrate this. A *zombank* would be something that looks and acts like a financial institution, where people could have an account, store and withdraw money and so on, but which is not a *real bank*, because it lacks some invisible essence beneath its interface and functionality that makes a bank a bank. Just as the notion of a zombank strikes us absurd (after all, a bank is commonly and without loss of generality *defined* by its interface and functionality), Dennett suggests that the idea of a philosophical "zombie," a cognitive system that just acts as if it had a mind, including the ability for discourse, creative problem solving, emotional expression and so on, but lacks some secret essence, is absurd.

Physicalism (or materialism, the philosophical idea that everything is either material or supervenes on the material) is often associated with functionalism—there is not much controversy between functionalists and materialists, functionalists are usually proponents of physicalism (Maslin, 2001, p. 184; Kim 1998).[12]

11 See Preston and Bishop (2002); a point that deserves particular recognition may be Searle's claim that semantics is something which is not reducible to syntax, and that symbol processing systems can only ever know syntax, while intentionality is about semantics (Searle, 1980).

12 Functionalism does not have materialism as a strong requirement, at least not in the sense that states the necessity of matter as a res extensa in the Cartesian sense (Block, 1980). For functionalism to work it is sufficient to have a computational system, and assumptions about the nature of this system beyond its capabilities with respect to computationability are entirely superfluous and speculative. There is also a functionalist emergentist proposal that attempts to construct a non-physical functionalism (Koons, 2003). On the other hand, the position usually called *type physicalism* opposes

If we choose to depict the mind as a dynamic system of functional dependencies, we are not necessarily at an agreement of what to model and how to do it. There are many possible positions that might be taken with regard to the level of modeling, the entities on that level, and of course, to the question as to what makes up a mind. However, the path of designing, implementing, and experimentally testing cognitive architectures seems to be the only productive way to extend philosophy of mind beyond its given bi-millennial heritage, which constrains each theory to the mental capability of an individual thinker. The knowledge embodied in the materials, structure, and assembly of almost any complex industrial artifact like a car, a notebook computer, or a skyscraper goes way beyond of what an individual designer, material scientist, planner, or construction worker may conceive of or learn in their lifetime, but is the result of many interlocking and testable sub-theories within sub-domains and on different levels of abstraction, and the same applies to the large theoretical bodies in physics, biology, computer programming, and so on. Yet in the field of the philosophy of mind, theories are typically associated with and constrained to individual thinkers. If understanding the mind is not much simpler than the design of the plumbing of a skyscraper, then there may be reason to believe that any theory of mental functioning that fits into a single philosopher's mind and is derived and tested solely by her or his observations and thought-experiments is going to be gravely inadequate. Pouring theories of mental functioning into formal models and testing these by implementing them may soon become a prerequisite to keep philosophy of mind relevant in an age of collaborative and distributed expertise.

On the other hand, cognitive modeling is lacking approaches that are broad enough to supply a foundation for theoretical bodies of a philosophy of mind. Broad and not too shallow theories of cognition will be a requirement for substantial progress in understanding the mind.

1.2 Classes of cognitive models

Models of cognition can be classified in various ways (Logan, 1998; Pew & Mavor 1998; Elkind et al., 1989; Morrison, 2003; Ritter et al., 2002).

---

functionalism and instead maintains that mental states are identical to physical states (Fodor, 1974; Papineau, 1996).

Architectures that attempt to model mental faculties form several methodological groups.

They might be divided into

- Classical (symbolic) architectures, which are essentially rule-based. These sprang up after Newell's call for a revival of unified theories in psychology (Newell, 1973a, 1987). Classical architectures concentrate on symbolic reasoning, bear influences of a relatively strict language of thought concept, as suggested by Fodor, and are often implemented as production based language interpreters. Gradually, these architectures have been modified to allow for concept retrieval by spreading activation, the formation of networks from the initial rules and have occasionally even been implemented based on neural elements.
- Parallel distributed processing (PDP) (subsymbolic) architectures. This term was introduced by James McClelland (Rumelhart, McClelland et al., 1986); here, it is used to refer to nonsymbolic distributed computing (usually based on some or several types of recurrent neural networks). Where classical architectures strive to attain the necessary complexity by carefully adding computational mechanisms, PDP systems are inspired by biological neural systems. Their contemporary forms essentially work by constraining a chaotic system enough to elicit orderly behavior. While PDP architectures do not necessarily differ in computational power from classical architectures, it is difficult to train them to perform symbolic calculations, which seem to be crucial for language and planning. On the other hand, they seem to be a very productive paradigm to model motor control and many perceptual processes.
- Hybrid architectures may use different layers for different tasks: a reasoning layer that performs rule-based calculations, and a distributed layer to learn and execute sensory-motor operations. Hybrid architectures are usually heterogenous (i.e., they consist of different and incompatible representational and computational paradigms that communicate with each other through a dedicated interface), or they could be homogenous (using a single mode of representation for different tasks). The

latter group represents a convergence of classical and PDP architectures, and our own approach follows this direction.

- Biologically inspired architectures, which try to directly mimic neural hardware—either for a complete (simple) organism, or as a layer within a hybrid approach.
- In my view, emotion and motivation are vital parts of a cognitive system, but this distinction does not take care of how they are introduced into the system. This is because most existing models either ignore them or treat them as separate entities, situated and discussed outside the core of the model. Exceptions to the rule exist, of course, for instance Clarion (Sun, 2003, 2005), PURR-PUSS (Andreae, 1998) and of course the Psi theory, which all treat emotion and motivation as integral aspects of the cognitive system. For many other cognitive architectures, separate additions exist, which provide an emotional or motivational module that interfaces with the cognitive system (Belavkin, Ritter, & Elliman, 1999; Norling & Ritter, 2004; Franceschini, McBride, & Sheldon, 2001; Gratch & Marsella, 2001; Jones, 1998; Rosenbloom, 1998).

As noted before, cognitive modeling is not constrained to the realm of psychology, yet most existing approaches have their origins in psychological theory. Many interesting contributions, however, came from Artificial Intelligence (AI). AI as a field arguably does not seem much concerned with full-blown models of cognition (Anderson, 1983, p. 43), and most AI architectures do not attempt to model human performance, but strive to solve engineering problems in robotics, multi-agent systems, or human-computer interaction. On the other hand, contemporary AI architectures tend to start out from an agent metaphor, building an autonomous system that acts on its own behalf and is situated in an environment, whereas low-level architectures in psychology usually deal with isolated or connected modules for problem solving, memory, perception and action, but leave out motivation and personality. There are psychological theories of motivation and personality, of course (Kuhl, 2001; Lorenz, 1965, 1978), but they rarely visit the lowly realms of computational models. There is no strict boundary between AI architectures and cognitive architectures in psychology, however, and most of the latter are based on representational mechanisms, description languages, memory models, and interfaces that have been developed within AI.

1.2.1 Symbolic systems and the Language of Thought Hypothesis

Research in the field of cognitive architectures traditionally focused on symbolic models of cognition, as opposed to subsymbolic, distributed approaches. Classical, symbolic architectures are systems that represent and manipulate propositional knowledge. If there are things to be represented and manipulated that are not considered propositional knowledge, they are nonetheless represented in the form of propositional rules (productions). Let us make the philosophical commitment behind this approach more explicit: symbolic architectures are proponents of a symbolic *Language of Thought* (LOT).

The *Language of Thought Hypothesis* (LOTH) is usually attributed to Jerry Fodor (1975), and it strives to explain how a material thing can have semantic properties, and how a material thing could be rational (in the sense of how the state transitions of a physical system can preserve semantic properties). (A summary is given by Aydede, 1998.)

Fodor gives the following answers:

— Thought and thinking take place in a mental language. Thus, thought processes are symbolic, and thinking is syntactic symbol manipulation.
— Thoughts are represented using a combinatorial syntax and semantics.
— The operations on these representations depend on syntactic properties.

LOTH is, by the way, not concerned with questions like "how could anything material have conscious states?," "what defines phenomenal experience?," or "how may qualia be naturalized?"

Fodor did not exactly state something new in 1975, and thus did not open up a new research paradigm in cognitive science. Rather, he spelled out the assumptions behind artificial intelligence models and cybernetic models in psychology: Perception is the fixation of beliefs, the learning of concepts amounts to forming and confirming hypotheses, and decision making depends on representing and evaluating the consequences of actions depending on a set of preferences. If all these aspects of cognition can be seen as computations over certain representations, then there must be a language over which these computations are defined—a language of thought. Fodor was also not the first to express this idea (see, for instance, Ryle, 1949), but he narrowed it down to an argument that sparked a debate about the nature of the language of thought, a debate that is far from over.

The Language of Thought Hypothesis makes three main assumptions:

First, the *representational theory of the mind* (Field, 1978, p. 37; Fodor, 1987, p. 17), which consists of two claims—the representational theory of thought (i.e., thoughts are mental representations), and the representational theory of thinking (the processes that operate on the thoughts are causal sequences of instantiations, or *tokenings*, of mental representations), in other words: thinking consists in processing mental representations in an algorithmic manner.

Second, LOTH asks that these representations reside somehow in the subject's physical makeup. This amounts to functionalist materialism (i.e., mental representations are realized by physical properties of the subject, or, colloquially put, mental representations are somehow and only stored in the physical structures of the brain and body). This does not necessarily imply that all propositional attitudes need to be represented explicitly (Dennett, 1981, p. 107); it is sufficient if they are functionally realized. On the other hand, not all explicit representations within a cognitive system need to be propositional attitudes (because not all of them are in a proper psychological relation to the subject; see Fodor, 1987, p. 23–26).

The next assumption of LOTH is, at least as far as cognitive science is concerned, the most controversial one: Mental representations have a *combinatorial syntax and semantics*, with structurally simple, atomic constituents making up structurally complex, molecular representations in a systematic way, whereby the semantics of the complex representations is a function of the semantics of the atomic constituents and their formal structure. This claim about represented mental content is complemented by a claim about operations over this content: the operations on mental representations are causally sensitive to the formal structure defined by the combinatorial syntax; the semantics follow formal, combinatorial symbol manipulation.

According to LOTH, a thinking system is characterized by representational states (the "thoughts") and semantically preserving transitions between them (the "thought processes"), which can be described as a formal language with combinatorial syntax, that is, a computational engine. This immediately raises the question: How does the representational structure of a Language of Thought acquire its meaning? This is commonly called the *symbol grounding problem* (Harnad, 1987, 1990; Newton 1996). LOTH proponents respond in two ways: either, the atomic symbols can somehow be assumed to have a meaning, and the molecular symbols inherit theirs by a Tarski-style definition of truth conditions according to the syntactic operations that make them up of atomic components (Field, 1972; Tarski, 1956), or the semantics arise from the constraints that are imposed by the computational roles the individual components assume in the syntactic structure.[13] (For a critical discussion, see Haugeland, 1981, and Putnam, 1988.)

How does Fodor back up the strong claim that mental representations are following the rules of a formal language with combinatorial syntax? Obviously, a system may represent and compute things without obeying the requirement of combinatorial syntax (i.e., nonsymbolic) or with limited structural complexity. Fodor (1987, see also Fodor & Pylyshyn, 1988) points out that:

1. Thinking is *productive*. While one can only have a finite number of thoughts in their lifetime (limited performance), the number of possible thoughts is virtually infinite (unbounded competence). This can be achieved by systematically arranging atomic constituents, especially in a recursive fashion.
2. Thoughts are *systematic* and *compositional*. Thoughts come in clusters, and they are usually not entertained and understood in isolation, but because of other thoughts they are based on and related to. Thoughts are usually not atomic, but are syntactically made up of other elements in a systematic way. Systematically related thoughts are semantically related, too.

13 If a cognitive system is temporarily or permanently disconnected from its external environment, does its mental content cease to be meaningful? If not, then the semantics will have to reside entirely within the conceptual structure, i.e. they are determined by the constraints that individual representational components impose onto each other via their syntactic relationships.

3. Thinking itself is systematic (argument from *inferential coherence*). For instance, if a system can infer *A* from *A and B*, then it is likely to be able to infer C from C *and D*, so thoughts are obviously not just organized according to their content, but also according to their structure. A syntactically operating system takes care of that.

The mindset behind the Language of Thought Hypothesis clearly sets the scene for symbolic architectures. Their task consists of defining data structures for the different kinds of mental representations, distinguishing and defining the relations that these data structures have within the system (laying out an architecture that handles beliefs, desires, anticipations and so on), and specifying the set of operations over these representations (the different kinds of cognitive processes).

LOTH also provides a watershed between symbolic and connectionist approaches: Not all theorists of cognitive modeling, even though they tend to accept functionalist materialism and the representational theory of mind, agree with Fodor's proposal. Many connectionists argue that symbolic systems lack the descriptive power to capture cognitive processes (for a review, see Aydede, 1995). Yet they will have to answer to the requirements posed by productivity, systematicity, and inferential coherence by providing an architecture that produces these aspects of mental processes as an emergent property of nonsymbolic processing. Fodor (Fodor & Pylyshyn, 1988) maintains that a connectionist architecture capable of productivity, systematicity and inferential coherence will be a functional realization of a symbolic system (i.e., the connectionist implementation will serve as a substrate for a symbolic architecture).

A weighty argument in favor of connectionism is the fact that low-level perceptual and motor processes—which may be regarded as sub-cognitive (Newell, 1987)—are best described as distributed, nonsymbolic systems, and that the principles governing these levels might also apply to propositional thinking (Derthick & Plaut, 1986). Are Language of Thought systems just too symbolic? A connectionist description might be better suited to capture the ambiguity and fuzziness of thought, where a symbolic architecture turns brittle, fails to degrade gracefully in the face of damage or noise, does not cope well with soft constraints, and has problems integrating with perceptual pattern recognition.

Connectionists might either deny strict systematicity and compositionality of thought (Smolensky, 1990, 1995; see also Chalmers, 1990,

1993), or regard them as an emergent by-product of connectionist processing (Aizawa, 1997).

This is the line where classical and connectionist models of cognition fall apart. Where Fodor states that because of the productivity, systematicity and compositionality of thought, symbolic languages are the right level of functional description, connectionists point at the vagueness of thought and argue that the level of symbolic processes is not causally closed (i.e., cannot be described without resorting to nonsymbolic, distributed operations) and is therefore not the proper level of functionality (see: Rumelhart & McClelland, 1986; Fodor & Pylyshyn, 1988; Horgan & Tienson, 1996; Horgan, 1997; McLaughlin & Warfield, 1994; Bechtel & Abrahamsen, 2002; Marcus, 2002).

Are classicist and connectionist approaches equivalent? Of course, all computational operations that can be performed with a connectionist system can be implemented in a symbol manipulation paradigm, and it is possible to hard-wire an ensemble of connectionist elements to perform arbitrary symbol manipulation, but the difference in the stance remains: symbolic processes (especially recursion), which seem to be essential for language, planning, and abstract thought, are difficult to model with a connectionist architecture, and many relations that are easy to capture in a connectionist system are difficult to translate into a symbolic, rule-based system, without emulating the connectionist architecture. In practice, however, the line between classical and connectionist models is not always clear, because some classical models may represent rule sets as spreading activation networks, use distributed representations and even neural learning, and some connectionist systems may employ localist representations for high-level, abstract operations.

Hybrid systems may combine connectionist and symbolic architectures, either by interfacing a symbolic control layer with subsymbolic perceptual and motor layers (Konolidge, 2002; Feldman, 2006), or by using a common (semi-symbolic) mode of representation that allows for both kinds of operations (Sun, 1993; Wermter, Palm et al., 2005). The latter method treats symbolic representations as a special (highly localized) case of distributed representations, and because the author believes that both are required in a unified framework, our own approach (PSI and MicroPSI) also falls into this category.

1.2.2 Cognition without representation?

Apart from the connectionist attack, there is another front against Fodor's proposal in cognitive science, which denies the second assumption of the Language of Thought Theory—representationalism. This position is exemplified in earlier works of Rodney Brooks (Brooks, 1986, 1989, 1991, 1994; Brooks and Stein 1993) and denies Fodor's dictum of "*no cognition without representation*" (1975), by stating that "*the world is its own best model*" and the relevant functional entities of cognitive processes would not be information structures stored in the nervous system of an individual, but emergent properties of the interaction between the individual and its environment. Therefore, a functional cognitive model either requires the inclusion of a sufficiently complex model of the environment, or the integration of the model of mental information processing with a physical (or even social) environment (Dreyfus, 1992). The proponents of *behavior-based robotics* (Beer, 1995; Arkins, 1998; Christaller, 1999; Pfeifer & Bongard, 2006) sometimes reject the former option and insist on a physical environment, either because of objections to functionalism (i.e., because they think that the simulation of a physical environment is *in principle* an impossibility), or just because they consider a sufficiently complex environmental simulation to be practically impossible. Taken to the extreme, behavior-based approaches even become behaviorist and deny the functional relevance of mental representations altogether, treating them as an irrelevant epi-phenomenon (Brooks, 1992; van Gelder, 1995; Beer, 1995; Thelen & Smith, 1994). Even in their nonradical formulation, behavior-based approaches sometimes deny that the study of cognition may be grounded on a separation of system and environment at the level of the nervous system. Without the inclusion of an environment into the model, the low level configurations of the nervous system do not make any sense, and because high-level configurations are inevitably based on these low-level structures, a study of cognition that draws a systemic line at the knowledge level, at the neural level, or at the interface to the physical world, is doomed from the start.

By highlighting low-level control of interaction with a physical environment, behavior-based systems achieve fascinating results, such as passive walkers (e.g., Kuo, 1999; Pfeifer, 1998; Collins et al., 2005), which produce two-legged walking patterns without the intervention of a cognitive system. The credo of such approaches might be summarized as "physics is cognition's best friend," and they sometimes see cognition primarily as an extension of such low-level control problems (Cruse, Dean, & Ritter, 1998; Cruse, 1999).

I see two objections to radical behavior-based approaches, which in my view limit their applicability to the study of cognitive phenomena: First, while a majority of organisms (*Drosophila*, the fruitfly, for instance) manages to capitalize on its tight integration with physical properties of its environment, only a small minority of these organisms exhibits what we might call cognitive capabilities. And second, this majority of tightly integrated organisms apparently fails to include famous physicist Stephen Hawking, who is struck with the dystrophic muscular disease ALS and interacts with the world through a well-defined mechatronic interface—his friendship with physics takes place on an almost entirely knowledge-based level. In other words, tight sensor-coupling with a rich physical environment seems neither a sufficient nor a necessary condition for cognitive capabilities.

Also, dreaming and contemplation are being best understood as cognitive phenomena; and they take place in isolation from a physical environment. The physical environment may have been instrumental in building the structures implementing the cognitive system and forging the contents of cognition, and yet, after these contents are captured, it does not need to play a role any more in defining the semantics of thought during dreaming, meditation, and serendipitous thinking. Even when high-level cognitive processing is coupled with the environment, it does not follow that the nature of that coupling has a decisive influence on this processing.[14]

14 Andy Clark and Josefa Toribio (2001), in a commentary on O'Reagan and Noë's "sensorimotor account of vision and visual consciousness", have denounced the view that conscious processing could only be understood in conjunction with environmental coupling as "sensorimotor chauvinism." They point out the example of a ping-pong playing robot (Andersson, 1988), which does not know visual experience, and yet performs the task—and on the other hand, they argue that it is implausible that all changes to our low-level perception, for instance, in the speed of saccadic movement, would influence conscious experience. Because there seems to be no *a-priori* reason to believe that this is the case, actual environmental coupling is not only an insufficient condition, but likely also not a necessary condition for high-level cognition and consciousness. For high-level mental activity, higher level mechanisms (Prinz, 2000) such as memory retrieval, planning, and reasoning should be constitutive. Of course, this view contradicts a lot of contemporary arguments in the area of behavior-based robotics.

For reasons of technical complexity, it might be easier to couple a cognitive model with a physical environment instead of a simulation, and a lot may be learned from the control structures that emerge from that connection. And yet, the organization and structuring of a cognitive system might be an entirely different story, according to which the division of the modeled system and the given environment at the somatic level or even above the neural level might be just as appropriate as the intuitions of symbolic and sub-symbolic cognitivists suggest.

1.3 Machines of cognition

> *"Every intelligent ghost must contain a machine."*
>
> Aaron Sloman (2002)

Cognitive architectures define computational machines as models of parts of the mind, as part of the interaction between cognitive functions and an environment, or as an ongoing attempt to explain the full range of cognitive phenomena as computational activity. This does not, of course, equate the human mind with a certain computer architecture, just as a computational theory of cosmology—a unified mathematical theory of physics—maintains that the universe is possessed by a certain computer architecture. It is merely a way of expressing the belief that scientific theories of the mind, or crucial parts of research committed to a better understanding of the mind, may be expressed as laws, as rules, as systematized regularities, that these regularities can be joined to a systematic, formal theory, and that this theory can be tested and expanded by implementing and executing it as a computer program.

1.3.1 Cognitive science and the computational theory of mind

If we take a step back from the narrow issue of whether we should use a symbolic computational engine to describe cognition, or if we should aim at specifying a symbolic computational engine that describes a nonsymbolic architecture that takes care of producing cognitive functionality (and this is, in my view, what the question boils down to), the fact remains that cognitive modeling is committed to a computational theory of mind (see Luger, 1995 for an introduction). There are two viewpoints in cognitive science with respect to the computational theory of mind (i.e., that the mind can be described as a computational engine). The theory may be seen as an ontological commitment (in the form that either the universe itself is a computational process (e.g., Wolfram, 2002), and thus everything within it—such as minds—is computational too, or that at least mental processes amount to information processing). But even if one does not subscribe to such a strong view, the theory of mind may be treated as a methodological commitment. This second view, which I would like to call the "weak computational theory," has been nicely formulated by Johnson-Laird, when he said:

> Is the mind a computational phenomenon? No one knows. It may be; or it may depend on operations that cannot be captured by any sort of computer. (...) Theories of the mind, however, should not be confused with the mind itself, any more than theories about the weather should be confused with rain or sunshine. And what is clear is that computability provides an appropriate conceptual apparatus for theories of the mind. This apparatus takes nothing for granted that is not obvious. (...) any clear and explicit account of, say, how people recognize faces, reason deductively, create new ideas or control skilled actions can always be modelled by a computer program. (Johnson-Laird, 1988)
>
> Indeed, cognitive models can be seen as the attempt to elucidate the workings of the mind by treating them as computations, not necessarily of the sort carried out by the amiliar digital computer, but of a sort that lies within the broader framework of computation (*ibid*, p. 9).[15]

15 This does not mean that a digital computer is incapable of performing the computations in question. Here, Johnson-Laird hints at parallel distributed processing as opposed to sequential binary operations in a von-Neumann computer. The operations that are carried out by a parallel distributed system can be emulated on a digital computer with sufficient speed and memory with arbitrary precision. Computationally, parallel distributed operations do not fall into a different class than those executed by a traditional von-Neumann computer; both are instances of deterministic Turing machines with finite memory. An exception would be a system that employs certain quantum effects (non-locality and simultaneous superposition of states). Such a quantum computer may be in more than one state at once and thus execute some parallel algorithms which a deterministic Turing machine performs in non-polynomial time in linear time (Deutsch, 1985). Indeed, some theorists maintain that such quantum processes play a role in the brain and are even instrumental in conscious processes (Lockwood, 1989; Penrose, 1989, 1997; Stapp, 1993; Mari & Kunio, 1995). However, there is little evidence both for quantum computing facilities in the human brain or

Thus, a complete explanation of cognition would consist of a computational model that, if implemented as a program, would produce the breadth of phenomena that we associate with cognition. In that sense, the computational theory of mind is an empirical one: it predicts that there may be such a program. Unfortunately, this does not mean that the computational model of the mind could be falsified based on its predictions in any strict sense: If there is no computational model of the mind, it may just mean that it is not there *yet*. This lack of falsifiability has often been criticized (Fetzer, 1991). But does this mean that the computational theory of mind is of no empirical consequence at all and does not have any explanative power, as for instance, Roger Binnick (1990) states? Binnick applies the same criticism to Chomsky's theory of language (1968), even though

> linguistics constitutes (apart from the theory of vision and perhaps a few corners of neuropsychology) just about the only cognitive system for which we can say we have something like a formal and explicit theory of its structure, function, and course of development in the organism (S. R. Anderson, 1989, p. 810)

From the viewpoint of natural sciences, this criticism is surprising, and in most cases may be assumed to originate in a misunderstanding of the notion of computation. All theories that are expressed in such a way that they may be completely translated into a strict formal language are computational in nature. The ontological or methodological assumption that is made by the computational theory of mind is not unique to cognitive science, but ubiquitously shared by all nomothetic (Rickert, 1926) sciences, that is, all areas that aim at theories that describe a domain exhaustively using strict laws, rules, and relations. This is especially the case for physics, chemistry, and molecular biology.

Of course, there are areas of scientific inquiry that do not produce insights of such nature, but are descriptive or hermeneutic instead. These sciences do not share the methodology of natural sciences. Indeed, the rejection of a computational stance with respect to a subject marks that the field of investigation is one of the cultural sciences (humanities). To treat psychology as a natural science means to subscribe to the

---

the explanatory power of such states for cognitive processes or consciousness, which is questionable.

computational theory of mind—either in its weak or even in its strong form (see also Dörner, 1999, p. 16).

This view has also been expanded upon by Aaron Sloman (see Sloman & Scheutz, 2001; Sloman & Chrisley, 2005). Sloman characterizes the task of describing the world as a quest for suitable ontologies, which may or may not supervene on each other (Kim, 1998). When describing systems that describe other systems, we will create second-order ontologies. If such systems even describe their own descriptions, recursive third-order ontologies will need to be employed (this is where it ends—further levels are addressed by recursion within the third). Conceptualizations of second order and third order ontologies are creations of *virtual machines*. A virtual machine is an architecture of causally related entities that captures the functionality of an information processing subject or domain, and if mental phenomena can be described as information processing, then a theory of cognition will be a complex virtual machine.

Contrary to the intuition that machines are always artifacts, here, a machine is simply seen as a system of interrelated parts that are defined by their functionality with respect to the whole:

> Machines need not be artificial: organisms are machines, in the sense of "machine" that refers to complex functioning wholes whose parts work together to produce effects. Even a thundercloud is a machine in that sense. In contrast, each organism can be viewed simultaneously as several machines of different sorts. Clearly organisms are machines that can reorganize matter in their environment and within themselves, e.g. when growing. Like thunderclouds, windmills and dynamos, animals are also machines that acquire, store, transform and use energy. (Sloman & Chrisley, 2005)

For a given system (given by a functional description with respect to its environment), however, it is not always clear what the functional parts are—there is not even a guarantee that there is sufficient modularity within the system to allow its separation into meaningful parts. An ontology that specifies parts needs to be justified with respect to completeness—that the parts together indeed provide the functionality that is ascribed to the whole—and partitioning—that it does not misconstrue the domain. For example, if the gearbox of a car is described as the part that takes a continuous rotational movement with a certain angular momentum from the crankshaft and transforms it into a variety of different rotational movements with different momentums to drive the wheels, this might be a good example for a functional element. If the gearbox is removed and replaced by a different unit that provides the same conversion, the function of the overall system—the car—might be preserved. Such a separation is often successful in biological systems too. A kidney, for instance, may be described as a system to filter certain chemicals from the bloodstream. If the kidneys are replaced by an artificial contraption that filters the same chemicals (during *dialysis*, for instance), the organism may continue to function as before. There are counterexamples, too: a misconstrued ontology may specify the fuel of the car simply as an energy source. If the fuel tank would be replaced by an arbitrarily chosen energy source, such as an electrical battery, the car would cease to function, because fuel is not just an energy source—to be compatible with a combustion engine, it needs to be a very specific agent that when mixed with air and ignited shows specific expansive properties. The car's fuel may perhaps be replaced with a different agent that exhibits similar functional properties, such as alcohol or natural gas, provided that the compatibility with the engine is maintained. Even then, there might be slight differences in function that lead to failure of the system in the long run, for instance, if the original fuel has been providing a lubricating function that has been overlooked in the replacement. Similarly, the mind is not just an information processing machine (for instance, a Turing Machine). Still, it may in all likelihood be described as an information processing machine as well, in the same way as fuel in a car may be depicted as an energy source, but this description would be far too unspecific to be very useful! The difficulty stems from the fact that there is little agreement in cognitive science and psychology as towhat, exactly, defines mental activity (i.e., what the properties of the whole should be). Even if we limit our efforts to relatively clearly circumscribed domains, the ontologies that we are using to describe what takes place on different levels and which supervene on each other are not necessarily causally closed.[16] For

16 Causal closure may best be explained by an example: in graphical user interfaces, widgets indicating similar functions may be implemented by different programming libraries. Nevertheless, a click on the closing icon of a main window usually ends an associated application, no matter which interface programming library realizes the functionality. This allows for the user to neglect the programming level of the application and use the abstraction of the interface when describing the system. But what happens if clicking the closing icon fails to close the application? Sometimes, the reason

instance, language processing may be difficult to study in isolation from the representation of and abstraction over perceptual content (Feldman, et al., 1996), perception may be impossible to study without looking at properties of neural circuitry with respect to synchronization and binding (Engel & Singer, 2000; Singer, 2005), and even relatively basic perceptual processing like the formation of color categories may depend on language capabilities (Steels & Balpaeme, 2005).

The study of cognitive architecture somehow has to cope with these difficulties—either by specifying a very complex, mainly qualitative architecture that does not lend itself to quantitative experiments (see Sloman & Scheutz, 2003; Baars, 1993; Franklin, Kelemen, & McCauley 1998), by attempting to simplify as much as possible by reducing the architecture to a small set of organizational principles that can be closely fitted to experimental data in narrow domains (Laird, Newell, & Rosenbloom 1987; Anderson & Lebiére, 1998; Touretzky & Hinton, 1988; Smolensky, 1995), or by an attempt to find a middle ground (Sun, 2005, Dörner, 1999, Feldman, 2006).

1.3.2 Classical (symbolic) architectures: Soar and ACT-R

Alan Newell committed himself strongly to the Language of Thought Hypothesis, when he stated his own version in 1976 (Newell & Simon, 1976): "A physical symbol system has the necessary and sufficient means for general intelligent action," a dictum that has since been known as the *Physical Symbol Systems Hypothesis* (PSSH). According to Newell, a symbol system is made up of

— memory, which contains the symbol information
— symbols, which supply patterns to index information and give references to it
— operators, to manipulate the symbols
— interpretations, which specify the operations over the symbols.

resides on the level of the application interface, for instance, because the application still holds an unsaved document. In this case, the causal frame of the application interface is not broken. But if the window fails to close because of the hidden interaction of the programming library with a different application that uses the same instance of the programming library, then the behavior of the graphical user interface can only be understood if the different programming libraries are taken into account. The frame of the graphical user interface is no longer a self-contained ontology but needs to be expanded by elements of the level it supposedly supervenes on.

Table 1.1 Layers of Description of a Cognitive System (Newell, 1990)

Scale (seconds)	System	Stratum
10^7		
10^6		Social
10^5		
10^4		
10^3	Tasks	Rational
10^2		
10^1	Unit Tasks	
10^0	Operations	Cognitive
10^{-1}	Deliberative Acts	
10^{-2}	Neural Circuitry	
10^{-3}	Neurons	Biological
10^{-4}	Organellae	

To function, a symbol system has to observe some basic requirements: it needs sufficient memory, and it has to realize composability and interpretability. The first condition, composability, specifies that the operators have to allow the composition of any symbol structure, and interpretability asks that symbol structures can encode any valid arrangement of operators.

A fixed structure that implements such a symbol system is called a *symbolic architecture*. The behavior of this structure (that is, the program) only depends on the properties of the symbols, operators and interpretations, not on the actual implementation; it is independent of the physical substrate of the computational mechanism, of the programming language and so on.

The advantages of a symbolic architecture are obvious: because a large part of human knowledge is symbolic, it may easily be encoded (Lenat, 1990); reasoning in symbolic languages allows for some straightforward conceptualizations of human reasoning, and a symbolic architecture can easily be made computation complete (i.e., Turing computational: Turing 1936).

According to Newell (1990), cognitive acts span action coordination, deliberation, basic reasoning and immediate decision-making—those mental operations of an individual that take place in the order of hundreds of milliseconds to several seconds (insert table 1.1). Long-term behavior, such as the generation and execution of complex plans, the acquisition of a language, or the formation and maintenance of a social role, go beyond the immediately modeled area and are facilitated by many successive cognitive acts. The neurobiological level is situated below the cognitive band and falls outside the scope of a functional theory of cognition.

Alan Newell has set out to find an architecture that—while being as simple as possible—is still able to fulfill the tasks of the cognitive level, a minimally complex architecture for *general intelligence* (i.e., with the smallest possible set of orthogonal mechanisms). To reproduce results from experimental psychology, so-called *regularities* (covering all conceivable domains, be it chess-playing, language, memory tasks, and even skiing), algorithms would be implemented *within* these organizational principles. Newell's architecture (Newell, 1990; Laird, Newell, & Rosenbloom, 1987) is called *Soar* (originally an acronym that stood for *State, Operator and Result*) and originated in his conceptions of human problem solving (Newell 1968; Newell & Simon, 1972). Soar embodies three principles: heuristic search for the solution of problems with little knowledge, a procedural method for routine tasks, and a symbolic theory for bottom-up learning, implementing the *Power Law of Learning* (Laird, Newell, & Rosenbloom, 1986).

Central to Soar is the notion of *Problem Spaces*. According to Newell, human rational action can be described by

— a set of knowledge states
— operators for state transitions
— constraints for the application of operators
— control knowledge about the next applicable operator.

Consequently, a problem space consists of a set of states (with a dedicated start state and final state) and operators over these states. Any task is represented as a collection of problem spaces. Initially, a problem space is selected, and then a start state within this problem space. The goal is the final state of that problem space. During execution, state transitions are followed through until the goal state is reached or it is unclear how to proceed. In that case, Soar reaches an *impasse*. An impasse creates and selects a new problem space, which has the *resolution* of the impasse as its goal. The initial problem spaces are predefined by the modeler.

Problem spaces are also defined independently from Soar, for example in STRIPS (*Stanford Research Institute Problem Solver*; Fikes & Nilsson, 1971), and generally contain a set of goals (with the top-level goal being the task of the system), a set of states (each of which is realized as a set of literals describing knowledge and world model) and a set of valid operators and constraints.

The actual problem solving work in Soar is delivered by the *operators*. Operators are algorithms that describe how to reach the next state; they are executed upon the filling of the context slots of a problem space. Soar can develop new operators on its own, but its models typically work with a set of predefined operators (often augmented with a library of about 50 default rules for planning and search, including means-end analysis, hill-climbing, alpha-beta search, branch and bound); the system may learn which one to apply in a given context. This represents a considerable extension over Newell's and Simon's earlier attempt at a universal problem-solving mechanism, the *General Problem Solver* (1961), which did, among many other restrictions, only have a single problem space and two operators: means-end analysis and sub-goaling to find a new operator. Also, it lacked the impasse mechanism to recognize missing knowledge (see also Newell, 1992).

As a strictly symbolic architecture, Soar stores knowledge in the form of rules (*productions*, also called "chunks"), even though a neuro-symbolic implementation exists (Cho, Rosenbloom, & Dolan, 1993). Perception and action are originally not integral parts of the Soar architecture—they are supplied by independent, asynchronous modules (e.g., from EPIC, Chong, & Laird, 1997). Despite many successful applications (e.g., Gratch & Marsella, 2004; Ritter & Bibby, in press), Soar is frequently criticized for being more of an AI programming language (Ritter, Baxter, et al., 2002) than it is a model of human cognition.

Many of the criticisms that apply to Soar have later been addressed by John Anderson's *ACT theory*[17] (Anderson, 1983, 1990; Anderson & Lebiere, 1998). ACT is—next to Soar—currently the most extensively covered and applied model in the field of symbolic cognitive architectures, and probably the one best grounded in experimental psychological research literature (Morrison, 2003, p. 30). Just as Soar, ACT-R is based on production rules, but unlike Soar, it allows for real-valued activations (instead of a binary on-off), which are biologically more plausible,

17 ACT is an acronym that supposedly stands for the *Adaptive Character of Thought* (it meant the *Adaptive Control of Thought* earlier, has also been reported to abbreviate *Atomic Components of Thought* (Morrison, 2003) and perhaps, it just refers to *Anderson's Cognition Theory*). The 'R' abbreviates *Rational* and refers to Anderson's *rational analysis* (Anderson, 1990, 1991).

because the spread of activation is governed by time, not by programming steps (Anderson, 1978, 1983).

The ACT theory has its roots in a model of human associative memory (HAM, Anderson and Bower 1973), which was an attempt to provide a descriptive language of mental content, made up of hierarchies of connected nodes (called "chunks") in a semantic network and featuring associative recall. In the course of its development, it was also extended by perceptual and motor facilities (PM, Byrne & Anderson, 1998; Byrne, 2001).

ACT-R (and its predecessor, ACT*) have both claimed to bridge the gap between neural-like implementation and symbolic computation. The connectionist implementation of ACT-R, ACT-RN (Lebière & Anderson, 1993), is an attempt to substantiate that claim. ACT-RN's implementation of a declarative memory makes use of a simplified Hopfield network (Hopfield, 1984) with real values, with each chunk acting as a node in the network. To limit the number of links, in the connectionist implementation, the declarative memory is split into several areas. Within each area, all chunks are fully connected to each other. ACT-RN has been used in several cognitive models, but has been abandoned nonetheless, because it was considered too unwieldy for the intended applications—the development of current ACT-R versions focuses on symbolic implementations. Even so, the retrieval of chunks partially follows a sub-symbolic paradigm: spreading activation.

In addition to the declarative memory, ACT-R proposes a procedural memory. Such a distinction has, for instance, been suggested by Squire (1994), but is far from being undisputed in the literature of psychology (Müller, 1993). Procedural memory consists of production rules, which coordinate the cognitive behavior using a goal stack that is laid out in working memory (see Figure 1.1).

Using chunks and productions, ACT-R can encode temporal strings (which are somewhat like scripts, see Schank & Abelsson, 1977), spatial images (similar to schemas; Minsky, 1975) and abstract propositions. The activity of the system is determined by a probabilistic, goal-oriented matching process of productions, which leads to the acquisition of new procedures (productions) and the manipulation of declarative knowledge.

ACT-R has been designed to mimic human performance more closely than Soar and attempts to be an integrated theory of the mind (Anderson et al., 2004). Recently, John Anderson's perspective on modeling cognition shifted even further from symbolic abstraction towards modeling

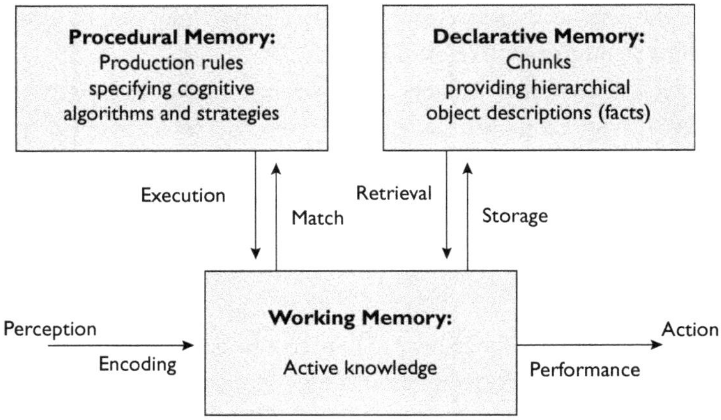

Figure 1.1 ACT-R memory organization (simplified, see Anderson 1983, p. 19)

brain functions and maintains that "a *cognitive architecture* is a specification of the structure of the brain at a level of abstraction that explains how it achieves the function of the mind" (Anderson, 2007, p. 7). But ACT-R is not a model of a complete cognitive system. ACT-R models have captured many regularities of the behavior of subjects in psychological experiments, from visual perception tasks to the learning of mental arithmetic, and its success stems not least from the fact that it allows for testing its cognitive models by comparing computation times with those of human subjects, without making more than a few very basic assumptions on the speed of activation spreading. On the other hand, ACT-R models are usually not autonomous or motivated—goals of the system are given explicitly and beforehand by the experimenter.

Anderson maintains that ACT-R is a *hybrid architecture*, because it combines the explicit learning of discrete memory structures with Bayesian reasoning supplied by its associative memory structures. However, Anderson's semantic networks are strictly localist,[18] and distributed representations only play a role in external modules, which are not an integral part of the architecture, so its current implementations put it into the realm of symbolic models. Yet, even though it can be

18 Ron Sun (2003, p. 5) characterizes sub-symbolic units as not being individually meaningful. In this sense, the distinction between symbolic and sub-symbolic systems does not allude to whether link weights are strictly binary or real-valued, but whether the links implement a distributed representation of concepts.

fitted to experiments with human subjects, it is not clear if the production paradigm literally depicts neural activity or just marks a convenient way of programming cognitive models (Gardner, 1989, p. 146). Knowledge in ACT-R models is usually not acquired step-by-step by gathering experience in an environment (Hesse, 1985), but preprogrammed by the experimenter; the individual knowledge units are rarely grounded in environmental interaction. The chunk types, especially, are most often predefined by the experimenter. Indeed, like Soar, ACT-R has sometimes been likened to a programming language (instead of being a model of cognition), because it offers so many degrees of freedom on how cognitive functions and actual behavior may be implemented; ACT lies somehow in between psychology, artificial intelligence and computer science (Jorna, 1990, p. 119).

The ACT-R architecture has no representation for affective variables (Morrison, 2003, p. 28), even though approaches exist to attach additional modules for that purpose to the architecture (Belavkin, 2001; Ritter, Reifer et al., 2007). This means that knowledge in ACT is encoded independently from motivational and emotional parameters, which seems to be inadequate (Hoffmann, 1990). Furthermore, knowledge has to exist in declarative form to have an influence on the behavior of the system.

Despite their shortcomings, ACT and Soar receive not only the most attention in the published literature, but they also seem to be the most mature of the existing architectures. Nonetheless, there exist various other approaches for modeling human cognition. Most of them concentrate on isolated capabilities, such as memory or perception, but several of them provide extensive models, for instance *CAPS* (*Concurrent Activation-Based Production System*) (Thibadeau, Just, & Carpenter 1982; Just & Carpenter, 1992; Just, Carpenter, & Varma, 1999), the *Construction-Integration* (*C-I*) theory of Walter Kintsch (Kintsch & van Dijk, 1978), *Prodigy* (Minton, 1991; Carbonell, Knoblock, & Minton, 1991), and *EPAM* (*Elementary Perceiver and Memoriser*; Gobet, Richman, Staszewski, & Simon, 1997).

1.3.3 Hybrid architectures

While ACT-R can be considered to be a classical symbolic architecture, its implementation ACT-RN (and the above mentioned C-I theory) already belong to the family of "semi-classical" architectures. These are not restricted to discrete representations, but make use of Bayesian reasoning, fuzzy logic, and spreading activation networks. These methods tend to increase the power and flexibility of the systems, while often still allowing for manually engineered knowledge units and easy understanding (by the experimenter) of the content that has been acquired by learning or perception. For most of these models, production rules are the central instrument of representation.

Hybrid archictures, which combine symbolic with sub-symbolic reasoning using different modules or layers, are exemplified in Ron Sun's architecture *Clarion* (Sun, 2005, 2003). Clarion stands for *Connectionist Learning with Adoptive Rule Indication On-Line.* Its representations are based on Ron Sun's work on CONSYDERR (1993) that models categorical inheritance using a two-layered connectionist system, whereby one layer is distributed, the other localist. Memory in Clarion likewise consists of a localist, rule-based layer that encodes explicit, symbolic knowledge, and an underlying distributed layer with implicit, sub-symbolic representations. Knowledge can be translated between the layers, by translating symbolic rules into a sub-symbolic representation, or by extracting rules from the sub-symbolic layer. (Clarion is also notable for providing a motivational system, based on a set of drives.)

1.3.4 Alternatives to symbolic systems: Distributed architectures

Despite the benefits of symbolic architectures and their semi-symbolic extensions, there are some criticisms. Symbolic cognitive architectures might be just too *neat* to depict what they are meant to model, their simple and straightforward formalisms might not be suited to capture the scruffiness of a real-world environment and real-world problem solving. For example, while the discrete representations of Soar and ACT are well suited to describe objects and cognitive algorithms for mental arithmetic, they might run into difficulties when object hierarchies are ambiguous and circular, perceptual data is noisy, goals are not well-defined, categories are vague, and so on. In domains where the extraction of suitable rules is practically infeasible, neural learning methods and distributed representations may be the method of choice, and while this is often reflected in the perceptual and motor modules of symbolic architectures, it is not always clear if their application should end there.

The "neat and scruffy" distinction has been described by Robert Abelson (1981), according to whom it goes back to Roger Schank. It alludes to two different families of AI models: those favoring clean, orderly structures with nicely provable properties, and those that let the ghosts of fuzziness, distributedness, and recurrency out of their respective bottles. While the term "New AI" is sometimes used to refer to fuzziness[19], AI does not really consist of an "old," neat phase, and a "new," scruffy era. Even in the 1960s and 1970s, people were designing logic-based systems and theorem provers (for instance, McCarthy & Hayes, 1969; Nilsson, 1971), and at the same time, others argued for their inadequacy (e.g., Minsky & Papert, 1967), suggesting less general-purpose approaches and the use of distributed systems with specific functionality instead.

In cognitive modeling, there has been a similar divide between rule-based systems with clean organizational principles (like Soar and ACT-R) on the one hand, philosophically close to Fodor and Pylyshyn (1988) and Jackendoff (2002), and distributed parallel processing architectures (Rumelhart & McClelland, 1986) on the other. It has often been argued that it is not only possible to bridge this gap, but also necessary to integrate both views into systems that can be both localist and distributed at the same time (see Dyer, 1990, and Sun, 1993). The resulting systems, however, will probably not be neat and scruffy at the same time. While they will be able to emulate neatness to some degree, they will be inherently even scruffier! And maybe that is a good thing, because real world problems are usually characterized by scruffiness as well: knowledge tends to be incomplete, approximate, and contradictory, outcomes of events tend to be uncertain, and situations are often far from being clean-cut. Thus, a system accumulating knowledge from a real-world environment needs to pack scruffy representations and problem solving approaches under its hood, although it might present a neat surface.

The design of a cognitive architecture based on chunks, rules, and modules amounts to a search for the minimal orthogonal requirements of human-like intelligence by carefully and incrementally adding

19 *New AI* as opposed to *Good Old-fashioned AI* has been used to characterize lots of things: a departure from symbolic methods and an embrace of sub-symbolic computation, the inclusion of sociality, the use of grounded representations, among many others. Still, most of the ideas that are now subsumed under "New AI" were formulated in the early days of AI, although neglected in practical research.

complexity. When nature came up with designs for our brains, it had perhaps chosen the opposite path: it defined a large set of highly interconnected elements and extreme inherent complexity, and added just enough global organizational principles and local constraints (along with a developmental order) to ensure that the behavior of the system would be narrowed down to produce the feats of cognition when confronted with the right kind of environment. (The environment might be crucial, because the individual genesis of cognitive capabilities depends on the adaptation to stimuli and tasks as they present themselves to an organism—a notion that has been voiced in the *situated cognition theory* by Suchman, 1987 and Clancey, 1994). The course of the researcher might thus consist in the identification of those organizational principles and constraints, for instance, by experimenting with distributed processing architectures that have been connected to the right kind of environment. It may be that the mind is not best understood as a certain assembly of functionality, but as an emergent product of a homeostatic system with a defining set of organizational constraints. The complexity and parsimony of cognitive functions might be the result of the activity of this system and the application of the constraints. Thus, a model of the mind would not consist of hundreds of perceptual subsystems, dozens of memory types and representational formats, and a very large number of algorithms specifying cognitive behavior, such as problem solving, spatial cognition, language comprehension and memory maintenance. Instead, a minimal description of the mind would be a description of the principles that give rise to it; its story would be told in terms of a set of several classes of homogenous neural circuits, the principles describing the global arrangement of clusters of such elements, and a rough layout of neural pathways that define the initial connectivity of the system. Dreyfus and Dreyfus have summarized the conflict between the two modeling approaches: "One faction saw computers as a system for manipulating mental symbols; the other, as a medium for modeling the brain." (1988)

Methodologically, this latter view suggests a departure from the specification of formalisms that literally treat cognitive tasks as something to be addressed with descriptive languages and well-defined functors that operate on the descriptions along pathways plastered with carefully proven properties; it suggests rejecting neatness on the level of description of cognitive functioning and instead concentrating on specifying principles of neural, distributed cognition.

Having said that, I think that the current state of development of distributed architecture does not seem to make the symbolic approach obsolete. While numerous successful models of cognitive functioning have been realized, they usually address isolated capabilities, such as sensory processing, memory or motor activity. To my knowledge, distributed processing architectures do not cover the breadth of capabilities addressed by the unified architectures of symbolic and semi-symbolic origin yet. While it may be theoretically possible to simulate symbolic processing with a connectionist model, perhaps it is not practically possible to do so (Anderson et al., 2004).

Although the connectionist movement in cognitive modeling started out in the mid-1980s with James McClelland's and David Rumelhart's proposal of parallel distributed architectures (Rumelhart & McClelland, 1986), the attempts to model the breadth of cognition using neural nets are few and limited.

ART (*Adaptive Resonance Theory*) by Stephen Grossberg (1976) is one of the earlier attempts to realize a broad model of cognition entirely with a neural net design. Like many of these approaches, it is not really a unified architecture, but a family of models (Krafft, 2002). ART includes working memory, perception, recognition, recall, attention mechanisms, and reinforcement learning. It proposes two layers of networks that make up its working memory: an input level (bottom), which responds to changing features and objects that the system directs its attention to, and an output level (top) that holds categorical knowledge related to the concepts in the input level. ART simulates a bottom-up/top-down model of perception: The top-down processes define what the input level is looking for by modulating its attention.

ART has been applied in simulating illusions in visual perception, modeling visual object recognition, auditory source identification and the recognition of variable-rate speech (Grossberg, 1999), but does not capture procedural tasks, such as continuous persistent behaviors or motor control.

To overcome the difficulties with expressing propositional knowledge in a neural architecture, several *connectionist production systems* have been designed (see Touretzky & Hinton, 1988, Dolan & Smolensky, 1989). *Knowledge-based artificial neural networks* (KBANN) have been suggested by Towell & Shavlik (1992, 1994), which transform sets of clauses of first order logic into simple feed-forward networks that map truth values to activation states and can be modified using back-propagation learning, thus allowing to model noisy and heterogenous data starting from incomplete and possibly contradictory rule-based descriptions.

Various models have been developed to model the distributed representation of discrete content, for instance *Sparse Holographic Memory* (Kanerva, 1994); *Holographic Reduced Representations* (*HRRs*; Plate, 1991), and tensor product representations (Smolensky, 1990). The latter have been extended into the ICS architecture (Smolensky & Legendre, 2005), which is based on Optimality Theory and Harmonic Grammars (Prince & Smolensky, 1991, 1997, 2004). Representations in ICS are organized by synchronized oscillations, which provide binding between so-called "roles" (categories) and "fillers" (the distributed content of the concepts) and can be determined using a tensor product. Within ICS, it is possible to express sets, strings and frames, as well as categorical hierarchies (using recursive role-vectors). Still, such models focus on the replication of an isolated task and are not yet a paradigm for the integration of problem solving, perception, reasoning, planning and reflection of a cognitive system in the face of its environment.

1.3.5 Agent architectures

The previously discussed architectures have in common that, while modeling problem-solving, learning, sometimes perception, and even action, they do not deal with motivation. Usually, the model is depicted as a system that receives input, processes it according to an organizational principle or a predefined goal and generates an output, as opposed to an autonomous entity embedded in an environment that it may influence and change according to its needs. Such a paradigm, the *autonomous agent*, was introduced in artificial intelligence in the 1980s. "An autonomous agent is a system situated within and part of an environment that senses that environment and acts on it, over time, in pursuit of its own agenda and so as to effect what it senses in the future." (Franklin & Graesser, 1996)

There is no narrow universal agreement on what defines an agent; rather, agents are a broad stance, an attitude taken towards the design and interpretation of a system. Central to this notion are the ideas of

— *situatedness*—an agent exists within an environment to which it is connected via sensors and actuators; usually the agent

is *localized* in that environment, that is, it occupies a certain position in time and space, which makes only a subset of stimuli and actions affordable at a time
- *persistence*—both the agent and the environment have a prolonged existence, so that perception and action may have an effect on future events
- adaptivity—the agent changes its responses in accord to what it perceives, it might take action to improve its environment and learn how to cope with it
- *proactivity*—the system acts on its own behalf, that is, it has internalized goals or behavior tendencies instead of being fully controlled by a user.

None of these requirements is strict, however; often, the agent paradigm is just an engineering metaphor that may apply very loosely to a software system. Sometimes, the term agent is used for any software system that acts on behalf of a human user. While the agency concept that is used in computer science does not put any restrictions on cognitive capabilities or behavior of a system, it has been nonetheless very influential for the design of models of intelligence and cognition.[20]

The demands posed to an agent depend mainly on its environment. Agent environments may put restrictions on observability (they might be completely or only partially observable), accessibility (actions may be uniformly applicable, or only at certain locations), static, or dynamic. The parameters of the environment may change continuously or in discrete steps, and sequences of events may be deterministic, stochastic, or follow strategies. Also, the actions of the agent may leave permanent traces, or different instances of interactions may be independent from each other (episodic). Environments may also contain other agents; *multi-agent systems* (MAS) allow (or force) several systems to interact.

20 As we will see in the next chapters, the transition from monolithic programs to agents is also evident in implementations of the Psi architecture. Earlier implementations, like EmoRegul (Hille, 1997) did not interact with an independent, persistent environment, but on a stream of events that they learned to predict. The Psi Island implementation (Dörner, 2002) features an agent that explores, changes, and revisits locations in a dynamic environment. Current implementations (Bach & Vuine, 2003; Dörner & Gerdes, 2005) provide a multi-agent environment, where several Psi systems act upon the environment and each other; they might also communicate to exchange representations that they have acquired through their exploration.

Belief-Desire-Intention (BDI) systems are not so much a model of human cognition but an engineering stance and a terminological framework. When designing an autonomous agent, the need arises to equip it with some data structure that represents the state of its environment. These pieces of knowledge are usually acquired by some perceptual mechanism or inferred from previous states, and so they might misrepresent the environment; they are called *beliefs*. (Rao & Georgeff, 1995, characterize beliefs as something that provides information about the state of the system.)

Furthermore, the agent will need to have information about preferences among the states it can achieve to define objectives. These objectives are very much like goals in the rule-based systems, but they might contradict each other, and be subject to constant changes. The objectives are called *desires* and define a motivational component. Eventually, the agent will have to pick an objective and commit itself to following it with some persistence; otherwise, there would be a need for continuous re-planning and reconsideration of all possible courses of action, which is usually not possible in a dynamic and complex domain. These commitments are called *intentions*.

BDI agents undergo a typical cycle: they have to handle events, execute plans and update their mental structures; there are many possible ways to integrate deliberative processes (Dastani, Dignum, & Meyer, 2003), for instance, Michael Wooldridge suggests different cycles for "single-minded," "open-minded," and "blindly committed" agents (Wooldridge, 2000). The BDI paradigm has led to task specific control languages and agent architectures (Ingrand, Chatila, Alami, & Robert 1996; Ingrand, Georgeff, & Rao 1992; Kinny & Phillip 2004; Brazier, Dunin-Keplicz, Treur, & Verbrugge 1999), but most of them do not comprise models of human-like cognition (an exception is the JACK system: Busetta et al., 1999; Howden et al., 2001; Norling & Ritter, 2001).

Behind BDI architectures stands the philosophical assumption (Bratman, 1987) that knowledge of a system concerning the world (beliefs), desires and intentions (selected goals) are indeed states of this system that cause its behavior, and are thus represented explicitly. A weaker view contends that only beliefs are necessarily to be represented explicitly (Rao & Georgeff, 1995), while desires may be related to events and intentions could be captured implicitly by plans.

The philosophical position of *instrumentalism* maintains that notions such as beliefs and desires are merely ascribed to the system by its observers; even though these ascriptions are useful, they are fictitious. A compromise between these realist and instrumentalist views is suggested by Dennett (1991): while beliefs, desires and so on can only be detected by an observer using an intentional stance, they are nevertheless objective phenomena, which are abstracted using the stance from the patterns that determine the object of description. Whether an architecture should strive to introduce functional descriptions of beliefs, desires, and intentions remains unanswered by this, but the particular stances do have an influence on the design of particular agent architectures.

The classical example for agents without symbolic representations is Rodney Brooks' *subsumption architecture* (Brooks, 1986). A subsumption agent is a layered collection of modules (usually, finite state machines) that may be connected to sensors, actuators or other modules. Simple behaviors may be implemented by the interaction of the modules on a low level, and more complex behaviors are the result of the mediation of low-level behavior by modules on a higher level. Subsumption agents do not have a world model and no capabilities for deliberative processing. There is no central control (although Brooks, 1991, later introduced a "hormonal activation" that provides a mode of distributed control of all modules that have a "receptor" for the respective "hormone").

While the subsumption architecture may produce complex behavior, adaptation to new problems posed by the environment requires rewiring; reactions of the agents are very fast, but mainly reflexive. The work on nonsymbolic architectures continues, see for instance Bredenfeld et al. (2000), but it has yet to be shown that cognitive behavior can be elicited using a purely nonsymbolic system.

1.3.6 Cognition and Affect—A conceptual analysis of cognitive systems

AI architectures are not necessarily cognitive architectures, because instead of modeling cognition, they often follow specific engineering goals, which are defined by narrow task descriptions, such as playing a game or controlling a vehicle. But even though the project of capturing and understanding intelligence seems to have migrated from its traditional realms in AI into Cognitive Science, there are numerous efforts within AI research that focus on cognitive capabilities.

The combination of AI's agent viewpoint with cognitive architectures and especially with research in computer models of emotion has also sparked new research on cognitive models that integrate motivation, emotion, and cognition.

The Cognition and Affect Project (CogAff: Sloman, Chrisley, & Scheutz, 2005) is not an implementation, but a conceptual analysis for cognitive architectures in general. It provides a framework and a terminology to discuss existing architectures and define the demands of broad models of cognition. CogAff is not restricted to descriptions of human cognition—this is regarded as a special case (H-CogAff).

CogAff is inspired by the idea that a model of the mind should not be restricted to the execution of unit tasks, deliberative acts, and complex operations (see Newell's suggestion of the *cognitive band* in Table 1.1), but may also include the understanding of the exchange between reflexes, deliberation, and day-to-day reflection and planning. Also, it should not restrict its explanations to a single dimension, such as the level of complexity of a cognitive task, but offer a perspective that includes stages and types of cognitive phenomena.

Aaron Sloman introduces CogAff along two dimensions (Figure 1.2), defined by the layers of cognition—reactive, deliberative and meta-deliberative—and the stages (columns) of processing: *perception, central processing*, and *action* (Sloman, Chrisley, & Scheutz, 2005).

These dimensions are interleaved, so there is reactive perception, reactive control, and reactive action, deliberative perception, deliberative control, deliberative action and so on. Information is exchanged within and between the layers.

The *reactive layer* corresponds roughly to what has been modeled in Brooks' subsumption architecture—a reflexive, entirely sub-symbolic system. The behaviors in this layer are fast and may be complex and well-adapted to the system's environment, but only at the cost of excessive storage requirements, or due to evolutionary re-wiring. The reactive layer does not rely much on memory and does not need a word model; that is, it may act directly on the situation.[21]

21 In biological systems, there is evidence that even low-level behavior, for instance in insects, is rarely completely stateless, that is, does require some kind and amount of memory. Also, reactive behavior, such as walking, may be mediated by a dynamic and detailed proprioceptive memory, which is updated according to simulated movements instead of sense-data to make the feedback from action to perception more responsive; sense-data will be used afterwards to tune the simulation (Blakemore, Wolpert, & Frith, 2000).

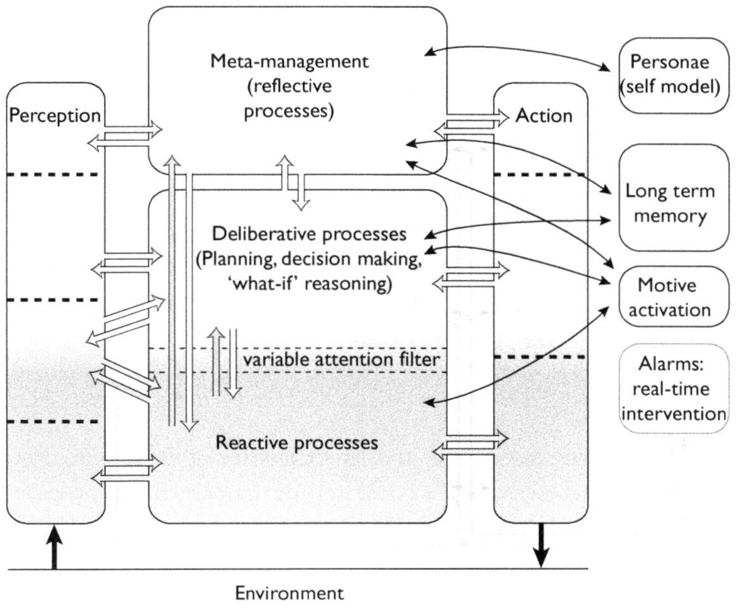

Figure 1.2 H-CogAff schema (adopted from Sloman, Chrisley, and Scheutz 2005)

The *deliberative layer* is a more recent product of evolution and allows for "what if" reasoning, enabling anticipation and planning. The deliberative layer requires an explicit world model, compositional representations (for planning) and associative storage for learned generalizations that are applicable in future contexts. When the reactive layer cannot handle a problem posed by the environment on its own, it presents it to the deliberative layer. Because of the limited parallelism of deliberative processing, only few of these problems can be handled at once; this can be regulated by a variable attention threshold. Perturbances may result from attempts of the reactive layer to divert attention from the current deliberations.

The *meta-management layer* monitors the activity of the other layers to evaluate and control the deployment of strategies. It provides self-reflection and control of thought processes by sending information to them. Yet there is no complete subsumption, all layers are to some degree autonomous and merely coordinate their activity with each other.

Corresponding to the layers, there are specialized and differentiated perceptual and motor functions. Sensory equipment on the reactive layer has to be sensitive to details and quickly available features of the environment (and internal processes), whereas perception on the deliberative layers makes use of abstractions over these details. Motor responses in the reactive system may be fast and direct reactions to input, while the actions incorporated in the deliberative layer can be more complex, involve decision-making and may require adaptation to a given situation before they can be executed.

In addition to the normal information flow in the layers, there is a system that monitors the external and internal environment for the agent for events (especially dangers) that require immediate attention of all levels; this is called the "alarm system."

Sloman also addresses the role and functionality of emotions. Emotion in Sloman's framework is not an isolated parameter, but a process that stems from the information processing of the system. Each level of processing yields different emotions:

— *Primary emotions* stem from reactive processes and correspond to primitive behavior tendencies, such as freezing, fleeing, fighting and mating. Sloman labels them "proto-emotional"; they do not contribute to those processes that play a role in self-awareness.
— *Secondary emotions* result from deliberative processes, they might correspond to past events, fictitious or anticipated situations. Examples are apprehension and hope. They can also be the product of conflicts between the deliberative layer and the reactive layer (for instance, if planning is interrupted by a primary emotion); Sloman calls these conflicts "perturbances."
— *Tertiary emotions* are higher order concepts like adoration and humiliation; they are rooted in reflections on the deliberative processes. Like secondary emotions, tertiary emotions can be the product of perturbances, caused by interruptions and diversions from other layers.

Some emotions are caused specifically by the alarm system, that is, if an event in the environment or in the internal processing of the agent requires an instant reaction, this re-configuration corresponds to specific emotions (like startling).

Sloman's model is entirely qualitative, largely speculative, and most details remain undefined. A partial implementation of a CogAff agent called *Minder* was the result of a PhD thesis by Wright (1997), but did not manage to capture the architecture in detail. Sloman's ideas have however been influential in the discussion and development of other, more detailed models of cognition and emotion. To model cognition, Sloman asks us to adopt our methodology to the task, not the other way around; that is, we should not attempt to design our architectures just along the methods of a single field:

— Instead of concentrating on language, vision or learning, we should strive for complete architectures, because these faculties are highly interdependent and it will probably not be possible to understand them in isolation.
— We should look at different species. Cognition is not a feat that suddenly cropped up in humans; rather, human cognition is a special case that might be better understood when regarding the capabilities of other species as well.
— Individual differences should not be disregarded—the cognitive strategies and functions for instance of children, people with brain lesions or mathematicians are sometimes quite different, and understanding these differences may be crucial for understanding the mind.
— While most architectures in psychology strive to closely mimic human performance for given tasks, there is no reason why intelligence should be restricted to human-like systems. The study and development of artificial systems may lead to new insights into the nature of cognition as well.
— Let us take a constructionist stance, by looking at the design requirements (i.e., the tasks posed by a complex environment, social interaction, mental development etc.) that cognition answers.
— There are many different possibilities for the design of systems that achieve cognitive feats—these possibilities should be explored beyond the obvious, because the routes that lead to a given result are not always clear.
— A lot can be learned by looking at the requirements and design principles that are imposed by the evolution of a species and the development of the capabilities of an individual.

Intelligence, emotion, motivation and sociality are the answer to particular evolutionary requirements. Both evolution and individual development require the incremental design of a system, so the study of the particular possible paths that lead to the cognitive capabilities of a system might be necessary for their understanding.

— Individual scientific disciplines tend to diverge, up to the point where their methodologies are mutually incompatible. We should combine the different disciplines of cognitive science, including philosophy, and switch often between their methodologies.

One notable example of an AI architecture that refers to Aaron Sloman's work is *CMattie* (Franklin, 2000). CMattie has been designed to write and answer e-mails to organize and announce invited talks and seminars. Stan Franklin proposes a very eclectic system that combines a collection of small independent problem solving modules, called *codelets* and organized in a *code rack* with a Sparse Holographic Memory (Kanerva, 1988), attention management mechanisms, and a *slipnet*. Codelets are based on Selfridge's *Pandemonium theory* (Selfridge, 1958) that suggests that mental activity is brought forth by the performance of a number of differently specialized autonomous agent structures (*demons*) that compete for resources. Depending on successes and failures of the system in the given (and changing) context, the demons become associated with the tasks posed to the system and each other.[22] Slipnets (Hofstadter & Mitchell, 1994) allow analogical reasoning and metaphor finding by organizing knowledge into hierarchies according to the available operators that allow transition between knowledge states, and then allowing "slippages" on the individual levels. CMattie also comprises a model of emotion that affects stored knowledge, but here, emotions do not modify the retrieval. Instead, they mainly act as additional properties of retrieved concepts and help to determine context and relevance. Franklin's architecture represents ongoing work; the current instantiation is called LIDA (Learning Intelligent Distribution Agent, Ramamurthy, Baars, D'Mello, & Franklin, 2006). CMattie and

22 The Pandemonium theory is also used in the cognitive architecture Cognet (Zachary, Ryder, & Hicinbotham, 1998).

LIDA are very interesting examples of recent research into the field of *Artificial General Intelligence.*

This short assessment of the field of cognitive architectures is very far from being complete. But it should already elucidate the domain of Leibnizean Mills, of computational models of the mind, by illustrating their major lines of design, their parts and how they "push against each other," in an attempt to bring forth "thought, experience and perception." This is the context that our theory—the Psi theory—and its implementation as a cognitive architecture have grown into, and we will now discuss its definition and properties.

2

Dörner's "Blueprint for a Mind"

Aristotle declared: "The soul is the principle of the living," and this I understood as "the soul is the set of rules that determine the functioning of an organism, if it is alive".—If that is true, then one has to simply put down these rules to exercise psychology.

Dietrich Dörner (1999, p. 803)

The Psi theory, which is the brain-child of the German psychologist Dietrich Dörner, is an attempt at representing the mind as a specific kind of machine, much in the same way that physics represents the universe as a kind of machine. Here, a machine amounts to a (possibly very large, but not infinite) set of if-then statements. Such a description is Dörner's requirement to psychology, as long as it wants to be treated as a (natural) science, and, of course, it does not ask anyone to abstain from recognizing the mind as adaptive and creative, or to neglect the reality of phenomenal experience.

The rule-based view of the mind taken by the theory does not imply that the mind can be best understood as a single-tiered, sequential process made up of yes-no-decisions, but rather as an intricately linked, fuzzy and self-extending causal network structure.[23] (Dörner, 1999, p. 18). In subscribing to a rule-based, that is, a computational approach,

23 Technically, of course, it might be possible to implement an intricately linked, fuzzy and self-extending causal network structure using a single-tiered deterministic automaton made up of yes-no-decisions, such as a von-Neumann computer. Computational equivalence does not mean paradigmatic indifference.

the Psi theory is not exactly alone. The *computational theory of the mind* (see section 1.3.1, p. 27) is widely agreed upon within cognitive science, and Dörner definitively subscribes to it, when he says: "I want to show that mind is entirely possible as computational activity." (Dörner, 1999, p. 22).

This and the following four chapters will address Dörner's theory on mental representation, information processing, perception, action control, and emotion in detail. The book *Bauplan für eine Seele* (*Blueprint for a Soul*; 1999) covers its outline and will act as a main source. Where needed, I will resort to other publications of Dörner and his group to fill in necessary details and extensions, especially the more technical *Die Mechanik des Seelenwagens* (*The Mechanics of the Soul Vehicle*; 2002) that is concerned with aspects of an implementation of the theory.

While rooted in the field of psychology, there is actually very little psychological methodology to be found in Dörner's "blueprint for a soul." Rather, it might be seen as an attempt to bridge the gap between the burning questions of the philosophy of mind and the computational approaches provided by computer science. Thus, it is a book genuinely belonging to the interdisciplinary field of cognitive science.

Dörner does not give much room to the terminological and cultural specifics of the discussions in philosophy and computer science, and he also usually foregoes some subtlety regarding the established notions of psychology for the sake of interdisciplinarity, even though he sets out to provide—first of all—a reductionist and analytical foundation of psychology:

> But if we refuse to consider our mental life [Seelenleben] as an agglomerate of if-then-statements, we will get into a difficult position regarding psychology. We had to accept then that psychology could at best partly be exercised as a science. [. . .] We could not explain these [psychological] processes, would thus be unable to construct theories for them. The human soul would be inaccessible to science, and psychology would not be scientific [Seelenwissenschaft] but merely historical [Seelenkunde—'psychography'], a description of things that happened here and there, at this and that time. (Dörner, 1999, p. 16)

The inevitable price of these tactics is the need to introduce, sometimes in a simplified manner, most of the basic concepts Dörner's theory relies on, and consequently, a considerable portion of the text consists of colloquial explanations of the necessary ideas supplied by the different disciplines. For example, from artificial intelligence, he borrows elements of dynamic systems theory, neural networks, simple semantic nets, scripts, frames, and some tools for the description of algorithms. Philosophy seemingly supplies functionalist and some structuralist foundations, along with fruitful metaphors and a host of questions Dörner strives to answer. Genuinely psychological input stems from contemporary theories of perception, emotion theories, and a theory of action control that has partly been developed by Dörner himself (Dörner, 1974; Dörner & Wearing, 1995), and incorporates ideas of Norbert Bischof (1968, 1975, 1989, 1996), Friedhart Klix (1984, 1992), Ulrich Neisser (1967, 1976), Jens Rasmussen (1983), and many others. Dörner's theory also owes much to his extensive research background in modeling and evaluating human problem solving. *Bauplan für eine Seele* puts these different accounts into a single frame of reference. At the time of this writing, no English translation of Dörner's books on the Psi theory is available; the following chapters shall act as a summary and reference, tailored for interest and background of those working in the field of artificial intelligence and related disciplines.

2.1 Terminological remarks

"Bauplan für eine Seele" translates to "blueprint for a soul", whereas the entity the book strives to explain is the mind (*Geist*), rather than its more spiritual terminological companion.[24] Dörner does not just address cognition, but focuses on the emotional system into which higher cognitive abilities are embedded and displays what is commonly described as symbolic and sub-symbolic reasoning as a continuum. By choosing "soul" instead of "mind," Dörner apparently puts emphasis on this perspective, which differs somewhat from the logical reasoning agents of traditional

24 In accordance with Norbert Bischof (1996a), Dörner explains religion as the result of culturally perpetuated attempts at hypothesizing about the reasons and hidden aspects of intensely meaningful, large-scale events—such as weather, natural disaster, death—based on analogies. (Dörner, 1999, pp. 746–747)

artificial intelligence. (Interestingly, by explaining emotion as an aspect of the configuration of a cognitive system, as we will see, Dörner also takes a radically different position than most work of artificial emotion research, which often treats emotion as a mere "add-on" to the cognitive core.) To avoid confusion, I will use the word "mind" from now on indiscriminately to refer to both "Geist" and "Seele" when I translate from Dörner's book.[25]

Psi is not only the name of the theoretical framework describing human psychology, but also frequently used to denote the agent that acts as a model of the theory. This ambiguity also applies to the style the theory is formulated: Dörner does not put much effort into maintaining a clear distinction between the ideas of the theory and possible instantiations of this theory in an agent implementation. This is different to the way some other theories of cognition are laid down; for instance within the ACT theory (Anderson, 1983, 1990), John Anderson attempts to distinguish between main assumptions and theses (the framework), ways of implementing these (the model) and the actual experiments (i.e., particular implementations). These partitions are not to be found in Dörner's books, neither have I tried to create such a division here, because its absence does not provide an obstacle to our purpose—to piece together Dörner's theory, while aiming for an implementation. Still, it might be helpful to bear in mind that the core of the theory consists probably in the functional entities and the way and magnitude they are interrelated to create a dynamic cognitive system. Whenever it comes down to particular methods of calculating these interrelations and weighting the influences, we are likely to look at an (often preliminary and sometimes incomplete) model. For example: throughout Dörner's books, a number of relatively detailed circuits (built from threshold elements) are used to illustrate ways to implement certain bits of functionality. While these illustrations nicely show that neural elements are suited to perform the necessary computations, Dörner does not claim that they

25 Dörner's choice of the word "soul" instead of "mind" might also be due to a historical legacy, i.e. the terminology of Aristotle. (Compare p. 33, where Dörner cites Aristotle with "The soul is reason and principle of the living body." On p. 280, "Geist"—mind—is used as a translation for "intellect," i.e., the exclusively rational aspect of the mind. See also Hille, 1997.)

picture how this functionality is actually implemented in the human cognitive system, but demonstrates that it is possible to construct the necessary computational arrangements using artificial neurons. Because I am confident that this point is not controversial here, I will not hesitate to replace them by simpler explanations of the required functionality whenever possible.

While Dörner has specified his theory in considerable detail, it is not very formalized. Maybe this is a good thing, not only because the colloquial style of the description makes it much easier to understand for the casual reader, but also because it lends flexibility to the interpretation, where a more rigid fixation of Dörner's concepts would be unnecessarily narrow and premature. I have tried to keep the presentation this way as well, by providing explanations that are detailed enough for setting out to sketch an implementation, yet avoiding to restrict the descriptions by narrow formalizations not warranted by the current state of the theory.

In the presentation of particular algorithms I have taken some liberty in the translation of the original diagrams into pseudo-code to ease understanding, while preserving the underlying ideas.

2.2 An overview of the Psi theory and Psi agents

To test and demonstrate broad computational theories of cognition, researchers have to find suitably broad tasks, test scenarios and benchmarks, which is notoriously difficult. Even complicated tasks such as playing chess and soccer, the translation of natural language or the control of a car hardly require the full breadth of human behavioral strategies. Thus, after designing several partial models of representation and emotion, Dörner has chosen an *agent-based* approach within a complex simulated game world. The game world is a virtual environment, providing sensations and means for interaction to the self-reliant Psi agents inhabiting it.

Psi agents are usually little virtual steam vehicles that depend on fuel and water for their survival. When they are instantiated into their environment, they have no knowledge of how to attain these needs—they do not even know about the needs. All they have is the simulacrum of a body that is endowed with external sensors for environmental features and internal sensors for its physiological and cognitive demands. Whenever the internal sensors signal a growing deficit, for instance, an imminent lack of fuel to heat the boiler, which is necessary to keep the turbines of the agent running, a change in the cognitive system takes place (called a *displeasure* signal). The agent is not necessarily *experiencing* this displeasure signal—however, the signal is creating a negative reinforcement, which has an effect on learning, it may change the relationship of the agent to the environment by modulating its perception, and it raises the activation of a motivational mechanism—it creates an urge—to reduce the demand. Through random exploration and goal-directed action, the agent learns how to satisfy the particular demands, that is, which operations to perform on the environment to attain a reduction of the demand and thus the opposite of a displeasure signal—a positive reinforcement on its learning, which also increases its estimate of competence to handle similar situations in the future. (Actually, there is a specific *demand for competence* as well.) Note how the PSI theory distinguishes between demands (actual needs of the system), urges (which signal a demand) and motives (which direct the system to take care of some need).

Let us join a PSI agent on one of its adventures, right after it has been created into its little world. Impressions of environmental features are pouring in, and an initial conceptualization of the starting place is built. The place may be described as a meadow; it is characterized by grassy ground, the absence of trees, a little stream to the south, impassable rocks to the east and north, and a forest towards the west. While the PSI agent is busy exploring things in its environment, it consumes the better part of its fuel, and the respective demand is signaled as an urge signal. This is not the only urge signal active at the time (the agent might need water and some repairs too), and it is thrown into a competition of motives. After a short evaluation to determine the feasibility of finding a source of energy, the refueling urge wins against its competitors, and the agent establishes the search for fuel as its currently active goal. More accurately put: the goal is the attainment of an event that reduces fuel demand. By activating the representation of this goal, and letting the activation spread to associated preceding situations, possible remedies for fuel demand can be identified in the memory of the agent. In the PSI agent's world, these might be the consumption of nuts or grains, which are used to extract oil to fire the boiler. A simple way of finding a plan that gets the agent into the presence of such treats can be found by means of an associative memory: starting from the goal, events are retrieved along the remembered sequences of actions and events—those which in the past have lead to the goal. If no such sequence (leading from the current situation to the goal situation) is found, then the agent has to construct it, for instance, by laying out a route based on topographical knowledge that has been acquired in other contexts. In our case, the agent remembers a place that is only a short distance in the west: a clearing with hazel trees, where nuts were found in the past. A chain of locomotive actions to get to that place is easily found, and the agent starts to move. During the execution of the simple plan to move westward and pick a few nuts, the agent compares its environment and the outcome of individual actions with its expectation.

After moving into the forest, everything turns out as expected. The trees at the forest's edge all stand where they were remembered, no obstacles hinder progress, and the clearing with the hazel tree can be seen not far away. A few moments later, the agent arrives at its destination. But what an unpleasant surprise! Another agent has visited the place since its last visit! Not only did it ravish the hazel tree and did not leave anything edible behind, it also mutilated the flowers of the clearing and changed the way the place looks. The latter is sufficient to fail the agent's expectations and increases its demand for the reduction of uncertainty. The former leads to a complete failure of the plan, because no fuel has been found in the expected location.

Because the demand for fuel is still active, a new plan could be formed, but because the agent has a new demand (the one for the reduction of uncertainty), and has had a recent frustrating experience in attempting to replenish its fuel tank, a new motive takes over, and the agent starts exploring the clearing. After a while it has indeed determined in which way the destroyed flowers look different, and how the clearing has changed. After updating its representation of the clearing and having learned something about the appearance of mutilated flowers, it eventually gets back to the original motive. Again, a new plan is formed: there is a field with sunflowers, which can be reached by following the path further to the west, until a distinctive oak tree is reached, and then cutting through the shrubs in northbound direction.

Meanwhile, the journey to the clearing and the exploration did cost more fuel, and the need to replenish the dwindling resources has become quite pressing, which causes the agent to become somewhat agitated: the agent increases its activation. Such an increase leads to a greater determination in pursuing the goal and reduces the time that is dedicated to planning and pondering in favor of action, and should amplify the chances to get to the sunflowers before the agent breaks down. Unfortunately, the price for diverting the cognitive resources to action consists in a lower resolution of planning and perception, and while the agent hastily travels to the west, it ignores most details of its environment. Even though it progresses faster, it misses the landmark—the oak that marked the way to the sunflowers. When finally a digression between the expectations and the environment is recognized, the agent has traveled too far from its mark. Running out of fuel, it breaks down, until the experimenter comes to its rescue.

What I have just described is a setting very much alike to those that can be observed in a run of Dörner's computer simulation experiments. The island simulation (see Figure 2.1) provides a task with an open end, with room for exploration and creative problem solving, requiring different motivational sources and encouraging the development of individual behavioral strategies. What's interesting is that, if human subjects are put into the same environment—giving them access to the same world as the agent via a screen and a keyboard or joystick—human performance is very similar to that of the model.[26] (Dörner, 2002, pp. 249–323, Dörner 2003).

What are PSI agents?—As we have seen, they are vehicles navigating their environment in pursuit of resources and knowledge. PSI agents are not Tamagotchis (see Kusahara, 2003) or Eliza style facades (Weizenbaum, 1966); they do not act in pretense. Of course, they

26 Initially, humans show a similar learning curve (although they are faster, if they have intuitions about the possible uses of things that are known from previous knowledge about things like streams and nuts, whereas the agent initially has to guess). After a while, they tend to develop a strategy to cope with the problems posed to them, and this strategy development can be emulated by the agent. There seems to be a limit, however, to what the current model is capable of: Dörner's agents will formulate their plans according to past successes and failures and arrange their execution according to the urgency of individual demands and their estimated competence at reaching a goal. Whenever humans go beyond that (and in experiments Dörner's group noted that most of the time, they don't), and start to *analyze* their strategies, actively compare them, and even evaluate their *meta strategies* (those that lead to finding a strategy in the first place), they will be able to outperform the agent model (Detje, 1999).

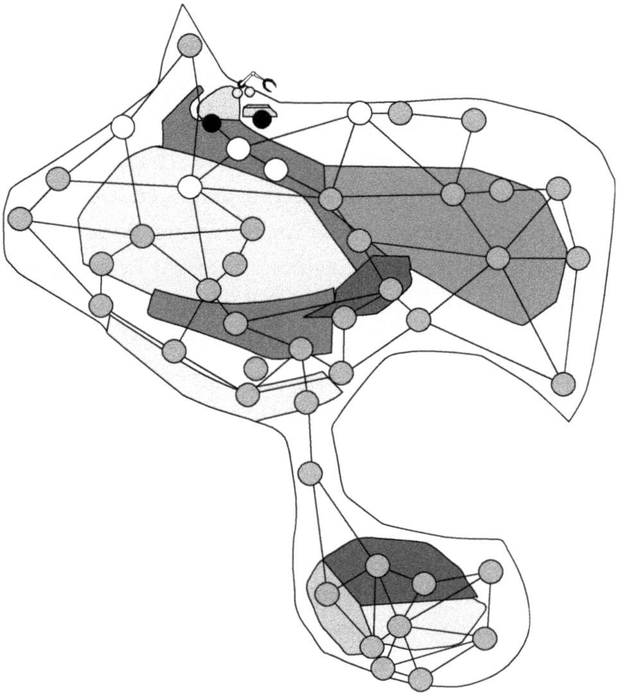

Figure 2.1 Psi Island

are computational, but they do not know about this; that is, if something is computed in them (like their hunger urge), they have no way of knowing it:

> It [the Psi agent] would not know about the computations that lead to Psi's perception of hunger. The respective processes would remain hidden to it. Psi would just have a motive, "hunger," and this would press into the foreground, would get to direct actions, or fail to do so. Perhaps, in connection to that motive, a specific configuration or sequence of configurations of the modulator settings "activation", "resolution level", and "concentration" could arise as the result of a calculation that incurs to the states of the factors influencing the modulators. But the machine would not know that. It would denote certain successions of patterns its protocol memory as "anger", "angst", "rage"; but how those patterns [. . .] come about, would remain concealed to it. (Dörner, 1999, p. 806)

Dörner's Psi agents (and the same holds true for our adaptations—the MicroPsi agents) are tremendously simplified projections of the underlying (and sometimes intangible) theoretical ideas. Currently they do not know grammatical language (which is a tenet of the theory), they have a limited perceptual access to their world (which is a virtual one), and they lack most self-reflective abilities. And yet, Dörner claims that they are already autonomous, know real meaning, possess real motives, and undergo real emotions. Furthermore, it might be possible to extend them along the suggested lines into a full-blown constructionist model of human emotion, cognition, behavior, and personality.

To some readers, these claims may appear very bold. But even if one does not subscribe to such an optimistic assessment of Dörner's ideas, his concepts may provide an extremely fruitful and inspiring frame for further discussion.

The Psi theory relies on neural computation. One of its goals consists in showing that all cognitive processes can be realized as neural processes. (To the computer scientist, this will not come as a surprise, because the neural processes in question are obviously Turing computational.) On the other hand, it is not a neurophysiological theory, or a theory of the brain. In fact, Dörner argues that the actual brain structures might not be crucially important for understanding cognition—because they belong to a different functional level than the cognitive processes themselves. Dörner cites Norbert Bischof's argument (Bischof, 1996):

> In my view, to wait for the advances of neurophysiology or neuroanatomy is even dangerous. It means to bind yourself to the more basal science and to progress in your own only so much as the advances of the brain sciences allow. It means to shackle yourself. What would have become of chemistry, if it had always waited for the more basal science of physics? Indeed, I am of the opinion that the neuroanatomist or neurophysiologist does not necessarily have to supply something of substance if we are to speak about the mind. The metallurgist, knowing everything about metal molecules and their alloys, is not necessarily the best authority with regard to the functioning of car engines, even though these consist mainly of steel and iron. It is perfectly possible to exercise a functional and accurate psychology without knowing much about neurophysiology.

> [. . .] Nevertheless, contact to the brain sciences is useful and advantageous. And for this reason I will—whenever possible—reflect upon processes in the brain, by attempting to describe many mental processes as neural processes. (Dörner, 1999, pp. 22–23)

The following pages deal with the details of this functional theory of mental processing and is structured as follows: First, we will have an introductory look at Dörner's view on autonomy as the product of a cascaded feedback system controlling an agent and his illustrative metaphor of a little steam vehicle (section 2.3). The Psi theory starts from such a simple autonomous system and equips it with memory, action control, motivation, emotion, planning, and perception until we arrive at a complex cognitive agent architecture that attempts to model aspects of human psychology. The low-level building blocks of such a system are the subject of section 3: they are a simple set of neural elements that express sensory input and actuator output, abstracted concepts, relationships, schemas, and scripts. The elements make up the memory of the agent; section 3.3 discusses how working memory, world representation, protocol memory, learning and abstraction are represented in the theory. The following section (3.4) focuses on perception: after explaining anticipation and orientation in a dynamic environment, we deal with hypothesi- based perception, which might be one of the core components of Dörner's theory. Hypothesis-based perception enables a bottom-up/top-down process, where objects are identified based on hierarchical representations that have been gradually acquired in previous experiences. We are looking at the acquisition of new perceptual object descriptions and their representation in a situation image and their enactment using mental simulation. Section 3.8 deals with strategies for knowledge management and explains the idea of symbol grounding as found in Dörner's theory. The control of behavior and the selection of action based on motivation are the object of section 4. Here, we also define cognitive modulators and their role within the architecture, which leads us into the field of emotion (section 4.7). Discussing higher level cognition without examining language might not prove very fruitful, because most planning, knowledge management, and retrieval strategies of human cognition rely on it, but a shallow approach on language is threatened by superficiality. Nevertheless, even though the Psi theory does not yet tackle language in sufficient detail, a short section (2.4) points out how language is currently integrated, and which future avenues are opened by the theory. Finally, we shall have a brief look at Dörner's implementations (section 6) of the emotion model (EmoRegul) and the Psi agent. Even though these models are relatively abstract and simplified and as such, fall short of the goal of giving a complete and detailed representation of any area of human cognition, many of the most enlightening ideas of the theory have been derived from them. Improvements in the theory and in the understanding of human cognitive faculties will be achieved by further elaboration of the individual ideas, their actual implementation and their test in the form of executable computer models, both with respect to functionality of the system itself and in comparison to human cognitive performance.

2.3 A simple autonomous vehicle

> *The simplest form of a mind that is able to care for the constancy of inner states is a feedback loop.*
>
> Dietrich Dörner (1999, p. 31)

The Psi theory primarily describes the regulation of high-level action in a cognitive agent. The most basic example of autonomous action regulation is a feedback loop—this is where a system starts to become somewhat independent of its environment (Dörner, 1999, p. 30), and this is where the Psi theory starts. Note that feedback-loops are deterministic mechanisms, even though their dynamics can be very complex and hard to predict. There is no contradiction between deterministic mechanisms and adaptive, autonomous behavior: a system might add (deterministically) new determinisms to become more adaptive.

Take an intelligent car, for example, that measures not only the driver's steering impulses and her braking actions, but also correlates the traction of the wheels, fuel usage, and engine torque. Such a car could create driver profiles, customizing the reaction of the gas pedal, smoothing the steering, or tailoring the reaction of the brakes depending on the prior behavior of the driver. Thus, additional feedback loops decouple the driver from the immediate reaction of the car. Via adaptation, the car becomes more autonomous. Of course, there is quite a distance between a feedback loop and a cognitive system.

Dörner introduces his theory in *Bauplan für eine Seele* incrementally. He starts out with a very simple system: a *Braitenberg vehicle.* (Braitenberg, 1984) In its basic form, it consists of a robot with locomotive abilities (two independently driven wheels) and a pair of light receptive sensors (see Figure 2.2). Each sensor controls a wheel: if the sensor gets a stronger signal, it speeds up the respective engine. If the sensors are crosswise-connected, then the sensor closer to the light source will give its stronger signal to the more distant wheel, and consequently, the vehicle will turn towards the light source.

Conversely, if the sensors are wired in parallel, then the sensor closer to the light source will give its stronger signal to the closer wheel, thus turning the vehicle away. Of course, the sensors do not need to be light-receptive—they could react to humidity, to sound, or to the smell of fuel. With these simple mechanisms, and using multiple sets of sensors, it is possible to build a system that shows simple behaviors such as seeking out certain targets and avoiding others.

The next step may consist of de-coupling the feedback-loops from the sensors and introducing switches, which depend on internal state sensors. For instance, if the internal state sensors signal a lack of fuel, then the switch for the fuel-seeking behavior is turned on. If there is a lack of water, then the system might override the fuel-seeking behavior and turn on the water-seeking feedback loop. And if the system has gotten too wet, it might inhibit the water-seeking behavior and switch on a water-avoiding behavior. At all times, it is crucial to maintain a homeostasis, a dynamic balance of some control values in the face of the disturbances created by changes in the environment and by the agent's actions.

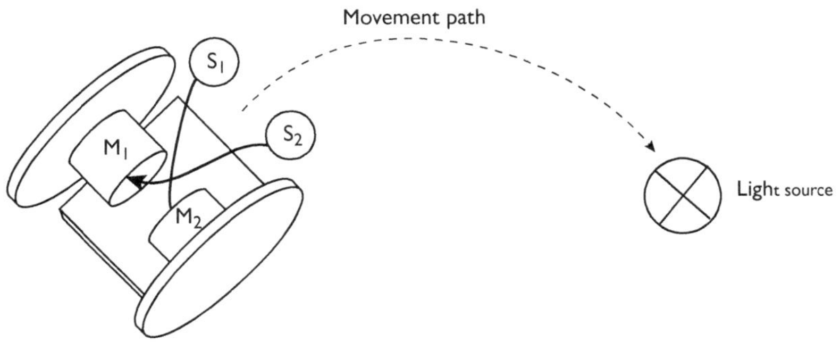

Figure 2.2 Braitenberg vehicle

In an organism, we may find a lot of similar comparisons between current values and target values. They are taking place all the time on the physiological level, for instance, to regulate the body temperature, or the level of glucose in the blood. Differences between the current value and the target value are corrected using feedback mechanisms. (Dörner, 1987; Miller, Galanter and Pribram 1960) But modeling an organism using feedback loops does not need to stop at the physiological level—it applies to its psychological system as well (Bischof, 1969).

One of the first technical artifacts that made use of self-regulatory feedback loops was James Watt's steam engine. Dörner's vehicle playfully starts out as a little steam engine too—with a boiler that needs water and fuel for its operation, has external sensors for water and fuel, internal sensor-actuator controls to maintain water level and pressure level of the boiler, and a locomotive system driven by a pair of turbines. In each case, a sensor inhibits an actuator whenever the desired level is reached (Figure 2.3).

The activity of the internal sensors changes over time. For example, if the pressure in the boiler is too low, the agent may shut down its locomotion for a while, so pressure can build up again. If one of the sensors signals a demand that remains active over a long time (for instance the pressure *remains* low, because the water reservoir is empty), then the

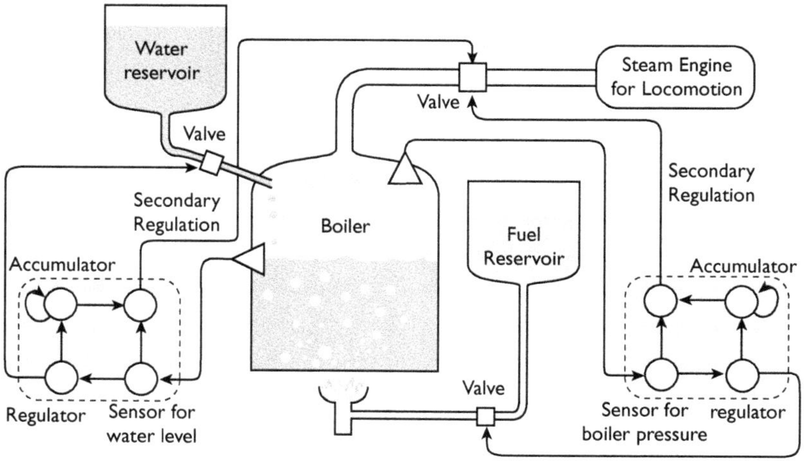

Figure 2.3 Feedback system control (Dörner 1999, p. 51)

system switches to a different behavior (for instance, seeking out water sources in the environment).

Thus, the sensor now disinhibits an actuator not only if the current value deviates from the target value, but it also disinhibits a secondary actuator that acts as a fallback-system. The failure of the first system is detected by an accumulator measuring the activity of the first actuator over time. (This is done by making the element self-activating, so its activation builds up over time, and performs a reset whenever the measured element becomes inactive.) The accumulator adds activation to the secondary actuator that eventually becomes strong enough to switch it on.

Our simple steam robot already provides an analogy to a biological organism—its competing demands are mediated by the system and lead to the exploration of a large space of possible states.

The actual Psi agents do not just have a couple of demands, but many of them. The demands are usually not directly connected to a readily executable behavior, but are signaled as urges, give rise to motives, lead to the formation of goals, and result in the execution of plans to fulfill these goals. Psi agents live in a world full of possible successes and impending dangers. A success is demand-reduced, and a danger amounts to the possibility of an event that increases a need (Dörner, 1999, p. 211).

To integrate multiple demands, the increase or decrease of the activity of the individual demand sensors is translated into pleasure and distress signals (Dörner, 1999, p. 47), which in turn are used as reinforcement signals for appetitive and aversive learning (Dörner, 1999, pp. 50, 54). While the agents may store all their perceptions and actions, only those events that are related to pleasure and displeasure are reinforced and kept (Dörner, 1999, p. 125).

In short, Psi agents operate on an environment that is interpreted according to learned expectations. They choose goals depending on predefined physiological and cognitive urges and their expectations to fulfill these urges. Active motives and the environment set a context within the agent's memory and help to retrieve knowledge for planning and perception. Actions are performed according to plans which are derived using previously acquired knowledge. Results of actions and events in the environment are represented in a situation image and make up new memories, whereas the strength and contextual annotation of these memories depends on their motivational relevance (Figure 2.4). Perception, memory retrieval, and chosen behavior strategies are influenced by modulator

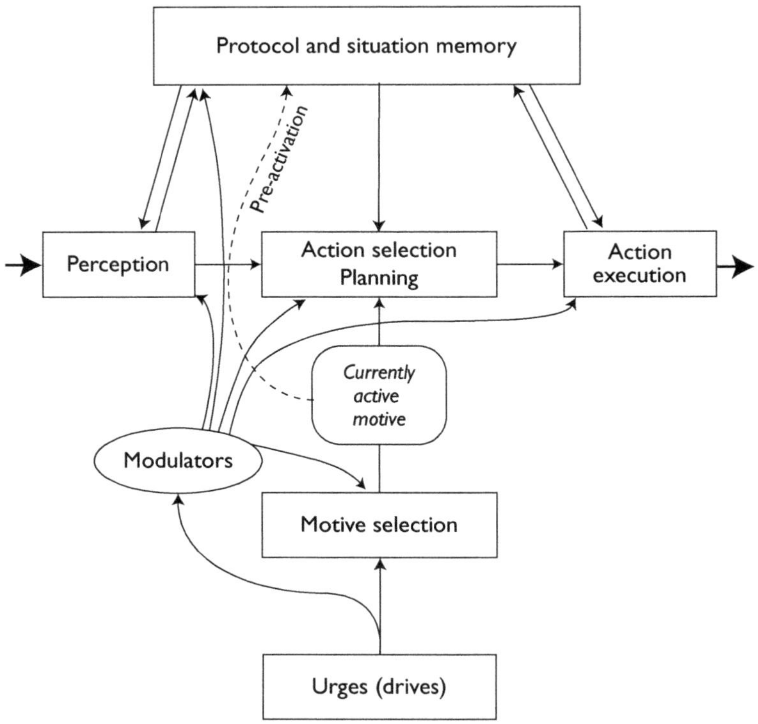

Figure 2.4 Simplified view of PSI architecture (Dörner, 2002, p. 27)

parameters that make up a setting that can be interpreted as an emotional configuration.

2.4 An outline of the PSI agent architecture

Before we discuss the details of representation, motivation, and implementation of a PSI agent, let us have a look at a top-level view of the workings of the system, which is given below (Figure 2.5):

PSI agents are based on something like a "sense-think-act" cycle, but perception, planning, and action do not necessarily occur in strict succession. Rather, they are working as parallel processes and are strongly interrelated. Of course, planning and action selection rely on perception, and the execution of behaviors depends on the result of planning and action selection.

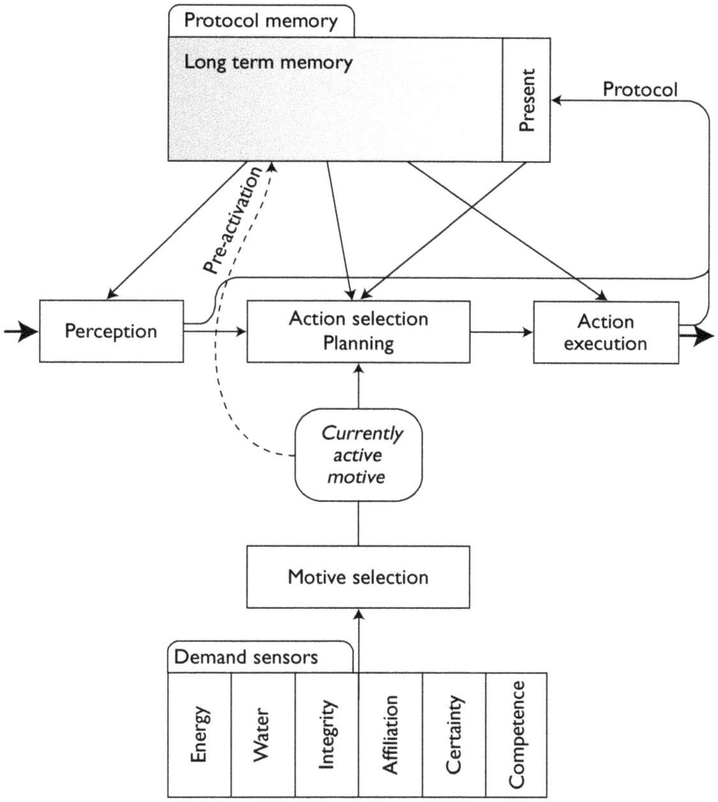

Figure 2.5 PSI architecture, overview

All actions of the system happen due to motivational impulses that are supplied by the agent's pre-defined dynamic demands. The agent may not directly control these demands, rather, they are specified by its "physiology" and perceived through sensors. While some of the demands relate to the agent's dependence on external resources (energy and water) or its integrity, there are also cognitive demands (certainty and competence). The demand for affiliation is an example of a social urge that can only be fulfilled by other agents.

The satisfaction of a demand is reached by consumptive events, for instance, the intake of water (which decreases the water demand), the exploration of an unknown situation (which leads to more certainty), or the successful completion of a plan (which raises the competence level).

Such an accomplishment is indicated by a pleasure signal, a positive reinforcement signal. Conversely, aversive events are defined by the raise of a demand. They are pointed out by a displeasure signal, which provides negative reinforcement.

An insufficiently satisfied demand is signaled as an urge by the demand sensors, and might give rise to a motive. Motives are selected according to the strength of the urge and the estimated chance of realization (i.e., the agent will not choose a motive for its actions that it expects not to have a chance of satisfying).

The active motive determines the choice of actions by triggering and controlling the planning behaviors of the system. The motive preactivates content in the agent's long-term memory. Most important is the identification of those situations and events that have lead to the satisfaction of the motive-related demand in the past. These consumptive events are chosen as goals, and the system attempts to construct a plan that leads from the current situation to the goal situation.

External stimuli are interpreted according to hypotheses, which bring them into a relationship to each other and allow the conceptualization and recognition of complex objects (using object schemas), situations, and processes (using episodic schemas). These hypotheses are built incrementally, stored in and retrieved from long-term memory. The active motive determines part of the context by pre-selecting a set of hypotheses which may increase the speed and relevance of recognized objects and situations.

Planning and action selection consist of a broad set of cognitive behaviors, which might even be evaluated, modified and stored in long-term memory for future use. Eventually, they yield behavior programs that can be executed with respect to the environment.

Perceptions derived from the environment and the actions that have been performed on it become part of the agent's situation image, a description of the present situation. This situation image is the head of a protocol chain that holds the agent's past. The strength of the links in the chain depends on the motivational relevance of the events in the current situation: whenever an appetitive goal is fulfilled (i.e., a demand is satisfied), or an aversive event ensues and leads to a sudden rise of a demand, the links of the current situation to its immediate past are strengthened, so that relevant situations become associated both to the demand and to the sequence of events that lead to the fulfillment of the demand. Over time, weak links in long-term memory may deteriorate, and "islands" of related events appear. These fragmentary sequences of motivationally relevant events can later be used for planning.

The hypotheses that are used in the recognition of episodic event sequences create an expectation horizon against which actual events can be matched. In the same way, the hypotheses of objects that are used to recognize complex items and situations take the form of expectations which can either be satisfied or violated. And likewise, the outcome of actions can match or violate the expectations that were part of the plan that governs the current behavior of the agent. The agent strives to increase the reliability of its expectations. There is actually a specific demand related to this—the reduction of uncertainty. Whenever an expected event fails to turn up, the anticipated outcome of an action does not materialize, unknown objects appear or known objects display unexpected aspects, the agent's certainty drops. A low certainty increases the likelihood of choosing uncertainty reduction as an active motive. Reduction of uncertainty is achieved by exploration, which leads to the construction of more complete or more accurate hypotheses, and it is measured by matches between expectations and actual perceptions and action outcomes (see Figure 2.6).

Whenever the action control system of the agent chooses a leading motive, it has to estimate its chances to satisfy the related demand. If strategies for the satisfaction of the demand have been discovered in the past, the respective protocols might be used to estimate a probability of success (which is called "specific competence" here). This requires a known chain of events and actions leading from the current situation to the goal. If there is no such definite plan, the agent has to rely on other measures for its decision—a general sense of competence. This estimate, called "general competence," is provided by calculating a kind of floating average over *all* successes and failures of the agent. Competence, the efficiency of the agent in reaching its goals and fulfilling its demands, is a demand in itself—successes increase the competence level, and failures decrease it. A high competence reflects a high coping ability—either the environment is not very challenging, or the agent is well up to the challenge. The urge for more competence can then only be fulfilled by actively seeking difficulties. Conversely, a low competence level suggests that the agent should abstain from taking risks and asks for more stereotypical behavior according to those strategies that have worked in the past.

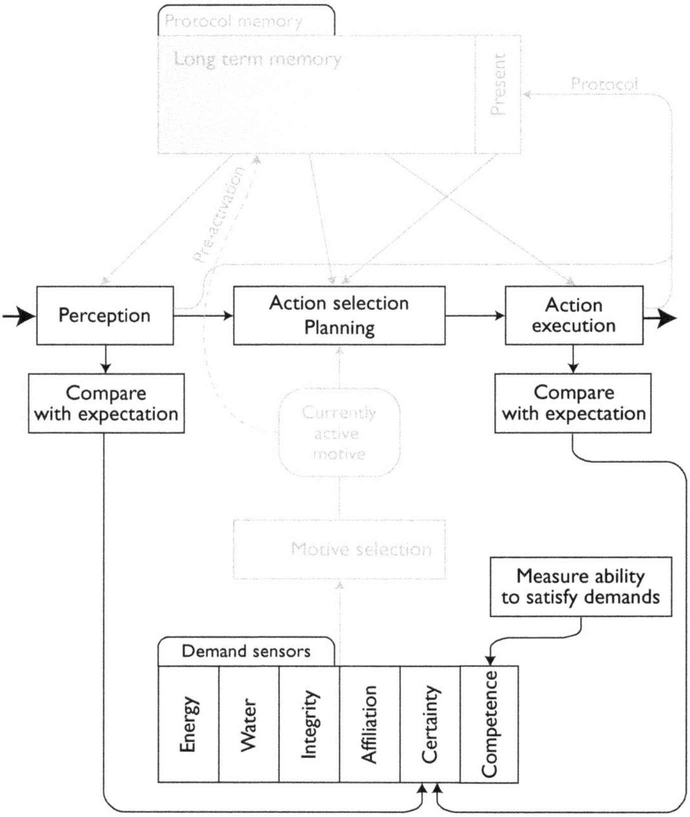

Figure 2.6 PSI architecture—the effect of expectations on *certainty* and *competence*

Together, competence and certainty direct the agent towards explorative behavior; depending on its abilities and the difficulty of mastering the environment, it will actively seek novelty or avoid complexity.

In a dynamic external and internal environment, the cognitive and physiological processes of the system should adapt to the current needs. This is achieved by a set of modulators (Figure 2.7), the most central one being *activation*. Strong urges (which correspond to a high, possibly vital demand) increase the activation of the agent, and a strong activation corresponds to greater readiness for action at the cost of deliberation, and to more energy expenditure at the cost of economy. This is often necessary to escape a dangerous situation, to hunt down prey, or to meet a deadline. Thus, the activation modulator will

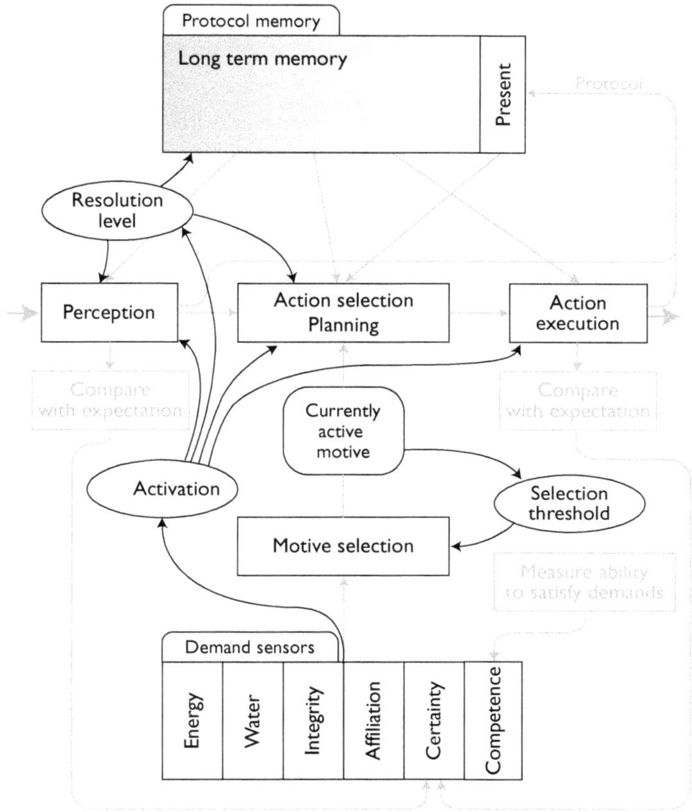

Figure 2.7 PSI architecture—influence of *activation, resolution level* and *selection threshold* modulators

influence perceptual and deliberative processing, and it will affect the action execution.

More immediate action, faster perception and shorter planning are detrimental to elaborate planning, extensive retrieval, thorough memory reorganization, and careful and fine-grained perception. These behaviors are therefore modulated by the *resolution level* parameter: a high resolution level results in greater depth and width of the schema structures used in perception, deliberation, memory organization and retrieval. Whereas more resolution captures more detail, it comes at the cost of overview and processing speed. Thus, the resolution level parameter is balanced against the activation level; high activation means low resolution and vice versa.

Furthermore, the agent needs to adapt its readiness to change its motive, mainly depending on the motive itself and its strength. This is achieved by setting a dynamic *selection threshold,* which is added to the relative strength of the currently active motive. A low selection threshold leads to more flexible behavior, while a high selection threshold makes it difficult to change the active motive and helps to avoid oscillations between conflicting behavioral strategies.

The action regulation of Psi agents is the foundation of all higher cognitive processes (Detje, 1996, p. 63) and the pre-requisite for its extensions towards richer interaction, language, more sophisticated deliberative processing and communication between agents.

How these aspects of the Psi theory meet in an agent implementation will be covered in more detail down below. But first, let's look at the building blocks of a Psi agent.

3

Representation of and for mental processes

[T]he process of intelligence is determined by the knowledge of the subject. The deep and primary questions are to understand the operations and data structures involved.

Ira Goldstein and Seymour Papert (1975)

The PSI theory suggests a neural (or, perhaps more accurately, a neuro-symbolic) representation for its agents. The atomic components are threshold elements, which are used to construct hierarchical schema representations. The connection to the environment is provided through special neural elements: sensor elements acting as input for external and internal events, actuators that trigger behaviors outside and inside the agent's system. Furthermore, there are a number of technical elements to create new links, increase or decrease activation in a set of elements, etc. By spreading activation along links while switching the direction of spreading according to sensor input and the activation of other elements, it is possible to execute behavior programs and control structures of the agent.

In fact, all internal representations consist of these elements: sensory schemas for recognizing and recalling objects, actuator schemas for low-level plans, and control structures all sharing the same set of notations.

3.1 Neural representations

The most basic element in Dörner's representations is a kind of artificial neuron, a threshold element (Dörner, 1999, p. 63; Dörner, 2002, pp. 38–43). These neurons (Figures 3.1 and 3.2) are characterized by their

— activity *A;*
— threshold value *(Schwelle) t;*
— amplification factor *(V-Faktor) Amp;* and
— maximum activation *Max.*

The output of a neuron is computed as

$$O = \min(Max, A \cdot Amp) \tag{3.1}$$

There are four types of neurons: activating, inhibitive, associative, and dissociative. While the latter two types only play a role in creating, changing and removing temporary links, the former are used to calculate the activation of their successor.

A neuron *j* is a successor of a neuron *i*, if and only if there is a link with a weight $w_{i,j}$ from *i* to *j*. In each step, each neuron *i* propagates a value $v_{i,j}, =w_{i,j}. O_i$, if *i* is activating, and $v_{i,j}, = -w_{i,j}, O_i$, if *i* is inhibitive. The activation of *j* is then calculated as

$$A_j = \max\left(0, \sum_i v_{i,j} - t\right) \tag{3.2}$$

Thus, neurons always have activations between 0 and *Max,* and they can either be excitatory or inhibitive, but not both. Usually, but not always, *Max* will be 1.

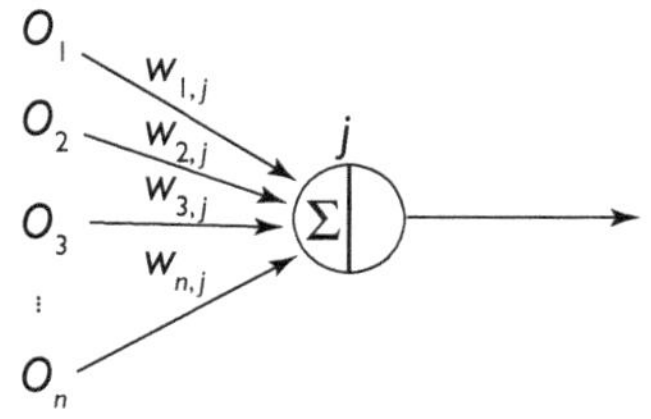

Figure 3.1 Neural element

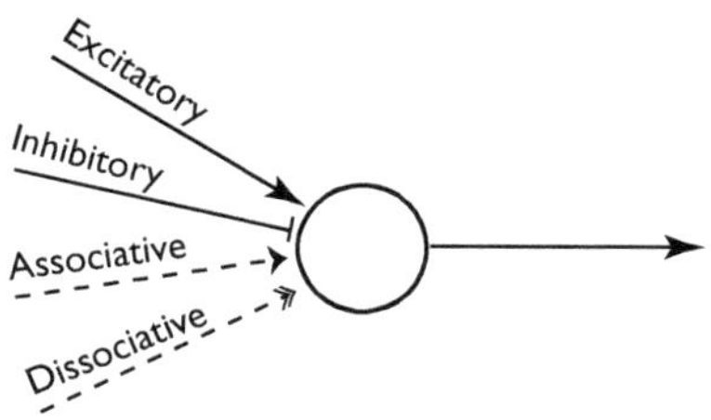

Figure 3.2 Possible neural inputs (Dörner, 2002, p. 39)

3.1.1 Associators and dissociators

Associative and dissociative neurons (Dörner, 1999, pp. 80–81; Dörner, 2002, pp. 38–41) rely on further properties, which are globally defined for an agent or for a set of neurons within that agent:

— learning constant L;
— dissociative constant D;
— decay constant K; and
— decay threshold T.

When an associative neuron (or *associator*) transmits activation onto another neuron j and j is active itself, then the link weights $w_{i,j}$ between j and all active neurons i are strengthened:

$$w_{i,j}^{new} = \left(\sqrt{w_{i,j}} + A_i A_j A_{associator} w_{associator,j} L\right)^2 \tag{3.3}$$

Note that the strengthening usually starts slowly, and then gets faster, because of the square root term. Yet it is possible to set the weight immediately to 1, by setting the activity of the associator to a very high value (such as 1,000).

If the associator is inactive, then the links undergo a decay:

$$w_{i,j}^{new} = \sqrt{\max\left(0, w_{i,j}^2 - K\right)}, \text{ if } w_{i,j} < T, w_{i,j} \text{ else} \tag{3.4}$$

Thus, only those links that are below a threshold T are weakened. (The value of K is typically quite small, such as 0.05.)

Dissociative neurons are inverse associators. If the dissociator is active, then the link weights are updated as

$$w_{i,j}^{new} = \sqrt{\max\left(0, w_{i,j}^2 - A_i A_j A_{dissociator} w_{dissociator,j} D\right)} \tag{3.5}$$

Dörner justifies associators with assumptions by Szenthagothai (1968) and Eccles (1972) and results from the 1990s, when it could be shown that receiving neurons can (based on postsynaptic emission of nitrous oxide) trigger presynaptic neurons to increase their reservoir of transmitter substances (Spitzer, 1996; Bliss & Collingridge, 1993). Thus, associators probably correspond to actual structures in the brain. Dissociators are completely speculative and have been introduced for convenience.[27] (Dörner, 2002, p. 42).

With these elements, it is possible to set up chains of neurons that are executed by spreading activation and switched using thresholds. It is also possible to perform some basic set operations, like union and intersection.

Naturally, it is also possible to create simple feed-forward networks (perceptrons) that perform pattern recognition on the input of the agent (Dörner, 1999, p. 75).

3.1.2 Cortex fields, activators, inhibitors and registers

The next important element of Dörner's neural networks may be called a *cortex field* ("Cortex") (Dörner, 1988/89; Dörner, 2002, p. 70). A cortex field is essentially a set of neurons that are subject to the summary actions of associators, dissociators, activators, and inhibitors.

A *general activator* is simply an activating neuron connected to all elements of a cortex, likewise, a *general inhibitor* is an inhibitive neuron connected to all elements of a cortex (Dörner, 2002, pp. 69–72).

A neuron that is not part of the currently regarded cortex field is called a *register* (Dörner, 2002, p. 71). Neural programs are chains of registers that call associators, dissociators, activators, and inhibitors. (These "calls" are just activations of the respective elements.) In the course of neural execution, elements in the cortex field are summarily linked to specific registers that are part of the executed chain of neurons. Then operations are performed on them, before they are unlinked again (Dörner, 2002, pp. 42, 70).

3.1.3 Sensor neurons and motor neurons

Sensors (Dörner, 2002, p. 50) and actuators ("Aktoren"; Dörner, 2002, p. 54) are neurons that provide the system's interface to the outside

27 Dissociators may be useful to un-link sets of temporarily connected neural elements within Dörner's framework, but they might not need to have a functional equivalent in the brain. Instead, it might suffice if temporary associations rapidly decay if they are not renewed. Thus, association would require a periodic or constant refreshing of the link-weights, and dissociation may be achieved by a period of de-activation of the associated elements.

world. Sensors become active if triggered by the environment, and actuators attempt to perform a specific operation on the outside world when activated. In practice, an actuator might be used as a shortcut to express an elaborate actor schema (such as gripping a teacup), whereas actual elementary actuators are tantamount to muscle innervations and would provide only very rudimentary operations.

3.1.4 Sensors specific to cortex fields

Branches in the programs depend on sensory input to the chains of neurons; by receiving additional activation from a sensor neuron, activation can overcome a threshold, such that neurons act very similar to transistors. The opposite can happen as well; a sensor neuron might inhibit a branch in the activation program. Of course, sensors do not have to do this directly, their signals might be pre-processed by other neural structures.

While many of the sensor neurons will act as part of the interface of the agent to the outside world, including physiological parameters (such as the demands for fuel and water), some will have to provide information about internal states of the agent's cognition. With respect to cortex fields, there are sensors that signal if more than one or more than zero elements in the cortex are active (Dörner, 2002, p. 72). These sensors are used in several of Dörner's suggested algorithms, for instance, to aid in selecting perceptual hypothesis from the neural structures stored in a cortex field. Strictly speaking, they are not necessary. Rather, they are a convenient shortcut to linking all neurons within a cortex field each to an amplifier neuron ($t=1$, $Amp=10^{10}$ or similar), which transforms the activation into a value of 0 or 1, and then connects all amplifiers to a register with a threshold that amounts to the sum of all elements, or to the sum of all elements −1.

3.1.5 Quads

When working with spreading activation networks, activation should be directionally constrained to avoid unwanted recurrences, which might result in unforeseen feedback loops. Also, for many purposes it is desirable to build hierarchical networks. This is where quads, which are certain combinations of simple neurons, come into play (Dörner, 2002, pp. 44–50).

To build hierarchical networks of neural elements, four kinds of links are being used. Two are erecting the "vertical direction"—they are essentially partonomic relations:

— *sub*: This link type stands for "has-part." If an element *a* has a *sub*-link to an element *b*, it means that *a* has the part (or sometimes the property) *b*.
— *sur*: This is the inverse relation to *sub* and means "is-part." If *a* is *sur*-linked to *b*, then *a* is a part (or sometimes a property) of *b*.

The two remaining link types are spanning the "horizontal direction":

— *por* (from Latin *porro*): The *por*-relation is used as a causal (subjunctive), temporal or structural ordering relation between adjacent elements. If *a* has a *por*-link to *b*, then *a* precedes (and sometimes leads to or even causes) *b*.
— *ret* (from Latin *retro*): Again, this is the inverse relation to *por*. If there is a *ret*-link between *a* and *b*, then *a* succeeds (and sometimes is caused by *b*).

Usually, if two elements are connected by a *por*-link or *sub*-link in one direction, there will be a link of the inverse type in the other direction, too. Still, the inverse direction is not redundant, because the links are meant to transmit spreading activation. When activation is transmitted through a link, the opposite direction should not automatically become active as well, so the spread of activation can be directional. Also, the weight of the reciprocal links might differ.

Technically, this can be realized by representing each element by a central neuron with a maximum output activation below 1.0, and four neurons (*por*, *ret*, *sub*, *sur*) connected to its output. The connected neurons each have a threshold value of 1.0, so that the central neuron cannot propagate its activation through the surrounding neurons, if these do not receive additional activation.

This additional activation is supplied by a *specific activator* neuron. There are specific activator neurons for each of the four directions; the *por*-activator connects to all *por*-neurons in the cortex, the *ret*-activator to all *ret*-neurons, and so on. If the specific activator for a direction is active, the central neuron might overcome the threshold of the corresponding connected neuron and propagate its activation into the respective direction. (Specific activators should, like general activators, operate on a complete cortex field at a time.)

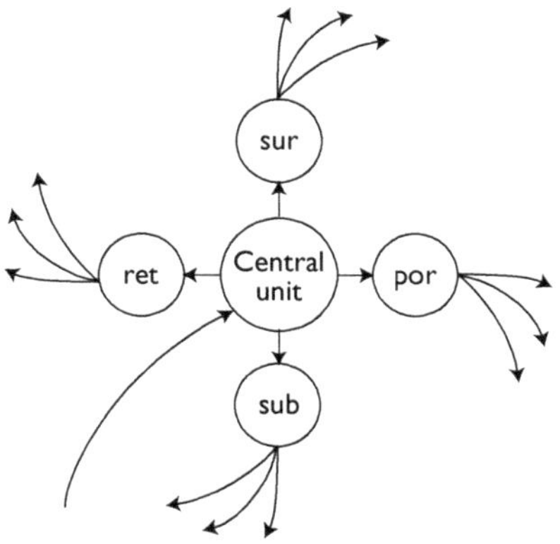

Figure 3.3 Quad—arrangement of nodes as a basic representational unit

These elements of five neurons are called *quads* (Figure 3.3). A quad *a* may be connected to a quad *b* by linking the output of a *por*-neuron, *ret*-neuron, *sub*-neuron or *sur*-neuron of *a* to the input of the central neuron of *b* (see Figure 3.4).

When we discuss neural scripts, the basic elements referred to are usually quads. For some purposes (i.e., if no conditional spreading activation is wanted), the basic elements will be single neurons. To simplify things, I will refer to both quads and individual neurons as "nodes" when they are used as functional units.[28]

3.2 Partonomies

The foremost purpose of quads is the construction of *partonomic hierarchies*, or *partonomies* (see Figure 3.5). Here, a concept is related to

28 The link types are likened to *Aristotelian causae* (Dörner, 2002, pp. 47–48). *Por* alludes to *causa finalis* (a relation pointing to outcomes and purposes), *ret* to *causa efficiens* (a relation pointing out things that lead to the thing or event in question), *sur* to *causa formalis* (which can be interpreted as relating to what the thing or event takes a part in), and *sub* to *causa materialis* (which relates to material components). In reality, however, semantics is not determined by labels that one might stick to the link types, but by their use. In sensor schemas, episodic schemas and behavior programs, *por* and *ret* are simply ordering relations that mark successors and predecessors. Sometimes—but not always—this is correlated with causation. *Sub* and *sur* are used in hierarchical sensor schemas to identify parts, in hierarchical behavior programs to link higher levels with macros (re-usable action-concepts which are indeed parts of the higher behavior concepts), and in more general object schemas to connect objects with their properties (has-attribute relationship). Thus, I think that to expand the semantics of the link types towards Aristoteles' concepts of causal interrelations, additional context would have to be supplied.

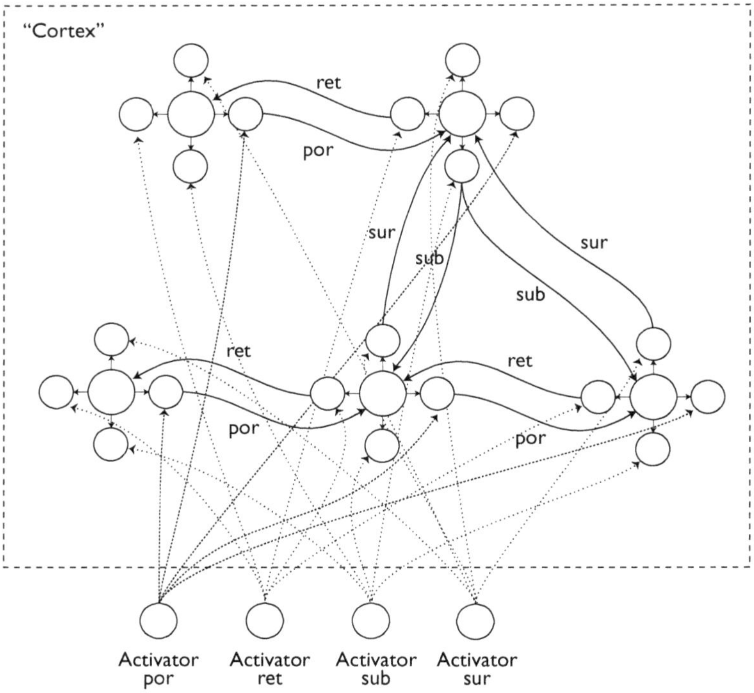

Figure 3.4 Quads in a cortex field, with directional activators

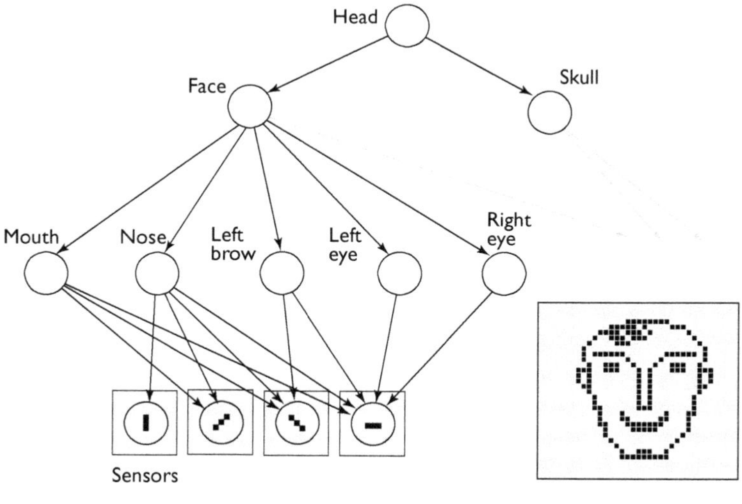

Figure 3.5 Partonomic structure

subordinate concepts via "has-part" links (i.e., *sub*), and these parts are in turn connected to their superordinate concepts using "is-part-of" links (*sur*). Thus, a concept may be defined with respect to features that are treated as parts, and superordinate concepts they have part in.

At each level of the hierarchy, nodes may be interrelated with their siblings to denote spatial, temporal or simply execution order relations. Such orderings are expressed with *por* (and with *ret* in the inverse direction). As we will explain shortly, *por*-links may be annotated with spatial and temporal information.

Por-ordered nodes can be interpreted as a level in hierarchical *scripts*: each node is executed by executing its *sub*-linked children, before execution continues at the *por*-linked successor. At the lowest level, the quad hierarchies bottom out in sensors and actuators. Thus, partonomies in Psi agents may also be used to represent *hierarchical plans*. It is even possible to link a sub-tree at multiple positions into the hierarchy. This sub-tree then acts like a *macro* (as Dörner calls it) and aids in conserving memory.[29]

Note that Dörner usually only connects the first node ("Kopfknoten") in a *por*-linked chain to the parent. This reduces the number of links necessary. However, to perform backtracking in such a script, the execution has to trace back to the first element of the node chain, and the fact that *all* elements of the chain are parts of the parent is not emphasized. This is similar to Anderson's (1987) notation of lists in ACT*: here, all elements are partonomically linked to the parent, but usually only the first and the last one have strong link weights.

3.2.1 Alternatives and subjunctions

Por-linking a chain of nodes that are *sub/sur* linked to a common parent allows for expressing a subjunction. Nodes, or *por*-chains of nodes that share a common *sub/sur* linked parent and that are themselves *not por*-connected, are interpreted as disjunctive *alternatives*. A node that has alternative parts or successors is called a "hollow" ("Hohlstelle"). due to its looseness in the resulting specification. Hollows are important to

29 If multiple features with identical representations are referenced several times, a special case of a binding problem might occur. Especially if a partonomy is interpreted as a plan executed in parallel, the question of how to handle multiple instances of parts arises.

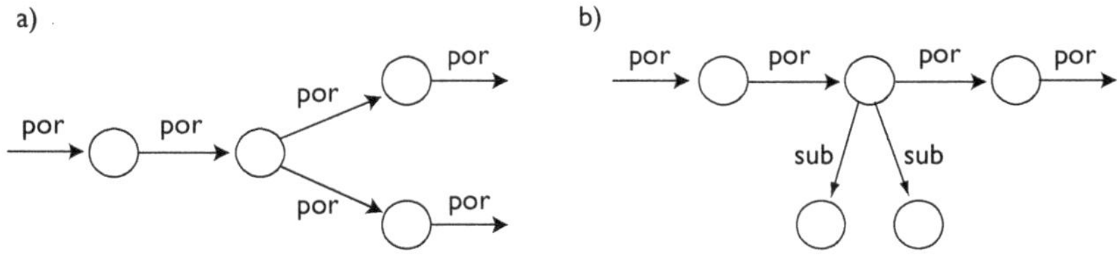

Figure 3.6 Structural abstractness vs. element abstractness

generalize representations and to represent abstractions (Dörner, 1999, pp. 142–143).

There are two kinds of hollows (Figure 3.6):

— alternative successions (branching *por*-chains) express structural abstractness; and
— alternative elements (branching *sub*-links) express element abstractness.

3.2.2 Sensory schemas

Sensory schemas are partonomic hierarchies that represent the sensory (for instance visual) make-up of an object. Here, objects are considered to be made up of *sub*-objects, these again of *sub*-objects and so on. This relationship is expressed by *sub/sur* linkages. On the lowest level of the hierarchy are sensor elements that correspond to perceptible features.

While sensory schemas (see Figure 3.7) are representations of situations or objects, they are not *images* of things; rather, they are *descriptions of how to recognize* things. (As we will discuss later on: this approach offers an answer to the problem of *symbol grounding*.)

For visual or tactile descriptions, it is often impossible to access multiple features simultaneously, because the sensors are spatially restricted. Thus, for visual descriptions, a retina might have to be moved, and for tactile description, a tactile sensor needs to be repositioned. This is done by arranging the sensory events on a *por*-chain with intermittent activations of retinal muscles, etc. This intermittent activation may be translated into horizontal and vertical components and used as *spatial annotations* on the *por*-links between the sensory events. These spatial annotations are just shorthand for the actions that need to be performed to get a sensor from one spatial position to another (Dörner, 2002, p. 51). It might seem strange that *por*-links are also used to denote spatial (and not causal) relationships in sensor schemas, but remember, a sensor schema is in fact less an image than a script that defines how to

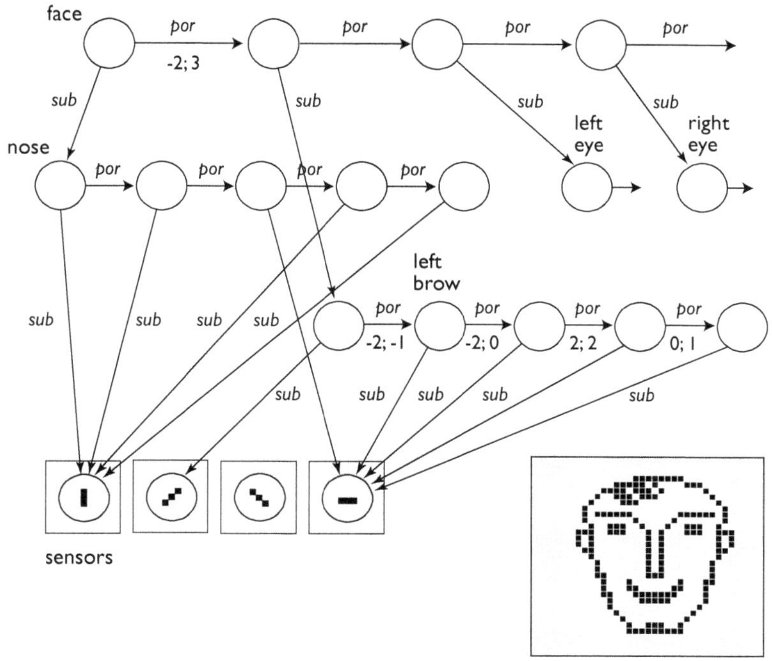

Figure 3.7 Sensor schema to describe a cartoon face

recognize an object. Thus, the features in the sensor schema can be interpreted as a subjunctive sequence of observation events.

By using alternatives ("hollows," see above), it is possible to create less specific sensory representations.

In current PSI agents, sensor schemas are purely visual and are organized as situation descriptions, consisting of objects, consisting of features with Gestalt properties, which in turn are made up of line segments, bottoming out in sensors that act as detectors for horizontal, vertical and diagonal pixel arrangements. This is a simplification and should probably be treated without loss of generality with respect to the theory. The lower levels might refer to angular frequencies in general, for instance, and the number of levels in the hierarchy needs not to be fixed.

3.2.3 Effector/action schemas

An action schema can be anything from a low-level motor behavior to a full-blown script, for instance a hierarchical algorithm for visiting a restaurant (Schank & Abelson, 1977; Dörner, 1999, p. 106). Just like sensor schemas, action schemas are partonomic hierarchies. Every node represents an action at some level, which is made up of (possibly alternative) *por*-linked chains of *sub*-actions. At the lowest level of the hierarchy, action schemas bottom out in actuators, which are performing operations on the agent's environment or the agent itself (Dörner, 2002, pp. 54–56).

Alternatives in an action schema should be handled by trying them (concurrently or subsequently) until one succeeds or none is left. As with sensor schemas, alternatives lend more generality to the action descriptions.

3.2.4 Triplets

Triplets have been described by Friedhart Klix (1992) and are essentially arrangements of:

— a sensor schema (pre-conditions, "condition schema");
— a subsequent motor schema (action, effector); and
— and a final sensor schema (post-conditions, expectations) (Dörner, 1999, p. 97).

Triplets are helpful in planning and *probationary action*. ("Probehandeln"; see Klix 92, p. 75).

Pre-conditional sensor schemas are essentially descriptions of those aspects of the world that need to be present for the action schema to work. The post-conditional sensor schema describes the state of the world after the application of the action schema. By matching pre-conditions and post-conditions, it is possible to "domino-chain" triplets into longer behavior sequences—a method that is used for the description of chained reflexes (Braines, Napalkow, & Swetschinski, 1964). For an example, imagine a script to grab a teacup. This might consist of chained behavior loops: one to locate and assess the teacup, another one to move the hand toward it until the proper distance is reached, a further one to open the hand to a suitable span, then a loop to close the fingers until the tactile feedback reports an appropriate pressure and hold, followed by another loop to lift the cup (Dörner, 1999, p. 96).

As we have seen in section 1.3.2 (p. 36), models in cognitive psychology are often based on production rules; (Post, 1921; Newell, 1973a) a production describes how to behave under which circumstances in which way. When comparing triplets to productions, a few differences immediately catch the eye:

Productions are usually defined in a form such as *prod= if (goal=X and precondition=Y) then Z* (see Anderson, 1983, p. 8 for an example). Thus, conditions of productions are made up of two elements, a goal and a precondition. In triplets, the goal does not have to be known. (The outcome represented in the post-conditional schema can be very general and is not necessarily a goal.) This might be seen as an advantage of triplets over productions, because in real-world environments, actions may have too many possible outcomes to consider them all, lest relate them to goals. Note that like many researchers in cognitive modeling, Anderson mainly examines *mental* tasks like addition. These tasks are usually not characterized by many possible outcomes, so the disadvantages of productions do not come into play.

Triplets are often not such clean entities as suggested above. Usually, actions and sensing have to be mixed, (Dörner, 1999, p. 138) and thus sensor schemas and effector schemas will be heavily interleaved. In fact, most action parts of any given script will contain sensory checks, and most sensory scripts will embed actions that are necessary to move sensors accordingly. On higher levels of scripts, a sense action such as observing an object might require the agent to take a different position, open a window and so on, while an action like opening a window will require employing a vast number of sensory schemas.

3.2.5 Space and time

Sensor and action schemas may express spatial and temporal relationships as well. As a shorthand, they might be noted as additional annotations of *por/ret* links. This, however, is just an abbreviation of a mechanism to handle these relationships with neural operators (Dörner, 1999, p. 99; Dörner, 2002, p. 51).

Space: For spatial description within visual schemas, a "mobile retina" may be used. In that case, the retina will be controlled by actuators (e.g., for vertical and horizontal deflection). By changing the deflection of the retina between sensory events, a spatial arrangement of features can be traced (Dörner, 1999, pp. 138–141). Thus, the agent will expect stimuli at certain positions. By using the shorthand notation of annotating *por*-links between spatially arranged sensory features with pairs of numbers representing the deflections, further mechanisms may be added, for instance to move the retina inversely, if the script is parsed in the opposing (*ret*) direction, or to cumulate retinal movements when ignoring individual features because of occlusions or to speed up the recognition process.

Where the moving retina may cover short distance in spatial representation, large distances have to be handled by other means. The agent might move, for instance. There is no essential difference between the spatial relationships in the sensory description of a small object and the relations between places on a topological map of the agent's environment.

Time: Spatially distant events can be represented with annotated sensory schemas, and so can events that are distant in time. Working with these representations is a different matter, because there is usually no actuator to move an agent back and forth in time. The agent will simply have to wait for the specified amount of time.

A general implementation of a waiting mechanism might prove to be no trivial matter, as it involves conditional concurrency and the use of multiple internal clocks.

Dörner suggests a simple mechanism to measure time while storing events in a protocol chain: between events, a self-activating node increases its activation. When the next event takes place, the resulting activation is inverted and then used as the link weight on the *por*-connection between the events in the protocol (see below for details on protocol memory). Thus, the link weight between immediately subsequent events will be strong, while the weight between events distant in time will be weak. By choosing an appropriate way of inverting the activation of the time-measuring element, the time measure might be linear or logarithmic. Using link weights to represent time intervals has several advantages: Events that are close to each other tend to be grouped by strong links, and because protocols may decay over time, distant groups of events may be treated as unrelated (Dörner, 1999, p. 113).[30]

30 The strength of links between elements of a protocol chain is normally used to encode frequency/relevance of the relationship. This might interfere with using the

To read time from a protocol chain, the measuring process is simply inversed: the link weight is read by measuring the difference in activation that can spread from the predecessor to the successor element of the protocol chain, then inverted and compared against the activation that is built up in a cascade of recurrent threshold elements. When the activation in the cascade has reached the same level, a similar amount of time will have passed (Dörner, 1999, p. 115).

Processes: To represent dynamic processes, such as the visual representation of the repeated movements of a walking animal, Dörner suggests storing key frames in a loop, (Dörner, 1999, p. 188) but does not discuss many details. Because the actual sensory perception will not deliver the same key frames as originally stored, some interpolation process will have to take place. Furthermore, with the implementation of loops using spreading activation, practical difficulties arise, because spreading activation in recurrencies tends to be difficult to handle. On the other hand, there are less intuitive, but more robust methods available to represent dynamic motion perception with neural representations. Dörner's suggestion mainly serves the purpose of illustration.

3.2.6 Basic relationships

For the description of situations, a number of basic relations and entities are described by Dörner. Some are elementary and straightforward, such as the partonomic and causal relations. Others are represented as a specific arrangement of causal and partonomic relationships, such as the instrumental relation. Specific relationships are explained in more detail when it comes to behavior selection (appetence, aversion) and language, but some are just being mentioned and not revisited in Dörner's writing. The basic relationships are:

— *causal relations*. They connect causes and effects; causes are events that *always* precede the effected events. (Note that in this interpretation, in the case of multiple causation, the cause must be an event made up of a disjunction of events.)

link weight as a time measure. It is probably better to utilize a secondary link or a separate link annotation.

According the semantics of links (Dörner, 2002, pp. 38–53), they will usually be denoted by *por*-links (or *ret*-links in the inverse direction) (Dörner, 1999, p. 259).

— *spatial relations*. These are relations between elements that share the same spatially annotated *por*-linked chain of a sensor schema. As explained above, the spatial annotations are shorthand to describe a movement action that has to be performed by a (physical or mental) scanning sensor *from* the position where the first element can be observed *to* the position of the other element (Dörner, 1999, pp. 138–141).

— *temporal relations*. Temporal relations are temporally annotated *por*-links between elements of an episodic schema. (Dörner suggests that the link weights could be used as annotation, where strong weights signify short intervals and thus more strongly connected events.) (Dörner, 1999, p. 113).

— *instrumental relations*. They denote the relationship between an effecting behavior and two world states, that is, when an agent actively manages to change affairs from one state to the next, then *how* it did so, the action that allowed it to do it, is connected with an instrumental relationship. According to the triplet concept, an instrumental relation would be a *sub*-link from a protocol element (denoting the change-event) onto a behavior program (or a *sur*-link in the inverse direction).

— *final relations*. They connect goal-oriented behaviors to *why/what for* they took place, that is, the situation effected by them. There is probably no *direct* link in the notation to denote this, rather, the final relation amounts to a *sur*-link to the change event, followed by a *por*-link to the caused event (or a *ret*-link followed by a *sub*-link in the opposite direction).

— *actor-instrument relations*. They point out *who/what* has caused something *with what*. To that end, they link between a representation of an agent in a given situation and its action (probably *sub*) (Dörner, 1999, p. 261). An agent is a role that would be identified by something apparently acting on its own behalf, something that it is not an instrument in the given context (Dörner, 1999, p. 260).

— *partonomic relations*. As seen above, they relate elementary properties with objects, elements with sets and socks with drawers. They are recognizable by *sur*-links between object schemas (or *sub*-links for the opposite direction).

— *is-a relations*. This is the relationship between objects and their categories, where the category is a more abstract object that allows to accommodate the more concrete one, but not vice versa (Dörner, 1999, p. 265). I do not believe there is a special link type to denote this kind of compatibility (although the relationship is clearly mentioned in (Schaub, 1993) as "Abstrakt-Konkret-Relation"), and it does not seem quite acceptable to use a *sur*-link or *sub*-link (even though categories can be seen as derived from sets). It would be possible, however, to define a compatibility checking behavior program that recognizes when pairs of objects are in an is-a relation to each other. It could then be marked by using symbols, for instance, with word-labels (which are properties of objects): there would be a word-label linked to *both* the object and its category, and another one linked *only* to the object, but not to the category. This is probably what Dörner means when he suggests that word-labels could be useful to express categorial relationships (Dörner, 1999, p. 267).

— *co-hyponymy relations* ("co-adjunctions"). Two elements that are mutually exclusive sub-categories of a given category are called *co-adjunctions*. They partition the space of a given category into equivalence classes (Dörner, 1999, p. 208).

— *similarity relations* are not explicitly defined but mentioned. Similarity consists in partial identity; by comparing objects with a low resolution level (see below), the dissimilar features might be ignored—the similar objects seem equal then (Dörner, 1999, p. 222). Dörner's account of computing identity not by a distance metric, but as a function of matching features might be compatible, for instance, with Tversky (1977). Algorithms for obtaining similarity measures have been hinted at by Dörner, but not been discussed in detail.[31]

— *appetence relations*. These are *por*-links between a need indicator (see below) and an action alleviating the related demand (Dörner, 1999, p. 305).

31 The idea of capturing similarity with partial identity alludes to Rudolf Carnap and indeed one of the chapters is named after Carnap's famous book *Der logische Aufbau der Welt* (1928).

- *aversive relations* connect a situation schema that causes the increasing of a demand with the respective need indicator (*por*) (Dörner, 1999, p. 307).

Furthermore, in the work of Johanna Künzel (2004), which aimed at enhancing Psi agents with language, a relationship between pictorial descriptions and language elements was introduced; the respective link types were called *pic* and *lan* and connected quads representing sensory concepts with other quads representing word schemas.

3.3 Memory organization

The working memory of Psi agents consists of:

- an image of the current situation;
- the expected future events (expectation horizon);
- the remembered past (protocol); and
- the active motives, including goals and related behavior programs (intention memory) (Dörner, 1999, p. 516).

Before these elements can be discussed in detail—we will revisit them in the sections dealing with perception (3.4, p. 105) and motivation (4, p. 122)—let us introduce the different kinds of representation.

Earlier work from Dörner's group (Gerdes & Strohschneider, 1991) describes the memory as consisting of three interlinked structures:

- The *sensory network* stores *declarative knowledge*: schemas representing images, objects, events and situations as hierarchical (partonomical) structures.
- The *motor network* contains *procedural knowledge* by way of hierarchical behavior programs.
- Finally, the *motivational network* handles states of demands (deprivations) of the system, which can be simple (like the one-dimensional physiological demands) or complex compounds (like many social demands).

However, these networks are not separate—they are strongly interconnected (Dörner, Schaub, Sträudel, & Strohschneider, 1988, p. 220).

"In general, all the knowledge of PSI is stored in one network, called *triple-hierarchy*" (Gerdes & Strohschneider, 1991).

3.3.1 Episodic schemas

Episodic schemas ("Geschehnis-Schemata") stand for chains of events without the direct interception of the agent, as opposed to behavior schemas. Episodic schemas are partonomic hierarchies and include sensory schemas that are connected with (temporally annotated) *por*-links to indicate their sequential nature. Episodic schemas can branch to convey multiple possible outcomes of an event (structural abstractness). These branches are acquired by witnessing different outcomes of events and integrating them within the same event chain (Dörner, 1999, p. 112).

3.3.2 Behavior programs

Behavior programs ("Aktions-Schemata") add action to the episodes; they are episodic schemas incorporating actions of the agent itself. They consist of chained triplets: sensory descriptions of world states are followed (*por*-linked) by possible actions of the agent. Behavior programs the way PSI agents store procedural knowledge.

Like episodic schemas, behavior programs are hierarchies of *por*-linked sequences. At the lowest level, they refer to sensory and motor events.

The hierarchical structure of behavior programs makes it possible to express complex plans with different levels of abstraction—from primitive motor skills to abstract actions consisting of multiple realizations. By exchanging links between nodes at higher levels of abstraction, knowledge can be rearranged, and symbolic planning might be realized (Dörner, 1999, p. 129; Dörner, 2002, pp. 54–56).

Through trial-and-error learning, PSI agents add branches to behavior programs. If a part of a behavior programs gets into disuse, the links to it decay over time, until this part is removed altogether (Dörner, 1999, pp. 130, 131).

Dörner suggests a simple algorithm to execute behavior programs; that is, to perform a plan, it may be instantiated in some cortex fields (see above) and then accessed by another behavior program acting as a control structure to oversee its execution (see a Agorithm 3.1). It might be desirable, however, to execute some behavior programs without the use of an external control structure. Under certain circumstances, it might be possible to do this just by spreading activation; however, for backtracking, control information will have to be stored in the form of a stack or as additional states within the program elements.

The algorithm simply chooses the next connected elements. If the element amounts to a sensory schema, it is validated according to available sensory information. If the element is a motor schema, it is activated. (To be useful for hierarchical scripts, the algorithm should traverse sub-schemas recursively, and a mechanism for backtracking should be added.) The validation of sensory schemas might fail; in this case, alternatives are checked. If no further alternatives are available, the execution of the behavior program fails.

3.3.3 Protocol memory

While the agent interacts with its environment, it records its history, that is, the situations/events it encountered and the actions it performed,

Algorithm 3.1: Executing a behavior program (Dörner, 1999, p. 100, Figure 2.5)

```
"Activate behavior program"

Initialize by putting first program node ("interneuron") into list
until list is empty:
    choose element from list
    if element is a motor node:
        activate element
        empty list
        put all direct successors ("por"-linked nodes) of element into list
    else (i.e., element is a sensor node):
        if perception of element is successful:
            empty list
            put all direct successors of element into list
        else (i.e., expected element could not be perceived):
            if list is empty (i.e., no alternative expectations):
                end with failure
repeat (until list is empty)
end with success
```

in the form of a protocol. The protocol memory is made up of a chain of hierarchical situational descriptions (Figure 3.8).

Because the protocol memory is an assembly of behavior programs and episodic schemas, it consists of hierarchies as well. Low-level sensory information and motor behavior is included by referencing it partonomically from higher, more abstract levels in the protocol scripts (Dörner, 1999, p. 89). At each level, successive elements in the protocol chain are *por/ret* linked.

Protocols are acquired by copying the current *situation image* (see below) to the present head of the protocol chain. Of course, it is not necessary to literally copy all the details of the situational descriptions; situation images are essentially just concepts that hold *sub/sur* references to the individual objects. It is sufficient to copy only these sub-references, which in turn activate (hierarchical) object descriptions in long-term memory (Dörner, 1999, pp. 109–112). Still, for each situation, at least one new neuron has to be recruited. A "plastic cortex" that holds all the protocol nodes serves this purpose; whenever a further node is required, it is fetched from the least-used nodes in the pool (Dörner calls this process mockingly "the polonaise of memory" ("Gedächtnispolonaise"), because of the way the protocol chain subsequently snakes and crawls through the protocol cortex field) (Dörner, 1999, p. 122).

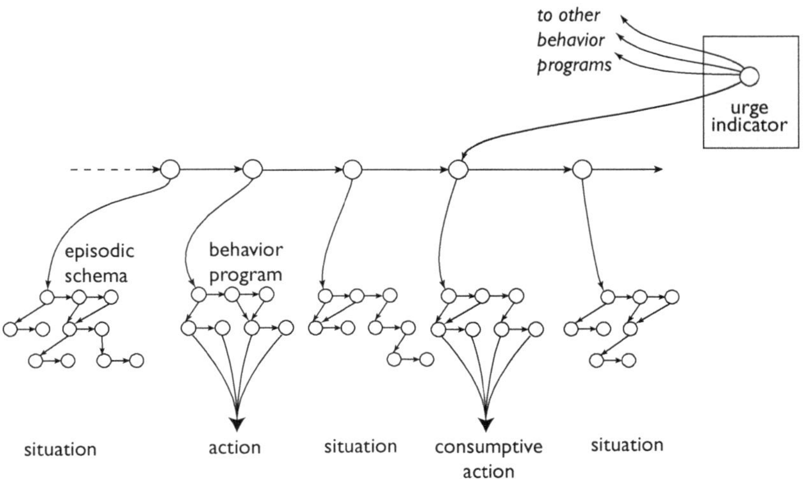

Figure 3.8 Schematic protocol (Dörner 1999, p. 51)

The protocol is the main source for the learning of the Psi agents. This is achieved by a way of *retro-gradient reinforcement* ("rückläufige Afferentiation, "see Lurija, 1992, p. 88; Dörner, 1999, p. 89). Whenever the agent encounters an event that is accompanied by an increase or decrease in a demand (i.e., the agent is subjected to a displeasure or pleasure signal, see above), it strengthens the links to the immediately preceding protocol elements. This strengthening also applies, but to a lesser degree, to more distant predecessors, until at last it tapers out.

After a motivationally relevant event, activation is propagated backward along the protocol chain, and *sub*-ward into the hierarchical situational descriptions that make up its content. Along with the propagation of activation, links are strengthened according to

$$w_{i,j}^{new} = \min\left(maxWeight, \left(\sqrt{w_{i,j}} + ReinforcementSignal\right)^2\right) \tag{3.6}$$

where the value of the *ReinforcementSignal* is derived from the propagated strength of the demand change (Dörner, 2002, pp. 160–163). Because the growth of the link weights depends on the square root of the initial link weight, connections are increased slowly at first, and then more quickly, if the link is already quite strong. Furthermore, because the propagated activation becomes weaker with every step of spreading, the effect of reinforcement ceases after a few elements. Hence, the strength and depth of the reinforcement taking place depends on the familiarity and on the importance (the motivational relevance) of the recorded event (Dörner, 1999, pp. 118–121).

This groups aversive and appetitive event sequences, that is, successions of incidents that have lead to a negative or positive outcome. Based on this knowledge, the agent will decide on what to avoid, and what to strive for (Dörner, 1999, pp. 301f.). Of course, conflicts will still remain possible, for instance when an appetitive sequence (like devouring tasty food) eventually leads to an aversive situation later on (like punishing stomach cramps). The actual decision will depend on the depth of the anticipated expectation horizon (i.e., the depth of the memory schemas considered for planning at the time of decision making), and on the current urgency of motives (avoidance of starvation vs. avoidance of pain). The mechanisms of planning and decision making will be discussed in more detail further down below.

Besides retro-gradient reinforcement, Psi agents draw on another learning mechanism: *strengthening by use.* When revisiting sequences of events and actions (see *expectation horizon* below) or re-executing plans, the particular links weights are increased (Dörner, 2002, p. 164) according to:

$$w_{i,j}^{new} = \left(\sqrt{w_{i,j}} + L \cdot A_j\right)^2 \tag{3.7}$$

At the same time, the protocol is subject to a gradual decay of the links (see the section about associators and dissociators), unless the link weights are above a "forgetting threshold" *T.* Over time, this leads to a fragmentation of the protocol chain: the history of the agent will be recorded as a set of loosely or even unconnected "islands" (Dörner, 1999, p. 116) that may be used for the retrieval of episodic schemas and behavior programs in the future (Dörner, 1999, p. 112).

Decay is not limited to the *por*-links between successive elements, ; the *sub*-links to parts of descriptions of situations and actions unused features may also disappear over time. This leads to some *abstraction* by forgetting of detail, (Dörner, 1999, pp. 126, 183, 222) because events that looked different at first may become similar after a time, and only those features that bear a relevance to the particular outcome are put into consideration.

The strengthening-decay mechanism is able to discover related events well if they frequently co-occur and provided they are not spaced apart by intervals of different intermittent events. Obviously, a weakness of this scheme is its inability to discover relations between events that are far apart in time. Long-term dependencies are just not connected in memory. Dörner notes this, but points out that this might not be a flaw of the model, but a problem of human performance as well (Dörner, 1999, p. 126). Humans may overcome these restrictions only by relating distant events using other strategies: the events are arranged as successive elements using hierarchies, or they are organized by addressing them with language. For example, the relation between planting a seed and harvesting a plant is probably not discovered directly by examining the unaltered protocol of the individual's everyday-affairs, but by re-arranging and grouping actions into a hierarchy with respect to the location, the seasons, and so on. To conceptualize the planting season as one kind of event, and the harvesting season as another, successive event, the individual will need to build categories of large time-spans.

When looking at the protocol memory with respect to actions at a given location and according to such time-spans, planting and harvesting may indeed appear to be neighboring events and are treated as such.
Early in their history of learning, the PSI agents will store predominantly low-level representations of actions in the protocol, because hierarchies, in which low-level scripts have been grouped into super-concepts, have yet to be formed. With the formation of abstractions (like a concept that summarizes a complete visit to a restaurant), maintaining the protocol memory becomes more efficient. Instead of representing individual actions, their higher-level abstractions are stored. Thus, with growing age of the individual, automatisms and scripts tend to be highly consolidated and cover most events, and consequently, the protocol gets increasingly sparse (Dörner, 1999, p. 118).

3.3.4 Abstraction and analogical reasoning

PSI agents establish the factuality of an object or situation by attempting to verify its (sensory) schema. The more features are defined and the more narrowly they are specified, the more constraints apply. To capture things with differences in their features within the same schema, two mechanisms can be employed. The first is an abstraction by the neglect of detail; (Dörner, 1999, p. 135) different things will then "look" identical. The other method is the use of alternative sensory descriptions, which are subsumed within the same sensory schema. Both methods amount to the introduction of *hollows/cavities* or *open slots* ("Hohlstellen") into a schema. The extreme case is a schema that has no features (*sub*-linked sub schemas) at all; such a completely abstract schema ("Hohlschema") would match to absolutely everything (Dörner, 1999, p. 143). Dörner mentions several ways of "relaxing" schemas: the addition of alternative features, the removal of features, the random or heuristic neglect of features (to speed up recognition), and special solutions to increase the limits within which foveal sensors accept spatially distributed features. But because hierarchical sensor schemas are in principle multi-layer perceptrons, further ways of loosening the constraints of sensory descriptions are available: the use of distributed representations and variable weights allows for fuzziness in the feature acceptance and in the definition of the features themselves. It might also be useful to change the propagation functions to implement more efficient types of distributed representations.

To match features with continuous values, Dörner also suggests the introduction of some kind of *range abstractness* ("Abweichungsabstraktheit"): here, spatial and temporal annotations should not only match when exactly at a target value, but also when within a certain range (Dörner, 2002, p. 60). Although no details for the implementation are explicitly given, numerous approaches (like radial basis functions etc.) might lend themselves to the task.

Because abstract schemas may accommodate more concrete schemas, they might also be used like super-categories (Dörner, 1999, p. 243) of the respective objects, where a concrete schema matches, perhaps, only a single individual object or situation, its abstraction could inclusively match with other objects as well. Abstract schemas could also aid in analogical reasoning.

A method for generating new hypotheses with some kind of analogical reasoning works by merging similar situations and treating them as identical (see Figure 3.9).

When looking for a way to get from a situation *A* to a goal situation *D*, where it is known that by applying action *a* to *A*, we are reaching a

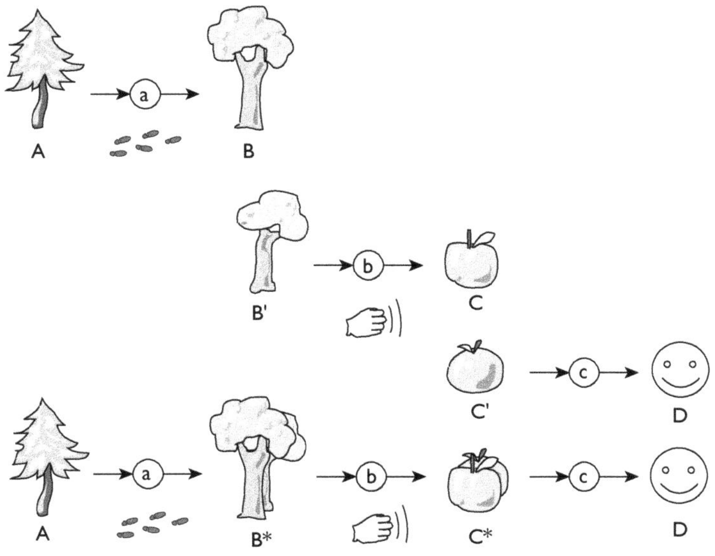

Figure 3.9 Construction of a new schema by superposition of input and output schemas (Dörner, 1999, p. 371, fig. 5.12)

situation *B*, by applying *b* to a similar situation *B*′, we get to C, and by application of *c* to a similar C′, we reach *D*. By merging the similar situations *B* and *B**, and of C and C*, we get a chain of situations from *A* to *D* by application of the actions *a*, *b* and *c*. This hypothesis can then be treated as a behavior program and will be evaluated when executed (Dörner, 1999, p. 371).

If the agent has formed functional categories, and a single element is missing for the fulfillment of a plan, a straightforward procedure consists in looking for the functional category of that element (in the given context), and trying to replace it with a different element of the same category. As a colorful example: How would one go about fixing a leaking canoe? After identifying the category of the leaking ingredient (a bark hull that has been punctured), the culprit might be replaced with another member of the same category (i.e., another piece of tree bark). If that is not available, how about identifying the *functional* category of the bark: here, it is a membrane keeping the water away. Perhaps, a different example of a waterproof membrane is available, such as an old plastic bag? If that's the case, we may attempt to replace the missing piece of bark with the new membrane (Dörner, 1999, p. 270).

Consequently, a way to construct completely new solutions for a given problem consists in identifying all functional categories and successively filling in different examples of these categories in such a way as to maintain the functioning of the plan. Let us look at an example for finding a solution to a *constructive* problem by analogical reasoning: to construct a watch, one may determine the functional categories of the parts: the face—a set of display states, the hands—pointers to identify a display state, the spring—a storate of energy, the clockwork—a regulation mechanism, using energy in regular intervals to update the display. Lacking all these components, they could possibly be replaced by successively filling in new exemplars of the same categories: for instance, as an energy storage, use a water reservoir; a pendulum-regulated outlet (or simply a dripping outlet) might act as a regulating mechanism, and a glass cylinder with a scale as the display, with the water collected in the cylinder indicating the time (Dörner, 1999, p. 263). As the example suggests, there are at least two strategies at work: first, a replacement of parts by category, and second, each new, individual part is chosen according to the context set by the others. (Obviously, there are many more ways to conduct analogical reasoning, which have not been discussed here.)

3.3.5 Taxonomies

The *sub*-relations and *sur*-relations of quads span partonomic hierarchies, where each element can be defined by its parts. This is different from a taxonomic ("is-a") hierarchy, where the elements are categories made up of sub-categories. There is no link type for *is-a* relations, but it is possible to express a more abstract category *a* by defining fewer properties than in the sub-category *b* (that is, by replacing individual properties of *b* by alternatives, values by ranges or omitting a constraining property altogether): as explained above, such an abstraction is called *hollow schema* ("Hohlschema") (Dörner, 1999, p. 243). We may define (without loss of generality):

$$b \text{ is-a } a, \text{ iff } \forall p \text{ sur } a : p \text{ sur } b \wedge \neg\exists q \text{ sur } b : \overline{q} \text{ sur } a \tag{3.8}$$

that is, all properties of *a* are properties of *b*, but none of the properties of *b* contradicts a property of *a*. We can call this *a* "accommodates" *b* (Dörner, 1999, p. 265) and may use this relationship for perceptual and for reasoning processes.

Within Psi agents, the *is-a* relation could be identified and expressed with the aid of word-label symbols: one word-label could refer to both the super-category and the sub-category, another one only to the sub-category (Dörner, 1999, pp. 225, 267). Note that this does not mean that we are replacing the category by a word-label! This label would merely be a way of *referencing* two concepts, of which one has accommodating properties towards the other. Thus, the word-label would become an *identifier* of the class; for example, the word-label "cat" possibly evokes both a schema of a concrete tabby with plush ears, and a schema of a generic cat characterized merely by its feline properties.

Yet, the word-label itself would not distinguish the levels of generality of the schemas. If two different categories match on a given object, it is impossible to identify whether a category *A* belongs to a category *B* or vice versa, and it has still to be established which one has the accommodating property towards the other.[32]

32 As a note to the computer scientist: The Psi theory currently does not deal with inheritance of properties between categories. However, the category relationships may possibly call for extensions in the current representations of the Psi theory, if one wants to use them for associative mechanisms that implement polymorphic inheritance of properties between categories. At the moment, category relationships between two concepts A and B would strictly require that A *accommodates* B (Dörner, 1999, p. 265), and

Partonomic hierarchies are fundamentally different from taxonomic hierarchies. It will not be acceptable to use *sub*-links between schemas representing different concepts to express a categorical relationship between them, because *sub* establishes a partonomical relationship ("has-part"), which is semantically different from a taxonomical relation ("is-a"), and a model of the Psi theory will need to use other means if categorical relationship have to be represented, for instance associative links along with a specific identifying feature for the more general concept.

Dörner takes an interesting stance in the debate about whether representations of object categories are represented as *prototypes* or as alternatives of *exemplars* (Harley, 1995, Anderson 1996): both should be possible. A prototype (that is, a schema neglecting detail or averaging over properties and implementing some kind of range abstractness) could be used to describe objects with great similarity (for instance, bananas), while a set of exemplars might be better suited to represent a heterogeneous category (like houses). In the latter case, all of the members of this category would receive some activation, but only the strongest would get to the attention of the system and would thus appear like a prototype. Whenever the given context suggested a different member of the category (i.e., it receives more activation than the previously strongest element), the "pseudo-prototype" would flip into a different one (Dörner, 1999, pp. 604–611).

3.4 Perception

The core of perception is *to recognize something as something* (Dörner, 1999, p. 135); in other words, it consists of matching the perceived entity into an established schema that is suitably interrelated to the other representations the agent possesses with regard to its world. Perception has to fulfill the following tasks: (Dörner, 1999, p. 134)

---

do not go beyond that. A and B could use a partially shared representation, but as soon as B sports a property that is not part of A (polymorphy), the categorical relationship would cease. Take the relationship between a concrete tabby and the general housecat as an example. The latter (accommodating) concept might specify four legs and a tail. In the instant our tabby has an accident and looses its tail, the more general category stops to be accommodating and is merely *a better example* of something activated by the word-label "cat." We can overcome the polymorphy-problem by representing the poor tabby with a *'tail that has gone missing'* instead of no tail at all, i.e. refrain from polymorphic inheritance.

— connect stimuli with memory content (i.e., matching schemas);
— use sensor schemas in such a way as to recognize things with different appearances as identical, if appropriate (i.e., generalize); and
— if no matching sensor schema is found, then create a new one (or adapt an old one).

As we will see, in Psi agents, these goals are served mainly by the *HyPercept* mechanism—perhaps the most central behavior program of all. HyPercept (*hy*pothesis-based *percept*ion) attempts to predict what is there to be perceived and then attempts to verify these predictions using sensors or recollections (Schaub, 1993).

3.4.1 Expectation horizon

To improve the speed of recognition, predict imminent events and measure the degree to which the Psi agent has gained an understanding of its environment, the perceptual system maintains a set of expectations. This set is basically a projection of the present into the immediate future, a prognosis that uses episodic schemas (Dörner, 1999, p. 128; Schaub 1993, pp. 87), which may be called *expectation horizon* (Figure 3.10). The elements of the expectation horizon are successive situational descriptions (episodic schemas) derived associatively from the protocol memory of the agent. The execution and outcomes of actions that are part of currently activated behavior programs are part of the expectation horizon as well.

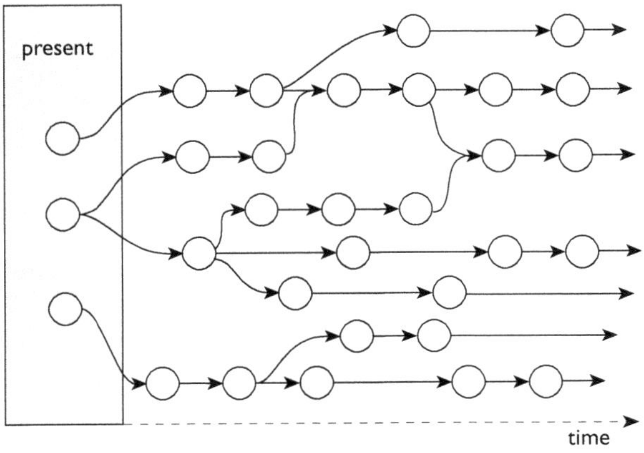

Figure 3.10 Expectation horizon (Dörner, 1999, p. 196, Fig. 3.23)

The expectation horizon will typically be more than a single *por*-linked thread of events. Rather, because many situations and actions have more than one outcome or are not fully explored, it may contain branches and dead ends, depending on the knowledge the agent has previously acquired. Many alternative outcomes of projected episodic schemas lead to "tattered fringes" of the expectation horizon. To the agent, this gives an important clue on where to put attention—it should focus on those areas with a high branching factor, because here, uncertainty looms. The monitoring of the properties of the event horizon (its depth and branching factor) and the comparison of the expectations with the events as they are actually unfolding in the environment lead to specific reactions within the agent. Depending on the motivational relevance of the events in question, the results of the comparison influence the behavior regulation and make up distinct configurations that humans would perceive as emotions (for example, surprise, wonder, startling, or fear) (Dörner, 1999, pp. 196–198) (Emotions and the regulation of behavior will be discussed in sections 4.7 and 4.)

The test of the expectation horizon takes place in regular intervals, and a breach of the chain of expectations triggers an explorative behavior by establishing an explorative motive (Dörner, 1999, p. 208; Dörner & Stäudel 1990, pp. 309).

3.4.2 Orientation behavior

A violation of the perceptual expectations of the agent leads to a momentary disorientation, and triggers an *orientation behavior*. Pavlov (1972) described this as a "what-is-this reaction." Here, it works by setting the perceptual process to the unknown object (or more generally: including the object into a list of to-be explored objects) and raising the agent's general readiness for action (activation modulator, see below) (Dörner, 1999, pp. 212–213).

3.5 HyPercept

The concept of *Neisser's perceptual cycle* is paradigmatic to a lot of work in the cognitive science of perception and in cognitive modeling. The idea amounts to a cycle between exploration and representation of reality; perceptually acquired information is translated into schemas, and these are, in turn, used to guide perception. The schemas integrate not only visual information, but also haptic, acoustic etc. The exploration that is directed by the represented schemas may involve an active, invasive sampling of the object in question, which will alter it and, in turn, influence the model of the object. The feedback between perception and representation has often been ignored in models that look at them in isolation (see Neisser, 1976, p. 21, or p. 112 for a more complete description), but has been incorporated in several other cognitive architectures, for instance Walter Kintsch's model of textual comprehension *C-I (Construction-Integration)* (Kintsch, 1998).

The Psi theory adopts the principle of the Neisser cycle (Dörner, 1999, p. 144) and extends it into a general principle of bottom-up/top-down perception, which is called *HyPercept* (hypothesis directed perception—"Hypothesengeleitete Wahrnehmung")[33] (Dörner et al., 1988; Schaub, 1993, 1997).

3.5.1 How HyPercept works

While Dörner offers several algorithmic descriptions, HyPercept may be much more a paradigm than an algorithm. The main idea of HyPercept may be summarized as follows:

— Situations and objects are always represented as hierarchical schemas that bottom out in references to sensory input.
— Low-level stimuli trigger (bottom-up) those schema hypotheses they have part in.
— The hypotheses thus activated heed their already confirmed elements and attempt (top-down) to get their additional elements verified, which leads to the confirmation of further *sub*-hypotheses, or to the rejection of the current hypothesis.
— The result of HyPercept is the strongest activated (matching) hypothesis.

33 Sometimes (see Dörner, Schaub, Sträudel and Strohschneider 1988, p. 226; Gerdes & Strohschneider, 1991), the whole bundle of perceptual processes of the Psi agents is subsumed under the HyPercept label, including the updating and testing of the expectation horizon, control of modulator system as far as connected to the perceptual apparatus, and so on. At other times, it is *specifically* the validation of hierarchical schemas by an interlinked bottom up/top down tracing process (Schaub, 1993; Dörner, 1999, p. 145). To avoid confusion, we will use the latter meaning here.

— At any time, the system *pre-activates* and *inhibits* a number of hierarchical schema hypotheses, based on context, previous learning, current low-level input, and additional cognitive (for instance, motivational) processes. This pre-activation speeds up the recognition by limiting the search space.

HyPercept is not only used on visual images, but also on inner imagery, memory content, auditory data and symbolic language. Dörner's actual implementation is currently restricted to simplified visual images, however, and his algorithmic descriptions are sequential in nature. Sequential processing is adequate for attention-directed processing, but for low-level perception, it is not a good model. For instance, to use HyPercept to recognize speech based on raw auditory input data (as suggested in Dörner, 1999, p. 597), a generalized parallel implementation will have to be used (see below).

For the purpose of illustration, look at Algorithm 3.2, a simplified version of HyPercept (Dörner, 1999, p. 145, extensive description Dörner, 1999, pp. 149–157).

The algorithm works by taking an initially recognized feature as a starting point. This feature does not need to be atomic (i.e., a sensor giving activity as a direct result of some primitive environmental

Algorithm 3.2: Simple HyPercept (Dörner, 1999, p. 145)

```
"HyPercept"

identify an initial pattern
create list of all instances of the pattern as it is contained in schema
hypotheses
while list not empty:
choose an instance of the pattern and take it out of the list
  repeat:
    select an untested neighboring element and test its sub-schema
    if element is invalidated, continue w. next instance from list
  until enough neighboring elements are tested or none left
  end with success (a schema has been matched)
continue with next instance from list
end with failure (no matching schema has been found)
```

stimulus), but can easily be an already recognized object concept, which itself is the product of the application of a lower-level instance of HyPercept. Next, the algorithm identifies everything that feature could be within the available higher level schemas: it not only retrieves those schemas the initial feature is part of, but also takes care of the cases in which the schema occurs at multiple positions. All these instances of occurrence of the feature are collected in a list (sometimes called "supra list").[34] The version space of possible theories is made up by the instances of all those schemas that contain the elements of the list.

To find out which schema the feature belongs to, the neighboring features (i.e., those that are *por/ret* linked at the same level of the partonomical schema definitions) are successively tested. This test will usually require a recursive application of HyPercept, this time top-down (Dörner, 1999, pp. 158–158). To check a neighboring feature, the agent might have to move its foveal, tactile, or other sensors accordingly to the relation that it has to the original pattern (see section 3.2.5). If the feature is of a different modality however, it might be sufficient just to assess the current result of the sensors the feature is grounded in (for instance, if a neighboring feature is of an olfactory nature, it may suffice to take the current output pattern of the olfactory sensors into account).

Whenever a feature is refuted (because it could not be matched with the respective sensory input) the local perceptual hypothesis fails, and another instance of the pattern within the known set of hypotheses has to be tested.

When the neighboring elements of the initial feature have been sufficiently explored and verified, the parent schema (the one that contains these elements as its parts) is considered to be confirmed—for example, we might have confirmed all the line elements that make up a character und consider the entire character to be confirmed now. We may then declare this schema to be the new initial pattern and continue with HyPercept at

34 There is a potential problem in instantiating all possible interpretations of the feature in schemas where it might be contained. If a schema contains a recursive definition (as a grammatical schema, for instance, might do), there could be—literally—infinitely many such instances. It will be either necessary to prevent true recursion and loops in schema definitions or to look for remedies, for instance by increasing the list of instances iteratively during testing.

the next level in the hierarchy—for instance, to find out which word the recently recognized character might be part of, and so on.

Here, we see a potential problem with HyPercept, if it were to stop after the first recognition. If we are recognizing a character in handwriting, there may be more than one possible interpretation. If we just stick with the first one, and we do not find a matching word the character is a part of later on, we might want to maintain a few alternative interpretations! This requires a very simple modification; instead of representing the confirmation or refutation of a schema, we may store a link weight that corresponds to the quality of the match. If we do not restrict HyPercept to the processing of lists but to sets of elements that might be examined in parallel, we might devise a HyPercept algorithm that gracefully supplies alternatives between its different instances along the hierarchy.

3.5.2 Modification of HyPercept according to the Resolution Level

If the schema to be checked is sufficiently complex, the application of HyPercept might take an extremely long time, and it is necessary to speed it up, even if that means sacrificing accuracy. Obviously, it is much better not to fix this trade-off at a constant setting, but to vary it depending according to the given circumstances: How much time is available? How crucial is accuracy in the recognition of detail? How important is the object in question? What other processes besides perceptive recognition are competing for the limited cognitive resources of the agent? Depending on these aspects, the agent may vary its level of perceptual resolution ("Auflösungsgrad"). The resolution level specifies which fraction of the available features is taken into account during the HyPercept matching process (Dörner, 1999, p. 148).

Some evidence that this is an adequate model comes from Kagan (1966) who tested human subjects for individual differences in ignoring details of pictures that were presented to them. Still, the approach is not without problems. In most circumstances, the error rate of recognition grows faster than time is saved by ignoring features (Dörner, 1999, pp. 175–177).

Features should best not be randomly neglected, but weighted by relevancy, and ignorance should start with the least relevant ones (Dörner,

1999, p. 178). The most relevant features are ideally the ones giving best distinction from other objects in the version space.

To further improve recognition performance, alternative hypotheses should be ranked somehow according to their likelihood and checked in that order. This amounts to a *priming of the hypotheses*, and is based on already perceived patterns and the current goals; (Dörner, 1999, p. 179) it may also depend on already recognized objects.

Because perception usually serves some goal, the order of hypothesis checking should also be modified according to the context that is set by the motivations of the agent (see section 4.2). Generally, the ranking of hypotheses takes place by pre-activating them through a spread of activation from the associated context (Dörner, 1999, p. 168).

There is an additional application for the resolution level parameter: Sometimes, it is helpful if the agent is not too finicky about object recognition and recall, because limited accuracy in matching might help grouping similar objects—this kind of over-inclusivity may sometimes be a useful source for abductive hypotheses. Thus, under certain circumstances, it might come in handy to control how exactly schemas have to align for the match (Dörner, 1999, p. 183). Generally, in a real-world environment where phenotypes of objects vary, it is advisable to allow for a certain error rate when comparing expectation with sensor data; treating objects of similar appearance as identical can be utilized to adapt the schemas gradually, so they accommodate more objects over time (Dörner, 1999, p. 222).

3.5.3 Generalization and specialization

The evaluation of schemas that have been sufficiently but incompletely matched to sensory data might lead to slight adaptations. Sometimes, however, more thorough changes might be necessary, if the agent learns that dissimilar appearances belong to the same class of object. A way to achieve such a schematic *generalization* consists in adding new *sub*-schemas as alternatives to the given schema.

Conversely, if a misclassification occurs, specialization of a schema might work by removing *sub*-elements that have presumably led to misclassification. Also, if *sub*-elements are not longer used to distinguish objects, their links might deteriorate until these *sub*-elements disappear from the schema.

3.5.4 Treating occlusions

If a part of an object is occluded by another (or just by the edge of the field of vision), the object might still perfectly match its representation if the missing parts are "hallucinated." This is really quite simple to achieve. Once it is established that a portion of the sensory field is occluded, these imperceptible areas are ignored during testing; HyPercept just pretends that the respective features are there (Dörner, 1999, p. 164). To tell occluding layers from those that are occluded, it is in many cases helpful to add a depth of vision detection mechanism to the perceptual repertoire. Where should the ignorance towards imperceptible features stop? Sometimes hallucinations would lead to weird and unwarranted results.—A simple solution could be to check for complete version space (i.e., all object hypotheses that are active in the current context) and accept if result is not (or not too) ambiguous.

3.5.5 Assimilation of new objects into schemas

Most of the time, it may suffice to match sensory input to existing schema hypotheses, but every once in a while the agent is bound to encounter something new—an object that does not match to any known structure. For the incorporation of new objects into the agent's visual repertoire (*assimilation*), Dörner proposes a scanning routine:

The scanning starts out with a spiral movement of the retinal sensor to identify the beginning of new features. The retina then traces along the structure of the object in question, until it does not find a continuation (this only works if it is always possible make out clearly if a structure is connected or not). This endpoint might act as a distinctive feature, and the system starts the HyPercept process to check whether it is part of an already known schema. If no matching schema is found, the system has to accommodate a new structure.

Starting from the previously identified end-point, and under the assumption that it is part of a line structure, the scan process determines the direction of continuation of this line and follows it to its other end. Any branches that are passed along the way are recorded into a list and will be revisited later on. At these branching points, the scan process follows the direction that appears to be the best continuation of the current line (in the current implementation, this is simply the straightest continuation)[35] (Dörner, 1999, p. 213; Dörner, 2002, pp. 114–119).

A simple version of HyPercept has been put into Dörner's "Island" agent simulation (see section 6.1), and there have been successful experiments to recognize cartoon faces with the algorithm. As it turns out, the visual scanning performed by the perceptual process appears very similar to that of human subjects (Dörner, 1999, pp. 160–162).

To get HyPercept to work on real-world imagery, many possible modifications may improve its suitability to the task. For instance, the matching process could be combined with transformation layers that allow for perspective correction (i.e., a skewing, shearing, or rotating of coordinates in sensor scripts that is put "in front" of the HyPercept algorithm) (Dörner, 1999, pp. 169–172).

While the HyPercept algorithm *implicitly* uses syllogistic reasoning and thus the PSI agent can be called a "logic machine," (Dörner, 1999, p. 268) it would be misleading to compare this to human logic reasoning, which requires the use of language and takes place on a different level of the cognitive system.

3.6 Situation image

Because perception is a costly operation that requires probing of many stimuli in a relatively persistent world, a model of the environment is generated, stored and operated upon: the *situation image* ("Situationsbild"). Usually, this model only slowly and gradually changes. While for instance, the agent's retina is constantly moving, primitive percepts change dramatically all the time, the composition of these stimuli in the situation image is relatively stable.

35 The scanning process for lines results implicitly observes Gestalt principles, specifically:

- *Closure*—connected elements are grouped.
- *Proximity*—near elements are grouped.
- *Good curve*—adjacent line segments with similar angular direction are grouped (Goldstein 1997, p. 170).

The *rule of experience* is implemented by scanning for known arrangements first.

The situation image might be seen as the end of the protocol chain, (Dörner, 1999, p. 443) or conversely, the protocol memory is built by successively adding situation images (Dörner, 1999, p. 111). While the situation image is linked to the past by references into the protocol, it also leads into the anticipated future: it is linked into the agent's *expectation horizon*, which is basically an extrapolation of the situation image derived by extending the known episodic schemas into the future (Dörner, 1999, p. 205).

Within Psi agents, the situation images play the same role as the *local perceptual space* in robotics (Konolidge, 2002).

The building of the situation image is a real-time activity and thus its quality depends on the available processing resources (see Algorithm 3.3). If the agent is under "stress," that is, if other cognitive activity blocks the resources or urgent action is necessary, the construction of the situation

Algorithm 3.3: The organization of the situation image and expectation horizon (Dörner, 1999, p. 209, fig. 3.26)

```
"Perceptual organization"

 1. for all elements in list perceptual area do:
 2.    until list is empty or out of time for perceptual cycle:
 3.       select element perceptual focus from list perceptual area
 4.       perform HyPercept on perceptual focus
 5.       if HyPercept ends with successful recognition:
 6.          if found something unexpected (i.e., not in expectation
             horizon):
 7.             surprise! (modification of emotional modulators)
 8.             orientation reaction;
 9.             set up explorative goal to identify conditions of new event
                sequence
10.       else (i.e., HyPercept did not end with successful recognition):
11.          wonder! (modification of emotional modulators)
12.          orientation reaction;
13.          set up explorative goal to identify properties of new object
14.       update situation image and expectation horizon
15.    repeat
16. until out of time for perceptual cycle:
17.    choose random perceptual focus from background (i.e., perceptible
       but not in perceptual area)
18.    perform steps 3–14 for the new element
19. repeat
```

image might be restricted to a shallow foreground check. If there is no time left for background checks, the agent tends to miss new opportunities offered by changes in the environment. This leads to a conservative behavior because new objects cannot be integrated in situation image (Dörner, 1999, p. 211).

3.7 Mental stage

While the situation image attempts to capture a factual situation, the agent might also need to construct hypothetical situations on a *mental stage* ("innere Bühne") (Dörner, 1999, p. 199), sometimes also referred to as "mental projection screen" ("innere Leinwand"). This is basically a situation image used for imagination and can be used to unfold sensor schemas or to enact (simulate) behavior programs.

Here, sensor schemas may be used as plans to create representations of objects (Dörner, 1999, p. 200). Sensor schemas are not simply images but scripts that may be used for both recognition and imagination. Within the mental stage, the implicit features of schemas may be re-encoded and recognized, even re-combined into new variants. Naturally, such a construction process requires a mechanism to control it, and Dörner suggests that language plays an important role here (Dörner, 1999, p. 202).

The "inner screen" is also important for object comparison (Dörner, 2002, pp. 121–122), that is, for the recognition and distinction of complex objects; the respective sensory schema is projected (constructed from long-term-memory content) onto the mental stage. Then, a logical *and*-operation is performed with the situation image to identify matching structures, a logical *xor* to highlight differences, or a general similarity measure is obtained by evaluating the combined activation of situation image and mental stage.

3.8 Managing knowledge

The perceptual processes of the agent lead to the accumulation of a protocol memory that decays over time, leaving behind weakly or unconnected "islands" of episodic schemas and behavior programs that automatically grow into a jungle, given time and a sufficiently complex environment (Dörner, 1999, p. 300). The mechanisms operating on the knowledge structures have to aim for:

- *Correctness*: the depicted relationship should be referring to things that are factual;
- *Completeness*: schemas should be connected as much as possible regarding cause and effect, partonomic relationships, possible interactions with the agent, and so on; and
- *Consistency*: the outcomes of events should not contain contradictions (Dörner, 1999, pp. 280–281). (Because, within the style of representation suggested here, this rule can be observed by making contradictory outcomes alternatives, we should also aim for sparseness.)

To provide such necessary "mental forestry," a number of regularly activated behavior routines are suggested:

3.8.1 Reflection

The reflection mechanism ("Besinnung") re-activates and enacts protocol elements to identify new connections (see Algorithm 3.4). It works by using a HyPercept algorithm not on sensory data, but on episodic schemas/protocols to recognize them as something (i.e., an abstract or specific episode schema). Thus, protocols may be extended by adding previously occluded bits, which takes place according to an interpreting schema. The extensions apply to those points where it is necessary to construct a match to a known routine, and where the additions to not contradict what is already known (Dörner, 1999, pp. 192–196).

An example of this would be the observation of someone sitting in a room, being served with food, eating, and then handing money to another person in the room. After heaving learned about restaurants and the typical behavior in a restaurant, the scene could be remembered and interpreted as a restaurant sequence, the eater being identified as a guest, the money receiver as a waiter or cashier. At the same time, details of the scene stop being remarkable (because they are already part of the well-known routine) and do not need to be remembered for the specific instance.

The reflection process should be initiated whenever there are too many unordered or loose elements in the protocol, because it tends to compress and order it.

Algorithm 3.4: Reflection (Dörner, 1999, p. 192, fig. 3.21)

"Reflection": match protocol to episodic schema

1. until no untested candidates for *episodic schemas* available:
2. choose *episodic schema* that could match current [section of] protocol
3. attempt to match *episodic schema* with *protocol* using *HyPercept;*
4. until match of *episodic schema* according to current *resolution level* successful:
5. if unmatched *sub-schemas* in *episodic schema* left:
6. if *sub-schema* contradicts observed *protocol:*
7. break (i.e., stop matching the current *episodic schema,* continue at 11.)
8. else:
9. fill in *sub-schema* into *protocol*
10. repeat (i.e., try to match current *episodic schema* with extended *protocol*)
11. if episodic schema matches protocol:
12. end with success
13. repeat (i.e., try with different *episodic schema*)
14. end (no *episodic schema* found)

3.8.2 Categorization ("What is it and what does it do?")

Within the PSI theory, categorization (see Algorithm 3.5) is rarely mentioned outside the context of language. Categories are also not discussed in the context of memory efficient coding, but mainly as an aid in reasoning. An example is a routine that might be called "what is it and what does it do?" This is a behavior that extends the agent's orientation behavior (Dörner, 1999, p. 288) and requires language, (Dörner, 1999, p. 289) because it relies on taxonomic hierarchies.[36]

36 Dörner depicts the described categorization process as a kind of serendipitous daydreaming. Dreaming is, according to Dörner, a mechanism to perform a similar task as the described categorization procedure—the reorganization and integration of freshly acquired content—with less control and a higher degree of flexibility. While the elements of dreams might appear random, they are probably selected by their relatively sparse connectedness and a high appetitive or aversive importance (Dörner, 1999, pp. 290–299). PSI agents don't dream yet.

Algorithm 3.5: Categorization (Dörner, 1999, p. 286, fig. 4.6)

```
"Categorization - What is it and what does it do?"

1.  until matching category for object is found:
2.     attempt to categorize object; find a category
3.     check categorization by comparing properties of object to other
       objects of same category;
4.     if object matches category:
5.        try to identify episodic schemas related to object;
6.        if applicable episodic schemas identified:
7.           end with success
8.        else (i.e., no episodic schemas found):
9.           search for category of higher order (super-category)
10.          if a super-category has been found:
11.             until no untested co-adjunctions left in super-category:
12.                choose a co-adjunction (i.e., another sub-category of the
                   super-category)
13.                try to find episodic schema for co-adjunctive category
14.                if episodic schema is applicable to object:
15.                   end with success
16.             repeat
17. repeat (i.e., try again with a new category)
18. create exploratory goal
19. end with failure
```

3.8.3 Symbol grounding

As we have seen, the description of an object by a hierarchical schema might enclose many modalities, such as visual, acoustical, tactile, consumptive, etc. A symbolic reference to an object, that is, an element that may be used to refer to that object, can be derived from one of these modalities, or it can just be added. Thus, a symbol standing for an object can be understood as a (*sub*-linked) element of that object (Dörner, 1999, p. 232). Because Dörner uses word-labels (i.e., a sort of symbol) instead of categories elsewhere, (Dörner, 1999, p. 225) he apparently *sur*-links objects to their symbols. However, this would be a contradiction to using the symbols as intensional features of the referenced object as described above. There is no suggestion on solving this dilemma, because Dörner does not mention typed links in *Bauplan für eine Seele,* and in the succeeding volume *Die Mechanik des Seelenwagens,* there is not much discussion about symbols. (In "*Bauplan für eine Seele,*" links only seem to have directions, and depending on the context, Dörner uses differing link directions in his illustrations.) In implementations, Dörner has avoided this predicament by simply using a different link type (*pic* and *lan*, see Künzel, 2004) for the connection between word labels and reference.

A symbol is a schema just like others. It consists of parts that eventually bottom out in sensor and effector modalities. (If it is, for instance, a word, it might be made up of letters, which in turn may be described by their visual appearances. Of course, a symbol does not need to be a word, it can be any object that is suitable to be used to refer to something. This something is not the "real" object itself, but the representations that describe the object, a relationship that has been expressed by Frege (1892): a symbol's meaning is made up of its "sense" ("Sinn"—the thoughts that describe it) and its "reference" ("Bedeutung"—the actual object).

"The meaningfulness consists on one hand in the evocation of certain thoughts by the symbol, on the other hand in that these thoughts in turn usually (but not necessarily) refer to factual objects and occurrences in the outside world" (Dörner, 1999, p. 226). In other words, a symbol refers to some kind of mental representation describing an entity that can be factual (i.e., constituted from modalities that interface with the environment) or imaginary. In semantics, the actual object is usually called "referent" and the evoked schema structure would be the "reference" (see Figure 3.11) (Ogden & Richards, 1960, p. 10).

The reference consists of *denotation* and *connotation*, the first one being the schematic object description itself, whereas the connotation evokes a context that depends on the current situation and motives (Dörner,

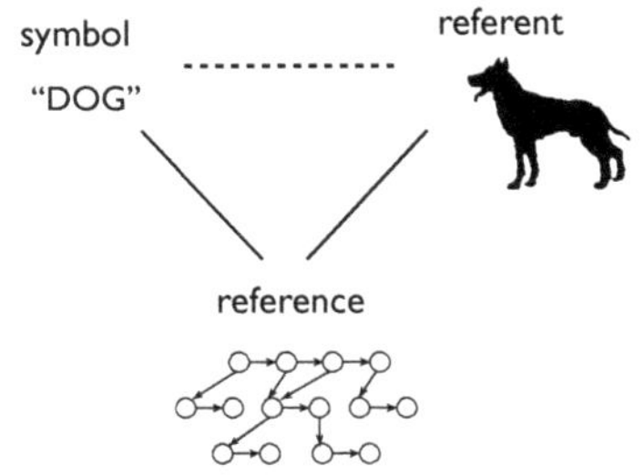

Figure 3.11 Referent and reference

1999, pp. 225–237). Because the referent of symbols is something the agent establishes from interaction with its (internal and external) environment, symbols are always grounded[37] (see also Dörner, 1996.).

This short summary already covers the fundamental ideas and concepts of representation in the original Psi theory. However, in my view, there are still limits to the expressive power of Psi's neuro-symbolic formalism—especially where taxonomic and inheritance relationships are concerned, or when multiple instances of a concept will have to be instantiated in parallel to establish a particular schema. Psi in its original version also does not discuss the distinction between individuals and kinds, and provisions for the parallel representation of events or behavior elements are missing. We will re-visit and extend the topic of representation in Chapter 7 (p. 204).

Pure neuro-symbolic representations are notoriously difficult to use in expressing complex behavior routines in a computer model. Dörner's group chose not to implement them as part of their own agent simulations; rather, they replaced them by simple pointer structures. (Note that they are not alone in this respect—for instance, John Anderson abandoned the neural implementation of ACT-R, ACT-RN: Lebière and Anderson 1993, for similar reasons.) In the chapter on MicroPsi's representations (section 8.3, p. 261), I will suggest an alternative that allows for the free combination of neuro-symbolic structures with more traditional programming methods.

37 Not surprisingly, Dörner is unimpressed by Searle''s Chinese Room argument (Searle, 1980, 1984): of course, the operator (the person working in the room) does not need to know the meaning of Chinese symbols, but the room does. Dörner also points out that Searle seems to (wrongfully) believe, that syntax and semantics differed in that the latter would not be formalizable (Dörner, 1999, p. 240).

4

Behavior control and action selection

The PSIs do not play theatre, they do not act in pretense, like Weizenbaum's Eliza.

Dietrich Dörner (1999, p. 805)

The PSI theory's most distinctive feature is its perspective on the autonomous choice and regulation of behaviors, which extends not only to physical interaction with an environment, but also to social and cognitive activity. The PSI theory suggests that *all* goal-directed actions have their source in a motive that is connected to an urge ("Bedarfsindikator"), which in turn signals a physiological, cognitive, or social demand. This three-fold distinction between motives, urges, and demands is of crucial importance, because it determines the architecture of motivation.

Demands (e.g., for fuel and water) are hard-wired into the cognitive model, but their existence alone is not sufficient for their causal relevance to actions. The actions of the PSI agents are directed and evaluated according to a set of "physiological" or "cognitive" urges. Urges are how the demands make themselves known. In order for an urge to have an effect on the behavior on the agent, it does not matter whether it *really* has an effect on its (physical or simulated) body, but that it is represented in the proper way within the cognitive system. Urges are indicators that lead to establishing motives, and they are facilitating re-inforcement learning: An abrupt increase of an urge corresponds to a negative reinforcement (a "displeasure signal"), while a decrease of an urge—its satisfaction—yields positive reinforcement ("pleasure signals").

Potential goal situations are characterized by changes in urges. Positive changes define an appetitive, positive goal, while increasing urges give rise to aversive goals—situations that the agent should attempt to avoid.

Actions that are not directed immediately onto a goal are either carried out to serve an exploratory goal or to avoid an aversive situation. If a *sub*-goal does not yet lead to a consummative act, reaching it may still create a pleasure signal, because it signals a successful accomplishment to the agent. According the PSI theory, *a need for competence* is one of the basic cognitive demands. In other words, there are demands that have the cognitive functions themselves as their object. Let us look at the motivational system in more detail.

4.1 Appetence and aversion

Whenever the agent performs an action or is subjected to an event that reduces one of its urges, a signal with a strength that is proportional to this reduction is created by the agent's "pleasure center" (Dörner, 1999, pp. 50, 305). The naming of the "pleasure" and "displeasure centers" does not imply that the agent experiences something like pleasure or displeasure (Dörner, 1999, p. 48). The name refers to the fact that—as in humans—their purpose lies in signaling the reflexive evaluation of positive or harmful effects according to physiological, cognitive or social demands. *Experiencing* these signals would require an observation of these signals at certain levels of the perceptual system of the agent.

Pleasure/displeasure signals (see Figure 4.1) create or strengthen an association between the urge indicator and the action/event (for a possible mechanism, see "associator neuron" above). Whenever the respective urge of the agent becomes active in the future, it may activate the now connected behavior/episodic schema. If the agent pursues the chains of actions/events leading to the situation alleviating the urge, we are witnessing goal-oriented behavior (Dörner, 1999, p. 127).

Conversely, during events that increase a need (for instance, by damaging the agent or frustrating one of its cognitive or social urges), the "displeasure center" creates a signal that causes an inverse link from the harmful situation to the urge indicator. When in future deliberation attempts (for instance, by extrapolating into the expectation horizon) the respective situation gets activated, it also activates the urge indicator and thus signals an aversion (Dörner, 1999, pp. 54, 305). An *aversion signal* is a predictor for aversive situations, and such aversive situations are avoided

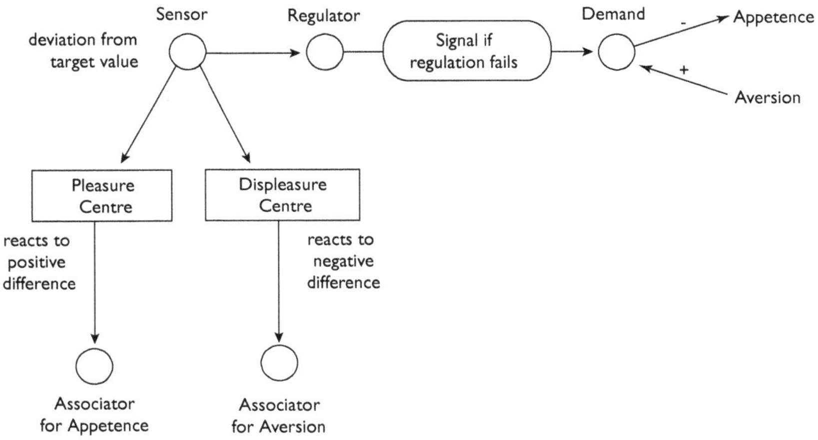

Figure 4.1 Appetence and aversion

if possible. This could be done by weighting them against possible gains during planning; however, it is often better to combine them with distinct behavior strategies to actively escape the aversive situation. Dörner suggests their association to explicit flight and fight reactions (which in turn are selected between according the estimated competence) (Dörner, 1999, p. 55). Furthermore, an aversion signal should raise the action readiness of the agent by increasing its activation (see below).

4.2 Motivation

As mentioned before, the urges of the agent stem from a fixed and finite number of hard-wired demands or needs ("Bedarf"), implemented as parameters that tend to deviate from a target value. Because the agent strives to maintain the target value by pursuing suitable behaviors, its activity can be described as an attempt to maintain a dynamic homeostasis.

Currently, the agent model of the Psi theory suggests three "physiological" demands (fuel, water, intactness), two "cognitive" demands (certainty, competence) and a social demand (affiliation).[38]

These demands are explained below (section 4.2.3ff).

38 In the actual implementation, there is an additional demand for "nucleotides," which are a kind of bonus item.

4.2.1 Urges

It is not always necessary for a low-level demand to be communicated to the cognitive system. For instance, if, in our example, the pressure in the boiler of the steam vehicle drops too low, a reactive feedback loop might kick in first and increase the fuel supply to the burner, thus producing more heat and hopefully getting the pressure back to normal. Sometimes, this might not work because there is insufficient fuel left, or the agent uses up more pressure for its current activities than can replenished. In these cases, the agent needs to be informed about the deficiency to be able to take action against it. To this end, each demand sensor ("Bedarf") is coupled with a need indicator or *urge* ("Bedürfnis").[39]

If a demand remains active for a longer period of time (i.e., if there are no sufficient automatic countermeasures against it), the urge becomes activated.

4.2.2 Motives

A motive consists of an urge (that is, a need indicating a demand) and a goal that is related to this urge. The goal is a situation schema characterized by an action or event that has successfully reduced the urge in the past, and the goal situation tends to be the end element of a behavior program (see discussion of protocols above). The situations leading to the goal situation—that is, earlier stages in the connected occurrence schema or behavior program—might become intermediate goals (Dörner, 1999, pp. 307–308). To turn this sequence into an instance that may (as defined by Madsen, 1974) "initiate a behavior, orient it towards a goal and keep it active," we need to add a connection to the pleasure/displeasure system. The result is a *motivator* (Dörner, 1999, p. 308) and consists of:

— a demand sensor, connected to the pleasure/displeasure system in such a way that an increase in the deviation of the demand from the target value creates a displeasure signal, and a decrease results in a pleasure signal. The pleasure/displeasure signal should be proportional to the strength of the increment or decrement.

39 "Urge" could also be translated as "drive." The term "urge," however, has already been introduced in Masanao Toda's simulation of the "Fungus eaters" (Toda, 1982), and it seems to fit well here.

— optionally, a feedback loop that attempts to normalize the demand automatically
— an urge indicator that becomes active if there is no way of automatically getting the demand to its target value. The urge should be proportional to the demand.
— an associator (part of the pleasure/displeasure system) that creates a connection between the urge indicator and an episodic schema/behavior program, specifically to the aversive or appetitive goal situation. The strength of the connection should be proportional to the pleasure/displeasure signal. Note that usually, an urge gets connected with more than one goal situation over time, because there are often many ways to satisfy or increase a particular urge.

4.2.3 Demands

All behavior of Psi agents is directed towards a goal situation that is characterized by a *consumptive action* ("konsummatorische Endhandlung") satisfying one of the demands of the system. In addition to what the physical (or virtual) embodiment of the agent dictates, there are cognitive needs that direct the agents toward exploration and the avoidance of needless repetition.

The demands of the agent should be weighted against each other: a supply of fuel is usually more important than exploration. This can simply be achieved by multiplying the demands with a factor according to their default priority (Dörner, 1999, pp. 396, 441).

Note, that if the reward (pleasure signal) associated with a readily available type of event is very high without requiring an accordingly challenging behavior (for instance, by having through "neuro-chemical properties" a *direct* effect on the pleasure center), the Psi agent might develop an "addiction" to the stimulus. If the circumstances leading to the stimulus have damaging side-effects hindering the agent to satisfy the demands made by other activities, the agent might get into a vicious circle, because the addiction becomes the exclusive source of pleasure signals (Dörner, 1999, pp. 428–431).

4.2.4 Fuel and water

In Dörner's "island" simulation, the agent (a little steam engine) runs on fuel derived from certain plants and water collected from puddles.

The agent always has to maintain a supply of these resources to survive. Water and fuel are used whenever the agent pursues an action, especially locomotion. Additionally, there are dry areas on the island that lead to quicker evaporation of stored water, creating a demand increase and thus displeasure signals.

4.2.5 Intactness ("Integrität," integrity, pain avoidance)

Hazards to the agent include things like poisonous plants, rough territory, and corrosive sea water. They may damage the body of the agent, creating an increased intactness demand and thus lead to displeasure signals. If damaged, the agent may look for certain benign herbs that repair it when consumed.

4.2.6 Certainty ("Bestimmtheit," uncertainty reduction)

To direct agents towards the exploration of unknown objects and affairs, they possess a demand specifically for the reduction of uncertainty in their assessment of situations, knowledge about objects and processes and in their expectations (Dörner, 1999, p. 359). Because the need for certainty is implemented similar to the physiological urges, the agent reacts to uncertainty in a way similar to its reaction to pain (Dörner, 1999, p. 351) and will display a tendency to remove this condition—uncertainty is an "informational pain stimulus" (Dörner, 1999, p. 548). Escaping uncertainty amounts to a "specific exploration" behavior. (Berlyne, 1974; Dörner, 1999, p. 355).

Events leading to an urge for uncertainty reduction are: (Dörner, 1999, pp. 357–363)

1. The HyPercept routine comes up with an unknown object or episode.
2. For the recognized elements, there is no connection to behavior programs—the agent has no knowledge what to do with them.
3. The current situation is "foggy," that is, occlusions, etc., make it difficult to recognize it.
4. There has been a breach of expectations — some event has turned out different from what was anticipated in the expectation horizon.
5. Over-complexity: the situation changes faster than the perceptual process can handle.

6. The expectation horizon is either too short or branches too much. Both conditions make predictions difficult.

In each case, the uncertainty signal should be weighted according to the relation of the object of uncertainty to appetence and aversion (in other words, in proportion to its importance to the agent). If an uncertainty applies to a goal that is difficult to achieve, the signal should be stronger to increase the likelihood of exploration in that area (Dörner, 1999, p. 369).

The demand for certainty may be satisfied by "certainty events" — the opposite of uncertainty events:

1. The complete identification of objects and scenes.
2. Complete embedding of recognized elements into behavior programs.
3. Fulfilled expectations—even a pessimist gets a reward if his dreads come true.
4. A long and non-branching expectation horizon.

Like all urge-satisfying events, certainty events create a pleasure signal and reduce the respective demand. Certainty signals also result from the successful application of the explorative behavior strategies:

- the acquisition of new sensor schemas;
- the trial-and-error strategy to learn new behavior programs;
- the reflection process to recognize episode schemas in a current protocol; and
- the categorization process ("What is it and what does it do?") to organize existing knowledge.

Because the agent may anticipate the reward signals from successful uncertainty reduction, it can actively look for new uncertainties to explore ("diversive exploration," Berlyne 1974). This leads to an active enhancement of competence[40] (Dörner, 1999, p. 356).

Another area where uncertainty reduction might play a role is the perception of beauty, which is besides being related to appetitive ends (for instance sexuality) is dependent on finding ordering principles against resistance (Dörner, 1999, p. 373–376).

40 Dörner points out, that jokes typically work by uncertainty reduction—throughout the joke, uncertainty is built up. By finding an unexpected solution, the hearer experiences a relief and a pleasure signal from the certainty event.

4.2.7 Competence ("Kompetenz," efficiency, control)

When choosing an action, PSI agents weight the strength of the corresponding urge against the chance of success. The measure for the chance of success to satisfy a given urge using a known behavior program is called "specific competence." If the agent has no knowledge on how to satisfy an urge, it has to resort to "general competence" as an estimate (Dörner, 1999, p. 408). Thus, general competence amounts to something like self-confidence of the agent, and it is an urge on its own. (Specific competencies are not urges.)

The specific competence to reach a particular goal with a particular behavior program can be estimated by propagating activation through the current position of the behavior program and measuring the incoming activation at the goal situation (It is important to inhibit the execution of behaviors here, because otherwise the agent will attempt to enact its plan proposals immediately.) (Dörner, 1999, pp. 398–405).

As an aside, from an information processing perspective, it would be more accurate to calculate the Bayesian probability of reaching the related goal. The behavior program/episode schema leading to the desired consumptive situation consists of a branching tree with the present as root and the goal as one of the leaves. However, experiments with humans show that they systematically overestimate or underestimate the probability of success when choosing an action. Furthermore, according to the way link weights are set, the weights do not only encode the frequencies of state transitions (which would correspond to the probabilities of getting from a given situation to another one) but are also influenced by the intervals of observation, because links are subject to a decay over time (Dörner, 1999, pp. 397–401).

The general competence of the agent reflects its ability to overcome obstacles, which can be recognized as being sources of displeasure signals, and to do that efficiently, which is represented by pleasure signals. Thus, the general competence of an agent is estimated as a floating average over the pleasure signals and the inverted displeasure signals (Dörner, 1999, pp. 406–413). Dörner suggests a simple neural circuit that approximates the floating average (Figure 4.2).

Because the general competence is used as heuristics on how well the agent performs in unknown situations, it is also referred to as *heuristic competence*.

As in the case of uncertainty, the agent learns to anticipate the pleasure signals resulting from satisfying the competence urge. A main

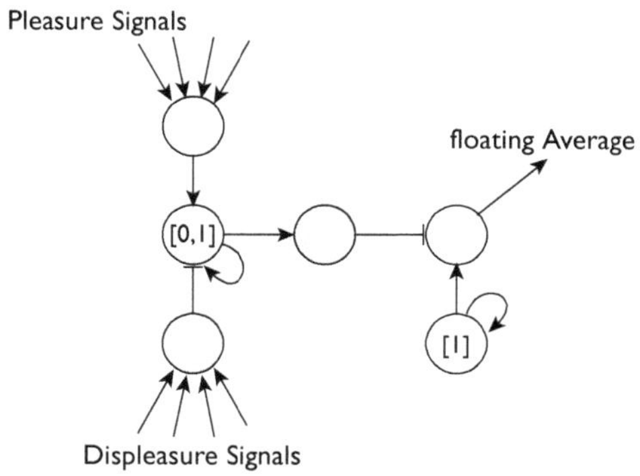

Figure 4.2 A neural circuit for identifying a floating average (Dörner 1999, p. 412)

source of competence is the reduction of uncertainty. As a result, the agent actively aims for problems that allow gaining competence, but avoids overly demanding situations to escape the frustration of its competence urge (Dörner, 1999, pp. 418–423). Ideally, this leads the agent into an environment of medium difficulty (measured by its current abilities to overcome obstacles).[41]

But it also may cause the agent to flee from a frustrating task into anything providing a little bit of competence satisfaction, the human equivalent being a student fleeing from a difficult assignment into household work that would normally be ignored: "If humans (or Psi agents) get into situations that are 'competence-devouring', areas for reestablishing competence gain much importance," (Dörner, 1999, p. 424) and there is a danger of escapist over-specialization,thus, the Psi theory models a mechanism explaining *procrastination*!

41 When extrapolating the acquired behavior programs and episode schemas according to the occurring situations, we get a state space (with actions and events as transitions) that Dörner calls *"Wirkwelt"* (world of effects) and *"Wertwelt"* (world of values). The latter consists of the aversive, appetitive or neutral evaluations of situations (states), whereas the first consists of the active or passive known transitions between these states. Active transitions are effected by the agent, while passive transitions are due to properties of the environment (including other agents). An agent that considers himself in a world with much more passive than active transitions will tend to be resignative. The agent's desire to acquire competence (i.e., abilities/control) can be interpreted as an ongoing attempt to increase the correspondence between the active world of effects and the world of values, so that the agent can actively obtain everything it needs and avoid everything threatening. Success in the quest for competence leads to the equivalent of a sense of security (Dörner, 1999, p. 244–252).

4.2.8 Affiliation ("okayness," legitimacy)

Because the explorative and physiological desires of Psi agents are not sufficient to get them to take an interest in each other, Dörner has vested in them a demand for positive social signals, so-called "*legitimacy signals*." With a legitimacy signal (or *l-signal* for short), agents may signal each other "okayness" with regard to the social group. (Boulding, 1978, p. 196) Legitimacy signals are an expression of the sender's belief in the social acceptability of the receiver (Dörner, 1999, pp. 327–329).

Psi agents have a demand for l-signals that needs frequent replenishment and thus amounts to an urge to affiliate with other agents. Agents can send l-signals (but there is only a limited amount to spend) and may thus reward each other for successful cooperation.

Dörner hints at the following enhancements to this mechanism:

— *anti-l-signals*. Just as legitimacy signals may reward an agent for something, an anti-l-signal (which basically amounts to a frown) "punishes" an agent by depleting its legitimacy reservoir (Dörner, 1999, p. 336).

— *internal l-signals*. An agent may receive legitimacy signals internally just by acting in a socially acceptable way–without the need of other agents giving these signals. (Dörner notes that these internal l-signals amount to something like "honor").

— *supplicative signals*. A terminus introduced by Norbert Bischof, these are "pleas for help", that is, promises to reward a cooperative action with l-signals or likewise cooperation in the future. Supplicative signals work like a specific kind of anti-l-signal, because they increase the legitimacy urge of the addressee when not answered. At the same time, they lead to (external and internal) l-signals when help is given (Dörner, 1999, pp. 319–323).

— *adaptive desire for l-signals*. The desire for l-signals varies from person to person and apparently depends to a significant extent on childhood experiences. There could be a similar priming mechanism for Psi agents.

— *legitimacy signals from other sources*. In social interchanges, there are many other possible sources of legitimacy signals, for instance uniformity, certain symbols etc. joint action (especially at mass events) etc. This can be achieved by activating a specific

association mechanism during trigger events (for instance mass events, joint activity, certain family-related activities) and thus relating elements of these situations to the replenishment of the affiliation demand (Dörner, 1999, pp. 341–343). L-signals could thus be received by the sight of an arbitrary feature. By establishing group-specific l-signals, an adherence to a group could be achieved (Dörner, 1999, pp. 334–335).
— by making the receivable amount of l-signals dependent on the priming toward particular other agents, PSI agents might be induced to display *"jealous" behavior* (Dörner, 1999, p. 349).

Even though the affiliation model is still fragmentary, it might provide a good handle on PSI agents during experiments. The experimenter can attempt to induce the agents to actions simply by the prospect of a smile or frown, which is sometimes a good alternative to a more solid reward or punishment.

Recent work by Dörner's group focuses on simulations using supplicative signals and l-signals to form stable groups of individuals in a multi-agent system (Dörner & Gerdes, 2005). Here, individual agents form coalitions increasing their success in a competitive environment by deciding to react towards supplicative signals with support, neglect or even aggression.

4.3 Motive selection

If a motive becomes active, it is not always selected immediately; sometimes it will not be selected at all, because it conflicts with a stronger motive or the chances of success when pursuing the motive are too low. In the terminology of *Belief-Desire-Intention agents* (Bratman, 1987), motives amount to *desires*, selected motives give rise to goals and thus are *intentions*. Active motives can be selected at any time; for instance, an agent seeking fuel could satisfy a weaker urge for water on the way, just because the water is readily available, and thus, the active motives, together with their related goals, behavior programs and so on, are called *intention memory* (Dörner, 1999, p. 449). The selection of a motive takes place according to a *value* by *success probability* principle, where the value of a motive is given by its importance (indicated by the respective urge), and the success probability depends on the competence of the agent to reach the particular goal (Dörner, 1999, p. 442).

In some cases, the agent may not know a way to reach a goal (i.e., it has no epistemic competence related to that goal). If the agent performs well in general, that is, it has a high *general* competence, it should still consider selecting the related motive. The general (heuristic) competence should also add something to the probability of success when a possible way to reach the goal is known. Therefore, the chance to reach a particular goal might be estimated using the sum of the general competence and the epistemic competence for that goal (Dörner, 1999, p. 445).

Thus, the *motive strength* to satisfy a demand *d* is calculated as $urge_d \cdot (generalCompetence + competence_d)$, that is, the product of the strength of the urge and the combined competence.

For a more sophisticated selection of goals that have to be fulfilled at a certain point in time (because there is a limited window of opportunity), the motive strength should be enhanced with a third factor: *urgency.* The rationale behind urgency lies in the aversive goal created by the anticipated failure of meeting the deadline. The introduction of such an aversive goal benefits strategies that reach the actual goal in a timely fashion (Dörner, 1999, p. 448).

The urgency of a motive related to a time limit could be estimated by dividing the time needed through the time left, and the motive strength for a motive with a deadline can be calculated using $(urge_d + urgency_d)$ $(generalCompetence + competence_d)$, that is, as the combined urgency multiplied with the combined competence (Dörner, 1999, p. 444).

The time the agent has left to reach the goal can be inferred from episodic schemas stored in the agent's current expectation horizon, while the necessary time to finish the goal oriented behavior can be determined from the behavior program (see Figure 4.3). Obviously, these estimates require a detailed anticipation of things to come, which is difficult to obtain without language. Not surprisingly, animals do not seem to possess a sense of urgency (Dörner, 1999, p. 447).

Because only one motive is selected for the execution of its related behavior program, there is a competition between motives—and the winner takes it all. A neural mechanism to identify the strongest motive (Dörner, 1999, pp. 450–453) might work as follows: for each motive, there is an input indicating its current strength, calculated as explained above, and an output that determines if the motive is selected or not. The strongest motive is found by inhibiting all inputs with a signal of the same strength. The value of the inhibition is then increased in small steps, as long as more than one input is active. Eventually, only

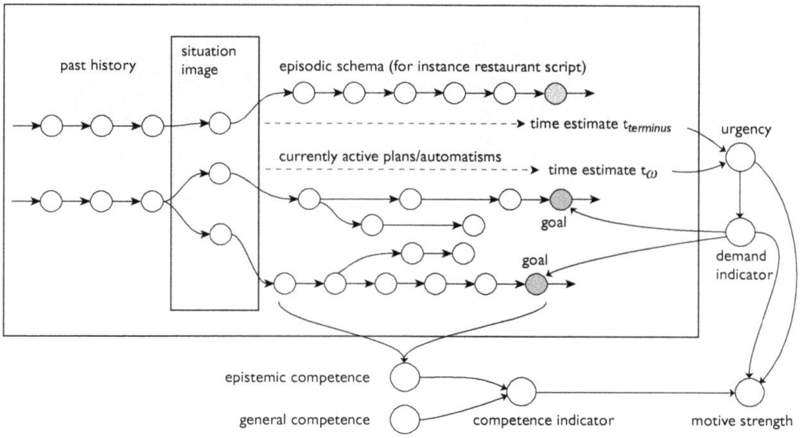

Figure 4.3 The structure of a motive

the strongest input signal survives. Ifthe strongest motives have similar strengths, it might be possible to miss the difference and end with no active input at all, in which case the process is repeated with a smaller increment. (This works provided that there are no two motives of *exactly* the same strength, which usually does not happen and could be avoided altogether by adding a little bit of noise). The input value of the remaining motive is then amplified and propagated to the output to show that the motive has been selected. This method is relatively fast for big differences between motive strengths and takes longer to resolve conflicts between motives of similar strength.

The motive selection mechanism is periodically repeated (Dörner, 1999, p. 452) to reflect changes in the environment and the internal states of the agent. To avoid oscillations between motives, the switching between motives is taxed with an additional cost: the *selection threshold* (Dörner, 1999, pp. 457–473). The selection threshold is a bonus that is added to the strength of the currently selected motive. Technically, to prevent a motive with zero strength from being executed, the threshold value is *subtracted* from all *other* motives. This amounts to a *lateral inhibition* by the currently selected motive, applied to its more unlucky siblings (Dörner, 1999, pp. 467, 470). The value of the selection threshold can be varied according to circumstances, rendering the agent "opportunistic" or "stubborn." The selection threshold is a modulator that can be considered part of the emotional configuration of the agent. By letting the activation of motives spread into the connected goals, behavior programs and episodic schemas, it is possible to pre-activate a suitable context for perception and planning (Dörner, 1999, pp. 474–475). If the inhibition supplied by the selection threshold is allowed to spread too, it might suppress memory content not related to the pursuit of the currently selected motive and thus *focus* the agent on its current task (Dörner, 1999, p. 478).

4.4 Intentions

As explained above, intentions amount to selected motives that are combined with a way to achieve the desired outcome. Within the Psi theory, an *intention* refers to the set of representations that initiates, controls and structures the execution of an action. (Thus, it is not required that an intention be conscious, that it is directed onto an object etc.—here, intentions are simply those things that make actions happen.)

Intentions may form *intention hierarchies* (Strohschneider, 1990, p. 62); that is, to reach a goal it might be necessary to establish sub-goals and pursue these.

An intention can be seen as a set of the following components:

- the desired goal state s_ω;
- the current state of the intention, which marks the actual start state s_α;
- the history of the intention, which is a protocol of those actions (external and internal) and events that took place in the context of the intention execution; the current state s_α marks the end of this protocol; this is needed for learning;
- the plan (a sequence of triplets leading from s_α to s_ω);
- the reason behind the goal state s_ω (*instrumentality*, given by connections to higher level goals or directly to urge indicators);
- the time t_ω, where the goal has to be reached by (which determines a deadline and thus the *urgency* of the intention);
- the time $t_{terminus}$ that it will probably take to reach the goal;
- the importance *i* of the intention (depending on the strength of the motive associated with the goal state s_ω); and
- the estimated competency *c* to fulfil the intention (which depends on the probability of reaching the goal).

(Dörner, 1988, p. 268, Detje, 1996, pp.71)

Intentions are not necessarily a combined data structure; they are just those representations that are used during the pursuit of a goal.

4.5 Action

The *Rasmussen ladder* (named after Danish psychologist Jens Rasmussen, 1983) describes the organization of action as a movement between the stages of *skill-based behavior, rule-based behavior,* and *knowledge-based behavior.*

- If a given task amounts to a trained routine, an *automatism* or *skill* is activated; it can usually be executed without conscious attention and deliberative control.
- If there is no automatism available, a course of action might be derived from rules; before a known set of strategies can be applied, the situation has to be analyzed and the strategies have to be *adapted*.
- In those cases where the known strategies are not applicable, a way of combining the available manipulations (operators) into reaching a given goal must be explored at first. This stage usually requires a recomposition of behaviors, that is, a planning process.

In the Psi theory, the Rasmussen ladder receives a slight modification: the first two stages are regarded as *finding (perhaps adapting) an automatism,* the third is *planning* (Dörner, 1999, pp. 508–512). (This distinction is somewhat similar to the one by Rosenbloom and Newell, 1986, into *algorithmic/knowledge-intensive behavior* and *search/exploration behavior.*)

Dörner adds a third stage to automatism and planning: exploration. Currently, the explorative behavior of Psi agents amounts to an experimentation behavior, called "*What can be done?*" The main part of "what can be done" is a trial-and-error strategy, which starts at those objects that are most accessible and least explored. (It might also be possible to learn by observation, but this is not only less goal-oriented but also requires the ability to infer from the actions of other agents onto own behavior.)

For problem solving, Psi agents first attempt to find an applicable automatism. If this fails, they switch to planning, and as a last resort, they perform actions randomly to learn more about their environment.

4.5.1 Automatisms

An automatism consists of an already well-established sequence of actions, possibly interleaved with perception to allow for (automatic) slight adjustments. Automatisms may be expressed by behavior programs and amount to chained reflexes ("Kettenreflex"). (Dörner, 1999, p. 95) Dörner estimates that more than 90% of human behavior is made up of automatisms (Dörner, 1999, p. 94). Because they do not require attention during the course of execution, they might run in parallel to each other and to more attention- demanding processes (Dörner, 1999, p. 483)—as long as no conflicts need to be resolved or unexpected things happen.

Automatisms can be found by looking (in the given network of knowledge consisting of interrelated behavior programs and episodic schemas) for a connection between the current situation and a goal situation (indicated by an urge as described in the previous section) (Dörner, 1999, pp. 479–484). If we activate the current situation and let activation spread along the *por*-links, we may check if the activation reaches a goal situation that is related to current urges, and then use the path of the activation as a behavior program (Dörner, 1999, p. 482; Dörner, 2002, p. 93).

4.5.2 Simple Planning

For many problems, a behavior program or episodic schema connecting the current situation and the goal will not be known, and the agent will have to construct a new *plan* (Dörner, 1999, pp. 485–506). A plan is a sequence of actions that act as transitions between situational states, leading from the start situation to a goal situation, and to find it, the agent has to traverse the known situation space. Because a complete search is usually infeasible (Dörner, 1999, pp. 490–492), the agent has to narrow down the situations and operations that are considered for inclusion in the plan. Such a heuristics might be decomposed into a number of subproblems (Dörner, 1999, p. 487):

- the *selection problem*: which actions should be chosen (i.e., which transitions should be considered)? For instance, the agent could decide to minimize the distance to the goal, to maximize the distance from the start, to select the most well-known actions or to maximize the overall likelihood of a behavior sequence to succeed etc.
- the *break criterion*: when should the current attempt to find a path be abandoned?

— the *continuation problem*: at which position and with which transition should the search be continued after a abandoning a previous attempt?
— the *direction problem*: should the search begin at the start, the goal, at prominent situations that could possibly become a link between start and goal or at a combination of these? For instance, if the goal is well known, the agent might opt for a backward search (Dörner, 1999, p. 504) or combine forward search and backward searches. In many cases, however, there are many possible goals to satisfy a given demand (for example, many sources of food), and backward search is not applicable (Dörner, 1999, p. 493).

As an example strategy (a certain solution of the above problems), a *hill-climbing* algorithm is described in Algorithm 4.1 (Dörner, 1999, p. 496).

The hill-climbing algorithm attempts at each step to reduce the distance from the given position to the goal *as much as possible* (a distance measure could be spatial as in a path-finding task, but it could be derived from the number of features shared by two situations (Dörner, 1999, p. 500), possibly corrected by weights on the features according the given motivational context (Dörner, 1999, p. 503). If it arrives at a situation that presents a local optimum where all possible transitions increase the distance to the goal again, it abandons that situation and returns to a previous situation with untested transitions. If a problem requires increasing the distance to the goal temporarily (as for instance the "Rubic's cube" problem), then a solution cannot be found with the given algorithm. In other words: the hill-climbing algorithm is not guaranteed to find a solution, even if one exists. Thus, the agent has to monitor the strategy, and if it yields no result, the agent should disable it in favor of a different approach (Dörner, 1999, p. 499). Of course, hill-climbing is not the only problem solving strategy applied by humans. It is just an example of a possible method; human subjects constantly reprogram such algorithms and even the meta-strategies used in such reprogramming (Dörner, 1999, p. 499).

Alternative strategies in planning consist in the extensive use of *macros* (Dörner, 1999, p. 493), that is, of hierarchical behavior programs that can be recombined. The construction of these macros can be facilitated by using a language to structure the behavior programs and their situation objects into categories. Some problem solving strategies that

Algorithm 4.1 "Hill climbing" (Dörner, 1999, p. 496, Fig. 6.10)

```
"Hill Climbing Planner"

 1. choose current situation as start
 2. until start = goal or behavior program from the current start to the goal
    is known:
 3.   if there is no list of operators for current start:
 4.     create an operator-list containing all operators applicable to start
 5.     remove all operators that have been already been tested on start
 6.   if operator-list is empty:
 7.     if there is no preceding, at least partially untested situation to
        start:
 8.       end with failure
 9.     else (i.e., there is a known preceding situation):
10.       make preceding situation the new start (i.e., backtrack)
11.   else (i.e., operator-list is not empty):
12.     apply all operators in the operator-list, on start, store result-list
13.     choose element of the result-list with the smallest distance to the
        goal
14.     if the distance is smaller than the distance from start to goal:
15.       make the element the new start situation; mark operator as
          tested
16.     else:
17.       mark all elements of the result-list of start as tested; empty
          result-list
18. repeat (until start = goal or behavior program from start to goal is
    known)
19. end with success
```

also make use of language, like *GPS* and "Araskam," will be discussed in section 5.2.

4.5.3 "What can be done?"—the trial-and-error strategy

If no automatism or plan can be found because the knowledge or planning strategies do not yield a result in a reasonable time, the agent will have to fall back into an explorative behavior that is called "What can be done?" ("Was kann man tun?") The goal of this strategy is the addition of new branches to already known behaviors, which leads to more general behavior programs (Dörner, 1999, p. 129).

One way of doing that consists of examining objects in the vicinity of the agent in the order of their distance and check to which degree they have been explored (i.e., if it is known how to recognize them and how they respond to the available operators). Unknown objects are then subjected to trial-and-error behavior. If the objects of interest are explored, the agent performs locomotive actions that preferably bring him into the vicinity of further unknown objects (Dörner, 2002, pp. 188, 101). "What can be done" extends the agent's knowledge, especially early in its life, but in a hazardous environment, it might prove dangerous, because the random exploration of terrain and objects can lead to accidents.[42]

4.6 Modulators

A modulator is a parameter that affects how cognitive processes are executed (Dörner, 1999, p. 535). Dörner's PSI theory currently specifies four modulators: The agent's *activation* or *arousal* (which resembles the *ascending reticular activation system* in humans) determines the action-readiness of an agent. The perceptual and memory processes are influenced by the agent's *resolution level*. The *selection threshold* determines how easily the agent switches between conflicting intentions, and the *sampling rate* or *securing threshold* controls the frequency of reflective and orientation behaviors. The values of the modulators of an agent at a given time define its cognitive configuration, a setup that may be—together with the current settings of the competence regulation—interpreted as an emotional state (Dörner, 1999, p. 561). Interestingly, the modulation system also picks up some of the notorious side-effects commonly associated with emotion. For instance, while a failure to accomplish an urgent task should increase the activation of the agent to speed up its actions and decisions, the consequently lowered resolution level (which is somewhat inversely dependent on the activation) may cause it to fail in achieving its goal, leading to even more urgency and activation.

42 If an agent is put into a dangerous world without pre-defined knowledge, it should probably be taught and protected.

Another scenario might be characterized by an important goal, but with a high uncertainty that needs resolving, which at the same time is accompanied by a low competence estimate. This leads to a low likelihood estimate for attaining the explorative goal, causing the agent to choose a different, substitute behavior that is likely to give it a competence reward, typically something the agent has explored very well already. But because the agent avoids following strategies that could lead to the original, more pressing goal, its competence level continues to plummet, making future attempts even more improbable. Dörner gives more examples and notes:

> We have introduced the modulation system to make the behavior regulation of PSI more efficient, and now we must realize that its behavior—under certain circumstances—does not improve at all, but rather that PSI gets into vicious circles and in states that, would we witness them in humans—would call haste, stress, anger, rage, panic, dogmatism, and resignation (Dörner, 1999, p. 549).

Individual agents may differ in their "personalities" because of different settings for the defaults and ranges of modulators, (Dörner, 1999, pp. 244, 753) which may also depend on the experiences of the respective agent during its lifetime.

4.6.1 Activation/arousal

The activation modulator, sometimes also referred to as *arousal* (Dörner, 2002, p. 217) is a control parameter for the agent's readiness for action. The higher the activation, the more pressing its need has become to react to the situation at hand, and faster decisions are sought. Thus, a high activation will tend to *inhibit* the spread of activation in the perceptual and memory processes—and consequently, fewer details and less schematic depth is retrieved. The activation is inverse to the resolution level, for instance

$$resolutionLevel = 1 - \sqrt{activation} \tag{4.1}$$

Obviously, this relationship is not linear: a large change of activation within the lower range might have only a small influence on the resolution level (Dörner, 1999, p. 536).

The action readiness of an agent is necessarily inverse to its resolution level: fast action leads to less time for deliberation and perception, so the depth and width of retrieval, planning and perception are more limited.

4.6.2 Selection threshold

When an agent has conflicting goals, the varying strengths of the respective motives may sometimes lead to an oscillation in its behaviors: plans can be abandoned halfway to pursue other goals which have just become a little more pressing. This is a potential source for problems, because the preparation and initial steps of the interrupted behavior might have been wasted. Just imagine an agent that is undertaking a long journey to a water-source, only to abandon its goal a few steps short of reaching it, because it just started to feel hungry. Therefore, it makes sense to display a certain degree of determination in following a motive, and this is delivered by the *selection threshold* parameter (Dörner, 1999, pp. 457–473).

The selection threshold is a bias that is added to the strength of the currently selected motive. Because it makes it harder to switch motives, oscillations can be avoided; the details of its implementation are explained in the context of motive selection (4.2).

Note that a high selection threshold leads to "stubbornness," a low one to opportunism/flexibility, or even motive fluttering. Sometimes, the selection threshold is also called "focus" or "concentration."

4.6.3 Resolution level

Perceptual processes and detailed memory retrieval can take up a lot of processing time. In a dynamic environment, this time should be adapted, depending on how urgently the agent needs to arrive at a decision, and this is achieved by modulating the degree of resolution at which these processes take place. The resolution level parameter affects HyPercept; a high setting leads to ignorance towards smaller details (Dörner, 1999, p. 148).

Experiments have shown that a (stress-induced) lower resolution level may indeed lead to increased performance in problem solving situations (Dörner, 1999, p. 570): in a simulation, where subjects had to extinguish bush fires, the reduced resolution lead to improvements due to a better overview (Dörner & Pfeiffer, 1991).

The resolution level might also have its hand in some creative processes. Because a low resolution level tends to miss differences, it can lead to over-inclusive thinking, which may result in the formation of new hypotheses (Dörner, 1999, p. 571).

4.6.4 Sampling rate/securing behavior

While PSI agents pursue their plans, they perceive the world very much in terms of their expectations. In a dynamic environment, however, there are frequently changes and occurrences that have not been brought forth by an action of the agent or that are unexpected side effects. To react to these changes, the agent should look for the unexpected; it should regularly interrupt its routines and perform an *orientation behavior.* This orientation is implemented as a series of behavior programs and extends from low- level perceptual routines to the activation of the *reflection* procedure to identify possible alternative interpretations of events in terms of episodic schemas (see Algorithm 4.2).

Unknown objects receive attention byqueuing them into a list of items that warrant further examination. (It will be necessary to identify them by their spatial location or their perceptual mode.) Then, the activation of the agent is increased, which raises its action readiness and increases the strength of the external explorative motive at the cost of deliberation. (The increased activation amounts to something

Algorithm 4.2 Securing behavior (Dörner, 1999, p. 521, fig. 6.14)

"Securing behavior"
1. update situation image
2. check expectation horizon
3. if something unexpected has been found:
4.   create exploratory goal
5.   ... exploration (takes place elsewhere)
6. check perceptual background
7. if new events have occurred:
8.   create exploratory goal
9.   ... exploration (takes place elsewhere)
10. perform *Reflection*; look for new ongoing episodes; set up new expectation horizon

like the *ascending reticular activation system* in humans) (Dörner, 1999, pp. 212–213).

The frequency of the securing behavior is inversely determined by the modulator *securing threshold,* ("Sicherungsrate" or "Schwellwert des Sicherungsverhaltens") (Dörner, 1999, pp. 518–519) sometimes also called *sampling rate* ("Abtastrate") (Dörner, Hamm, & Hille, 1996). The sampling rate determines the threshold at which the securing behavior becomes active, and it is proportional to the strength of the current motive, that is, in the face of urgency, there will be less orientation. Furthermore, the value of the securing threshold depends on the uncertainty in the current context: an undetermined environment requires more orientation. The triggering of the orientation behavior can be implemented by using a self-exciting loop that builds up activation over time, until it exceeds the securing threshold. Then, the loop is reset and the securing behavior performed.

4.6.5 The dynamics of modulation

The attainment of goals signals efficiency to the agent, while failure is interpreted as an inefficiency signal. The combination of these signals (as a kind of floating average) determines the competence of the agent, and a low competence will increase the agent's urge to seek efficiency signals. In case of conflict, low competence will increase the likelihood of flight (because the agent estimates its chances of coping with a dangerous event lower), high competence will steer the agent towards exploration instead.

Likewise, if the agent's expectations of the outcome of its actions or the behavior of the environment are confirmed, its certainty is increased, while violations of expectations reduce it. If many such violations are encountered, the urge to reduce uncertainty increases. This urge will increase the agent's tendency towards specific exploration and the securing behavior (looking for unknown and unexpected elements).

High levels of urges (either from the competence or certainty urge, or from any of the other demands of the agent) will increase the activation. A high activation leads to increased action readiness (including the related physiological activity). It also increases the "stubbornness" of the agent to increase its commitment to the current task, and in turn it

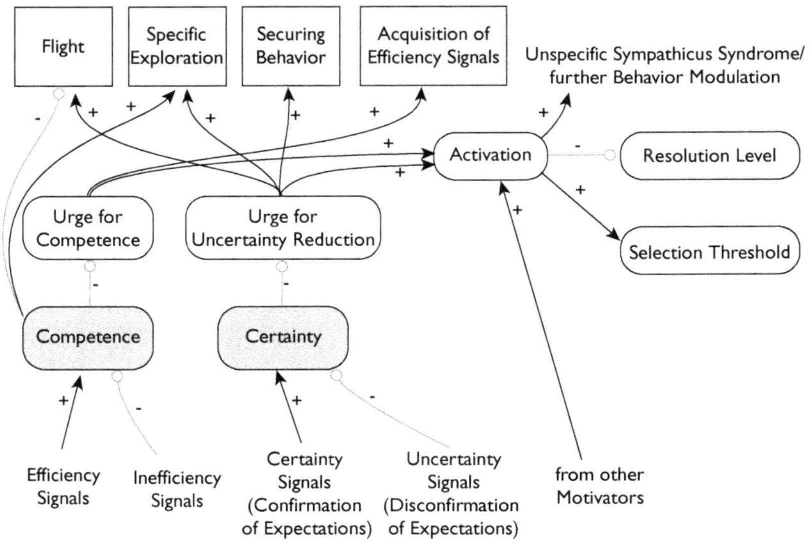

Figure 4.4 Relationships between modulators (Dörner, 1999, p. 538)

reduces the resolution level, which speeds up the cognitive processes at the cost of details. (See Figure 4.4.)

The modulation model of emotion has been evaluated in a doctoral thesis by Katrin Hille (1997). Hille built an abstraction of an environment consisting of a city with gas stations, wells, passages that are open only at certain intervals, and roadblocks (Figure 4.5). Some streets in the city may damage the agent because of their poor condition, and there are even areas where falling bricks pose a looming threat. While the street layout remains constant, additional conditions may change over time and are occasionally announced by road signs. Thus, the agent gains an advantage, if it adapts to the changes in the environment and learns which signals predict these changes.

The agent behavior was modulated by parameters for selection threshold, sampling rate, activation and resolution level; it could be shown that agents with a working modulation system were far more successful in satisfying their demands over time than agents with random modulation or a set of values that was fixed at high, medium or low levels (apparently though, there has been no experiment using a fixed, but optimized set of modulation parameters) (Dörner, 1999, pp. 551–557).

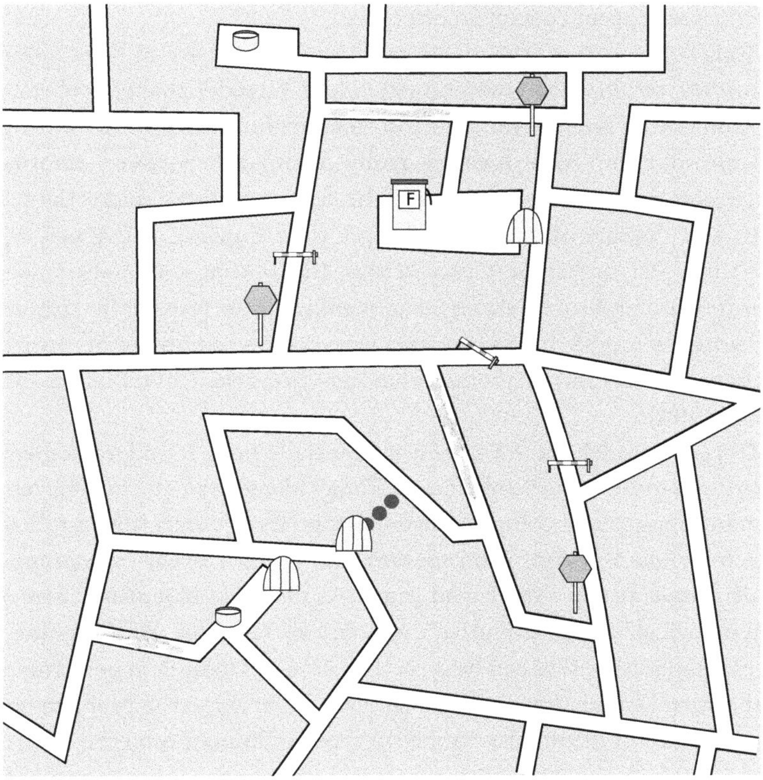

Figure 4.5 Environment for Psi agents: city world (Dörner, 1999, p. 552)

4.7 Emotion

Between 1960 and 1980, the Japanese psychologist Masanao Toda designed one of the first artificial life scenarios—the *fungus eaters*. (Toda, 1982) In an attempt to get outside the laboratory paradigm of behaviorist psychology, Toda wanted to look at individuals in a complete, dynamic environment, with a multitude of tasks that were to be tackled at once, with ever changing demands, with situatedness and persistent environmental and social interaction. To simplify the domain, he invented a game of robotic miners, which roam the distant planet Taros, searching for uranium and living on fungi. If the human subject controlling the robot is replaced by a computer program (something which

Toda suggested but did not carry out), we are facing a challenge for a sophisticated agent control architecture.

Toda suggests that the fungus eater agents will have to be emotional to survive, because the environment, which includes changing obstacles and competing agents, would be too complex for a straightforward algorithmic solution. Toda does not really distinguish between emotions, motivators and behavior programs—he subsumes these under the term *urges* and distinguishes *biological urges* (like hunger), *emergency urges* (startling, fear, and anxiety), *social urges* (facilitating cooperation, social coordination and social status), and *cognitive urges* (especially curiosity, and *acquired* urges). Toda's concepts have inspired a number of researchers to extensions and further development (Wehrle, 1994; Pfeifer, 1996; Aubé, 1998).

Dörner's model of the Psi theory, especially in its Island implementation, bears quite some semblance to Toda's ideas: here, the task (given to human subjects and computer agents) consists of controlling a robot in search for "nucleotides," food sources, and water. Dörner even proposes similar urges to solve the Island game. As in Toda's blueprint, there are "physiological" urges, cognitive urges and social urges. By designing an agent architecture that can be directly compared to human performance in the Island simulation and that can even be fitted to the problem-solving strategies of different personality types in human subjects, (Dörner et al., 2002, Detje, 2000, Dörner, 2003) Dörner has become one of the the first researchers to create an experimentally validated computer model of human emotion during complex problem solving.

Psi agents, according to Dörner (1994), do not just display emotions. The Psi theory attempts to deliver a functionalist explanation of what emotions, affects, and feelings *are*, how an individual is *being moved by what is happening*. As far as our functional understanding captures our notion of emotion, Psi agents really have emotions.

The approach of the Psi theory towards emotions is fairly straightforward: emotions are explained as *configurations of cognition*, settings of the cognitive modulators (resolution level, arousal, selection threshold, rate of securing behavior), along with motivational parameters (the *pleasure/distress* dimension supplied by the motivational system, and the current levels of the urges for *competence* and *uncertainty reduction*). Dörner argues that the behavior of *any* cognitive system that is modulated in this (or a similar way) will lend itself to an emotional interpretation by an external observer—the system may appear joyful, sad, angry, distressed, hesitant, or surprised and so on. If the system is able to perceive the effects of the modulation and reflect on them, it may itself arrive at emotional categories to describe its own states. Precisely because emotional categories are descriptions that refer to such modulatory settings, emotions do not just coincide with them, but are functionally realized as modulatory states. According to Dörner, Psi agents, by virtue of the modulation of their cognition, do not just simulate emotion, but are genuinely emotional.

The notion of emotion in psychology is quite heterogeneous. Emotions are, for instance, described as instincts, as the inner perspective of motivations, the result of stimulus checks, models of behavior, part of a continuum of mental entities (i.e., there are degrees in how much an emotion is an emotion), coordinates in a three-dimensional space, etc (Osgood, 1957; Traxel & Heide, 1961; Izard, 1981; Ortony, Clore, & Collins, 1988; Ekman, Friesen, & Ellsworth 1972; Plutchik, 1994).

Dörner suggests taking a design stance instead: to discuss how a system had to be built that shows the behavior and the properties we want it to show in the context of emotion (Dörner, 1999, pp. 19–21). For the Psi theory, the *experiential* facet of emotions is their dominant aspect (Dörner, 1999, pp. 558–559). Of course, we would not say in every situation that we perceive a feeling, but this is due to the fact that typically only the extreme settings and changes of emotional configurations are remarkable enough to be explicitly perceived and conceptualized. While emotions "color" action and thought, they can also be unconscious; in current Psi agents they are always unconscious, because they are not reflected (Dörner, 1999, p. 563).

4.7.1 Classifying the Psi theory's emotion model

The heterogeneity of the notion of emotion is reflected in a wide variety of modeling approaches (for reviews see Hudlicka & Fellous, 1996; Picard, 1997; Ritter et al., 2002; Gratch & Marsella, 2004). Architectures that represent implementations of artificial emotions can be classified in several ways, for instance, by looking at the way emotions are embedded within the cognitive system. The main families can be characterized as follows:

— Emotions act, in conjunction with the motivational system, as main control structures of the agent. Action control and behavior execution depend on the states of the emotional component, and deliberative processes are only consulted when the need arises—this is the approach taken in the Psi theory.

— Emotions are parts or descriptors of individual sub-agents that compete within the architecture for the control of *behaviors* and actions. This is the organizational principle of *Cathéxis* by Velásquez (1997) and in Cañamero's *Abbotts* (1997). Thus, the emotional agent itself is implemented as a multi-agent system, which makes it easy to model the co-occurrence of multiple emotions.
— Emotions are a module within the cognitive architecture that offers results to other, coexisting modules. Control is either distributed among these components or subordinated to a central execution or deliberation component (an approach that has been taken, for instance, in the *PECS* agents: Schmidt, 2000).
— Emotions act only as an interface for communication with human users and as a guise for behavior strategies that bear no similarity to emotional processing. They might either model emotional states of the communication partner and help to respond accordingly, or they might just aid in creating believable communication (for instance, in an electronic shopping system; see André and Rist, 2001).

A second possible way of classifying emotional architectures expands to the *method of modeling*. Common approaches consist of:

— Modeling emotions as explicit states. Thus, the emotional agent has a number of states it can adopt, possibly with varying intensity, and a set of state transition functions. These states parameterize the modules of *behavior*, perception, deliberation, and so on, for instance in implementations of the model of Ortony, Clore and Collins (1988).
— Modeling emotions by connecting them directly to stimuli, assessments or urges (like hunger or social needs) of the agent. (Frijda, 1986) Roseman (1991) has coined the term *appraisal* to describe the relationship between stimulus and emotion: an appraisal is a valenced reaction to a situation, as it is perceived by the agent. In this view, emotions are triggered by a causal

interpretation of the environment (Smith & Lazarus, 1990; Gratch & Marsella, 2004) with respect to the current goals, beliefs, intentions and relations of the agent. A particularly well-known appraisal model in experimental psychology has been suggested by Scherer (1984, 1988); here, appraisals are termed *stimulus-evaluation-checks* (SECs).

— Modeling emotional compounds as results of the co-occurrence of basic emotions. Suggestions for suitable sets of primary emotions and/or emotion determinants have been made by some emotion psychologists (for instance, Plutchik, 1980).

— Modeling emotions implicitly by identifying the parameters that modify the agent's *behavior* and are thus the correlates of the emotions. The manipulation of these parameters will modify the emotional setting of the agent. This way, the emotions are not part of the implementation but rather an emergent phenomenon (see, for instance, Ritter et al., 2007).

Emotions in Dörner's Psi agents are implemented in the latter way: Instead of realizing them as distinct entities, the agents are modulated by parameters that are not emotions themselves. Emotions become an emergent phenomenon: they appear on a different descriptive level, as the particular way cognitive processing is carried out.

Rather than explicit events, emotions in the Psi theory are understood as areas in a multi-dimensional space. This space is defined by the individual parameters that make up the emotional setting of the agent. Such a modeling offers a number of advantages. Apart from the fact that it quite closely mimicks the way emotions are attributed to biological systems, it is also very well suited to modeling co-occurring emotions, because individual emotional areas might overlap.

4.7.2 Emotion as a continuous multidimensional space

One of the first attempts to treat emotion as a continuous space was made by Wilhelm Wundt. (1910) According to Wundt, every emotional state is characterized by three components that can be organized into orthogonal dimensions. The first dimension ranges from pleasure to displeasure, the second from arousal to calmness, and the last one from tension to relaxion (Figure 4.6), that is, every emotional state can be evaluated with respect to its positive or negative content, its stressfulness, and the strength it exhibits. Thus, an emotion may be pleasurable, intense, and calm at the same time, but not pleasurable and displeasurable at once. Wundt's model was re-invented by Charles Osgood in 1957, with an *evaluation* dimension (for pleasure/displeasure), *arousal*, and *potency* (for the strength of the emotion) (Osgood et al., 1957), and re-discovered by Ertel (1965) as *valence, arousal*, and *potency*. Because Wundt's model does not capture the social aspects of emotion, it has been sometimes amended to include extraversion/introversion, apprehension/disgust and so on, for instance, by Traxel and Heide, (1961) who added *submission/dominance* as the third dimension to a *valence/arousal*.

Note that *arousal, valence* and *introversion* are themselves not emotions, but mental configuration parameters that are much closer to the physiological level than actual emotions—we could call them *proto-emotions*. Emotions are areas within the space spanned by the proto-emotional dimensions.

Because there is always a certain configuration, it can be said that while the different types of emotion vary in strength, the system is always in an emotional state. The regulation which leads to an emotional state is caused by environmental and internal circumstances; emotion

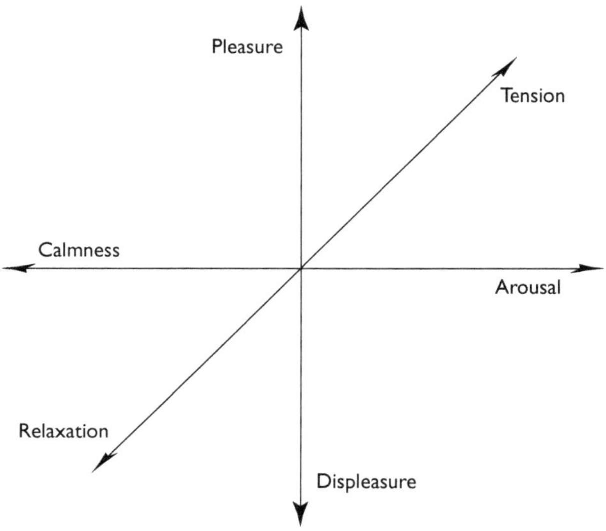

Figure 4.6 Dimensions of Wundt's emotional space (see Wundt, 1910)

is an adaptation that makes use of limited physiological resources in the face of different environmental and internal demands.

The emotion model of the Psi theory spans at least a six-dimensional continuous space: Katrin Hille (1998) describes it with the following proto-emotional dimensions: *arousal* (which corresponds to the physiological *unspecific sympaticus syndrome* and subsumes Wundt's *tension* and *arousal* dimensions); *resolution level; dominance* of the leading motive (usually called *selection threshold*); the level of *background checks* (the rate of the securing behavior); and the level of *goal-directed behavior* (Figure 4.7). (In later descriptions of the theory, goal-orientedness is replaced by motive selection and planning behaviors that refer directly to the competence and certainty urges.) The sixth dimension is the *valence*, i.e., the signals supplied by the pleasure/displeasure system. Anger, for instance, is characterized by high arousal, low resolution, strong motive dominance, few background checks and strong goal-orientedness; sadness by low arousal, high resolution, strong dominance,

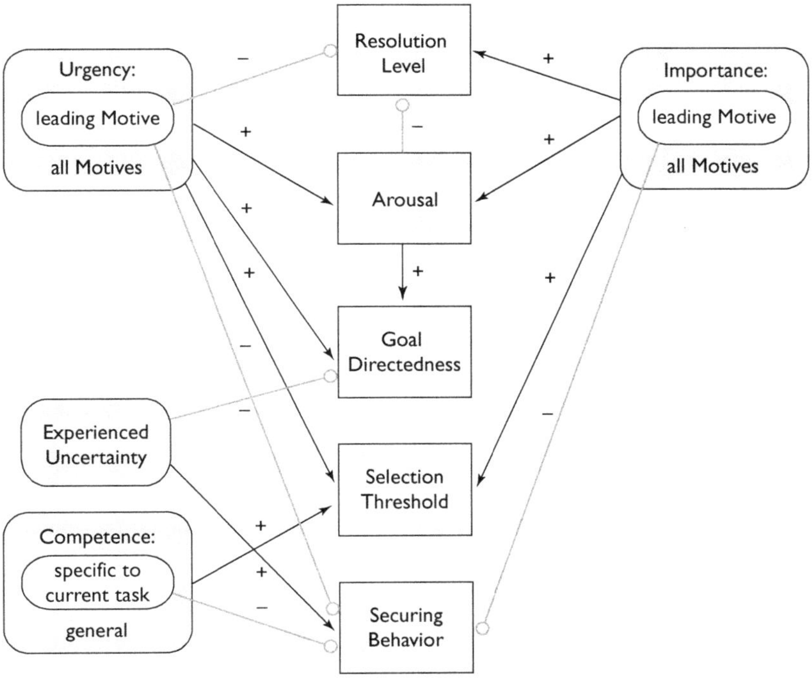

Figure 4.7 Dimensions of emotion according to the Psi theory (adopted from Hille, 1998)

few background-checks and low goal-orientedness. The dimensions are not completely orthogonal to each other (resolution is mainly inversely related to arousal, and goal-orientedness is partially dependent on arousal as well).

This way, the emotional dimensions are not just classified, but also explained as result of particular demands of the individual. The states of the modulators (the proto-emotional parameters) are a function of the urgency and importance of motives, and of the ability to cope with the environment and the tasks that have to be fulfilled to satisfy the motives. As we can see in Figure 4.7 (compare with Figure 4.4 on p. 201, which highlights the behavioral consequences) a high *urgency* of the leading motive will decrease resolution and increase goal orientation and selection threshold (motive dominance), while less time is spent checking for changes in the background, whereas a high *importance* of the leading motive will increase the resolution level. Uncertainty and lack of experience (*task-specific competence*) increase the rate of securing behavior. A high level of confidence (*general competence*) increases the selection threshold, and the arousal is proportional to the general demand situation (urgency and importance of all motives). Uncertainty is measured by comparing expectations with events as they happen; competence depends on the rate of success while attempting to execute goal-directed behavior; the demands for uncertainty reduction and acquisition of competence are *urges* and parts of the motivational system (both can be motives on their own). At all times, some motives are active, and one is selected to be the *dominant motive,* depending on its strength (importance), the time left to satisfy it (urgency), the current selection threshold, and the expected chance to satisfy it (*task specific competence*). Thus, motive importances and urgencies are supplied by the motivational system.

The six-dimensional model is not exhaustive;—especially when looking at social emotions, at least the demands for *affiliation* (external legitimacy signals) and "honor" (internal legitimacy, ethical conformance), which are *motivational dimensions* like *competence* and *uncertainty reduction,* would need to be added.

Note that in the Psi theory, there is always only a single dominant motive. This prevents conflicts, but makes it difficult to model the parallel pursuit of non-conflicting goals. In the island implementation, when confronted with a new situation, agents first "play a round of opportunism" to see if the available options allow the satisfaction of other active motives besides the dominant one. Then they go back to the currently active plan. This way, the PSI agents can make use of readily available food sources while searching for water, but they are not going to plan in such a way as to deliberately include the food source in their route to a well. Then again, perhaps this is adequate for agents without reflective reasoning capabilities, and language is an enabler for the parallel pursuit of goals.

4.7.3 Emotion and motivation

While emotions are not a class of motives, thoughts or memories, they are also not separate from these.They are not independent modules in the cognitive system. Emotions are an aspect of thoughts, perceptions, memories, motives, decision processes. As Dörner puts it:

> In PSI, emotion relates to perception, planning, action etc., like colors and shapes relate to objects. An object always has a certain color and a certain shape, otherwise it would not be an object.
>
> All psychological processes are modulated in the PSIs; they are always executed with a certain securing threshold (sampling rate of environmental changes), a certain degree of focus ("Konzentrationsgrad") and a certain activation. Emotions are the specific form of the psychological processes.
>
> It is not possible to remove an object without also removing its color and shape. In the same way, emotions do not remain if action, planning, remembering, perception are taken away (Dörner, 1999, p. 565).

It is important to make a clear distinction between emotion and motivation: the motivational system determines *what* has to be done, emotions influence *how* it is being done (Hille, 1997). An example for an emotion might be fear, which determines a disposition for certain behavior, a level of activation, an influence on planning, memory and perception via the resolution level, the securing threshold and the selection threshold, and which modulates numerous physiological parameters to facilitate flight, etc. Emotions like fear are very dissimilar to motivational urges like hunger (which specifies an open or definite consumptive goal, accompanied with a displeasure signal). Yet, like motivational urges, emotional configurations shape the way cognition takes place: their filtering functions, their pre-activation of associated concepts and their modulator influences provide "quick and dirty shortcuts" to cognitive processing (LeDoux, 1996).

4.7.4 Emotional phenomena that are modeled by the Psi theory

In the Psi theory, emotions are integral to the architecture, not a separate layer or module. Just as colors and shapes are inseparable from objects, emotions are the *form* of psychological processes; if action, planning, perception, and memory are taken away, nothing remains to be studied (Dörner, 1999, p. 565). From an internal perspective, an emotion is conceptualized as a conjunction of the specifics of these forms of processes, for instance, a "depressed mood" would be a concept featuring low arousal, low general competence, a low selection threshold, little or no goal-directedness, and negative valence. The negative valence, low arousal and the lack of appetitive orientation lend the perception its specific coloration. Or rather, they remove a lot of its color, which in itself becomes a part of the internal phenomenology of depression.[43] If emotion is seen as an additional component or module that communicates with an otherwise "rational" cognitive processor, as, for instance, in the emotional extensions to ACT-R (Belavkin et al., 1999), and Soar (Chong, 1999, Gratch, 1999) it becomes more difficult to capture the internal phenomenology of emotion, and it is probably harder to adequately depict the cognitive effects of emotional modulation.

The Psi theory implicitly covers a broad scope of emotional phenomena: affects (short lived, usually strong emotional episodes which are directed upon an object), moods (extended regulatory settings of the cognitive system), behavior dispositions, and perturbances (emotional episodes that stem from an unproductive conflict between different cognitive behaviors). There are several publications of Dörner and his group that discuss examples of emotion and the theory itself, where various aspects and examples of emotions are mentioned in considerable detail.

43 Being in an emotional state is not the same as experiencing it (even though one might argue that a definition of emotion should include its phenomenal aspects). The latter requires the availability of sense data regarding the modulator influences, and the integration of these sense data into a phenomenal self model (McCarthy, 1979), not just an extensional representation of the agent within itself, but an *intensional* self-representation: a model of itself as a representational thing. Metzinger calls this representation a *phenomenal model of the intentionality* relation (PMIR) (Metzinger, 2000, see Metzinger, 2003 for a discussion).

If we conceptualize a particular emotion, we are usually referring to certain ranges of modulator settings and the involvement of different cognitive sub-systems, for example:

— *Anxiety* (negative) and *pleasant anticipation* are states of expectation with an often unclear and complex background, which might be causing pleasure or displeasure (depending on the competence level, which marks the coping potential) (Dörner, 1999, pp. 196–198).
— *Surprise, startling, relief,* and *disappointment* are all related to evaluations of matches of the anticipated events in the agent's expectation horizon to actual events. A surprise is the reaction to a motivationally relevant event that was unexpected. A startle is an even stronger reaction to a sudden, unexpected change, which strongly increases the activation of the agent and triggers an orientation behavior. Relief is the reaction to an anticipated aversive event failing to materialize, and disappointment is the state that is evoked by missing an expected positive event.
— Many *social emotions* are related to empathy and *legitimacy behavior* (i.e., affects that are directed onto the agent's need for external and internal legitimacy signals). These are, together with supplicative signals, pre-requisites for behavior that has social interaction as its goal (Dörner et al., 2001).
— Negative affective behavior like *anger* (Dörner, 1999, pp. 560–561) can be explained as the prevalence of displeasure signals together with a specific modulation (here, a high activation, which is accompanied by a low resolution level).[44] Anger is characterized by the failure to attain a goal in the face of an obstacle. The low resolution level during an episode of anger causes a diminished problem-solving capability. The higher urgency caused by the frustrated motive increases the

44 Dörner's model mainly discusses the affective aspect of emotions like anger and fear, but the object of these emotions is a crucial component: undirected anger is typically distinguished as *rage*, and undirected fear as *angst*. That is, the conceptualization of such emotions should not only consist of modulation/affect, but also of a certain associated cognitive content, which is the object of this affect. Also, a complete description of anger and rage may perhaps require a model of sanctioning behavior.

activation, which in turn leads to more impulsive action and narrowed observation.

- A low resolution level is also typical for *fear* (Dörner, 1999, p. 178). Fear is triggered by the anticipation of aversive events combined with high uncertainty and is related to a low securing threshold: a fearful subject tends to perform frequent orientation behavior because of the high uncertainty (Dörner, 1999, p. 524). This constant re-exploration often leads to the discovery of even more uncertainty. For instance, if the episode of fear is triggered in a dark place, the attempt to reduce uncertainty by increasing the orientation behavior might lead to further insecurity, and the resulting vicious circle causes an emotional perturbance. Fear is also characterized by focusing due to a high value of the selection threshold, (Dörner, 1999, p. 478) which also increases the inflexibility of the agent's behavior (Dörner, 1999, p. 473). Fear/anxiety episodes decrease the competence of the agent and increase its tendency to flee the situation; if the escape is successful, the subject tends to avoid these circumstances in the future (Dörner, 1999, p. 562).
- An explanation for *hope* might be given as follows: in the face of a bad situation, displeasure etc., an event connected to a possible betterment is perceived. All attention is focused on the corresponding thread in the expectation horizon and the agent attempts to perform actions that lead to the desired outcome.
- *Grief* is triggered if something very important (strongly associated to fulfillment of a demand), disappears *permanently* from the expectation horizon of the subject (Dörner, 1999, p. 805).

This list is in no way exhaustive, of course, and emotions that are not mentioned here are not necessarily outside the scope of the theory—this is merely a list of examples found in Dörner's publications. A thorough conceptual analysis of a wide range of emotional terms with respect to the entities of the Psi theory would be a very interesting contribution, though.

As long as Dörner's Psi agents are not yet an accurate model of human cognition (and they are far from it), they will not have human emotions, but Psi emotions. Just like human emotions, Psi emotions will be modulations of perception, action selection, planning, and so on, but because cognition, modulation, and motivation are different from the original, the resulting emotional categories may be quite different. This argument could be extended to animal cognition; while most vertebrates and all mammals certainly have emotions, in the sense that their cognition is modulated by valence, arousal, resolution level, and so on, their emotions might be phenomenologically and categorically dissimilar to human emotions, because they have a different motivational system, different cognitive capabilities and organization, and perhaps even different modulators. Likewise, Psi agents are animals of a kind different from humans.

5

Language and future avenues

Thinking—our kind of thinking—had to wait for talking to emerge.
Daniel Dennett (1996)

The Psi theory attempts to be a complete constructionist model of human mental abilities, and naturally, the territory covered by it is limited. Current Psi agents successfully display numerous problem-solving abilities, autonomous learning, hierarchical perceptual processing and even emotional modulation, but they lack (among many other things) self-reflection, meta-management abilities and flexible planning. So far, the Psi agent *does* nothing—it *just happens* in the Psi agent (Dörner, 1999, p. 483).

Many current deficiencies of the agent may be overcome by equipping it with specific behaviors. Reflective behavior, for instance, would greatly improve if the agent possessed a mechanism to evaluate its protocols (which is part of the theory, but not of the current implementation). But if we pose the question for self-reflection at a higher cognitive level (i.e., steps towards the constitution of a personal subject), we have to go beyond such meta-management. Meta-management is not identical to self-reflection, because it does not require the agent to have a concept of a self. Dörner's answer to this question, as well to the demands of more sophisticated planning, creativity, and mental simulation is invariably language. Self-reflection is not identical to the language capability, of course, but language is a tool to form and maintain the necessary conceptual structures within the cognitive apparatus to facilitate self-reflection. Thus, language fulfills two tasks for the cognitive system: first of all, it organizes its mental representations by supplying handles on concepts, aiding structuring, and providing a set of specific thinking and retrieval strategies. On the other hand, language allows communication and cooperative concept formation with other agents.

Dörner's ideas on language are still somewhat in their formative stages. Despite some thesis projects which have been undertaken in his group (Künzel, 2004, Hämmer, 2003), they are much more preliminary than for instance the notions of emotion and perception. Even though Dörner warns that this topic is in need of a much more thorough discussion (Dörner, 1999, pp. 804, 814) and quite some way from maturity, his ideas are still very instructive and interesting. I am not going to cover Dörner's language concepts in full here, but I will try to give a brief overview and introduction.

5.1 Language comprehension

How would a Psi agent recognize verbal utterances?—As we have seen in section 3.5, perception is best described as a parsing process, in which stimuli are encoded into incrementally refined hierarchical hypotheses. The same kind of parser should be employed to comprehend language. *Hypothesis-based perception* (HyPercept) is not just a way of recognizing visual images, but may also be applied to acoustic stimuli to recognize phonemes, words and sentences. The input to the HyPercept process would be acoustic low-level input[45] like a power-spectrogram ("cepstrum") of the speech which is to be recognized. Certain aspects of this spectrogram would, together with the current context, activate phoneme-hypotheses (bottom-up), which can then be tested (top-down) by attempting to interpret the input accordingly. Likely phonemes act as cues for word hypotheses (bottom-up), these as parts of sentence-hypotheses and so on. Thus, the interwoven bottom-up/top-down processing of HyPercept acts both as a phonetic and a grammatical parser (Dörner, 1999, pp. 597–599). Even though this is a very superficial and

45 Because stimuli sometimes need to be re-visited and reinterpreted in order to interpret them as the correct phonemes in the given context, the HyPercept mechanism should not work directly on the input of the cochlear nerves, but better on a pre-processed representation that acts as a temporary buffer. Such a buffer would be the phonetic loop (Baddeley, 1997, p. 52ff). Dörner mentions the same process as the simultanization of phonetic perception (Dörner 1999, p. 741).

rough model of the process between phoneme recognition and semantic interpretation, it hints at the generality of the perceptual principles of HyPercept.

5.1.1 Matching language symbols and schemas

A spoken, written or gestured word of a language (or any other sign that stands for a concept) is represented by the agent in the form of a sensory schema. This sensory schema is associated with the sensory object schema that it denotes, and to the motor schema that allows for its production (Dörner, 1999, pp. 600–601).

There can be many word schemas connected to a single word. This polysemy, a "semantic disjunction," is described as the "the synchicitic character of general terms" (Dörner, 1999, p. 604) and extends over behavior programs as well: a word schema may contain many behavior programs (Dörner, 1999, p. 602). Semantic disjunctivity leads to a situation where there is a reference, but the retrieval yields an ambiguous result. Such ambiguities have to be resolved if the result has to be made explicit in a communicative context, but during deliberation and during an unfinished communicative act, the ambiguity needs to be mentally represented. This is achieved not just by retrieving a single reference (for instance the most active one), but by highlighting a *field of object schemas*. If those object schemas are mutually exclusive, then only the one with the strongest activation (which is determined by context) comes to attention. The other object schemas in the field remain active, however, and if the context changes (for instance by adding additional perceptual or informational cues later on), another schema might become the strongest competitor in the field and win the attention.

5.1.2 Parsing grammatical language

Like the recognition of words, the recognition of grammatical language has hypothesis based perception at its core. Language understanding, as Dörner suggests it, amounts to running a HyPercept process on a phrase structure grammar (Dörner, 1999, pp. 633–637). The input patterns are sequences of symbols, and the perceptual process would transform them into evoked object and situation descriptions, whereby hierarchical language representations form an intermediate stage. Object schemas are represented by nouns. Verbs and prepositions open up empty slots ("Hohlstellen") in schemas that have to be filled in later on by a binding process (Dörner, 1999, pp. 614, 625). The constraints of the object classes that can be filled into these open schema slots are learned successively during the acquisition of communicative competence in the language.

The HyPercept mechanism is again cued by initial features, for instance relation words (Dörner, 1999, p. 631). The open slots in the schemas associated to the relation words are then filled in based on the current pre-activated context. The solutions are checked for a fit with a dynamic world model capturing the communicative content, and the resulting hypothesis structure is expanded and revised until a stable result is reached (Dörner, 1999, p. 650). By using the HyPercept process as a grammatical parser, the syntactic schemas of the language can be treated as specific episodic schemas.

The recognition of utterances is nothing but a special case of object recognition, a case characterized by linearized, discrete input which can thus be mapped in a relatively well-defined way to a discrete, hierarchical, systematic, and compositional interpretation stage, which in turn refers to possibly continuous, vague, hierarchical object descriptions. The *language of the object descriptions* (the "mentalese" of a Psi agent) may also encode distributed representations with arbitrarily linked weights, which might violate compositionality and systematicity (see discussion of LOTH on page 48). More accurately put, linearized, discrete language as used in communication and introspective monologues is a special case of a more *general* language of thought. Therefore, the transformation of an agent's mental representations into discrete, linearized language is a lossy process. To facilitate economic linguistic representations, the transformation process of "mentalese" to language will favor expressions which are not exhaustive situational descriptions. Instead, the goal of linguistic descriptions will have to be sufficient disambiguation—thus, like in perceptual processing, it is not necessary to incorporate *all* potentially available data into the recognition process, but instead, the available data is used in such a way that the perceptual, respective communicative goal—the sufficient specification of constraints in hypothesis space—is achieved. To reverse the process, that is, to comprehend an utterance, the elements of the utterance are used as cues for the evocation of mental content, which is then further constrained and disambiguated.

The representation and comprehension of language depends on two crucial abilities:

- — Using arbitrary signs as labels to evoke object concepts (symbol use); and
- — Applying perceptual parsing on hierarchical abstractions of symbol structures.

In fact, these conditions have a lot of implications, which are poorly covered in the current state of the theory's development (Künzel, 2004):

What would a mechanism look like, that allows distinguishing symbols and referents? In the current implementations by Dörner's group, this is done with a specific link type (*pic/lan*) to denote the relationship between labels and object hypotheses. However, every label could be made the object of a reference in a different context, and almost every object description could act as a label, so the linking would have to be interpreted depending on context. A linking strategy that simply separates memory content into two non-overlapping classes (symbols and referents) is not going to be adequate.

Grammatical parsing requires recursion, that is, it depends on constructs that are part of their own definition (for instance, in English, a *noun phrase* can be made up of an *adjective*, followed by a *noun phrase*). How can recursion be implemented?—According to the Psi theory, nothing prevents perceptual hypotheses from being partially recursive, to describe fractal object structures, for instance. Again, neither the current implementations nor the published theory covers recursion, which would require multiple instantiations of features within a single representational construct. How this could be achieved in the brain is subject of a lot of ongoing research; typically, researchers assume that it is done either with the neural equivalent of pointer structures or by "oscillatory multiplexing." The first variant amounts to temporarily linking "pointer neurons" to the actual object representations, so that the activation and state values of neural computation would have to be stored along with the pointers, not within the actual representations. Alternatively, neural structures could receive several alternating activation values, that is, each representational unit would undergo an activation cycle with a number of subsequent time frames, and it could be part of a different representation (or of different instances within the same representation) in each time frame (Singer, 2005; Knoblauch & Palm, 2005).

Also, to establish grammar, Psi agents would need to represent *types* (in the sense of syntactic categories) and distinguish them from object instances and individuals, to which they need to be *bound* during parsing. The representations as documented by Dörner (2002) do not cover types (we will discuss this issue in Chapter 7).

5.1.3 Handling ambiguity

During an attempt to match a language symbol to an arrangement of episodic and object schemas, a lot of ambiguities have to be resolved. This is done by a variety of mechanisms:

— If many possible objects match a given ambiguous slot, often the intended one can be found by choosing the one that has the highest relevance in the given *context*. Whenever the agent encounters an object, either in perception or during the communication, the respective schema receives activation, which does not cease immediately but remains for a certain amount of time, thus leading to a priming effect. Such primed schemas add their pre-activation to the activation they receive during the ordinary retrieval process, which increases the likelihood of them filling the open slot.

— An ambiguity might also be filled by a *prototype*. This is similar to *default reasoning* (Brewka, 1989).

— Another way of resolving an ambiguity consists of looking for a particularly well-proportioned solution, one that is aesthetically or otherwise appealing. Here, the classification is determined not by an aspect of the object, but by an aspect of the *representation* itself.

— It might not be necessary to have a stable resolution of the ambiguity. In many cases, it could be preferable to constantly and frequently switch between possible solutions. This "flickering" is sustained until a "nice" solution is found, which then takes precedence over the field of alternatives.

— Not every ambiguity needs resolving, sometimes an ambiguity may simply be left open (Dörner, 1999, p. 626).

Understanding does not always require complete parsing. The main goal of the recognition of an utterance is its clarification, that is, the construction of a schema that is described by the communicated symbols, where all open slots ("Hohlstellen") have been filled in (Dörner, 1999, p. 640). Often, single words are sufficient, because they can, based on the current context, evoke complete situational descriptions. If the context and the individual symbols do not yield an interpretation, the process of parsing itself may produce additional structural information that aids in clarifying the utterance (As a graphic example, take nonsensical terms in children's songs or in poems like the famous "Jabberwocky" in Lewis Carroll's "Alice in Wonderland," where word forms become discernible as names, places, adjectives, roles, actions performed unto an object, descriptions of locomotion, etc., because of their places in the narrative structure itself.) (Dörner, 1999, p. 644).

Language understanding is often accompanied by the evocation of mental imagery. But this is not necessarily and always the case: it is often sufficient that the relationship between the communicated symbols and the referenced schemas can be established by the hearer. These schemas can give rise to imagination, but they do not have to (Dörner, 1999, pp. 645–646). It is enough if the hearer knows that the connection to the references has been established without evoking the reference (the associated object schemas) itself. In some instances, however, the inner screen will be a necessary tool to construct and simulate the communicated scenery: such a constructive process is sometimes indispensable to understanding (Dörner, 1999, pp. 648, 674).

In some other theories of cognition, there is a notion of a distinct *propositional layer,* which is separated from the conceptual references. For instance, Anderson (1996, pp. 141, 356) suggests an "amodal memory," which covers exclusively relational representations without references to context. Dörner does not subscribe to this notion. While he agrees on the use of pointers (i.e., references from abstractions of relationships into instances of these), he sees no reason for an area of memory where relations are handled *without* such pointers.

5.1.4 Learning language

The first step in learning a language consists in *teaching by pointing,* (Dörner, 1999, p. 604) where one communication partner directs the attention of the other to an object and a "guessing game" on the intended meaning ensues, until both reach a measure of confidence with respect to their agreement about the intended topic. Thus, language learning presupposes a mechanism for shared attention and a teacher that possesses a mental model of what is already known by the pupil (to allow for the incremental learning of complex, combined concepts).

Teaching by pointing, of course, works only for non-abstract objects and simple spatial relationships. Abstract and complex objects have to be taught using relations to already established representations. Also, some classes of words (pronouns, conjuncts, function words like "because") are not inferred by a direct reference, but from the recurring context of their use (Dörner, 1999, p. 619).

5.1.5 Communication

The additional representational requirements for language mentioned above are necessary, but they are not sufficient. Even if grammatical parsing, incremental learning of language-based concepts and grammatical constructs, clarification, and joint attention mechanisms are available, Psi agents will need communicative intentions (i.e., a motive structure that results in communicative goals, for instance, due to the association of the comprehension of utterances with *l-signals* and *certainty*) and a means of language production. They will also need to distinguish between factual and hypothetical descriptions, (Dörner, 1999, p. 675) ascribe beliefs and goals to other agents when communicating with them, and they will have to learn how to use symbols in a context- dependent manner.

Understanding between participants in a communication is always related to a goal. This communicative intent is the main criterion for the structuring of utterances; (Dörner, 1999, p. 684) often, it does not just include the current sub-goal of the given context, but also the "higher goal" (Dörner, 1999, p. 519). Communicative goals include:

- the goals of the agent in the past, present, and future;
- plans, reasons, and probabilities in the past, present, and future;
- what is (has been, will be) the case;
- why something is the case (reasons); and
- conditionals (if and when).

Speaking, or more generally, language production, has been treated relatively superficially by the Psi theory (Dörner, 1999, p. 651). Roughly, it consists of:

- identification of an abstract episodic schema for what is intended to be communicated;

— the retrieval of the respective syntactic schema;
— the binding of the elements in the syntactic schema to the actual elements; and
— the activation of a behavior program for language production.

Communication is facilitated by the exchange of *statements*, which fall into several classes. Specifically, we may distinguish between assertions, questions, answers and imperatives (Dörner, 1999, pp. 593–594).

Questions are a special type of communicative entity and can be recognized as such by the parsing process (Dörner, 1999, p. 661). The purpose of a question consists in obtaining bits of missing information from other agents (or the agent itself). In fact, asking questions is a behavior strategy that may lead to the satisfaction of the uncertainty reduction urge (Dörner, 1999, pp. 676–680). Typical examples of questions are "Yes/No" questions, where a hypothesis is being constructed and proposed that can be confirmed or disconfirmed (Dörner, 1999, p. 663). A "W" question requires the extension of a schema with a particular element: depending on the question type (in English and German mostly marked by a specific question word), the "what/where/why" questions ask for the completion of open or ambiguous slots in an (abstracted) episodic schema (Figure 5.1). Examples for such completions include reason, actor, object, properties of subject or action, instrumentality, origin of occurrence, goal, finality (purpose), location, time and underlying episodic schema.

Different languages vary in their number and differentiation of the question words. Often, the question words are polysemous (they refer to more than one possible continuation of a schema), but each question type indicates a preferred slot for completion (Dörner, 1999, pp. 664–667).

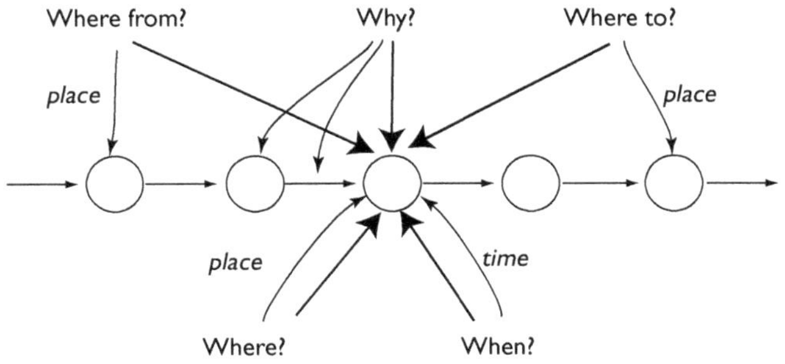

Figure 5.1 What, where and why questions and their relationships to schema structure

Imperatives are meant to establish a goal in another agent. Those goals are not "final." They serve other goals (for instance the other agent's demand for affiliation, its avoidance of a threat or another demand satisfaction) (Dörner, 1999, pp. 686–687).

Pleas are a friendlier type of imperative that include an assertion of competence on the part of the communication partner and thus might result in a rise of self-confidence in the one asked. This effect of pleas leads in many cultures to a ritualization of pleading (Dörner, 1999, p. 689).

Statements can be made more specific by annotating them (Dörner, 1999, pp. 655–657). Possible modifications of statements include possibility and time, which means the expression of an:

- indicative;
- conjunctive (in branches of expectation horizon); or
- past, present and future (i.e., in the protocol, in the current world model, or within the expectation horizon).

Furthermore, statements can be distinguished based on their sparseness or elaborateness (which depends on the disambiguation level that is meant to be achieved), whether they are concrete or abstract, or if they are meant as synonyms. "Hollow" statements (open sentences) may act as variables (Dörner, 1999, p. 672).

Communicative utterances do not have to be literal, of course, but they might convey the communicative intent by alluding to an analogous situation. An extreme case is irony, where the communicative intent is made visible by stating the absurd. Thus, incorporating the statement conveys an additional message, which can be clarified to reveal the actual intent (Dörner, 1999, p. 659).

5.2 Problem solving with language

Language is an integral part of complex problem solving (Dörner & Bartl, 1998). Most of the more sophisticated problem-solving strategies are too complex to work without resorting to the structural aid language provides.

For instance, sophisticated planning that goes beyond the ruthless and unreflective application of a single algorithmic principle may amount to an "internal dialog with oneself" (Dörner, 1999, p. 729). In the following section, some typical human problem-solving behaviors are outlined.

5.2.1 "General Problem Solver"

The *General Problem Solver* (or *GPS*, for short) is a procedure that has been described in a famous work by Newell and Simon (1961). It consists of:

- — recognizing the differences between the initial state and the goal state;
- — identifying an operator to remove these differences; and
- — if the operator is applicable, applying it. Otherwise, a sub-goal is constructed, which consists in obtaining conditions suitable for the application of the operator; the sub-goal is then made the new current goal (Dörner, 1999, p. 707).

The GPS has been very influential in cognitive modeling and has shaped the concept of problem solving in the cognitive architectures Soar (Laird, Newell, & Rosenbloom, 1987) and ACT (Anderson, 1996, p. 250ff). However, GPS is not sufficient as a model of human thinking. For instance, in many cases the inapplicability of an operator will not lead to the establishment of a new sub-goal, but rather, to abandoning the main goal and the selection of a new main goal. Dörner suggests viewing the course of thoughts as something much more loosely organized, as a sequence of self-imposed questions, imperatives and statements (Dörner, 1999, p. 708). GPS is probably not the paradigm that is followed by all human problem solving; it is just one possible strategy.

5.2.2 Araskam

Dörner has suggested additional strategies, for instance a schema he has named *Araskam* (Dörner & Wearing, 1995), which is an acronym for "General Recursive Analytic-Synthetic Concept Amplification" (*"allgemeine rekursive analytisch-synthetische Konzept-Amplifikation"*) (Dörner, 1999, pp. 718–720).

Araskam is not a direct approach from a given situation to a goal, but rather a diversive exploration by *abductive reasoning*. It consists of the following basic steps:

1. For an insufficiently explored concept, retrieve its parts and super-concepts.;
2. Add missing detail to the concept by attempting to transfer elements from co-adjunctive categories, as long as these elements do not contradict already established knowledge. (An example given by Dörner, 1999, p. 719 is: *"A flea is an insect; another insect would be a butterfly. Since butterflies have a proboscis, fleas might have a proboscis too."*); and
3. Attempt to identify relationships to other knowledge, especially episodic schemas and super-concepts. (This might be done by a HyPercept process that starts out with the original concepts and their "new" features.)

These steps might be repeated and used recursively; the purpose of Araskam is the discovery of previously unknown relationships that can be employed for new strategies.

5.2.3 Antagonistic dialogue

Sometimes, the goal of a problem-solving process focuses on deciding on a single, albeit complex, question. In these cases, it is helpful to adopt multiple viewpoints. An inner dialogue between an advocate and an opponent to the topic in question might ensue, where both sides exchange arguments that are examined and weighed against each other. The resolution of the conflict between those opponents becomes a sub-goal gaining importance on its own, and if this conflict remains unsolvable, a meta-conflict might ensue that seeks to establish a way of settling the struggle or to abandon it (Dörner, 1999, pp. 775–778).

These strategies can tackle a wide variety of problems, and with a meta-management behavior that examines the progress made by the currently active strategy with respect to the current class of problems, the agent may display flexibility in their application. Still, problem solving is not a single, general method. A Psi agent should not have to rely on a fixed, limited set of pre-defined methods, but eventually, it should develop these strategies on its own and adapt them (Dörner, 1999, pp. 727–728).

5.3 Language and consciousness

Currently, PSI agents are not conscious, and Dörner likens them to animals (Dörner, 1999, p. 740). With more abstract thinking, which Dörner suggests to work like an internal question/answer game, agents may autonomously acquire new schemas not just from environmental stimuli. Grammatical language is the tool that leads to a cognitive explosion, (Dörner, 1999, p. 797) to conscious reflection, (Dörner, 1999, pp. 736–742) and to culture (Dörner, 1999, p. 589).

Therefore, Dörner distinguishes the current state of implementation and a future, more fully realized PSI agent as PSI *sine lingua* and PSI *cum lingua* (with, or without language, respectively). The PSI *sine lingua* (the agent in its current stage) possesses a rather particularistic concept of the world. A PSI *cum lingua* could abstract the objects of its environment into relationships of cause and effect, into things, actors, instruments; it could speculate and arrange its concepts into new ways (Dörner, 1999, p. 740).

Dörner notes that consciousness is a very heterogeneous notion (Dörner, 1999, pp. 789–791). It comprises awareness, attention, readiness for action, wakefulness and the state and degree of constitution of a concept of self by reflection. While most items on the list are already covered to some degree by existing PSI agents, the reflective processes are not specified with enough detail and probably require language to work sufficiently. With language, it is possible to question current strategies, and even current questioning strategies, that is, language also allows to construct and employ meta-strategies.[46] Dörner claims that thinking cannot be separated from knowing about respective thoughts. Thus, verbal thinking strategies (unlike the non-verbal problem methods strategies

46 There is no reason that this should lead to an infinite regression, as some philosophers have feared. Technically, meta-reasoning does not require a new layer within the system; it may take place on the same layer as other considerations, even though it makes parts of them to their object (Dörner, 1999, p. 726).

described earlier) are represented in such a way as to be completely accessible. Dörner argues that certain levels of reflection amount to the conscious awareness of the respective concepts (Dörner, 1999, p. 723).

While the speechless version of Psi models only those abilities that do not rely on language, and thus: performs only simple problem solving; has limited anticipatory abilitiesand primitive planning; and does not do well in terms of categorizing objects, learning grammatical language allows for a host of new behavioral qualities. Thus, in Dörner's view, the primary role of language for cognition might not be communication *between individuals* about given object categories, but mental organization within the individual. Language acts as an organizing tool for thought; it evokes object representations, scenes and abstractions, guides mental simulation and sets up reflective mechanisms. Language makes mental representations addressable and thus permits propositional thinking (Henser, 1999, p. 28). Without it, associations would only be triggered by external events, by needs of the individual, or at random, making abstract thought difficult, and planning in the absence of needs and related items impossible.

By organizing language itself, by deriving symbols that refer to relationships and relational categories between symbols, language becomes grammatical and allows people, within the same framework of limited cognitive resources, to construct more differentiated representations, and to manipulate these in a more differentiated way.

This view that grammatical language is the primary enabler for human-like thinking is shared by so many people in cognitive science, that it is probably not necessary to defend it, and is summarized, for instance, by Daniel Dennett: "Thinking—our kind of thinking—had to wait for talking to emerge," (Dennett, 1996, p. 130) who also extends this claim to consciousness:

To be conscious—To be the sort of thing it is like something to be—it is necessary to have a certain sort of informational organization... [one] that is swiftly achieved in one species, our, and in no other... My claim is not that other species lack our kind of self-consciousness... I am claiming that what must be added to mere responsivity, mere discrimination, to count as consciousness at all is an organization that is not ubiquitous among sentient organisms (Dennett, 1998, p. 347).

This emphasis on language as a tool for thinking should not be misunderstood as an attempt to downplay the role of communication for knowledge acquisition and organization. Because language allows capitalizing on other individuals' categorizations, concepts, and experiences, it turns each communicating individual into a part of a collaborative cognitive endeavor, spanning not only over populations but also including the knowledge of past generations. Notions acquired by communication with others not only become part of propositional or high-level categorical relations, but may also be fed back into low-level perception. Cultural agreements on color categories, for instance, lead to distinct differentiations in the low-level categorization of color (Berlin & Kay, 1969; Steels & Belpaeme, 2005), and while it might be difficult to arrive at useful categorical taxonomies of, say, animals in a single lifetime, it is relatively easy to empirically explore the boundaries of categories that are supplied by others.

5.4 Directions for future development

The Psi theory acknowledges the role of grammatical language for thinking, but the current state of the theory does not cover it in a manner that would suffice for implementing it in a model. Therefore, current implementations are limited when it comes to communication, mental arithmetic, categorization, planning, and self-reflection. This can also be shown experimentally when comparing the performance of Psi agent implementations to human subjects: while Dörner's simulations of human problem- solving in the "Island" game (in which an agent has to explore a virtual world in the pursuit of resources) tend to do well as far as emotion, motivation and strategy selection are concerned (Dörner et al., 2002, pp. 312–355), they deteriorate if people assess their own performance using self-reflection. Furthermore, current Psi agents will not be able to tackle tasks involving complex hierarchical planning, as-if reasoning and so on.

These limits are not problems caused by the viewpoint of the theory, but are entirely due to its current state of development. Promising research programmes that would foster the extension of the theory towards more human-like performance include:

The representations specified in the Psi theory should be extended to better cover typologies/taxonomies, and to allow for multiple binding and recursion. The currently suggested representations are a good foundation, because they are very general; they already allow for systematic and compositional representations, they are always completely grounded in the system's interaction context, and they may both be symbolic and sub-symbolic. A concrete research project might be to *implement the reading of written sentences* in a given artificial language, using hypothesis-based perception. This task is concise, but needs both symbolic and sub-symbolic learning, bottom-up queung and top-down verification, multiple binding, and (grammatical and typographical) categories on multiple levels of representation. Even in a simple implementation, it would enforce the specification of these details as part of the theory.

Psi agents need to learn extended symbol use. A doctoral thesis by Johanna Künzel (2004) provides an interesting start, using agrammatical three-word sentences with a fixed symbol-referent relation, where agents automously acquire labels for spatial relationships, actions and objects, and can use these to recognize partially described situations later on. Further work needs to be done to handle ambiguity, polymorphy and inheritance, and the learning of grammatical constructions to express roles, role-related situations (using verbs), attribution, temporal relations and so on. An interesting way to continue research on symbol use with Psi agents could consist in the adoption of Luc Steels' multi-agent language acquisition paradigm (Steels 2003a, b), where groups of agents collaboratively co-evolve mental representations and linguistic descriptions of perceived objects and situations.

Luc Steels' paradigm might also prove fruitful to extend interaction between Psi agents by enforcing mechanisms for joint attention (agents need to agree on topics and aspects to communicate), and to test models for communicative intentionality, for instance, by comparing settings in which communicative goals are secondary goals of affiliation, pain avoidance, uncertainty reduction or sustenance, as opposed to a model of motivation where communication is a goal in itself. Where communication aids secondary goals (such as searching for food), agents may also need to represent properties of individual speakers, such as trustworthiness and competence, as annotations of the knowledge derived from their utterances.

The application of linguistic descriptions to real-world situations enforces mechanisms for the dynamic creation of alternative representational hierarchies, the abstraction of situations and episodes into scripts, and the extension of such scripts by expressing specific differences present in a given case, the handling of inconsistent descriptions, retraction and assertion of hypotheses, and the maintenance of multiple parallel and partially synchronized streams of events.

6 Dörner's Psi agent implementation

The machine—not just the hardware, but the programmed, living machine—is the organism we study. (...) Each new program that is built is an experiment. It poses a question to nature, and its behavior offers clues to an answer.

Allen Newell and Herbert A. Simon (1976)

Several implementations of Dörner's Psi agents exist: starting from earlier, partial implementations of the emotional/motivational model (EmoRegul: Dörner, Hamm, & Hille, 1996), the island simulation ("Psi Insel") evolved, which makes use of simplified hypothesis-based perceptions (HyPercept) and planning mechanisms. This version was later amended for different experiments with language, (Künzel, 2004) comparisons with human subjects, (Dörner, 2002, pp. 249–324, Dörner, 2003; Detje, 1999, 2000; Dörner & Starker, 2004) and social simulation (Dörner, Levi et al., 2001). Different scenarios, like the "city world" simulation and Johanna Künzel's "Kanal-Welt" (*sewer world*) introduced different object definitions. A forthcoming implementation (outlined in Dörner & Gerdes, 2005) foregoes an implementation of HyPercept. Instead, it focuses on social interaction in a multi-agent system.

6.1 The Island simulation

Dörner's most complete implementation at the time of writing is part of the simulation "Psi Insel" (Figure 6.1), where an agent has to navigate an

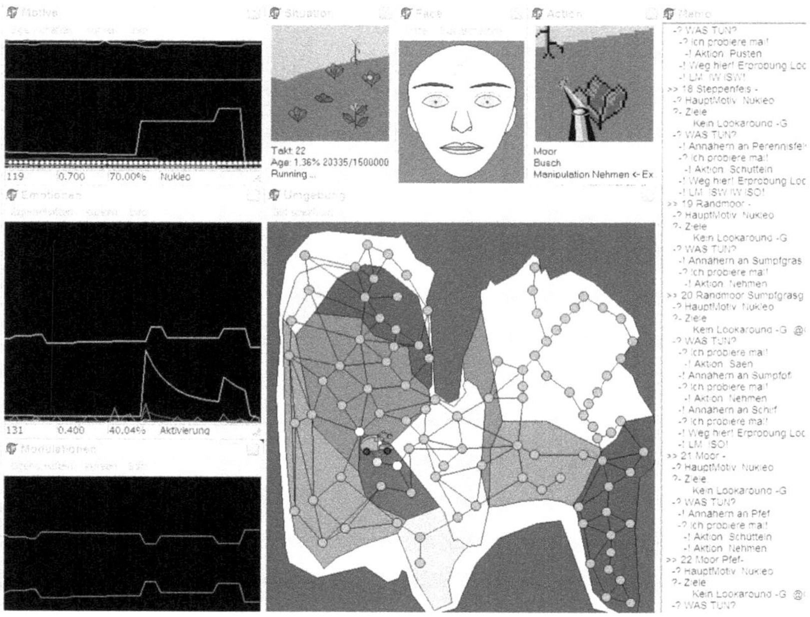

Figure 6.1 The "island" environment for Psi agents.

island in pursuit of fuel, water, and bonus items ("nucleotides"), while preserving its integrity[47]. Unlike the EmoRegul algorithm, a Psi agent is an autonomous, situated, virtual creature instead of an event processor; it needs to satisfy a set of physiological demands, and if it fails doing that (i.e., the fuel, water, or integrity level reaches zero), it breaks down.

The environment consists of a graph that can be traversed along its edges using directional locomotion commands ("north," "north-east," "east," "sourth-east," and so on). Each vertex of the graph is presented as a two-dimensional *situation* made up of non-overlapping *objects*.

Each object is a closed shape that is drawn entirely from vertical, horizontal or diagonal pixel arrangements. The agents possess sensors for these types of arrangements and can move these sensors over the object definitions to obtain a low-level visual description of the objects, which is organized into line-segments, which are then grouped into shapes. Colors are ignored—objects are only discernible by their black outlines (Figure 6.2).

47 This section refers to Psi 4.9.1.320, version from January 29, 2004, available from Dietrich Dörner.

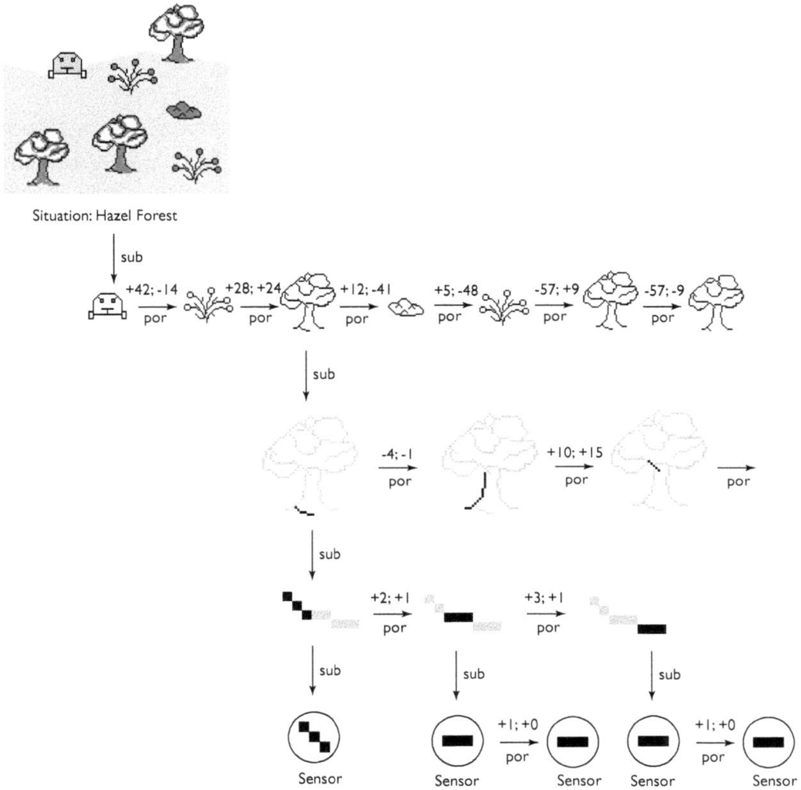

Figure 6.2 Situation graph and situation image.

The agents interact with the environment through a set of operators, which are locomotive (movement between situations and focusing on an object within a situation) or directed onto an object (eating, gripping, sucking, blowing, hitting, burning, sifting, shaking, planting, and even kissing). If the object is unsuited to the type of action (like an attempt to burn a pile of sand), nothing will happen. If an object is compatible to the action type, it may assume a new state (for instance, a tree that has been burned might turn into a pile of ash).

Some actions will have an effect on the demands of the agent: devouring a hazelnut reduces the demand for fuel, for instance, and sucking salt-water increases the demand for integrity (because it damages the agent).

Kissing is reserved for the reduction of the demand for affiliation via application to other agents. (Because the introduction of other agents in the original implementation gave rise to technical difficulties, teddy bears were soon installed to take the part of the objects of affection).

Objects are state machines, where each state is visualized in a different manner. The states can change on their own: plants may grow and wither; fire may flare up and die down. Most state transitions, however, are brought forth by actions of the agent: for example, if the agent drinks from a water puddle, the puddle might turn empty; if it burns a tree, the tree may turn into a burning tree, and then into a smoldering stump (see Figure 6.3).

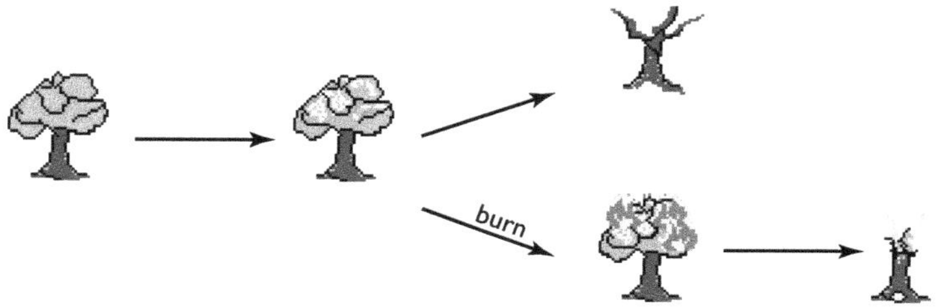

Figure 6.3 Objects in the island world may change over time. Actions of the agent, such as burning a tree, may only work on certain states of the objects, and will affect the outcome of object state transitions.

Some plants even have a "growth cycle" from seed to plant (Figure 6.4), so the agent may benefit from revisiting a place with young plants at a later time to harvest. Some plants re-grow fruits after picking, unless the plant itself has been damaged by the agent.

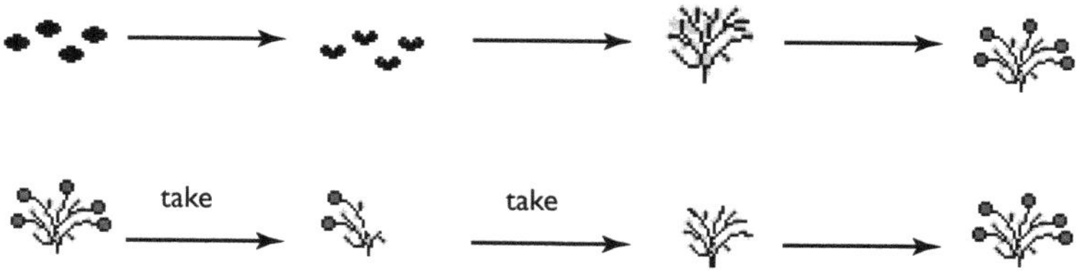

Figure 6.4 Some objects may exhibit a "growth cycle," such as a hazelnut bush, which may regrow after its fruits have been picked.

The success of an action depends on the correct choice of the object it is applied to, and on the state of the object. For instance, to pick up a fruit, it might be necessary to find a fruit-bearing tree first, and then shake it (Figure 6.5).

Figure 6.5 Sometimes multiple actions are required to achieve a goal, such as shaking a tree first, before a fruit can be obtained.

Incompatible actions do not have an effect on an object, but sometimes, the outcome of a meaningful action might not be immediately visible. For instance, breaking a rock may need multiple hits (Figure 6.6).

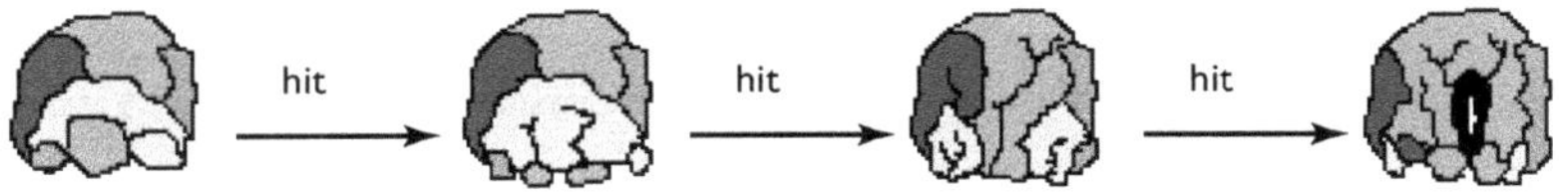

Figure 6.6 Sometimes, to achieve a desired result, an action has to be repeated, such as hitting a rock multiple times to open a passage

Some objects have similar shapes: there are different rocks and trees that look very much alike, and when regarded with a low resolution level, they may seem identical to the agent (Figure 6.7). Because some objects (for instance, rocks) may conceal valuable gems ("nucleotides") inside, it pays off to identify those details that may be predictors for whether they warrant further investigation. It is possible to treat every similar-looking object likewise, but it means that the agent has to spend more energy.

Figure 6.7 The outcome of actions may be different for objects of similar appearance. At a low resolution level, the Psi agent will miss telltale differences that would predict if it is going to find nucleotides in a pile of sand or a piece of rock.

The agent implementation within the "Psi Insel" software consists of a Delphi program that is being made available by Dörner's group (see internet homepage of the Psi project). Its core is a model of human action regulation that can be directly compared to the performance of humans which are put in the same problem-solving situation. In addition, it provides tools to illustrate the agent's performance, especially in the form of graphs, and has a two-dimensional facial animation that visualizes emotional states based on the modulator configuration and pleasure/displeasure situation of the agent (Gerdes & Dshemuchadse, 2002).

The island simulation exists in many versions, some with extended or restricted operators, or even with customized object sets. There is also a three-dimensional version of the island, called "Psi 3D," which uses static, scalable bitmaps (so-called "billboards") to display the objects (Figure 6.8). The interface allows for continuous movement in all directions. As the objects in the 3D island world may transmit messages to their neighboring objects, it is possible for flames to spread from tree to tree and for a wooden log to make a stream passable. Also, objects may be carried around to be applied in a different context, allowing for more difficult problem solving. The difficulties posed by perception of overlapping objects and continuous movement have so far limited the 3D environment to experiments with human subjects.

6.2 Psi agents

The following section will mainly describe the EmoRegul system, which implements the action regulation and emotion model of the theory (Figure 6.9). The Psi agent of the "Psi Insel" simulation extends EmoRegul by mechanisms for the interaction with the environment. Because its implementation is not canonical and usually simplifies the theory that we have explained thus far, I will not present a detailed analysis of the program here, but rather a short overview that might serve as a starting point for those interested in perusing the source code. The actual mechanisms have been explained in the previous sections, and this introduction is probably only of interest for those that want to know more of the state of these partial implementations and does not add much to the understanding of the theory itself.

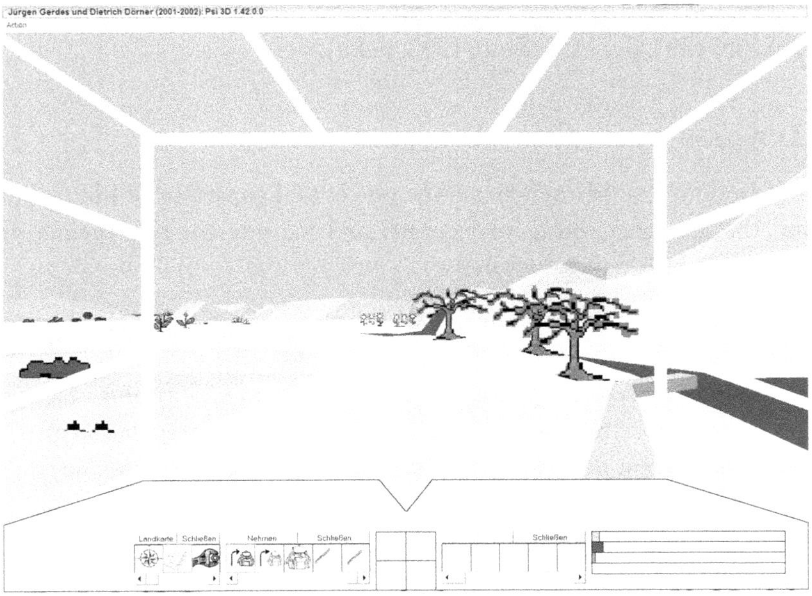

Figure 6.8 Psi 3D.

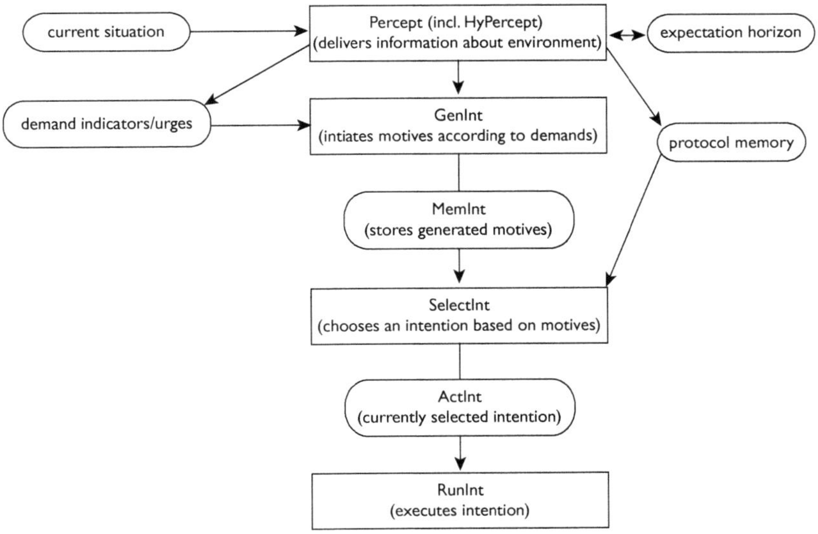

Figure 6.9 The main processes in the EmoRegul program.

The processes within EmoRegul mainly adhere to the following (Schaub, 1997, p. 114, Schaub, 1993, p. 89):

6.2.1 Perception

The module *Percept* implements the perceptual apparatus of EmoRegul and the Psi agent, both for external and for internal phenomena. It maintains three data structures:

— the current situation image, which captures the external and internal environment;
— a protocol of the situations so far (episodic memory); and
— the expectation horizon, which consists of an extrapolation of the current situation in the future, based on actual plans and memorized episodic schemas.

The perception of external events makes use of *HyPercept,* which realizes a bottom-up/top-down actualization and confirmation of perceptual hypotheses. HyPercept is part of the Percept module in the Psi agent, but does not play a role in the older EmoRegul.

The internal environment of the agent might be perceived by connecting the state of all currently active components of the action regulation processes to the protocol memory, so that internal configurations can be memorized and retrieved.

The HyPercept algorithm currently regards only static pictorial data. It takes simple bitmaps as its input, segments them into distinct, non-overlapping objects and uses a "retinal sensor" that looks for diagonal or horizontal arrangements of three adjacent pixels. These arrangements are sorted into line segments and chains of these line segments are annotated with their relative coordinates and combined into shapes (see Figure 6.2, p. 175). These shapes are then treated as schematic description of objects. A situation in the agent world may be characterized by a certain arrangement of objects, but because objects may change due to operations of the agent, the situations are distinguished independently of their content (but the content is nevertheless associated to the situations to allow the agent to memorize the location of objects in the world).

The processing of object schemas relies on two sub-processes: *assimilation* and *accommodation.* Assimilation matches existing representations with percepts, starting with a single feature. This feature is used to determine the set of possible hypotheses (all objects that contain the feature). Then the neighboring features are sought, based on the hypotheses, until a matching object schema is found. The modulator *resolution level* speeds up the matching procedure by determining how many features of the object are being compared before the hypothesis verification is considered successful. Thus, if the resolution level is low, the agent might mistake an object for another it shares features with. If assimilation fails, the accommodation process generates a new object schema from the perceptual input by exhaustively tracing its features and combining the result into lines and shapes.

6.2.2 Motive generation (GenInt)

The *GenInt* process gives rise to what will become intentions, that is, it pre-selects and constructs motives. First, all demands are evaluated. If a difference to the respective target value cannot be automatically regulated and is beyond a certain threshold, a motive is generated for the demand by calculating the strength, retrieving a simple plan (automatism) from protocol memory, if possible, and storing it in *intention memory* (*MemInt*). *MemInt* is simply a list containing intention data structures (see below).

The generation of an intention depends on a threshold that is proportional to the sum of all target deviation of all already established motives. Thus, the stronger and more numerous the active motives are, the more difficult it is to establish a new one.

Intentions are deleted as soon as the related target deviation disappears. The time it took to resolve the related goal is then memorized to allow for future predictions (previous recordings of the time it took to reach the same goal are averaged against the most recent episode).

6.2.3 Intention selection (SelectInt)

The *SelectInt* process chooses the active intention *ActInt* from the motives in intention memory by evaluating the plans with respect to their timing. By comparing the available to the anticipated time frame (i.e., the expected number of time-steps until the agent perishes due to lack of water, compared against the estimated time to reach a water source), the *urgency* is determined. Examining the structure of the plan itself (mainly by regarding its branching factor) yields an estimate of its success probability. Together with the motive strength, the *SelectInt* process obtains a measure that allows picking an available motive. The selected motive receives a "bonus," which corresponds to a *selection threshold*, and which adds a hysteresis that keeps the active intention more stable.

SelectInt also checks whether it is feasible to pursue more than one motive at once (for instance, to visit a water source en route to an energy source). If possible, *SelectInt amalgamates* the motives by combining and storing the compatible plans.

The central data structure is the *intention* and is made up of:

- the competence estimate c ("Komp") which is the expectancy of realizing the goal; $0 \leq c \leq 1$;
- the headway that has been made in the plan, called *factum*; $0 \leq factum \leq 1$;
- the importance *imp* of the related demand, which reflects the deviation to the target value. In the case of aversive goals, the importance is set to a constant, which reflects the agent's desire to avoid negative situations;
- the urgency *urg* of the intention; $0 \leq urg$, where 0 corresponds to no urgency at all, and $urg > 1$ suggests that the goal is threatened;
- the time $t_{terminus}$ ("ter") until the goal will probably be reached, in simulation steps
- the class of the motive *moti;*
- the number of time steps since the intention became active *acttime* ("ActTerZeit");
- the time t_{ω} that it will probably take to reach the goal;
- the planning time *nplan*, which specifies how many time steps have been spent to generate a plan associated to the motive;
- the planning coverage *coverage* ("AusmassPlanung") that specifies, which proportion of the distance between the current situation and the goal situation is covered by the plan; $0 \leq coverage \leq 1$; and
- the plan quality *quality* ("GuetePlan") that measures the degree of elaboration of the plan; usually, if *coverage* is high, then *quality* is low (i.e., many avenues and possible branches have not been explored) and vice versa.

6.2.4 Intention execution

The process *RunInt* attempts to reach a consumptive goal (the satisfaction of the active intention) by executing a plan that is related to it. In the simplest case, this plan has been identified and stored by *GenInt*, and it has been established as automatism, a previously encountered sequence of actions and events that lead from the current situation to the goal situation. If no such goal-oriented behavior program is known, *RunInt* attempts to construct it by modifying an existing behavior or by creating a chain of actions and events from scratch through a hill-climbing procedure. It the creation of a plan is not successful, the failure is marked by decreasing competence, which will likely trigger orientation and exploration behavior in the future, and the motive is sent back into *MemInt*. The agent then falls back into a trial-and-error strategy, which begins with those objects about which the agent has the least information, and by moving into situations that have not been well explored.

6.3 Events and situations in EmoRegul and Island agents

The world model of EmoRegul reflects the motivational relevance of the environment. The "world" of EmoRegul is based on an event model, where each time-step may bring a new event. Such events may increase or decrease a demand; they may be useful or a hindrance in reaching a demand-related goal-event; and they may be predictors of other events, thus allowing for anticipation.

In accordance with the environment, in every time-step, at most one event is stored in the protocol. Later on, the stored sequences of events are used to anticipate future sequences, for instance, the reactions of the environment on actions of the agent. The event types allow the prediction of appetitive and aversive situations, the estimation of the difficulty and success probability of plans and, by evaluating signaling events, the adjustment of the system according to expected future events.

In the Psi agent of the "Insel" simulation, the representation of the environment is more sophisticated, and it is no longer a complete description of the simulation world. Here, the protocol consists of a list of *situations*, which only partially captures the features and structures that are accessible to the agent, and which is by and by extended into a directed graph. Situations are connected by pointers that represent *por*-links. Each situation contains a list of spatially arranged *objects,* and the pointer from situations to objects is equivalent to a *sub* link. The sensory description of each object is made up of a linked list (again, the pointers are considered to be *por-links*) of line segments, and line segments are made up of (*sub*-linked) line elements. Line elements are arrangements of either two horizontal, two vertical or two diagonal pixels, against which the pictorial input of the perceptual algorithm is matched. Thus, the environmental descriptions of the Psi agents are hierarchical and can be used for the bottom-up/top-down processing of a HyPercept algorithm. However, for simplicity, the hierarchies have a fixed height and structure; for instance, objects cannot be made up of *sub*-objects, situations can only contain objects and not *sub*-situations. While this reduces the flexibility of the agent in modeling its environment, it makes the algorithmic solutions faster and more straightforward: for instance, to check the protocol for a situation containing a goal element, it is sufficient to check the *sub*-linked object list within each situation instead of using recursion for matching and learning.

Because of the structure of the environment, the agents need some specific operators that allow them to act on it:

— *locomotion* happens with respect to one of eight directions. It is not always possible to move in each of the eight directions; usually, only a few are available. By successfully applying a directional locomotion operator, the agent moves into a different situation. By learning the relationship between locomotion and situation, the agent can build a simple mental map. If it has a goal that requires getting into a certain situation, then it can attempt to remember or even construct a plan out of movement actions that lead it from the current situation to the desired one.

— *focusing* consists of approaching an individual object, thereby making it accessible to detailed examination and manipulation. Focusing an object is called *aggression,* receding from the object *regression.*

— *manipulation* actuators consist of a set of possible operators which are applied to the currently focused object: picking/eating, drinking, hitting, shaking, sifting, kissing and so on yield success with some object types but not with all. The agent learns over time which operations are applicable to which object and might even yield a useful result.

The basic building blocks of representations in the PSI agents are *neurons*, which have a type of sensor, motor, demand-related protocol, control or short-term storage. Each neuron is simply made up of an activation value and an *axon* (an array of *synapses*). *Axons* may be *por, ret, sub, sur, pic, lan,*[48] satisfaction-related, goal-related, demand-related or aversion-related. Finally, synapses consist of the neurons they connect to, a weight and sometimes a temporal or spatial annotation. Neurons, which are not used *throughout* the agents, are realized using pointer structures. Thus, spreading activation can be simulated by maintaining pointers that trace these structures, but this is done sequentially, so parallel processing algorithms (for instance merging two spreading activation fans) are not realized.

6.3.1 Modulators

EmoRegul is modulated by

– a general *activation* ("arousal"), depending on the current demand strengths:

$$activation = \frac{\log\left(\Sigma Imp + \Sigma Urg + 1\right)}{\log(2\ numberOfActiveMotives + 1)} \qquad (6.1)$$

and (by two-thirds) on the activation of the previous cycle,

— the *SecuringRate* (or "Abtastrate," *sampling rate*), which is calculated as

$$SecuringRate = (1 - epistemicCompetence) - 0.5 \cdot Urg \cdot Imp + fear + unexpectedness \qquad (6.2)$$

with

$$fear = Imp\left(1 + e^{0.2(t_\omega - currentCycle - fearConstant)}\right)^{-1} \qquad (6.3)$$

and *unexpectedness* depends on the number of unexpected events in the previous interval. The probability of detecting an event in the environment is calculated as

48 For a description of the link types, see section 3.2.6 on basic relationships.

$$P = \frac{1}{2} \text{epistemicCompetence} + 2 \cdot \text{Securing} \cdot \text{Activation} \tag{6.4}$$

— the *ResolutionLevel*.
— the *experience*, which is determined by an asymptotic function (i.e., initially growing steeply, then more slowly), depending on explorative success.
— the *competence*, which is calculated using successes and failures (see below).

In the agents, the modulation follows similar principles, but a different schema with different entities. Here, we maintain:

— the setting of the *ascending reticular activation system* (*ARAS*), which corresponds to attention/physiological activation in humans and is calculated as a product of the demand strengths (each weighted by its relative importance) and the logarithm of the agent's activation (*arousal*).
— the *resolutionLevel*, which is inversely related to the *ascending reticular activation*.
— the *selectionThreshold*, which is proportional to the *ascending reticular activation*.

6.3.2 Pleasure and displeasure

The actions of EmoRegul and Psi agents are controlled by appetence and aversion. Appetitive goals are marked by associations between demand indicators and situations that lead to a reduction of the respective demand, and likewise, aversive goals are marked by associations to demand-increasing situations (like accidents, "poisoning" or failures). Appetitive associations are strengthened by *pleasure signals*, while aversive associations are increased by *displeasure signals*.

Pleasure and displeasure signals are proportional to changes of demands. Thus, the demand changes are crucial for learning. The implementation in EmoRegul suggests an integration of pleasure and displeasure from the different sources:

The signals are called *LUL* (from German: "Lust/Unlust" for pleasure/displeasure) and are a sum of three components: Pleasure/Displeasure from expectations (LUL_A), from hope and fear (LUL_B), and from actual satisfaction or frustration of the agent's urges (LUL_C).

Pleasure/Displeasure from fulfilled or violated expectations is calculated independently in each simulation step. For each anticipated event that takes place, for each indicating event and for each successful action, the LUL_A component is increased by a constant value, the experienceConstant; for failures and unexpected events a similar constant is deducted.

During exploration, the increment of LUL_A is determined as

$$\delta_{LUL_A} = Activation\,(1 - SecuringRate)\; ResolutionLevel \cdot Random(1) \tag{6.5}$$

where $Random(1)$ is a random value between 0 and 1.
For planning, we compute LUL_A as

$$\delta_{LUL_A} = experienceConstant\,(1 - ResolutionLevel) experience \cdot competence\,(1 - SecuringRate) \tag{6.6}$$

Pleasure/Displeasure from hope and fear (LUL_B) can be computed by summing positive values for anticipated positive events and negative values for anticipated aversive events. Those events that are just predictors of positive and negative events are reflected with pleasure/displeasure signals as well; they receive half the value of the events that they foretell.

Pleasure/Displeasure from failure and satisfaction (LUL_C) is calculated as the difference of the changes of demands. Positive changes (towards the target value) are weighted with a *pleasureConstant*; negative changes (away from the target value) are multiplied with a *displeasureConstant*. If multiple changes occur at the same time, their effects are summed up.

The overall pleasure signal is just the sum: $LUL = LUL_A + LUL_B + LUL_C$ and is used as a reinforcement signal for learning, and for the determination of the *competence* parameter of the system. If LUL is positive:

$$competence_t = \frac{competence_{t-1} + LUL \cdot k\left(1 + \sqrt{2 \cdot currentCycle}^{\,-1}\right)}{\left(1 + competence_{t-1}\right)} \tag{6.7}$$

where k is a constant value, $competence_{t-1}$ is the value of *competence* in the previous cycle, and *currentCycle* is the number of the current simulation step. Thus, the *competence* increases more in the early interactions of the system and is less influenced at a later time. For negative LUL

(displeasure), the influence on a highly accumulated level of *competence* is stronger:

$$competence_t = \frac{competence_{t-1} + LUL \cdot k\left(1 + \sqrt{2 \cdot currentCycle}^{-1}\right)}{\left(2 - competence_{t-1}\right)} \quad (6.8)$$

Obviously, these formulas provide ad hoc solutions to describe functional relationships of the theory; they have been adjusted to provide "plausible" behavior, and other solutions might fulfill their tasks as well. In the agents, the calculation has been abbreviated; for instance, *fear* is only represented by a mechanism of avoiding aversive situations during planning/execution. (However, there is an explicit fear estimate in the agents as well, which is given by the product of the demands for competence and certainty. This estimate does not play a role for decision-making, but is only used for displaying emotional states in an animated face.)

6.4 The behavior cycle of the Psi agent

The behavior cycle of a Psi agent is more detailed than the one in EmoRegul and closely reflects the descriptions in Dörner's *Bauplan für eine Seele,* although the different areas of the agent (perception, motivation and planning/action control) are not executed in parallel, but consecutively. This is not really a problem, because the simulation occurs step-by-step, and unlike many other cognitive models, timing is not a crucial aspect in comparing human and model behavior here.

Initially, the agent calls its perceptual routines and updates its world model: the current *situation* is generated (by the procedure *Percept,* which makes use of *HyPercept*) and is stored as a spatial arrangement at the end of the protocol chain of the agent's long term memory (procedure *Protokoll*).

The management of demands and motives happens as follows:

— First, demands and demand satisfactions are computed (procedure *NeedAndCompetence*): For all motives, we check their activity, weighted with the motive weight and the time they are active; the competence level is then decremented by a small proportional factor. (The more needs the agent has and the longer they persist, the lower the competence parameter drops.)

— The currently active motive *ActualMotiv* is derived (procedure *Motivation*). There, we also calculate *action tendencies*, which are later used to determine open decisions. The tendencies are calculated as:

$$actionTendency_{aggression} = certaintyDemand \cdot (1 - competenceDemand) \tag{6.9}$$

$$actionTendency_{flight} = certaintyDemand \cdot competenceDemand \tag{6.10}$$

$$actionTendency_{safeGuard} = certaintyDemand \cdot (1 - competenceDemand) \tag{6.11}$$

$$actionTendency_{diversiveExploration} = certaintyDemand \cdot (1 - competenceDemand) \tag{6.12}$$

$$actionTendency_{specificExploration} = certaintyDemand \cdot (1 - competenceDemand) \tag{6.13}$$

— Motive strengths depend on an expectation by value principle, where *value* is the strength of a demand multiplied with the importance that demand, and *expectation* is an estimate of the competence to reach to satisfy the demand:

$$motiveStrength_d = weight_d demand_d (competence + epistemicCompetence) \tag{6.14}$$

— Here, *competence* is a parameter reflecting the general ability of the agent to tackle its tasks, and *epistemicCompetence* relates to the specific ability of reaching the goal. The latter is calculated using the logarithm over the sum of the strengths over all retrieved connections between the current situation and the goal situation.

— A list of goals, *GoalList*, is maintained (procedure *GoalGen*, which uses the strength of individual motives and the *selectionThreshold* to determine the active goal).

Next, the agent climbs through the *Rasmussen ladder* of action selection and planning:

— The procedure *LookAround* checks if, in the current situation, there are things to be done that lead to goals or intermediate goals, or if there are associations from the situation to one of the goals (in other words, if there is an object that is a goal for an active motive). If that is the case, a triplet (start situation, action and goal situation) is returned, and this action is performed immediately.

— If there is no immediate action to be taken, the agent attempts to find an automatism from the current situation to an active goal (the procedure *Automatism* takes a list of goals, the current aspect of the situation and returns a triplet). Searching for an automatism works by attempting to do forward and backward searches. The depth of the search depends on the *resolutionLevel* (the higher the resolution level, the deeper the search; in fact, for the depth, the value of the modulator *resolutionLevel* is just multiplied by 10).

— If no such automatism is retrieved, an attempt is made at constructing a plan (procedure *PlanenUndTun*). If no current plan exists, the system combines triplets to find a path from the current situation aspect to an active goal, first by a forward, then by a backward search, using a hill-climbing paradigm and a depth that is determined by the *resolutionLevel* (here, the *resolutionLevel* parameter is multiplied by 20). If a plan is found, the corresponding intention parameters are updated and the planning instance is stored in the protocol.

— In the event that planning was not successful, the agent switches to diversive exploration (procedure *WhatCouldBeDone*). Depending on the setting of the current *resolutionLevel*, the agent probabilistically decides for the currently accessible objects whether their current level of certainty (i.e., the degree of knowledge about their reaction to the agent's operators) warrants further exploration. This exploration is done in a trial-and-error fashion, where those actions which are relevant to an active goal are tested first. For instance, if the agent is in need of food, it is likely to test the edibility of unknown objects before they are subjected to less motive-related actions like burning or shaking. After starting the exploration of an object, the *resolutionLevel* also determines (probabilistically) to what extend it has to be examined before switching to a different object or situation.

— If nothing remains to be done, the agent switches to a resting state (procedure *Ruhe*), until a new motive wins over.

Several supplementary procedures are called during action selection and planning, most notably:

— *Association:* The procedures *LookAround*, *Automatism*, and *WhatCouldBeDone* all entail looking for associations using spreading activation. The procedure *Association* checks to see if one of the elements in *GoalList* is part of the foreseeable future, by checking forward in the protocol for its occurence. *Association* simulates a fan-like spreading of activation in the memory structures, not by parallel processing but by recursion. Because the protocol may extend into many branches, both width and depth of the search have to be limited. To limit depth, a slightly (randomly) decreased value is transmitted at each recursive call (starting at 1, with a random decrement between 0 and 0.1, 20 steps are performed on average). The width of the search is bounded by consulting the *resolutionLevel* parameter: the lower the *resolutionLevel*, the higher the probability of an element (and its successors) to be ignored in the comparisons.

— *Confirmation*: After a behavior program (i.e., a sequence of triplets from a start situation to a goal situation) has been found, the procedure *confirmation* checks if this plan is likely to fail. This is estimated by accumulating a *refutation weight* whenever it encounters branches (possible alternative outcomes of actions) in the sequence that lead away from the goal. *Confirmation* makes use of the *resolutionLevel* too: the lower the *resolutionLevel*, the higher the probability that a branching element will be ignored.

The performance of the agent improves through learning and forgetting. There are two main fields of learning: one is the acquisition of new object representations and protocol elements due to perception; and the other is employed whenever something motivationally relevant happens (procedure *ReInforceRetro*).

ReInforceRetro is called if a demand decreases (gets closer to the target value) or increases (deviates from the target value). Then, the links between the current situation and the preceding protocol elements are strengthened. Starting from the present situation, each preceding link with a weight w receives an enforcement of

$$w_t = \left(\sqrt{w_{t-1}} + \max(0, \mathit{reinforcement} - 0.03n)\right)^2 \tag{6.15}$$

where *reinforcement* is the initial increase of the link strength, and n determines the distance of the respective link from the present situation.

In other words, if the initial reinforcement is 1, the link to the previous situation is set to $\left(\sqrt{w}+1\right)^2$, the link between the previous situation to its predecessor to $\left(\sqrt{w}+0.97\right)^2$ and so on, until the strengthening tapers out after 33 links.

The counter part of this strengthening is forgetting: in each cycle, synapses in the protocol may decay according to

$$w_t = \sqrt{w_{t-1}^2 - \mathrm{Random}(1) \cdot cyclesSinceLastChange \cdot forgetRate} \quad (6.16)$$

where Random(1) is a random number between 0 and 1, *cyclesSinceLastChange* specifies the last time the link strength was increased (so freshly changed links receive little decay) and *forgetRate* is a decay constant.

6.5 Emotional expression

The PSI agents have been extended by an animated face to display their modulator configuration to the experimenter (Dörner, 2002, pp. 219–230), it consists of a two-dimensional cartoon mask that changes its expression using parameterized Bezier curves (Figure 6.10). These curves correspond to 14 facial muscles:

— brow lowering, raising, inside movement;
— chin raiser;
— cheek puffer;
— jaw drop;

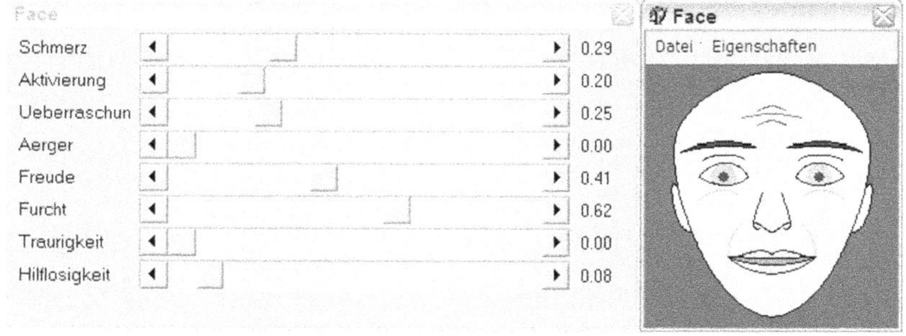

Figure 6.10 Emotional expression by an animated face.

— lid tightener and upper lid raiser;
— lip corner depressor and puller;
— lower lip depressor;
— lip presser and stretcher; and
— nose wrinkler.

Additionally, the color of the face and the pupil dilation can change to reflect the ascending reticular activation.

The expressions of the face are changed according to eight dimensions:

— "pain" (reflects events that *increase* the demand for integrity and the current lack of integrity);
— activation (as represented in the unspecific sympathicus activation);
— "surprise" (decreases of *certainty*);
— "anger" (proportional to the lack of certainty and competence, that is, increases in the face of failure; and proportional to the square of the activation).
— "sadness" (is similar to anger but inversely dependent on the activation);
— "joy" (reflects a reduction in the demand for competence, which takes place whenever the agent reaches a goal or appetitive situation, and the current demand is satisfied);
— "fear" (is proportional to the lack of certainty and competence and the current changes); and
— "helplessness" (is activated by failed attempts to find automatisms or plans)

Because "pain" and "surprise" are often active for one behavior cycle only, they are "dragged out" for the display: In each simulation step, they fade by 20% (unless they receive new activation). The levels of "pain," "surprise," "anger," "joy," "sadness," "fear," and "helplessness" are only derived for display purposes; they do not themselves affect the activity of the agent. They are just intermediate variables of the emotional expression *sub*-system—the corresponding emotional states themselves, from which these levels are calculated (and which *do* affect the agent's behavior) are made up of multiple parameters.

Thus, the emotional dimensions that are expressed usually do not correspond to a single cognitive parameter; they are not *basic emotions*. Instead, they represent a combination of modulators, cognitive events and demands, which is mapped to a muscular activation. By superimposing the activations that correspond to the different emotional dimensions and delaying the release of the expressions of pain, anger, sadness, joy and fear, plausible facial expressions can be achieved.

7

From Psi to MicroPsi: representations in the Psi model

We think of the brain as a computer, and we believe that perceiving the world involves a series of computer-like tricks, which we should be able to duplicate, but some of the tricks remain to be discovered and, until they are, we cannot build a machine that will see or fully understand our own eyes and brains.

Richard L. Gregory (1966, p. 237)

The neuro-symbolic representations of the Psi theory (see Chapter 3) are not defined as a formal calculus but given implicitly as part of implementations, or by relatively informal descriptions, by sketching neuro-symbolic building blocks and ways of combining these into object descriptions, protocols, and behavior programs. These descriptions are detailed enough to allow a comparison with symbolic approaches or classical connectionist systems in the abstract, and to illustrate how a computational system may perform cognitive processing. On the other hand, their definition is too shallow to be translated into a formal calculus with well-defined properties that could be related to existing approaches in logic-oriented AI. Unlike Soar and ACT-R, which rest on sparse, formal definitions of how representation and reasoning are to be performed (within a given class of models, that is, a software revision of the modeling toolkit), Dörner has not constrained his theory to a single narrow model. Although this reflects the nascent state of the Psi theory and poses a problem for someone interested in actually implementing a model of the theory, it may not be completely devoid of virtue: where other theories fall back on formal models, they are burdened with either providing a complete solution of the problem how cognitive processing is performed, or deliberately specifying a system that does not explain cognition (because it simply cannot do what the mind supposedly does), and because—to my knowledge, at least—no one has succeeded yet in the former, that is, in formalizing a complete solution of the problem of cognition, it is invariably the latter.

Because the "nice," formal models are so far incomplete sketches of cognitive processes, they either do not go beyond addressing some modular piece (and have to assume that cognition can be disassembled into such modular pieces, one at a time, such as emotion or speech or vision or learning), or they provide some kind of AI programming language along with the claim that the brain implements this language at some level, and further understanding of cognition involves writing programs in that language. In this sense, Soar and ACT-R are definitions of programming languages, along with interpreters and established software engineering methodologies. These languages include specific constraints intended to capture how humans process information, such as noise, decay, delay, and so on, yet both are probably too powerful, because they allow the specification and execution of programs outside the scope of human cognition, and seemingly fall too short, because they exclude likely architectural constraints such as cognitive moderators.

When implementing models of the Psi architecture, we will need to commit ourselves to a much restricted version of the theory; that is, by attempting to find solutions to given problems (planning, representation of the environment, etc.), a representational methodology has to be specified, and because we are far from understanding the *details* of human cognitive functionality, this specification will make the models better and the theory worse. The models become better, because they capture more functionality, and the theory becomes worse, because its further specification entails compromises between the need to engineer a working formalism and the constraints presented by our current, limited understanding on how to build a system capable of general human cognition.

In the next chapters, we will discuss MicroPsi and constrain the Psi theory into such a sub-set: to construct a framework for designing agents, we have to fill in engineering details and thereby throw away options for better design, for the time being at least, until the theory achieves a better resolution. While the current resolution is too low to allow a complete formal specification, let me outline some statements here; we will need them to discuss the state of the theory as laid out in

Dörner's publications and implementations and point out some specific advantages and shortcomings.

7.1 Properties of the existing Psi model

How can Dörner's style of representation be classified? Because Dörner's basic neural elements are used to construct basic semantic units (*quads*) that form a network capable of Hebbian learning, Dörner calls it a neural network. Although this is not incorrect, it might be more accurate to term it a hierarchical causal network or belief network (Good, 1961; Shachter, 1986), because the nodes typically represent features or cases (see Russel & Norvig, 2003, p. 531). (Belief networks are often also called Bayesian networks, influence diagrams, or knowledge maps.)

The organization of memory is also somewhat similar to *Case Retrieval Networks* (CRN) (Burkhard, 1995) from the domain of *Case Based Reasoning.* Here, sensory nodes are equivalent to *Information Entities* (IEs), and schemas are called cases. If schemas are hierarchical, intermediate schemas are equivalent to concept nodes. Horizontal links (*ret/por*-connections) are somewhat comparable to similarity arcs, while vertical links are akin to relevance arcs. Especially during memory retrieval, the analogy to CRNs with spreading activation (SAN) becomes obvious. Again, there are some differences: similarity arcs in CRNs are undirected, which often leads to problems if the activation is spread more than one or two steps due to loops in the linking of the IEs (Lenz, 1997).

Unlike in CRNs, links in the Psi theory's representation are always directed, that is, the inverse direction may have a different link weight or no link at all, so that retrieval based on spreading activation does not work equally well in all directions. This asymmetry is empirically evident in human cognition:

> One can only go from the instantiation of the condition to the execution of action, not from the action to the condition. This contrasts with schemata such as the buyer-seller schema, where it is possible to instantiate any part and execute any other part. The asymmetry of productions underlies the phenomenon that knowledge available in one situation may not be available in another. Schemata, with their equality of access

> for all components, cannot produce this. Also, in many cases the symmetry of schemata can lead to potential problems. For instance, from the fact that the light is green one wants to infer that one can walk. One does not want to infer that the light is green from the fact that one is walking. No successful general-purpose programming language has yet been created that did not have an asymmetric conditionality built in as a basic property. (Anderson, 1983, p. 39)

Setting them further apart from CRNs, *ret/por*-connections do not really depict similarity but relate elements at the same level of a belief network, so the process of spreading activation not only finds new, similar super-schemas (cases), but activates more details of the currently activated structures.

Because of the hierarchical structure and a specific mode of access using cognitive modulators, there is also some similarity to the *Slipnet* of the *CopyCat* architecture (Hofstadter, 1995; Mitchell, 1993). Like the Slipnet, the quad net uses spreading activation and allows for analogy-making in hierarchical concepts by way of allowing conceptual "slippages," in CopyCat controlled by a parameter called "temperature"; in PSI using the *resolution level* parameter. (There are differences in the actual usage between "temperature" and "resolution level"—the former allows control of the level or hierarchy where slippages occur, and the latter also affects parameter ranges and element omissions). By the way, this is the only way in which the PSI theory addresses *similarity*: here, it is always spatial/structural similarity. The *degree of similarity* is reflected by the amount of detail that has to be neglected to make one representational structure accommodate another.[49]

The quad structures are not just a mechanism to address content in memory (as many other spreading activation schemes), they are the building blocks of mental imagery, causal and structural abstractions, and so on within the mental structures of a PSI agent. Chains of quad or directly linked individual neural elements may also form control

49 Structural similarity is only one of many perspectives. Other approaches to capturing similarity include measuring the differences between two instances (contrast model: Tversky, 1977), spatial organization (Shepard, 1957), alignment models (Gentner & Markman, 1995), transformational models (Hahn, Chater, & Richardson, 2003) and generative methods (Kemp, Bernstein, & Tenenbaum, 2005). None of these has been addressed in the context of the PSI theory.

structures and act as behavior programs, forming a library that is similar to CopyCat's *codelets* or the *coderack* in Stan Franklin's "conscious agent architecture "(Franklin, 2000).

Dörner maintains that the Psi theory uses *schemas* to represent objects, situations and episodic sequences (scripts). Schema architectures have been around in artificial intelligence for quite some time (see Bobrow & Winograd, 1977; Minsky, 1975; Rumelhart & Ortony, 1976; Schank, & Abelson, 1977). Dörner's descriptions seem to be missing some key elements, such as typed links (or some other way to express types) and distinct *slots* for attributes. The latter might be expressed by *sub*-linked chains of *por*-linked elements, however, and an extension for typed links, even though it is not part of the theory, is relatively straightforward (as we will see in the next chapter).

7.1.1 A formal look at Psi's world

Dörner's simulation environments consist essentially of vectors of discrete, technically distinct features

$$Features : \{(ID; featureVector)\}, f \neq g \in Features \rightarrow ID_f \neq ID_g \quad (7.1)$$

which are organized into objects:

$$featureFromObject : Object \times ObjectStates \rightarrow Features \quad (7.2)$$

Objects fall into several categories, especially the terrain of the location (which is uniform over a location), and the distinguishable visual objects. The latter are spatially distributed over locations, each inhabiting a two-dimensional bounding box that is not overlapping with any other bounding box.

$$objectsAtLocation : Locations \times LocationStates \rightarrow Objects \quad (7.3)$$

$$visibleObjectsAtLocation : Locations \times LocationStates \rightarrow Objects \times (\mathbb{N}^2 \times \mathbb{N}^2) \quad (7.4)$$

Within the visible objects, there are spatially located features, that is, each of these features has a location $(i, j) \in \mathbb{N}^2$, such that there is exactly one corresponding object with the bounding box $(x, y; b, h) \in \mathbb{N}^2 \times \mathbb{N}^2$ at the given location, where $x \leq i \leq x + b; y \leq j \leq y + h$.

Locations make up the vertices of a graph, where the edges correspond to transitions between these locations.

$$World := \langle V \subseteq Locations, E \subseteq V \times V \mid \forall (i,j) \in E : i \neq j \rangle \tag{7.5}$$

Locations are defined as areas of influence; that is, only objects at the same location may interact with each other.

In the island simulation, locations do not overlap; that is, an object can only be at a single location at a given time. In the 3D island environment, the world is continuous—there would be an infinite number of overlapping locations. We may ignore this here, because there is currently no Psi agent that reasons autonomously over such an environment. Likewise, in the "mice" simulation, there is a continuous 2D environment, but no objects. Here, the agent interacts with immutable terrain types and other agents, which simplifies the problems of representation. A generalization would have to take these possibilities (and more) into account. As it is, Dörner's implementations of objects in agents' world models cannot cope with overlapping locations and locations within locations.

From the point of view of the agent, there is an object that is part of every location: the body of the agent itself. The features of this object are the agent's body states; they are manipulated by the environment (i.e., if the agent takes damage, uses up or replenishes internal resources) and are accessible at all times.

States in the world differ on the level of locations (i.e., objects may move from one location to another) and of objects; that is, if an object changes, then the associated features may change too, and every change of a feature corresponds to a change in the state of the object. Removal and addition of objects can trivially be treated as changes to or from a special "disappearance" state, or by the transition to or from an inaccessible location.

An event is a change in a state of a location (i.e., moving of an object) or in the state of an object, and may be caused simply by the progression of time, or by current object states demanding such a change. Thus, the simulation environment needs to implement a state transition function to effect these changes.

Let *objectsAtLocation*(l,t) be the set of objects at a location l at time-step t, *objectStates*(l,t) the corresponding object states, and *reachableLocations*(l) the set of locations m for which exists an edge from l to m in the location graph. Updating the objects is matter of checking for demand-changing states of objects at the same location. Such states would, for instance, correspond to a burning object that lights up other objects in its neighborhood and changes into an ash pile itself.

$$updateObjects(l) : objectsAtLocation(l, t) \times objectStates(l, t) \rightarrow objectStates(l, t+1) \quad (7.6)$$

In addition, we need a transition function to move objects from one location to another.

$$\begin{aligned} &updateLocations(V) : \text{for each } l \in V : \\ &\quad objectsAtLocation\,(l, t) \times objectStates(l, t) \\ &\quad \rightarrow objectsAtLocation\,(l, t+1) \qquad (7.7) \\ &\quad objectsAtLocation\,(m_1, t+1) \times \cdots \times objectsAtLocation\,(m_n, t+1) \\ &\quad \text{with } \{m_1 \ldots m_n\} = reachableLocations(l) \end{aligned}$$

This function evaluates object states corresponding to locomotion. If an object is in a state that demands a locomotion event, it is transferred to another location along one of the edges of the location graph, provided such an edge exists. This "transfer" amounts to deleting the object from the set of objects at the current location, and adding it to the set of objects at the target location. (The state may also demand a state change in the next object state, which brings locomotion to a halt.)

The agent is represented in the world as a specific object, with a certain location and states that correspond to its actuators. These actuator states $act_1 \ldots act_n \in Actuators$ are set from within the agent, as part of its internal information processing. For example, if the agent attempts to locomote, its representational structure sets one (or several) of its object states (the ones corresponding to actuators) in such a way that the transition function transfers the agent from one location to another. There are specific actuators, *approach*(*x*,*y*) and *focus*(*x*,*y*), that correspond to moving a *manipulator* and a *foveal sensor* in two dimensions within the visual space of the location. The state of the manipulator determines, via the bounding box of the approached object, on which object specific operations are performed. In this way, it is possible to manipulate individual objects by first approaching them, then triggering an operation. The position of the foveal sensor determines the coordinates at which spatial features within a visible object are sampled. This sampling works by transferring the state values of the features at the position specified by *focus*(*x*,*y*) into the sensory array of the agent.

In general, sense data are transferred to the agent through an interface function

$$sense(location, locationState, focus\ (x,y)) \rightarrow Sensors \tag{7.8}$$

which maps the features of the objects at the current location to the input array *Sensors*, and a similar function

$$act(Actuators, location, approach(x,y)) \rightarrow objectStates \tag{7.9}$$

7.1.2 Modeling the environment

The agent builds representations grounded in the array of *Sensors*, whereby each sensor has a real-valued activation that is set by the interface function *sense*, and effectuates changes in the world by changing the activation values within the array of *Actuators*.

Generally, representations consist of nodes *N* (called *quads*), which include the sensors and actuators, and relations between these nodes. The Psi theory specifies the basic relations:

— *por(i,j)*: node *j* is the successor of node *i*, that is, the object referenced by *j* follows the object referenced by *i* in a sequence of features, protocol elements or actions;
— *sub(i,j)*: node *j* is partonomically related to node *i*, that is, the object referenced by *j* is a part of the object referenced by *i*: it is a *sub*-object, a feature or an attribute,

and their inverses *ret* (the counterpart to *por*) and *sur* (the opposite of *sub*). These relationships are implemented as typed links between the nodes, which may be controlled by switches (*activators*). These control the spreading of activation along a link-type and thereby allow tracing the relationships of representational units.

While the relational links are weighted and signed and can thus express partial degrees of these relations, Dörner's discussion deals with the semantics of binary links with weights of zero or one.

The set of representational entities *E* may thus be described as:

$$\begin{aligned} e \in E :\leftrightarrow\ & e \in Sensors \cup Actuators \\ & \vee\ i \in N \wedge j \in E \wedge e = sub(i,j) \\ & \vee\ i \in E \wedge j \in E \wedge e = por(i,j) \end{aligned} \tag{7.10}$$

In other words, the simplest representational units are individual sensor nodes and actuator nodes. All other units are made of these parts, or of other units, by chaining them into sequences, or by arranging them in a partonomical hierarchy (a tree of part-of-relationships) with sensors and actuators as the lowest level. Representational entities include object definitions, scenes, plans and protocols (procedural descriptions of actions and episodes).

For instance, a *plan* may consist of chains of actuators that are arranged hierarchically, and there may be additional chains on each level of the hierarchy, that is, every step of the plan consists of a sequence of sub-steps, made up of more elementary steps, until actuators mark the atoms of the plan. Plans are executed by spreading activation along the *por*-links, unless a node has a *sub*-link, in which case the activation is spread to the *sub*-link first. To properly execute plans this way, it has to be ensured that subsequent steps become active subsequently, and not before *sub*-linked chains of steps of their predecessors are finished. This can be achieved in several ways: by adding additional inhibitory links, by implementing a back-tracking scheme that maintains a pointer and a stack to keep track of the branches in the execution, by using a state-machine within the nodes and information on whether their neighbors are active, by transmitting messages with the activation, or by establishing temporary links acting as indicators of execution states within the plan. (Dörner does not discuss any of these, though. The implementation within the Island simulation uses centrally controlled back-tracking instead of activation-spreading.) If a node has more than one *sub*-link, then activation may be spread along all of them at once and the sub-sequences are executed in parallel.

The inclusion of sensor nodes makes plans conditional. The execution only continues past the sensor if the sensor becomes active (i.e., if the corresponding environmental feature delivers activation via the *sense* function). In this way, behavior sequences may be formulated.

Objects may be recognized using a plan that checks for all their sensory features. In the terms of the Psi theory, an object description is a plan to recognize that object. By nesting such recognition plans in *sub*-linked hierarchies, objects may be defined using *sub*-objects, scenes may be defined using objects that are part of the scene, episodes may be stored using sequences of scenes.

Usually, behavior sequences will be interleaved with object descriptions, and vice versa, because the execution of behaviors usually requires that the agent checks for available resources, preconditions, and post-conditions, and the recognition of objects requires behavior sequences, such as moving the retinal sensor to focus individual features (before checking them) or using the locomotory actuators to get to the appropriate location.

Demands are expressed as specific sensors, that is, these sensors become active when demands are satisfied, remain active or are increased. By linking to demands, the relevance of elements, plans, protocols, and object descriptions for the well-being of the agent can be expressed.

7.1.3 Analyzing basic relations

As discussed in the first section, a wide range of semantic relations can be addressed with the basic relationships:

— *Partonomic relations* express the relationship between a whole and its parts. They are equivalent to *sub*-links between an element and its parts, and *sur*-links for the opposite direction. The same type of link is also used to express the relationship between a concept and its *attributes* in the abstract, because these attributes can be interpreted as parts, and vice versa.

If two entities are *sub*-linked from the same parent and are mutually exclusive, then they stand in a relationship of *co-hyponymy* (they are "co-adjunctions").

— *Succession* of events and *neighborhood* of features is expressed using *por*-links. Such chains may also represent behavior programs. If these chains branch, contextual (additional) activation and inhibition may be used to decide which branch to follow, so it becomes possible to express conditional plan segments. By reinforcement learning (selective strengthening of the links) and "forgetting" (gradual decay of the links), the agent may acquire a library of behavior strategies.

— *Predecession* is expressed by *ret*-links. (If there is a *por*-link between two entities e_1 and e_2, then there is usually an inverse *ret*-link between e_2 and e_1.)

Dörner also suggests that *por* and *ret* express *causation*, that is, the expression *por*(e_1, e_2) implies that that an event e_2 is caused by the other, *por*-linked event e_1. There is no distinction between correlated successive occurrence and causation here, and if it were to be made, it would have to be added on top of this basic description using linguistic labeling.

Thus, there is no difference between a predecessor role of an entity and its causative role. The weight of the link and the number of links may express the expected likelihood of succession/causation, which results, when properly evaluated, in a *Bayesian network* (see Russel & Norvig, 2003, p. 492). This is the case when the link strength is purely derived from co-occurrence of events. If events have appetitive or aversive relevance, the reinforcement learning of the agent will strengthen their links according to the Bayesian rule, to express motivational *relevance.*

— *Spatial relations* are annotated *por/ret*-relations. Here, entities that are grounded in visual features (i.e., with the lowest *sub*-linked level being visual sensors) are connected with chains that contain actuator commands to move the fovea (the visual sensor arrangement) or the agent (which includes the visual sensor arrangement). In other words, there is a structure $por(e_1, e_2)$; $por(e_2, e_3)$, where e_1 is a visual description of a feature as a *sub*-linked chain, e_3 is likewise the visual description of another feature, and e_2 is a motor command (as a *sub*-linked chain of actuators) to move between the relative positions of e_1 and e_3. Dörner calls $(e_1; e_2; e_3)$ a *triplet.* As shorthand, the motor command e_2 to move the fovea might just be expressed with a pair of numbers that annotate the link between e_1 and e_3. This pair (x,y) is interpreted to actuate the equivalent of vertical and horizontal foveal muscles, so the visual sensor set is moved through the scene.

— An *instrumental relation* (here, the relation between two world states and the behavior that changes between them) is represented using a triplet of two world descriptions e_1 and e_3 and an intermittent change-action e_2. The instrumental relation is then the *sub*-link that connects e_2 to a behavior program. According to the triplet concept, an instrumental relation would be a *sub*-link from a protocol element (denoting the change-event) onto a behavior program (or a *sur*-link in the inverse direction). If e_2 is *sur/sub*-linked to an entity denoting an *agent,* then the *sub*-link between agent and action expresses an *actor-instrument* relationship.

— *Temporal relations* are expressed as extensions of the successor/ predecessor relation by annotating these with weights that are interpreted as *delays* (when executing plans) or *durations* (when recalling protocols). Dörner suggests using the weight of the *por*-links directly, but this will conflict with the Bayesian weights, or with the motivational relevance that is normally captured in these links. A straightforward and logical way of expressing delays and durations may work analogous to the spatial relations; only instead of using a spatial actuator, we would use a "temporal actuator." Such a temporal actuator amounts to a clock that waits during plan execution/perception, or a mechanism to retrieve temporally distant elements of the protocol during memory retrieval. As shorthand, we may add a temporal annotation to the links. While this is a viable engineering solution to the problem of representing some aspects of the passage of time, it is probably not a good model of how the human cognitive system deals with time. It is unlikely that the temporal code is just a degenerate case of a spatial code: time seems to be cognitively fundamentally different from space, even though geometrically designed representational systems, such as *interval calculi* (van Allen, 1983), may treat them as analogues. But it is unlikely that humans universally resort to geometric description systems; rather, representations are probably organized as objects/situations, which may have *additional* locations and spatial extensions. Temporal situations, on the other hand, are all part of timelines, with events being at least partially ordered. The latter leads to "mental object trajectories," with the temporal dimension being more or less identical to the causal dimension. (See Anderson, 1983, p. 51, for additional arguments.)

— *Appetence relations* are *por*-links between a demand indicator and a situation/ behavior program that fulfills the respective demand. Conversely, *aversive relations* are connections between a situation of demand frustration (for example, an accident) with the respective demand indicator (for example, the demand for integrity). Although both relations are *por*-links, their semantics are different from *por*-links *within* protocols and behavior programs, because the demand activators are used as activation sources during behavior planning and identify appetitive (positive) and aversive goals.

— A *finality relation* is the connection between a behavior and its goal. In the Psi theory, a goal is a situation that is associated with a motivational value; in other words, an entity associated with a demand indicator. Different from ACT-R and Soar, there is no goal stack or goal list. Sub-goals exist only implicitly, as situations that are prerequisites to reach the goal-situation. Also, goals always have to be associated with a motivational relevance, because the semantics of goals stem from the pursuit of goal situations, and Psi agents only pursue motivationally relevant situations actively. Thus, goals are less abstract than in most other cognitive architectures—the experimenter has to set up experiments in such a way that the agent "gets something out of" the desired behavior.

7.1.4 The missing "is-a" relation

To identify possible roles of a concept, and to have a concept share properties with other concepts, many representational formalisms provide a *type* relation ("is-a"). For example, the representational nodes ("chunks") in ACT-R have *slots,* which are associated to an attribute—an external object, a list, or another chunk. These slots are limited to three or four and a maximum of seven—to encode lists with more than seven elements, chunks have to be organized into a hierarchy.[50] To encode more than seven facts about a concept, ACT-R features type-inheritance; each chunk may be connected by an "is-a" link to a super-concept (type), from which the chunk inherits additional features.

The example (Figure 7.1) expresses that "three" (which *is an* "integer" and refers to the integer *value* 3, plus "four" (which *is an* "integer" and refers to the integer *value* 4) equals "seven" (which *is an* "integer" and refers to the integer *value* 7), which *is an* "addition fact." The slots of a chunk receive their semantics, including the permissible operations over them, from the type.

A similar "is-a" link has been introduced in a classical representational paradigm by Ross Quillian (1968), which is built upon the relations *has* (partonomic), *can* (instrumental), and *is-a* and exists in most general

50 The "magical number seven" (plus/minus two) is often mentioned when discussing constraints on the number of elements that can be addressed at a time in working memory operations. This number originated in a classical work by Miller (1956). Later work has been more conservative and tends to put the limit at three to four independent elements (Crowder, 1976; Simon, 1974).

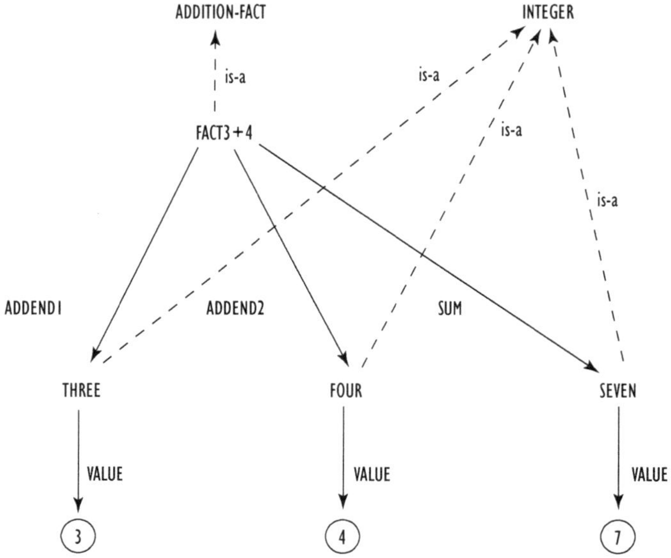

Figure 7.1 Chunk in ACT-R (after Schoppek & Wallach, 2003)

purpose semantic network formalisms (Sowa, 1984, 1999; Russel & Norvig, 2003, p. 366).

There is no dedicated "is-a" link" in the Psi theory's representations, so it is difficult to express types and classes. For instance, to express the relationship between an object and a linguistic label, we may treat the linguistic label as a (*sub*-linked) attribute of that object. But it is not clear how this label would be distinguished from a proper part. Using "is-a" links, we could express that the linguistic label "is a" label, and the object "is a" referent of that label, as in many other semantic network schemes. When confronted with that difficulty, Dörner's group has introduced ad hoc-link-types into particular implementations, for instance, *lan* for linguistic labels, and *col* for colors. While the color-link is arguably obsolete because it is possible to identify the color aspect of an attribute by the connected sensor elements, the problem itself is very real: The Psi theory needs a mechanism to define new link semantics, whenever the need arises.

Semantically, "is-a" linked type concepts allow reasoning about generalities and abstractions that are helpful for planning and anticipation. Dörner suggests answering this requirement by reducing the resolution of individual representations, until they become prototypical; different individuals now match the same prototype, because the constraints that distinguish individuals are relaxed. The neglect of details is, in a nutshell, Dörner's approach to abstraction in general (see Dörner, 1999, pp. 126, 135, 183, 222, 571). The *omission* of details is not a satisfactory solution in all circumstances; rather, these details should be *replaced* with contextually suitable generalizations (their *super*-categories).[51]

Another aspect of "is-a," the *accommodation* of a schematic description for less abstract descriptions, can of course be expressed implicitly. For instance, it is possible to have a vague, generic description of a cat that would match the majority of cats, and a more detailed description that only matches a single individual cat. By checking for multiple matches, an abstract-concrete relationship could be established—but this is limited to those cases in which the abstract schema is indeed simply less detailed than the concrete one, or in which the matching is performed using linguistic labels. Yet there is another syntactical role for "is-a" links: if they are used for inheritance, they allow the centralized storage of features that are shared between many individuals. So, instead of storing all features that allow recognition and interaction with every cat along with the conceptual description of that very cat, a *type concept* for "cat" could hold all commonalities or default properties, and the individual concepts will only need to encode the differences from the prototype defined by the type.

7.1.5 Unlimited storage—limited retrieval

There is an interesting difference in the retrieval of memory content between the ACT theory and the Psi theory: In ACT, as we have seen, the number of attribute slots per concept is limited to a small number

51 In fact, there is much more than one sense to the notion of abstraction: we may refer to: 1. categorial knowledge, which is abstracted from experience; 2. the behavioral ability to generalize over instances; 3. abstraction as a summary representation (which increases the likelihood of re-construction of this representation in the future); 4. abstraction as schematic representation, which increases sparseness (as for instance, *geons* for the abstraction of three-dimensional geometrical representations, Biedermann, 1987) or exaggerates critical properties (Posner & Keele, 1968; Rhodes, Brennan, & Carey, 1987; Barsalou, 1985; Palmeri & Nosofsky, 2001); 5. abstraction as flexible representation (so the same description can be applied to a variety of tasks) (Winograd, 1975); 6. abstraction as abstract concepts (detached from physical entities, metaphysical) (Barsalou, 1999; Paivio, 1986; Wiemer-Hastings, Krugm, & Xu, 2001).

(five to seven). For the retrieval of a concept, all of these might be used—ACT-R places a strong limitation on storage, but no limitation on retrieval. (Rutledge-Taylor, 2005) To add more features to a concept, these have to be *inherited* from other concepts. In Psi, there is unlimited storage—the number of links between concepts (and between concepts and their respective features) is unbounded. On the other hand, the retrieval is limited to the (perhaps five to seven) features with the strongest activation and linkage. The activation of these features will depend on the current context and is determined by activation spreading from neighboring elements, and the width and depth of activation will depend on the settings of the cognitive modulators *activation* (width) and *resolution level* (depth). Because of its unlimited storage/limited retrieval paradigm, concepts in Psi can have an arbitrary number of relevant features.

7.1.6 The mechanics of representation

Dörner's representations may be used by tracing links directly, using temporary "pointer links," which are connected to individual entities or sets of entities using an *associator*. (So-called associators and dissociators may establish or remove links between currently active entities; for this, they will have to be connected to the same associator or dissociator entity.) The other mode of usage relies on spreading activation, starting from source nodes, along the individual link types. Since links can be switched depending on the state of *activators* (there is an activator entity for every type of link within a group of entities), the activation spreading can be directionally constrained. Combining these methods, the representations of the agent act as a model of its environment and as acquired control structures. For instance, if the agent is exposed to environmental features, the activity of sensors "stimulated" by these features may spread activation to object hypotheses that contain the respective sensors, and these object hypotheses may be validated by executing each of them to find an interpretation. Likewise, if a demand (represented by a sensor corresponding to a body state) arises, links to behavior sequences that have led to the satisfaction of the demand in the past can be followed, the objects involved in these sequences can be identified, the scenes containing these objects can be found, and the agent may attempt to retrieve or even construct a plan that brings it from the current scene into a situation that satisfies the demand.

In the above description, Dörner's partonomic hierarchies" are symbolic, that is, each node is the root of a representational entity. However, they may also easily be extended into semi-symbolic descriptions by using real-valued link weights. By interpreting the representational hierarchies as feed-forward networks, sensory nodes may become the input layer of perceptrons (Rosenblatt, 1958) that classify objects, with higher-level nodes acting as hidden layers. Actuator nodes may be addressed using real-valued activations as well, allowing subtle control of the agent's movements and activities.

7.2 Solving the Symbol Grounding Problem

As we have seen, mental representation, the question of how a system may store information about the environment and itself, and how it may manipulate this information, is central to the Psi theory. Dörner's focus on how a system relates to its environment has changed, however, over the years, from a monolithic input-driven system (Dörner, Hamm, & Hille, 1996) to the perspective of autonomous, situated agents (Dörner, 1999, 2002) and eventually toward a multi-agent system (Dörner & Gerdes, 2005).

In an extension to his classic anthology, the *Star Diaries* (1957), the famous Polish philosopher and science fiction author Stanislaw Lem (who was a friend of Dietrich Dörner and influenced his view on psychology and cybernetics in many ways) suggested an interesting thought experiment: a non-interactive virtual reality (Lem, 1971). Here, the mad and embittered scientist *Professor Corcoran* has built a set of rotating drums, in which magnetic tapes store pre-recorded sense-data. These data are electrically fed into rows of boxes containing "electronic brains" ("each of these boxes contains an electronic system generating consciousness"). Every one of the "brain boxes" contains "organ receptors analogous to our [human] senses of smell, taste, touch, hearing," and "the wires of these receptors—in a way, the nerves—are not connected to the outside world," but to the prerecorded data, which describe the perceptual aspects of a complete solipsist universe: "the hot nights of the south and the gushing of waves, the shapes of animal bodies, and shootings, funerals, and bacchanals, and the taste of apples and pears, snowdrifts, evenings that are spent with families at the fireplace, and the cries aboard a sinking ship, and the convulsions of disease." This pre-recorded universe is not completely deterministic, because "the events in the drums are inscribed on rows of parallel tapes, and a selector controlled only by blind randomness" chooses the sense-data of each "brain box" at a given time by switching between these tapes. There is no feedback from the "brain" to the world, however; that is, the recordings are not influenced by decisions of the "brains," and the different brains are not interacting with each other (they are "Leibnizian monads, clad in matter"). This perspective is mirrored in Dörner's and Hille's EmoRegul model: here, the system is fed a pre-recorded or random stream of events. Some events act as predictors for other events, and the system learns to anticipate aversive and appetitive situations.

In classical modern logic (see, for instance Carnap, 1958), we start out with a domain of objectively given objects—typically individuals. These individuals are distinct and identical only to themselves, and they are treated as the atoms of meaning; what constitutes these objects is not really of interest to the model.

For a Psi agent, objects are not objectively given as individual entities. Individuals do not make up an empirically or ontologically given type (see Montague, 1973, for an example of how individuals are postulated in formal semantics).

The Psi agents start out with patterns which they strive to organize. For instance, in the case of visual input, the patterns are ordered into types (with specific sensors that are sensitive to certain elementary pattern arrangements). These in turn are abstracted into Gestalts (Koffka, 1935), which make up shapes, and these in turn are parts of visual object schemas. Visual object schemas can have many levels of *sub*-schemas. Thus, objects are constructions of the system, a certain kind of high-level abstraction over the input.

In much the same way, acoustic input should be processed; basic patterns arriving at the cochlear sensors are matched to phonemes and these are eventually abstracted into distinct acoustic events (for instance, words or particular noises). Objects do not necessarily have only one kind of description; rather, they might have many sensory modalities of which they are composed and which describe how the object could be recognized.

According to Daniel Dennett (1987, pp. 213–236), there are three ways in which information may be incarnate in a system: explicitly (in the form of interpretable symbols), logically (derivable from explicit information), and in a tacit manner. Tacit knowledge does not rely on an explicit representation, but emerges in conjunction with the environment, such as the way mathematical axioms are embodied by a pocket calculator, or hydrodynamic principles are embodied in the movement of a fish. This tacit knowledge depends on feedback between system and its world, and it is fundamental to building mental representations of the environment. In a "pre-recorded" environment, it would involve the prediction of all actions of the system, and therefore, it is not easily captured by Corcoran's boxes, or Dörner's EmoRegul (here, actions are missing or ephemeral, because they do not influence the environment).

The PSI agents of the island simulation do not suffer from this limitation. In this more advanced instantiation of the theory, the tacit level consists in sensory perception and the sensory feedback provided to action (either as somatic response, or as change in the environment) via sensory units. Explicit representations, which may be localist or distributed (symbolic or semi-symbolic) hierarchies, encode the sensory patterns by organizing the activation of the sensory units. Finally, there are mechanisms that derive further knowledge from these representations, for instance, by the acquisition, reorganization and retrieval of protocol memory, and by the generation of new plans.

In Dörner's architecture, tacit knowledge is addressed on the level of sensors and actuators and the behavior programs including them. Figure 7.2 provides a schematic example of this concept. The representation of an object—a dog, in our illustration—involves its partonomically related sensory description and its relationships to other representational units—either via sharing episodes with them (such as a cat may be related to a dog if they are both part of an event sequence in memory, where a cat and a dog were fighting), or by being directly related to the agent's *behaviors*. Such involvement might include episodic memories of a dog licking the hand of the subject (the PSI agent), thereby generating an *affiliation signal* that triggers the satisfaction of the affiliatory urge of the agent. It may also be related to adversive episodes, such as memories of being chased by an aggressive dog, where a successful escape was facilitated by running, and a failure to escape resulted in taking damage due to an attack by the dog. Connections of the "auxiliary sense" of the concept of a dog, to fragments of the protocol memory of the agent establish relationships between the appearance of the dog (its *sub*-linked parts that allow to recognize it) and the actions that dogs afford: things like stroking it, or running away from it.

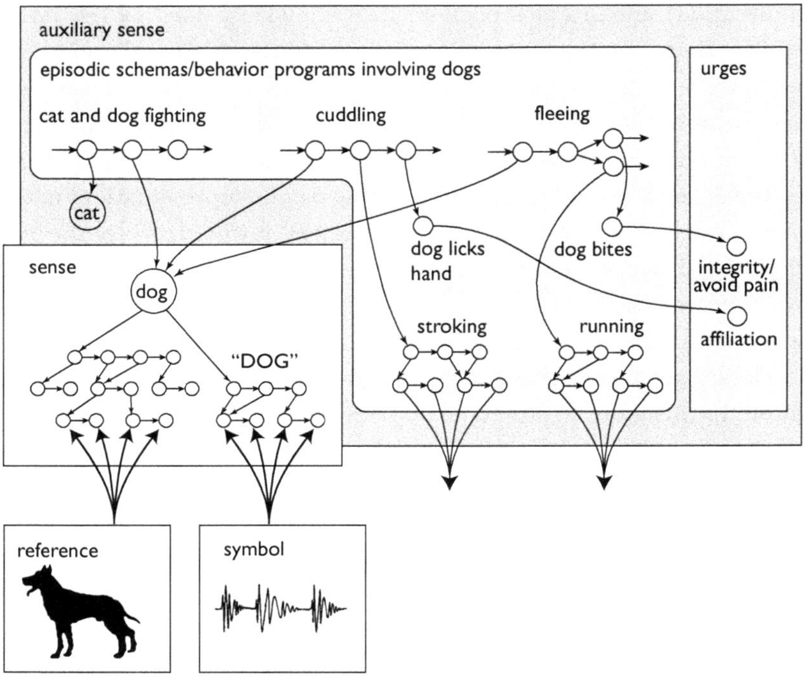

Figure 7.2 Grounding of representations according to the Psi theory

Figure 7.2 also illustrates an auditory signal, the spoken word "dog" that may be represented as a sensory schema itself, and is linked to the *dog concept* as a feature. In the context of communication between agents, this special feature acts as a *label* to evoke the concept.

What is interesting here is that all representations derive their semantics by virtue of encoding the patterns corresponding to the features of the environment. Thus, the representation of a dog is not simply a set of rules, a pictorial description, or the entry within some internal encyclopedia. Rather, Dörner's representations are constructivist in nature, the perceptual aspect of a *dog* is a dynamic classifier over stimulus inputs. The *dog* concept is a simplification over a part of the environment, derived by encoding an aspect of its pattern into an object representation and thereby allowing anticipation, planning, and communication. A *dog* is not a mnemonic for the programmer of the Psi implementation that refers to the programmer's abstract idea of dogs in the "real" world, or some Platonist "essence of dogness." It is a structured shorthand for a cluster of features. All knowledge related to dogs is the product of the evaluation of interaction with the feature clusters that have been classified as dogs in the past, or by abstraction and reasoning. If agents are able to communicate, they can also acquire knowledge by translating utterances into further object descriptions, behavior programs and episodic schemas, but all these representations will eventually be grounded in sensors and actuators.

The integration of tacit knowledge and the fact that Dörner's representations derive their semantics from their reference to interaction context which they encode, marks a departure from symbolic AI's disembodied, ungrounded calculations. Of course, it is not new to AI in general—calls for grounding representations in sensor-motor events have been around for a long time (McDermott, 1976; Bailey et al., 1997; Cohen et al., 1997). Where purely propositional systems, such as Lenat's *Cyc* (Lenat, 1990)—and Anderson's ACT-R, too—provide rules that derive their semantics from the constraints inherited through reference on other rules, the representations of a Psi agent encode perceptual content, learned environmental responses (episodic memory), strategies to elicit environmental responses (plans) according to the affordances of the system, the relationship between stimuli and demands (motivational relevance), and states of the system (co-occurrence of emotional and physiological configurations). This provides technical disadvantages as well as conceptual benefits: Psi agents may only represent things that are accessible to them through perceptual and actorial affordances, and derivations of these things. On the other hand, the experimenter does not have to code knowledge into the system, and the system's knowledge is not constrained to what the experimenter bothers to code. In contrast, Cyc and ACT-R may theoretically represent everything that can be expressed by their respective propositional languages, but there is no guarantee that these representations are depictions of the same semantics that the experimenter had in mind when he or she coded them into the system—they might just be superficially similar expressions, that is, they might share the propositional layer, but lack the functional equivalence.[52] Imagine, for instance, the propositional encoding of the

52 To be fair: in many experimental setups, the experimenter is only interested in modeling the propositional layer, and this is difficult to achieve with Dörner's Psi agents, as long as they are not taught on a linguistic level.

semantics of a finger, by explaining the partonomic relationship of the finger concept to a hand concept and its instrumental relationship to the concept of pushing a button—such a representation will require a large set of statements and will still be indistinct from other sets of statements with the same *structural* properties (i.e., another cloud of expressions with the same number of conceptual entities and the same types of relationships between them). In contrast, the grounded representation of a finger may start from the perceptual properties of an agent's own finger, as they are afforded by the sensory stimuli associated with it, and the feedback that is provided by motor actions concerning that finger. Here, the agent's hand concept will bear a partonomic relationship to the finger concept as well, and button-pushing concepts will be derived from the finger's motor aspects and perceptual properties, but the difference is, the representations are aligned to the agent's interface to the environment, and abstractions, as they are used in anticipation and imagination, become *simulations* of what they abstract from.

According to Lawrence Barsalou (2003), a concept should be seen as a skill for constructing idiosyncratic representations, and in a Psi agent, conceptual representations are denotations of such skills: actions are represented by behavior programs affecting operations afforded by the environment to the particular system, object representations are behavior programs to recognize and/or internally simulate the respective object, and episodic memory contains sequences of actions, events and object descriptions. The representations within a Psi agent define a *perceptual symbol system,* as opposed to *amodal symbol systems* (Barsalou, 1999; see Figure 7.3).

Barsalou's plea for making concepts simulators of interaction context is shared by many others, especially in the embodied linguistics community (Feldman, 2006; Bergen & Chang, 2006; Steels, 2006), because of the demand for a representational counterpart to linguistic structure that allows the modeling of the understanding of utterances by mentally recreating their objects. However, I don't think that this argument by necessity warrants a philosophical damnation of symbolic systems. It is entirely possible to build ungrounded symbolic simulators (i.e., "habitable" environments), where the simulation is explicitly programmed by the experimenter. For instance, in Terry Winograd's classical Shrdlu (Winograd, 1973), the control program of a simulated robot arm converses about its operations in a simulated world of building blocks (*blocks world*). The utterances of the system are not (completely) ungrounded, because they refer to the operations and constraints afforded by the

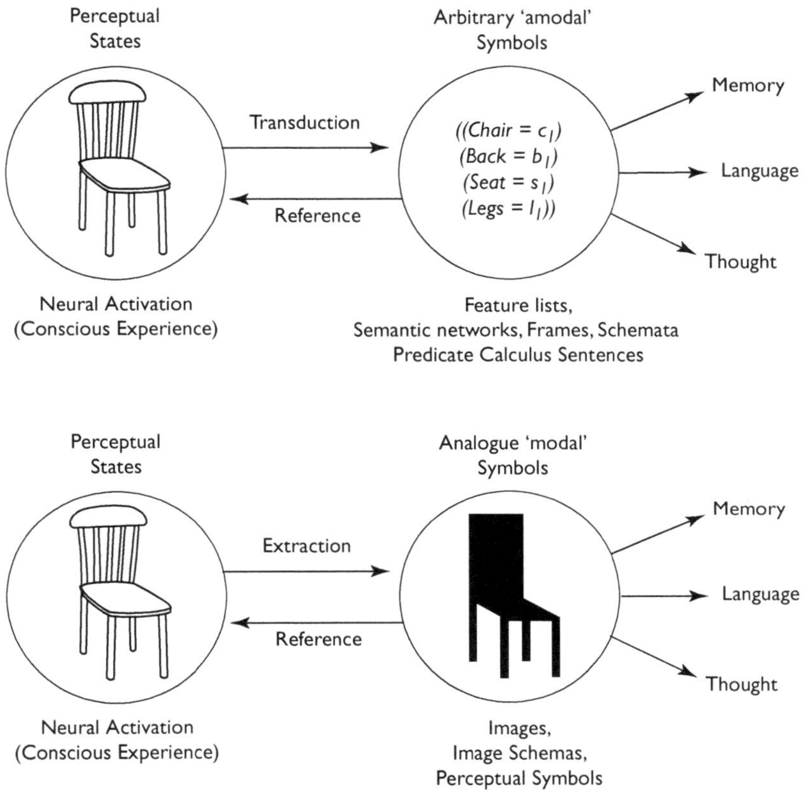

Figure 7.3 Modal representations, as opposed to amodal representations (see Barsalou, 1999)

simulation. When we test Shrdlu, we are likely to ground our imperatives and our understanding of Shrdlu's utterances in our very own mental simulation of a blocks world, not in a real set of toy blocks that we have to have at hand to make sense of what SHDLU tells us. There is no immediate *theoretical* danger in the fact that Shrdlu's simulation is not itself grounded in experiences Shrdlu has made in a physical world, whereas our own simulation is probably derived from such experiences, as, for instance, Dreyfus (1997) seems to suggest. For epistemological reasons, making such a difference is not meaningful, because there is no point in showing that *any* two representations/simulations refer to the same environment. Furthermore, this is of no importance: for conversations between humans about manipulations of a blocks world, it would be completely irrelevant if they got their knowledge through childhood experiences, contemplation, reading or divine revelation, as long as their knowledge captures the same functional properties and relationships. But there is a *practical* danger in using hand-coded, abstracted simulations for grounding Shrdlu's world: Shrdlu's linguistic utterances might refer to a structurally different simulation; Shrdlu might use the same statements to denote a different reality. Real toy building blocks have many more properties than Winograd's simplified abstractions: their continuous positions, complex shapes and mass distributions, surface friction and inertia allow for constructions (winding arcs, upside-down pyramids, domino-chains) that are impossible in Shrdlu's simulation, and which can therefore not be conceptualized. Neither Shrdlu's simulation nor its problem solving methods can simply be extended to capture the world of "real" toy blocks, because a description of realistic physical dynamics by discrete rules is just as intractable as discrete combinatorial planning over many feature dimensions—Shrdlu (i.e., *this particular* symbolic, rule-based approach to a description of a blocks world) does not scale (Dreyfus, 1992, p. 22). While there are aspectsto which the abstract blocks world can claim isomorphisms in a world of real toy blocks, the structural similarity quickly breaks down when looking too closely. Of course, human mental simulations may be incomplete too—but they *do* come with scaling and revision mechanisms, which may succeed in dealing with the inadequacies by dynamically extending, restructuring and adjusting the simulation as the conversation goes along.

The practical danger of using different simulations as objects of reference in discourse does not automatically disappear if we force the system to refer to the same physical environment by turning it into a robot, by equipping it with video cameras, touch sensors, manipulators, and locomotion. Because the environment is defined by what it affords with respect to interaction and perception, such a robot is unlikely to share our environment, one where we may carve wood, climb trees, fix a broken TV remote, lick a stamp, peel skin from a sun-burnt nose, serve tea, show guests to the door, queue up for theatre tickets, vote in elections, or choose a book as a present for a friend. While sensory-motor grounding provides a solution to the symbol grounding problem in general (Harnad, 1997, see also Neisser, 1965, Putnam, 1975; and Lewis, 1995), what matters is not that the world behind the interface shares the same sub-atomic makeup, but that the system is able to derive structurally (functionally) similar representations. If the experimenter could manually code such representations into the system, they would not be somehow "semantically inferior" to those acquired autonomously by the system by evaluating its interaction with a physical environment. Also, to many researchers, it is not clear if statistical or weakly grounded approaches to knowledge modeling are eventually limited in their success (see, for instance, Burgess, 1998: HAL; Goldstone & Rogosky, 2002: ABSURDIST, Landauer & Dumais, 1997: LSA). And if a system interfaces with a physical environment, but lacks cognitive facilities for processing the resulting stimuli appropriately (which is probably true for the computer vision systems of today, for instance), if it does not have the motor skills to enable rich interaction, or lacks the cognitive apparatus to incite motivational relevance, social interaction and so on, then this interface to the physical world will be insufficient to ground symbols for human-like cognitive processing.

There may not be strong theoretical (philosophical) reasons for asking for sensory-motor grounding of mental representations of every conceivable cognitive system in a physical reality, but there are strong practical reasons for constructing a model of human cognition so that its representations refer to the structures of an environment. This is what the embodiment of a cognitive system delivers: not the sparkling touch of a mystery "reality substance," which somehow ignites the flame of true cognition, but—possibly—a suitable set of patterns to constrain the representations of the system in a way similar to ours, and a benchmark that enforces the use of autonomous learning, the genesis of problem solving strategies, the application of dynamic categorization of stimuli and so on.

7.3 Localism and distributedness

Dörner uses his schemas as "modal" representations—the schema representations in his model are grounded in perception. But should representations really be schematic, instead of neural, distributed, and "more biological?" Dörner's implicit answer to this objection is that there is no real difference between schemas and neural representations. Rather, the typical schemas of symbolic reasoning might be seen as a special case of a neural representation—a very localist, clear-cut, and neat neural arrangement the system arrives at by abstraction processes. Such localist schemas are prevalent at the "higher," more abstract levels of cognition, but they are not necessarily typical for mental representations. The majority of schemas might look much more "scruffy," sporting vague links and encoding ambiguities. While abstract, localist schemas might often be translated into sets of rules (i.e., clauses of a logical language), this is not true for the more distributed schema representations of the lower levels of perception and motor action. (Theoretically, every neural network with a finite accuracy of link-weights can be translated in a set of rules—but this set might be extremely large, and its execution using an interpreter might be computationally infeasible.)

This is not a new idea, of course; it has often been argued that there is not necessarily a true antagonism between rule-based systems and distributed systems (see Dyer, 1990). Instead, rule-based representations are just a special, more localist case of a distributed representation. It might even been argued that because there are feats in human cognition, such as planning and language, which require compositionality, systematicity and atomicity, there has to be such a localist level even if cognitive functionality is best implemented in a distributed mode. Indeed, this is a point frequently made for instance, by Fodor and Pylyshyn (1988), and more recently Jackendoff (2002), who argues that the distributed representation must implement localist functionality to satisfy the constraints imposed by language.

The ability of Dörner's neuro-symbolic framework to capture (at least theoretically) both distributed and symbolic representations using *the same elements* sets it apart from many other cognitive architectures, such as Newell's symbolic Soar or Ron Sun's hybrid, two-layered architecture Clarion. But even though it is not based on productions, the schema representations bear similarities to the propositional network representations in Anderson's ACT-R. Like in ACT-R (see Anderson, 1983, p. 47), the Psi theory suggests three kinds of basic representations: temporal or causal sequences of events (protocols/episodic sequences in Psi), spatial images (compositional schema hierarchies with spatial relations) and abstract propositions (abstractions over and independent of perceptual content). But unlike Anderson, Dörner does not attempt to mimic the specifics of human memory, so he imposes fewer restrictions: for instance, in ACT-R, sequences are limited to a length of about five elements. To encode more elements, these sequences will have to be organized into sub-strings.[53]

53 This restriction is often abandoned in newer ACT-R models. Limitations and individual differences of working memory capacity are also often explained by differences in available activation (Daily, Lovett, & Reder, 2000, 2001; for retrieval by *spreading activation*, see Anderson, 1984). Soar does not use any structural limits on

While this restriction is helpful in reproducing limits of random access to elements in short-term memory, it is inadequate for well-rehearsed long-term memory sequences that are primarily linked from each element to its successor, like the memorized alphabet. The Psi theory is currently unconcerned with the problem on recreating the *specifics* of human memory, instead, it attempts to present the technically most simple solution to the problem of hierarchical memory at all.

Dörner takes neither a completely pictorial perspective on mental representation in general, nor a propositional point of view—but with respect to mental *images*, he might perhaps be called a pictorialist. *Pictorialism* (Kosslyn, 1980, 1983) maintains that mental representations of imagery takes on the form of pictures, and mental images are seen like visual images. Dörner points out that the representations may include abstract and ambiguous relationships (like "nearby" instead of "to the left of" or "to the right of") that cannot be directly and uniquely translated into an image. However, he suggests to implement a visual buffer (Baddeley, 1997; Reeves & D'Angiulli, 2003) as an *"inner screen"* (Dörner, 2002, pp. 121–122), where a pictorial prototype might be instantiated using the more general, abstract representations—by filling in the "default" with the highest activation (Dörner, 1999, pp. 604–611). This is consistent with Kosslyn's suggestion of two levels of mental imagery: a geometric one, which lends itself to image manipulation, and an *algebraic* one that captures abstract relations and descriptions (Kosslyn, 1994).

This approach is different from *descriptionalism* (Pylyshyn, 1984, 2002), according to which mental images are just the product of manipulations of knowledge encoded in the form of propositions. Propositions (essentially: rules) are the basic element of knowledge representations, and define the knowledge level, which represents actions as *functions* of knowledge and goals, and the symbolic level, which codifies the *semantic content* of knowledge and goals. (On the physical level, these rules may be represented as neural networks nonetheless.) Descriptionalism tends to identify thinking with linguistic productivity and is still widespread in cognitive science.[54]

---

working memory at all and does not model this aspect of human cognition directly (Young & Lewis, 1999).

54 Scientific discussion tends to take place in the form of a (symbolic) language, and since Wittgenstein (1921), thinking is generally quite often equated with linguistic productivity. As Bertrand Russel (1919) has put it:"*The habit of abstract pursuits makes learned men much inferior to the average in the power of visualization, and much more*

In a pictorialist framework, one would expect the use of sub-symbolic representations on all or most levels of the hierarchy, and yet, Dörner's implementations of world models are symbolic, in the sense that the representational entities define semantic units, as opposed to distributed representations, where an individual representational entity does not refer to a meaning on its own, and the semantics are captured by a population of entities over which they supervene.

7.4 Missing links: technical deficits

In their current form, the Psi theory's representations have various shortcomings. These are partly due to conceptual problems, and often just due to simplified implementations, such as the replacement of neuro-symbolic elements by pointer structures that were technically easier to implement and maintain. Dörner's theory has in many ways been constructed top-down to explain how symbolic cognitive processes may be expressed with neural elements. Thus, one is tempted to hard-wire some aspects directly into the agent, instead of implementing a mechanism that brings them forth on its own. This sometimes results in artifacts in the theory.

For example, Dörner's object recognition relies on an explicitly defined level of *Gestalts*: these are directly implemented within the accommodation procedure (p. 213). There is no doubt that Gestalts play an important role in visual perception, but does this mean that we have to implement them? Rather, one would expect them to emerge automatically when a multi-layer network is trained over visual input according to a sparseness and stability doctrine (König & Krüger, 2006). In other words, Gestalts are just an emergent by-product of low-entropy encoding of lower level visual features at higher levels in the perceptual hierarchy. They do not need any extra treatment beyond a mechanism that seeks to minimize entropy when storing information in a feed-forward network. This accusation of too much "neatness" with respect to representations is not a fundamental disagreement with Dörner's *theory*, it applies only to the given

---

exclusively occupied with words in their 'thinking'," and thus, they tend to downplay or even neglect the role of non-lingual, visually, or spatially oriented aspects of thought processes.

implementations. In this way, the Psi theory has many technical deficits which require additional *engineering* efforts to overcome.

A more realistic representation, one that could, at least conceptually, be extended to noisy environments with continuous feature-spaces, will ask for several enhancements:

1. The departure from the node chains in favor of *arbitrarily por*-linked graphs: Currently, both the memory protocols and the object descriptions tend to be too linear, which, by the way, seems to be a classical problem with scripts, as already noted by Schank and Abelson (1977). If the *por*-relation is used to connect adjacent features, then a single chain will represent an ordered list, instead of an arbitrarily ordered set. Such an ordered list is adequate for simple plans, but makes it difficult to test perceptual hypotheses in the order of availability of features (instead of the order specified in the list). Also, to facilitate parallel processing, an unordered set of sub-hierarchies is more adequate than an ordered list.
2. A better handling of lists. Elements in strings are currently only connected to their predecessor (using *por/ret*-links); only the first one is connected to the parent (*sub/sur*). If it is necessary to backtrack to the parent element during processing (for instance to find out that "March" not only is the successor to "February," but that both are members of the list "Months"), the list has to be traced to the first element, before the parent can be identified. A straightforward solution might consist in adopting the strategy of ACT-R (Anderson, 1983, p. 53) to connect all elements, albeit weakly, to the parent.
3. The introduction of *different link weights* to mark favored test and/or activation orders for individual features: Between a fully interconnected set and an ordered list of features, there may exist a continuum, for instance, a preferred order of features or plan elements that can be overridden by circumstance. This may be represented by using weights of less than 1.0 as parameters of the *por*-links: the most preferred order would be represented by high link weights, and common alternatives by lower link weights. In a similar fashion, different weighted *sub*-links might indicate the significance of features in object recognition and so on, that is, a feature which is strongly

sub-linked to an object would be highly significant in recognition or interaction with this object, while a feature with a weak *sub*-link is less relevant and less likely to be used for recognition and action.

4. The introduction of almost arbitrarily many *levels* of hierarchy: Dörner's current implementations utilize fixed compositional hierarchies for object representation. For instance, in protocol memory there are six levels. The protocol marks the highest level, followed by the situational level. Situations consist of objects which consist of shapes (*Gestalts*), made up of line segments and, on the lowest level, pixel arrangements. Beyond the implementation, Dörner maintains that objects are defined as compositions of other objects, with arbitrarily many levels of hierarchy. Implementing this requires dealing with many sub-problems: The revision of hierarchies needs to preserve the semantics of related objects, beyond the revision itself. Also, it is likely that hierarchies can become recursive, and the algorithms working on the representations will have to be able to deal with that. Getting dynamic compositional hierarchies to work on real-world perceptual content will pose a formidable technical challenge.
5. The use of *flexible* hierarchies: Depending on the context, objects might be composed of a certain set of *sub*-objects at one time, and of children of these *sub*-objects at another. For instance, a human body may be recognizable by a silhouette including a head, a rump, extremities and so on, with the head being recognizable by the shape of the skull and the facial features. In a different context, if for instance only an extreme close-up of the face is available, the nose may suffice to recognize a human, but the overall composition of the human silhouette bears no relevance. Therefore, hierarchies will often have to be generated *ad hoc* depending on context and can probably not be guaranteed to be consistent with other hierarchies.
6. Working with hierarchies of *mixed depth*: If objects may be composed of other objects, the distance between any given object representation and the associated sensor/actuator level is unlikely to be uniform. If hierarchies are constructed depending on context, *sub*-links may cross several levels of hierarchy at once.

7. Methods for expressing and working with *relations between features* within an object. Dörner describes the use of alternatives and subjunctions, the latter as a make-shift replacement of conjunctions (Dörner et al., 2002, pp. 65–66). On top of that, mutual exclusions, cardinalities and feature spaces depending on multiple attributes will have to be included, for instance, to represent colors depending on multiple receptors.
8. Context dependent relationships between features: If a set of features $N = \{n_1, n_2\}$ compositionally defines an object p by *sub*(p, *por*(n_1, n_2)) (i.e., both features together make up the object), there may be another object q that is distinct from p but defined by the same N using *sub*(p, n_1); *sub*(p, n_2) (i.e., one of the features is sufficient for the object). Obviously then, the *por*-link between n_1 and n_2 needs to be treated as relative to p, as it only applies in the context of *sub*(p, *por* (n_1, n_2)), not on the context of q. In other words, we need a way to express that n_1 is *por*-related to n_2 *with respect to* p.
9. The inclusion of different neural learning mechanisms. While binary=linked representations may be treated as discrete rules, real-valued links require neural learning. Needless to say, all algorithmic paradigms used on a single representation need to be mutually compatible.
10. Complex schematic representations are not acquired in a single step, but over many perceptual cycles; we almost never learn new schemas, rather, we modify existing ones (Rumelhart & Norman, 1981). Thus, representations have to be stable during knowledge retraction and modification; the algorithms processing them need to possess *any-time characteristics* (Dean & Boddy, 1988; Zilberstein & Russell, 1992).
11. The PSI theory needs to be extended with a link type to express taxonomic relations ("is-a"). Unlike ACT-R implementations, PSI agents are autonomous learners, so categories cannot be hand-coded. Rather, PSI agents will have to be equipped with mechanisms to learn and organize categories. (In MicroPSI, taxonomic links are expressed using *cat* and *exp*, to denote "category" and "exemplar.")

It is clear that even the short list of challenges that I have just given calls for a quite formidable research program. While most of these points have at least to some degree been addressed in MicroPsɪ, there remains much work to be done.

7.5 Missing powers: conceptual shortcomings

Next to the technical challenges listed above, the representations of the Psɪ theory likely need conceptual extensions. While the technical challenges tend to be of an engineering nature, the conceptual deficits touch on philosophical and scientific issues that go beyond our aptitude for implementing neuro-symbolic algorithms. Rather, they will reflect our understanding of how a cognitive system capable of the feats of human intelligence comes to terms with its world.

7.5.1 The passage of time

The Psɪ theory currently lacks a proper mechanism to express the *passage of time*. Just as in ACT-R (Anderson, 1983, p. 49), temporal strings in Psɪ represent orders, not intervals, and the distance between events has to be expressed with additional attributes. Dörner suggests using the weights of links between successive elements in an episodic protocol to mark the temporal distance between these elements, but this conflicts with the relevance of the string, which is indicated by the same weights. This may be tackled using additional annotations, however. In the current models, there is no need to deal with proper representation of time, because the environments are characterized by discrete events.

A more thorough approach to representing time will not only have to deal with ordering elements in a protocol relatively to each other, but also with the connection of events to *durations*, such as "internal clocks" that are either linked to short-term or circadian oscillators. Also, the *absolute distances* of events to key events may have to be stored. An adequate representation of time is a very interesting and worthwhile research topic on its own, and will require quite some effort to implement.

7.5.2 The difference between causality and succession

To encode links in scripts, Dörner uses *por/ret*-links, which he describes as causal relations. This way, events are ordered and at the same time, the links reflect the ways in which they cause one another. This is consistent with other proposals in cognitive science (for instance Cheng & Novick, 1992), where it is suggested that the strength of a causal inference reflects the probability of an event leading to an outcome. Indeed, this is what the links semantically reflect (because their strength is adjusted to model probabilities of transitions from one event to another). Yet, there might be cases in which causal relations differ from the probability of transitions. For instance, when storing a melody or poem, a sequence of elements might predict the successor extremely well (because the melody and the poem are the same each time). Yet one would not argue that the elements of a melody or poem would cause each other—they just happen to be ordered in that sequence, they are neighbors on the time-line within a thread of a protocol. It seems desirable to have representations for cause-effect relations different from those for neighborhood relations, even though these often correlate, and the Dörner model currently makes no provision for that. As it is, the *por/ret*-linkage in protocols just marks a successor/predecessor relationship, and not a causal one. *Por/ret* would attain the semantics of a causal link only in contexts where it is used to retrieve causal relationships, for instance during planning, where the system may strive to attain a goal situation by marking preceding situations as sub-goals.

7.5.3 Individuals and identity

There is no strict conceptual difference between individuals and types in the Psi theory, and Dörner does not acknowledge the need to make a distinction between individuals and classes of identical looking instances of a kind. This might be a shortcoming of the current state of the theory, because there is a significant difference in the way humans treat instances of the same individual that look different, vs. different individuals which happen to have the same properties. It is conceivable to have two individuals which share all their properties—not physically perhaps, because in the case of material objects they might have difficulty in occupying the same place in space and time—but in our imagination. These individuals might remain distinct, as long as they are different in their identities. In the same way we can imagine objects which are extremely different in every respect, but which are conceived as being one and the same, because they share their identity. The crucial difference between different occurrences of the same individual and different instances of like objects is obviously not perceptual, but representational. What makes up this difference in representation is the property of identity. Identity cannot be perceived—it is a feature imposed by the way objects are stored within the cognitive system: occurrences of the same object have to share a "world line," a thread in the protocol, in other words: they are different descriptions of an object within the same biography.

For instance, it is (in the current implementations) impossible for an agent to represent the difference between meeting the same object twice under different circumstances and meeting two different objects with the same properties—the identity of objects hinges on distinctive features. Identity itself, however, is not a phenomenological or empirical property that might be directly observed by checking features and locations of objects. It is an "essence" of objects, a property that only applies to their representation. To say that two object instances share an identity does not necessarily imply that they have to share any features beyond that identity. (It is, for instance, possible to express the notion that a certain enchanted frog *is a* prince. In this case, we are expressing the belief that the frog and the prince somehow *share a biography*, that there is some operation—perhaps performed by an evil witch—which has applied an identity-preserving transformation to one or the other.) Technically, by declaring the identity between two object instances, we are expressing that in our representation, there is a common protocol thread for these objects. Conversely, if two objects share all of their properties *except* the continuity of their protocol threads, they remain two distinct individuals (as in: "the evil witch has replaced the prince with an identical copy of himself, which shares even his memories"). If we accept that identity is not a property of how things present themselves to a system, but a property of how the system may represent these things, we will need to equip Psi agents with a way to associate identical object instances (for instances in perception) with their individual protocol threads ("biographies"), and to keep similar looking objects that are distinct on separate protocol threads. Semantically, this again amounts to an "is-a" link; the standard link types (*por, ret, sub, sur*) are semantically incompatible to mark "identical, but stored in a different position in the network."

Currently, Dörner takes two different approaches with respect to individual identity. In the island simulation, all objects except the agent are immobile and can thus be distinguished by their location in the environment. Learning, on the other hand, applies to all instances of objects sharing the same properties, and the challenge consists in narrowing down the set of distinctive properties to those that separate the objects into similarity classes with respect to their interaction. For instance, rocks may look slightly different but react similarly to attempts to hit them (they fall apart) or to ingest them (they are inedible), and the agent will have to find those properties that separate rocks from piles of sand or trees. All objects are relevant only as members of types, and instances of these types are not associated with "biographies," but with locations that make them distinct. In the "mice" simulation, which does not feature immobile objects but only mobile agents, each agent is recognized as different, the interaction with each one is recorded, and no inferences are made from the experiences of the interaction with one agent with respect to others. Thus, in the island simulation, all objects are not individuals, but indefinite types; in the "mice" simulation, all objects are individuals. A simulation that combines mobile and immobile objects with consistent interaction histories will require equipping the Psi agents with a way to represent both aspects, and to switch between them whenever the need arises.

7.5.4 Semantic roles

The omission of a typology might also make it difficult to assign *semantic roles* to represented entities, and to properly address the *frame problem* (see below). Semantic roles are usually discussed in the context of natural language understanding—they were introduced in the context of generative grammars in the 1960s –, but they are crucial when representing situations with agents, actions, instruments and *effected* changes. Typical examples of role designations are: (Dowty, 1989)

- *Agents*: they are part of situational descriptions, and they are the cause of an action that is described in the current situational frame. In a stronger sense, agents may be *intentional*, that is, they are interpreted in terms of "internal," volitional states, which relate to the action. (For example, someone throwing a ball.)
- *Patients*: are objects of actions, in the sense that something happens to them, and that they are affected by this. (For example, someone the ball is thrown to.)
- *Experiencers*: are participants who are objects or observers of actions, but not affected (changed) by them. (For example, someone witnessing others playing ball.)

- *Themes*: are participants that undergo a change in state or position as part of the action, or which have a state or position instrumental for the action. (For example, a ball being thrown.)
- *Locations*: are thematic roles associated with an action that is related to a place.
- *Sources*: are objects from which motions or transitions proceed.
- *Goals*: are objects where motions or transactions commence.

These role descriptions are neither universally agreed on in linguistics, nor are they exhaustive. For instance, Filmore (1968) distinguished just five basic roles: *agentive, instrumental, dative* (being in motion as effect of the action), *locative* and *objective*; Jackendoff (1972) uses just *cause, change* and *be*, while Frawley (1992) suggested four basic classes of roles with three sub-cases each: *logical actors* (agent, author, and instrument), *logical recipients* (patient, experiencer, and benefactive), *spatial role* (theme, source, and goal), *non-participant roles* (locative, reason, and purpose). Some work in artificial intelligence suggests much greater detail in the specification of roles; for instance, Sowa suggested 19 thematic roles (Sowa, 1999). The *Upper Cyc* ontology (1997) of Lenat's encyclopedic knowledge system uses more than a hundred thematic roles. Some approaches, such as FrameNet II, even define roles relative to each situational frame, so their number ranges in the 600s (as of August 2006).

Does the Psi theory, with its partonomic hierarchies and subjunctive sequences, have the necessary expressive power to convey these roles? The answer really depends on the view being taken. First of all, because there is no inheritance relation, roles cannot simply be defined *per se*-only individual situational frames can be expressed. A role could then be seen as a disjunction of all situational frames of the same type, with possible abstractions by omitting those features that are not distinctive for all instances of the roles. Thus, the role would be a generic frame that *accommodates* all its instances. But without a way of inheriting the properties of the generic frame to describe a new, specific situation, such an approach is of limited use.

The lack of feature inheritance from one representational structure to the next also makes it difficult to deal with partial changes in situational frames; this is, for the most part, the infamous *frame problem*: how should the effects of actions be represented in such a way that it can be inferred what has changed and what remains after a sequence of actions has taken place (McCarthy & Hayes, 1969; Pylyshyn, 1987; Shanahan, 1997)?

Dörner circumvents this problem by using complete situation descriptions (Dörner, 1999, p. 205), interleaved by actions. This brings three serious difficulties: first, in a complex, open world, complete situational descriptions are usually not feasible, and complete hierarchical descriptions are not possible, because what would be the proper root element of an all-encompassing situational frame? (In Dörner's simulations, it is usually a location defined by the visual range of the agent.) Second, this representation does not specify which *particular* change of the situation was effected by the action, and which other changes where the result of other actions and events (*dependency analysis*). Therefore, it is also not possible to express that several agents effect several independent actions at the same time. And third, if there are multiple changes, it may be impossible to infer *which part* of the previous situation turned into which part of the new situation.[55]

It seems inevitable that PSI agents will have to be able to represent partial situations as parts of situation-action-situation triplets before the frame problem can be addressed in any way; the remainder of the situation (the part that is not affected by the particular action) will have to be *inherited* from a more general frame, and the partial situation will have to be linked to its exact position within the more general situation description.

The challenges do not stop here. There are many different aspects of representation, for instance the depiction of dynamic relationships and of repetitive movement, or the abstraction and application of transformations, which are still poorly addressed both in the PSI theory and the subsequent implementations in MicroPSI.

Next to the question whether the expressive power of the PSI theory's representations suffices *theoretically*, it is (perhaps much more) important to know whether the PSI agents are equipped with sufficient means

55 In AI, several methods have been successively developed to deal with the frame problem, especially the Situation Calculus (McCarthy, 1963), STRIPS (Fikes & Nilsson, 1971) and the Fluent Calculus (Thielscher, 1999) along with FLUX. (Thielscher, 2004) Discussion of the application of solutions of the frame problem to real-world situations, for instance robotic agents, can be for instance be found in Reiter (1991, 2001), and Shanahan & Witkowski (2000).

for *acquiring* these representations autonomously: remember that the PSI theory is not primarily concerned with specifying an expressive language (like ACT-R and Soar), but it defines an agent that explores and learns on its own. Because of the limited abilities of current models, their grossly simplified simulation worlds, the simplistic learning methods and inadequacies in their implementation, any attempt to answer this question would be extremely speculative.

But even though we have seen some possible limits and many issues where the answers of the PSI theory to the questions of representation and knowledge management are fragmentary, there is a lot to be said in favor of its approach: It is a *homogenous* neuro-symbolic formalism, which has been successfully applied to the representation of objects, episodic knowledge and plans, and which has been shown to be suitable for autonomous reinforcement learning and modeling the agent's simulation environment. The PSI theory seems to be successful in addressing the problem of symbol grounding, and to represent objects with respect to their affordances. With its "unlimited storage, limited retrieval" approach, it provides a fast and cognitively plausible method for building an associative memory. Last but not least, the PSI theory is a work in progress. Because its representational apparatus is simple and clear, it may serve as a good starting point for incremental extensions in the future.

8

The MicroPsi architecture

[This] is or should be our main scientific activity—studying the structure of information and the structure of problem solving processes independently of applications and independently of its realization in animals or humans.

John McCarthy (1974)

When the Psi theory sketched its map of a mind using a computational theory, it left the methodological vicinity of experimental psychology, but gained a novel and more comprehensive perspective on cognition. It pictured the mind as a perceptual symbol system, embedded into a motivational apparatus and modulated by emotional states. The Psi theory sees its subject as a situated, problem-solving agent in pursuit of the satisfaction of physiological and cognitive urges, acting over and making sense of a heterogeneous, dynamic environment, and—in most recent work—as a part of a larger set of socially interacting agents. Dörner's attempt to analytically explain the principles of human problem solving and action regulation has indeed led to a "blueprint for a mind," a broad model, a unified architecture of cognition.

Cognitive architectures that are open to implementation as computer models often restrict themselves to the question of the functioning of cognitive processes and how human behavior can be simulated within a technical framework. Rarely do they address the question of how these processes and behaviors give rise to cognitive autonomy, personhood and phenomenal experience, in short: of how they bring a mind into being. Dörner's philosophy never gets shy when confronted with matters of this kind, and yet remains always true to its functionalist and constructionist stance. Of course, the Psi theory is very far from offering comprehensive answers to all of the problems of the philosophy, functionality and physiology of cognition. But as a framework for thinking about the mind, it offers tools to ask these questions, in ways that make it possible to answer them in a fruitful way, open to critical discussion, experimental validation and further exploration.

These aspects may explain why we—the author and a group of enthusiastic students of AI and cognitive science that joined this enterprise—decided to choose the Psi theory as a starting point for our attempts at building models of cognition. The result of these attempts is the *MicroPsi project* (see the MicroPsi homepage; Bach, 2003, 2005, 2006, 2007, 2008; Bach & Vuine, 2003, 2004; Bach, Bauer, & Vuine, 2006; Bach, Dörner, & Vuine, 2006; Bach, Dörner, Gerdes, & Zundel, 2005). The name "MicroPsi" credits the inevitable limitations that we had to introduce into our small model, which inevitably will only be fulfilling a sub-set of the Psi theory's goals. In our attempt to understand, structure, and summarize the Psi theory, we soon discovered that the existing implementations of the Psi theory by Dörner and his group were very fragmentary and difficult to extend. It became clear that, to set up experiments, design Psi agents, test and extend the theory, and to make the work accessible to others, we would need to design a new implementation of the agents, their representational structures, the modeling tools and the simulation framework from the ground up.

8.1 A framework for cognitive agents

This work is not just an attempt to explore the hidden structure of Dörner's work and discuss its flaws. Beyond that, it was our goal to carry the Psi theory into AI and cognitive science. Our model should be structured and general enough to act as a foundation for further research, not just within our group, but also for others with an interest in cognitive modeling. Eventually, we decided that this new implementation would have to meet the following criteria:

— *Robustness:* Using established software engineering techniques, we wanted to achieve a powerful and extensible software design that could be adapted to future changes, different hardware and various applications without rewriting and restructuring it.

- *Platform independence:* MicroPsi was to run on various operating systems, as a distributed application, through web interfaces, on stand-alone systems and possibly even on embedded platforms for application in robotics.
- *Speed:* The system would have to be fast enough to support large neuro-symbolic representations within a single agent, large agent populations, and large simulation environments.
- *Multi-agent capabilities:* Groups of MicroPsi agents should be able to interact with each other in simulated environments.
- *Networking capabilities:* It should be possible to run all components on a single machine, but if agents get larger, we will need the opportunity to run them on independent machines. Likewise, the simulation environment and the viewer applications may have to run on independent machines.
- *Robotic interface:* Just as a MicroPsi agent creates representations based on sensory input that arrives through input neurons connected to a simulated world, and acts by sending actions through actuator neurons, it should be possible to connect it to a real environment by linking it to robotic sensors and actuators.
- *Human-computer interface:* For experiments comparing human performance with agent performance, and for the supervision and demonstration of experiments, the platform would need a viewer application that could be adapted to different experimentals.

Besides this technical set of criteria, we wanted to meet a number of goals with respect to the theory. Specifically, we liked the monolithic neuro-symbolic representations suggested by the Psi theory, which would use spreading activation networks to construct object representations, control structures, the associative memory and motivational system—in short, every aspect of the agent. This was the feature that we missed most in the implementations by Dörner's group. With the exception of *DAS* (Hämmer & Künzel, 2003), a simulator for threshold elements that was used as a demonstrator and classroom tool for parts of the motivational system and the principles of spreading activation in memory, every model replaced the neuro-symbolic representations with rigid pointer structures in Delphi (for object representations and protocols) or omitted them completely (for all other control structures). Thus, the core of the MicroPsi framework would be an editor and simulator for spreading activation networks. The representations should be:

— *Monolithic:* All control structures of the agent are expressed with the same representational structures.
— *Neuro-symbolic:* Using the representations, we want to demonstrate both planning and neural learning. Thus, we would need a formalism that can be utilized for distributed and localist representations.
— *Integrated with high-level programming language:* Building control structures for learning, planning, controling robots etc. from single neural elements would not just be painstaking and error-prone—it is practically infeasible, and execution would be prohibitively slow. Thus, the neural representations would have to seamlessly incorporate programming code in a standard high-level language.
— *Independent of the application:* With a neuro-symbolic interface, the representations should be compatible with both simulated and physical environments. Drivers for robotic hardware would have to be hidden by software adapters that are addressed with neural activation values in real-time.
— *Conforming to the theory:* The representational entities and the way they are used should be as close as possible to the theory. This does not necessarily mean a restriction to threshold elements; rather, we wanted to find a viable way for using a concise notation for executable, hierarchical semantic networks that includes Dörner's *quads* and *register neurons* as a meaningful sub-set.
— *Extensible where necessary:* The Psi theory does not include link types for "*is-a*" and symbolic reference. I think that this might be a shortcoming, especially because Dörner has added *ad hoc*-link types in his implementations when he was confronted with the problems posed by their omission, for instance *color*-links, and *linguistic reference* ("pic" and "lan").

In the following section, I will describe the representations used to meet these demands—the MicroPsi Node Nets—and the framework that we have developed to design and run MicroPsI agents. But first, let us have a look at what such an agent should look like.

8.2 Towards MicroPsI agents

The design of Dörner's Psi agent, especially in the "island" simulation, is not only determined by the theory but also by the software technology that was used in its implementation. The decision to write the software in Delphi, without the recourse to object orientation or multi-threading, leads to a monolithic and entirely sequential control structure—the activity of the agent is organized in a strict *sense-think-act* loop, that is followed through in every cycle of the simulation. The activity of the agent consists of the call to a perceptual sub-routine, followed by an evaluation of the motivational parameters, and then a check for possibilities for "opportunistic behavior" (actions that are not part of the current plan, but are afforded by the environment and allow for instant gratification of an active demand). Next, the agent will attempt to establish a plan to satisfy the demands identified by the motivational subroutine; either by identifying an already established behavior routine (automatism) or by constructing a plan using a hill-climbing search through the space of known operators (actions) and pre-conditions (situations). If such a plan already exists, or a new one is found, the next applicable action is executed, and the next cycle begins.

Of course, this does not imply that the theory suggests that the brain waits for perception before planning ensues, and eventually triggers actions—in reality, for all these faculties, a multitude of specialized processes is active at the same time and on several layers. Also, it makes sense to abandon the division between perception, action and cognitive behaviors—all these aspects of cognition are actions in some way, and differ mainly in the operations that they trigger, that is, in the actuators that they are connected to, and that either initiate and integrate external sensing, or trigger cognitive and external behaviors.

On the other hand, the Psi theory does not really establish an agent architecture—it is much more a collection of principles and methods; and the sketch of a cognitive architecture presented in the first chapter is a derivative of these principles, combined with my attempts at abstracting from the current implementations.

With this in mind, we may set out to discuss the design of a technical framework for such an agent, as well as the representational structures to be used in its implementation.

8.2.1 Architectural overview

The architectural sketch of the MicroPsi agent (Figure 8.1) consists of several main components, which are all concurrently active. These components are connected to their environment by a set of somatic parameters (like "intactness" and "hunger") and external sensors. From these parameters, which are given as activation values in input neurons, somatic desires ("urges"), immediate percepts, and modulators are automatically derived. The activity of the agent consists of a number of internal and external behavior modules. While the former are actions, the latter send sequences of actuator commands to the environment by setting activation levels in actuator neurons.

The representations that can be derived from external percepts (in conjunction with knowledge that has been acquired earlier) are stored in the agent's access memory. The agent also possesses a long-term memory that holds its history and concepts that have been derived from

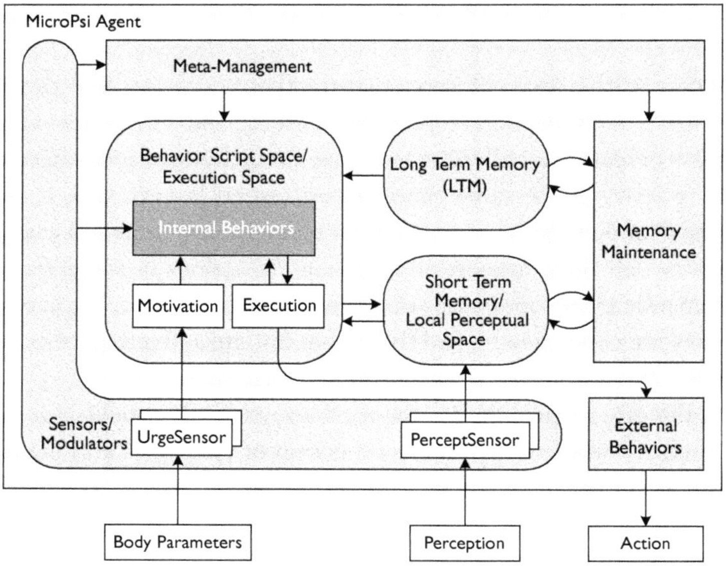

Figure 8.1 Overview of MicroPsi agent architecture

interaction with the environment. The exchange between long term and access memory takes place through a set of autonomous memory maintenance processes, which also handle memory decay, concept generation and so on. The agent's internal behaviors are meant to handle its higher cognitive processes. They are triggered by motivations and modified by a set of modulators. The management of processing resources between the internal behaviors and the memory maintenance mechanisms is handled by the meta-management module.

This division captures the main principle of cognitive processing embedded into a motivational and modulation system. However, it entails several modifications to Dörner's original layout: It includes a meta-management module to coordinate resources between the different sub-systems (and, in a rapidly changing environment, could also be used to trigger alarms and orientation behavior), and memory is separated into long-term memory and working memory. The latter change also requires mechanisms to exchange information between long-term memory and short-term memory (memory maintenance).

In the Psi theory, there is no dedicated (structurally separate) working memory, even though it is usually considered a central component of human cognition (Boff & Lincoln, 1986, Sec. 7; Just & Carpenter, 1992; Newell & Simon, 1972; Wickens, 1992). Instead, operations take place on a global memory structure, with several exceptions: The "inner screen" allows one to temporarily construct anticipated and hypothetical situation representations, so that they can be compared with actual sensory input. The second exception is the current world model that is continuously spun into a protocol by successively adding new instantiations of the current world model. (Thus, it is structurally not separate from long-term memory.) All other functionality that is usually attributed to a separate working memory is achieved by setting temporary links from a set of register neurons, and by using temporary activations. This way, an expectation horizon (immediately anticipated events), and active plan elements and goal situations can be maintained.

There are good reasons to reflect the functional separation between strictly temporary and permanently stored representational content with different functional modules, but the Psi theory's suggestion of a global memory is shared by several other cognitive architectures. For instance, ACT-R and CAPS also treat working memory as an activated portion of long-term memory. (For a review on approaches to modeling working memory, see Miyake & Shah, 1999.) In the MicroPsi agent architecture, the distinction is largely technical.

8.2.2 Components

The working memory of MicroPsi is the portion of memory that subsumes active perceptual content, goals, plans, etc., while long-term memory contains protocols, established behavior routines, information about individual objects, and abstracted categorical knowledge.

Here, objects, situations, categories, actions, episodes, and plans are all represented as hierarchical networks of nodes. Every node stands for a representational entity and may be expanded into weighted conjunctions or disjunctions of subordinated node nets, which ultimately "bottom out" in references to sensors and actuators. Thus, the semantics of all acquired representations result from interaction with the environment or from somatic responses of the agent to external or internal situations. For communicating agents, they may potentially be derived from explanations, where the interaction partner (another software agent or a human teacher) refers to such experiences or previously acquired concepts.

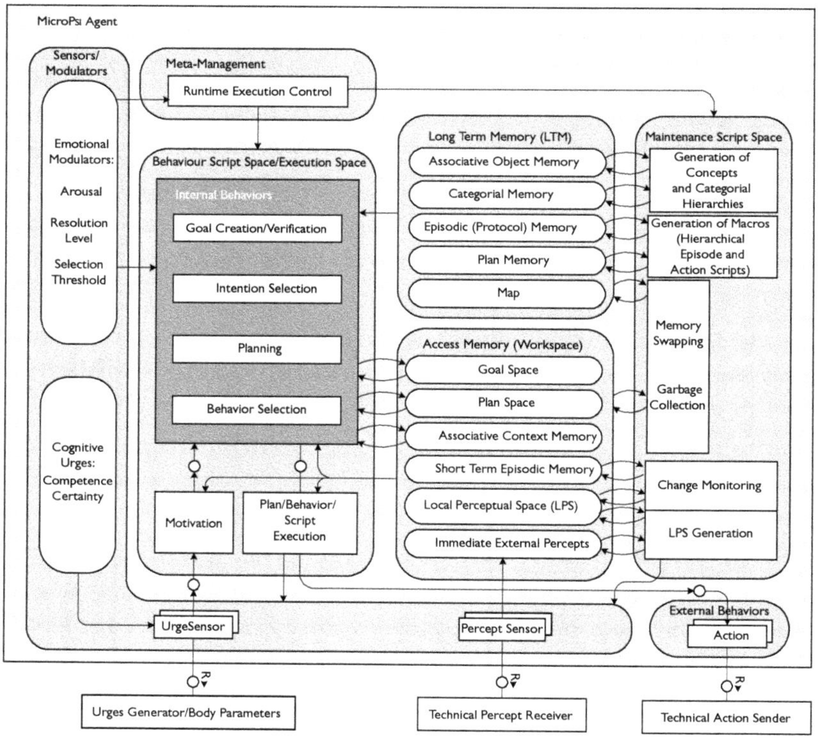

Figure 8.2 Main components of MicroPsi agent architecture

The modulatory parameters of the MicroPsi agent define the configuration of its cognitive system with respect to *arousal, resolution level* and *selection threshold* (in dynamic environments, the *rate of securing behavior* is an additional modulatory parameter). This configuration influences how an agent perceives, plans, memorizes, selects intentions, and acts. The modulation is designed to allocate mental resources in a way that is suitable to a given situation and reduce the computational complexity of the tasks at hand (see Dörner & Schaub, 1998), specifically:

— The *arousal* is a parameter to action readiness of different behavior strategies, and it influences the depth and breadth of activation spreading during retrieval of memory and perceptual content.
— The *resolution level* controls the threshold of activation spreading, and thereby influences the breadth of search during retrieval.
— The *selection threshold* controls the likelihood of motive changes by increasing the strength of the currently active motive, thereby reducing motive oscillations (i.e., repeated changes between alternate, conflicting goals).

The agent's motivational system is based on a number of innate desires (*urges*) that are the source of its motives. Events that raise these desires are interpreted as negative reinforcement signals, whereas a satisfaction of a desire creates a positive signal. On the "physiological level," there are urges for *intactness*, energy (*food* and *water*). Additionally, MicroPsi agents have cognitive urges, for *competence* and *reduction of uncertainty*, and a social urge: *affiliation*. The levels of energy and social satisfaction (affiliation) are self-depleting and need to be raised through interaction with the environment. The cognitive urges (competence and reduction of uncertainty), lead the agent into exploration strategies, but limit these into directions where the interaction with the environment proves to be successful. The agent may establish and pursue sub-goals that are not directly connected to its urges, but these are parts of plans that ultimately end in the satisfaction of its urges.

The execution of internal behaviors and the evaluation of the uncertainty of externally perceivable events create a feedback on the modulators and the cognitive urges of the agent.

External perceptions are derived from hypotheses about the environment that are pre-activated by context and recognized features, and then tested against immediate external percepts. Only if the expectations of the agent fail, and no theory about the perceived external phenomena can be found in memory (i.e., "assimilation" fails), a new object schema is acquired by a scanning process ("accommodation") that leaves the agent with a hierarchical node net. Abstract concepts that may not be directly observed (for instance classes of transactions—like "giving"—or object categories—like "food") are defined by referencing multiple schemas in such a way that their commonalities or differences become the focus of attention.[56]

External percepts are mapped into a space of sensors ("immediate external percepts"), from which a representation of the agent environment is created ("local perceptual space"). Changes in the environment are recorded into the agent's short-term episodic memory. The mechanisms responsible for this form the autonomous external perception of the agent.

The agent represents actions as triplets of nodes, where the first references the elements of a situation that form the pre-condition of an action, the second the actuator that leads to the change in the environment, and the last the changes that form the post-condition. The actuator often refers to other chains of actions ("macros" or "scripts"), which makes long plans feasible by packing sub-plans into chunks. Because all internal behaviors—perception, goal identification, planning, metamanagement etc.—may be formulated as node chains and can be subject to the evaluation and planning of the agent, it has the tools to re-program its own strategies. Eventually, language should become a structuring aid for behavior programs.

MicroPsi agents possess a small set of *planning* strategies. Given a goal situation (which is derived from the motivational process), agents try to find a chain of actions that leads from the current situation to the goal (automatism). If no such chain is remembered, its construction is attempted by combining actions (see above). This may happen by

56 Here, abstraction should be based on *structural similarity* or on *relevance*. For instance, in the case of an abstraction like 'giving', episodes have to be described using *thematic roles*, such as "giver," "given,", and "receiver," which together form an abstract "giving schema," from which individual role properties can be inherited to describe a concrete situation more efficiently. The abstract schema captures the common aspects of episodes where the control over an object is transferred from one agent to another. In the "food" example, abstraction could be achieved by grouping instrumental objects of consumptive actions satisfying the food urge into a single category.

different search algorithms (forward, backward, A* etc.), using spreading activation from the goal situation, the current situation, or both, and where depth and width of the search are controlled by the modulators.

Although there is no singular control structure ("central execution"), the different processes forming the internal behaviors and the memory maintenance are allocated processing resources according to the given situation. This may happen by calling them with varying frequencies or by using algorithms that consume different amounts of memory and processing time. Thus, different layers of reactivity within the agent can be realized. Note that this does not happen by distinguishing behaviors based on their level of reactivity, but by promoting a cognitive process if its successful execution needs more attention, and by demoting it if it runs smoothly. The evaluation of the performance of such processes is the task of the meta-management. The meta-management is not to be confused with awareness or some form of consciousness of the agent; rather, it is a cognitive behavior like others and can also be subject to different levels of processing.[57]

Dynamic environments may also require a set of *alarms*: The MicroPsi agent is not guaranteed to execute the meta-management in short intervals or with high attention, which can prevent it from reacting quickly to environmental changes. Dörner has proposed a "securing behavior" that should be executed by the agent in regular intervals, while for instance Sloman (1994) describes a system which he terms "alarms," with the same purpose: to quickly disrupt current cognitive processes if the need arises. In MicroPsi, an orientation behavior would follow if unexpected rapid changes in the low level perception or urge detection were encountered. (This is not part of the current MicroPsi, because its environment so far contains no predators or other hazards that would require quick reaction.)

The memory content of MicroPsi agents is stored as hierarchical networks of nodes, which act as universal data structures for perception, memory and planning. These networks store object descriptions as *partonomic hierarchies*, that is, the nodes are organized using "*has-part*" links (called *sub* in Dörner's terminology), and their inversions ("*part-of*" or *sur*, respectively). The lowest level of these hierarchies is given by

57 Here, attention is the focusing of processing resources, while awareness is an integration of active elements from different cognitive behaviors into a single process with high attention. Awareness is currently not a part of MicroPsi.

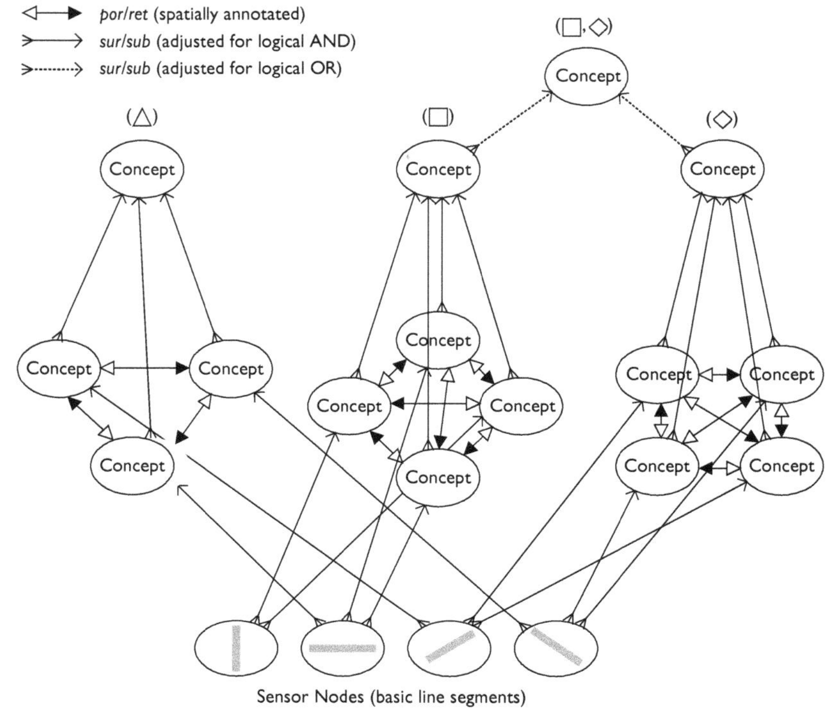

Figure 8.3 Hierarchical sensor schema (schematic)

sensor nodes (and actuator nodes) that are directly linked to the environment. These elementary representational elements are "*part-of*" simple arrangements of the sensory content that activates the individual sensory hypotheses. The relationships *within* these arrangements, on the same level of the hierarchy, are expressed with spatially and/or temporally annotated successor and predecessor relations (*por* and *ret*). (Figure 8.3 gives a simple example: Sensors for diagonal and vertical line segments are "*part-of*" spatial arrangements that form a triangle, a square or a diamond. Diamonds and squares may also be subsumed under a more general rectangle concept.)

The nodes may also be arranged into *por*-linked chains to represent episodes in protocol memory, behavior programs and control structures. (See Figure 8.4 for a simplified action schema.) By alternating action descriptions (portions of the chain that "bottom out" in actuator nodes) with sensory descriptions, schemas may refer to situations preceding an action, and resulting from an action, respectively. In this way, it is possible to express that if the agent finds itself in a matching prior situation,

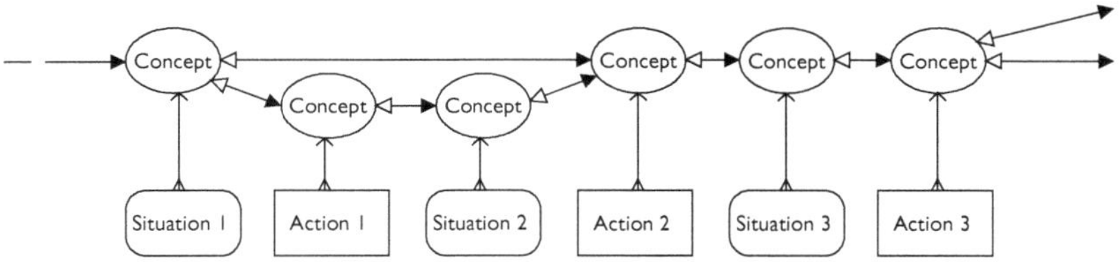

Figure 8.4 Representation of behavior program (schematic)

it may reach the posterior situation by the execution of a certain action. Using multiple *por*-links, alternative branches of plans and episodic scripts may be described.

Even though the Psi theory does not distinguish between different types of memory, splitting it into different areas (node spaces) helps to clarify the different stages of cognitive processing, as well as the different areas of memory. The main distinction that has been introduced into MicroPsi is the split into long-term memory and workspace. This enables agents to represent and manipulate data quickly according to a given context, and to establish and test new hypotheses without compromising established long-term memory.

The main kinds of information in the short-term memory include the actual situation, the current course of events, a contextual background for objects in the current situation, as well as currently active goals and plans.

The long-term memory stores information about individual objects, categories derived from these objects, a biography of the agent (protocol memory), a library of plans and plan-components, and a map of the environment.

The links between nodes both in long term and short-term memory undergo a decay (as long as the strength of the links does not exceed a certain level that guarantees not to forget vital information). The decay is much stronger in short-term memory, and is counterbalanced by two mechanisms:

— usage strengthens the links; and
— events that are strongly connected to a positive or negative influence on the urges of the agent (such as the discovery of an energy source or the suffering of an accident) lead to a retro gradient connection increase of the preceding situations.

If a link deteriorates completely, individual isolated nodes become obsolete and are removed. If gaps are the result of such an incision, an attempt is made to bridge it by extending the links of its neighbors. This process may lead to the exclusion of meaningless elements from object descriptions and protocol chains.

A simple *similarity* measure of node schemas can be established by a complete or a partial match. If the resolution level of an agent is low, the comparison of spatial and temporal features and the restriction to fewer features may allow for greater tolerances. If the depth of the comparison is limited too, the agent may notice structural similarity, for instance between a human face and a cartoon face. However, the key to structural similarity is the organization of node schemas into hierarchies (where an abstract face schema may consist of eye, nose, and mouth schemas in a certain arrangement, and can thus be similar to a "smiley"). Furthermore, many objects can only be classified using abstract hierarchies. Trees may be a good example: their similarity is not very apparent in their actual shape; rather, it is limited to being rooted in the ground, having a wooden stem which is connected to the root, and ends in some equally wooden branches on the opposite side, whereby the branches may or may not carry foliage. These features form an abstract object representation and need to be individually validated when an object that is being suspected to qualify as a tree is encountered.

It seems that humans tend to establish no more than 5–9 elements in each level of hierarchy, so that these elements can be assessed in parallel (Olson & Jiang, 2002).

Such hierarchies might be derived mainly in three ways: by identifying prominent elements of objects (that is, structures that are easy to recognize by interaction or perception and also good predictors for the object category), by guessing, and by communication.

Using the broad layout for an agent architecture given above, let us have a look at MicroPsi's representations.

8.3 Representations in MicroPsi: Executable compositional hierarchies

Dörner's Psi theory introduces its perspective on designing cognitive agents with using networks of simple threshold elements. These networks are connected to the environment through sensor and actuator nodes. In addition, there are special "neural actuator nodes"—they may control the activation within the net, and they may set, remove, strengthen or weaken individual links. To form representational units, they are organized into groups of central nodes and four "satellite nodes" that act as gates for directional spreading of activation; these groups are called "quads."

The representations used within MicroPsi capture this functionality and add enough features to extend them into a graphical design language for agent architectures. *Micro*Psi *node nets* will have to act both as feed-forward networks suitable for backpropagation learning and as symbolic plan representations. Even the control structures of our agents are going to be implemented within the same networks as are their plans and their representations of the environment. Thus, it is not necessary to draw a sharp boundary between categorical abstractions and sensory-motor behavior. Rather, it is possible to express rules and abstractions as instances of localist neural network structures that may even be used to facilitate neural learning. We may thus mix distributed representations at all descriptional levels with rules, and we can also use rules at the lowest sensory-motor levels, if this is appropriate for a given task.

Because the representations in MicroPsi are meant both as a design tool for agents and the vehicle of model perceptual content, protocol memory and so on, we prefer to present them graphically rather than in the form of clauses. Instead of a text editor as in most other cognitive architectures, the prime tool for creating a model is the graphical *Micro*Psi *node net editor.*

8.3.1 Definition of basic elements

The representational structures of a MicroPsi agent form a network of nodes *NN*, made up of units *U* (also called "net entities"), which are connected by a set of links *V*. The environment may provide input to the net via *DataSources*. A *dataSource* is a special node, which has an activation value set by an outside process. Analogously, there are *DataTargets* that transmit activation values into the outside environment.

$$NN = \langle U, V, DataSources, DataTargets, Act, \mathrm{f}_{\mathrm{net}} \rangle \tag{8.1}$$

Furthermore, the network needs a function to control the spreading of activation (provided by $\mathrm{f}_{\mathrm{net}}$) and a set of *activators* (*Act*). Activators regulate directional spreading of activation, depending on the type of net-entity. Such a net-entity is specified by its *id* and a *type*. Activation enters the net-entities through their *slots* (*I*) and may leave them through their *gates* (O).

Besides transmitting activation values through their gates, some specific net-entities may also manipulate the structure of the net itself, for instance, by generating new nodes and links, changing link-weights and monitoring the activity of portions of the net. This is done by an internal *node function*, f_{node}.

$$U = \{(id, type, I, O, f_{node})\},\ f_{node} : NN \rightarrow NN \quad (8.2)$$

Each slot has a *type* and an input value *in* that simply stores the sum of the incoming activation of all net-entities linking to it.

$$I = \{(slotType, in)\} \quad (8.3)$$

Each slot i_j^u belongs to a unit u at the position j. The value of each slot i_j^u is calculated using f_{net}, typically as the weighted sum of its inputs. Let $(v_1, \ldots, v_k)$ be the vector of links that connect i_j^u to other nodes, and $(out_1, \ldots, out_k)$ be the output activations of the respective connected gates. w_{v_n} is the weight of link v_n, and c_{v_n} is the certainty annotation of the same link. The input activation of the slot is given by

$$in_{i_j^u} = \frac{1}{k}\sum_{n=1}^{k} w_{v_n} c_{v_n} out_n \quad (8.4)$$

The internal activation α of every gate is determined by its activation function f_{act}, based in the activation values of the slots and a parameter θ (usually interpreted as a threshold parameter).

A net-entity may have a different *output* of activation *out* at every of its gates. This output depends on the internal activation and is calculated with the gate's output function (f_{out}). Among the most important parameters of the output function are the minimum (*min*) and maximum (*max*) value of the result, and the amplification factor *amp*. Also, the output function may use the value of the activator corresponding to the gate type.

$$O = \{(gateType, \alpha, out, \theta, min, max, amp, f_{act}, f_{out})\} \quad (8.5)$$

$$f_{act}^{u,o} : in_{u,i} \times \theta \rightarrow \alpha \quad (8.6)$$

$$f_{out} : \alpha \times Act \times amp \times min \times max \rightarrow out \quad (8.7)$$

Activators allow controlling the directional spread of activation through the network: there is an activator $act_{gateType} \in Act$ for each gate type, and the node output function (8.7) is usually computed as

$$out = act_{gateType_0} [amp \cdot \alpha]_{min}^{max} \tag{8.8}$$

(i.e., the range of the output value is constrained to the interval [*min*, *max*].) Thus, only gates with non-zero activators may propagate activation. (For some types of neural networks and corresponding learning functions, it may be desirable to use different output functions. In current implementations of MicroPsi, the default output function may be overwritten with an arbitrary function of the parameters.) Gate types effectively define the type of links; the default gate type is called "*gen*."

The net-entities are connected with weighted links (Figure 8.5); each link establishes a directional connection from a gate $o_i^{u_1}$ of a net entity u_1 to a slot $i_j^{u_2}$ of a net entity u_2. It has a weight w, and an optional spatial or temporal annotation *st*.

$$V = \{(o_i^{u_1}, i_j^{u_2}, w, st)\},\ st \in \mathbb{R}^4,\ st = (x, y, z, t) \tag{8.9}$$

With these building blocks, we can define different types of nodes. The most simple unit, which is the equivalent of Dörner's threshold element, is a *register node* (Figure 8.6), and it consists of a single slot, a single gate (of type "*gen*"), connected with a threshold activation function. Their output is usually computed as

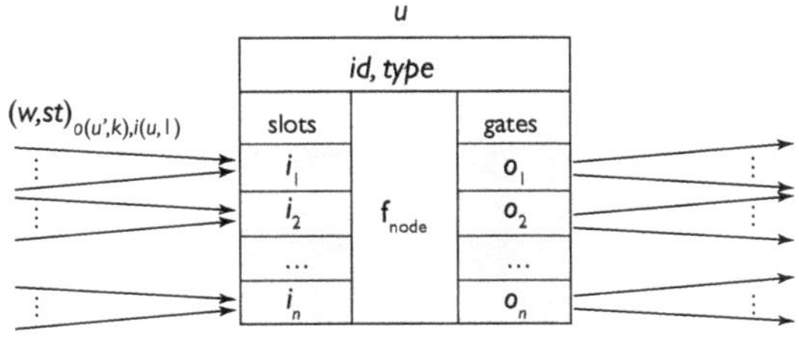

Figure 8.5 MicroPsi net-entity

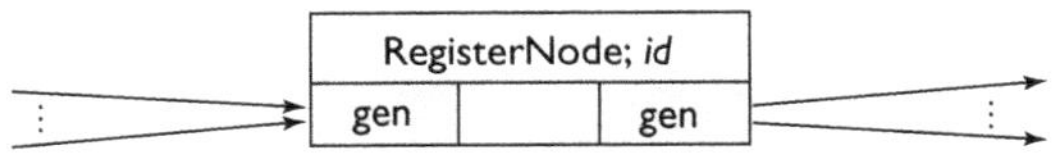

Figure 8.6 Register nodes have a single slot and a single gate

$$out_{gen} = [amp \cdot \alpha]_{min}^{max}, \quad \text{if } \alpha > \theta, \text{ 0 else; } \alpha = in_{gen} \tag{8.10}$$

Using register nodes, it is possible to build simple neural networks, such as perceptrons.

The connection to the environment is provided by *sensor nodes* and *actuator nodes*. Their activation values are received from and sent to the agent world (which can be a simulation or a robotic environment). Sensor nodes do not need slots and have a single gate of type "*gen*"; their activation out_{gen} is computed from an external variable $dataSource \in DataSources^S$ (where S is the current *node space*, see below):

$$out_{gen} = [amp \cdot \alpha]_{min}^{max}, \text{ if } \alpha > \theta, \text{ 0 else; } \alpha = in_{gen} \cdot dataSource \tag{8.11}$$

Actuator nodes transmit the input activation they receive through their single slot (also type "*gen*") to a *dataTarget*. At the same time, they act as sensors and receive a value from a *dataSource* that usually corresponds with the actuator's *dataTarget*: The technical layer of the agent framework sends the respective *dataTarget* value to the agent's world-simulator, which maps it to an operation on the simulation world (or to an actuator state of a robot) and sends back a success or failure message, which in turn is mapped onto the actuator's *dataSource*. Thus, on success of an action, out_{gen} of the actuator is normally set to 1, and on failure to –1.

The "quads" of the PSI theory could be implemented using arrangements of register nodes, but this would not be very practical. The "quad" units are the primary part of the representations in the memory of PSI agents, so—for reasons of clarity, usability, processing speed, and memory usage—they are treated as a single unit. In MicroPSI, this unit is called *concept node*.

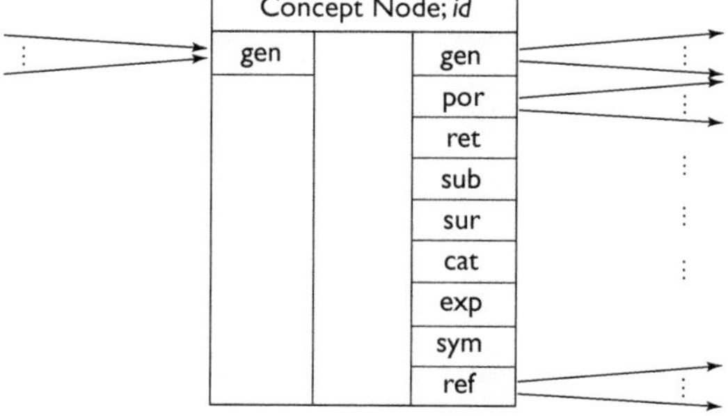

Figure 8.7 Concept nodes capture the functionality of Dörner's "quads"

Concept nodes are like register nodes; they have a single incoming slot, but in addition they have several kinds of outgoing links (i.e., types of gates). Each kind of link can be turned on or off to allow for directional spreading activation throughout the network, using the corresponding activator. Concept nodes allow the construction of partonomic hierarchies: the vertical direction is made of by the link type *sub*, which encodes a part-whole relationship of two nodes, and the link type *sur*, which encodes the reciprocal relationship. Horizontally, concept nodes may be connected with *por*-links, which may encode a cause-effect relationship, or simply an ordering of nodes. The opposite of *por*-links are *ret* links. Additionally, there are link types for encoding categories (*cat* and *exp*) and labelling (*sym* and *ref*). (Labelling is used to associate concepts with symbols, especially to establish a relationship between object representations and words for the respective object.) Again, note that *link type* translates into a link originating from a gate of the respective type.

Using these basic link types, concept nodes can be embedded into different representational contexts by associating them to each other with *part-whole* relationships (*sub/sur*), *successor/predecessor* relationships (*por/ret*), *category/exemplar* relationships (*cat/exp*), and *symbol/referent*

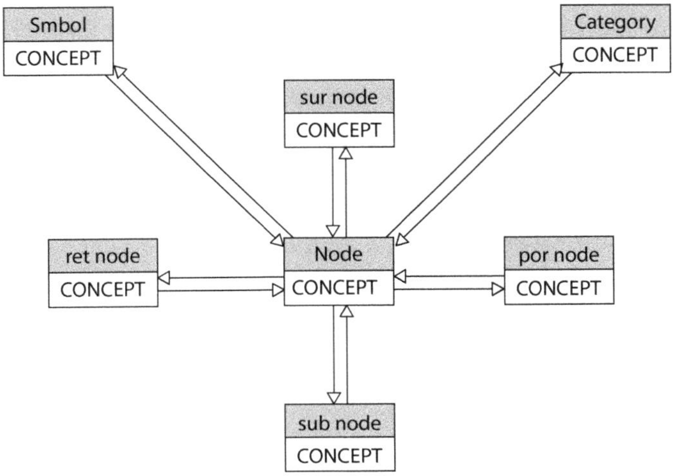

Figure 8.8 Basic relations of a concept node. In the editor (see below) the start and end positions of links correspond to the type: ***por***-links go from left to right, ***ret***-links from right to left, ***sub***-links start at the bottom of an node, ***sur***-links at the top, ***cat*** and ***sym*** originate at the upper right/upper left corner; their inverses ***exp*** and ***ref*** at the lower corners.

relationships (*sym/ref*). The *gen*-link may be used to read the activation directly, as it is summed up at the incoming slot of the concept node.

Register nodes, concept nodes, sensors and actuators are the basic building blocks of MicroPsi representations. In addition, there are several node types which aid in controlling the networks, or which make their design easier for the experimenter:

Activators: The net entities in a node net may receive their activation either through a *dataSource,* that is, from outside, or through an *activator.* A node of the type "*general activator*" is like an actuator node that raises the activation of all nodes within the net to its own level.

The spreading of activation in the node networks is computed in cycles. In each cycle, activation is summed up in the slots. If a net-entity becomes active and it has a node function, then this function is called (it is also possible to define node functions that are called in every cycle, regardless of the activation of its host entity). Finally, the activation values for every gate are calculated; in the next cycle, these will be multiplied with the weights of the outgoing links and define the input activation of the connected slots.

To initiate *directional spreading activation,* the activator of the respective gate type has to be active. For instance, to have activation spread along the *por*-links within a set of concept nodes, the activator Act_{por} has to be switched on: now, an active concept node may transmit its activation through its *por*-gate.

Associators: In accordance with the Psi theory, *associator nodes* may establish new links or strengthen existing ones. An associator has a single slot (*gen*), and two gates: a *gen* gate and an *associator* gate. The net-entities connected to the associator gate are called the *field* of the associator. If an associator becomes active, it establishes a connection between the gates of all currently active nodes (except itself and the nodes directly activated by it) and the active slots within its field. The weight $w_{u_1^i u_2^j}$ of this connection (between the ith gate of u_1 and the jth slot of u_2) at time step t is calculated as

$$w^t_{u_1^i u_2^j} = \sqrt{w^{t-1}_{u_1^i u_2^j}} + \alpha_{associator} \cdot associationFactor \cdot \alpha_{u_1} \cdot \alpha_{u_2} \tag{8.12}$$

where $w^{t-1}_{u_1^i u_2^j}$ is the weight at the previous time step, and *associationFactor* $\in \mathbb{R}_{0,1}$ a constant (see Figure 8.13 for a step-by-step illustration of association). The inverse functionality to associator nodes is provided by *dissociators,* which can weaken the links. In MicroPsi, links with a weight of zero (or below an adjustable threshold) disappear.

Node spaces: As an additional structuring element, net-entities may be grouped into *node spaces*. A node space is a portion of the node net which contains a set of net-entities and activators, and may have its own *DataSources* and *DataTargets*. From the outside, such a node space looks like a normal net-entity, with slots and gates; these are connected to the internal *DataSources* and *DataTargets*. Inside, the node space looks like a separate node net, and can contain further node spaces.

$$S = \{(U, DataSources, DataTargets, Act, \mathrm{f}_{\mathrm{net}})\} \quad (8.13)$$

Every node space has exactly one parent. As a result, the nodes form a tree hierarchy, with the node net itself being the root.

Node spaces have two functions: They constrain the area of influence for activators and associators (so different node spaces may perform different modes of operation), and they are a structuring tool for designing agents. Encapsulating functionality of the agents within node spaces helps in creating a modular design and makes it much easier for others to understand the make-up of the agent, in much the same way as a directory structure helps to keep track of the data stored in a file system.

Native programming code: To perform operations on the structure of the net, one would also have to define *node creators* and various other control entities. However, during agent development it turned out that such a methodology is awkward to use, and we would frequently want to introduce new types of special net-entities whenever the need arose. Also, while a graphical programming language is intuitive when looking at object schemas, plan fragments and episodic schemas that have been acquired by the agent autonomously, it is difficult to use when it comes to implementing complex control structures, such as backpropagation learning, graph matching and so on, because the resulting control structures quickly become large, sophisticated puzzles, which are very difficult to read and extremely hard to validate and debug. These reasons have lead John Anderson's group to abandon the neural implementation of ACT-R (Lebière & Anderson, 1993) in favor of rule-based definitions that are implemented in a logic programming language. Likewise, Dörner has implemented his agents in Delphi and only emulated some of the functionality of the "quad"-networks as pointer structures.

In MicroPsi, we have taken the opposite approach. Here, the functionality of a normal programming language may be encapsulated in individual nodes, called *native modules* (see Figure 8.9). Native modules have access to an abstraction of the underlying structure of the node

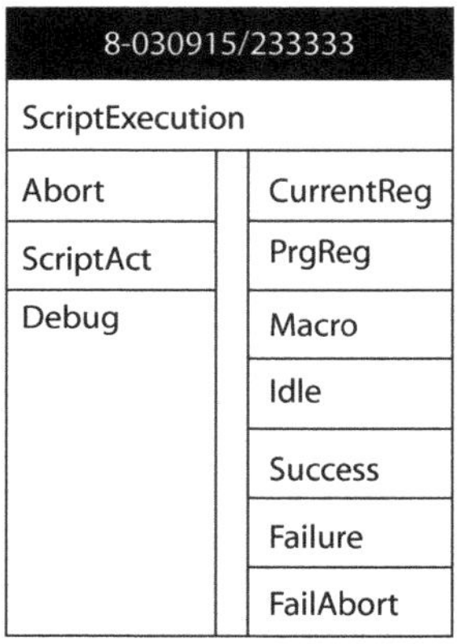

Figure 8.9 Native module ("script execution": a node with internal functionality to perform execution and back-tracking in hierarchical scripts)

nets, they may read and alter link weights, activation values and annotations, and they may create and remove nodes. In the current version of the editor, the programming language of native modules is Java, and code may be conveniently changed and rewritten without restarting the agent. Native modules may have arbitrary slots and gates, which provide the interface between its node function (the internal program) and the rest of the network.

8.3.2 Representation using compositional hierarchies

In MicroPsi agents, there is no strict distinction between symbolic and sub-symbolic representations. The difference is a gradual one, whereby representations may be more localist or more distributed. For many higher-level cognitive tasks, such as planning and language, strictly localist structures are deemed essential; in these procedures, individual objects of reference have to be explicitly addressed to bring them into a particular arrangement. However, a node representing an individual concept (such as an object, a situation or an event) refers to subordinate concepts (using the *sub*-linkage) that define it. These subordinate concepts in turn are made up of more basic subordinate concepts and so on, until the lowest level is given by sensor nodes and actuator nodes. Thus, every concept acts as a reference point to a structured interaction context; symbols are grounded in the agent's interface to its outer and inner environment.

Hierarchies: abstract concepts are made up of more basic concepts (Figure 8.10). These are referenced using *sub*-links (i.e., these sub-linked

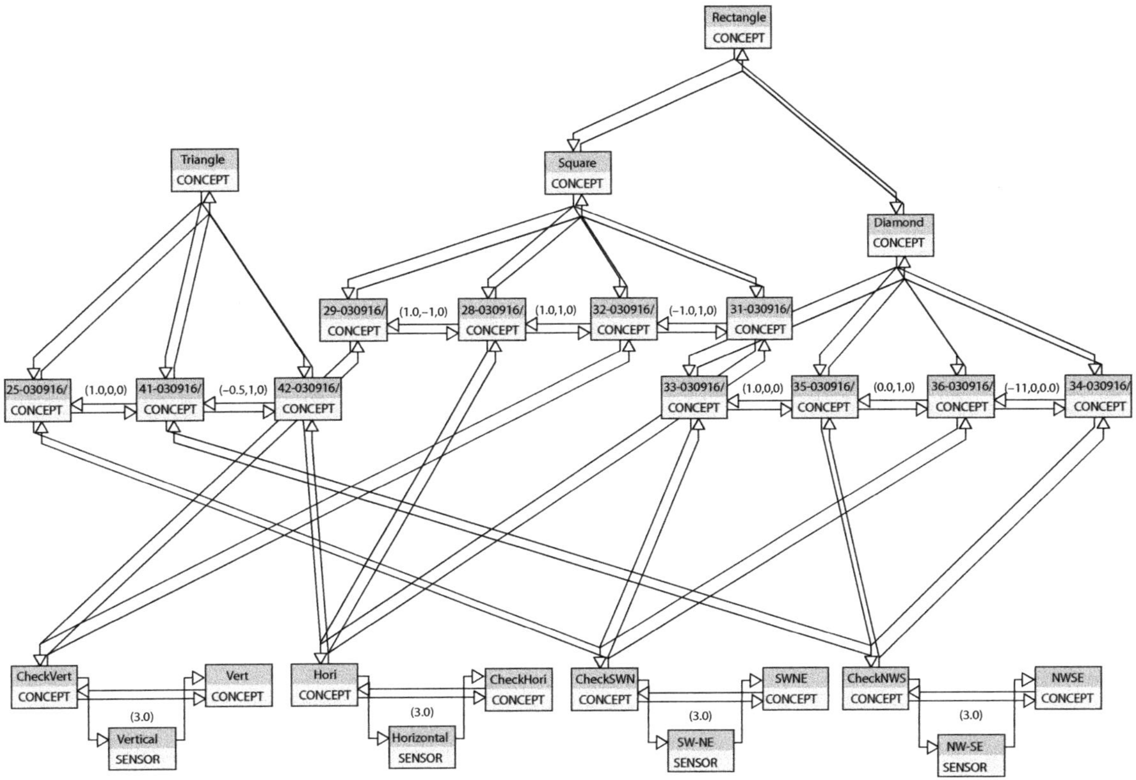

Figure 8.10 Hierarchical sensor schema (see Figure 8.3). The lowest level is given by sensors, which are embedded into pairs of concept nodes. Horizontal links are ***por/ret***; vertical links are ***sub/sur***.

concepts are "part-of" a concept). Because these concepts made up of sub-linked concepts as well, the result is a *compositional hierarchy* (in this case, a *partonomy*).

Sequences: to encode protocols of events or action sequences, sequences of concepts need to be expressed. This is done by linking nodes using *por*-connections. *por* acts as an ordering relation and is interpreted as a subjunction in many contexts. The first element of such a *por*-linked chain is called the head of a chain and marks the beginning of execution on that level. These sequences may occur on all levels of the hierarchy. Both plans/episodic schemas and object schemas are mixtures of sequences and hierarchies; in fact, object schemas are plans on how to recognize an object, and the spatial annotations between elements in a sequence are interpreted as actuator parameters for the movement of a foveal sensor.

Disjunctions: Because there might be more than one way to reach a goal or to recognize an object, it should be possible to express alternatives. Currently this is done by using *sub*-linked concepts that are *not* *por*-linked, that is, if two concepts share a common *sur/sub*-linked parent concept without being members of a *por*-chain, they are considered to be alternatives. This allows to link alternative sub-plans into a plan, or to specify alternative sensory descriptions of an object concept.

Conjunctions: in most cases, conjunctions can be expressed using sequences (*por*-linked chains), or alternatives of the same concepts in different sequence (multiple alternative *por*-linked chains that permute over the possible sequential orderings). However, such an approach fails if two sub-concepts need to be activated in parallel, because the parts of the conjunction might not be activated at the same time. Currently, we cope with this in several ways: by using weights and threshold values to express conjunctions (Figure 8.11a), with branching chains (Figure 8.11b)

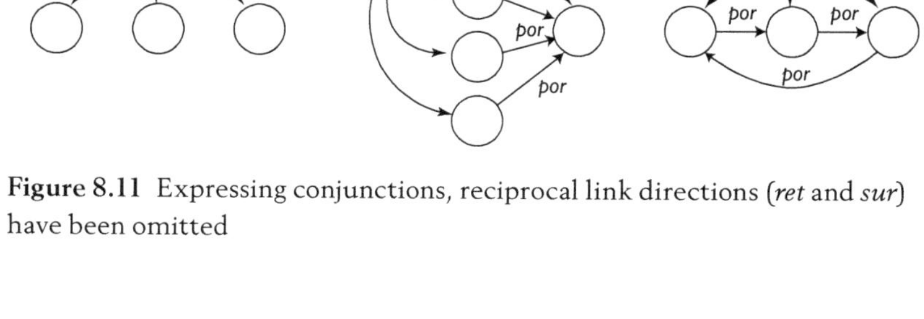

Figure 8.11 Expressing conjunctions, reciprocal link directions (*ret* and *sur*) have been omitted

or with reciprocal *por*-connections (Figure 8.11c). In the first case, we encode the relationship to the parent by setting the weights $\omega_{1\ldots n,i}$ of the *sur/sub*-links from the alternatives $u_{1,\ldots,n}$ to the parent u_i and a threshold value θ_i of u_i such that $\Sigma\omega_{1\ldots n,i} > \theta_i$ and $\Sigma\omega_{1\ldots n,i} - \omega_{j,i} < \theta_i$ for all individual weights $\omega_{j,i}$ of an alternative $u_j \in \{u_{1\ldots n}\}$. In the second case, we are using two *por*-links (i.e., two *por*-linked chains) converging onto the same successor node, and in the third, we are defining that fully *por*-connected topologies of nodes are given a special treatment by interpreting them as conjunctive.

Temporary binding: because a concept may contain more than one of a certain kind of sub-concept, it has to be ascertained that these instances can be distinguished. Linking a concept several times allows having macros in scripts and multiple instances of the same feature in a sensor schema. In some cases, distinguishing between instances may be done by ensuring that the respective portions of the net are examined in a sequential manner, and activation has faded from the portion before it is re-used in a different context (e.g., at a different spatial location in a scene). If this cannot be guaranteed, we may create actual instances of sub-concepts before referencing them. This can be signalled by combining partonomies with an additional link-type: *cat/ref*, which will be explained below. Note that sensors and actuators are never instantiated, that is, if two portions of the hierarchy are competing for the same sensor, they will either have to go through a sequence of actions that gives them exclusive access, or they will have to put up with the same sensory value.

Taxonomic relationships: If two different *por*-linked chains share neighboring nodes, and the relationship between these nodes is meant to be different in each chain (for instance, there is a different weight on the *por* and *ret* links, or the direction of the linkage differs, if they have different orderings in the respective chains), the specific relationship cannot be inferred, because *por*-links are not relative to the context given by the parent. This can be overcome by making the chain structure itself specific to the parent, and linking the nodes to the chain structure via *cat/exp*-links (Figure 8.12).

Thus, the structural intermediate node may hold activation values of the *exp*-linked actual concept, which itself may be used in other contexts as well. Of course, an intermediate node may have more than one *exp*-link. In this case, the linked concepts become interchangeable (element abstraction). The intermediate node may be interpreted as a category of

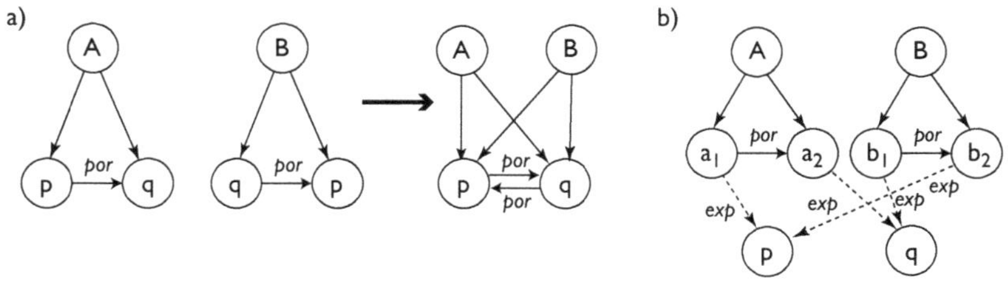

Figure 8.12 a) Sharing of differently related features may lead to conflicts. b) Separating features and relationship with respect to parent

the *exp*-linked concepts. Using *cat* and *exp* links, it is possible to build taxonomic hierarchies. In conjunction with *sub* and *sur*, MicroPsi node nets may be used to express hybrid or *parse structures* (Pfleger, 2002).

Within MicroPsi agents, *cat/exp* links are also used to reference different instances of the same concept, for instance in plans and in the local perceptual space. Here, *cat* links may act as pointers to the actual concepts in long-term memory; *cat* may usually be interpreted as an "is-a" relationship.

8.3.3 Execution

Behavior programs of MicroPsi agents could all be implemented as chains of nodes. The most simple and straightforward way probably consists in using linked concept nodes or register nodes that are activated using a spreading activation mechanism. Figure 8.13 gives an example: (a) A chain of register nodes is *gen*-linked; an associator is linked to the second register node in the chain. In addition, five register nodes are linked to the associator; the upper three are connected to its *gen*-gate, and the lower three to its *association* gate. The first node of the chain carries activation. (b) The activation spreads from the first node in the chain to the second. Because the first node is not connected to an activation source, it becomes inactive. (c) The second node activates the third, and also the associator and some of the nodes within its field. (d) The associator establishes new links between the gates of the active nodes not linked to it (in this case, the third node of the chain) and the slots of the active nodes within its field. (e) The activation continues along the chain; the two new links between the third node in the chain and the nodes in the field of the associator remain.

Conditional execution can be implemented using sensor nodes that activate or inhibit other nodes. Portions of the script may affect other

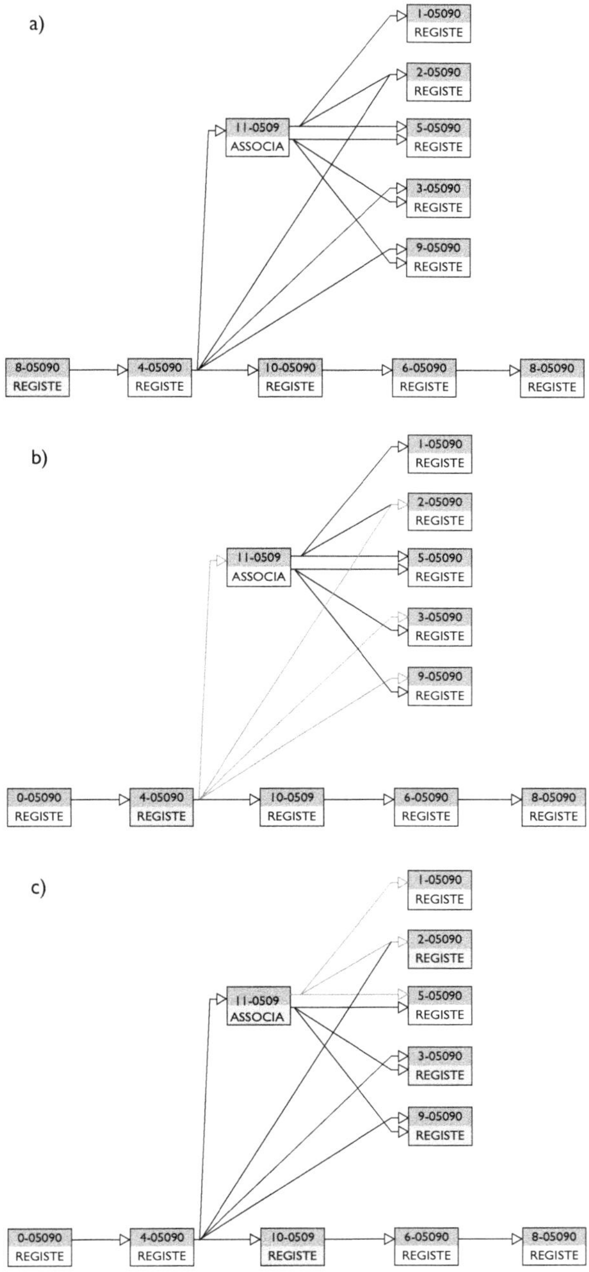

Figure 8.13 Execution of a chain of register nodes by spreading activation (here: linking of nodes to the field of an associator)

d)

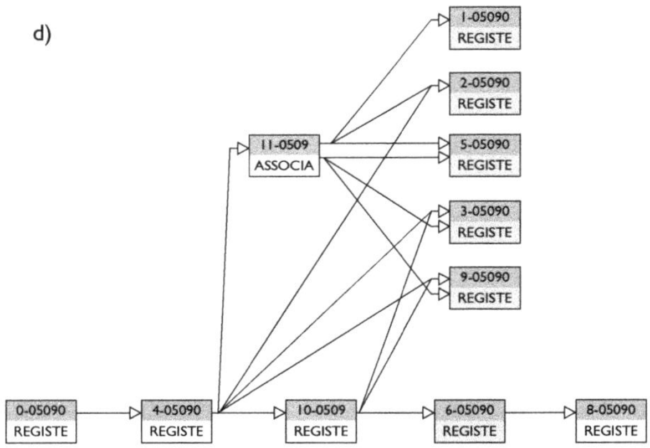

e)

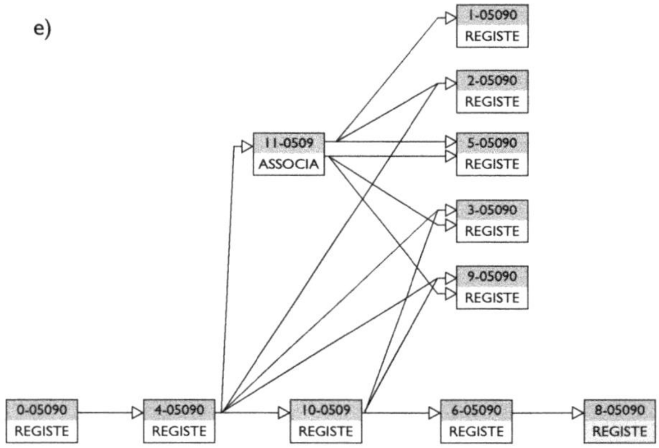

Figure 8.13 Contd.

portions of the script by sending activation to associator nodes or activator nodes. While this programming paradigm is theoretically sufficient, it is unintuitive and error-prone.

8.3.4 Execution of hierarchical scripts

For complex behavior programs, a formalism that includes backtracking and re-using portions of the script as macros is desirable.

For our purposes, a hierarchical script consists of a graph of options O, actions A and conditions C. Options might follow each other or might contain other options, so they can be in the relationships *succ*(o_1, o_2), *pred*(o_1, o_2) if, and only if *succ*(o_2, o_1), *contains*(o_1, o_2) and *part-of*(o_1, o_2) if, and only if *contains*(o_2, o_1). They might also be conjunctive: *and*(o_1, o_2) if, and only if *and*(o_2, o_1), or disjunctive: *or*(o_1, o_2) if, and only if *or*(o_2, o_1). The following restriction applies: $and(o_1, o_2) \vee or(o_1, o_2) \vee succ(o_1, o_2) \rightarrow \exists\, o_3: part\text{-}of(o_1, o_3) \wedge part\text{-}of(o_2, o_3)$.

Options always have one of the states *inactive, intended, active, accomplished* or *failed*. To conditions, they may stand in the relationship *is-activated-by*(*c, o*), and to actions in *is-activated-by*(*o, a*) and *is-activated-by*(*a, o*). Options become *intended* if they are part of an *active* option and were *inactive*. They become *active*, if they are *intended* and have no *predecessors* that are not *accomplished*. From the state *active* they may switch to *accomplished* if all conditions they are *activated by* become *true* and for options that are *part of* them holds either, that if they are member of a conjunction, all their conjunction partners are *accomplished*, or that at least one of them is not part of a conjunction and is *accomplished* and has no predecessors that are not *accomplished*. Conversely, they become *failed* if they are *active*, one of the conditions they are *activated by* becomes *failed* or if all options that are *part of* them and are neither in *conjunctions* nor *successor* or *predecessor* relationships turn *failed*, or if they contain no options that are not in *conjunctions* or *successions* and one of the *contained* options becomes *failed*. And finally, if an option is *part of* another option that turns from *active* into any other state, and it is not *part of* another *active* option, it becomes *inactive*.

The mapping of a hierarchical script as defined above onto a MicroPsi node net is straightforward: options may be represented by concept nodes, the part-of relationship using *sub* links, the successor relationship with *por*-links etc. (To use macros, *exp*-links have to be employed as discussed above in section 8.3.2.)

Conditions can be expressed with sensor nodes, and actions with actuator nodes, whereby the activation relationship is expressed using *gen*-links. Disjunctions simply consist of nodes that share the same *sur* relationship, but are not connected to each other. This way, there is no difference between sensory schemas that are used to describe the appearance of an object, and behavior programs: a sensory schema is simply a plan that can be executed to try to recognize an object.

Even though the notation of a script is simple, to execute hierarchical scripts, some additional measures need to be taken. One way consists in employing a specific script execution mechanism that controls the spread of activation through the script. We have implemented this as a

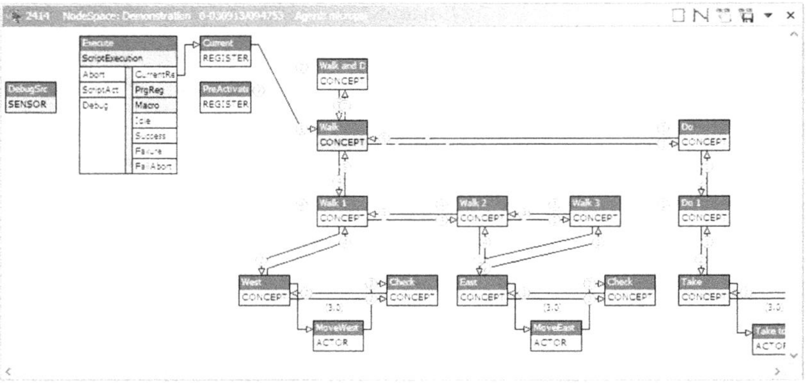

Figure 8.14 Using a native module for script execution

script execution module that will "climb" through a hierarchical script when linked to it (Figure 8.14).

Here, the currently active option is marked with a link and receives activation through it. *sub*-linked options get their *intended* status by a small amount spreading activation. By preventing this pre-activation from spreading (for instance, by using inhibitory connections from outside the script), it is possible to block portions of the script from execution

Actions are handled by sending activation into an actuator node and waiting for a specified amount of time for its response. If the actuator node does not respond with a success signal, the script will fail at the respective level and backtrack; backtracking positions are held in a stack that is stored within the script execution module.

The drawbacks of this approach are obvious:

- There is no parallel processing. Only one option is being activated at a time. In the case of conjunctive nodes, the activation focus is given to the one with the highest pre-activation first. If all conjunctive options have the same activation, one is randomly chosen.
- The activation of the individual nodes poorly reflects the execution state, which is detrimental to some learning methods (like decaying of rarely used links).
- The approach does not seamlessly integrate with distributed representations, for instance, it is not advisable to perform

backpropagation learning on the node hierarchy. (It is still possible to add lower, distributed layers that will be interpreted just like sensor and actuator nodes, though.)

8.3.5 Script execution with chunk nodes

It is also possible to devise a specific node type that acts as a state machine. This node, called *chunk node*, spreads activation in the following manner: each node has two activation values, the *request activation* a_r, determining whether a node attempts to get confirmed by "asking" its sub-nodes, and a *confirm activation* a_c that states whether a node confirms to its parent concepts, where for each node: $0 \leq a_c \leq a_r$ (or $a_c < 0$ to signal failure). When a node gets first activated, it switches its state from *inactive* to *requested*. It then checks for *por*-linking neighbors (i.e., the corresponding slot): if it has no unconfirmed predecessors (i.e., nodes that possess a *por*-link ending at the current node), it becomes *requesting* and starts propagating its request activation to its *sub*-linked sub-concepts. In the next step, it switches to the state *wait for confirmation*, which is kept until its *sub*-linked children signal either confirmation or failure, or until their *sub*-linking parent stops sending a request signal. After confirmation, the node checks if it has *por*-linked unconfirmed successors. If this is not the case, a_c gets propagated to the *sub*-linking parent node, otherwise a_c is propagated to the successor node only. The node then remains in the state *confirmed* until its parent node stops requesting, and then goes back to *inactive*. (Failures are propagated immediately.)

With this mechanism, we can describe conjunctions and disjunctions using weighted links. Because the execution of a script is now tantamount to pre-activating a hypothesis (the portion of the script we want to try) and its failure or success translates into a match with a sensor configuration, we may use the data structure for backpropagation and other neural learning methods. The distributed nature of execution makes supervision of the execution more difficult, but enables parallel distributed processing. (It should be mentioned that we cannot use simple chains of *por*-linked nodes with this approach, without also *sub*-linking each of them to the same parent node. This is less of an issue for the script execution module, because it can determine the parent of each element of a sequence by parsing backwards along the *ret*-links to the first element. But because this might take additional time in the case of backtracking, it seems always a good idea to declare the "part-of" relationship of each sequence element explicitly.)

MicroPsi's representations are sufficient to define an agent, but to *run* an agent, to enable its interaction with other agents, to let it interface to an environment and to supervise its activity, a broader technical framework is needed. This is the subject of the next section.

9

The MicroPsi framework

We will give birth by machine. We will build a thousand steam-powered mothers. From them will pour forth a river of life. Nothing but life! Nothing but Robots!

from Karel Čapek's play "R.U.R." (1920)

The following pages deal with the description of MicroPsi's user interface and the components of the framework. I will focus on the interests of a modeller, rather than taking the perspective of the software engineer. Yet, if you are merely interested in the theory, you might want to skip the first part of this chapter. A description of a basic MicroPsi agent, implemented within the framework, starts in section 9.5 (p. 300).

To meet the technical requirements of our project—speed, platform independence and networking capabilities—we decided not to use an AI programming language, such as LISP, but to base the MicroPsi framework on the Java programming language, and implement it as a set of plug-ins for the Eclipse platform (see Eclipse project homepage, 2008).[58]

58 The implementation of the MicroPsi framework would not have been possible without the contributions of numerous enthusiastic students, especially Ronnie Vuine, who implemented large parts of the technical structure and the node net simulator; Matthias Füssel, who is responsible for most of the good bits in the world simulator; David Salz, who contributed the 3D viewer; Colin Bauer, Marcus Dietzsch, Daniel Weiller and Leonhard Läer, who performed their own experiments and drove the

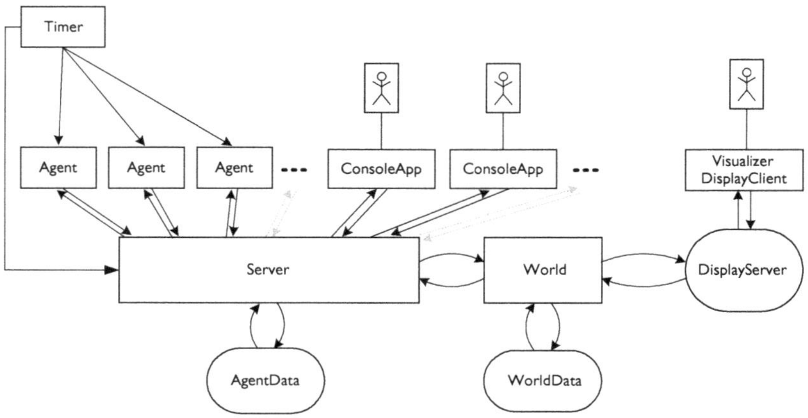

Figure 9.1 Framework, technical layout

Thus, we could make use of Eclipse's tools to supply a graphical user interface. Technically, the framework consists of an agent simulation server, which maintains a multi-agent system, along with an arbitrary number of user console applications and an interface to the world server (Figure 9.1). A timer component may synchronize agents and server. The world server manages the simulation world and may optionally be connected to a viewer component. The viewer is a stand-alone application that mirrors the content of the simulation world using 3D models and displays it with a display client (game engine). Unlike the other components, it has been written in C++ and is currently available for Microsoft Windows™ only.

The framework may be downloaded, along with additional documentation, on the MicroPsi project home page.[59]

9.1 Components

From the user's perspective, the framework is made up of Eclipse *views*, configurable widgets that can be combined into *perspectives*. A perspective collects the components that are used for a particular stage of design

---

development with their requests for functionality, and many others that improved the framework by supplying their ideas and criticism.

59 MicroPsi project homepage: http://www.micropsi.org

or experimentation. For the user, the framework presents itself as the node net editor ("mind perspective"), which is the front end for the agent simulation and MicroPsi node net execution, and the world editor ("world perspective"), which acts as a two-dimensional graphical viewer to the simulation world component. In addition, there is a monitoring component ("net debug perspective"), which aids in experiments by graphically displaying changes in the activation of selected nodes, and a console tool ("admin perspective") that provides a command line/menu interface to the different components, and allows setting parameters like simulation speed, synchronization of components, positions of agents and objects etc. (Figure 9.2). The Eclipse framework provides several other important tools, such as a Java development perspective, a debug shell and a repository perspective.

Additional Eclipse perspectives may be defined by combining views of different components as the user sees fit.

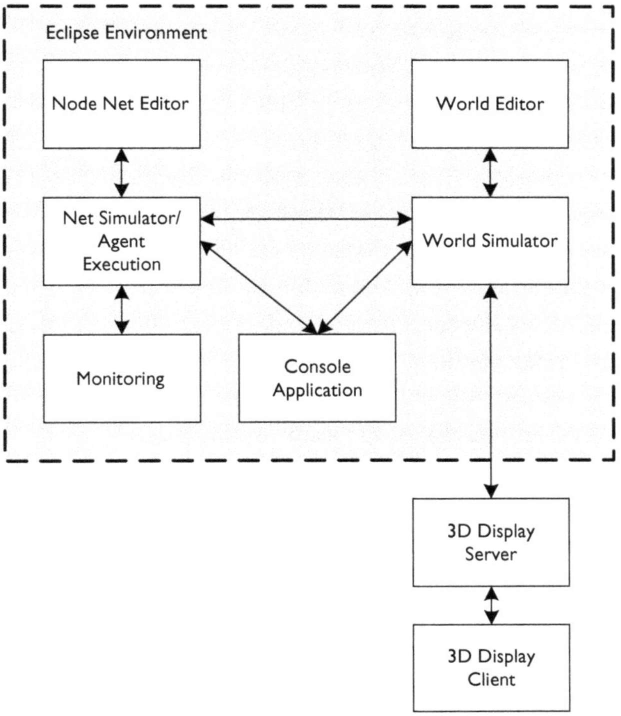

Figure 9.2 Framework, user perspective

The configuration of the components is specified in MicroPsi's runtime preferences. Configurations are stored as XML files and determine:

— The active components of the framework (*runner*) within the given instance of Eclipse. Sometimes it is desirable not to run all components on the same machine.
— The timing parameters (component *timer*), especially the cycle length, whether the net starts automatically, and whether agent and world should be synchronized (this is not strictly necessary).
— The simulation world parameters (component *world*), for instance the world server, its ground-map file, and its configuration data. MicroPsi includes continuous and discrete simulations, and different object sets and properties.
— The world component interfaces with the agents through a set of *world adapters*. These provide parameters that can either be read or set by agents.
— The control console (component *console*).
— The server running all the components.
— The agent framework (component *agent framework*), which specifies the class of the agent, the location of the sources of the agent code (especially the native modules), the location of its node nets, its starting state and simulation speed, the world adapter of the agent (there are several different sets of actuators, for instance for discrete and continuous locomotion, for robot wheels, etc., and matching sets of sensors, urges, and so on). Also, the server where the agent should be run and the number of agent instances are defined here. This is followed by the list of individual agent configurations; it is possible to mix agents of different types in a single simulation.

Optional components include a population server (for evolution of agent populations in artificial life experiments) and web components.

9.2 The node net editor and simulator

The node net editor provides the functionality to define and manipulate the data structures defining agents and their representations (Figure 9.3). Each net-entity is represented as a box, with its slots to the left and its gates to the right, and the *ID*, the name of the entity, in a title bar. Link types may be identified by the gate of their origin and the slot they connect. Concept nodes make an exception: to save screen estate, they may be displayed in a more compact format (without slots and gates), and here, the type of links is indicated by its origin at the box. Because every net-entity has a slot and a gate of type *gen*, these are not displayed, and *gen*-links start and end directly at the box's title-bar.

The largest portion of the default editor perspective is taken by the net view, which displays net entities and links, and includes controls for loading and saving a net state, the creation of entities and links, ascending to the parent node space and controlling the simulation speed. Alongside the net view, the gates, slots and links of the selected entity are displayed.

Additional views may display log files and error messages. Finally, there is a library of node arrangements, and optionally, a scripting interface that allows automatizing operations on the node net. (This is useful for experiments that are run in batches, or for the definition of unit tests during agent development).

9.2.1 Creation of agents

Before a node net can be defined, an agent that hosts it has to be chosen, and if there is none, it has to be created. The editor plug-in offers a menu entry for this; when creating a new agent, an appropriate configuration file has to be specified.

MicroPsi offers a range of default agent configurations with different world adapters. For instance, there is a "Braitenberg agent," simulating two rotating wheels and two light sensors that have an activation which is proportional to the distance to a light source. The "omni-directional agent" imitates movement with three equidistant omni-directional casters (these wheels only provide traction in the direction of their rotation and glide freely in the perpendicular direction; they have become popular for soccer robots (Rojas & Förster, 2006). There is also a "steam-vehicle agent" which provides a MicroPsi agent that is quite similar to Dörner's steam locomotive of the Island simulation.

It is also possible to specify new configurations that include different interfaces, such as access to camera images and robotic actuators.

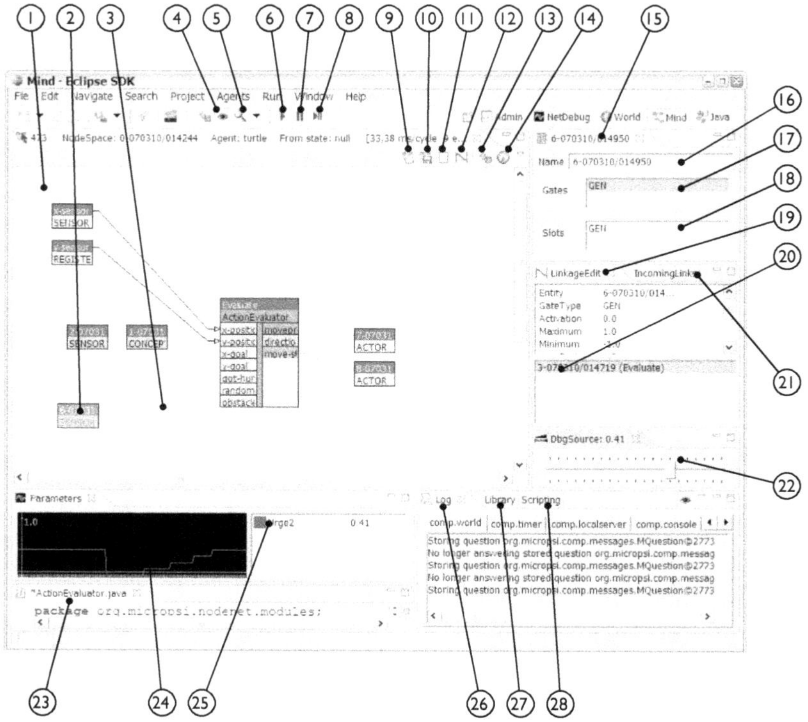

Figure 9.3 Node net editor ("mind perspective")

9.2.2 Creation of entities

Using the context menu at an empty position of the editor view, or by clicking on the entity creation widget, a node (register, concept, sensor, actuator, associator, dissociator, activator, deactivator, or directional activator), a node space (with an arbitrary number of named slots and gates) or a native module may be created.

Native modules are always stored within agent projects; they are distributed as Java classes along with the net. There may be several agent projects in the workspace at the same time, each with its own set of native modules, but during the creation of a native module, it is possible to import it from another agent project.

In the creation dialogue, a name (*ID*) and an optional comment may be given to the entity. If no name is specified, a time stamp is used as a default.

Links are generated with the link creation widget or by right-clicking on the gate of origin. Using the creation widget, it is possible to choose

Table 9.1 Components of the node net editor ("mind perspective," see Figure 9.3)

No.	Explanation	Remarks
1	Net view	Displays the pane of the graphical editor
2	Net-entity	Here, a selected sensor
3	Link	Here, the selected link between a sensor and a native module
4	Update view toggle	Turn off redrawing of links to speed up simulation
5	Zoom	Change the size of the net entities
6	Run	Start simulation
7	Stop	Pause simulation
8	Step	Perform exactly one simulation step, then pause simulation
9	Load	Load a node net (including configuration)
10	Save	Save a node net
11	New entity	Create a net-entity
12	New link	Create a link between two net entities (using a wizard)
13	Parent	Switch to the parent node space
14	Cycle delay	Adjust speed of simulation
15	Entity view	Displays the properties of the selected net-entity
16	ID	Name of selected entity
17	Gates	List of gates (inputs) of selected entity
18	Slots	List of slots (outputs) of selected entity
19	Linkage edit view	Displays properties of the currently selected gate
20	Link list	Links that start in currently selected gate
21	Incoming links view	Lists the links that are entering the currently selected slot
22	Debug source view	Provides a data source with adjustable activation
23	Text editor view	Programming editor to edit native modules
24	Monitor view	Displays activation changes of selected gates
25	Monitor legend	Lists the monitored values
26	Log view	Logs of the individual components
27	Library view	A user defined library of node net fragments
28	Scripting view	An interface to execute a scripting engine

the net entities to connect from a menu, which is helpful when linking between nodes in different node spaces.

Sensor nodes and actuator nodes will not be functional if they are not connected to a *data source* or a *data target*. (Data sources and data targets are specified in the agent's configuration file and provided by the *world adapters*.) This is done using their context menu, which provides a dialogue that lists all applicable connections. For testing purposes, the toolkit supplies the *debug source*, a data source that provides a slider widget to set its activation.

9.2.3 Manipulation of entities

By selecting a node, its slots and gate parameters become accessible for viewing and can be directly manipulated. When a slot is selected, its incoming links are listed. Upon selection of a gate, the gate parameters are displayed. These are:

- The entity that the gate belongs to, and the gate's type (these entries are not editable).
- The activation (it is possible to set a temporary activation here; it will pass into the net, but the gate will become inactive again in the next cycle).
- The minimum and maximum of the gate output.
- An amplification factor that is multiplied with the gate activation.
- A parameter specifying whether the links connected to it deteriorate over time.
- The output function and its parameter θ: a set of functions has been pre-defined already, including threshold functions, bandpass filters, and sigmoids. Alternatively, the experimenter may specify an arbitrary calculation here, which might even include the gate activation from the previous simulation cycle. Thus, it is possible to implement a gradual decay of activation in a straightforward way.

Selecting (double clicking) links allows editing their weights and annotations; selecting native modules opens an editor with their internal definition as a Java routine.

Links may lead into other node spaces or originate from there. Because only a single node space is displayed at a time, these links are marked by small red *connector widgets*. To trace such a link, select it, and right-click on it in the *linkage edit view* (for outgoing links) or in the *incoming links view* (for incoming links). The editor then opens a context menu that allows jumping to the connected entity.

A double-click on a node space module changes the editor view to show its contents. Using the context menu of net entities, they may be aligned, linked, and their links may be traced to the connected entities (a helpful function, because links may lead into different node spaces).

Portions of the net may be copied, pasted, and deleted, or they may be dragged into a library view, from which they can be inserted into different agent designs at a later time.

Native modules, the preferred method of introducing complex functionality into the network structures, are defined relative to *agent projects*. When inserting a native module into a node space, first the respective agent project has to be selected, and then the module is chosen. To change the functionality encapsulated in a native module, it can simply be opened (by double-clicking). This displays the internal programming code (a Java object) in the text editor of the programming environment. These changes take effect immediately.

9.2.4 Running an agent

The activity of net-entities and gates and the strength of activation transmitted through a link are indicated by color. Inactive gates are grey, and inactive links with positive weights have a shade between light grey and black, depending on their weight (i.e., a weak link is light grey, while a strong link appears as a dark stroke). Links with negative weights have a shade of blue. (To display the strength of the links numerically, turn on *link annotations* in the preferences.)

As soon as net-entities, gates, or links become active, they turn to a shade of green (if the activation is positive) or red (for negative activation). The shade of an active link is determined by the output activation of the gate of their origin, multiplied with their weight.

The editor contributes controls to the Eclipse icon bar; these allow starting and halting the simulation, or performing a stepwise execution the node net. During the execution of the net, activation can be observed as it is wandering through links and passing through net-entities. Because the time necessary to redraw the node activations and links might slow down the simulation when there are more than a few hundred entities, there is also a button to disable the visible update of links.

9.2.5 Monitoring an agent

Monitoring the execution of experiments is supported by a variety of tools, the most important being the logging tools and the console. Logs are written by all components of the system, including native modules, which may thus be used to display and record arbitrary data. Of course, console output may also be sent directly to other applications for real-time display.

The MicroPsi framework also provides a simple real-time diagram widget (parameter view, Figure 9.4). Simply select one of the gates in the entity view, and attach a monitor to it through its context menu. You also may assign a color and a descriptive name. The parameter view will then display the value of activity in the monitored gate, as it changes over time. Because all activation changes in the network manifest themselves at the gates of net-entities, the parameter view is helpful, for instance, to track the strength of urge signals of agents.

If the MicroPsi server (i.e., the agent simulator and/or the world component) is run on a different machine than the agents themselves, the need for remote controlling individual components arises. This functionality is delivered by the admin perspective (Figure 9.5), offering an interface to all the components of the framework. Using the admin perspective, the agent server, the world server and the timer component can be queried for state information and given commands.

9.3 Providing an environment for agent simulation

MicroPsi agents are control structures for robotic agents, which are embodied in a virtual or physical environment. MicroPsi node nets talk

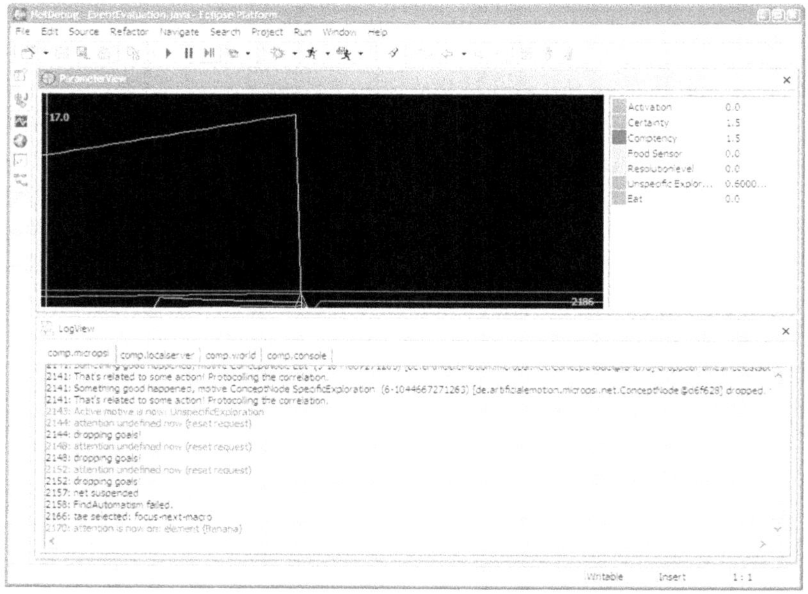

Figure 9.4 Monitoring agent activity with the parameter view widget

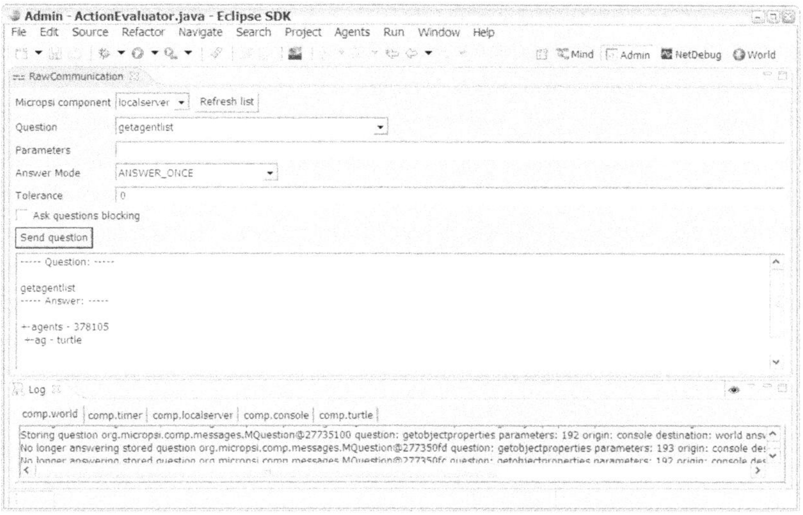

Figure 9.5 Administration perspective

to their environment through sensors and actuators, which are mapped to *data sources* and *data targets*, respectively. *World adapters* are the software components that supply values for data sources from environmental data, or make sure that changes are administered to the environment according to the values sent to the data targets of a node net. While a world adapter may interface physical sensors, such as a camera image, and send data to the servo engines driving a robotic arm or wheel, most applications will make use of a simulation world.

Using a simulator instead of a robotic body does not only reduce the cost and mechanical overhead of experiments; it is also much harder and computationally expensive to tackle the difficulties of real-world physics, and because of this, most contemporary applications of robots in cognitive science focus on the learning of motor skills, on perception under very limited circumstances, on locomotion in very restricted environments, and on action with a very limited set of interaction modalities. Conversely, it is relatively straightforward to provide a simulated robot with simplified locomotion, perceptual capabilities and a large set of possible actions. Simulations are well suited for many tasks, like studying the interaction between several agents, mapping and exploration, image processing using computer generated images of the environment, classification, planning, memory, affective reasoning and so on. Some scenarios are especially difficult to investigate using robots, especially when it comes to evolving agent populations, or having large numbers of agents interacting at the same time.

Simulation comes at a price, though. The closer the scenario gets to low-level perception and interaction—tasks like visual categorization in the wild, or gesture recognition, for instance—the more difficult and computationally expensive does it get to set up a suitable simulation world. Also, whenever the agents are required to discover and classify objects, events, strategies and solutions on their own, it is likely that they are limited by the provisions of the programmer of the virtual world; where humans actively create order in an immensely heterogeneous reality, simulated agents often only re-create the predefined design of the architects of their software world. But even in those cases, robots will not always mitigate the problem, as long as the robot cannot make sufficient use of its senses and actuators to be truly embedded into our world.

9.3.1 The world simulator

MicroPsi's simulation component provides a server for objects interacting in a three-dimensional space. Because our experiments usually take place on a plane, the editor and display tools are tailored for simple and flat two-dimensional environments.

Thus, the environment is rectangular and made up of rectangular *ground tiles*, which may either admit agents or prevent them from entering. Ground tiles may also have additional properties, like damaging agents or slowing them down, providing nutrition to simulated plants and so on. To simplify the design of the world, the different types of ground tiles are specified within a configuration file and their arrangement is defined in a bitmap file: in MicroPsi, this map is the territory.

The basic interface to the simulator is provided through the administration perspective, where objects may be created, changed or removed, the speed of the simulation adjusted, the server configured, restarted and so on, using a console window. For most experiments, however, it is not necessary to use this, and access takes place entirely through the intuitive *world perspective* (Figure 9.6).

The world perspective is mostly taken up by a *view of the world map*, which contains agents and objects; the basic map overlay itself is identical to map of ground tiles, or is at least drawn to reflect the different ground types of the territory. Agents may navigate these ground types using movement actions. The outcome of movement actions depends on

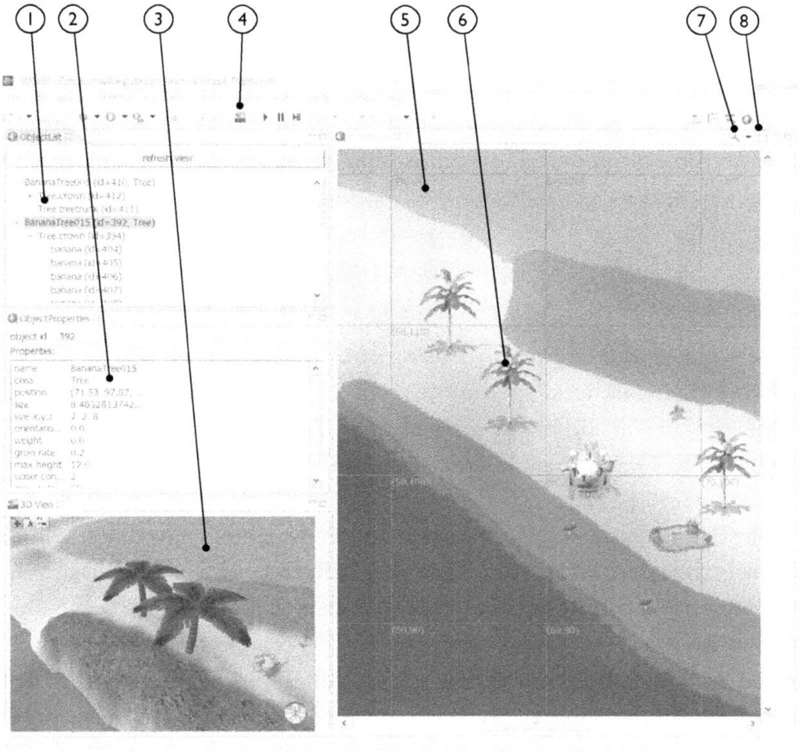

Figure 9.6 Editor for the simulation environment ("world perspective")

Table 9.2 Components of the world editor ("world perspective," see Figure 9.6)

No.	Explanation	Remarks
1	Object list view	Displays a hierarchical list of all current objects
2	Property view	Lists the properties of the currently selected object
3	3D viewer	(Optional) three-dimensional view of the simulation
4	3D engine start	Start three-dimensional viewer (as separate application)
5	World view	Displays a pane with a two-dimensional view of the simulation
6	Object	Object in the simulation (here: a selected tree)
7	Zoom	Change scale of world map
8	Overlay toggle	Display overlays on world view

the type of ground tile the agent is standing on, the tile below the target position and, possibly, obstacles in between.

Objects in the world can be manipulated by selecting (clicking) them, either in the map view or in the *object list view*; they may then be dragged around, or their parameters can be changed in the *object property view*.

Sometimes it is desirable to interact with an agent directly, in the guise of another agent. This functionality is provided by an optional *3D view*, which embeds a graphic engine rendering a three-dimensional perspective of the simulation world. Another application of the 3D view is the provision of rendered images as input to agents capable of low-level visual perception.

9.3.2 Setting up a world

Simulation worlds are defined using configuration files, which specify most of their features, such as their size, their ground-map files, the properties of the different ground types, the available object types, the agent server, the visible area and the default location of new agents ("spawn point").

The configuration is also the place where the timer component (which controls the speed of the simulation) is indicated. Note that the simulation may use a different timer than the agents, so that agents and simulation do not need to act synchronously. Because the simulator, just as the node net simulator of the agents, relies on discrete steps, if may sometimes be desirable to run it at a higher resolution than the agents to approximate the smooth transitions of a real-world environment.

At each simulation step, the world maintains a list of registered objects, along with their positions and movement vectors. In addition to providing an interface for objects to change these positions and vectors, it grants a number of services to the objects, which facilitate their interaction. These services allow agents to perceive and act on objects (e.g., by eating them). They make it also possible for objects to age and disappear, and to influence each other by sending messages, which may be restricted to the vicinity of objects, and can also be subject to an adjustable delay. This way, water reservoirs may influence the growth of plants around them, or a wildfire may spread from a dry plant to its neighbors. Also, objects may have offspring, for instance, an apple tree object may spawn apple objects in its vicinity, which over time could change and mature into new apple trees.

The toolkit includes configurations for some relatively simple predefined environments, such as islands reminiscent of Dörner's simulations and populated by different kinds of plants, and a Martian setup providing different types of rocks and tools.

9.3.3 Objects in the world

With the exception of the ground map, the world simulator relies entirely on objects. Objects are characterized by their name, their unique ID, their class, whether they are persistent or perishable, the damage they can take, their position, orientation, bounding box, weight and move vector. Also, objects may have states, whereby state-transitions may be triggered by events in the world, and have consequences for the behavior and properties of the object.

Objects may be made up recursively of sub-objects, for instance, a tree may contain a crown and a trunk, and the crown may contain twigs, leaves and fruit, and so on. Object parts are objects in their own rights, with a position and orientation relative to their parent object. To simplify perception and interaction, object that are part of the same parent are arranged in a list-like structure, so agents may incrementally probe through them.

The individual object classes may offer additional properties and afford different actions. The class of *edible objects*, for instance, have a particular content of nutrients and water, and they afford *eat* and *drink actions*. The class of light sources provides a brightness function that affects each position in the map in a different way, and so on.

Agents are a special class of (usually perishable) object. While they share most of their properties with ordinary objects (they may even act as food and contain a nutritional value for predators), they can perceive and act upon the world. This is done by sending perceptual data to a node net, and by receiving actuator data from there.

For the purpose of displaying object in the editor, there is a configuration file relative to each world definition, which maps object types, object states and orientations to bitmaps.

Objects can simply be created by right-clicking into the editor, and their properties may be accessed and changed in the object property view.

If an agent is created in such a way, it will not be connected to a node net. It has no place to send his perception, and there is nothing to control its actions—thus, it will just be an empty husk.

9.3.4 Connecting agents

The simplest way of creating agents and connecting them to the simulator is through the *agent creation wizard* which is accessible in Eclipse's main menu bar. The wizard asks for the specification of an agent configuration file, which in turn refers to the type, world adapter and properties of the agent.

Agent types are characterized by their controller, their action translator, their percept translator and their urge creator.

An *agent controller* checks if an agent is ready to receive perceptual data (the agent may also explicitly ask for such data). If perceptual data is available, it notifies the agent. On the other hand, it notifies the world component if the agent sends an action, and sends back the action result.

Actions on world and its objects are implemented using the *action translator*, and the actual transmission of the perceptual data into the agent (where it is usually mapped on some data source) is done by the *percept translator*.

Urges are a specific kind of percept that is meant to refer to some "physiological" state of the agent, such as hunger or damage. Because urges may depend on additional factors, they require additional calculations, which are handled by the *urge creator*.

The place where agents are assigned their controllers, urge creators, action and percept translators is called *world adapter*. World adapters pair a certain world type with an agent type. To connect a certain agent definition (i.e., a node net) with a different world, simply choose a different world adapter, for instance, to switch a simulated two-wheeled robot to the set of sensors and actuators of a matching real-world robot.

9.3.5 Special display options

For most experiments, the simple two-dimensional view of the simulation environment provided by the world editor is adequate. There are applications, however, when it does not suffice, and a three-dimensional display is preferable: Where the desired input of agents is similar to camera input, the two-dimensional representation of the simulation environment needs to be rendered in three dimensions. Also, if human subjects are to be compared to the performance of a computer model, controlling an avatar from the first-person perspective provides a much higher level of immersion.

The MicroPsi toolkit features a *3D viewer* application that can be adapted to these needs (Figure 9.7). This viewer is not part of the Eclipse framework (although it can be embedded into an Eclipse

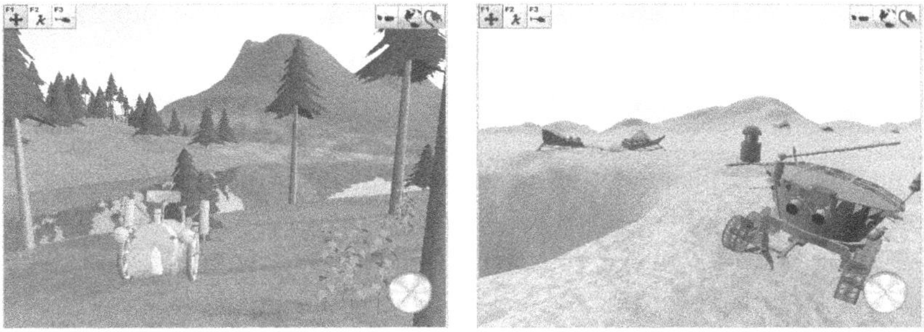

Figure 9.7 3D viewer, showing "Island" and "Mars" scenarios

view), but an independent module that communicates with the world server through a TCP/IP connection, and which, unlike MicroPsi's other components, is currently only available for the Microsoft Windows™ operating system, because it relies on Microsoft's proprietary DirectX™ technology. Its setup is inspired by first-person computer games, with a slim display client that allows a user to navigate freely in a virtual world, and a server component that maintains the data and allows the connection of multiple viewers. Using adaptive level-of-detail techniques, it can display terrains with viewing distances of several kilometers, containing thousands of objects. The role of the server is taken by the world simulator, which performs all calculations with respect to position, orientation, movement and collision of objects. The client mirrors the set of objects along with their positional data and synchronizes them with the simulator. It may interpolate movement, however, to compensate for a slow connection, and objects may also be animated according to their state.

Usually, the simulation world does not need to know which area is currently observed in the viewer, so there is no feedback necessary between 3D client and simulator. To allow users to interact with the simulation, as in Dörner's Psi3D, the client can also connect as an agent—thus, user-controlled MicroPsi agents can be introduced into the environment. These agents receive their action commands not from a node net, but from the viewer clients.

The viewer may also be used as an editing tool, because it allows distributing large numbers of objects quickly (such as trees forming a forest, plants making up a meadow). Changes made to the virtual environment within the 3D editor are sent to the framework and are integrated into the world simulation.

MicroPsi's 3D viewer has been implemented by David Salz (2005); here, I will not discuss its functionality in detail.

The original implementation of Psi by Dörner's group features an animated face to display emotional states of their agent (see section 6.5, p. 201). MicroPsi offers a similar element, the *emotion viewer*. This viewer offers a three-dimensional animation of a face, based on 39 rotational *bones*, which approximate the muscles of the neck, chin, lips, tongue, nose, upper and lower eyelids, brows, eyeballs, and so on. Each bone offers one degree of freedom, and each movement is limited by an upper and lower swivel angle. The state of the face can be described by a vector of 39 values that are constrained to an interval from 0 to 1, with 0.5 being the neutral position of each bone.

Like the 3D viewer, the emotion viewer is an external application that communicates with the MicroPsi framework through a TCP/IP connection. The connection between viewer and agent is facilitated by a world adapter that translates the output of 39 data targets to the animation values of the bones. Thus, the face can be controlled from a node net through 39 actuator nodes; if one of these actuator nodes receives a certain activation, the respective muscle moves into the respective position. By superimposing activation values, a wide range of facial expressions can be generated (Figure 9.8).

To produce expressions that correspond to the states encoded within a MicroPsi agents, further processing has to take place within the node net: first, the proto-emotional parameters (the urges and modulator values) have to be mapped onto expression parameters (such as pain, pleasure, surprise, agitation), and these have to be connected to the layer of facial actuators. The connections are then (manually) adjusted to generate believable facial expressions from patterns of muscular activation.

9.4 Controlling agents with node nets: an example

The MicroPsi framework is not only suitable for implementing the Psi theory; rather, the framework is a fairly generic runtime environment for multi-agent systems. Of course, its main advantages are its neuro-symbolic components which are built around its graphical node net editor.

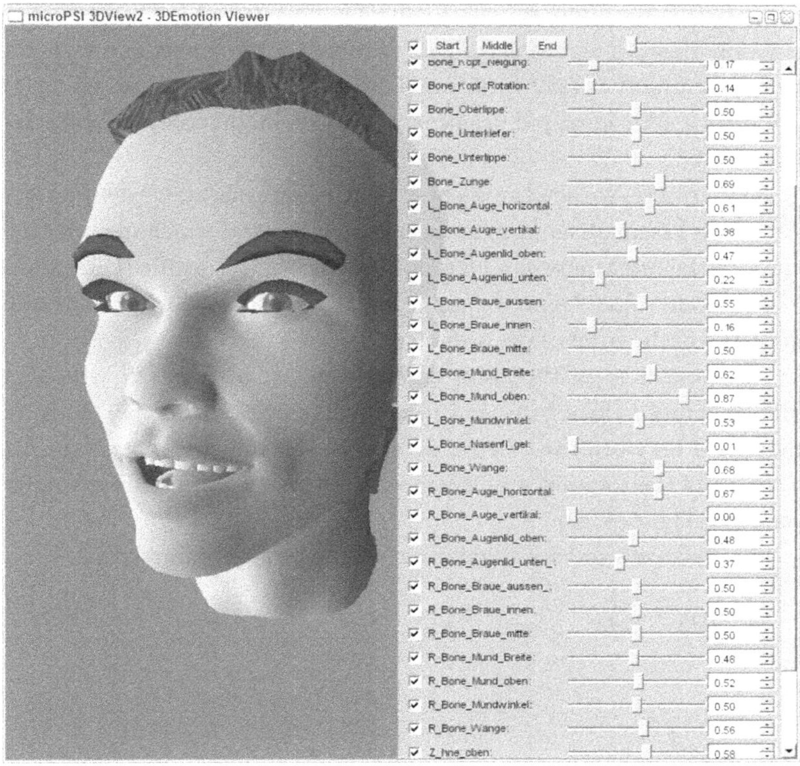

Figure 9.8 Emotional expression

Understanding the usage of the framework is probably served best by an example, and a simple *Braitenberg vehicle* (1984) will do. Our virtual robot shall consist of a pair of light-sensitive sensors and a pair of actuators connected to wheels. The sensors and the actuators are to be connected in such a way that the vehicle is attracted to light sources in its environment.

Before we can implement the agent's control structure, we will need a light source and a robot:[60]

In the simulator, we have to implement a *lamp object*, which is a visual object with a position and an orientation, and in addition with a function *brightness* (*x*,*y*,*z*), which, for each object in the world with a relative posi-

60 The lowest level of the implementation (i.e., the Java classes) is supplied as an example with the MicroPsi toolkit. This is not the place to explain the programming code itself; rather, I will only describe what it does.

tion (x,y,z) to the lamp, returns a value between 0 and 1. The brightness function must be monotonous and continuous, of course, and it should mimic the falloff of light from a real lamp; in the easiest case, $\sqrt[3]{|(x,y,z)|}$ will suffice. (An advanced brightness function might consider obstacles, for instance.)

Furthermore, we need an agent object. To sense light, we define a sensor, which has an offset (u,v) to the agent origin, and which in each cycle sums up the brightness of all lamps in the world, returning the result as an activation value. Here, the agent has two sensors, which are spatially apart and in the front of the agent (see Figure 9.9).

The movement of the agent depends on two wheels (W_1 and W_2), with different velocities v_1 and v_2. These velocities, together with the distance d between the wheels, determine the vehicle's movement distance s and the rotation φ of the movement vector, for the next simulation step (Figure 9.10).

The distance s and the angle φ can simply be approximated as

$$s = \frac{1}{2}(v_1 + v_2) \tag{9.1}$$

and

$$\varphi = \frac{v_1 - v_2}{2d} \tag{9.2}$$

whereby you might consider limiting v_1 and v_2, so that s does not become larger than a pre-defined maximum distance: because the simulation is discrete, large velocities amount to a coarse resolution. In every simulation step, the agent will be moved a distance s into the direction φ, and the agent itself is rotated by 2φ.

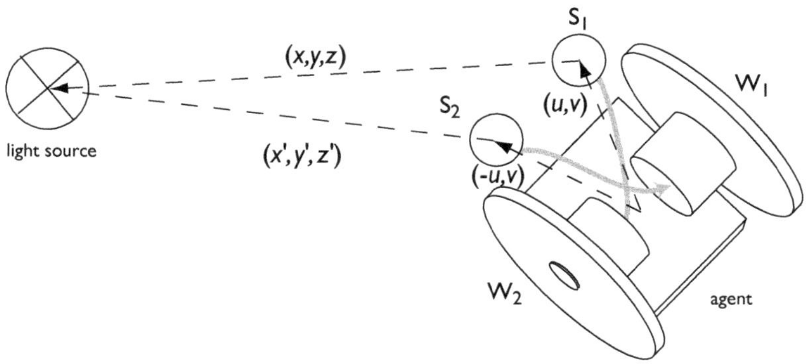

Figure 9.9 Braitenberg vehicle with two sensors and light source

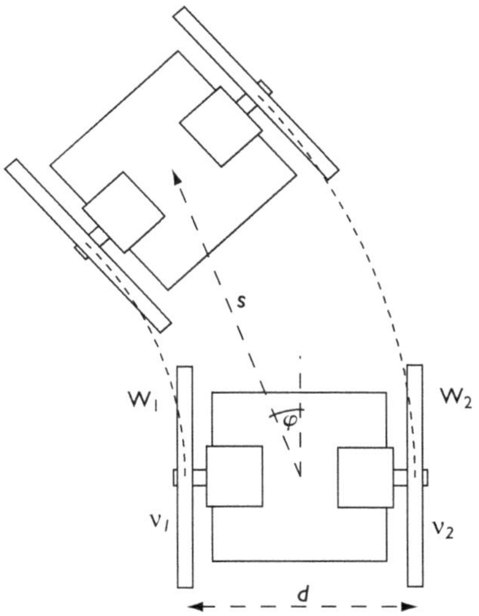

Figure 9.10 Movement of a Braitenberg vehicle

We may assume v_1 and v_2 to be proportional to the value of the wheel actuators, and therefore we will need an *agent action* that updates them whenever the value of the actuators changes.

The action is called by the Braitenberg vehicle's world adapter. The world adapter consists of an *action translator* (which matches the data targets of the wheels with the agent action to set the wheel velocities) and a *percept translator* (which matches the value of the light sensors with a pair of data sources.

After the definition of the agent and the lamp object, we have to select (or create) a world with an accessible ground plane and tell the editor how to display both types of object. We then set up a configuration that combines the object definitions, the world definition and a node net.

In the node net editor, we create a new agent using this configuration. The agent will consist of two sensor nodes and two actuator nodes (Figure 9.11).

Each sensor node is assigned to the data sources corresponding to the agent's light sensors; from now on, the world writes activation values corresponding to the strength of the light source into the sensor nodes. (To see this activation, switch to the world perspective, create a lamp object next to the agent object, and start the execution of the node net.)

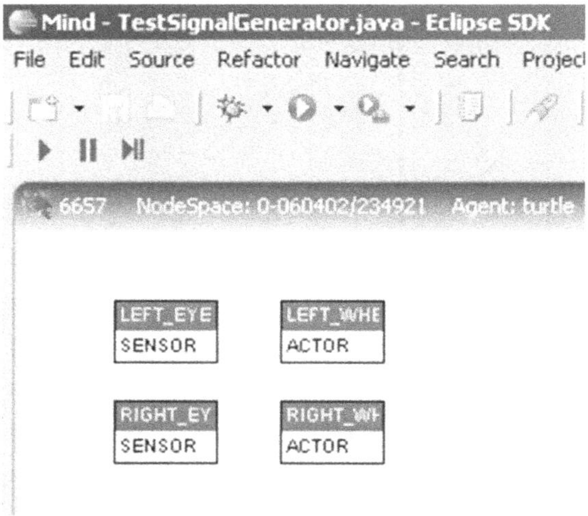

Figure 9.11 Basic nodes for Braitenberg vehicle

Likewise, the actuator nodes are each assigned to a data target (only the wheel data target should be available). Because no activation enters the actuator nodes, the agent does not move yet.

The most straightforward way of creating a light-seeking agent consists in wiring the sensors and the actuators in such a way that the left sensor corresponds to the right wheel and vice versa (Figure 9.12), because this way, the wheel that is further distanced from the light will rotate faster, creating a momentum towards the light source (Figure 9.13). In the world editor, the movement of the agent can be observed.

The same simple node net may control a physical robot, too. (Bach 2003b, 2005a) All it takes is a world adapter that matches the input from photo detectors to the data sources, and the data targets to a control signal for the robot's wheels. (Figure 9.14 shows the setup for a network that controls a Khephera™ robot.)

9.5 Implementing a Psi agent in the MicroPsi framework

Naturally, the first step in realizing the goals of the Psi theory within the MicroPsi framework is an implementation of Dörner's original Psi agent. The current version of the framework includes the *SimpleAgent*, a steam engine vehicle akin to Dörner's *Island agent* (see section 6.1), and

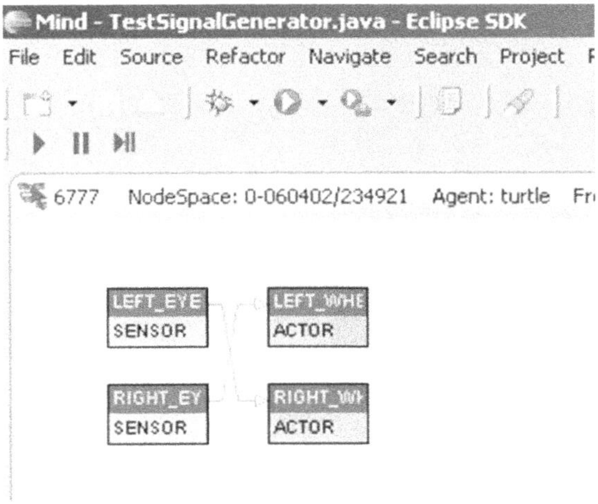

Figure 9.12 Basic connections for Braitenberg vehicle

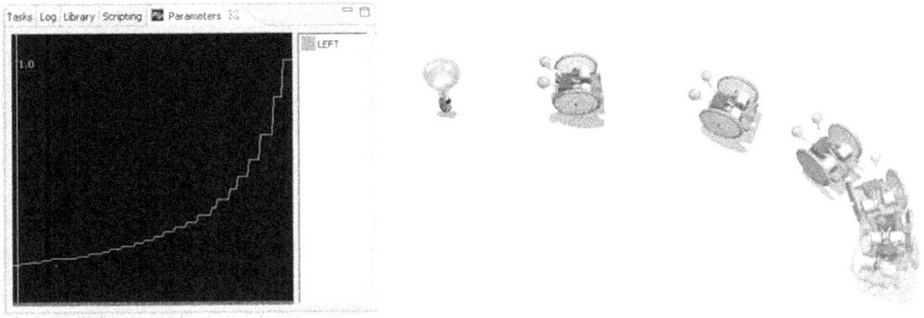

Figure 9.13 Braitenberg agent moving towards light source

destined to live in an island world, where it collects nutrients and water, avoids hazards (such as poisonous mushrooms and thorny plants), and explores its surroundings. The *SimpleAgent* has a motivational system that subjects it to urges, which give rise to motives, and these may in turn be established as goals. Goals are actively pursued, and plans are constructed and executed to realize them.

Our implementation is aligned to Dörner's model and shares most of its architecture (please refer to the description of the Psi agent for details). In some areas, especially with respect to perception and control, we have introduced changes that are due to the differences in the simulation and the opportunities offered by the framework. The SimpleAgent is not a complete realization of the MicroPsi agent sketched above, but it already illustrates many of its goals.

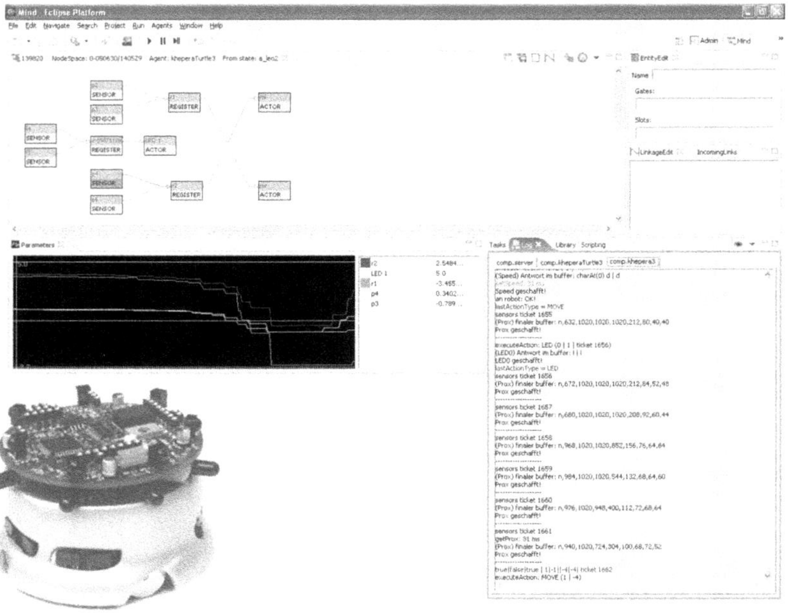

Figure 9.14 Controlling a Khephera™ robot with the MicroPsi toolkit

9.5.1 The world of the SimpleAgent

The *SimpleAgent* has been designed to live in an island world of arbitrary size, filled with discrete objects, and surrounded by an impassable barrier of seawater (Figure 9.15). It can move in discrete orthogonal steps. Its sensing distance is limited to the movement distance, so every step brings it into a situation (or scene) with new objects.

To maintain its functions, the agent needs nutrients, which it can obtain from mushrooms or from fruit. Fruits are part of certain plants, they can be dislodged from these plants with certain actions. Plants may change over time, that is, they might grow new fruit and so on. Also, the agent depends on water, which is found in springs (replenishable) and puddles (exhaustible).

Moving onto certain types of terrain, ingesting certain plants (such as poisonous mushrooms) or manipulating others (thorny bushes) may damage the agent. The island offers "healing herbs" that may remedy the damage.

Within each situation, the agent perceives using sensors that respond directly to the features of objects. Because a situation typically contains more than one object, the agent will have to select one before manipulating it, which is done using a *focus action*. The agent may distinguish

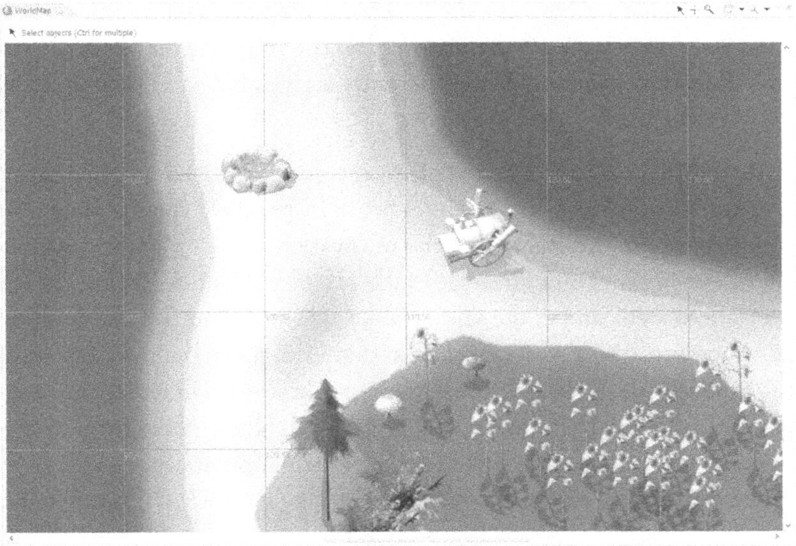

Figure 9.15 *SimpleAgent* world (detail)

between situations based on the objects contained in them, and by keeping track of its movements between scenes. Conversely, similar objects can be kept apart due to the situations they are part of, and their different positions within situations.

The interaction with the environment is facilitated with a set of operators (actions), such as eating, drinking, hitting, focusing the next object in the situation, moving northwards, moving southwards and so on.

9.5.2 The main control structures of the SimpleAgent

The SimpleAgent consists of eight node spaces:

— *Main Control* initializes the agent, sets up an initial world model and maintains the action loop.
— *Basic Macros* holds the elementary actions and strategies, such as trial-and-error, finding an automatism and planning.
— *Emotion/Motivation* is the motivational system of the agent and calculates the parameters of the emotional system.
— *IEPS* is the space of the immediate external percepts; here, primitive sensory data are organized into situations using hypothesis based perception (HyPercept).
— *Situation Memory* holds working memory data, such as the current goals and the active situation.

— *Protocol Space* contains the long-term memory of the agent.
— *Plan Space* encloses the planner and the resulting plans.
— *Execution Space* holds the currently active plan and maintains its execution.

Unlike Dörner's agent, the SimpleAgent does not need a single *sense-think-act* loop. Instead, its modules work in parallel. For instance, low level perception, the changes in the motivational system and the execution of the main action strategies take place in different regions of the agent's node nets, and at the same time. Likewise, there are autonomous sub-processes, like a *garbage collector* that eliminates memory elements that have lost their links to other memory. In areas where the independent processes might interfere, one process can block others from changing the content of its node spaces during critical operations.

The action loop of the *Main Control* space (Figure 9.16) implements a simple Rasmussen ladder. It is realized as a simple script that is being recursively run by a *script execution* module. After starting the agent, the script waits for the initial world model to form and then enters an infinite loop, where in each step, the agent subsequently tries to realize one of the following alternatives:

— find an automatism from the current situation to a goal (meanwhile specified by the motivational system);
— construct a plan that leads to the goal;

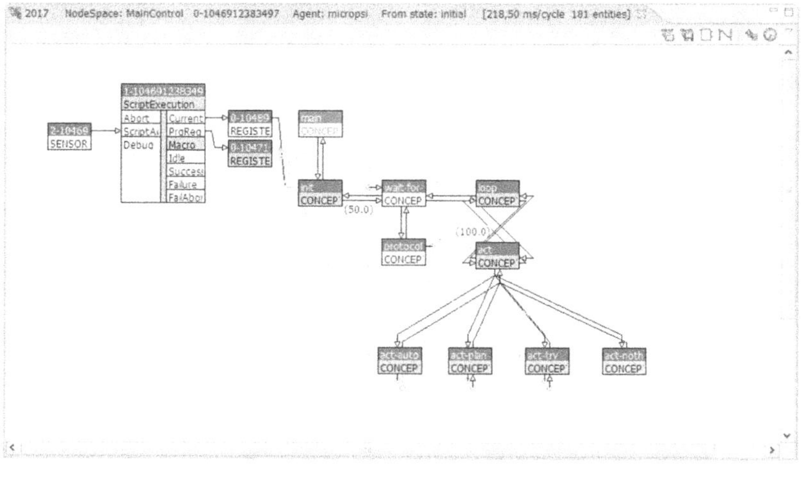

Figure 9.16 Main action loop

— explore unknown options (by trial and error); or
— do nothing.

To maintain that order, each of these options, which are *sub*-linked to the loop, receives a permanent pre-activation of descending strength. Because the script execution module attempts the alternative with the highest activation first, the agent always prefers automatisms over planning, and planning over trial-and-error. The agent thus acts opportunistically and goal-directed.

The *Automatism* module resides in the *Basic Macros* space and simply checks for an already existing strategy to get to the current goal. If the attempt to find an automatism fails, control is given back to the main action loop and plan construction is attempted.

The planning behavior is located in the *Basic Macros* space as well, but links to the *Plan Creation* module, which is situated in the *Plan Space* and simply performs a backwards search through the space of memorized situations and actions, limited by time and depth. The plan elements are cloned from protocol memory and eventually aligned as a plan from the current situation to the goal situation. Should planning fail, then the current plan fragments are removed, and if it is successful, the *Plan Creation* module initiates its execution. Instances of executable plans are being held in the *Execution Space* and are carried out by a script execution module there. This node space also keeps track of the failure or success of plans and terminates them accordingly.

The *Trial-and-Error* module (Figure 9.17) is activated if no strategy for goal-directed action has been found—either because none is known, or because there is no goal that a known strategy can be applied to. Thus, the agent needs to acquire new strategies, and it does so by experimentation.

The agent enters its world without pre-defined knowledge, and learns by trial-and-error what it can do to satisfy its demands and to avoid being damaged. However, in the face of high complexity, we have found that it needs pre-dispositions. Some actions require a whole chain of operations to be performed in the right order, for instance, food can sometimes only be obtained by first seeking a situation with a tree, then focusing that tree, then applying a shake-action to it, witnessing a fruit falling, and finally ingesting it. As it turns out, the probability of that chain of actions happening by chance is prohibitively low. The chances of success are much better if there is a certain bias for some actions and against

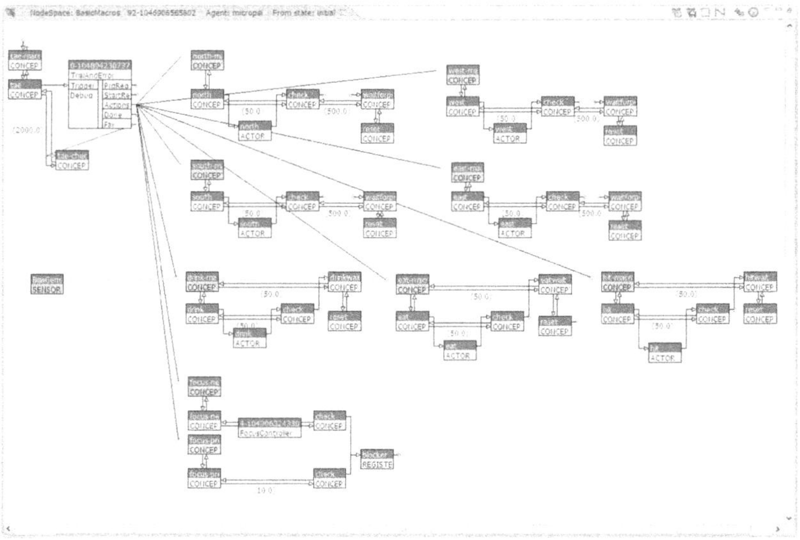

Figure 9.17 Trial-and-error script (simplified)

others. For instance, the agent should be much less inclined to de-focus an object without first trying something with it, and it should better not just randomly walk away from a promising situation. Therefore, it does not try all actions with equal likelihood, but depending on a preference that is determined by a bias value for each action:

$$preference_{action} = (1 + bias_{action})(1 + random(0.5)) \qquad (9.13)$$

where *bias* is a value between 0 and 1.

Another difficulty arises in environments where benefits of behavior conflict with dangers. For instance, if the agent is confronted with mushrooms that are both nutritious (appetitive) and poisonous (aversive), and there is no alternative food source, it might poison itself. If the mushrooms are *very* appetitive, it may even choose them as a favorite food if other nutrients are available. In these cases, the agent either needs a strong bias against aversive food, a bias against dangerous objects, or a teacher.

9.5.3 The motivational system

The *SimpleAgent* is driven by its physiological demands for nutrients, water and integrity, by its cognitive demands for uncertainty reduction and competence, and by its social demand for affiliation. The physiological demands are determined by the simulation world and measured by sensors as *urge signals*, while the other (internal) demands are expressed by urge signals within the agent. Together they form the basis of the motivational system, which is situated in the *Emotion/Motivation Space* (Figure 9.18).

At the bottom of the motivational system is the module *Emotional Regulation*. This module calculates the emotional parameters from urges, relevant signals, and values from the previous step. The module maintains the proto-emotional parameters of competence, *arousal*, *certainty*, resolution level (*resLevel*), and selection threshold (*selThreshold*). These values are directly visible at the module's gates. Any subsystem of the agent that is subject to emotional regulation will be linked to these gates, and receives the current emotional parameters via the spread of activation from there.

The Emotion Regulation module is also the place where the cognitive urges are determined: *certaintyU* and *efficiencyU* are calculated every step simply as difference between a target value and the actual value and visible at the respective gates.

At the slots, the module receives the values of the "physiological urges" ($extU_{1..3}$), and the amount of change of certainty and competence, if some event occurs that influences the system's emotional state (slots *certaintyS* and *efficiencyS*). The way we use these values is very similar to Dörner's "EmoRegul" mechanism.

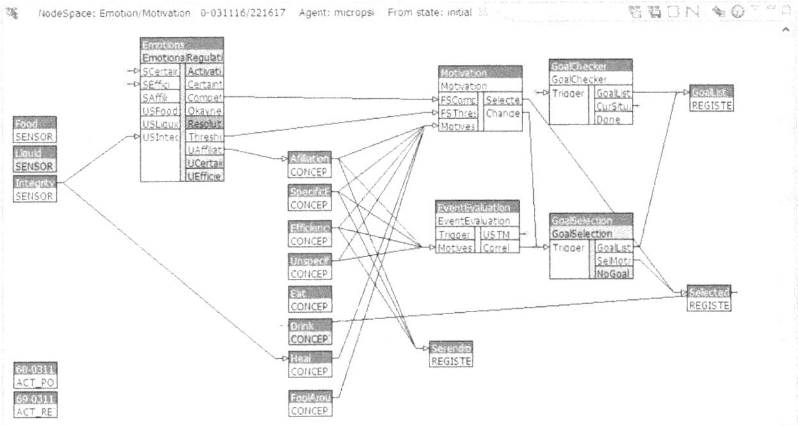

Figure 9.18 Motivational system

At every time step *t* the module performs the following calculations:

$$competence_t = \max\left(\min\left(competence_{t-1} + in_t^{efficiencyS}, 0\right), l^{competence}\right) \quad (9.4)$$

$$certainty_t = \max\left(\min\left(certainty_{t-1} + in_t^{certaintyS}, 0\right), l^{certainty}\right) \quad (9.5)$$

($l^{competence}$ and $l^{certainty}$ are constants to keep the values in range)

$$efficiencyU_t = target^{competence} - competence_t \quad (9.6)$$

$$certaintyU_t = target^{certainty} - certainty_t \quad (9.7)$$

($target^{certainty}$ and $target^{certainty}$ are target values representing the optimum levels of competence and certainty for the agent.)

$$arousal_t = \max\left(certaintyU_t, efficiencyU_t, in_t^{extU}\right) - competence_t \quad (9.8)$$

$$resLevel_t = 1 - \sqrt{arousal_t} \quad (9.9)$$

$$selThreshold_t = selThreshold_{t-1} arousal_t \quad (9.10)$$

The urge signals are connected to motive nodes, which represent the need to fulfil these urges (through learning, the motive nodes are in turn associated with strategies that satisfy the demands). The module *Motivation* determines the dominant motive by selecting one of the motives, based on its strength, the selection threshold, and the competence. As explained earlier in detail, the selection threshold is added as a bonus to the strength of the currently active motive to increase motive stability, and the competence is a measure for the expected chance of realizing the motive.

Whenever a motive becomes dominant, its associations to situations that realize the motive become active, and these situations are identified as goals that are stored in a list. The final situation (the one that allows realizing the motive by a consumptive action) is the primary goal, and the *Goal Selection* module identifies opportunities to reach it. If the *Situation Memory Space* (the world model of the *SimpleAgent*) signals that goals are reached, the *Goal Checker* module removes them (along with obsolete subordinate goals) from the list.

The *Event Evaluation* module is the last component of the motivational system. It checks for changes in the strength of motives, which correspond to the satisfaction or frustration of demands. Thus, it acts a pleasure/displeasure system, and transmits a signal that is used for learning.

Whenever an event has a positive or negative valence (i.e., satisfies or frustrates demands), the connections between the current situation and the preceding situations in protocol memory are reinforced. Because of a decay of the strength of connections in protocol memory, the agent tends to store especially those memory fragments that are relevant to reaching its goals.

Learning and action selection are the two main tasks of the SimpleAgent's motivational system.

9.5.4 Perception

Perceptions of the SimpleAgent are stored generated in the *Immediate External Percepts Space*, organized in *Situation Memory* as a world model and stored subsequently in *Protocol Memory*. They are organized as trees, where the root represents a situation, and the leaves are basic sensor nodes. A situation is typically represented by a chain of *por/ret* links that are annotated by spatial-temporal attributes. These attributes define how the focus of attention has to move from each element to sense the next; thus, the memory representation of an object acts as an instruction for the perception module on how to recognize this situation.

Situations may contain other situations or objects; these are connected with *sub/sur* links (that is, they are "*part of*" the parent situation). We refer to situations that consist of other situations as "complex situations," in contrast to "simple situations" that contain only single or chained sensor nodes *sur/sub*-linked with a single concept node.

Currently, the agent is equipped with a set of elementary sensors on the level of objects (like sensors for water-puddles or banana objects). In Dörner's original design, elementary sensors are on the level of groups of pixels and colors; we have simplified this, but there is no real difference in the concept. Using more basic sensors just adds one or two levels of hierarchy in the tree of the object representation, but the algorithm for perception remains the same and is implemented in the *Basic HyPercept* module in the the *Immediate External Percepts Space*. All the agent learns about a virtual banana, for instance, stems from the interaction with this class of objects, that is, after exploration, a banana is represented as a situation element that leads to a reduction in the feeding urge when used with the eat-operator, might be rendered inedible when subjected to the burn-operator, and which does not particularly respond to other operations (such as shaking, sifting, drinking and so on). The drawback of the current implementation that abstains from modelling visual properties is that it does not allow the agent to generalize about colors etc., and that the mechanisms of accommodation and assimilation cannot be emulated for low-level percepts.

9.5.5 Simple hypothesis based perception (HyPercept)

Whenever the agent enters a situation that cannot be recognized using existing memories, it is parsed using the *accommodation* process in the *Schema Generation* Module in the *Immediate External Percepts Space*, resulting in a chain of spatially *por/ret*-linked elements, which are *sub/sur*-linked to a common parent: the situation they are part of (see Figure 9.19). But before this happens, the agent attempts to match its perception against already known situations; if it already possesses a schema of the situation, it uses the module *SimpleHyPercept* for recognition.

Hypothesis based perception starts bottom-up, by cues from the elementary sensors (which become active whenever a matching object or feature appears). It then checks, top-down, whether object or situation hypotheses activated by these cues apply. If, for instance, the agent encounters a banana object and focuses its sensors on it, the corresponding sensor node becomes active and the perception algorithm carries this activation to the concept node that is *sur*-connected with the sensor (i.e., the banana concept). It then checks for matching situation hypotheses, that is, situations that contained banana objects in the past. If an object or situation can only be recognized by checking several sensors, the agent

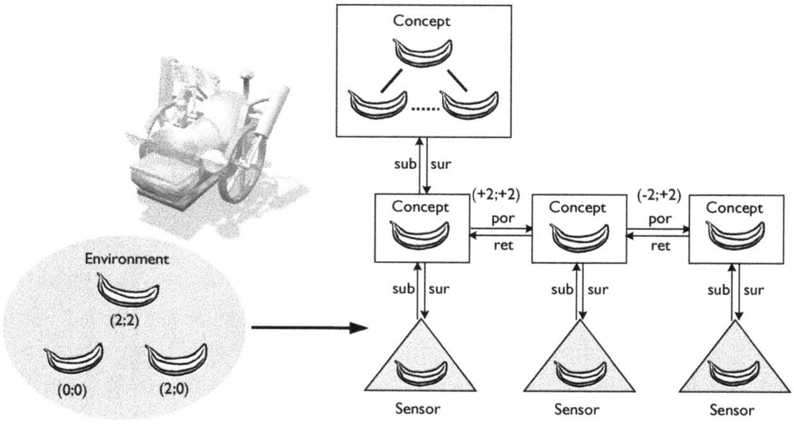

Figure 9.19 Building a hierarchical representation of a situation (simplified)

retrieves all representations containing the active sensor as part of a *por/ret*-chain from protocol memory. These chains represent the adjacent sensors that the agent has to check, along with their spatial relationship, to establish which of the object and situation candidates can be assumed to be valid.

HyPercept becomes faster by biasing the set of candidate hypotheses according to their probability, so more likely hypotheses are checked first. This applies especially to situations that have been recently sensed (i.e., the agent will keep his hypothesis about the environment stable, if nothing happens to disprove it). Besides that, the SimpleAgent prefers hypotheses that contain more instances of the cue feature over those that have less.

Given that list of hypotheses, the perception module now checks one after the other. To check a hypothesis, the *por/ret*-path of the hypothesis' elements is read from memory. The sensors of the agent are then moved to the element at the beginning of the *por/ret*-chain, then along the *por*-path to the next position, and so on until all elements have been "looked at." After checking each element, the sensor must verify its existence in order not to disprove the hypothesis. If all elements of the situation have been successfully checked, the hypothesis is considered to be consistent with the reality of the agent environment.

If one of the elements does *not* become active, the current hypothesis is deleted from the list, and the next one is checked. If a hypothesis is confirmed until the end of the *por/ret*-chain, it is considered to "be the case" and linked as the new current situation.

The PSI theory suggests that perception can undergo emotional modulation, especially with respect to the resolution level: if the resolution is low, fewer elements of a hypothesis need to be checked for the hypothesis to be considered true. As a result, perception is faster but inaccurate when resolution is low, but slower and precise if resolution is high. Because the SimpleAgent does not perform low-level feature detection (i.e., it works with relatively few discrete objects at a time) this has no noticeable effect, though.

9.5.6 Integration of low-level visual perception

Low-level visual perception has been omitted in the SimpleAgent—primarily because the author is not convinced that this particular addition of complexity is going to be warranted by the results. The rigid mechanism of combining pixels into line-segments and shapes employed in Dörner's PSI agent is not an accurate model for low-level perception, but scaffolding that acts as a place-holder for a more "scruffy" low-level perceptual strategy. A proper model of visual perception should be capable of processing real-world images as well (or at least to a degree), and it should do so in a plausible manner.

We do not think that our current level of understanding of hypothesis-based perception can be scaled up for the processing of real-world data, at least not with a literal understanding of the suggestions laid down in the PSI theory. Dörner suggests using detectors for local line directions and arranging these into hierarchical representations. To illustrate this, a *Backpropagation module* for neural learning has been implemented and used for line-detection (Figure 9.20).

The backpropagation module is assigned sets of nodes u, whereby each set comprises a layer, and the output gates o of each unit have a sigmoidal activation function. Activation enters through the input layer (n_i nodes i, typically connected to sensor nodes) and is propagated to and through *sur*-connected hidden layers (n_h nodes h), until an output layer (of n_k nodes k) is reached. Initially, the weights of the links between the layers are set to small random values (for instance, between −0.05 and 0.05). The layered network is now subjected to a large set of training data $\langle \vec{x}, \vec{t} \rangle$ where $\vec{x}$ is the vector of the activations entering the input layer, and $\vec{t}$ is the desired result vector of activations that is to be obtained at the output layer.

Let w_{ji} be the strength of the link between two nodes i and j, and a_{ji} the activation that j receives from i. During testing, the activation vector $\vec{x}$ is spread from the input layer towards the output layer. The module then calculates the differences of the output with the target values: $\delta_k = o_k\ (1 - o_k)(\mathrm{t} - o_k)$, and traces the differences back to the input layer as $\delta_h = o_h\ (1 - o_h)\Sigma w_{kh}\delta_k$. The weights of the network are then updated according to $w_{ji} \leftarrow w_{ji} + \Delta w_{ji}$, where $\Delta w_{ji} = learningRate\ \delta_k x_j i$ (see, for instance, Mitchell, 1997).

Neural learning using backpropagation can be applied directly to camera images.[61] We used horizontal, vertical and diagonal line-detectors

61 Here, an input stream from a web-camera was used, and an edge-detection filter applied. The application of a complete scan with a "foveal arrangement" of a matrix of 10 × 10 sensor nodes took roughly 0.4s per frame. This process could be improved by only scanning areas of interest.

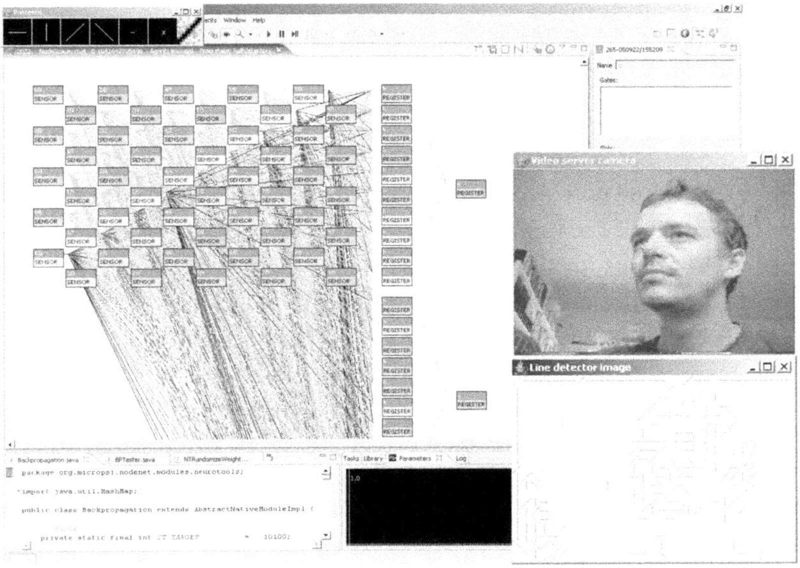

Figure 9.20 Low level perception of sensory features with backpropagation

as arrays of 10 by 10 sensor nodes with a layer of 40 hidden neurons that terminated in four output nodes. After training using line segments with artificial noise, it was possible to identify such segments in camera images as well. Unfortunately, these segments are very rough and relatively unstable, whenever an object moves. The application of HyPercept on such data does not provide reliable results, with the exception of simple geometric shapes, such as the outlines of books and CDs. Tasks like facial recognition clearly require a different approach.

While it is not surprising that the detection of instable line segments does not integrate well with an essentially rule-based top-down hypothesis tester, this does not mean that the general idea of HyPercept with its bottom-up/top-down strategy is at fault. Instead, a much more general implementation of this principle is needed. A good starting point might be the use of Gabor filters instead of simple line detectors at the input layer, and a re-conceptualization of HyPercept using a variable number of layers with radial basis function networks, with a gradual stabilization of hypotheses. Research into visual perception is likely to be one of the most fascinating and fruitful areas of extension to the Psi theory, because it will require the designers to depart from discrete symbolic representations and foster a deeper understanding of its relationship to distributed processing.

Extending hypothesis based perception will also need to consider the self-organization of "visual grammars," the abstraction of objects into hierarchical categories of components. One possible strategy consists in reducing visual shapes into skeletons, so-called *shock graphs*. (Siddiqi et al., 1998) Shock graphs can be represented as hierarchies of nodes, where individual nodes correspond to branching points or end points in the skeleton, and the links to the interrelations between them. We have used these graphs for the supervised learning of visual prototypes, and then matched these prototypes against the shock graph descriptions of new objects for recognition (Bach, Bauer, & Vuine, 2006). Nevertheless, this approach is only a starting point to explore models of visual perception (A complete implementation of neural prototyping of shock graphs in MicroPsi has been done and evaluated by Colin Bauer, 2004), and perceptual cognition as a topic goes much beyond the scope of this introduction.

9.5.7 Navigation

The *SimpleAgent* recognizes situations by the particular arrangement of objects that make them up. This has the benefit that the agent may be "hijacked" and put into a different position, and still be able to get back its bearings. But obviously, the arrangement of objects in a scene may vary: for instance, if the agent devours a piece of fruit, the corresponding object is no longer part of the situation. While this creates a new situation with respect to the local availability of fruit, it should not create a new situation with respect to navigation. In other words, the agent needs to discern between immobile features that can act as landmarks, and variable features, which are not a pre-requisite for classifying a situation (or object).

The *SimpleAgent* uses a simplification as a solution for this problem: using a source of negative activation, it inhibits those objects (or features) that are likely not suitable for landmarks. Each type of element of situations is linked to this inhibitor, and the strength of the link is adjusted according to the estimated probability of the element being a not a reliable property of the situation. (Currently this estimate is adjusted only whenever the agent witnesses a change in a situation.) As a result, the agent may use different parts of a situation description for planning than for recognition—i.e. it can determine a place even if features have changed, but may incorporate the existence of these features into its behavior.

Locomotion in the *SimpleAgent* is constrained to discrete steps, which simplifies the classification of situations. Continuous movement requires that the conceptualization of scenes allows objects to belong to several scenes at the same time, and leads to a continuously changing world model as the agent navigates through its environment. These changes are incompatible with the situation recognition and planning of the SimpleAgent and are explored in different implementations (see, for instance Bach, 2003b, Dietzsch, 2008).

10

Summary: the Psi theory as a model of cognition

What I cannot create, I do not understand.

Richard P. Feynman (1988)

When Dörner's work on the Psi theory as a unified model of the human mind started, it occupied an area of German psychology that was almost uninhabited, and even by some considered uninhabitable. Recently, this domain of research has become much more populated, and Dörner's research finds itself in close proximity to other developments in the cognitive modelling community, and to architectures and methods developed in artificial intelligence. It has been the goal of this book to highlight these compatibilities and to make Dörner's theory accessible to other researchers by identifying his contributions, and by translating his suggestions for computer models into a reusable framework for a cognitive architecture.

In my view, the Psi theory's unique contribution to cognitive science is the way it combines grounded neuro-symbolic representations with a poly-thematic motivational system. It is offering a conceptual explanation for both the multitude of goals a mind sets, pursues, and abandons during its cogitation and action, and the perhaps equally important serendipity of wandering thoughts and associations. By including an understanding of *modulated* cognition that treats affective states as particular configurations of perceptual processes, action regulation, planning, and memory access, the Psi theory offers a non-trivial integration of emotion into its architecture, consistent not only with external observables but also with the phenomenology of feeling and emotion.

The Psi theory covers a wide range of topics within cognitive modelling. Of 22 major areas of cognitive functioning recently defined in a DARPA proposal for cognitive architectures (DARPA 2005), Dörner's Psi theory addresses 14—memory, learning, executive processes, language, sociality/emotion, consciousness, knowledge representation, logic/reasoning, elementary vision, object perception, spatial perception, spatial cognition, attentional mechanisms, and motivation—ten of them in considerable detail. (The Psi theory currently does not discuss the areas of somato-sensation, olfaction, gustation, audition, proprioception, vestibular function, and polysensory integration, and it says relatively little about the individual domains of creativity.) Among the 147 sub-topics identified in the proposal, the Psi theory offers a discussion and at least partial implementation as a computer model of 68. While many of these elements have only found a very shallow representation, the Psi theory's contribution to a possible understanding of emotion and motivation is quite substantial and goes beyond what other cognitive models that I am aware of have to offer. It is one of the few computational models of emotion that have been validated against results from human subjects in a complex problem solving task (Ritter et al., 2002, p. 37).

10.1 Main assumptions

Methodologically, the Psi theory marks a convergence of philosophy, theoretical psychology, artificial intelligence, artificial life, and cognitive modelling, which means that it is difficult to compare to other cognitive models as such, but of course it is possible to match the individual areas covered in the Psi theory against work in the respective disciplines.

The core of the Psi theory might be summarized in the following statements:

1. *Homeostasis*: it is fruitful to describe a cognitive system as a structure consisting of relationships and dependencies that is designed to maintain a homeostatic balance in the face of a dynamic environment.
2. *Explicit symbolic representations*:
   a. The Psi theory suggests *hierarchical networks of nodes* as a *universal* mode of representation for declarative, procedural and tacit knowledge: representations in Psi agents are *neuro-symbolic*.

b. These nodes may encode *localist and distributed* representations.
c. The activity of the system is modelled using *modulated* and *directional* spreading of activation within these networks.
d. Plans, episodes, situations and objects are described with a semantic network formalism that relies on a fixed number of pre-defined link types, which especially encode *causal/ sequential ordering*, and *partonomic hierarchies*. The theory originally specifies four basic link-types, which the author suggests to extend by four additional link types to encode taxonomic and referential relationships.
e. There are special nodes (representing neural circuits) that control the spread of activation and the forming of temporary or permanent *associations* and their *dissociations*.

3. *Memory*:
a. The PSI theory posits a world model (*situation image*).
b. The current situation image is extrapolated into a branching *expectation horizon* (consisting of anticipated developments and active plans).
c. Working memory also contains an *inner screen*, a hypothetical world model that is used for comparisons during recognition and for planning.
d. The situation image is gradually transferred into an episodic memory (*protocol*).
e. By selective *decay* and *reinforcement*, portions of this long-term memory provide *automated behavioral routines*, and *elements for plans* (procedural memory).
f. The fundamental atomic element of plans and behavior sequences is a *triplet* of a (partial, hierarchical) situation description, forming a condition, an operator (a hierarchical action description) and an expected outcome of the operation as another (partial, hierarchical) situation description.
g. *Object descriptions* (mainly declarative) are also part of long-term memory and the product of perceptual processes and affordances.[62]

62 Here, affordances (Gibson, 1977, 1979) refer to the integration of perceptual information with applicable operators within the object descriptions.

h. Situations and operators in long-term memory may be associated with *motivational relevance*, which is instrumental in retrieval and reinforcement.
i. Operations on memory content are subject to emotional *modulation*.

4. *Perception*:
   a. Perception is based on conceptual hypotheses, which guide the recognition of objects, situations and episodes. *Hypothesis-based perception ("HyPercept")* is understood as a *bottom-up* (data-driven and context-dependent) cueing of hypotheses that is interleaved with a *bottom-down* verification.
   b. The acquisition of schematic hierarchical descriptions and their gradual adaptation and revision can be described as *assimilation* and *accommodation* (Piaget, 1954).
   c. Hypothesis-based perception is a *universal principle* that applies to visual perception, auditory perception, discourse interpretation, and even memory interpretation.
   d. Perception is subject to emotional *modulation*.
5. *Urges/drives*:
   a. The activity of the system is directed towards the satisfaction of a *finite set* of primary, *pre-defined urges* (drives).
   b. All goals of the system are situations that are associated with the satisfaction of an urge, or situations that are instrumental in achieving such a situation (this also includes abstract problem solving, aesthetics, the maintenance of social relationships, and altruistic behavior).
   c. These urges reflect *demands* of the system: a mismatch between a target value of a demand and the current value results in an *urge signal*, which is proportional to the deviation, and which might give rise to a motive.
   d. There are three categories of urges:
      i. *physiological urges* (such as food, water, maintenance of physical integrity), which are relieved by the *consumption* of matching resources and increased by the metabolic processes of the system, or inflicted damage (integrity).
      ii. *social urges (affiliation)*. The demand for affiliation is an individual variable and is adjusted through early

experiences. The urge for affiliation needs to be satisfied in regular intervals by *external legitimacy signals* (provided by other agents as a signal of acceptance and/or gratification) or *internal legitimacy signals* (created by the fulfilment of social norms). It is increased by social frustration (*anti-legitimacy signals*) or *supplicative signals* (demands of other agents for help, which create both a suffering by frustration of the affiliation urge, and a promise of gratification).

iii. *cognitive urges* (*reduction of uncertainty*, and *competence*). Uncertainty reduction is maintained through exploration and frustrated by mismatches with expectations and/or failures to create anticipations. Competence consists of *task-specific competence* (and can be acquired through exploration of a task domain) and *general competence* (which measures the ability to fulfill the demands in general). The urge for competence is frustrated by actual and anticipated failures to reach a goal. The cognitive urges are subject to individual variability and need regular satisfaction.

e. The model strives for *maximal parsimony* in the specification of urges (this is a methodological assumption). For instance, there is no need to specify a specific urge for social power, because this can be reflected by the competence in reaching affiliative goals, while an urge for belongingness partially corresponds to uncertainty reduction in the social domain. The model should only expand the set of basic urges if it can be shown that the existing set is unable to produce the desired variability in behavioral goals. Note that none of the aforementioned urges may be omitted without affecting the behavior.

6. *Pleasure and distress*:
   a. A *change* in a demand of the system is reflected in a *pleasure* or *distress signal*. The strength of this signal is *proportional* to the extent of the change in the demand measured over a short interval of time.
   b. Pleasure and distress signals are *reinforcement* values for the learning of behavioral procedures and episodic sequences and define *appetitive* and *aversive* goals.

7. *Modulation:*
   a. Cognitive processing is subject to *global modulatory parameters*, which adjust the cognitive resources of the system to the environmental and internal situation.
   b. Modulators control behavioral tendencies (action readiness via *general activation* or *arousal*), stability of active behaviors/chosen goals (*selection threshold*), the rate of orientation behavior (*sampling rate* or *securing threshold*), and the width and depth of activation spreading in perceptual processing, memory retrieval, and planning (*activation* and *resolution level*).
   c. The effect and the range of modulator values are subject to *individual variance*.
8. *Emotion:*
   a. Emotion is not an independent sub-system, a module, or a parameter set, but an intrinsic *aspect of cognition*. Emotion is an emergent property of the modulation of perception, behaviour, and cognitive processing, and it can therefore not be understood outside the context of cognition. To model emotion, we need a cognitive system that can be modulated to adapt its use of processing resources and behavior tendencies. (According to Dörner, this is necessary *and* sufficient.)
   b. In the Psi theory, emotions are understood as a configurational setting of the *cognitive modulators* along with the *pleasure/distress dimension* and the assessment of the *cognitive urges*.[63]
   c. The *phenomenological qualities* of emotion are due to the effect of modulatory settings on perception and cognitive functioning (i.e., the perception yields different representations of memory, self, and environment depending on the modulation), and to the experience of accompanying physical sensations that result from the effects of the particular modulator settings on the

63 This perspective addresses *primary emotions*, such as joy, anger, fear, surprise, relief, but not *attitudes* like envy or jealousy, or emotional responses that are the result of modulations which correspond to specific demands of the environment, such as disgust.

physiology of the system (for instance, by changing the muscular tension, the digestive functions, blood pressure, and so on).

   d. The *experience of emotion* as such (i.e., as *having an emotion*) requires reflective capabilities. Undergoing a modulation is a necessary, but not a sufficient condition of experiencing it as an emotion.

9. *Motivation*:
   a. Motives are *combinations of urges and a goal*. Goals are represented by a situation that affords the satisfaction of the corresponding urge.[64]
   b. There may be several motives active at a time, but *only one* is chosen to determine the choice of behaviors of the agent.
   c. The choice of the dominant motive depends on the anticipated probability of satisfying the associated urge and the strength of the urge signal. (This means also that the agent may opportunistically satisfy another urge if presented with that option.)
   d. The *stability of the dominant motive* against other active motivations is regulated using the selection threshold parameter, which depends on the *urgency* of the demand and individual variance.
10. *Learning*:
   a. Perceptual learning comprises the *accommodation/ assimilation* of new/existing schemas by hypothesis based perception.
   b. Procedural learning depends on *reinforcing* the associations of actions and preconditions (situations that afford these actions) with *appetitive or aversive* goals, which are triggered by pleasure and distress signals.
   c. *Abstractions* may be learned by evaluating and reorganizing episodic and declarative descriptions to generalize and fill in missing interpretations (this facilitates the organization of knowledge according to conceptual frames and scripts).

64 Note that motives are terminologically and conceptually different from urges and emotions. *Hunger*, for instance, is an urge signal, an association of hunger with an opportunity to eat is a motive, and *apprehension* of an expected feast may be an emergent emotion.

   d. Behavior sequences and object/situation representations are *strengthened by use*.
   e. Tacit knowledge (especially sensory-motor capabilities) may be acquired by *neural learning*.
   f. Unused associations *decay* if their strength is below a certain threshold; highly relevant knowledge may not be forgotten, while spurious associations tend to disappear.

11. *Problem-solving:*
   a. Problem-solving is directed towards *finding a path* between a given situation and a goal situation, on completing or *reorganizing mental representations* (e.g., the identification of relationships between situations or of missing features in a situational frame), or serves an *exploratory* goal.
   b. It is organized in stages according to the *Rasmussen ladder* (Rasmussen, 1983). If no *immediate response* to a problem is found, the system first attempts to resort to a behavioral routine *(automatism)*, and if this is not successful, it attempts to construct a *plan*. If planning fails, the system resorts to *exploration* (or switches to another motive).
   c. Problem solving is *context-dependent* (contextual priming is served by associative pre-activation of mental content) and subject to *modulation*.
   d. The strategies that encompass problem-solving are *parsimonious*. They can be reflected upon and reorganized according to learning and experience.
   e. Many advanced problem solving strategies cannot be adequately modelled without assuming *linguistic capabilities*.[65]

12. *Language and consciousness*:
   a. Language has to be explained as syntactically organized symbols that designate conceptual representations, and a model of language thus starts with a model of mental representation. Language extends cognition by affording the categorical organization of concepts and by aiding in meta-cognition. (Cognition is not an extension of language.)

65 Currently, only hill-climbing and an emulation of activation-based search are implemented.

b. The understanding of discourse may be modelled along the principles of hypothesis based perception and assimilation/ accommodation of schematic representations.

Consciousness is related to the abstraction of a concept of self over experiences and protocols of the system and the integration of that concept with sensory experience; there is no explanatory gap between conscious experience and a computational model of cognition.

Arguably, the Psi theory is made up of many fragmentary answers to cognitive design questions grouped around a relatively simple functionalistic core, that is, a set of proposed algorithms modelling basic cognitive functions. These algorithms do not claim to be faithful representations of what goes on in a human or primate brain. They do not reproduce particular performances; rather, they strive to produce behaviors *of those classes* that we would call cognitive: creative, perceptive, rational, emotional, and so on. In this sense, it is an AI architecture and not a model of human cognition.

The predictions and propositions of the Psi theory are almost completely qualitative. Where quantitative statements are made, for instance, about the rate of decay of the associations in episodic memory, the width and depth of activation spreading during memory retrieval, these statements are rarely supported by experimental evidence; they represent *ad hoc* solutions to engineering requirements posed by the design of a problem solving and learning agent.

A partial exception to this rule is Dörner's emotional model. While it contains many free variables that determine the settings of modulator parameters and the response to motive pressures, it can be fitted to human subjects in behavioral experiments and thereby demonstrates similar performance in an experimental setting as different personality types (Dörner, 2003; Dörner et al., 2002, p. 249–324; Detje, 2000). The parameter set can also be fitted to an environment by an evolutionary simulation (Dörner & Gerdes, 2005); the free parameters of the emotional and motivational model allow a plausible reproduction of personal variances.

Further developments and elaboration of the theory may include more quantitative predictions that could be compared to experimental results, and thus the compatibility to current methodology in experimental psychology could be increased while adding useful insights and criticisms to Dörner's paradigm. Still, a qualitative model of cognition is not *per se* inferior to one that lends itself to quantitative validation: most fundamental and interesting questions in Cognitive Science do not yet start with "how much," but only with "how." The Psi theory gives many detailed and decisive answers to quite a few of these "how s," which do not imply arbitrary postulates but present avenues for a testable functional model of general intelligence, motivation and experience. Furthermore, the conceptual body and the terminology implied by the Psi theory represent a philosophical framework, a foundation, rooted in an understanding of systems science, functionalism, and analytic philosophy of the mind that is broad and concise enough to start asking and arguing questions about issues such as qualia and phenomenal experience, sense of self and identity, personality, sociality and embodiment, mental representation, and semantics in a productive and potentially insightful way.

10.2 Parsimony in the Psi theory

Dörner's approach to modelling cognition bears a likeness to Newell's simplicity principle of *Soar*: it strives to introduce a minimal amount of orthogonal mechanisms for producing a desired behavior. Dörner treats the mind essentially as a blackbox that facilitates a certain set of functions. Because it is usually not possible to open the box and have a direct look at its workings, the decisive criterion between alternative, equivalent explanations of the same functionality is the respective sparseness of these explanations. In other words, the Psi theory attempts to identify the simplest hypothesis explaining the empirically given phenomena. When confronted with a choice between unitary approaches—a single principle explaining many regularities—vs. a modular perspective (where different regularities stem from different cognitive functions, and individual regularities might even stem from the interaction of several *similar* cognitive mechanisms), the Psi theory tends to go for the unitary model: a single mode of representations (even though utilized differently throughout the system), a single set of modulators and modulator influences, a single perceptual principle (HyPercept), a single level of urge indicators, and so on.

While this seems like the obvious answer to the request of applying Occam's razor to an otherwise unwieldy thicket of sprouting sub-theories, it is also unlikely to result in an accurate model of the mind. As John Anderson (1983, p. 41) pointed out:

> It is implausible that evolution would have produced the simplest structure for the human mind.... One might say that evolution abhors parsimony. Evolution typically produces multiple systems for a function.
>
> Imagine a scientist of a past generation arguing, "I know digestion is performed by the stomach; therefore, I have a strong bias against believing it is performed by the intestine. And if nature should be so perverse as to have the intestine also do digestion, I am almost certain it will be the exact same mechanisms as are involved in the stomach. And if, God forbid, that seems not to be the case, I will search for some level where there is only a uniform set of digestive principles—even if that takes me to a subatomic level."
>
> We can be sure that the human mind is not to be explained by a small set of assumptions. There is no reason to suppose the mind is simpler than the body.... The issue between the faculty approach and the unitary approach is only secondarily one of complexity. The major issue is whether a complex set of structures and processes spans a broad range of phenomena (a unitary approach) or whether different structures and processes underlie different cognitive functions (the faculty approach). The only choice is between two complex viewpoints.

Anderson's point is certainly a valid one. However, an answer can hardly consist in needlessly reducing the parsimony of the models—the Psi theory already *is* a very complex viewpoint, and any increase in complexity should occur with prudence, and based on empirical evidence that is inconsistent with the given state of the theory. By introducing more complexity into an admittedly simplified model of cognition than is warranted by the empirically observed phenomena, it is about as likely to become more accurate as a model of digestion becomes better by the arbitrary assumption of secondary chewing organs and parallel stomachs just because we are convinced that evolution would always provide multiple systems for any given function.

Thus, the stance of the Psi theory towards theoretical sparseness might damn it to a misrepresentation of how the human mind works, but this seems to be an inevitable and necessary methodological evil.

10.3 What makes Dörner's agents emotional?

As we have seen, the PSI theory does not explain emotions as a link between stimulus and behavior, but as a modulation of cognition. In recent years this view has gained more ground in cognitive science as other researchers focus on cognitive modulation, often also called *behavior moderation* (Hudlicka, 1997) or *moderation of cognition* (see Pew & Mavor, 1998; Jones, Henninger, & Chown 2002; Gluck et al., 2006), and is also supported by findings in neuroscience. (Erk, Kiefer et al., 2003) The view that the cognitive modulation through internal, subconscious measures of success and failure—represented in more detail as *competence* and *uncertainty* in the Dörner model—plays a role in problem solving is, for instance, taken by Ritter and Belavkin (Belavkin, 2001; Belavkin & Ritter, 2000; Belavkin, Ritter, & Elliman, 1999), and can be found in at least two other independently developed models (Andreae, 1998; Scherer, 1993).

Yet, emotions cannot be explained with cognitive modulation alone—without incorporating a cognitive content, an object of the affect, it is impossible to discern emotions such as jealousy and envy. Both are negatively valenced affects that may create a high arousal, increase the selection threshold, reduce the resolution level, frustrate the competence urge, and so on—but their real difference lies in the *object of the affect*. In PSI agents, this content is supplied by the motivational system. Motivational relevance binds affects to objects, episodes, and events.

Dörner's motivational system is based on a finite number of urges (or drives; see section 4.2.1):

1. Physiological urges (such as energy and physical integrity)
2. Cognitive urges (competence and uncertainty reduction)
3. Social urges (affiliation).

Similar categories of drives have been suggested by Tyrell (1993) and Sun (2003), and by Knoll (2005), and have found their way into Ron Sun's (2003) cognitive architecture Clarion. In the Tyrell-Sun model, the physiological urges are called *low-level primary drives,* the social urges *high-level primary drives* (Maslow, 1987)—"high level" because they require a cognitive assessment of a social situation; without understanding a social situation, which includes representations of other agents and their mental states, the drive has no object, and emotions such as *pride* and *envy* are impossible (Miceli & Castelfranchi, 2000). Knoll, who gives a neurobiological basis to the assumptions of his model, calls the physiological urges *innate drives* and distinguishes between:

— survival drives: homeostasis; avoidance of displeasure and danger; water and food; and
— reproductive drives: copulation; nurturing of offspring.

(The PSI theory does contain homeostasis as an implicit principle and omits reproduction, because it is not part of the current agent worlds.)

Sun and Knoll assume a third category of drives (called *secondary drives* by Sun) that are acquired, such as the drives of a collector, of a chess-player, a hunter, a mathematician. In the PSI theory, there is no such notion: every goal-directed action has to serve, directly or indirectly, a "hardwired" drive. This is not necessarily a problem, because the PSI theory attempts to explain the behavior of the mathematician and the collector by their existing cognitive urges—because the urges may have arbitrary content as their object, as long as new strategies or refinements for handling this content can be learned (competence) and new avenues can be explored (uncertainty reduction). Even "procrastinating" behavior can be explained this way, by avoidance of frustration of the competence urge in the face of cognitive difficulties.

I believe that the omission of acquired drives is advantageous, because the mechanism of the acquisition of secondary drives remains relatively unclear in the other theories. What would be the motivation behind acquiring a motivation? What can *not* become a motivation (and thus a source of pleasure and displeasure signals)? Explaining acquired habits and cultural traits as conditioned ways of an already pre-existing set of drives seems more elegant and sparse.

But if Dörner tries to tell us the whole story using such a reduced set of drives, then his theory probably covers just the beginning. There are many gray areas in all three categories of urges.

The extension of the physiological urge set, for instance with urges for rest and mating, seems straightforward; in both cases, there would be relatively well-defined sets of physiological parameters that can be translated into demand indicators.

On the level of the cognitive drives, the model makes apparently no provision for aesthetics. For instance, in humans there are innate preferences for certain kinds of landscapes—the aesthetics of the natural environment (Thornhill, 2003; Ruso, Renninger, & Atzwanger 2003). Partly, this may be served by an acquired association of visible food sources and shelters with certain types of landscape, but it is not clear if this suffices. There is also currently no provision for aesthetical preferences in other agents (which could translate to preferences in finding mates), and there is no explicit sense for *abstract* aesthetics, as it is for instance satisfied when pursuing mathematics. Dörner maintains that the urge for uncertainty reduction suffices for a motive to create better and more elegant representations, but it seems to me that elegance is not a matter of certainty, but a matter of efficient representational organization. To replace a convoluted representation with a sparser one, without omitting detail, and perhaps while unearthing previously hidden dependencies, Psi agents should receive a positive reinforcement signal—and this preference for elegant representations could be equivalent to a third cognitive urge, one for aesthetics. Only further experiments with more sophisticated learning strategies and better means of representation may show if such a third urge is orthogonal to the competence and certainty urges, and therefore needed.

In the area of modelling sociality, the notion of two urges for *legitimacy* (Dörner et al., 2001; Detje, 2003, p. 241) promises to have much explanatory value. Dörner differentiates between external and internal legitimacy. External legitimacy is also called *affiliation urge*; this urge is satisfied by signals of positive social acceptance by other agents ("l-signal") and frustrated by negative social signals ("anti-l-signals"). In internal legitimacy, the agents generate legitimacy signals for themselves. These explain the satisfaction generated by the conformance to the agent's own internalized ethical and social standards, and frustration and suffering if the agent has to act against them. It is not clear if a single affiliatory drive can subsume both nurturing behavior and conformance with peers. If it were a single drive, these should be mutually replaceable sources of affiliation, just like soft drinks might mutually replace each other with respect to the satisfaction of the drinking urge. The idea that caring for offspring and enjoying a high level of social acceptance are just alternatives serving the same appetitive goal seems not entirely plausible to me; however, Dörner discusses how the attainment of sources of affiliation is subject to conditioning (Dörner, 1999, pp. 341). Most interesting is the notion of *supplicative* signals, which are used by agents to get others to help them. Supplicative signals are, roughly speaking, a promise for (external and internal) legitimacy, and they express that an agent is unable to solve a problem it is facing on its own. If an agent sends a supplicative signal, then an urge to help is created by frustrating the affiliation urge of the receiver—a supplicative signal also is an anti-l-signal; it is unpleasant to perceive someone in distress (unless one wishes him ill). The "plea" mechanism enabled by supplicative signals allows for altruistic group strategies that are beneficial for the population as a whole (Dörner & Gerdes, 2005). It also explains the role of *crying* in humans. Crying is mainly an expression of *perceived helplessness,* (Miceli & Castelfranchi, 2003) and, in a social context, a strong supplicative signal (Dörner, 1999, p. 333). That is also the reason why crying is only perceived as sincere if it is involuntary.

It is unlikely, however, that affiliation and supplication already tell the whole story of social interaction. Human emotions are an adaptation to a very specific environment, (Cosmides & Tooby, 2001) and their functional role is sometimes impossible to explain outside an evolutionary context. Examples include jealousy, (Buss, Larsen, Western, & Semmelroth, 1992; Buss, Larsen, & Western 1996; Dijkstra & Buunk, 2001) sanctioning behavior, (Boyd et al., 2003) and grief (Archer, 2001). Many emotions are not solutions to the engineering challenges posed by problem solving, but to the troubles of populations of genomes in the wild, (Dawkins, 1976) and they are simply not going to appear as by-products of the processes in cognitive architectures that do not explicitly model these troubles.

Most social emotions have (actual or anticipated) mental states of other agents as their objects (Castelfranchi, 1998). Psi agents currently have no *theory of mind,* (Perner, 1999) no model of the mental states of others. Therefore, they cannot play consistent social roles, will have no sophisticated social groups, and cannot capture the full range of social emotionality; the Psi agents in the original Island situation distinguish agents and objects only by the fact that the former may emit affiliation signals. In the mice simulation, every object is a moving agent (all other means of interaction with the environment are restricted to the influences of different types of terrain), but is only modelled with respect to its interaction history, not by attributing attitudes and other mental states to it. Could Psi agents learn to use a theory of mind to interpret other agents as agents? In a way, this debate comes down to whether the ability to use "theory of mind" explanations on others is due to our general ability for classification and our culture, or if it is due to an innate faculty (a "theory of mind module" of our brain) we are born with, and it is reflected in the question of the nature of some forms of autism (Baron-Cohen, 1995). Recent neurobiological research suggests that humans are indeed equipped with a theory of mind module, a network of areas in the brain that are consistently active during social interaction and social reasoning (Gallagher & Frith, 2003). These findings suggest that agents would have to be equipped with such a module too. For instance, an emotion such as love, which Dörner interprets as a combination of affiliation, novelty, and sexuality, in a combination matching a single object, (Dörner, 1999, pp. 574–586) could not completely be modelled. Without a theory of mind, the PSI theory lacks an understanding of *empathy* and the matching of personalities ("Passung"). Also, after a loving relationship is established, it does not necessarily hinge on the properties of the object of love, but on its *identity* (see discussion of representational identity in section 7.5.3).

In spite of its current limitations, the way the PSI theory approaches emotion is fruitful and does much to clarify the subject. The combination of a modulator model to capture moods and affective processes with a motivational model to explain the range and object-directedness of emotions goes a very long way in explaining the nature of emotion in a computational model. The sophisticated and detailed answers to the question of the nature of emotion may not be the most important aspect of the PSI theory, but are perhaps the most interesting and unique.

10.4 Is the PSI theory a theory of human cognition?

Dörner maintains that the PSI theory attempts to capture human action regulation (2002) and the breadth of the activity of the human psyche (1999). And yet one might ask if the PSI theory is indeed a theory of human psychology, or of something different. Instead of meticulously comparing the timing of model behavior with human subjects (as often done in ACT-R experiments), experiments with PSI focus on such things as simple object and face recognition, principles of cognitive modulation, problem solving without symbolic planning, and even artificial life simulation.

It is not clear, for instance, why the PSI theory should give better insight into human cognition than into the cognitive performance of other primates or sophisticated mammals. Studies of human cognition regularly focus on language, on the ability to synchronize attention on external objects between individuals (*joint attention*), on how an individual comprehends and represents the mental states of another (*theory of mind*), on the learning and performance of mental arithmetic, even on the comprehension of art and music—things that seem to set humans apart from most other species. Conversely, the Psi theory treats language and sociality rather fleetingly, and has almost nothing to say about theory of mind, joint attention, or artistic capabilities. What arguably forms the core of the Psi theory—motivation, action control, (abstracted) perception, and mental representation—is not claimed to be specifically human, and is likely shared with many other species. In fact, Dörner's theory of motivation bears a lot of semblance to work in animal psychology (Lorenz, 1965).

This makes sense, if we accept either that there is not a single specific property that sets human cognition completely apart from that of other animals, but that the difference is primarily a matter of quantitative scaling, which at some point yields new behavioral qualities (as, for instance, John Anderson suggests[66]), or that there is a very small set of functions that differentiates humans from other primates. Candidates for such a specific cognitive toolset might be the ability to learn grammatical language by virtue of a distinctive human ability to apply recursion on symbol structures (*universal grammar*, see Chomsky, 1968), the capability for second order symbol use (i.e., the fusion of symbols into arbitrary meta-symbols, which in turn would allow for recursion), the ability to freely associate any kind of mental representation with any other, the ability to perform abstract planning by recombining memories and anticipating counterfactual situations, an especially well-trained sense at monitoring and modelling other individuals in a group to avoid cheating, (Cosmides & Tooby, 2000) or simply the ability to jointly direct attention between individuals to enable indicative communication beyond warning signals and simple affirmative, supplicative, discouraging, and encouraging (imperative) messages. (Tomasello, 2003) The study of intellectually high-functioning autists (Baron-Cohen, 1995) suggests that social capabilities are rather unconvincing

66 Plenary talk at Richard Young's symposium: *What makes us special? Computational differences in human, animal, and machine intelligence*, with J.R. Anderson, T.M. Mitchell, D. Floreano, and A. Treves during ICCM 2006, Trieste, Italy.

candidates for an enabler of human intellectual performance; nonetheless, it might be argued that each of the aforementioned feats either allows for learning grammatical language or stems from the ability to use grammatical language.

Dörner himself makes a similar claim when he distinguishes two different classes of models of the Psi theory: the Psi *sine lingua* and Psi *cum lingua* (Dörner, 1999, p. 740). Without language, associations would only be triggered by external events, by needs of the individual or at random. This makes abstract thought difficult, and makes planning in the absence of needs and related items impossible.

Given the approach of the Psi theory—using implementations as models—the accurate depiction of *specifically* human performance, as for instance opposed to primate cognition, is clearly outside its current scope. On the other hand, the Psi theory frames an image of cognition far wider than specifically human behavior. In providing a model of grounded mental representation, of the interaction between representation and perception, of action regulation using cognitive moderators and of a poly-thematic motivational system, it delivers a conceptual framework to capture ideas of *general intelligence* (Voss, 2006). This applies to human, animal, and artificial problem solving in the face of a noisy, heterogeneous, open, dynamic and social environment.

Dörner's paradigmatic implementation reflects this; his agents are not simplified humans or idealized gerbils. Instead, they are things like the steam vehicle of the Island scenario—autonomous cybernetic systems at an early stage of development, confronted with a complex and demanding world. In the case of the mice simulation, (Dörner & Gerdes, 2005) they are not authentic vermin, but abstract critters: the product of an artificial life evolution over the motivational systems of simple collaborating creatures. The Psi agents could be autonomous robots, set for exploration and resource prospection, or hypothetical aliens like Masanao Toda's *fungus eaters* (Toda, 1982; Pfeifer, 1996; Wehrle, 1994). The Psi theory attempts to explain human cognition by exploring the space of cognitive systems itself, something it shares more with models originating in AI, such as GPS, (Newell & Simon, 1961) Soar, and CMattie, (Franklin, 2000) as opposed to those models that are tuned to mimic human regularities. The Psi theory deals with the question of how cognition works rather than of how humans perform it.

10.5 Tackling the "Hard Problem"

Currently, the most comprehensive realization of the PSI theory by Dörner's group is embodied in the steam vehicle agents of his island simulation. The changes found in our implementation within MicroPSI are largely of a technical nature: its realization as an AI architecture aimed at a better reusability of the model, its implementation as a multi-agent system to improve its suitability for experiments, and the framework that it was based on made it easier to use it as a tool for following the neuro-symbolic principles it was supposed to embody. While the framework and the agent implementations have since found extensions beyond that point, the author feels that these do not belong here, lest they distract from the goals of this work: to gain an understanding of the PSI theory. And yet, I do not think that MicroPSI and the simulations introduced on these pages should mark the end of our discussion. We are barely at the beginning of our journey.

The simple agent implementations of the previous chapter illustrate the first step of our exploration of the PSI theory, and the neuro-symbolic toolkit that they are based on acts as a starting point for current and future research. The approach of the PSI theory—and this includes the work presented here—is not easy to pin down to the field of a particular scientific discipline. PSI and MicroPSI are not akin to most work in contemporary *psychology*, because they do not focus on experiments with human or animal subjects, and, in a narrow sense, they do not even aim for a model of human psychology. As an agent architecture, an approach for modelling emotion, a multi-agent system or an artificial life environment, MicroPSI is not alone in the area of *artificial intelligence*. However, its main goal is different from finding technical solutions to engineering problems or advancing the formal understanding of mathematical domains; thus, it does not yield a particular algorithmic solution that could be pitched against competing algorithms, or a particular formalization that advances the modelling of logics, reasoning methods, or the development of ontologies, which makes it somewhat untypical in the domain of computer science. Instead, PSI and MicroPSI represent an attempt to foster an understanding of the so-called "hard problem" of human and artificial intelligence.

Gaining such an understanding is a difficult task, not least because there is no general agreement on what the "hard problem" really is. In his famous essay "Facing up the the problem of consciousness," David

Chalmers identified a small but not exhaustive list of *easy problems*: (Chalmers, 1995)

— the ability to discriminate, categorize, and react to environmental stimuli;
— the integration of information by a cognitive system;
— the reportability of mental states;
— the ability of a system to access its own internal states;
— the focus of attention;
— the deliberate control of behavior; and
— the difference between wakefulness and sleep.

He notes, "there is no real issue about whether these phenomena can be explained scientifically. All of them are straightforwardly vulnerable to explanation in terms of computational or neural mechanisms," and asks what the *hard problem* might be, if not an integration of all those easy problems. For Chalmers, the hard problem is understanding *phenomenal experience.*

At a glance, the Psi theory is all about the easy problems—although we have not looked with sufficient depth at many of the interesting "easy topics" here, such as subjectivity and personhood, language, theory of mind and sociality. Yet the most interesting aspect of the Psi theory is that it attempts to find answers to the hard problem: how are the individual faculties of a cognitive system integrated into a whole that perceives and acts, anticipates and feels, imagines and thinks? Dörner's Psi theory is a valuable starting point towards an overall map of the mind.

MicroPsi takes this discussion forward by summarizing the points of the Psi theory and rephrasing them for different disciplines of the cognitive sciences. The result of this attempt is a set of building blocks for a cognitive architecture. By now, these building blocks have found applications for cognitive modelling, robotics, and education.

The development of the MicroPsi framework was a collaborative effort that took several years and resulted in a large software project, but so far MicroPsi addresses only a small part of the Psi theory. It demonstrates autonomous agents that are situated in virtual worlds. MicroPsi agents are capable of emotional modulation, and they can give a basic expression to these states. Even more importantly, they are motivated through a polythematic urge system, which enables the exploration of their environment and the autonomous learning of behavior. MicroPSI also includes simple solutions for the problems of planning, hypothesis-based perception, and perceptual categorization; it has served as a robot control architecture and even as a framework for the evolution of artificial life agents. Researchers who want to work with MicroPSI are supplied with an environment to conduct their experiments, including viewers, editors, customizable simulation worlds, networking capabilities, a web frontend to run remote-controled simulations over the internet, and modules to integrate camera input and robotic actuators. MicroPSI is currently used outside our group as a tool for psychological experiments, as a framework for the simulation of human behavior, and in university education.

I believe that the more important results were less concrete, however. They consisted in illustrating the first steps of gaining an understanding of what it means to model the mind, thereby adding to the most fascinating discussion of all. In my view, the PSI theory provides an exciting and fruitful perspective on cognitive science and the philosophy of mind.

References

Abelson, R. P. (1981): Constraint, construal, and cognitive science. In: Proceedings of the Third Annual Conference of the Cognitive Science Society, 1–9, Berkeley, CA

Adolphs, R. (2003): Cognitive neuroscience of human social behavior. Nature Reviews Neuroscience 4(3): 165–178

Aizawa, K. (1997): Explaining Systematicity. In: Mind and Language 12(2): 115–136

Allen, J. F. (1983): Maintaining knowledge about temporal intervals. Communications of the ACM, 26(11): 832–843

Anderson, J. R. (1983): The architecture of cognition. Cambridge, MA: Harvard University Press

Anderson, J. R. (1984): Spreading Activation. In: Anderson, John R. & Kosslyn, Stephen M. (eds.): Tutorials in Learning and Memory. Essays in Honor of Gordon Bower. San Francisco, New York: W. H. Freeman, 61–90

Anderson, J. R. (1990): The adaptive character of thought. Hillsdale, NJ: Erlbaum

Anderson, J. R. (1991): The place of cognitive architectures in a rational analysis. In K. Van Len (ed.), Architectures for Intelligence. Hillsdale, NJ: Erlbaum

Anderson, J. R. (1993): Rules of the Mind. Hillsdale, NJ: Lawrence Erlbaum Associates

Anderson, J. R. (1996): ACT, a simple theory of complex cognition. In: American Psychologist, 51(4): 355–365

Anderson, J. R. (2007): How Can the Human Mind Occur in the Physical Universe? Oxford University Press

Anderson, J. R., Bothell, D., Byrne, M. D., Douglass, S., Lebiere, C., Qin, Y. (2004): An Integrated Theory of the Mind. Psychological Review, Vol. 111, No. 4, 1036–1060
Anderson, J. R., Bower, G. (1973): Human Associative Memory. Washington, DC: Winston
Anderson, J. R., Lebiere, C. (1998): The atomic components of thought. Mahwah, NJ: Erlbaum
Anderson, S. R. (1989): Review Article: Philip N. Johnson-Laird, "The Computer and The Mind", Language 65(4): 800–811
Andersson, R. L. (1988): A Robot Ping-Pong Player, MIT Press, Cambridge, MA
André, E., Rist, T. (2001): Presenting through performing: on the use of multiple lifelike characters in knowledge-based presentation systems. Knowledge Based Systems, 14, 3–13
Andreae, J. H. (1998): Associative Learning for a Robot Intelligence. Imperial College Press
Archer, J. (2001): Grief from an evolutionary perspective. In M.S. Stroebe, R.O. Hansson & S. Henk (ed.) Handbook of bereavement research, 263–283. Washington: APA
Arkins, R. (1998): Behavior Based Robotics, MIT Press
Ashby, W. R. (1956): An Introduction to Cybernetics. Chapman & Hall, London
Aubé, M. (1998): Designing Adaptive Cooperating Animats Will Require Designing Emotions: Expanding upon Toda's Urge Theory. Zürich: Proceedings of the 5th International Conference of the Society for Adaptive Behavior
Aydede, M. (1995): Language of Thought: The Connectionist Contribution. In Minds and Machines, 7(1): 39–55
Aydede, M. (1998): LOTH: State of the Art, online available at http://cogprints.org/353/00/LOTH.SEP.html
Baars, B. (1993): A Cognitive Theory of Consciousness. Cambridge University Press
Bach, J. (2003): The MicroPsi Agent Architecture. In Proceedings of ICCM-5, International Conference on Cognitive Modeling, Bamberg, Germany: 15–20
Bach, J. (2003a): Emotionale Virtuelle Agenten auf der Basis der Dörnerschen Psi-Theorie [Emotional Virtual Agents based on Dörner's Psi Theory]. In Burkhard, H.-D., Uthmann, T., Lindemann, G. (Eds.): ASIM 03, Workshop Modellierung und Simulation menschlichen Verhaltens, Berlin, Germany: 1–10
Bach, J. (2003b): Connecting MicroPsi Agents to Virtual and Physical Environments. Workshops and Tutorials, 7th European Conference on Artificial Life, Dortmund, Germany: 128–132

Bach, J. (2005): Representations for a Complex World. Combining Distributed and Localist Representations for Learning and Planning. In: Wermter, S. & Palm, G. (ed.): Biomimetic Neural Learning for Intelligent Robots. Springer

Bach, J. (2005a): MiniPsi, der Mac-Roboter . In B. Schwan (ed.): MetaMac Magazin, Berlin, Vol. 46/05: 11–16

Bach, J. (2006): MicroPsi: A cognitive modeling toolkit coming of age. In Proceedings of 7th International Conference on Cognitive Modeling (ICCM06): 20–25

Bach, J. (2007): Motivated, Emotional Agents in the MicroPsi Framework. In Proceedings of 8th European Conference on Cognitive Science, Delphi, Greece

Bach, J. (2008): Seven Principles of Synthetic Intelligence. In Proceedings of First Conference on Artificial General Intelligence, Memphis

Bach, J., Vuine, R. (2003): Designing Agents with MicroPsi Node Nets. In Proceedings of KI 2003, Annual German Conference on AI. LNAI 2821, Springer, Berlin, Heidelberg. 164–178

Bach, J., Bauer, C., Vuine, R. (2006): MicroPsi: Contributions to a Broad Architecture of Cognition. In Proceedings of KI2006, Bremen, Germany

Bach, J., Dörner, D., Gerdes, J., Zundel, A. (2005): Psi and MicroPsi, Building Blocks for a Cognitive Architecture. Symposium at the Conference of the German Society for Cognitive Science, KogWis 05, Basel, Switzerland

Bach, J., Dörner, D., Vuine, V. (2006): Psi and MicroPsi. A Novel Approach to Modeling Emotion and Cognition in a Cognitive Architecture, Tutorial at ICCM 2006, Stresa, Italy

Bach, J., Vuine, R. (2003): Designing Agents with MicroPsi Node Nets. Proceedings of KI 2003, Annual German Conference on AI. LNAI 2821, Springer, Berlin, Heidelberg: 164–178

Bach, J., Vuine, R. (2003a): The AEP Toolkit for Agent Design and Simulation. M. Schillo et al. (eds.): MATES 2003, LNAI 2831, Springer Berlin, Heidelberg: 38–49

Bach, J., Vuine, R. (2004): A neural implementation of plan-based control. In: Proceedings of Workshop on Neurobotics at KI 2004, Ulm

Baddeley, A. D. (1997): Human memory: Theory and practice. Hove, UK: Psychology Press

Bagrow, L. (1985): History of cartography. Chicago, Ill.: Precedent Publishers

Bailey, D., Feldman, J., Narayanan, S., Lakoff, G. (1997): Embodied lexical development. Proceedings of the Nineteenth Annual Meeting of the Cognitive Science Society (19–25). Mahwah, NJ: Erlbaum

Baron-Cohen, S. (1995): Mindblindness: An essay on autism and theory of mind. Cambridge, MA: MIT Press

Barsalou, L. W. (1985): Ideals, central tendency, and frequency of instantiation as determinants of graded structure in categories. Journal of Experimental Psychology: Learning, Memory, and Cognition, 11, 629–649

Barsalou, L. W. (2003): Situated simulation in the human conceptual system. Conceptual representation (Special Issue) Language and Cognitive Processes 18(5–6), 513–562

Barsalou, L. W. (2005): Abstraction as dynamic interpretation in perceptual symbol systems. In Gershkoff-Stowe, L., Rakison, D. (eds.): Building object categories. 389–431, Carnegie Symposium Series. Majwah, NJ: Erlbaum

Bartl, C., Dörner, D. (1998): Comparing the behavior of PSI with human behavior in the BioLab game (Memorandum Number 32). Bamberg, Germany: Universität Bamberg: Lehrstuhl Psychologie II

Bartl, C., Dörner, D. (1998a): PSI: A theory of the integration of cognition, emotion and motivation. In F. E. Ritter & R. M. Young (eds.), Proceedings of the 2nd European Conference on Cognitive Modelling: 66–73. Thrumpton, Nottingham, UK: Nottingham University Press

Bartl, C., Dörner, D. (1998b): Sprachlos beim Denken – zum Einfluss von Sprache auf die Problemlöse- und Gedächtnisleistung bei der Bearbeitung eines nicht-sprachlichen Problems [Speechless Thinking—on the influence of language on the performance of problem solving and memory while handling a non-verbal problem]. In: Sprache und Kognition 17 (4): 224–238

Bateson, G. (1972): Steps to an Ecology of Mind, Ballantine, New York

Bauer, C. (2004): The Categorization of Compositional Structures Applied to the MicroPsi Architecture. Diploma Thesis, Technische Universität Berlin

Bechtel, W., Abrahamsen, A. (2002): Connectionism and the Mind: An Introduction to Parallel Processing in Networks, 2nd Edition, Oxford, UK: Basil Blackwell

Beer, R. D. (1995): A dynamical systems perspective on agent-environment interactions. Artificial Intelligence 72:173–215

Belavkin, R. V. (2001): The Role of Emotion in Problem Solving. In Proceedings of the AISB'01 Symposium on Emotion, Cognition and Affective Computing: 49–57. Heslington, York, England

Belavkin, R. V., Ritter, F. E. (2000): Adding a theory of motivation to ACT-R. In Proceedings of the Seventh Annual ACT-R Workshop. 133–139. Department of Psychology, Carnegie-Mellon University: Pittsburgh, PA

Belavkin, R. V., Ritter, F. E., Elliman, D. G. (1999): Towards including simple emotions in a cognitive architecture in order to fit children's behavior better. In Proceedings of the 1999 Conference of the Cognitive Science Society (p. 784). Mahwah, NJ: Erlbaum

Bergen, B., Chang, N. (2006): Embodied Construction Grammar in Simulation-Based Language Understanding. J.-O. Östman & M. Fried (ed.): Construction Grammar(s): Cognitive and Cross-Language Dimensions. Amsterdam: John Benjamins

Berlyne, D. E. (1974): Konflikt, Erregung, Neugier [Conflict, Arousal, Curiousity]. Stuttgart, Klett-Cotta

Bertalanffy, L. von (1968): General System Theory: Foundations, Development, Applications New York, George Braziller

Biederman, I. (1987): Recognition-by-components: A theory of human image understanding. Psychological Review, 94, 115–147

Binnick, R. I. (1990): The Emperor's new science? In The Semiotic Review of Books, Vol. 1(3), 8–9, Lakehead University, Ontario, CA; available online at http://www.chass.utoronto.ca/epc/srb/srb/emperor.html

Bischof, N. (1968): Kybernetik in Biologie und Psychologie [Cybernetics in Biology and Psychology]. In: Moser, S. (ed.): Information und Kommunikation. Referate und Berichte der 23. Internationalen Hochschulwochen Alpbach 1967. München, Wien: Oldenbourg, 63–72

Bischof, N. (1969): Hat Kybernetik etwas mit Psychologie zu tun? Eine möglicherweise nicht mehr ganz zeitgemäße Betrachtung [Is cybernetics related to psychology? A perhaps slightly unfashionable inquiry]. Psychologische Rundschau, 20 (4), 237–256

Bischof, N. (1975): A Systems Approach toward the Functional Connections of Attachment and Fear. Child Development, 46, 801–817

Bischof, N. (1989): Ordnung und Organisation als heuristische Prinzipien des reduktiven Denkens [Order and Organization as Heuristical Principles of Reductive Thought]. In: Meier, H. (ed.): Die Herausforderung der Evolutionsbiologie. München: Piper, 79–127

Bischof, N. (1996): Untersuchungen zur Systemanalyse der sozialen Motivation IV: die Spielarten des Lächelns und das Problem der motivationalen Sollwertanpassung [Investigations on the systems analysis of social motivation IV: the varieties of smiling and the problem of motivational adaptation]. Zeitschrift für Psychologie, 204, 1–40

Bischof, N. (1996a): Das Kraftfeld der Mythen [The Force-Field of Myths]. München, Piper

Blakemore, S. J., Wolpert, D. M., Frith, C. D. (2000): Why can't you tickle yourself? NeuroReport 11(11), 11–15

Bliss, T. V. P., Collingridge, G. L. (1993): A Synaptic Model of Memory—Long-Term Potentiation in the Hippocampus. Nature, 361, 31–39

Block, N. J. (1978): Troubles with functionalism. In C. W. Savage (ed.): Minnesota studies in the philosophy of science, vol. 9, Minneapolis: University of Minnesota Press

Block, N. J. (ed.) (1980): Readings in Philosophy of Psychology, 2 vols. Vol. 1. Cambridge: Harvard

Block, N. J. (1995): The Mind as the Software of the Brain. An Invitation to Cognitive Science. D. Osherson, L. Gleitman, S. Kosslyn, E. Smith and S. Sternberg (eds.), MIT Press, 1995

Bobrow, D., Winograd, T. (1977): An overview of KRL, a knowledge representation language. Cognitive Science 1: 3–46

Boden, M. (1977): Artificial Intelligence and Natural Man. Harvester Press: Hassocks

Boden, M (2006): Mind as Machine. Oxford University Press

Boff, K. R., Lincoln, J. E. (1986): The Engineering Data Compendium, New York, NY: John Wiley & Sons

Boring, E. G. (1929): A history of experimental psychology. New York: The Century Company

Boulding, K. E. (1978): Ecodynamics. Sage: Beverly Hills

Boyd, R., Gintis, H., Bowles, S., Richerson, P. J. (2003): The evolution of altruistic punishment. In PNAS, March 2003; 100, 3531–3535

Braines, N. B., Napalkow, A. W., Swetschinski, W. B. (1964): Neurokybernetik [Neuro-Cybernetics]. Berlin, Volk und Gesundheit

Braitenberg, V. (1984): Vehicles. Experiments in Synthetic Psychology. MIT Press

Bratman, M. (1987): Intentions, Plans and Practical Reason. Harvard University Press

Brazier, F., Dunin-Keplicz, B., Treur, J., Verbrugge, R. (1999): Modelling internal dynamic behavior of BDI agents. In A. Cesto & P. Y. Schobbes (Eds.), Proceedings of the Third International Workshop on Formal Methods of Agents, MODELAGE '97, 21. Lecture notes in AI. Berlin: Springer Verlag

Bredenfeld, A., Christaller, T., Jaeger, H., Kobialka, H.-U., Schöll, P. (2000): Robot behavior design using dual dynamics GMD report, 117, GMD - Forschungszentrum Informationstechnik, Sankt Augustin

Brewka, G. (1989): Nichtmonotone Logiken – Ein kurzer Überblick [Non-monotonous Logics—a Short Overview]. KI, 2, 5–12

Brooks, R. A. (1986): A robust layered control system for a mobile robot. IEEE Journal of Robotics and Automation, 2: 14–23

Brooks, R. A. (1989): Engineering approach to building complete, intelligent beings. Proceedings of the SPIE - The International Society for Optical Engineering, 1002: 618–625

Brooks, R. A. (1991): Intelligence Without Reason, IJCAI-91

Brooks, R. A. (1992): Intelligence without representation. In D. Kirsh (Ed.), Foundations of artificial intelligence. Cambridge, MA: MIT Press

Brooks, R. A. (1994): Coherent Behavior from Many Adaptive Processes. In D. Cliff, P. Hubands, J. A. Meyer, & S. Wilson (eds.), From Animals to Animats 3 (pp. 22–29). Cambridge, MA: MIT Press

Brooks, R. A., Stein, L. (1993): Building Brains for Bodies (Memo 1439): Artificial Intelligence Laboratory, Cambridge, MA

Burgess, C. (1998): From simple associations to the building blocks of language: Modeling meaning in memory with the HAL model. Behavior Research Methods, Instruments & Computer, 30, 188–198

Burkhard, H. D. (1995): Case Retrieval Nets. Technical Report, Humboldt University, Berlin

Busetta, P., Rönnquist, R., Hodgson, A., Lucas, A. (1999): JACK intelligent agents—Components for intelligent agents in JAVA. AgentLink News Letter

Buss, D. M., Larsen, R. J., Western, D. (1996): Sex differences in jealousy: Not gone, not forgotten, and not explained by alternative hypotheses. Psychological Science, 7, 373–375

Buss, D. M., Larsen, R. J., Western, D., Semmelroth, J. (1992): Sex differences in jealousy: Evolution, physiology, and psychology. Psychological Science, 7, 251–255

Byrne, M. D. (1997): ACT-R Perceptual-Motor (ACT-R/PM) version 1.0b1: A user's manual. Pittsburgh, PA: Psychology Department, Carnegie-Mellon University. Available online at http://act.psy.cmu.edu

Byrne, M. D. (2001): ACT-R/PM and menu selection: Applying a cognitive architecture to HCI. International Journal of Human-Computer Studies, 55, 41–84

Byrne, M. D., Anderson, J. R. (1998): Perception and action. In J. R. Anderson, C. Lebiere (eds.): The atomic components of thought: 167–200. Hillsdale, NJ: Erlbaum

Cañamero, D. (1997): Modelling motivations and emotions as a basis for intelligent behavior. In: Proceedings of Agents '97. ACM

Carbonell, J. G., Knoblock, C. A., Minton, S. (1991): PRODIGY: An Integrated Architecture for Prodigy. In K. VanLehn (ed.): Architectures for Intelligence: 241–278, Lawrence Erlbaum Associates, Hillsdale, N.J

Carnap, R. (1928): Der logische Aufbau der Welt. Berlin, Weltkreisverlag

Carnap, R. (1958): Introduction to Symbolic Logic and its Applications. Dover Publications

Castelfranchi, C. (1998): Modelling social action for AI agents, Artificial Intelligence 103: 157–182

Chalmers, D. J. (1995): Facing Up to the Problem of Consciousness. In Journal of Consciousness Studies 2 (3): 200–219

Chalmers, D. J. (1990): Syntactic Transformations on Distributed Representations. Connection Science, Vol. 2
Chalmers, D. J. (1993): Connectionism and Compositionality: Why Fodor and Pylyshyn were wrong. In Philosophical Psychology 6: 305–319
Cheng, P.W., Novick, L.R. (1992): Covariation in natural causal induction. Psychological Review, 99, 365–382
Cho, B., Rosenbloom, P. S., Dolan, C. P. (1993): Neuro-Soar: a neural-network architecture for goal-oriented behavior. The Soar papers (vol. II): Research on Integrated Intelligence Archive, MIT Press, 1199–1203
Chomsky, N. (1957): Syntactic structures. The Hague: Mouton
Chomsky, N. (1959): A review of B. F. Skinner's Verbal Behavior. Language, 35(1), 26–58
Chomsky, N. (1968): Language and Mind. Harcourt Brace & World, Inc., New York
Chong, R. S. (1999): Towards a model of fear in Soar. In Proceedings of Soar Workshop 19. 6–9. U. of Michigan Soar Group
Chong, R. S., Laird, J. E. (1997): Identifying dual-task executive process knowledge using EPIC-Soar. In Proceedings of the 19th Annual Conference of the Cognitive Science Society. 107–112. Mahwah, NJ: Lawrence Erlbaum
Christaller, T. (1999): Cognitive Robotics: A New Approach to Artificial Intelligence Artificial Life and Robotics, Springer 3/1999
Clancey, W. J. (1994): Situated cognition: How representations are created and given meaning. In R. Lewis and P. Mendelsohn (eds.), Lessons from Learning, IFIP Transactions A-46. Amsterdam: North-Holland, 231–242
Clark, A. (2002): Minds, Brains and Tools. in Hugh Clapin (ed.): Philosophy Of Mental Representation. Clarendon Press, Oxford
Clark, A., Grush, R. (1999): Towards a Cognitive Robotics. Adaptive Behavior 1999, 7(1), 5–16
Clark, A., Toribio, J. (2001): Commentary on J. K. O'Regan and A. Noe: A sensorimotor account of vision and visual consciousness. Behavioral And Brain Sciences 24:5
Cohen, P. R., Atkin, M. S., Oates, T., Beal, C.R. (1997): Neo: Learning conceptual knowledge by interacting with an environment. Proceedings of the First International Conference on Autonomous Agents (170–177). New York: ACM Press
Collins, S. H., Ruina, A. L., Tedrake, R., Wisse, M. (2005): Efficient bipedal robots based on passive-dynamic Walkers, Science, 307: 1082–1085
Cooper, R., Fox, J., Farringdon, J., Shallice, T. (1996): A systematic methodology for cognitive modelling. Artificial Intelligence, 85, 3–44
Cosmides, L., Tooby, J. (2000): What Is Evolutionary Psychology: Explaining the New Science of the Mind (Darwinism Today), Yale Press

Crowder, R. G. (1976): Principles of learning and memory. Hillsdale, NJ: Erlbaum

Cruse, H. (1999): Feeling our body—the basis of cognition? Evolution and Cognition 5: 162–73

Cruse, H., Dean, J., Ritter, H. (1998): Die Erfindung der Intelligenz oder können Ameisen denken? [The invention of intelligence, or can ants think?] C.H. Beck, München

Cycorp. (1997): The Cyc Upper Ontology, available online at http://www.cyc.com/cyc-2-1/index.html

Dörner, D. (1974): Die kognitive Organisation beim Problemlösen. Versuche zu einer kybernetischen Theorie der elementaren Informationsverarbeitungsprozesse beim Denken [The cognitive organization of problem solving. Towards a cybernetic theory of the elementary information processing mechanisms of thinking]. Bern, Kohlhammer

Dörner, D. (1976): Problemlösen als Informationsverarbeitung [Problem solving as information processing]. Stuttgart.: Kohlhammer

Dörner, D. (1987): Denken und Wollen: Ein systemtheoretischer Ansatz [Thinking and Willing: A System Theoretic Approach]. In: Heckhausen, Heinz, Gollwitzer, Peter M. & Weinert, Franz E. (eds.): Jenseits des Rubikon. Der Wille in den Humanwissenschaften. Springer, 238–249

Dörner, D. (1988): Wissen und Verhaltensregulation: Versuch einer Integration [Knowledge and Behavioral Regulation: Towards an Integration]. In: Mandl, Heinz & Spada, Hans (eds.): Wissenspsychologie. München, Weinheim: Psychologische Verlags Union, 264–279

Dörner, D. (1988/89): Diskret-Allgemeine Schwellenelemente (DAS). Bamberg: unpublished lecture materials

Dörner, D. (1994): Über die Mechanisierbarkeit der Gefühle [On the Mechanization of Feelings]. In Krämer, S. (ed.): Geist, Gehirn, Künstliche Intelligenz. Berlin, de Gruyter

Dörner, D. (1994a): Eine Systemtheorie der Motivation [A Systemic Theory of Motivation]. Memorandum Lst Psychologie II Universität Bamberg, 2,9

Dörner, D. (1996): Über die Gefahren und die Überflüssigkeit der Annahme eines „propositionalen" Gedächtnisses [On the hazards and gratituousness of the supposition of "propositional" memory]. Bamberg: Lehrstuhl Psychologie II, Memorandum Nr. 22

Dörner, D. (1996a): Eine Systemtheorie der Motivation [A Systemic Theory of Motivation]. In: Kuhl, Julius & Heckhausen, Heinz (eds.): Enzyklopädie der Psychologie, Band C/IV/4 (Motivation, Volition und Handlung). Göttingen u.a.: Hogrefe, 329–357

Dörner, D. (1999): Bauplan für eine Seele [Blueprint for a Soul]. Reinbeck: Rowohlt

Dörner, D. (2003): The Mathematics of Emotion. Proceedings of ICCM-5, International Conference on Cognitive Modeling, Bamberg, Germany
Dörner, D. (2004): Der Mensch als Maschine [Man as Machine]. In: Gerd Jüttemann (ed.): Psychologie als Humanwissenschaft. Göttingen: Vandenhoek & Ruprecht, 32–45
Dörner, D., Bartl, C., Detje, F., Gerdes, J., Halcour, D., Schaub, H., Starker, U. (2002): Die Mechanik des Seelenwagens. Eine neuronale Theorie der Handlungsregulation [The Mechanics of the Soul Vehicle. A Neural Theory of Action Regulation]. Bern, Göttingen, Toronto, Seattle: Verlag Hans Huber
Dörner, D., Gerdes, J. (2005): The Mice' War and Peace. Opwis., K. (ed.): Proceedings of KogWis 2005, Basel
Dörner, D., Hamm, A., Hille, K. (1996): EmoRegul. Beschreibung eines Programmes zur Simulation der Interaktion von Motivation, Emotion und Kognition bei der Handlungsregulation [EmoRegul. Description of a Program for the Simulation of the Interaction of Motivation, Emotion and Cognition during Action Regulation]. Bamberg: Lehrstuhl Psychologie II, Memorandum Nr. 2
Dörner, D., Hille, K. (1995): Artificial souls: Motivated and emotional robots. In Proceedings of the International Conference on Systems, Man, and Cybernetics, Vol. 4: 3828–3832. Piscataway, NJ: IEEE
Dörner, D., Levi, P., Detje, F., Brecht, M., Lippolt, D. (2001): Der agentenorientierte, sozionische Ansatz mit PSI [The agent-oriented, socionical approach using PSI]. Sozionik Aktuell, 1 (2)
Dörner, D., Pfeiffer, E. (1991): Strategisches Denken, Stress und Intelligenz [Strategical Thought, Stress and Intelligence]. Sprache und Kognition, 11(2), 75–90
Dörner, D., Schaub, H., Stäudel, T., Strohschneider, S. (1988): Ein System zur Handlungsregulation oder: Die Interaktion von Emotion, Kognition und Motivation [A System for the Regulation of Action, or: The Interaction of Emotion, Cognition and Motivation]. Sprache & Kognition 4, 217–232
Dörner, D., Schaub, H. (1998): Das Leben von PSI. Über das Zusammenspiel von Kognition, Emotion und Motivation - oder: Eine einfache Theorie für komplizierte Verhaltensweisen [The Life of PSI. On the Interchange of Cognition, Emotion and Motivation—or: A Simple Theory of Complex Behavior]. Memorandum Lst Psychologie II Universität Bamberg, 2,27
Dörner, D., Stäudel, T. (1990): Emotion und Kognition. In: Scherer, Klaus (ed.): Psychologie der Emotion. Enzyklopädie der Psychologie, Band C/ IV/3. Göttingen: Hogrefe, 293–343

Dörner, D., Starker, U. (2004): Should successful agents have Emotions? The role of emotions in problem solving. In Proceedings of the sixth International Conference on Cognitive Modeling (ICCM-2004), Pittsburgh, PA, USA

Dörner, D., Wearing, A. J. (1995): Complex Problem Solving: Toward a (Computer-simulated) Theory. In: Frensch, Peter A. & Funke, Joachim (eds.): Complex Problem Solving. The European Perspective. Hillsdale, NJ; Hove, UK: Lawrence Erlbaum Associates, 65–99

Daily, L. Z., Lovett, M. V., Reder, L. M. (2001): Modeling individual differences in working memory performance: A source activation account. Cognitive Science, 25, 315—353

Damasio, A. R. (1994): Descartes' Error. Emotion, Reason and the Human Brain. Avon Books

DARPA. (2005): BICA, Biologically-Inspired Cognitive Architectures, Proposer Information Pamphlet (PIP) for Broad Agency Announcement 05–18, Defense Advanced Research Projects Agency, Information Processing Technology Office, Arlington, VA

Dastani, M., Dignum, F., Meyer, J.-J. (2003): Autonomy, and Agent Deliberation. In Proceedings of the 1st International Workshop on Computational Autonomy (Autonomy 2003)

Dawkins, R. (1976): The Selfish Gene. Oxford: Oxford University Press

Dean, T., Boddy, M. (1988): An analysis of time-dependent planning. In Proc. of the 7th National Conf. on Artificial Intelligence (AAAI-88), p. 49–54. AAAI Press/The MIT Press

Dennett, D. (1971): Intentional Systems. The Journal of Philosophy, 68(4):82–106

Dennett, D. (1981): True Believers: The Intentional Strategy and Why It Works. In A.F. Heath (ed.): Scientific Explanations: Papers based on Herbert Spencer Lectures Given in the University of Oxford, Reprinted in The Nature of Consciousness, David Rosenthal, ed., 1991

Dennett, D. (1987): Styles of Mental Representation. In The Intentional Stance, Cambridge, MIT Press, p. 213–236

Dennett, D. (1991): Real Patterns. Journal of Philosophy 88: 27–51

Dennett, D. (1996): Kinds of Minds: Toward an Understanding of Consciousness. The Science Masters Series. New York: Basic Books

Dennett, D. (1998): Brainchildren: Essays on Designing Minds. Cambridge, Mass.: MIT Press

Dennett, D. (2002): Introduction to Ryle, G. (1945): The Concept of Mind. Cambridge University Press

Derthick, M., Plaut, D. C. (1986): Is Distributed Connectionism Compatible with the Physical Symbol System Hypothesis? In Proceedings of the 8th

Annual Conference of the Cognitive Science Society (pp. 639–644). Hillsdale, NJ: Erlbaum, 1986

Detje, F. (1996): Sprichwörter und Handeln. Eine psychologische Untersuchung [Proverbs and Actions. A Psychological Inquiry]. Bern u.a.: Peter Lang. Sprichwörterforschung Band 18

Detje, F. (1999): Handeln erklären [Explaining Action]. Wiesbaden: DUV

Detje, F. (2000): Comparison of the PSI-theory with human behavior in a complex task. In N. Taatgen & J. Aasman (eds.), Proceedings of the Third International Conference on Cognitive Modelling. 86–93. KS Veenendaal: Universal Press

Deutsch, D. (1985): Quantum theory, the Church-Turing principle and the universal quantum computer, In Proceedings of the Royal Society London A 400, 97–117

Dietzsch, M. (2008): Agentenentwicklung mit dem MicroPSI-Framework. Diploma thesis. Institut für Informatik, Humboldt-Universität zu Berlin.

Dijkstra, P., Buunk, B. P. (2001): Sex differences in the jealousy-evoking nature of a rival's body build. Evolution and Human Behavior, 22, 335–341

Dolan, C. P., Smolensky, P. (1989): Tensor product production system: A modular architecture and representation, Connection Science, vol. 1, 53–58

Dowty, D. (1989): On the Semantic Content of the Notion of "Thematic Role". In G. Chierchia, B. Partee, and R. Turner (eds.), Properties, Types, and Meanings, Volume 2, 69–129. Dordrecht: Kluwer Academic Publishers

Dreyfus, H. L. (1979): What Computers Can't Do. Harper & Row

Dreyfus, H. L. (1992): What Computers still can't do. A Critique of Artificial Reason. Cambridge: MIT Press

Dreyfus, H. L., Dreyfus, S. E. (1988): Making a mind versus modeling the brain: Artificial intelligence back at a branch point. Daedalus 117: 15–43

Dyer, M. G. (1990): Distributed symbol formation and processing in connectionist networks. Journal of Experimental and Theoretical Artificial Intelligence, 2: 215–239

Eccles, J. (1972): Possible Synaptic Mechanisms subserving Learning. In Karczmar, A. G. and Eccles, J. C.: Brain and Human Behavior. Berlin: Springer, 39–61

Eclipse project homepage. (2007): http://www.eclipse.org (last visited March 2007)

Ekman, P. (1992): An Argument for Basic Emotions. In: Stein, N. L., and Oatley, K. (eds.): Basic Emotions, 169–200. Hove, UK: Lawrence Erlbaum

Ekman, P., Friesen, W. (1971): Constants across cultures in the face and emotion. In: Journal of Personality and Social Psychology 17(2): 124–29

Ekman, P., Friesen, W. V. (1975): Unmasking the face: A guide to recognizing emotions from facial cues. Englewood Cliffs, NJ: Prentice Hall

Ekman, P., Friesen, W. V., Ellsworth, P. (1972): Emotion in the human face: Guidelines for research and an integration of findings. New York: Pergamon Press

Ekman, P., Irwin, W., Rosenberg, E. R., Hager, J. C. (1995): FACS Affect Interpretation Data-Base. Computer database. University of California, San Francisco

Elkind, J. I., Card, S. K., Hochberg, J., Huey, B. M. (1989): Human performance models for computer-aided engineering. Washington, DC: National Academy Press

Engel, A. K., Singer, W. (2000): Binding and the neural correlates of consciousness. Trends in Cognitive Sciences 5: 16–25

Erk, S., Kiefer, M., Grothe, J., Wunderlich, A. P., Spitzer, M., Walter, H. (2003): Emotional context modulates subsequent memory effect. NeuroImage 18:439–47

Feldman, J. D. (2006): From Molecule to Metaphor: A Neural Theory of Language. A Neural Theory of Language, Bradford

Feldman, J. D., Lakoff, G., Bailey, D., Narayana, S., Regier, T., Stolcke, A. (1996): L0—The first five years of an automated language acquisition project. Artificial Intelligence review, 10, 103–129

Fetzer, J. (1991): Epistemology and Cognition, Kluwer

Feyerabend, P. K. (1975): Against Method, New Left Books, London, UK

Field, H. H. (1972): Tarski's Theory of Truth, Journal of Philosophy, 69: 347–375

Field, H. H. (1978): Mental Representation, Erkenntnis 13, 1, 9–61

Fikes, R. E., Nilsson, N. J. (1971): STRIPS: A new approach to the application of theorem proving to problem solving. Artificial Intelligence Vol. 2 (1971) 189–208

Filmore, C. (1968): The case for Case. in E. Bach and R. Harms (eds.) Universals in Linguistic Theory. New York: Holt, Rinehart and Winston

Fodor, J. A., Pylyshyn, Z. W. (1988): Connectionism and Cognitive Architecture: A Critical Analysis, in S. Pinker and J. Mehler (eds.): Connections and Symbols, Cambridge, Massachusetts: MIT Press

Fodor, J. A. (1974) Special Sciences: Or, The Disunity of Science as a Working Hypothesis, reprinted in J. Fodor, Representations, MIT Press, 1981

Fodor, J. A. (1975): The Language of Thought, Cambridge, Massachusetts: Harvard University Press

Fodor, J. A. (1987): Psychosemantics: The Problem of Meaning in the Philosophy of Mind, Cambridge, Massachusetts: MIT Press

Foerster, H. von., Glasersfeld, E. von. (1999): Wie wir uns erfinden. Eine Autobiographie des radikalen Konstruktivismus [How we invent us: An autobiography of radical constructivism]. Carl Auer: Heidelberg

Framenet homepage. (2006): Last retrieved August 2006. http://framenet.icsi.berkeley.edu/

Franceschini, R. W., McBride, D. K., Sheldon, E. (2001): Recreating the Vincennes Incident using affective computer generated forces. In Proceedings of the 10th Computer Generated Forces and Behavioral Representation Conference. 10TH-CG-044.doc. Orlando, FL: Division of Continuing Education, University of Central Florida

Frank, R. (1992): Strategie der Emotionen. Oldenbourg, Scientia Nova

Franklin, S. (2000): A "Consciousness" Based Architecture for a Functioning Mind. In Proceedings of the Symposium on Designing a Functioning Mind, Birmingham, England, April 2000

Franklin, S., Kelemen, A., McCauley, L. (1998): IDA: A Cognitive Agent Architecture. In IEEE Conf on Systems, Man and Cybernetics. : IEEE Press

Frawley, W. (1992): Linguistic Semantics. Lawrence Erlbaum Associates, Hillsdale, New Jersey

Frege, G. (1892): Über Sinn und Bedeutung. In Frege, G. (1966): Funktion, Begriff, Bedeutung. Fünf logische Studien. Göttingen: Vandenhoeck & Ruprecht

Frijda, N. H. (1986): The emotions. Cambridge, U.K., Cambridge University Press

Gallagher, H. L., Frith, C. D. (2003): Functional imaging of 'theory of mind'. Trends in Cognitive Sciences, 7, 77–83

Gardner, H. (1989): Dem Denken auf der Spur [Tracing Thinking]. Stuttgart: Klett-Cotta

Gelder, T. van. (1995): What might cognition be, if not computation? The Journal of Philosophy 91(7): 345–381

Gelder, T. van., Port, R. F. (1995): It's about time: An overview of the dynamical approach to cognition. In R. F. Port, T. van Gelder (eds.), Mind as motion (pp. 1–44). Cambridge, Massachusetts: The MIT Press

Gellner, E. (1985): The Psychoanalytic Movement: The Cunning of Unreason. A critical view of Freudian theory, London, Paladin

Gerdes, J., Dshemuchadse, M. (2002): Emotionen. In Dörner, D., Bartl, C., Detje, F., Gerdes, J., Halcour, D., Schaub, H., Starker, U. (2002): Die Mechanik des Seelenwagens. Eine neuronale Theorie der Handlungsregulation. Bern, Göttingen, Toronto, Seattle: Verlag Hans Huber, 219–230

Gerdes, J., Strohschneider, S. (1991): A computer simulation of action regulation and learning. Berlin: Projektgruppe Kognitive Anthropologie der Max-Planck-Gesellschaft, Working Paper No. 8

Gibson, J. J. (1977): The theory of affordances. In R. E. Shaw & J. Bransford (Eds.), Perceiving, Acting, and Knowing. Hillsdale, NJ: Lawrence Erlbaum Associates

Gibson, J. J. (1979): The Ecological Approach to Visual Perception. Boston: Houghton Mifflin

Gluck, K., Gunzelmann, G., Gratch, J., Hudlicka, E., Ritter, F. E. (2006): Modeling the Impact of Cognitive Moderators on Human Cognition and Performance. Symposium at International Conference of the Cognitive Science Society, CogSci 06, Vancouver, Canada

Gobet, F., Richman, H., Staszewski, J., Simon, H. A. (1997): Goals, representations, and strategies in a concept attainment task: The EPAM model. The Psychology of Learning and Motivation, 37, 265–290

Goldstein, E. B. (1997): Wahrnehmungspsychologie – eine Einführung [Psychology of Perception—an Introduction]. Heidelberg: Spektrum

Goldstein, I., Papert, S. (1975): Artificial Intelligence, Language and the Study of Knowledge. Cambridge, MA: MIT Lab Memo 237

Goldstone, R. L., Rogosky, B. J. (2002): Using relations within conceptual systems to translate across conceptual systems, Cognition, 84, 295–320

Good, I. J. (1961): A Causal Calculus. British Journal of the Philosophy of Science, 11: 305–318

Grünbaum, A. (1984): The Foundations of Psychoanalysis: A Philosophical Critique, in Behavioral & Brain Sciences 9(2) (June): 217–284

Gratch, J., Marsella, S. (2001): Modeling emotions in the Mission Rehearsal Exercise. In Proceedings of the 10th Computer Generated Forces and Behavioral Representation Conference (10TH—CG-057). Orlando, FL: University of Central Florida, Division of Continuing Education

Gratch, J., Marsella, S. (2004): A framework for modeling emotion. Journal of Cognitive Systems Research, Volume 5, Issue 4, 2004, 269–306

Gregory, R. L. (1966): Eye and Brain: The Psychology of Seeing. London: Weidenfeld and Nicholson

Grossberg, S. (1976): Adaptive pattern recognition and universal recoding I: Parallel development and coding of neural feature detectors. Biological Cybernetics 23:121–134

Grossberg, S. (1976): Adaptive pattern recognition and universal recoding II: Feedback, expectation, olfaction, and illusion. Biological Cybernetics 23:187–202

Grossberg, S. (1999): How does the cerebral cortex work? Learning, attention, and grouping by the laminar circuits of visual cortex. Spatial Vision 12, 163–185

Hämmer, V. (2003): Towards a Model of Language Structures and Action-Organization. Proceedings of EuroCog-Sci 03, Osnabrück; Mahwah, New Jersey: Lawrence Erlbaum, 394

Hämmer, V., Künzel, J. (2003): DAS - Students Model Neural Networks. In Proceedings of ICCM 2003, Bamberg, 253–254

Hahn, U., Chater, N., Richardson, L. B. C. (2003): Similarity as transformation. Cognition, 87, 1–32

Harley, T. A. (1995): The Psychology of Language. Hove, East Sussex, UK: Erlbaum

Harnad, S. (1987): Category induction and representation. In S. Harnad (Ed.), Categorical perception: The groundwork of cognition. 535–565. New York: Cambridge University Press

Harnad, S. (1990): The symbol grounding problem. Physica D, 42, 335–346

Haugeland, J. (1981): The Nature and Plausibility of Cognitivism. Behavioral and Brain Sciences I, 2: 215–60

Haugeland, J. (1985): Artificial Intelligence: The Very Idea (1985). Cambridge, Massachusetts: Bradford/MIT Press

Haugeland, J. (1992): Mind Design II, Second Edition. MIT Press

Henser, S. (1999): Use of natural language in propositional-type thought: Evidence from introspective reports of Japanese-English/English-Japanese bilinguals. Abstracts of 2nd International Symposium on Bilingualism, April 1999

Hesse, F. W. (1985): Review: John R. Anderson (1983), The Architecture of Cognition. Sprache & Kognition, 4 (4), 231–237

Hille, K. (1997): Die „künstliche Seele". Analyse einer Theorie. [The artificial soul. Analysis of a theory.] Wiesbaden: Deutscher Universitäts-Verlag

Hille, K. (1998): A theory of emotion. Memorandum Universität Bamberg, Lehrstuhl Psychologie II. available online at www.uni-bamberg.de/ppp/insttheopsy/dokumente/Hille_A_theory_of_emotion.pdf

Hille, K., Bartl, C. (1997): Von Dampfmaschinen und künstlichen Seelen mit Temperament [On steam engines and artificial souls with temper]. Bamberg: Lehrstuhl Psychologie II, Memorandum Nr. 24

Hoffmann, J. (1990): Über die Integration von Wissen in die Verhaltenssteuerung [On the integration of knowledge in the control of action]. Schweizerische Zeitschrift für Psychologie, 49 (4), 250–265

Hofstadter, D. R. (1995): Fluid Concepts and Creative Analogies. Basic Books, New York

Hofstadter, D. R., Mitchell, M. (1994): The Copycat Project: A Model of Mental Fluidity and Analogy-Making. In Keith Holyoak and John Barnden (eds.), Advances in Connectionist and Neural Computation

Theory Volume 2: Analogical Connections, Norwood NJ: Ablex Publishing Corporation, 1994: 31–112
Hopfield, J. J. (1984): Neurons with graded response have collective computational properties like those of two-state neurons. In Proceedings of the National Academy of Sciences, pp. 81:3088–3092. National Academy of Sciences
Horgan, T. E. (1997): Connectionism and the Philosophical Foundations of Cognitive Science. Metaphilosophy 28(1–2): 1–30
Horgan, T. E., Tienson, J. (1996): Connectionism and the Philosophy of Psychology, Cambridge, Massachusetts: MIT Press
Howden, N., Rönnquist, R., Hodgson, A., Lucas, A. (2001): JACK Intelligent Agents - Summary on an Agent Infrastructure. In Proceedings of the 5th ACM International Conference on Autonomous Agents
Hudlicka, E. (1997): Modeling behavior moderators in military human performance models (Technical Report No. 9716). Psychometrix. Lincoln, MA
Hudlicka, E., Fellous, J.-M. (1996): Review of computational models of emotion (Technical Report No. 9612). Psychometrix. Arlington, MA
Ingrand, F., Chatila, R., Alami, R., Robert, F. (1996): PRS: A High Level Supervision and Control Language for Autonomous Mobile Robots. In Proceedings of the IEEE International Conference on Robotics and Automation, 1996
Ingrand, F., Georgeff, M., Rao, R. (1992): An Architecture for Real-Time Reasoning and System Control. IEEE Expert, 7(6):34–44
Izard, C. E. (1981): Die Emotionen des Menschen [Human Emotion]. Weinheim, Basel: Beltz
Izard, C. E. (1994): Innate and universal facial expressions: Evidence from developmental and cross-cultural research. Psychological Bulletin, 115, 288–299
Jackendoff, R. S. (1972): Semantic Interpretation in Generative Grammar, MIT Press
Jackendoff, R. S. (2002): Foundations of Language: Brain, Meaning, Grammar, Evolution. Oxford University Press
Johnson-Laird, P. N. (1988): The computer and the mind. An introduction to cognitive science. Cambridge: Harvard University Press
Jones, R. (1998): Modeling pilot fatigue with a synthetic behavior model. In Proceedings of the 7th Conference on Computer Generated Forces and Behavioral Representation: 349–357. Orlando, FL: University of Central Florida, Division of Continuing Education
Jones, R. M., Henninger, A.E., Chown, E. (2002): Interfacing emotional behavior moderators with intelligent synthetic forces. In Proceedings of

the 11th Conference on Computer Generated Forces and Behavioral Representation. Orlando, FL: Simulation Interoperability Standards Organization. Psychological Review, 97, 315–331

Jorna, R. J. (1990): Knowledge Representation and Symbols in the Mind. An analysis of the Notion of Representation and Symbol in Cognitive Psychology. Tübingen: Stauffenberg

Just, M. A., Carpenter, P. A. (1992): A capacity theory of comprehension: Individual differences in working memory. Psychological Review, 99, 122–149

Just, M. A., Carpenter, P. A., Varma, S. (1999): Computational modeling of high-level cognition and brain function. Human Brain Mapping, 8, 128–136

König, P., Krüger, N. (2006): Symbols as self-emergent entities in an optimization process of feature extraction and predictions. Biological Cybernetic 94: 325–334

Künzel, J. (2004): PSI lernt sprechen—Erste Schritte zur verbalen Interaktion mit dem Autonomen Künstlichen Agenten PSI [Psi learns to speak—First Steps towards verbal interaction with the autonomous artificial agent PSI]. Doctoral Thesis, Universität Bamberg

Kanerva, P. (1988): Sparse distributed memory. Cambridge, MA: MIT Press

Kemp, C., Bernstein, A., Tenenbaum, J. B. (2005): A Generative Theory of Similarity, in Proceedings of CogSci 2005, Stresa, Italy

Kim, J. (1998): Mind in a Physical World: An Essay on the Mind-Body Problem and Mental Causation. Cambridge, MA: MIT Press, Bradford Books

Kinny, D., Phillip, R. (2004): Building Composite Applications with Goal-Directed™ Agent Technology. AgentLink News, 16:6–8, Dec. 2004

Kintsch, W. (1998) Comprehension: A paradigm for cognition. New York: Cambridge University Press

Kintsch, W., van Dijk, T. A. (1978): Toward a model of text comprehension and production. Psychological Review, 85, 363–394

Kitano, H., Asada, M., Kuniyoshi, Y., Noda, I., Osawa, E., Matsubara, H. (1997): RoboCup: A challenge problem for AI. AI Magazine 1997, 18(1): 73–85

Klir, G. (1992): Facets of Systems Science, Plenum, New York

Klix, F. (1984): Über Wissensrepräsentation im Gedächtnis [On the Representation of Knowledge in Memory]. In F. Klix (Ed.): Gedächtnis, Wissen, Wissensnutzung. Berlin: Deutscher Verlag der Wissenschaften

Klix, F. (1992): Die Natur des Verstandes [The nature of reason]. Göttingen: Hogrefe

Knoblauch, A., Palm, G. (2005): What is signal and what is noise in the brain? Biosystems 79, 83–90

Knoll, J. (2005): The Brain and its Self, Springer

Koffka, K. (1935): Principles of Gestalt Psychology. London: Lund Humphries

Konolidge, K. (2002): Saphira robot control architecture version 8.1.0. SRI International, April, 2002

Koons, R.C. (2003): Functionalism without Physicalism: Outline of an Emergentist Program, Journal of ISCID, Philosophy of Mind Vol 2.3

Kosslyn, S. M. (1975): Information representation in visual images. Cognitive Psychology, 7, 341–370

Kosslyn, S. M. (1980): Image and Mind, MIT Press

Kosslyn, S. M. (1983): Ghosts in the Mind's Machine. W. Norton

Kosslyn, S. M. (1994): Image and brain. Cambridge, MA: MIT Press

Krafft, M. F. (2002): Adaptive Resonance Theory. available online at ETH Zurich, Department of Information Technology: http://www.ifi.unizh.ch/staff/krafft/papers/2001/wayfinding/html/node97.html

Kuhl, J. (2001): Motivation und Persönlichkeit: Interaktionen psychischer Systeme [Motivation and Personality: Interactions of Psychological Systems]. Göttingen: Hogrefe

Kuo, A. D. (1999): Stabilization of lateral motion in passive dynamic walking, International Journal of Robotics Research, Vol. 18, No. 9, 917–930

Kusahara, M., (2003): An Analysis on Japanese Digital Pets, in Artificial Life 7 Workshop Proceedings, Maley, Boudreau (eds.), USA: 141–144

Laird, J. E., Newell, A., Rosenbloom, P. S. (1987): Soar: An architecture for general intelligence. Artificial Intelligence, 33(1), 1–64

Laird, J. E., Rosenbloom, P. S., Newell, A. (1986): Chunking in Soar: The anatomy of a general learning mechanism. Machine Learning, 1(1), 11–46

Lakatos, I. (1965): Falsification and the Methodology of Scientific Research Programmes. In: Lakatos, I., Musgrave, A. (eds.): Criticism and the Growth of Knowledge: Proceedings of the International Colloquium in the Philosophy of Science, London, 1965, Volume 4, Cambridge: Cambridge University Press, 1970, 91–195

Lakatos, I. (1977): The Methodology of Scientific Research Programmes: Philosophical Papers Volume 1. Cambridge: Cambridge University Press

Landauer, T. K., Dumais, S. T. (1997): A solution to Plato's problem. Psychological Review 104 (2), 211–240

Laurence, S., Margolis, E. (1999): Concepts and Cognitive Science. In E. Margolis and S. Laurence (eds.) Concepts: Core Readings, Cambridge, MA: MIT Press

Lebière, C. (2002): Introduction to ACT-R 5.0. Tutorial given at 24th Annual Conference of Cognitive Science Society, available online at http://act-r.psy.cmu.edu/tutorials/ACT-R_intro_tutorial.ppt

Lebiere, C., Anderson, J. R. (1993): A Connectionist Implementation of the ACT-R Production System. In Proceedings of the Fifteenth Annual Conference of the Cognitive Science Society, pp. 635–640

Leibniz, G. W. (1714): Monadologie

LeDoux, J. (1992): Emotion and the Amygdala. In The Amygdala: Neurobiological Aspects of Emotion, Memory, and Mental Dysfunction, 339–351. Wiley-Liss

Lem, S. (1971): Dzienniki Gwiazdowe; English translation: The Star Diaries. Further Reminiscences of Ijon Tichy, New York: Seabury Press 1976

Lenat, D. (1990): Building large Knowledge-based Systems. Addison Wesley

Lenz, M. (1997): CRNs and Spreading Activation. Technical report, Humboldt University, Berlin

Lespérance, Y., Levesque, H., Lin, F., Marcu, D., Reiter, R., Scherl, R. (1994): A logical approach to high-level robot programming. A progress report. 109–119 of: Kuipers, B. (ed), Control of the Physical World by Intelligent Agents, Papers from the AAAI Fall Symposium

Lewis, D. K. (1995): Reduction of Mind, in S. Guttenplan (ed.): A Companion to Philosophy of Mind. Oxford, Blackwell

Lockwood, M. (1989): Mind, Brain and the Quantum, Basil Blackwell, 1989

Logan, B. (1998): Classifying agent systems. In J. Baxter & B. Logan (eds.), Software Tools for Developing Agents: Papers from the 1998 Workshop. Technical Report WS-98–10 11–21. Menlo Park, CA: AAAI Press

Lorenz, K. (1965): Über tierisches und menschliches Verhalten [On animal and human behavior]. München/Zürich: Piper

Lorenz, K. (1978): Vergleichende Verhaltensforschung oder Grundlagen der Ethologie [Comparative Behavior Research, or Foundations of Ethology]. Wien / New York: Springer

Lovett, M. C., Daily, L. Z., Reder, L. M. (2000): A source activation theory of working memory: Cross-task prediction of performance in ACT-R. Journal of Cognitive Systems Research, 1, 99–118

Luger, G. (1995): Computation and Intelligence, MIT press

Lurija, A. R. (1992): Das Gehirn in Aktion – Einführung in die Neuropsychologie [The Brain in Action—Introduction to Neuropsychology]. Reinbek – Rowohlt

Müller, H. (1993): Komplexes Problemlösen: Reliabilität und Wissen. Bonn: Holos

Madsen, K. B. (1974): Modern Theories of Motivation. Kopenhagen: Munksgaard

Marcus, G. F. (2001): The Algebraic Mind: Integrating Connectionism and Cognitive Science. Cambridge, MA, MIT Press

Mari, J., Kunio, Y. (1995): Quantum brain dynamics and consciousness, John Benjamins

Markman, A. B., Gentner, D. (1996): Commonalities and differences in similarity comparisons. Memory and Cognition, 24(2), 235–249

Maslin, K. T. (2001): An Introduction to the Philosophy of Mind, Polity, Cambridge

Maslow, A., Frager, R., Fadiman, J. (1987): Motivation and Personality. (3rd edition.) Boston: Addison-Wesley

Mausfeld, R. (2003): No Psychology In—No Psychology Out. Anmerkungen zu den „Visionen" eines Faches. In: Psychologische Rundschau, Hogrefe-Verlag Göttingen, Vol. 54, No. 3, 185–191

McCarthy, J. (1963): Situations and Actions and Causal Laws. Stanford Artificial Intelligence Project, Memo 2, Stanford University, CA

McCarthy, J. (1974): Review of "Artificial Intelligence: A General Survey" by Professor Sir James Lighthill. In Artificial Intelligence 5(3) 1974, 317–322

McCarthy, J. (1979): Ascribing mental qualities to machines. In Ringle, M. (ed.): Philosophical Perspectives in Artificial Intelligence, 161–195. Humanities Press, Atlantic Highlands, NJ

McCarthy, J., Hayes, P. J. (1969): Some philosophical problems from the standpoint of artificial intelligence. Machine Intelligence, 4:463–502

McLaughlin, B. P., Warfield, T. (1994): The Allures of Connectionism Reexamined, Synthese 101, 365–400

Metzinger, T. (2000): The Subjectivity of Subjective Experience. A Representational Analysis of the First-Person Perspective. In T. Metzinger (ed), Neural Correlates of Consciousness: Empirical and Conceptual Questions. Cambridge, MA: MIT Press

Metzinger, T. (2003): Being No One. Cambridge, Mass., MIT Press

Miceli, M., Castelfranchi, C. (2000): The role of evaluation in cognition and social interaction. In K. Dautenhahn, Human cognition and agent technology. Amsterdam: Benjamins

Miceli, M., Castelfranchi, C. (2003): Crying: Discussing its basic reasons and uses. New Ideas in Psychology, Vol. 21(3): 247–273

Miller, G. A. (1956): The magic number seven, plus or minus two: Some limits on our capacity for processing information. Psychological Review, 63, 81–97

Miller, G. A., Galanter, E., Pribram, K. H. (1960): Plans and the structure of behavior. New York: Holt, Reinhart & Winston

Minsky, M. (1975): A framework for representing knowledge. In The Psychology of Computer Vision, Winston P. (ed), McGraw-Hill, New York, 211–277

Minsky, M. (1986): The Society of Mind. New York: Simon and Schuster
Minsky, M. (2006): The Emotion Machine. Commonsense Thinking, Artificial Intelligence, and the Future of the Human Mind. New York, Elsevier
Minsky, M., Papert, S. (1967): Perceptrons. MIT Press, Cambridge, MA
Minton, S. (1991): On modularity in integrated architectures. SIGART Bulletin 2, 134–135
Mitchell, M. (1993): Analogy Making as Perception. Cambridge, MA: MIT Press
Mitchell, T. M. (1997): Machine Learning: an artificial intelligence approach. McGraw-Hill
Miyake, A., Shah, P. (1999): Models of working memory: Mechanisms of active maintenance and executive control. New York: Cambridge University Press
Montague, R. (1973): The proper treatment of quantification in ordinary language. In Approaches to Natural Language, ed. J. Hintikka. Reidel
Morrison, J. E. (2003): A Review of Computer-Based Human Behavior Representations and Their Relation to Military Simulations, IDA Paper P-3845, Institute for Defense Analyses, Alexandria, Virginia
Neisser, U. (1967): Cognitive psychology. Englewood Cliffs, NJ: Prentice-Hall
Neisser, U. (1976): Cognition and reality: Principles and implications of cognitive psychology. San Francisco, CA: W.H. Freeman and Company
Newell, A. (1968): On the analysis of human problem solving protocols. In J. C. Gardin & B. Jaulin (Eds.), Calcul et formalisation dans les sciences de l'homme. Paris: Centre National de la Recherche Scientifique: 145–185
Newell, A. (1973): You can't play 20 questions with nature and win: Projective comments on papers in this symposium. In W. G. Chase (Ed.), Visual Information Processing. New York: Academic Press: 283–310
Newell, A. (1973a): Production Systems: Models of Control Structures. In W. G. Chase (ed.): Visual Information Processing, New York: Academic Press, 463–526
Newell, A. (1987): Unified Theories of Cognition, Harvard University Press
Newell, A. (1992): Unified Theories of Cognition and the Role of Soar. In: Michon, J.A., Akyürek, A. (eds.): Soar: A cognitive architecture in perspective. A tribute to Allen Newell. Dordrecht: Kluwer Academic Publishers, 25–79
Newell, A., Simon, H. A. (1961): GPS, a program that simulates human thought. In: E. Feigenbaum and J. Feldmann (eds.) (1995): Computers and Thought
Newell, A., Simon, H. A. (1972): Human problem solving. Englewood Cliffs, NJ: Prentice-Hall

Newell, A., Simon, H. A. (1976): Computer Science as Empirical Inquiry: Symbols and Search, Communications of the ACM, vol. 19 (March 1976): 113—126
Newton, N. (1996): Foundations of understanding. Philadelphia: John Benjamins
Norling, E., Ritter, F.E. (2001). Embodying the JACK Agent Architecture. In Brooks, M., Corbett, D., and Stumptner, M., editors, AI 2001: Advances in Artificial Intelligence (LNCS vol. 2256) Adelaide, Australia, December 2001: 368–377
Norling, E., Ritter, F. E. (2004): Towards Supporting Psychologically Plausible Variability in Agent-Based Human Modelling. AAMAS 2004: 758–765
Ogden, C. R., Richards, I. A. (1960): The Meaning of Meaning. London, Routledge & Keegan Paul
Olson, I. R., Jiang, Y. (2002): Is visual short term memory object based? Rejection of the "strong-object" hypothesis. Perception & Psychophysics, 64(7): 1055–1067
Ortony, A., Clore, G. L., Collins, A. (1988): The Cognitive Structure of Emotions. Cambridge, England: Cambridge University Press
Osgood, C. E., Suci, G. J., Tannenbaum, P. H. (1957): The measurement of meaning. Urbana: University of Illinois Press
Paivio, A. (1986): Mental representations: A dual coding approach. New York: Oxford University Press
Palmeri, T. J., Nosofsky, R. M. (2001): Central tendencies, extreme points, and prototype enhancement effects in ill-defined perceptual categorization. Quarterly Journal of Experimental Psychology, 54, 197–235
Papineau, D. (1996), Philosophical Naturalism, Oxford: Blackwell
Pavlov, I. (1972): Die bedingten Reflexe [The conditional reflexes]. München: Kindler
Penrose, R. (1989): The Emperor's new Mind, Oxford University Press
Penrose, R. (1997): The Large, the Small and the Human Mind, Cambridge University Press
Perner, J. (1999): Theory of mind. In M. Bennett (Ed.), Developmental psychology: Achievements and prospects. 205–230. Philadelphia, PA: Psychology Press
Pew, R. W., Mavor, A. S. (1998): Modeling human and organizational behavior: Application to military simulations. Washington, DC: National Academy Press
Pfeifer, R. (1988): Artificial intelligence models of emotion. In: V. Hamilton, G. Bower, & N. Frijda (eds.). Cognitive perspectives on emotion and motivation. Proceedings of the NATO Advanced Research Workshop. Dordrecht, Kluwer

Pfeifer, R. (1994): The "Fungus Eater" approach to the study of emotion: A View from Artificial Intelligence. Tech report #95.04. Artificial Intelligence Laboratory, University of Zürich

Pfeifer, R. (1996): Building "Fungus Eaters": Design Principles of Autonomous Agents. In: Proceedings of the Fourth International Conference of the Society for Adaptive Behavior. Cambridge, MA, MIT Press

Pfeifer, R. (1998): Cheap designs: exploiting the dynamics of the system-environment interaction. Technical Report No. IFI-AI-94.01, AI Lab, Computer Science Department, University of Zurich

Pfeifer, R., Bongard, J. (2006): How the body shapes the way we think. MIT Press

Pfeiffer, R. (1998): Embodied system life, Proc. of the 1998 Int. Symposium on System Life

Pfleger, K. (2002): On-line learning of predictive compositional hierarchies. PhD thesis, Stanford University

Piaget, J. (1954): Construction of reality in the child. New York: Basic Books

Picard, R. (1997): Affective Computing. Cambridge, MA: MIT Press

Plate, T. A. (1991): Holographic Reduced Representations. Technical Report CRG-TR-91-1, Department of Computer Science, University of Toronto

Plutchik, R. (1994): The Psychology and Biology of Emotion. New York: Harper Collins

Port, R., van Gelder, T. (1995): Mind as Motion: Explorations in the dynamics of cognition. MIT/Bradford

Posner, M. I., Keele, S. W. (1968): On the Genesis of Abstract Ideas. Journal of Experimental. Psychology, Vol.77, 3, 353–363

Post, E. L. (1921): Introduction to a General Theory of Elementary Propositions. American Journal of Mathematics

Preston, J., M. Bishop (2002): Views into the Chinese Room: New Essays on Searle and Artificial Intelligence, New York: Oxford University Press

Prince, A., Smolensky, P. (1991): Notes on Connectionism and Harmony Theory in Linguistics. Technical Report CU-CS-533–91, Department of Computer Science, University of Colorado at Boulder. July

Prince, A., Smolensky, P. (1997): Optimality: From neural networks to universal grammar. Science 275: 1604–1610

Prince, A., Smolensky, P. (2004): Optimality Theory: Constraint interaction in generative grammar. Blackwell. as Technical Report CU-CS-696–93, Department of Computer Science, University of Colorado at Boulder, and Technical Report TR-2, Rutgers Center for Cognitive Science, Rutgers University, New Brunswick, NJ, April 1993

Prinz, J. (2000): The Ins and Outs of Consciousness. Brain and Mind 1 (2):n245–256

PSI project homepage. (2007): http://web.uni-bamberg.de/ppp/insttheopsy/projekte/PSI/index.html, last visited March 2007
Putnam, H. (1975): Mind, Language and Reality, Cambridge University Press
Putnam, H. (1975): The meaning of "meaning." In Gunderson, K. (ed): Language, Mind, and Knowledge. Minneapolis: University of Minnesota Press
Putnam, H. (1988): Representation and Reality. Cambridge: MIT Press
Pylyshyn, Z. W. (1984): Computation and Cognition, MIT Press
Pylyshyn, Z. W. (1987): The Robot's Dilemma: The Frame Problem in Artificial Intelligence. Ablex, Norwood, New Jersey
Pylyshyn, Z. W. (2002): Mental imagery: In search of a theory. Behavioral & Brain Sciences, 25, 157–182
Quillian, M. (1968): Semantic Memory, in M. Minsky (ed.), Semantic Information Processing, 227–270, MIT Press
Ramamurthy, U., Baars, B., D'Mello, S. K., Franklin, S. (2006): LIDA: A Working Model of Cognition. Proceedings of the 7th International Conference on Cognitive Modeling. Eds: Danilo Fum, Fabio Del Missier and Andrea Stocco; 244–249. Edizioni Goliardiche, Trieste, Italy
Rao, A. S., Georgeff, M. P. (1995): BDI Agents: From Theory to Practice. In Lesser, V. (ed.): Proceedings of the 1st International Conference on Multi-Agent Systems (ICMAS):312—319. MIT Press
Rasmussen, J. (1983): Skills, rules, knowledge: signals, signs and symbols and other distinctions in human performance models. IEEE Transactions: Systems, Man & Cybernetics, SMC-13, 257–267
Reeves, A., D'Angiulli, A. (2003): What does the mind's eye tell the visual buffer? Size, latency and vividness of visual images [Abstract]. Abstracts of the Psychonomic Society, 44th Annual Meeting, 8, 82
Reiter, R. (1991): The frame problem in the situation calculus: A simple solution (sometimes) and a completeness result for goal regression. In V. Lifschitz, (ed.), Artificial Intelligence and Mathematical Theory of Computation, 359–380. Academic Press
Reiter, R. (2001): Logic in Action. MIT Press
Rhodes, G., Brennan, S., Carey, S. (1987): Identification and Ratings of Caricatures: Implications for Mental Representations of Faces. Cognitive Psychology 19:473–497
Rickert, H. (1926): Kulturwissenschaft und Naturwissenschaft [Cultural sciences and natural sciences]. Stuttgart 1986
Ritter, F. E. (1993): Creating a prototype environment for testing process models with protocol data. In Proceedings of the InterChi Research symposium, Amsterdam, April, 1993

Ritter, F. E., Baxter, G. D., Jones, G., Young, R. M. (2000): Supporting cognitive models as users. ACM Transactions on Computer-Human Interaction, 7(2), 141–173

Ritter, F. E., Bibby, P. (2001): Modeling how and when learning happens in a simple fault-finding task. Proceedings of the Fourth International Conference on Cognitive Modeling (pp. 187–192). Mahwah, NJ: Lawrence Erlbaum

Ritter, F. E., Jones, R. M., Baxter, G. D. (1998): Reusable models and graphical interfaces: Realizing the potential of a unified theory of cognition. In U. Schmid, J. Krems, F. Wysotzki (eds.), Mind modeling—A cognitive science approach to reasoning, learning and discovery. 83–109. Lengerich, Germany: Pabst Scientific Publishing

Ritter, F. E., Reifers, A. L., Klein, L. C., Schoelles, M. J. (2007): Lessons From Defining Theories of Stress for Cognitive Architectures. In Wayne D. Gray (ed.): Integrated Models of Cognitive Systems, Oxford University Press: 254–263

Ritter, F. E., Shadbolt, N. R., Elliman, D., Young, R. M., Gobet, F., Baxter, G. D. (2002): Techniques for Modeling Human Performance in Synthetic Environments: A Supplementary Review. Human Systems Information Analysis Center, State of the Art Report, Wright-Patterson Air Force Base, Ohio, June 2002

Ritter, F. E., Larkin, J. H. (1994): Developing process models as summarizes of HCI action sequences. Human-Computer Interaction, 9, 345–383

Rojas, R., Förster, A.G. (2006): Holonic Control of a robot with an omnidirectional drive. In KI, Zeitschrift für Künstliche Intelligenz, Vol. 2:12–17

Roseman, I. J. (1991): Appraisal determinants of discrete emotions. In: Cognition and Emotion, 3, 161–200

Rosenblatt, F. (1958): The Perceptron: A Probabilistic Model for Information Storage and Organization in the Brain, Cornell Aeronautical Laboratory, Psychological Review, v65, No. 6, 386–408

Rosenbloom, P. S. (1998): Emotion in Soar. In Proceedings of Soar Workshop 18, 26–28. Vienna, VA: Explore Reasoning Systems

Rosenbloom, P. S., Newell, A. (1986): The Chunking of Goal Hierarchies—A Generalized Model of Practice. In Michalski et al. (eds.): Machine Learning II—An Artificial Approach. Los Altos: Kaufman

Rumelhart, D. E., Norman, D. A. (1981): Analogical processes in learning. In J. R. Anderson (ed.), Cognitive skills and their acquisition, 335–360

Rumelhart, D. E., McClelland, J. L. and the PDP Research Group (1986): Parallel Distributed Processing, (Vols. 1&2), Cambridge, Massachusetts: MIT Press

Rumelhart, D. E., Ortony, A. (1977): The representation of knowledge in memory. In R. C. Anderson, R. J. Spiro & W. E. Montage (eds.), Schooling and the acquisition of knowledge. Hillsdale, NJ: Lawrence Erlbaum Associates, Inc

Ruso, B., Renninger, L., Atzwanger, K. (2003): Landscape Perception as Evolutionary Foundation of Aesthetics, 279–294

Russel, S. J., Norvig, P. (2003): Artificial Intelligence. A Modern Approach. Second Edition, Prentice Hall, New Jersey

Russell, B. (1919): The Analysis of Mind, London: George Allen and Unwin

Russell, B. (1948): Human knowledge: its scope and limits. New York: Simon and Schuster

Rutledge-Taylor, M. F. (2005): Can ACT-R realize "Newell's Dream"? In Proceedings of CogSci 2005, Trieste, Italy, 1895–1900

Ryle, G. (1949): The Concept of Mind. London: Hutchinson

Salz, D. (2005): 3DView2: eine dreidimensionale Visualisierungs- und Steuerungskomponente für die MicroPsi-Multiagentenplattform [3DView2: a three-dimensional vizualization and control module for the MicroPsi multi agent platform]. Diploma Thesis, Humboldt-Universität zu Berlin, July 2005

Schank, R. C., Abelson, R. P. (1977): Scripts, plans, goals, and understanding: An inquiry into human knowledge structures. Hillsdale, NJ: Lawrence Erlbaum

Schaub, H. (1993): Modellierung der Handlungsorganisation [Modelling the organization of action]. Bern: Hans Huber

Schaub, H. (1995): Die Rolle der Emotionen bei der Modellierung kognitiver Prozesse [The role of emotions for modeling cognitive processes]. Workshop Artificial Life, Sankt Augustin. Erhältlich unter http://www.uni-bamberg.de/~ba2dp1/PSI.htm

Schaub, H. (1996): Künstliche Seelen - Die Modellierung psychischer Prozesse [Artificial Souls—The Modeling of Psychological Processes]. Widerspruch 29

Schaub, H. (1997): Selbstorganisation in konnektionistischen und hybriden Modellen von Wahrnehmung und Handeln [Self-organization in connectionist and hybrid models of perception and action]. In: Schiepek, Günter & Tschacher, Wolfgang (eds.): Selbstorganisation in Psychologie und Psychiatrie. Wiesbaden: Vieweg, 103–118

Scherer, K. (1980): Wider die Vernachlässigung der Emotion in der Psychologie [Against the Neglect of Emotion in Psychology]. In: W. Michaelis (ed.). Bericht über den 32. Kongress der Deutschen Gesellschaft für Psychologie in Zürich 1980. Vol 1: 204–317. Göttingen: Hogrefe

Scherer, K. (1984): On the nature and function of emotion: a component process approach. In K.R. Scherer, and P. Ekman (eds.). Approaches to emotion. Hillsdale, N.J., Erlbaum

Scherer, K. (1988): Criteria for emotion-antecedent appraisal: A review. In: V. Hamilton, G.H. Bower, N.H. Frijda (eds.): Cognitive perspectives on emotion and motivation. Dordrecht, Kluwer

Scherer, K. (1993): Studying the Emotion-Antecedent Appraisal Process: An Expert System Approach. In: Cognition and Emotion, 7 (3/4), 325–355

Schmidt, B. (2000): PECS. Die Modellierung menschlichen Verhaltens [PECS. Modeling human behavior]. SCS-Europe Publishing House, Ghent

Schoppek, W., Wallach, D. (2003): An Introduction to the ACT-R Cognitive Architecture. Tutorial at EuroCogsci 2003, Osnabrück

Searle, J. R. (1980): Minds, brains, and programs. Behavioral and Brain Sciences 3 (3): 417–45

Searle, J. R. (1992): The Rediscovery of the Mind, MIT Press, Cambridge

Selfridge, O. G. (1958): Pandemonium: A paradigm for learning. In Mechanization of Thought Processes: Proceedings of a Symposium Held at the National Physical Laboratory, London: HMSO, November 1958

Shachter, R. D. (1986): Evaluating influence diagrams. Operations Research, 34: 871–882

Shanahan, M. (1997): Solving the Frame Problem: A Mathematical Investigation of the Common Sense Law of Inertia. MIT Press

Shanahan, M., Witkowski, M. (2000): High-level robot control through logic. In C. Castelfranchi and Y. Lespérance (eds.): Proceedings of the International Workshop on Agent Theories Architectures and Languages (ATAL), volume 1986 of LNCS, 104–121, Boston, MA, July 2000. Springer

Shepard, R. N., Metzler, J. (1971): Mental rotation of three-dimensional objects. Science, 171, 701–703

Siddiqi, K., Shokoufandeh, A., Dickinson, S., Zucker, S. (1998): Shock graphs and shape matching. IEEE International Journal on Computer Vision: 222–229

Simon, H. A. (1967): Motivational and Emotional Controls of Cognition. Psychological Review, 74, 29–39

Simon, H. A. (1974): How big is a chunk? Science, 183, 482–488

Simon, H. A. (1981): The Sciences of the Artificial. The MIT Press, Cambridge, MA

Singer, W. (2005): Putative Role of Oscillations and Synchrony in Cortical Signal Processing and Attention. In: L. Itti, G. Rees and J. K. Tsotsos (eds.): Neurobiology of Attention, Elsevier, Inc., San Diego, CA, 526–533

Skinner, B. F. (1938): The behavior of organisms. New York: Appleton-Century-Crofts

Sloman, A. (1978): The Computer Revolution in Philosophy: Philosophy of Science and Models of Mind, Harvester Press and Humanities Press

Sloman, A. (1981): Why robots will have emotions. Proceedings IJCAI

Sloman, A. (1992): Towards an information processing theory of emotions. available online at http://www.cs.bham.ac.uk/~axs/cog_affect/Aaron.Sloman_IP.Emotion.Theory.ps.gz

Sloman, A. (1994): Semantics in an intelligent control system. Philosophical Transactions of the Royal Society: Physical Sciences and Engineering. Vol 349, 1689, 43–58

Sloman, A. (2000): Architectural Requirements for Human-like Agents both Natural and Artificial. in Human Cognition and Social Agent Technology, K. Dautenhahn (ed.) Amsterdam: John Benjamins

Sloman, A. (2001): Beyond shallow models of emotion. Cognitive Processing: International Quarterly of Cognitive Science, 2(1):177–198

Sloman, A. (2001a): Varieties of affect and the CogAff architectural scheme. From the Symposium on Emotion, Cognition, and Affective Computing, Society for the Study of Artificial Intelligence and Simulation of Behaviour (AISB). Brighton, England: University of Sussex

Sloman, A. (2002): AI and the study of mind. Talk given at Computer Conservation Society Meeting, 11th Oct 2002. available online at http://www.aiai.ed.ac.uk/events/ccs2002/CCS-early-british-ai-asloman.pdf

Sloman, A., Chrisley, R. L. (2005): More things than are dreamt of in your biology: Information-processing in biologically-inspired robots? Cognitive Systems Research, Volume 6, Issue 2, June 2005, 145–174

Sloman, A., Chrisley, R., Scheutz, M. (2005): The Architectural Basis of Affective States and Processes, in Fellous, J.-M., Arbib, M. A. (eds): Who needs emotions? The Brain meets the robot, Oxford University Press, 203–244

Sloman, A., Scheutz, M. (2001): Tutorial on philosophical foundations: Some key questions. In Proceedings IJCAI-01, 1–133, Menlo Park, California. AAAI

Smith, C. A., Lazarus, R. (1990): Emotion and Adaptation. In Pervin (ed.), Handbook of Personality: Theory & Research, 609–637. NY: Guilford Press

Smolensky, P. (1990): Tensor product variable binding and the representation of symbolic structures in connectionist networks. Artificial Intelligence, 46, 159–216

Smolensky, P. (1990): Connectionism, Constituency, and the Language of Thought. in Meaning in Mind: Fodor and His Critics, B. Loewer and G. Rey (eds.), Oxford, UK: Basil Blackwell, 1991

Smolensky, P. (1995): Constituent Structure and Explanation in an Integrated Connectionist/Symbolic Cognitive Architecture. in

Connectionism: Debates on Psychological Explanation, C. Macdonald and G. Macdonald (eds.), Oxford, UK: Basil Blackwell, 1995
Smolensky, P., Legendre, G. (2005): The Harmonic Mind. From Neural Computation to Optimality-theoretic Grammar, Vol. 1: Cognitive Architecture, MIT Press
Sowa, J. F. (1984): Conceptual Structures: Information Processing in Mind and Machine. Addison-Wesley
Sowa, J. F. (1999): Knowledge Representation: Logical, Philosophical, and Computational Foundations. Boston, MA: PWS Publishing Company
Spitzer, M. (1996): Geist im Netz—Modelle für Denken, Lernen und Handeln [Mind in the Network—Models for Thinking, Learning and Action]. Heidelberg: Spektrum
Squire, L. R. (1994): Declarative and nondeclarative memory: Multiple brain systems supporting learning & memory. In Memory Systems, (D. L. Schacter and E. Tulving, Eds.), 203–232. MIT Press, Cambridge, MA
Stapp, H. (1993): Mind, Matter and Quantum Mechanics, Springer
Steels, L. (1997): The Origins of Syntax in visually grounded robotic agents. In Pollack, M. (ed.) Proceedings of IJCAI97, Morgan Kauffmann, Los Angeles
Steels, L. (1999): The Talking Heads Experiment. Volume 1. Words and Meanings. Laboratorium, Antwerpen
Steels, L. (2004): The Evolution of Communication Systems by Adaptive Agents. In Alonso, E., D. Kudenko and D. Kazakov, editor, Adaptive Agents and Multi-Agent Systems, Lecture Notes in AI (vol. 2636), pages 125–140, Springer, Berlin
Steels, L., Belpaeme, T. (2005): Coordinating perceptually grounded categories through language. A case study for color. Behavioral and Brain Sciences. in press
Strohschneider, S. (1990): Wissenserwerb und Handlungsregulation [Knowledge Acquisition and Action Regulation]. Wiesbaden: Deutscher Universitäts-Verlag
Strohschneider, S. (1992): Handlungsregulation unter Stress. Bericht über ein Experiment [Action regulation under stress conditions. Report on an experiment]. Bamberg: Lehrstuhl Psychologie II, Memorandum Nr. 3
Suchman, L. A. (1987): Plans and Situated Actions: The Problem of Human-Machine Communication. Cambridge: Cambridge Press
Sun, R. (1993): An Efficient Feature-Based Connectionist Inheritance Scheme. IEEE Transactions on Systems, Man, and Cybernetics, Vol. 23, No. 2, 512–522

Sun, R. (2002): Duality of the Mind, Lawrence Erlbaum: Explicit and Implicit Knowledge

Sun, R. (2003): A tutorial on Clarion 5.0, available online at http://www.cogsci.rpi.edu/~rsun/sun.tutorial.pdf

Sun, R. (2004): The Clarion Cognitive Architecture: Extending Cognitive Modeling to Social Simulation

Sun, R. (2005): Cognition and Multi-Agent Interaction, Cambridge University Press, 79–103

Szenthagothai, J. (1968): Structuro-Functional Considerations of the Cerebellar Neuron-Network. Proceedings of the IEEE, 56, 960–968

Tarski, A. (1956): Logic, Semantics, Metamathematics. Clarendon

Thelen, E., Smith, L. B. (1994): A dynamic systems approach to the development of cognition and action. Cambridge: MIT/Bradford

Thibadeau, R., Just, M. A., Carpenter, P. A. (1982): A model of the time course and content of reading. Cognitive Science, 6, 157–203

Thielscher, M. (1999): From situation calculus to fluent calculus: state update axioms as a solution to the inferential frame problem. Artificial Intelligence Vol. 111: 277–299

Thielscher, M. (2004): FLUX: A logic programming method for reasoning agents. Theory and Practice of Logic Programming

Thornhill, R. (2003): Darwinian Aesthetics informs Traditional Human Habitat Preferences, in Voland, E., Grammer, K. (eds): Evolutionary Aesthetics, Springer, p 9–38

Toda, M. (1982): Man, robot, and society. The Hague, Nijhoff

Tomasello, M. (2003): On the Different Origins of Symbols and Grammar. In Christiansen, Morten & Simon Kirby (eds), Language Evolution. Oxford University Press: Oxford, UK

Touretzky, D. S., Hinton, G. (1988): Distributed Connectionist Production Systems. In: Cognitive Science 12, 423–466

Towell, G., Shavlik, J. (1992): Using symbolic learning to improve knowledge-based neural networks. In Proceedings of the Tenth National Conference on Artificial Intelligence, 177–182, San Jose, CA. AAAI/MIT Press

Towell, G., Shavlik, J. (1994): Knowledge-based artificial neural networks. Artificial Intelligence, 70, 119–165

Traxel, W. (1960): Die Möglichkeit einer objektiven Messung der Stärke von Gefühlen [The possiblity of an objective measurement of the intensity of feelings]. Psychol. Forschung, 75–90

Traxel, W., Heide, H. J. (1961): Dimensionen der Gefühle [Dimensions of Feeling]. Psychol. Forschung, 179–204

Turing, A. M. (1936): On computable numbers, with an application to the Entscheidungsproblem. In: Davis, M.(ed.). The Undecidable: Basic Papers on Undecidable Propositions, Unsolvable Problems and Computable Functions. Raven Press (New York: 1965)

Turin, A. M. (1950): The Imitation Game. In: Computing Machinery and Intelligence

Tversky, A. (1977): Features of similarity. Psychological Review, 84, 327–352

Tyrell, T. (1993): Computational Mechanism for Action Selection, PhD Thesis, University of Edinburgh

Velásquez, J. (1997): Modeling Emotions and Other Motivations in Synthetic Agents. In: Proceedings of the Fourteenth National Conference on Artificial Intelligence (AAAI-97). Providence, RI: MIT/AAAI Press

Velásquez, J. (1999): From affect programs to higher cognitive emotions: An emotion-based control approach. available online at http://www.ai.mit.edu/people/jvelas/ebaa99/velasquez-ebaa99.pdf

Voss, P. (2002): Adaptive Artificial Intelligence. In Goertzel, B. and Pennachin, C. (eds.) (2006): Artificial General Intelligence. Springer

Watson, J. B. (1913): Psychology as the behaviorist views it. Psychological Review, 20, 158–177

Wehrle, T. (1994): New fungus eater experiments. In: P. Gaussier und J.-D. Nicoud (eds.): From perception to action. Los Alamitos, IEEE Computer Society Press

Weizenbaum, J. (1966): ELIZA—A computer program for the study of natural language communication between man and machine. Communications of the ACM, 9, 1, 36–45

Wermter, S., Palm, G., Weber, C., Elshaw, M. (2005): Towards Biomimetic Neural Learning for Intelligent Robots. Biomimetic Neural Learning for Intelligent Robots 2005: 1–18

Wickens, C. D. (1992): Engineering Psychology and Human Performance (2nd ed.). New York: HarperCollins

Wiemer-Hastings, K., Krug, J., Xu, X. (2001): Imagery, context availability, contextual constraint, and abstractness. Proceedings of the 23rd Annual Conference of the Cognitive Science Society, 1134–1139. Mahwah, NJ: Erlbaum

Wiener, N. (1948): Cybernetics. or Control and Communication in the Animal and Machine, MIT Press, Cambridge

Winograd, T. (1973): A procedural model of language understanding. In R. C. Schank & K. M. Colby (Eds.) Computer models of thought and language, 152–186. San Francisco: W. H. Freeman and Company

Winograd, T. (1975): Frame representations and the declarative/procedural controversy. In E. G. Bobrow and A. M. Collins, editors, Representation and Understanding: Studies in Cognitive Science, 185–210. Academic Press, New York, USA, 1975

Winograd, T., Flores, F. (1986): Understanding Computers and Cognition: A New Foundation for Design. Norwood, NJ: Ablex

Wittgenstein, L. (1921): Logisch-philosophische Abhandlung (Tractatus logico-philosophicus). Kritische Edition. Suhrkamp, Frankfurt am Main 1998

Wittgenstein, L. (1953): Philosophical investigations. Oxford: Basil Blackwell

Wolfram, S. (2002): A new kind of Science. Wolfram Media, Champaign, IL

Wooldridge, M. (2000): Reasoning about Rational Agents. Intelligent Robots and Autonomous Agents. The MIT Press, Cambridge, Massachusetts

Wright, I. P. (1997): Emotional Agents. Cognitive Science Research Centre, School of Computer Science, Univ. of Birmingham, Birmingham, UK, Ph.D. Thesis

Wundt, W. (1910): Gefühlselemente des Seelenlebens [Elements of feeling in mental activity]. In: Grundzüge der physiologischen Psychologie II. Leipzig: Engelmann

Young, R. M., Lewis, R. L. (1999): The Soar cognitive architecture and human working memory. In A. Miyake & P. Shah (eds.), Models of working memory: Mechanisms of active maintenance and executive control. 224–256. New York, NY: Cambridge University Press

Zachary, W. W., Ryder, J. M., Hicinbotham, J. H. (1998): Cognitive task analysis and modeling of decision-making in complex environments. In J. Cannon-Bowers and E. Salas (Eds.), Decision-making under stress: Implications for training and simulation. Washington, DC: American Psychological Association

Zilberstein, S., Russell, S. (1992): Constructing utility-driven real-time systems using anytime algorithms. In Proceedings of the IEEE workshop on imprecise and approximate computation, 6–10

Author Index

Subject Index

Note: Page numbers with "f" denote figures, whereas those with "t" denote tables

www.ingramcontent.com/pod-product-compliance
Ingram Content Group UK Ltd.
Pitfield, Milton Keynes, MK11 3LW, UK
UKHW021959260525
458929UK00005B/44

9 780195 370676